Q

6950

MANUSCRITS

DE LA BIBLIOTHÈQUE D'ARRAS.

CATALOGUE

DES

MANUSCRITS

DE LA

BIBLIOTHÈQUE

DE LA

VILLE D'ARRAS.

—••:•:••—

ARRAS,

TYPOGRAPHIE ET LITHOGRAPHIE DE A. COURTIN.

Rue du 29 Juillet.

—

1860.

A MONSIEUR PLICHON,

Chevalier de la Légion-d'Honneur, Maire de la ville d'Arras.

Monsieur le Maire,

Dans la pensée que les Manuscrits de la Bibliothèque de la ville d'Arras sont assez intéressants pour les faire connaître par la publication d'un catalogue, vous m'avez chargé d'en préparer l'impression. C'est ce travail qui paraît aujourd'hui sous vos auspices. Puisse-t-il être de quelque utilité au public et répondre à vos vues et à celles du Conseil municipal, qui a bien voulu voter les frais de cette publication. C'est la seule récompense qu'ambitionne celui qui sera toujours, avec attachement,

Votre tout dévoué serviteur,

CARON.

Les Manuscrits sont bien certainement la partie la plus intéressante d'une bibliothèque publique; mais sans catalogues imprimés et suffisamment répandus, ce sont souvent des trésors enfouis et ignorés; aussi les villes, où se trouvent des dépôts littéraires un peu importants, se font-elles un devoir d'en publier les catalogues.

C'est ce que fait aujourd'hui l'Administration municipale de la ville d'Arras pour la Bibliothèque de cette ville, formée, en grande partie, de celle de l'ancienne Abbaye de St-Vaast d'Arras, ordre des Bénédictins, l'une des plus riches et des mieux composées du nord de la France.

L'histoire de cette Bibliothèque ressemble à celle des Bibliothèques de France qui se sont formées des débris des maisons religieuses. On avait dessein de donner ici quelques détails sur son origine et ses accroissements, mais ils trouveront mieux leur place dans le supplément de ce catalogue, où on donnera plus de développements à la description des manuscrits qui intéressent plus particulièrement la Flandre, la Picardie et l'Artois. On se bornera à donner quelques explications sur la manière dont on a conçu et exécuté ce catalogue.

Avant tout, on a cherché à être bref, écartant avec soin tout développement et toute discussion historique, biographique, critique ou autre, et donnant succinctement et aussi exactement que possible le signalement, pour ainsi dire, de chaque volume, dont on indique l'origine, la forme, l'âge, l'état et les signes caractéristiques. Dans ces indications, on a eu pour guides trois juges compétents, qui ont vu et décrit ces manuscrits, le baronnet sir Thomas Phillipps, Mone de Carlsruhe et Quicherat.

On décrit les manuscrits dans l'ordre où ils se trouvent placés sur les rayons de la Bibliothèque, par grandeur de format, sans distinction de matières. Il eût été d'ailleurs assez difficile de suivre un ordre méthodique quelconque, la plupart des volumes étant composés d'ouvrages ou de parties d'ouvrages de nature souvent diverse. Deux tables placées à la fin du volume, l'une alphabétique et par noms d'auteurs, l'autre par ordre de matières, faciliteront les recherches et remédieront à ce manque d'ordre apparent.

Pour compléter la description de plusieurs volumes, M. Guesnon, professeur de langues vivantes au collége d'Arras, a bien voulu dessiner quelques *fac-simile*. Nous regrettons que ses occupations ne lui aient pas permis d'en faire un plus grand nombre. C'eût été un utile complément de description en même temps qu'un ornement.

Nous devons dire, en terminant, que la plupart des manuscrits ont tellement souffert et du temps et des hommes, qu'il nous a été impossible de constater d'une manière certaine s'ils sont, ou non, complets.

Le nombre de ceux qui le sont réellement, selon nous, s'élève à deux cent vingt-six sur onze cent deux, et ce ne sont pas les meilleurs.

Dans quelque état que soient ces débris des vieux âges, nous devons les entourer de soins, les ranimer et recueillir avec respect leurs derniers enseignements, avant qu'ils deviennent la proie de ce grand destructeur, auquel rien n'échappe, le temps.

BIBLIOTHÈQUE

DE LA

VILLE D'ARRAS.

MANUSCRITS.

---

1. Biblia Sacra.—4 vol. in-f° max°. - vélin gris et sale.- tracé au crayon. - deux colonnes. - grosse écriture. — Fin du XIIᵉ siècle. - grandes lettres historiées en miniatures. - vignettes. - initiales festonnées au vermillon et à l'outremer. - titres courants en onciales alternées bleues et rouges.- Rubriques. [XIIIᵉ siècle.]

Sur le dedans du couvert du 1ᵉʳ vol. on lit :

Cette Bible vient de M. le marquis de Vesterloot, de Bruxelles : elle lui avait coûté 3,000 florins, argent bas ; elle fut ensuite vendue à un libraire de Tournay, par le prince de Rubenpret, exécuteur testamentaire du susdit marquis, et enfin achetée pour cette Bibliothèque en juin 1778, à un prix raisonnable.

1ᵉʳ vol. 165 feuillets - 2ᵉ vol. 180 f. - 3ᵉ vol. 190 f. - 4ᵉ vol. 175.

[Provenance : St-Vaast.]

1.

2. Gregorii Moralia in Job.—In-f° max°. - mutilé, incomplet.-vélin magnifique. - écrit sur deux colonnes. - réglé au crayon. - écriture saxonne de la fin du XI° siècle. - les *explicit* de chaque livre en onciales tracées au vermillon. - de grandes lettres zoomorphes au commencement de chaque livre. [XI° siècle.]

91 feuillets. [Prov. : St.- Éloi.]

---

3. Gregorii Moralia in Job *(suite au numéro précédent)*.—In-f° max°. - complet. - vélin magnifique. - écrit sur deux col.-réglé au crayon - écriture saxonne. - fin du XI° siècle. - lettres peintes et zoomorphes au commencement de chaque livre. [XI° siècle.]

Incipit Liber nonus decimus in II° volumine moralium, &c.
Expliciunt Moralia Job. pars sexta. Liber Tricesimus quintus.
119 feuillets. [Prov. : St.-Éloi.]

---

4. Asperges me *(in duplicibus)* (en musique, à cinq voix). - In-f° max°. - papier, écriture et musique du XVIII° siècle. [xviii° siècle.]

13 feuillets. [Prov. : Cathéd. d'Arras.]

---

5. Prophetæ majores. — **Epistolæ Pauli.** —**Actus Apostolorum.**—In-f° max°.-mutilé. - incomplet. -vélin taché. - écrit sur deux col. - écriture du XII° siècle. - têtes et fins des chapitres en onciales alternées, rouges, bleues et vertes. - toutes les grandes lettres ornées et miniatures ont été enlevées. - les dégradations, qui remontent à une époque éloignée, ont été réparées au moyen de pièces de parchemin assujéties en les cousant avec de la soie verte. [XIIe siècle.]

125 feuil. [Prov. : Cath. d'Arras.]

------

6. La Généalogie de la Bible.—In-f° atlant. - vélin tracé à l'encre rouge.- deux col.-XVe siècle.- vignettes. lettres ornées, - arbres généalogiques. [XVe siècle.]

Incipit : Cy s'ensiut la généalogie de la Bible qui monstre et dit combien chascun aage a duré depuis le commencement du monde jusques à l'advènement Ihesus-Crist, etc.

Finit par ce titre de chapitre : Comment Loys XIe de ce nom fut roy de France.

23 feuillets. [Prov : St.-Vaast.]

------

7. Decretum Gratiani cum glossâ.—In-f° max°.- mutilé.- écrit sur vélin à deux col. - la glose encadrant le texte. - rubriques. - initiales en azur et vermillon. - exécution du XIVe siècle. - la glose du XVe. - aux deux derniers feuillets est une table de titres écrits au vermillon, et des distinctions à l'encre noire. [XIVe siècle.]

78 feuillets. [Prov. : Cathéd. d'Arras.]

------

8. Omeliæ Diversæ.— In-f° max°. - vélin. - écrit sur deux col.-rayé à l'encre.- exécution du commencement du XIIe sièc. - lettres ornées et zoomorphes.-rubrique en tête de chaque homélie. - mutilé. [XIIe siècle.]

Noms des pères désignés par des rubriques comme auteurs des sermons contenus dans le volume : *Origenes.— Ambrosius.— Beda.— Beatus Leo Papa. — Beatus Fulgentius episcopus.— Beatus Maximus episcop. — Beatus Augustinus.— Beatus Johannes episcop. — Beatus Gregorius Papa.*

Sermo Origenis de circumcisione domini.

Incipit : — **Quod mortuus est Christus peccato mortuus est**, &c.

Sermo beati Ambrosii episcopi.

Incipit : — Circumciditur itaque puer. Quis ille puer, nisi ille de quo dictum est, &c.

Omelia venerabilis Bede presbiteri.

— Sacram venerandamque presentis festi memoriam paucis quidem verbis evangelista comprehendit, &c.

Sermo beati Leonis Papæ.

— Gaudete in domino dilectissimi. Iterum dico gaudete, &c.

Dominica infra octavas. Sermo beati Fulgentii episcopi.

— Nostis, karissimi fratres, quia dies iste qui nobis in honorem domini per annos singulos celebratur, &c.

Omelia lectionis ejusdem.

— Multi propter ignorantiam historie labuntur in errorem &c.

Omelia venerabilis Bede presbiteri de eâdem lectione.

— Aperta est nobis, karissimi fratres, sancti evangelii lectio recitata : neque opus est ut in ea quid exponendo loquamur, &c.

Sermo beati Maximi episcopi.

— Christus natus est, letentur celi et simul terra, quia gaudet stella. Et Magi offerunt munera, &c.

Sermo beati Augustini episcopi de eodem die.

— Ante paucissimos dies natalem domini celebravimus : hodierno autem die manifestationem, &c.

Sermo de aqua mutata in vinum.

— Nuptie quibus christus et munerator et conviva discubuit, munerator scilicet in origine, &c.

Sermo beati Augustini episcopi.

— Proxime, fratres karissimi, ejusdem redemptionis nostre celebravimus sacramentum, &c.

Sermo beati Augustini episcopi.

— Domini et salvatoris Jesu-Christi adventus in carne, &c.

Sermo beati Maximi episcopi.

— Salutare nobis est, fratres, atque conveniens, &c.

Sermo beati Maximi episcopi.

Incipit : — Redemptionis nostre auctor eternus omnipotens dominus unigenitus domini vivi inseparabilis, &c.

Sermo beati Leonis Pape de eâdem die.

— Justum et rationabile, dilectissimi, obsequium est, &c.

In octavâ epiphanie, sermo beati Maximi episcopi.

— Complura nobis fratres atque diversa festivitas presentis dici salutarium mysteriorum sacramenta multiplicat, &c.

Omelia venerabilis Bede presbiteri de eâdem lectione.

— Quod dominus noster atque salvator ad nuptias vocatus, &c.

Omelia lectionis ejusdem Origenis.

— Docente in monte Domino discipuli ejus venerunt ad eum sicut alacres, &c.

Dominica in septuagesima sermo beati Johannis episcopi

— Dignitas humane originis facile agnoscitur, considerata sublimitate auctoris, &c.

Omelia beati Gregorii Papæ de eâdem lectione

— In explanatione sua multa ad loquendum sancti evangelii lectio postulat, &c.

Omelia beati Gregorii Papæ de eâdem lectione.

— Lectio sancti evangelii quam modo, fratres karissimi, audistis expositione non indiget, &c.

Sermo beati Johannis episcopi de fide Abraham et immolatione Ysaac.

— Fides est religionis sanctissime fundamentum, caritatis vinculum, amoris subsidium, &c.

Omelia beati Gregorii Papæ de eâdem lectione.

— Redemptor noster previdens ex passione sua discipulorum animos perturbandos, &c.

Omelia lectionis ejusdem beati Augustini episcopi.

— Manifestum est his preceptis, &c.

Sermo beati Maximi episcopi de eodem die.

— Ante dies devotionem sancte quadragesime predicantes sacrarum litterarum exempla protulimus, &c.

Sermo beati Leonis Papæ.

Incipit : — Predicaturus vobis, dilectissimi, sacratissimum maximumque jejunium, &c.

— — —

Sermo beati Leonis Papæ.

— Apostolica, dilectissimi, doctrina nos ammonet, &c.

— — —

Sermo beati Maximi episcopi.

— Conflictus iste mirabilis quem inter celi regem et regni celestis tyrannum fuisse, &c.

— — —

Sermo beati Maximi episcopi de eodem die.

— Peractum à domino nostro Jesu Christo hoc quod lectum est cum temptatore certamen, &c.

— — —

Sermo beati Maximi episcopi.

— Quia nonnullorum est consuetudo, karissimi, advenientes quadragesime dies devotione Jejunii prevenire, &c.

— — —

Omelia venerabilis Bede presbiteri de eadem lectione.

— Duo pariter miracula humane sanationis, &c.

— — —

Omelia beati Leonis Papæ de eadem lectione.

— Evangelica lectio, dilectissimi, que per aures corporis interiorem mentium pulsavit auditum, &c.

— — —

Dominica secunda in quadragesima. Sermo beati Johannis de Jacob et Esaü.

— Portabat Rebecca geminos in utero fratres ante ortus principia bellatores, &c.

— — —

De eadem die, Omelia venerabilis Bede presbiteri de eadem lectione.

— In lectione sancti evangelii que nobis modo lecta est, fratres karissimi, &c.

— — —

Sermo ejusdem beati Johannis de confessione peccati.

— Confitemini domino, quoniam bonus est. Spiritus sanctus medelam purgandi facinoris, &c.

— — —

Sermo ex commentario venerabilis Bede presbiteri de eadem lectione.

— Demoniacus iste apud Matheum non solum mutus sed et cecus fuisse narratur, &c.

Omelia venerabilis Bede presbiteri de eadem lectione.
Incipit : Presentem sancti evangelii lectionem tanto intentiùs considerare, fratres karissimi, &c.

———

Omilia venerabilis Bede.
— Solet movere quosdam quod in exordio lectionis hujus Evangelice dictum est, &c.

———

Sermo beati Johannis episcopi de hieremiâ.
— Magnum hieremie sanctissimi meritum, magnum in eum collatum est divinitùs donum, magnum, inquam, hieremie est meritum, &c.

———

Omelia beati Gregorii Papæ de eadem lectione.
— Pensate, fratres karissimi, mansuetudinem domini. Relaxare peccata venerat, &c.

———

In traditione symboli. Sermo beati Maximi episcopi.
— Cum apud patres nostros sicut liber judicum refert quedam israhelitice tribus civili adversum se prelio decertarent, &c.

———

Dominica in ramis palmarum. Sermo beati Maximi episcopi de psalmo vigesimo primo.
— Psalmi vigesimi primi qui lectus est seriem decursuri, diligenter prius debemus intendere quid in super scriptione contineat, &c.

———

Omelia venerabilis Bede presbiteri de eadem lectione.
— Mediator Dei et hominum homo Christus qui pro humani generis salute passurus de celo descenderat ad terras, &c.

———

Sermo beati Leonis Papæ.
— Gloria, dilectissimi, dominice passionis de qua nos etiam hodie locuturos esse promisimus.

67 feuillets. [Prov. : St-Eloi.]

9. Lectionarium in festivis diebus. — 2 vol. in-f°
max°. - incomplets et mutilés. - vélin. - écriture sur 2
col. - fin du XII° siècle. - rubriques. - grandes lettres
peintes en azur et vermillon.　　　　　[XII° siècle.]

Au tome deuxième, un dernier cahier, ajouté postérieurement à
tout le reste et contenant le prône de la Visitation, ne peut être
attribué qu'au XV° siècle.

Sur le verso de la dernière garde, écriture du XVI° siècle, procès-
verbal d'une exécution faite par un sergent du Roi au profit de
l'Evêque d'Arras, contre le duc de Bourgogne, le maïeur et les échevins d'Arras. Ecriture du XVI° siècle, à peine lisible en quelques
endroits.

1er vol. 116 feuil.; 2e vol. 148 feuil.　　　[Prov. : Cathéd. d'Arras.]

10. Moralium D. Gregorii in Job. — 2 vol. in-f°
max°. - beau vélin. - écrit sur 2 col. - écriture anglo-
saxonne. - XII° siècle. - rubriques en onciales par
lignes alternées rouges et vertes. - grandes lettres
dans le style roman, chargées de miniatures sur fond
d'or.　　　　　　　　　　　　　　[XII° siècle.]

Manquent les premiers feuillets du 1er vol., sur lesquels était écrite
l'histoire du livre de St-Grégoire, à en juger par les trois colonnes
qui précèdent l'ouvrage lui-même. A la fin :

Hic liber est Celestinorum de Ambianis.

Magister Enguerranus de Sancto Fusciano præpositus Ecclesiæ
Ambianensis dedit hunc librum huic monasterio Sancti Anthonii Celestinorum de Ambianis. Orate pro eo.

Le deuxième volume est écrit sur vélin plus large et d'une exécution postérieure ; pour les premières pages, les ornements des lettres
ne sont que du XIII° siècle. Des parties mutilées ont été réparées
au XV°.

1er vol. 115 feuil.; 2e vol. 97 feuil.　　　[Prov. : St-Vaast.]

11. Decretales Gregorii Papæ IX.—Vélin magnifique.-écrit sur deux col. encadrant le texte.-exécution italienne de la fin du XIVᵉ siéc.-très belles miniatures en tête de chaque livre. - lettres ornées de figures peintes ou de fleurons à l'encre rouge et bleue.-rubriques. [xıvᵉ siècle.]

Sur le recto du fᵒ 1ᵉʳ est une table de décrétales en écriture courante du XIVᵉ siècle.

Sur le verso, d'une écriture un peu postérieure, après cette table, est écrit ce qui suit :

Iste sunt decretales domini petri de Ranchicourt sanctæ sedis apostolicæ protonotarii, præpositi in ecclesia Leodiensi, Cancellarii et Canonici Ambianensis et Archidiaconi Valenchiennensis in ecclesiâ Cameracensi, et Canonici utriusque ecclesiæ, Leodiensis Scilicet et Cameracensis, nepotisque Reverendissimi Domini Cardinalis Morinensis.

Ita est p. de Ranchicourt manu propriâ.

Sur le verso suivant on lit :

Je Robert Dubost, libraire, confesse avoir vendu cestes décretalles et m'en tiens pour bien paié et les puet : garentir c'est assez paié le prix de XL escus d'or, lesquels j'ai receu de maistre Jean Burle, licencié en loys, acheteur. Et fu faict l'an M IIIIᶜ et un, le XXVI de décembre. Tesmoing mon saing Manuel.   R. Dubost.

Iste liber est magistri Joannis Burle licentiati in legibus, Canonici Ambianensis, Lingonensis, Masticonensis, sancti Justi Lugdunensis qui emit à prædicto Roberto du Bost, librario parisiensi pretio XL scutorum auri, anno et die quibus suprà.—J Burle.

292 feuillets.   [Prov. : St-Eloi.]

_____

12. Job.— Psalterium.— Judith.— Machabei.— Prophetæ.— Actus Apostolorum.— Apocalypsis.— In-fᵒ maxᵒ.-incomplet.-vélin rayé à la pointe. - deux col. - Xᵉ siècle. - réparations du XIIᵉ. - rubriques. - grandes lettres peintes en vert et en jaune. - lettres courantes pour chaque livre. [xᵉ siècle.]

Rubrique du commencement : Incipit præfatio sancti Hieronimi in libro Job, &c.

Enguerranus de sancto Fusciano præpositus Ecclesiæ Ambianensis hunc librum dedit huic monasterio Celestinorum sancti Anthonii de Ambianis. Orate pro eo.

88 feuillets. [Prov. : St-Vaast.]

13. Antonii de Butrio in Secundum Decretalium.
Secunda pars.: de **Probationibus.**—In-f° max°.-écrit sur papier, à deux col. - initiales ornées - frontispice enluminé, accompagné de deux miniatures, dont l'une a été à moitié détruite par l'humidité. - on distingue dans l'encadrement deux écussons. - écriture du XVe siècle. [xve siècle.]

A la fin du volume : Explicit lectura egregii doctoris utriusque juris domini Antonii de Butrio super secundo libro Decretalium. Per me scriptum Ambrosium Bertoldi de Rocheliez Mylnensis diœcesis et finitum est opus istud anno Domini M° CCCC° XXVIII, die XXV mensis septembris. Deo gracias.

332 feuillets. [Prov.: Cathéd. d'Arras.]

14. Vitæ sanctorum. — In-f° max° - mutilé. -
vélin. - sur deux col. - écriture du commencement du XIIIe siècle, les trois derniers feuillets du commencement du XIVe.- rubriques.- lettres ornées. [xiiie siècle.]

Commence au milieu de la légende de Parmenius.

Rubriques de ce volume :

Incipit passio sancti Abdon et Sennis.
— vita beati Germani Autisiodorensis.
Passio sanctæ Sophiæ cum filiabus suis tribus. Ejusdem translatio à Constantinopolitanâ urbe apud Romam.
Incipit vita beati Cassiani episcopi.
— prologus in passione beati Donati.
— passio beati Sixti
— — sancti Cyriaci.

Incipit passio sancti Laurentii.
— sermo beati Augustini de passione sancti Laurentii.
— vita beati Gaugerici.
— — beati Eusebii.
— — beati Arnulphi.
Relatio de Eodem sancto.
Commemoratio genealogiæ beati Arnulphi, undè francorum reges orti sunt.
Incipit passio sancti Simphoriani.
— — sancti Bartholomei.
Vita sancti Audoeni episcopi.
Incipit vita beati Augustini.
— passio sanctorum Felicis et Adaucti.
Incipit prologus in vita beati Egidii — vita ejus.
— vita sancti Bertini.
Historia de nativitate beatæ Mariæ.
Passio sancti Adriani Martyris.
Vita sancti Audomari episcopi.
Incipit passio sancti Cornelii Papæ.
— vita sancti Aycadri Abbatis.
— passio sancti Matthei.
— — sanctæ Teclæ.
— — sancti Firmini.
— — sancti Cypriani et Justinæ.
— — sancti Cosmæ et Damiani.
Incipit Liber secundus de vità et miraculis sancti Jheronimi.
— translatio beati Jacobi Apost.
Passio sancti Tiburtii.
Incipit vita beati Ludovici Regis.
86 feuillets.

15. Glossæ in Isaiam et Jeremiam.—In-fº. incomplet.-vélin réglé au crayon.-trois col - le texte au milieu. - la glose sur les deux côtés. - écriture du XIVᵉ siècle. - grandes lettres rouges et bleues. [XIVᵉ siècle.]

Incipit : nemo cum prophetas versibus viderit esse descriptos metro eos estimet apud hebreos ligari et aliquid simile habere de psalmis, vel operibus Salomonis; sed quod in Demosthene et Tullio solet fieri, &c.

108 feuillets. ———— [Prov. : St-Eloi.]

16. Pompes funèbres et enterrements des Roys et Reines de France, des Princes et Princesses du sang; — Enterrements et Pompes funèbres de plusieurs Princes, Cardinaux et aultres Seigneurs François, ensemble de quelques Chanceliers de France et aultres; — Cérémonies observées aux Enterrements de quelques Princes étrangers.— In-f° max°.- deux volumes - papier, écriture du XVIIe siècle. [xviie siècle.]

Ce sont des extraits des registres du Parlement de Paris et de ceux de la Chambre des Comptes.

Plusieurs de ces pièces sont imprimées dans le cérémonial de France.

1er vol. 397 feuil ; 2e vol. 446 feuil. [Prov. : St-Vaast.]

17. Institutiones Justiniani.— Novellæ.— Liber feudorum cum glossis.—In-f° max°.- incomplet.- vélin un peu mince.- deux col.- les gloses entourant le texte.- écriture italienne du XIVe siècle.- rubriques.- miniatures.- lettres historiées. [xive. siècle.]

Commence par une table des rubriques écrite sur 2 colonnes; plusieurs feuillets manquent.

Sur le verso du f° 1 et le recto du f° 2, est un tableau synoptique des actions selon les législations diverses; sur le verso du f° 2 est figuré le *Stemma parentelæ*.

Les *Institutes* commencent au recto du folio 3.

Après une page laissée en blanc commencent les *Novellæ*.

Au recto du 131e feuillet : *Incipiunt Constitutiones feudorum.*

A la fin : *Expliciunt Constitutiones Frederici.*

Sur le recto du feuillet suivant recommence un texte de Justinien (le Xe livre du Code, suivi du XIe et du XIIe). L'explicit fait voir que ces trois livres sont les seuls qui aient été transcrits pour le volume, *Explicit textus trium librorum codicis.* Les deux derniers feuillets sont occupés par une table des titres du Code.

Incipit : In nomine Domini nostri Jhesu-Christi imperator Cæsar Justinianus, &c. — Explicit : Textus trium librorum codicis.

201 feuillets. [Prov. : St.-Vaast.]

18. Répertoire des Registres aux Mémoriaux, commençant en 1538 et finissant en 1668, reposant au Conseil provincial d'Artois. — In-f°. papier fort. - écriture du XVIIe siècle. [xviie siècle.]

Outre l'inventaire annoncé dans le titre, ce volume renferme une table alphabétique des matières les plus importantes que présentent les édits, déclarations contenues au registre du Conseil provincial d'Artois et l'inventaire d'un registre tenu au Conseil d'Artois séant à St.-Omer (1640-1672).

322 feuillets. [Prov. : St-Vaast.]

19. Postilla Hugonis de Sancto Charo cardinalis super Evangelium Lucæ. — In-f° magno. - vélin de qualité inf^{re}. - deux col. pour les gloses. - le texte intercalé au milieu en plus gros caractères. - écriture de la fin du XIIIe siècle. - les chapitres de l'apôtre indiqués au cinabre en titres courants. - finit au commencement du chapitre 22. [xiiie siècle.]

Le recto du premier feuillet commence par ces mots : Vidi et ecce quatuor quadrigæ egredientes de medio duorum montium et montes montes erei. Hanc visionem revelavit Dominus etc.

Au verso : Lucas Syrus natione et Antiochenus, arte medicus, discipulus apostolorum etc.

110 feuillets. [Prov. : St-Eloi.]

20. — Glossæ in Libros Josuæ, Judicum, Ruth, Esdræ, Neemiæ, Judith, Esther, Machabeorum. — In-f°.-incomplet.-vélin blanc.- réglé à la plume.- écrit tantôt en longues lignes.- la glose interlinéaire.- tantôt en deux et trois col. - la glose sur les flancs.- écriture du XIV° siècle.-titres courants en onciales gothiques, alternées rouges et bleues. - pour gardes fragments d'une Bible. [XIV° siècle.]

Manquent le commencement et la fin.

Incipit : Et factum est post mortem Moysis servi dei ut loqueretur Dominus ad Josue filium &c., glose : Adamantius. Moyses famulus meus defunctus est, &c.

142 feuillets. [Prov. : St-Eloi.]

---

21. Asperges me. — Regina Cæli (en parties à six voix). — In-f° max°. - papier. XVIII° siècle.

[XVIII° siècle.]

20 feuillets. [Prov. : Cathéd. d'Arras.]

---

22. Tables de la géographie ancienne et moderne, *ou* **Méthode pour s'instruire avec facilité de la Géographie, et connaître les Empires, les Monarchies, les Royaumes, &c., &c. —** In-f° max° atlant. papier. [xviii siècle.]

Cet ouvrage se compose de tableaux synoptiques présentant les divisions et subdivisions des grands Etats.

Avec les armes de dom Nicolas Hébert, né le 13 novembre 1670, religieux de l'abbaïe royale de St-Vaast 12 janvier 1691, profès le 14 septembre 1692, et grand receveur de la dite abbaïe le 30 octobre 1731.

98 feuillets. [Prov. : St-Vaast.]

23. Cypriani tractatus et Epistolæ. — In-f° max°. incomplet. - vélin. - réglé à l'encre. - écrit sur deux col. - commencement du XIVᵉ siècle. - écriture anguleuse. - rubriques. - initiales en rouge et azur. - lettre enluminée sur le premier feuillet.   [xivᵉ siècle.]

Ce volume renferme des lettres et des traités de Saint-Cyprien, avec les légendes consacrées à sa vie ou à son martyre.

Incipit Epistola prima ad Donatum.

Incipit de lapsu et recuperatione lapsus ad Felicem.

 —   de Disciplinà et habitu virginum.

Epistola Cypriani de lapsis.

De sacramento calicis in Christo Jhesu.

De Ecclesie catholice unitate in Christo.

Incipit ad Fortunatum.

Quod idola non sint colenda.

Ad Rogatianum

Ad Antonium de Cornelio et Novato.

Incipit de Numidico.

Ad Moysen et Maximum.

Ad Clerum de deprecando pro peccatis nostris.

Ad martyres et confessores.

De Marciale et Basilide.

Ad Juvinianum de hereticis baptizandis.

Ad Felicem de resurrectione mortuorum.

Hymnus de pascha.

De laude martyrum.

Ad clerum.

De aleatoribus.

Ad Chalidonium.

De eo quod temerè non possit Carthaginem venire.

Ad clerum Capue propter lapsos et cathecumenos.

Ad clerum ut Romane litteras daret.

Ad clerum de presbyteris qui cito communicant lapsis.

Ad martires et confessores.

Ad plebem.

Ad clerum de pace et curà pauperum.

Ad clerum de eàdem re.

Incipit ad Successum.

Adversus invidos.

Incipit ad universam plebem.

Ad Rogatianum.

Ad Lucium de exilio reversum.

Ad Fortunatum.

De Victore qui Faustinum tutorem nominavit.

Ad Maximum.

De cena Cypriani.

Incipit oratio Cypriani.

Altera oratio quam sub die passionis sue dixit.

Incipit passio sancti Cypriani.

Incipit vita sancti Cypriani.

51 feuillets.   [Prov. : St-Éloi.]

---

24. Bedæ Expositio in Epistolas Pauli. — In-f°

max°.- vélin magnifique de taché de rose en un grand nombre d'endroits.- écrit sur deux col.- grandes lettres au cinabre et à l'azur. - deux grandes initiales zoomorphes, sans enluminures.- commencement du XIIIe siècle. caractère fin et anguleux.   [xiiie siècle.]

Le texte de saint Paul est écrit en rouge dans toute l'étendue du volume ; l'encre noire est réservée au commentaire de Beda.

Pour feuilles de garde des morceaux d'une Bible du XIVe siècle.

70 feuillets.   [Prov. : St-Eloi.]

---

25. Te Deum (en chœur à seize voix).— deux vol.

grand in-f°. - papier, écriture et musique du XVIIIe siècle.   [xviiie siècle.]

1er vol. 24 f.; 2e vol. 22 f.   [Prov. : Cathéd. d'Arras].

---

26. Feste de Vénus. — In-f° max°.- papier, musi-

que et écriture du XVIIIe siècle.   [xviiie siècle.]

Ce volume contient : 1° Divertissement tiré de l'opéra de *Polidor*, de M. Batistin; 2° l'*Hymen Champêtre*, divertissement de M. De la Lande. Donné, par M. Demoncheaux, à l'Académie d'Arras.

117 feuillets. [Prov. : Acad. d'Arras.]

27. Concordia discordantium Canonum ac primùm de jure naturæ et constitutionis. — In-folio. - mutilé. - incomplet. - vélin - deux colonnes - écriture italienne du commencement du XIVe siècle. - rubriques. - grandes lettres dorées et ornées, en tête de chacun des chapitres. - gloses et paratitles en marge d'une main différente, mais de la même époque. - suivent trente-sept vers didactiques écrits de la main du glossateur et destinés à donner l'usage du décret de Gratien. [xive siècle.]

Incipit : Humanum genus duobus regitur, naturali videlicet jure et moribus, &c.

136 feuillets. [Prov. : St-Eloi.]

28. Epistolæ beati Pauli cum glossâ. — In-folio mediocri. - vélin. - deux colonnes. - la glose encadrant le texte dans chacune. - annotations marginales. - vignettes. - initiales rouges et bleues. - titres courants en onciales gothiques alternées rouges et bleues. [xive siècle.]

Incipit : Principia rerum requirenda sunt prius ut eorum noticia plenior possit haberi, &c.

231 feuillets. [Prov. : St-Vaast]

29. Coutumes d'Artois. — Deux volumes in-folio. - XVIIe siècle. - papier. - frontispice écrit en encre rouge et verte, ainsi conçu : [xviie siècle.]

2.

Interprétations des coustumes géneralles du pays et comté d'Arthois faictes par maistres Nicolas Gosson, Claude Pisson, Charles de Cardevacq, sieur de Beaumont, Jean Dubois, Wignacourt et autres les plus fameux advocatz de leur temps. Ensemble les advis à chacun desdietz articles avecq les additions à chacun d'yceulx.

Escriptes par Franchois Tacquet, notaire royal dudiet Arthois, pour l'usaige de Wallerand de Courouble, escuier, sieur Ducarioeul, grand bailly de la principauté d'Espinoy. Anno Domini 1648.

324 feuillets.   [Prov. : St-Vaast]

30. *Même ouvrage.* — Papier - écriture plus moderne. - copie inachevée.   [xviie siècle.]

263 feuillets.   [Prov. : St-Vaast]

31. Jeremias et Ezechiel cum glossâ. — In-folio mediocri. - vélin. - deux colonnes et trois. - la glose au milieu ou à gauche. - annotations marginales. - trois miniatures. - grandes lettres au minium et à l'outremer. - titres courants en onciales gothiques alternées rouges et bleues.   [xive siècle.]

Incipit : Jeremias propheta cui hic prologus scribitur, sermone quidem apud hebreos Isaie et osee et quibusdam aliis prophetis videtur esse rusticior, set sensibus par est, &c.

178 feuillets.   [Prov. : St-Eloi.]

32. Summa casuum seu Confessorum Raymundi Fr. prædicatorum. — In folio. - vélin de bon aloi. - deux colonnes. - écriture négligée du XIVe siècle. - rubriques. - grandes lettres rouges et bleues. [xive siècle.]

La fin du traité manque. Les derniers feuillets du manuscrit sont occupés par une table alphabétique des matières exécutée en même temps que le reste du manuscrit.

Au haut du titre, au-dessus du mot prologus, on lit :

Incipit : Tractatus fratris Johannis Lectoris in libellum questionum, &c.

Incipit prologus : Nota quod lector iste Johannes compilator hujus summæ confessor fecerat tabulam super fratris summam Raymundi et apparatum ejus, &c.

187 feuillets. [Prov. : St-Vaast.]

33. Commentaria sancti Augustini in psalmos. — In-folio médiocri. - vélin de belle qualité. - deux colonnes-rubriques. - sur le premier feuillet une grande lettre ornée, sans peinture. [XIe siècle.]

123 feuillets. [Prov. : St-Éloi.]

34. Fratris Raymundi ordinis Fr. prædicatorum summa de Casibus cum glossâ. — In-folio magno. - velin. - réglé à l'encre et au crayon. - deux colonnes. - écriture gothique italienne de la fin du XIIIe siècle. - lettres peintes en miniature au commencement de chaque livre. - Celle du livre deuxième a été enlevée. - rubriques. - grandes lettres rouges et bleues. [XIIIe siècle.]

Chacun des livres se termine par une table des chapitres ; il y a, de plus, à la fin, une table générale.

Incipit : Summa de casibus, &c.

Quoniam, ut ait Jeronimus, secunda post naufragium tabula, est culpam simpliciter confiteri, ne impericiâ ministrantis prediclam tabulam, submergi contingat aliquando naufragantes, &c.

129 feuillets. [Prov. : St-Éloi.]

35. Généalogies de Flandres. — Atlas oblong. - papier. - tableaux généalogiques écrits de la main de Dom le Pez. - index onomastique au commencement. [XVIIe siècle.]

76 feuillets. [Prov. : St-Vaast.]

36. Remarques de M. le conseiller Hébert sur plusieurs articles de la coutume d'Artois. — In-folio. - écriture du XVIIIe siècle. [xviiie siècle.]

412 feuillets. [Prov. : St-Vaast.]

37. Recueil sommaire des procédures contre les Évêques pour crime de lèze-majesté et autres cas privilégiés. — Un volume grand in-folio. - papier. - écriture du XVIIe siècle. [xviie siècle.]

Sur le frontispice : Juridiction criminelle Ecclésiastique par M de Héricourt.

431 feuillets [Prov. : Acad. d'Arras.]

38. Missale Romanum. — In-folio carré. - endommagé par l'humidité. - vélin. - deux colonnes. - lettres ornées. - XIIIe siècle. - grand caractère d'église. [xiiie siècle.]

Les cinq premiers feuillets sont occupés par un calendrier perpétuel. Les feuilles de garde, écrites à différentes époques, sont occupées par des prières à la Vierge et des exorcismes.

224 feuillets. [Prov. : St-Vaast.]

39. Épitaphes et Tombeaux. — In-folio. - papier. - dessins de tombeaux et transcriptions d'épitaphes grossièrement exécutées à la plume. [xviie siècle.]

Les pièces contenues dans ce volume sont tirées des églises de Fribourg en Brisgau, de Cambrai, Paris surtout, Creil, Amiens, &c.

316 feuillets. [Prov. : St-Vaast.]

40. Histoire des contestations agitées au Concile de Constance entre Martin Porée, évêque d'Arras,

et Jean Gerson.—In-folio magno. - papier. - écriture du XVIIe siècle. [xviie siècle.]

Incipit : Quoique nous n'ayons guères de points importants dans l'histoire ecclésiastique qui n'aient été discutés et approfondis depuis un siècle, nous pouvons néanmoins dire que celui dont il s'agit ne l'a jamais été exactement.

828 feuillets. [Prov. : Acad. d'Arras.]

---

41. Variæ homiliæ Adamantii Origenis (latinè). —In-folio. - vélin. - deux colonnes. - écriture du XIIe siècle. - rubriques. - lettres ornées. [xiie siècle.]

Les deux premiers feuillets, écrits dans le même temps que le reste du volume, contiennent un fragment de sermon sur les vierges folles.

Au bas du premier feuillet, on voit, d'une écriture du XVIe siècle, une note qui contient plusieurs titres, mais tous ces titres ont été arrachés du volume, ainsi que les prologues de Ruffin et l'épitaphe d'Origène.

Incipit Expositio Origenis doctoris in libro Numerorum.

— Omelie Origenis in libro Jhesu-Nave.

Incipiunt libri Judicum.

Incipit Omelia prima adamantii Origenis in libro Judicum.

110 feuillets. [Prov. : St-Eloi.]

---

42. Traité de la nature où l'on traite des principes de la Physique et où l'on essaie d'expliquer par un seul système tous les Phénomènes de la nature.—Trois volumes in-folio. - écriture et style du XVIIe siècle. - sans nom d'auteur. [xviie siècle.]

L'ouvrage divisé en 5 parties forme un traité de philosophie éclairée par la physiologie.

Incipit : Les philosophes ayant considéré l'existence de l'Univers et la relation qu'ils trouvoient entre ses parties, en ont fait un tout auquel ils ont donné le nom de nature ; mais la difficulté de sçavoir, si tout existoit et se mouvoit par sa propre force ou dépendamment d'une puissance supérieure, leur en a donné des idées bien différen-es, &c.

1er vol 391 f., 2e vol. 337 f., 3e vol. 437 f.   [Prov. : St-Vaast.]

---

43. Lyranus in Pentateuchum.—Josue.—Librum Judicum et Ruth.—In-folio. - vélin. - deux colonnes. - écriture du XVe siècle. - titres courants pour chacun des livres du pentateuque. - miniatures représentant les objets du tabernacle.   [xve siècle.]

A la fin : Explicit Ruth. (Prov. : Célestins d'Amiens.)
133 feuillets.   [Prov : St.-Vaast.]

---

44. Casus decretalium per magistrum Bernardum.—In-folio. - dévoré par l'humidité. - vélin de bas aloi. - écrit sur deux colonnes. - écriture italienne du XIVe siècle. - gloses tracées en marge d'une main contemporaine. - rubriques. - une miniature au commencement, laquelle représente l'auteur en habit ecclésiastique, faisant hommage de son ouvrage à un pape.   [xive siècle.]

Incipit : Rex pacificus, premissâ salutatione, &c.
37 feuillets.   [Prov. : St-Vaast.]

---

45. Augustinus in Johannis evangelium. — In-folio. - vélin. - sur deux colonnes. - réglé à l'encre. - écriture du XVe siècle. - rubriques. - titre courant en haut des pages.   [xve siècle.]

Incipit : Expositio sancti Augustini episcopi secundum evangelium Johannis distincta per sermones.

Celestinorum sancti Anthonii de Ambianis.

147 feuillets. [Prov. : St.-Vaast.]

46. Commentarius in Job. — In-folio carré. - vélin très-mince. - rongé par l'humidité. - réglé au crayon. - deux et trois colonnes, selon l'exigence de la glose. - XIVe siècle. - vignettes. - initiales. - titres courants et onciales gothiques alternées rouges et bleues.

La fin manque. [XIVe siècle.]

Incipit : Cogor per singulos scripturæ libros divinæ adversariorum respondere malédictis, qui interpretationem meam reprehensionem que LXX interpretum criminantur.

103 feuillets [Prov. : St-Éloi.]

47. Albumasar liber introductorius in scientiam judiciorum astrorum. — Ejusdem summa de significationibus individuorum. — In-folio plano. - vélin blanc et fort. - les premiers feuillets endommagés. - tracé au crayon. - deux colonnes. - XIVe siècle. - initiales festonnées rouges et bleues. - rubriques. - indication courante des numéros des livres en chiffres arabes à l'outremer et au vermillon. [XIVe siècle.]

Incipit : In nomine Domini et misericordis incipit liber Albumasar astrologi qui dicitur major introductorius in scientiam judiciorum astrorum, et in naturis atque figuris, tractatus quoque ejus in hiis omnibus.

. . . . .Hic est liber in summâ de significationibus individuorum superiorum super accidentia quæ efficiuntur in mundo generationis de presentia eorum respectu ascendentium inceptionum conjunctionalium, et aliorum, et corruptionis. Et sunt octo tractatus et LXIII differentiæ, editus à ibaphar astrologo qui dictus est Albumasar.

A la fin : Completus est liber conjunctionum ex dictis Albumasar iahfar filii Mahone. Albachi gentile est cum laude dei et ejus auxilio.

118 feuillets. [Prov. : St-Vaast.]

48. Évaluation des Offices du Royaume. — In-folio. - papier. - écriture de chancellerie du XVIIIe siècle. [xviiie siècle.]

Autre titre : Estat de la valeur et estimation faite au conseil du Roy des offices de judicature, aydes et finances et autres, establis ès villes et lieux de la généralité de Paris.

111 feuillets. [Prov. : St-Vaast.]

_____

49. Missale Romanum. — In-folio mediocri. - vélin. - détérioré par l'usage. - rayé à la pointe. - deux colonnes. - XIIIe siècle. - miniatures. - initiales ornées.

[xiiie siècle.]

Commence par un calendrier perpétuel. — Sur le dernier feuillet est ajouté d'une écriture postérieure un office en l'honneur de Job. Puis deux feuillets écrits au commencement du XVIIe siècle contiennent la messe pour la fête du saint nom de Jésus. Un semblable feuillet ajouté au commencement, contient l'office de la Visitation.

Sur les feuillets de garde, dont malheureusement il ne reste que deux bandes très étroites, on lit une nomenclature de dénominations géographiques écrites au Xe siècle.

142 feuillets. [Prov. : St-Vaast.]

_____

50. Chronique de 1551 à l'an 1554. — In-folio. - papier. - belle écriture du XVIe siècle. [xvie siècle.]

L'ouvrage n'est pas complet. L'auteur de cette chronique n'est pas nommé ; à moins que ce ne soit à lui que se rapporte cette indication écrite d'une main moderne en tête du premier feuillet : « Jean du Mont-Saint-Éloi. etc. »

Incipit : Pour l'an mil cinq cent cinquante-et-un.

Comment le pape Jules Tiers, etc.

Le dernier chapitre est intitulé : Comment le marquis Albert fut du tout déjecté de son état, etc.

321 feuillets. [Prov. : St-Vaast.]

_____

51. Matthæus et Marcus glossati. — In-folio parvo. - vélin. - deux ou trois colonnes. - lettres ornées.   [XIVe siècle.]

Incipit : Matheus ex Judeâ sicut in ordine primus ponitur, ità evangelium in Judeâ primus scripsit. Cujus vocatio ad Deum ex publicanis actibus fuit.

112 feuillets.   [Prov. : St-Vaast.]

52. Explanatio psalmorum. — In-folio. - vélin sale, poli et fort. - tracé au crayon. - deux colonnes. - commencement du XIIIe siècle. - grandes lettres ornées aux trois couleurs bleue, verte et rouge. - initiales. - onciales au vermillon, bleu azur et cendre verte.

[XIIIe siècle.]

Incipit : Agitur in hoc psalmo de quolibet sancto ac perfecto viro, qui, contemptis terrenis rebus, Deum gemitu et operatione exquirit, quo consecuto in ejus amore et contemplatione suaviter requiescit.— *Voce med ad Dominum clamavi.*

91 feuillets.   [Prov. : St-Eloi.]

53. Commentaria in apocalypsim per fratrem Hugonem. — In-folio quarré. - vélin blanc. - réglé au crayon. - deux colonnes et trois pour l'exigence du texte. - écriture italienne du XIIIe siècle. - indication courante des livres au minium.   [XIIIe siècle.]

Incipit : Vidit Jacob in sompniis scalam stantem super terram et cacumen ejus tangens celum, et angelos &c. Gen. XXVIII. Quatuor sunt causæ hujus operis, scilicet efficiens, materialis, formalis, finalis, &c.

Incipit prologus in apocalypsim, &c.

Omneis qui piè volunt vivere in Christo, sicut ait apostolus, persecutionem patientur. &c.

88 feuillets.   [Prov. : St-Eloi.]

54. Vita sanctæ Christinæ. — In-folio médiocri. -
carré. - vélin. - écriture bâtarde du XVIIe siècle.

[xviie siècle.]

Incipit : Quia, dilectissimi, semper et ubique gloriam domini magni-
ficare dignissimum est, ad laudem nominis ipsius, gesta gloriosæ virginis et martyris Christinæ piæ devotionis affectu omni ecclesiæ
propalare curavimus.

6 feuillets.

[Prov. : St-Vaast.]

55. Lyranus in epistolas Pauli. — In-folio. - vélin.
- deux colonnes. - écriture du XVe siècle. - titres
courants.

[xve siècle.]

(Prov. : Célestins d'Amiens.)

102 feuillets.

[Prov. : St.-Vaast.]

56. Liber Evangeliorum. — In-folio. - vélin de
Choix, mais léger. - écrit sur deux colonnes. - réglé
à l'encre. - gothique fleurie. - encadrement. - initiales en miniatures. - vignettes. - rubriques.

[xive siècle.]

Aux quatre coins de l'encadrement, les quatre blasons de France,
d'Evreux, de Bourgogne et d'Alençon. Sur le verso du 7e feuillet
dans un P initial écartelé de France et de Latour.

Au dernier feuillet :

Explicit : Hunc textum evangelii frater Johannes de Ambianis, canonicus istius Ecclesiæ scripsit, ipsumque pariter coloribus decoravit
anno domini Millesimo CCC^o quadragesimo XVIII° die mensis martis.
Orate pro eo.

118 feuillets.

[Prov. : Cath. d'Arras.]

57. Ezechiel et Daniel cum glossâ. — In-folio. -
beau vélin. - tracé au crayon. - une, deux et trois colonnes. - fin du XIIIe siècle. - initiales brodées au

vermillon et à la cendre bleue. - titres courants en onciales alternées bleues et rouges.   [xiiie siècle.]

A la fin de *Daniel*, est écrite, de la même main que le manuscrit, une suite des Rois des Perses depuis Cyrus jusqu'au dernier Darius, une liste des Lagides et une des Séleucides.

Incipit : Ezechiel propheta cum Joachim rege Juda captivus ductus est in Babylonem, ibique hiis qui cum eo captivi fuerant prophetavit.

75 feuillets.   [Prov. : St-Vaast.]

_____

58. Panagii Salii Audomarensis Vedastiados libri quinque. — In-folio. - papier. - écriture bâtarde du XVIe siècle.   [xvie siècle.]

Incipit :

Sacra cano, regemque pium qui francica primus
Sceptra deo addixit, &c.

42 feuillets.   [Prov. : St-Vaast.]

_____

59. Commentarius in psalmos. — In-folio médiocri. - carré. - vélin blanc et mince. - réglé au crayon. - deux colonnes. - le texte encadré. - les marges couvertes de notes au crayon d'une écriture du XIVe siècle. - initiales au minium et à l'outremer. - rubriques en titres courants pour indiquer l'auteur du commentaire qui se trouve dans chaque colonne.

[xive siècle.]

Incipit : Cum omnes prophetas spiritûs sancti revelatione constet esse locutos ; David prophetarum eximius quodam digniori atque excellentiori modo quàm alii velut tuba spiritûs sancti prophetavit.

151 feuillets.   [Prov : St-Eloi.]

_____

60. S. Augustini sermones de verbis domini et de verbis apostoli. — In-folio médiocri. - carré. - vélin

fort et de choix. - tracé à la pointe sèche. - Xe siècle. - rubriques. - grande lettre romane au commencement. - initiales au vermillon. [xe siècle.]

Commence par la rubrique en onciale ; la ligne suivante en capitales à l'encre noire, peintes intérieurement de jaune et de rouge.

Incipit : Sermo sancti Augustini de verbis evangelii secundum Matheum, agite penitentiam, appropinquavit enim regnum celorum.

165 feuillets. [Prov. : St-Vaast.]

---

61. Summa Raymundi super jure canonico. — In-folio plano. - vélin blanc un peu mince. - tracé au crayon. - deux colonnes. - XIIIe siècle. - initiales festonnées rouges et bleues. - rubriques. [xiiie siècle.]

Incipit : Quoniam, ut ait jheronimus, secunda post naufragium tabula est, culpam simpliciter confiteri, ne imperitia ministrantis predictam tabulam, submergi contingat aliquando naufragantes.

Ego Raimundus frater ordinis predicatorum minimus, immo inutilis servus, ad honorem domini nostri Jhesu - Christi, et gloriosæ Virginis matris ejus et beatæ Katherine presentem summulam ex diversis auctoritatibus et majorum meorum dictis diligenti studio compilavi, ut, si quando fratres nostri ordinis, vel alii, circa judicium animarum in foro penitentiali forsitan dubitaverint, per ipsius excercitium tam in judiciis quam in consiliis questiones multas et casus varios, difficiles ac perplexos valeant enodare.

A la fin de l'ouvrage on lit : Super operis imperfectione veniam postulo à lectore ut, que corrigenda viderit et addenda, non invidenti animo sed benigno corrigat et emendet. Anno Domini MCCXXXVIII°. Laus tibi, Christe, quum liber explicit iste. Amen. Mense octobr.

87 feuillets. [Prov. : St.-Vaast.]

---

62. Prophetæ Minores cum glossâ. — In-folio plano. - vélin blanc, mince, piqué, - tracé au crayon. - deux et trois colonnes. - XIIIe siècle, - initiales fes-

tonnées rouges et bleues. - titres courants en onciales alternées rouges et bleues. [XIIIe siècle.]

Incipit : Non idem ordo est duodecim prophetarum apud hebreos qui et apud nos.

48 feuillets. [Prov. : St-Vaast.]

---

63. Frater Ricardus de Mediâ villâ, de ordine fratrum minorum, in tertium sententiarum. — In-folio parvo. - vélin. - deux colonnes. - XIVe siècle. - grandes lettres rouges et bleues, avec une table des chapitres du même temps que le reste du volume.

[XIVe siècle.]

Incipit : Vestitus erat veste aspersâ sanguine, et vocabatur nomen ejus verbum Dei, et exercitus qui sunt in celo sequebantur eum in equis albis, hæc verba scripta sunt Apocalyps. XIX.

101 feuillets. [Prov. : St-Éloi.]

---

64. Flores philosophorum. — In-folio. - vélin mince et jaune. - deux colonnes. - XVe siècle. - rubriques. - initiales rouges et bleues. - titres courants en vermillon.

[XVe siècle.]

Noms des auteurs dont les extraits forment le volume :

Prudentius, — Claudianus. — Virgilius, — Statius, — Lucanus, — Tibullus, — Ovidius, — Horatius, — Juvenalis, — Martialis, — Petronius, — Auctor Catalecton, — Calpurnius, — Terentius, — Sallustius, — Bœthius, — Plato, — Macrobius, — M. Tullius, — Seneca, — A. Gellius, — C.-J. Cæsar, — Sidonius, — Suetonius.

Sur le verso du 1er feuillet on lit : Hunc librum de floribus philosophorum erogavit Ecclesiæ Atrebatensi dominus Jacobus Arondelli ipsius Ecclesiæ canonicus, supplicans ut omnes in eo legentes deum devote exorent pro animâ ejus et benefactoribus suis.

143 feuillets. [Prov. : St-Vaast.]

65. Dionysii Areopagitæ celestis hierarchia (latiné) cum interpretationibus variorum, videlicet, Joan. Scoti, Maximi, Joan. Saraceni. — In-folio mediocri. - vélin. - réglé au crayon. - deux colonnes. - la glose encadrant le texte. - XIIIe siècle. - vignettes. - initiales au minium et à l'outremer. - titres courants en onciales alternées rouges et bleues. [XIIIe siècle.]

Incipit : Magnus Areopagita Dionisius , antiquus presbiter et doctor venerabilis, postquàm à beato Paulo apostolo ab errore paganorum et cultu idolorum ad viam veritatis et rectam fidei christianæ scientiam conversus est, &c.

132 feuillets.   [Prov. : St-Vaast.]

---

66. Theologia Moralis. — In-folio parvo. - vélin de basse qualité. - écrit sur deux colonnes. - une grande lettre dorée au commencement. [XIIIe siècle.]

Les deux premiers feuillets sont occupés par une table des chapitres.

Incipit : Tota celestis philosophia in bonis moribus et fide consistit; et quicquid amplius est à malo est, &c.

88 feuillets.   [Prov. : St-Vaast.]

---

67. Ieremias cum Glossâ. — In-folio plano. - beau vélin. - tracé au crayon. - une, deux et trois colonnes. - fin du XIIIe siècle. - initiales brodées au vermillon et à la cendre bleue. - titres courants en onciales alternées bleues et rouges. [XIIIe siècle.]

Incipit : Hieremias propheta cui hic prologus scribitur sermone quidem aput hebreos Isaia et osee et quibusdam aliis prophetis videtur esse rusticior, sed sensibus par est : quippe qui eodem spiritu prophetaverit. &c.

62 feuillets.   [Prov. : St-Vaast.]

68. Evangelium Lucæ cum glossis. — Petit in-folio carré. - vélin blanc. deux, trois et quatre colonnes, selon l'exigence de la glose. [XIVᵉ siècle.]

Les premiers feuillets manquent ; endommagé par les vers et l'humidité.

Incipit : . . . . . Et respondens angelus dixit ei ; Ego sum Gabriel qui adsum antè deum.

Glose : Zacharias designatur summus sacerdos qui uno tantùm anni tempore solus intrat templum cum sanguine quem offert pro populo.

70 feuillets. [Prov. : St-Vaast.]

---

69. Insignia nobilium (en français) Flandriæ et Franciæ.—In-folio.-papier.-écriture du XVIIᵉ siècle. - figurations d'armoiries coloriées. [XVIIᵉ siecle.]

Cet armorial est occupé presque tout entier par les alliances des comtes d'Artois de la maison royale de France. Les blasons d'Artois, de Picardie et de Flandre ne sont point coloriés et sont répétés à la fin du volume.

594 feuillets (complet.) [Prov. : St-Vaast.]

---

70. Expositiones Bibliæ. — Aliquot sermones sti Bernardi et sti Anselmi.—Joannes Damascenus de orthodoxâ fide.—In-folio mediocri.-carré.-vélin très mince, - deux colonnes. - écriture italienne du XVᵉ siècle, extrêmement fine. - vignettes. - rubriques marginales, - titres courants. [XVᵉ siècle.]

Les rubriques indiquent les docteurs d'où sont tirées les interprétations dont se compose le traité . . . . . Cet ouvrage ne remplit que la moitié du volume. Après un feuillet blanc, commence un autre traité sans titre, dont la rubrique est : *Capitula partis prioris in libro S. Bernardi Clarevallis.* . . . . Le volume se termine par le traité de Saint Jean Damascène *de orthodoxâ fide.*

Incipit : In principio creavit Deus celum et terram . . . . . celum spiritus, terra corpus. Quia, sicut celum terrà sublimius et solidius, sic excellentior et dignior corpore est spiritus. &c.

177 feuillets. ——— [Prov. : St-Vaast.]

71. Evangelium Matthæi cum glossis.—Petit in-folio carré. - vélin blanc. - deux, trois et quatre colonnes, selon l'exigence de la glose. - titres courants.

[xive siècle.]

Incipit : Matheus ex Judeâ sicut in ordine primus ponitur itâ evangelium in Judeâ primus scripsit.

64 feuillets ——— [Prov. : St-Vaast.]

72. Lectionarium — In-folio parvo. - vélin. - écrit en longues lignes. - grand caractère d'église. - contrefaçon gothique du XVIe siècle. - rubriques.

[xvie siècle.]

En tête du volume on lit :

Duc pennam, rege cor, Ne scribam vanum,
Virgo Maria, precor Duc, pia virgo, manum.

30 feuillets. [Prov. : Cathéd. d'Arras.]

———

73. D. Augustinus in Psalmos *(depuis le psaume Beatus vir qui non abiit, jusqu'au psaume trentehuitième).* — In-folio mediocri. - vélin magnifique. - réglé au crayon. - deux colonnes.-XIIe siècle.-Grande lettre ornée au commencement. -initiales rouges, vertes, bleues et jaunes. - rubriques. [xiie siècle.]

118 feuillets. ——— [Prov. : St-Vaast.]

74. Tobias. — Judith. — Ruth. — Esther. — Esdras cum glossâ. -- In-folio parvo. - carré -

vélin blanc. - deux colonnes ou trois, selon l'exigence de la glose. - notes marginales contemporaines. - XIVe siècle. - initiales ornées rouges et bleues. - titres courants en onciales. - gothiques alternées rouges et bleues.   [xive siècle.]

Incipit : Chromatio et Heliodoro episcopis Ieronimus presbiter in Domino salutem.—(Prov. : Célestins d'Amiens.)

65 feuillets.   [Prov. : St-Vaast.]

75. Bartholomæi Papiensis Breviarium super Gregorianis decretalibus.—In-folio mediocri. - vélin léger, commun, piqué de vers. - tracé au crayon. - deux colonnes. - XIVe siècle. - écriture très-fine. - grandes lettres brodées rouges et bleues. - vignettes initiales au vermillon ou à l'outremer. - rubriques.

[xive siècle.]

Incipit : Justè judicate, filii hominum, et nolite judicare secundùm faciem, sed justum judicium judicate, ut ostendatis vos diligere justitiam, qui judicatis terram, illum præ oculis cordis habentes qui reddet unicuique secundùm opera sua. Quâ etenim mensurâ mensi fueritis remetietur vobis, cum et de talento credito teneamur reddere rationem. Cleri santeque Romane Ecclesie ac studentium utilitati, ego B. papiensis præpositus exempla de veteri novoque jure sub titulis compilavi, super operis imperfectione veniam postulans à lectore.

20 feuillets.   [Prov. : Cathéd. d'Arras.]

76. Bartholomæus Anglicus de proprietatibus rerum. —In-folio carré. - vélin. - deux colonnes. - commencement du XVe siècle. - rubriques, vignettes, miniatures au commencement, avec encadrement orné d'animaux.   [xve siècle.]

Les deux premiers feuillets, écrits sur parchemin graté, sont occupés par une table des chapitres.

Incipit : Quum proprietates rerum sequantur substantiam secundùm distinctionem et ordinem substantiarum, erit ordo et distinctio proprietatum de quibus adjutorio divino presens opusculum est compilatum..... Explicit liber de proprietatibus rerum. Deo gratias.

Ce n'est qu'un abrégé du Traité de *Proprietatibus rerum.*

54 feuillets. [Prov. : St-Vaast.]

77. Notes historiques sur la province d'Artois.
—In-folio. - papier. - écriture du XVIIIe siècle. - encadrement à l'encre. [xviiie siècle.]

Mémoires sur les Antiquités d'Arras et d'Artois, avec un inventaire des chartes relatives aux priviléges et constitutions de la province.

79 feuillets. [Prov. : Acad. d'Arras.]

78. Lullii ars inventiva. — In-folio mediocri. - vélin blanc. - réglé à l'encre. - deux colonnes. - vignettes. - initiales au minium et à l'outremer.

[xiiie siècle.]

Sur le verso du premier feuillet, dont le recto est en blanc, on trouve plusieurs tableaux symboliques des propriétés des choses. Trois de ces tableaux sont circulaires; un autre a la forme d'un triangle arithmétique.

A la fin : Explicit ars inventiva et discretiva.

111 feuillets. [Prov. : St-Vaast.]

79. S. Hieronymus contra Jovinianum et Rufinum in Danielem. — In-folio mediocri. - vélin choisi. - tracé au crayon. - deux colonnes. - XIIe siècle. - grandes lettres romanes en miniature. - têtes des livres en onciales alternées rouges et azur. [xiie siècle.]

Incipit : Hieronimus ad Desiderium de scriptoribus. Vis nunc acri-
ter, mi frater Desideri, ut tibi, quasi de luminaribus firmamenti quæ
toto mundo refulgent, pauca de scriptoribus, qui nobis multa desideria
de obscuritatibus, quæ propter carnalem mentem impediunt, ad splendo-
rem considerationis spiritualem proferre potuerunt, manifestissimé
dicam.

147 feuillets. [Prov. : St-Vaast.]

80. Rupertus de Divinis officiis. — In-folio me-
diocri. - beau vélin. - rayé au crayon. - deux colonnes.
- fin du XIIe siècle. - rubriques. - grandes capitales au
minium, en outremer et à la cendre verte.

[XIIe siècle.]

Incipit prologus Roberti abbatis Thusciensis in divinis officiis.

127 feuillets. [Prov. · St-Vaast.]

81. Passiones et Evangelia. — In-folio parvo. - vélin
blanc. - XVe siècle. - grands caractères d'église. - miniatures. - vignettes. - encadrements peints. - rubriques. - chant noté. [XVe siècle.]

111 feuillets. [Prov. : St-Vaast.]

82. B. Gregorii moralium in Job Lib. V priores. —
Pastorale S^{ti} Ambrosii. — In-folio mediocri. - vélin
de choix. - deux colonnes. - tracé au crayon. - écriture du XIIe siècle. - rubriques en onciales. - grandes
lettres zoomorphes. [XIIe siècle]

Sur le verso du dernier feuillet on trouve, en très-belle écriture
minuscule du XIIIe siècle :

Reditus et consuetudines beati Aicadri de Halmal.

(Voir la seconde partie du catalogue.)

84 feuillets. [Prov. : St-Vaast.]

83. Parabolæ Salomonis, Ecclesiastes, Cantica Canticorum, Sapientia, cum glossâ. — In-folio mediocri. - vélin, belle qualité. - rayé à la plume. - longues lignes. - deux ou trois colonnes pour l'accord du texte et de la glosse. - XIII° siècle. - grandes lettres en miniatures. - vignettes. - initiales de couleur. - titres courants en onciales alternées rouges et bleues.

[XIII° siècle.]

Incipit : Parabolæ Salomonis secundum hebraicam veritatem translatæ ab Eusebio Hieronimo presbytero, petente Cromatio et Eliodoro episcopis.

102 feuillets.   [Prov. : St-Vaast.]

---

84. Bartholomæi Anglici liber de proprietatibus rerum. — In - folio mediocri. - vélin mince. - deux colonnes. - fin du XIV° siècle. - rubriques. - vignettes. - initiales au minium et à l'outremer. - indication du numéro de chaque livre en titre courant. [XIV° siècle.]

Finit par une nomenclature ainsi intitulée : *Auctores, de quorum scriptis hæc sunt tracta , sunt isti :*

Ambrosius.	Damascenus.	Michael Scotus.
Haymo.	Dyonisius.	Nazarenus.
Alanus.	Elpitrus	Origenes.
Anselmus.	Fulgencius.	Orosius.
Basilius.	Gregorius.	Petrus.
Beda.	Gilbertus.	Senensis.
Bernardus.	Augustinus.	Pamphilius.
Cyprianus.	Adamancius.	Patricius.
Elicius.	Hyeronimus.	Rabanus.
Eusebius.	Ysidorus.	Robertus Lincoln.
Crisostomus.	Innocentius.	Ricardus de s¹° Victore.
Damasus.	Leo Papa.	Stephanus Strabus.

Incipit : Cum proprietates rerum sequantur substantias seu distinctionem et ordinem substantiarum erit ordo et distinctio proprietatum
de quibus adjutorio Divino est presens opusculum compilatum.....

Ipsius ad gloriam qui est alpha et ômega, principium et finis omnium
bonorum, qui est deus sublimis et gloriosus vivens et regnans in
secula seculorum. Amen. Explicit.

200 feuillets.   [Prov. : St-Vaast j

---

85. Ruth, Tobias, Judith, Esther, cum glossâ.—
In-folio parvo. - vélin blanc et léger. - une, deux et trois colonnes. - initiales au minium et à l'outremer. - XIIIe siècle. - titres courants en onciales, gothiques alternées rouges et bleues.   [XIIIe siècle.]

Incipit : In diebus unius judicis, quando judices preerant, facta est
fames in terrâ ; abiitque homo de Bethleem juda ut peregrinaretur in
regione moabitide cum uxore suâ ac duobus liberis ; ipse vocabatur
Elimeleth, uxor ejus Noemi, &c. *Glose :* Abiit homo, &c. ; quem quidam
decalogum intelligunt et uxorem ejus sinagoguam, &c.

48 feuillets.   [Prov. : St-Vaast.]

---

86. Gregorii moralium super Job Pars sexta.
—In-folio mediocri. - vélin graté, assez fort, blanc. - tracé au crayon. - deux colonnes. - XIIe siècle. - en tête de chaque livre, une rubrique et une grande lettre ornée au vermillon.   [XIIe siècle.]

Incipit : Beatus Job talia utrumne fecerit domino interrogante requiritur, qualia utique facere non potest homo, &c.

Orationis autem atque expositionis virtute collatâ lector meus in
recompensatione me superat, si, cum per me verba accipit, pro me
lacrimas reddat. Explicit.

43 feuillets.   [Prov. : Cath. d'Arras.]

87. Traités concernant l'Artois. — Cahiers de papier de différents formats. - écriture du XVIe siècle. - dans ce recueil on trouve : [xvie siècle.]

1° Une copie du traité de Péronne (14 oct. 1468).

2° Mémoires de la ville d'Arras et de la cité, depuis le temps de Jules César avec l'état de l'Eglise. (S'arrête en 1467).

3° Sommaire chronique d'Artois par François Bauduin, jurisconsulte. (Quand il fit ce narré, il était Huguenot).

4° Inventaire des titres trouvés au coffre des chartes reposant en la chambre des échevins d'Arras, fait le 4 mai 1588.

5° Autre inventaire des titres trouvés en un coffre de bois à deux serrures, qui est en la dite chambre des dernières chartes.

6° De Origine Comitatûs Atrebatii et de Comitum Genalogiâ Enarratio ad principem de Croi, Flandriæ et Artesiæ gubernatorem.

7° Les antiquités d'Hénin-Liétard, ville du pays et comté d'Artois.

8° Description des troubles arrivés dans la ville d'Arras, et les exécutions faites en 1578.

196 feuillets. [Prov. : St.-Vaast.]

---

88. Psalterium. — In-folio médiocri. - vélin tout noirci. - tracé à l'encre pourpre. - longues lignes. - écriture d'église du XIVe siècle. - riches miniatures, mais d'une médiocre exécution. - grandes lettres historiées. - vignettes. - initiales festonnées rouges et bleues. [xvie siècle.]

Commence par un calendrier perpétuel noté en chiffres arabes. Au recto du dernier feuillet, six vers latins sur la reconstruction de l'église de St-Vaast, commencée en 1268, et sur sa dédicace en 1295. (Voir la seconde partie du catalogue.)

A la tête de chaque mois, une figure analogue aux mots qui les accompagnent :

Januarius dicit poto.

Februarius—ligna cremo.

Martius—de vite superfluâ demo.

Aprilis—do gramen gratum.
Maius—mihi servit flos.
Junius—michi pratum.
Julius—messes inclino.
Augustus—segetes tero.
September—vina propino.
October—semen humi jacto.
November—michi pasco sues.
December—michi macto.

106 feuillets.   [Prov. : St-Vaast.]

---

89. Nonnullarum sanctarum vitæ.—In-folio parvo. -vélin supérieur. - deux colonnes. - réglé au crayon. - XIIe siècle.- rubriques.- initiales des chapitres au minium.   [xiie siècle.]

Vitæ sanctæ Agnetis, Sanctarum, Pelagiæ peccatricis, Mariæ Egiptiacæ, Mariæ, Neptis Abrahæ, et Eufrosinæ virginis.

Fragment de la vie de Ste-Pélagie.

Incipiunt actus Mariæ Egyptiacæ.—Prologus.—Incipit vita.

Incipit vita Mariæ, Neptis Abrahæ.

Incipit vita Eufrosinæ virginis.

Iste liber est ecclesiæ sancti Anthonii Celestinorum de Ambianis, in quo continetur vita et consecratio sanctarum Pelagiæ peccatricis, Mariæ Egyptiacæ, Mariæ, Neptis Abrahæ, et sanctæ Eufrosinæ virginis.

19 feuillets.   [Prov. : St-Vaast.]

---

90. Collationes Cassiani.— In-folio parvo. - vélin. - deux colonnes. - réglé à l'encre. - gothique lombarde du XIVe siècle. - rubriques. - initiales rouges. - vignettes peintes au commencement.   [xive siècle.]

Incipit : Debitum quod Beatissimo Pape Castori in eorum voluminum prefacione promissum est, que de institutis cenobiorum et de octo principalium viciorum remediis decem libellis domino adjuvante digesta sunt, in quo tenuitas nostri sufficit ingenii, utcumque sarcitum est....

Mentem.... vel ad terrena demergi, vel ad cœlestia sublevari, quibus antè orationem fuerit immorata. Deo gratias.

A la fin du volume : Expliciunt collaciones patrum. Jhesus, Maria, Johannes.—(Prov. : Célestins d'Amiens)

44 feuillets. [Prov. : St-Vaast.]

---

91. Summa Monaldi in jure canonico tractans et expediens multas diversas materias secundùm ordinem alphabeticum. — In-folio mediocri. - vélin blanc et léger. - tracé au crayon. - deux colonnes - fin du XIIIe siècle. - initiales peintes. - vignettes. - rubriques. - indication courante des numéros des titres au minium. [XIIIe siècle.]

Le commencement de la table des titres est enlevé.

Incipit : Quum ignorans ignorabar, sicut ait Paulus egregius predicator, &c.

Cum hiis qui ad justitiam multos erudiunt in celesti gloriâ fulgeamus. Amen.

214 feuillets. [Prov. : St-Vaast.]

---

92. Sermones Dominicales à septuagesimâ ad pascha.— In-folio. - vélin commun. - tracé au crayon. - deux colonnes. - XIVe siècle. - rubriques marginales. - initiales brodées rouges et bleues. [XIVe siècle.]

Incipit : *Dominica prima septuagesimæ.* Theuma de introitu missæ sumptum ex psalmo : circumdederunt me gemitus mortis. Dolores inferni circumdederunt me Hodie innovatur officium ecclesiæ. Supprimuntur cantica lætitiæ, scilicet alleluia, gloria in excelsis et Te Deum laudamus. Cythara ecclesiæ versa est in luctum, et gaudium in merorem, Jubilus in lamentationem, &c.

Theuma sumptum de evangelio secundùm Matheum :

Simile est regnum celorum homini patri familias, qui exiit primo mane conducere operarios in vineam suam.

Theuma sumptum de epistola ad Corinthios.
Libenter suffertis insipientes, cum sitis ipsi sapientes.

———

Theuma sumptum de evangelio secundùm Lucam.
Qui seminat seminare semen suum. Levavi oculos meos et vidi et ecce volumen volans. Dominus ostendit Zacharie prophete volumen volans.

———

Theuma sumptum de epistolà ad Corinthios.
Si linguis hominum loquar et angelorum, caritatem autem non habeam, factus sum velut es sonans aut cymbalum tinniens.

———

Theuma sumptum de evangelio secundùm Lucam.
Assumpsit Jhesus duodecim discipulos suos, et ait illis : Ecce ascendimus Iherosolimam.

———

Theuma sumptum de epistolà ad Thessalonicenses.
Rogamus vos et obsecramus in domino Jesu, ut quemadmodum accepistis à nobis, quomodo oporteat vos ambulare et placere deo, sic et ambuletis ut habundetis magis.

———

Theuma sumptum de epistolà ad Philippenses
Hoc sentite in vobis, quod et in Christo Jesus, qui cum in formà dei esset, non rapinam arbitratus est esse se equalem deo.

———

Theuma sumptum de evangelio secundùm Matheum.
Cum appropinquasset Jhesus Iherosolimis et venisset Bethphage ad montem oliveti misit duos discipulos dicens eis.

———

Theuma sumptum de evangelio secundùm Johannem.
Ante diem festum pasche sciens Jhesus quia venit hora ejus ut transeat ex hoc mundo ad patrem, cum dilexisset suos qui erant in mundo in finem dilexit eos.

63 feuillets.   [Prov. : Cathéd. d'Arras.]

———

93. Glossa in Librum Numerorum.—In-folio parvo.
- carré. - vélin mince. - rayé au crayon. - deux et trois

colonnes. - XIIIe siècle. - une grande initiale en miniature. - lettres capitales au minium et à l'outremer.

[XIIIe siècle.]

Incipit : Liber Numeri appellatur quia multitudinis israelitice profec-
torum virorum computationem tenet.

117 feuillets. [Prov. : St-Éloi.]

_____

94. Historia abbatum monasterii Henniacensis,
per D. Balduinum de Glen, abbatem ejusdem monasterii, ab anno 1584 descripta manu propriâ
ejusdem domini abbatis, qui obiit anno 1594, 19
decembris. — In - folio. - écriture cursive du XVIe
siècle. [XVIe siècle.]

Incipit : Qui in litteris sacris antiquam seu ecclesiæ seu synagogæ
conditionem rectè considerat, facilè advertit non eodem semper statu
perseverasse, &c.

58 feuillets. [Prov. : St-Vaast.]

_____

95. Carmina pro felici Philippi II adventu in urbes Belgii.—Autre titre : Extraict des inscriptions
et attaches faictes et mises en diverses villes et
aultres lieux au voyage de Dom Philippe, roy des
Espaignes, fils de Charles-le-Quint.—In-folio. - pa-
pier, - écriture bâtarde du XVIe siècle. [XVIe siècle.]

A la fin est un poème en vers français, composé en 1604, par Jean
Wallart, pour Philippe de Caverel, abbé de St-Vaast d'Arras.

46 feuillets. [Prov. : St-Vaast.]

_____

96. Isidorus de sanctis officiis.—In-folio parvo. -
vélin graté, blanc et fort. - tracé au crayon. - longues
lignes. - fin du XIe siècle. - large minuscule. - grande

lettre à la plume ornée de pourpre dans le style roman. - initiales capitales au vermillon et à la cendre verte. commence par une inscription en petites capitales alternées rouges et noires.   [xie siècle.]

Incipit : Domino suo et Dei servo Fulgentio episcopo Isidorus episcopus premium. Queris à me originem officiorum quorum magisterio in ecclesiis erudimur, &c.

Hec sunt parva ex multis que probabilium virorum novimus precepisse doctrinis, quorum eloquia proindè quibusdam in locis à nobis interesse noscuntur ut sermo noster paternis firmetur sentenciis.

21 feuillets.   [Prov. : Cathéd. d'Arras.]

------

97. Recueil sur le Conseil d'Artois. — In - folio parvo. - papier. - écriture du XVIIIe siècle. - dessins d'armoiries à l'encre de Chine.   [xviiie siècle.]

Sur le frontispice : Recueil du conseil provincial d'Artois, contenant son établissement, les noms, surnoms et qualités de tous ceux qui ont été présidents, chevaliers d'honneur, conseillers, avocats et procureurs généraux, tant pour son établissement que depuis jusques aujourd'hui.

Reprenant les personnes auxquelles elles ont succédé et comment, les jours et dates de leurs provisions et mises en possession, lieux de leurs naissance et décès.

Leurs armoiries et description d'icelles, lettres de chevalerie, noblesse et autres marques d'honneur qui leur ont été accordées par les souverains.

Le tout recueilli par Me Martin-Joseph-Bernard Derasière, écuyer, sieur Dauby, conseiller du Roy en son conseil provincial d'Artois. — 1730.

72 feuillets.   [Prov. : St-Vaast.]

------

98. Psalterium. — In-folio mediocri. - vélin noirci et rongé par l'usage. - tracé à l'encre pourpre. - longues

lignes. - fin du XIVe siècle. - grosse gothique d'église. - vignettes. - grandes lettres festonnées au vermillon et à l'outremer. - initiales rouges et bleues.

[xive siècle.]

Commence par un calendrier.—Finit par des oraisons écrites d'une main postérieure.

93 feuillets. [Prov. : St-Vaast.]

---

99. Glossa in psalmos. — In-folio parvo. - carré. - vélin commun - deux colonnes. - réglé au crayon. - écriture négligée du XIIIe siècle. - initiales rouges et vertes. [xiiie siècle.]

Incipit : Omnes prophetas spiritûs sancti revelatione esse locutos, David prophetarum eximius quodam digniori atque excellentiori modo quàm alii velut tuba spiritûs sancti prophetavit.

A la fin : Magister Enguerranus de Sancto Fusciano præpositus Ecclesiæ Ambianensis dedit hunc librum huic monasterio Sancti Anthonii Celestinorum de Ambianis. Orate pro eo.

166 feuillets. [Prov. : St-Vaast.]

---

100. Prima pars summæ sancti Thomæ de Aquino. — In-folio mediocri. - vélin blanc. - deux colonnes. - écriture italienne du XIVe siècle. - vignettes. - rubriques. - initiales à l'outremer. - indication courante des questions en chiffres romains, alternées rouges et bleues. [xive siècle.]

Incipit : Quia catholicæ veritatis doctorem non solum provectos decet instruere, sed ad eum etiam pertinet insipientes erudire.

161 feuillets. [Prov. : St-Vaast.]

---

101. Tractatus de questionibus inter Catholicos et Hereticos modernos maximè controversis.—Commentarius in secundam partem sancti Thomæ.—In-folio mediocri. - papier. - écriture cursive de la fin du XVIe siècle. [xviie siècle.]

A la première page, on lit : Hunc de questionibus inter Catholicos et Hereticos maximè modernos controversis tractatum et commentarium in primam partem D. Thomæ ab Jodoco hellens seminarii Lamotiani preside in suum et confratrum usum excerpsit Duaci Joannes Nyzartius, religiosus Sancti-Vedasti Attrebatensis, theologiæ studiosus. Anno 1603.

255 feuillets. _____ [Prov. : St-Vaast.]

102. Magister sententiarum.—In-folio mediocri. - vélin de choix. - réglé au crayon. - deux colonnes. - XIIe siècle. - rubriques. - initiales au minium et à l'outremer.- grandes lettres en miniature. - annotations marginales du XIVe siècle. [xiie siècle.]

Incipit prologus : Cupientes aliquid de penuriâ ac tenuitate nostrâ in gazophilacium domini mittere. . . . .

A facie exorsus sedentis per media ad pedes usque viâ duce pervenit. Explicit.

A la dernière page, on lit : Istum librum decem emi libris turonensibus. Iste liber correctus est quem emi Parisius. Anno domini millesimo IIIC. LXXXXIV. — (Prov. : Célestins d'Amiens).

126 feuillets. _____ [Prov : St.-Vaast.]

103. Mélanges généalogiques.—In-folio. - papier. écriture du XVIIe siècle. [xviie siècle.]

Contient :

1o Généalogies des maisons de la Tramerie, de Villers-au-Tertre, Hondt, Landas, Hangouard, Monchy, &c.

2o Extraits des registres des sentences et lettres d'anoblissement enregistrées en l'élection d'Artois.

3° Coppie du premier volume de la descente et généalogie des comtes de Boulogne, recœilli par le sieur de Boncourt en 1534, &c. 178 feuillets. [Prov. : St-Vaast.]

104. M. Johannis de Burgh Pupilla oculi. — In-folio médiocri. - carré. - vélin blanc et beau. - tracé au crayon. - deux colonnes. - cursive soignée du XIVe siècle. - grandes lettres et encadrement en miniature. - initiales brodées en or, vermillon et outremer. - rubriques. [XIVe siècle.]

Sur la première feuille est écrit : Hunc librum vocatum Pupilla oculi dedit quondam magister Symon Gaingnardi, canonicus hujus ecclesie, conditione tali quod retro altare remaneat. Anima ejus requiescat in pace. Amen.

Les premiers feuillets sont occupés par une table alphabétique.

Incipit liber qui dicitur pupilla oculi compilatus per venerabilem magistrum sacre theologiæ doctorem magistrum Johannem de Burgh, nacione anglicanâ.

Humane conditio nature jam senescente mundo decursu temporum continue vergens, &c.

119 feuillets. [Prov. : Cathéd. d'Arras.]

105. Recueil concernant le saint Cierge d'Arras. — In - folio. - papier. - écriture du XVIIIe siècle. [XVIIIe siècle.]

Sur le frontispice : Recueil de ce qui s'est passé depuis le mois de juin 1770, à l'occasion du saint Cierge d'Arras de la confrérie de Notre-Dame des Ardens et de ses Usages.

106 feuillets. [Prov. : Acad. d'Arras.]

106. Liber confessionum sancti Augustini. — In-folio parvo. - carré. - vélin mince. - endommagé par

l'humidité. - deux colonnes. - XIIIe siècle. - vignettes. - rubriques. **[xIII^e siècle.]**

112 feuillets. **[Prov. : St-Éloi.]**

---

107. Conciones habitæ in capitulo Vedastino.— In - folio parvo. - papier. - écriture courante du XVIe siècle et de plusieurs mains. **[XVIe siècle.]**

Ce volume contient plusieurs sermons en français, prononcés à St-Vaast d'Arras, pendant les années 1593-1598, par le R. P. François Boucaut et d'autres religieux de la communauté.

205 feuillets. **[Prov. : St.-Vaast.]**

---

108. Armorial de Flandres. — In - folio. - carré. - quarante-deux écussons coloriés par feuillet. - exécution du XVIe siècle. **[XVIe siècle.]**

22 feuillets. **[Prov. : St-Vaast.]**

---

109. Mémoires, Lettres, Instructions pour servir à l'histoire des États tenus à Mons en 1579.— Papier. - copies de chancellerie. - écritures du XVIe siècle. **[XVIe siècle.]**

Contient :

Les Estatz d'une part et comté d'Arthois, le vij de décembre 1578, assemblez au lieu abbatial de St-Vaast d'Arras, ont remonstré à Monsieur le viconte de Gand qu'ils ont eu plusieurs advertences, &c.

Poinctz et articles pour parvenir à une bonne et fructueuse réconciliation entre Monseigneur l'illustrissime et révérendissime archevesque et duc de Cambray, et le sieur baron d'Inchy, gouverneur et capitaine de la citadelle de Cambray, &c.

Pour démonstrer que le plus expédient et seul remède de pacifier les troubles du Pays-Bas seroit par le moyen d'une paix et réconciliation avec sa Majesté Catholique, &c.

Poinctz et articles principaux thirez de la proposition faicte par son Altesse aux Estats généraux sur lesquels se debveroit dresser et arrester entre les provinces une nouvelle et plus estroite union.

———

Comme pour entretenir les bourgeois, manans et habitans de la ville d'Arras, en paix, union et accord, et oster toutte diffidence et mauvaises impressions que l'on peut concepvoir les ungs des autres.

———

Cum hactenus nihil studii, laboris, aut industrie, augusto imperator, prætermisimus, ut cum hispaniarum rege possemus pacem componere.

———

Messieurs les Estatz généraux des Pays-Bas de par deça, ayant entendu, par le rapport du sieur comte de Schwartzenberg, &c.

———

Son Altesse, Messieurs du Conseil d'Estat et Estatz genéraulx, ayant mis en délibération la proposition à eux faicte, le premier de ce moys, par le comte de Schwartzenberg, ambassadeur, de la part de sa Majesté impérialle, &c.

———

Proposition faicte de la part des sieurs députez des Estatz du pays et comté d'Arthois, par la bouche du sieur Prélat esleu de St-Vaast d'Arras, en l'assemblée des Estatz du pays et comté de Haynaut, tenue en la ville de Mons, le dernier jour du mois d'apvril 1573.

———

Les personnes du clergé de Haynaut, pour parachever la réconciliation fort avancée avecq sa Majesté catholique, notre prince naturel, ont trouvé expédient de remonstrer ces poinctz, &c.

———

Proposition faicte de la part des Estatz d'Arthois et députez de Haynaut, par la bouche de Monseigneur le Prélat esleu de St-Vaast.

———

A la députation et requeste des Provinces-Unyes, Monsieur le Prélat abbé esleu de St-Vaast d'Arras, Monsieur de Tangry et Monsieur Jehan le Merchier, desputez des Estatz du pays et comté d'Arthois.

———

En l'assemblée du Conseil tenu en la maison eschevinale de la ville de Douay, le XXIe de décembre 1578, où estoient Messieurs les Eschevins modernes, ceux des deux tours, présidents, desputez des chapitres de St-Pierre et St-Amé, nobles gentils-hommes et notables bourgeois de la dite ville.

Premier présenteront aux dilz Estatz généraux les bien affec-
tueuses recommandations des dits Estats de Lille. [xxiii juillet 1578.]

Instruction pour vous, Messire d'Ongnies et de Villerval, conseil-
ler du Conseil d'Estat du Roy, commis au gouvernement de Lille,
Douay, Orchies, de ce que avez à remonstrer aux Estatz dudit Lille,
Douay et Orchies.   [Février 1579.]

Response que font les desputez des Estatz généraux, sur les
poinctz à eux représentez et exhibez dans le sommaire de la légation
du sieur Desponneaux, conseiller et chambellan aux affaires et conseil
de Monseigneur le duc d'Anjou.   [xxiii novembre 1578.]

Pour parvenir à une bonne et asseurée paix et réconciliation
avecq le Roy, notre prince naturel, auquel Dieu donne très-bonne
et longue vie, samble, à parler en toutte révérence et soubz la très-
humble correction des mieux entendus en ces affaires, &c.

        A son Excellence.
Les desputez des Estatz et Provinces des pays et conté d'Arthois et
Haynaut et des villes et chastellenies de Lille, Douay et Orchies, très-
affectionnez serviteurs de votre Excellence pour le service de Dieu
premièrement et de Sa Majesté, salut !

Monseigneur, nous estant tous retrouvez en ceste ville, où mesme-
ment sont comparus les desputez des villes et pays d'Alost, pour se
joindre et renger de nostre party, y attendant encoire ce jourd'huy
les desputez de la ville de Malines, avons esté grandement esmer-
veillés, &c.   [xxviii aoust 1579.]

A la députation et requeste des provinces unies, Monseigneur le
Prélat, abbé, esleu de St-Vaast d'Arras, Monseigneur de Tangry et
Monseigneur Jehan le Merchier, desputez des Estats et pays du comté
d'Arthois, avecq et accompagnés des sieurs desputez des Estats de
Haynaut, se transporteront, &c.   [xiii janvier 1579.]

Comme de tout ce que traistera sa Majesté, son Altèze, offre suivant
l'intention d'icelle, toutes telles asseurances que humainement se peut
demander au contentement de gens de raison, &c.

Attendu le présent estat des Pays-Bas, pour la retraite inopinée du sieur dom Jehan d'Austriche, sur laquelle les Estats ont assez déclaré, &c. [VIII décembre 1577.]

Du dernier d'avril 1579, en l'assemblée des nobles de Haynaut, chez Monseigneur le comte de Lalaing.

A Messieurs les Estatz du pays et comté d'Arthois et despulez des autres provinces y présens. [XXV février 1579.]

Mathias, par la grace de Dieu, archiduc d'Austrice, duc de Bourgogne, &c., gouverneur et capitaine général des pays de pardeça, aux Estats d'Artois. [XII décembre 1578.]

Messieurs, les exemples des histoires passées nous font assez entendre de combien il importe à toutes sortes de républiques d'entretenir sainctement, &c.

Philippes, par la grace de Dieu, roy de Castille, &c., à tous ceuls qui ces présentes lettres voirront, salut. Comme nous n'avons jamais rien plus désiré que la réduction de nos bons subjets et vassaux, et le repos et tranquillité de notre peuple, &c. [XII décembre 1578.]

Nostre avys est, soubs humble correction, qu'on laisse sçavoir à sa Majesté impériale que les Estats généraux se soubmettent à icelle en la mesme forme que son ambassadeur Monseigneur le comte de Schartzenberg, nous a donné à congnoistre comme moyenneur, médiateur et intercesseur.

Instruction pour vous, révérend père en Dieu, messire Jehan Vander Noot, prélat de St-Léonard, de ce que nous, les autres prélats du pays et duché de Brabant, vos confrères, vous requérons vouloir de notre part déclairer, communiquer et traicter avecq Messieurs les prélats et autres représentants l'estat de l'église. [XXV janv. 1579.]

Mon Cousin, vous aurez entendu, comme je ne doubte, l'arrivée des despulez d'Arthois, Haynaut, Lille, Douay et Orchies, vers moy, et le plaisir et contentement que ce m'a esté de veoir une si honorable compagnie venant d'Estatz si zéleux du service de Dieu.

Prælati, nobiles, ac provinciarum, civitatumque Germaniæ inferioris delegati, qui universos ordines representant, immortales sacræ Cæsareæ majestati summâ cum animi submissione atque observantiâ agunt gratias. ——— [xix juillet 1578.]

Instruction pour Wallerand de Landas, escuyer seigneur de Wanchaing, bailly de la baronie de Chisoingt, ayant charge des Estats de la ville et chastellenie de Lille, seigneurs, prélats et nobles, se trouver vers Messieurs les desputez des pays et comté d'Arthois et de Haynaut, pour leur remonstrer ce que s'ensuyt. [xix janvier 1579.]

Les Estatz du Paiis-Bas et comté d'Arthois, le vij de décembre, assemblés au lieu abbatial de St-Vaast d'Arras, ont remonstré à Monseigneur le vicomte de Gand qu'ils ont eu plusieurs advertences.

Poinctz et articles conceuz et advisez pour estre proposez par les seigneurs desputez des Estatz généraux des Pays-Bas en l'assemblée quy se tiendra à Cologne pour moyenner et arrester une bonne paix entre sa Majesté catholique et Estatz susditz.

Instruction pour vous, Monsieur de Capres, gouverneur général du pays et comté d'Arthois, de ce que de notre part et l'advis des Estatz généraux et Conseil vous aurez à faire par tous les villes et lieux de vostre gouvernement. [xiii septembre 1578.]

Les prélats, nobles et desputez des villes du pays et conté d'Arthois représentant les trois Estatz du dict pays, assemblés au lieu abbatial de St-Vaast d'Arras, au premier jour d'octobre mil cinq cent soixante-dix-huit, &c.

Sy nous voulons considérer de prez l'estat présent de ceste désolée patrie, affligée par tant de calamitez passées, nous la trouverons au hazard de soy précipiter et de donner, comme la navire agitée de la tempeste, destituée de ses ancres, à la merci des vagues, contre un dur rocher et faire naufrage. [1578.]

Sire, comme nous doutons grandement que, durant les altérations esmues en vos Pays-Bas, lesquelles ne voyons encoire assopies, conbien qu'à nostre grand regret, vostre Majesté aurait peu recevoir divers rapports; et suivant iceux pourroit avoir eu diverses impressions, et fait divers jugemens au désavantage de ses pauvres subjects, nous n'avons peu obmettre, pour nostre devoir, asseurer icelle qu'en ces dits pays se retreuvent encoire pour le jourd'hui beaucoup de milliers, qui n'aspire à austre fin que de soy maintenir en la religion catholique, apostolique et romaine, sous votre deue obéissance. [xxv février 1579.]

114 feuillets. [Prov. : St-Vaast.]

---

110. Quatuor Evangelia. — Commentarii in epistolas Jacobi, Petri et Joannis cum glossis. — In-folio parvo. - carré. - vélin de choix. - réglé au crayon. - deux et trois colonnes. - XIII° siècle. - initiales rouges et bleues. - titres courants en onciales rouges et bleues. [xiii° siècle.].

Incipit : Matheus ex Judeâ sicut in ordine primus ponitur, ità evangelium in Judæâ primus scripsit, &c. — (Des Célestins d'Amiens.)

145 feuillets. [Prov. : St-Vaast.]

---

111. Dictata R. P. Mathei Bai Soc. Jesu de justitiâ et jure. — Tractatus primus de justitiâ in genere. — In-folio. - papier. - écriture cursive du XVI° siècle. [xvi° siècle.]

Cahiers de Théologie. In Usum Johannis Nizart Vedastini.

254 feuillets. [Prov. : St-Vaast.]

---

112. Coutumier d'Artois. — In-folio. - papier. - écriture courante du XVII° siècle. [xvii° siècle.]

L'ouvrage est précédé d'une préface en latin, et chaque article de la coutume est accompagné d'un commentaire également en latin.

En tête du livre est écrit : Ex dono domini Demaziere advocati.

Incipit : Arthesienses respublicæ videntur aristocraticæ, optimatum consilio et potestate gubernatæ.

482 feuillets. [Prov. : St-Vaast.]

113. Sommaire de la correspondance de la Duchesse de Parme, pendant l'année 1566. — Papier. - écriture du XVIe siècle. [xvie siècle.]

Le premier titre est : *Summaire des lettres de Mme la duchesse de Parme, escriptes au Roy, tiré hors certain livre copié.*
Ce sommaire n'indique que l'objet des lettres, sans aucune analyse.
34 feuillets. [Prov. : St-Vaast.]

114. Oratio de solis eclipsi quæ Passionis Christi tempore visa est, habita in quodlibeticis quæstionibus anno 1598. — Papier. - écriture cursive du XVIe siècle. [xvie siècle.]

Incipit : Si quantùm virium et ingenii ad dicendum, viri ornatissimi, aliis natura concessit, tantùm eruditionis et eloquentiæ mihi diligentia et industria comparasset, &c.
15 feuillets. [Prov. : St-Vaast.]

115. Galbertus Brudgensis, de mulctro, traditione et occisione Caroli comitis Flandriarum. — In-folio. - écriture du XVIe siècle. - sans indication du manuscrit sur lequel a été faite cette copie. [xvie siècle.]

Incipit : Cum inter regnorum principes, quos circà nos cognovimus, &c.
70 feuillets. [Prov. : St-Vaast.]

116. Dictata in primam secundæ doctoris angelici partem ab eximio domino magistro nostro Edouardo Westhono anglo, in collegio Anglorum Duaci 1599. — In-folio. - papier. - écriture du XVIe siècle. [xvie siècle.]

Incipit : Qui in longinquas regiones rerum discendarum cupiditate accensi votis potiti profectionem absolverunt, reversuri in patriam, ea omnia aptè et concinnè coloribus in tabellis describunt quæ illustriora deprehenderunt, quorum aspectu à rebus ipsis locorum intercapedine longius avulsi ad memoriam rerum excitentur.

216 feuillets. [Prov. : St-Vaast.]

117. Magistri Hugonis de sancto Victore liber secundus de sacramentis christianæ fidei in octodecim partes divisus.—Ejusdem de Archâ Noe.— In-folio mediocri. - vélin fort. - tracé au crayon. - deux colonnes XIIe siècle. - rubriques. - une grande lettre miniature. - style roman. - initiales au minium et à la cendre verte. [xiie siècle.]

Incipit : In superiori parte operis hujus conditionem rerum omnium à principio primo cum lapsu hominis et hiis quæ posteà ad restaurationem usque ad adventum verbi preparata sunt summatim deduxi.

102 feuillets. [Prov.: St-Éloi.]

118. Biblia sacra. — In-folio parvo. - carré. - vélin léger. - tracé au crayon. - deux colonnes. - écriture très fine du XIIIe siècle. - vignettes. - titres courants au-dessus de chaque livre, en onciales rouges et bleues. [xiiie siècle.]

Incipit : Frater Ambrosius mihi tua munuscula perferens detulit suavissimas litteras.

Les neuf derniers feuillets sont occupés par un glossaire sur quatre colonnes des dénominations hébraïques.

220 feuillets. [Prov. : St-Vaast.]

119. Magister sententiarum. — Ejusdem divisiones.— In easdem Commentarius. — In-folio me-

diocri. - carré. - vélin jaune et léger. - tracé au crayon.
- deux colonnes. - fin du XIII⁰ siècle. - une miniature.
- vignettes. - initiales au minium et à l'outremer. -
indication des numéros des livres en titres courants.

[xiii⁰ siècle.]

Au bas de la première page, on lit : Magister Enguerranus de
Sancto Fusciano præpositus Ecclesiæ Ambianensis dedit hunc librum
huic monasterio Sancti Anthonii Celestinorum de Ambianis. Orate
pro eo

Incipit : Quæritur utrum, etc.
Cui est honor et gloria in secula seculorum. Amen.

Nunc liber est scriptus
Bochelaus sit quoque victus.

Explicit liber quartus. Sterregasse.
Incipiunt Divisiones : Cupientes de penuriâ aliquid . . . . Libro
primo suo magister premittit, &c.
Expliciunt Divisiones super sententias fratris Petri.
Incipiunt commentarii : Cupientes de penuriâ aliquid, &c.
In speciali vero sic procedit magister, &c.
111 feuillets.   [Prov. : St-Vaast.]

120. Matthæus et Marcus glossati. — In-folio
parvo. - vélin de choix. - rayé au crayon. - deux et
trois colonnes. - XIII⁰ siècle. - deux grandes lettres
en miniatures. - grandes lettres au minium et à l'outremer. - titres courants en onciales alternées rouges
et bleues.   [xiii⁰ siècle.]

Incipit : Matheus ex Judeâ sicut in ordine primus ponitur, ita
evangelium in Judeâ primus scripsit.
106 feuillets.   [Prov. : St-Vaast.]

121. Éléments de mathématiques appliquées à la fortification. — Cahier d'épures. - écriture du XVIIe siècle. [xviie siècle.]

127 feuillets. [Prov. : St-Vaast.]

---

122. Johannis de Deo Casus decretalium. — In-folio médiocri. - carré. - vélin léger et de basse qualité. - deux colonnes. - écriture très fine du XIVe siècle. - titres courants des numéros de chaque livre au minium et à l'outremer. - rubriques. [xive siècle.]

Au commencement, trois feuillets sans titre avec cet explicit : Libellus qui dicitur actor et reus.

Incipit : In honorem summe trinitatis et individue unitatis, patris et filii et spiritûs sancti et gloriose Virginis Marie genitricis domini nostri Jhesu-Christi et omnium agminum angelorum omniumque sanctorum dei sanctæque Romanæ Ecclesie, ad utilitatem omnium studentium in jure canonico et potissimè in corpore decretalium incipit liber casuum decretalium.

60 feuillets. [Prov. : St-Vaast.]

---

123. L'ordre des abbés du Mont-Saint-Eloi, depuis leur première institution, avec un bref recueil de leurs faits plus illustres et des choses mémorables advenues de leur temps. — In-folio. - papier. - écriture du XVIIe siècle. [xviie siècle.]

DÉDICACE.

A révérend père en Dieu sire Adrien Du Quesnoy, prélat du Mont-St-Éloy.

Monsieur,

Il est tout notoire que les exemples sont plus aptes à émouvoir et enseigner et que, pour ce faire, ont beaucoup plus de grâce, efficace et dextérité que non pas les argumens, poëmes et impérieux préceptes de raison, à cause que l'exemple est particulier là, où les raisons et démonstrations sont générales et tendent plus à prouver et donner à entendre que l'exemple qui enseigne à mettre en œuvre et exécuter, et ne montre pas seulement comme il faut faire, mais imprime encore l'affection et l'incite à vouloir faire. C'est pourquoy les prêtres égiptiens, après leur sacrifice achevé, avoient de coutume de lire journellement à leur Roy les insignes et mémorables exemples des plus illustres et vertueux personnages, afin de les aiguillonner par ce moyen à l'imitation d'iceux. Comme aussi nous lisons que F. Maximus, P. Scipio, et plusieurs autres romains de leur marque, avoient accoutumé de dire que, lorsqu'ils regardoient les images et effigies de leurs ancestres, lesquelles ils avoient toujours, par ordre, à l'entour de leurs maisons, ils se sentoient admirablement enflammés aux œuvres de la vertu ; non que le bois et la cire dont elles étoient formées eussent cette force d'échauffer ainsy leur courage, mais la mémoire, qui, par icelle, estoit rafraîchie des actes héroïques de leurs dits devanchiers, allumoit ès cœurs de ces valeureux personnages, cette chaude flamme qui ne pouvoit relâcher, ny perdre tant soit peu de son ardeur jusqu'à ce qu'ils atteignissent ou du moins approchassent de près le même point d'honneur que ceux-là avoient mérité. Mais, pour ne point aller plus loing, ne trouverons-nous par que Monsieur saint Augustin, notre bon père et capitaine, lequel nous nous devons proposer pour patron, ayant ouï le récit que Simplicianus lui avoit fait de la conversion de Victorinus, célèbre professeur d'éloquence de cest ancien temps, se sentit sur le champ embrasé d'un très-grand désir de l'imiter. Le temps me défauldroit, si je voulois icy amasser une infinité de semblables choses qui nous témoignent clairement ce que peut la représentation de tel objet, et quelle est l'utilité et nécessité des exemples et de l'imitation. Ce que considérant attentivement, je me suis résolu de m'appliquer à faire ce petit recueil de faits plus illustres des abbés de céans, avec les antiquités et choses plus remarquables advenues en leur tems, pour en laisser la mémoire à la postérité, et lui servir de cette ligne, à laquelle elle pourroit dresser ses comportemens. D'autant plus que les exemples de ceux qui ont pris origine en même air, auquel nous respirons, ou qui ont été nourris entre nos devanchiez, nous émouvent ordinairement et aiguillonnent beaucoup davantage, pour l'affection mutuelle que nature imprime ès cœurs des conterrains ; car tout ainsi que nous voions les cœurs bien assis s'éverluer de toutes leurs forces à poursuivre la gloire ou la louange qui une fois a fleuri en leur race ou famille, et au contraire que selon le dire du poëte Juvénal, notre nature veut que l'exemple du vice, qui nous est domestique, en nous soudain se fiche, nous gatte, que non point l'estranger, aussi voions-nous que l'exemple de ceux qui ont esté de notre même pays nous induise facilement, et presque contraint à les ensuivre et imiter leurs vertus. Or, Monsieur, de ces causes et raisons qui m'ont poussé à emprendre ce labeur, V. R. P. peut assez entendre qui m'a mué à le lui dédier, comme je fais bien humblement. Car outre la grande obligation que j'ai vers icelle, pour tant de grâces et signalés bénéfices, dont elle m'a, de tout tems, favorisé tellement, que sans me méconnoistre, je devois, par quelques tesmoignages honorables, desclarer cette sienne plus que paternelle affection; aussi la commodité de l'argument du présent livre m'y a grandement excité, lequel traictant des faits plus louables et prouesses plus illustres de vos vertueux devanchiers ne vous sçauroit estre, comme j'estime, que bien agréable, attendu le désir qu'avez toujours eu de courir en leur lice et les ensuivre. Partant, Monsieur, je vous ai osé présenter ces premiers fruits de mon jardin et le jardinier ensemblement, vous suppliant les recevoir comme choses qui de loin temps sont vostres. Car je ne vous fais point présent, en forme de récompense des bienfaits si manifestes, que j'ai reçus tant de fois de vous, mais en signe que je vous suis uniquement tenu de tout ce que je pourrai, avec extrême désir, pour vos étrennes, avec renouvellement d'année, que, vivant heureusement et longuement, Dieu vous donne la grâce d'effectuer vos saints desseins pour l'accroissement de cette vostre maison, et d'obtenir enfin la couronne qu'il tient préparée à ses fidèles serviteurs, au Ciel. Je prie donc V. R. P. de recevoir ce petit ouvrage de tel œuil que l'ordonne l'amitié qu'elle m'a toujours portée, l'assurant à jamais du zèle d'affection que pour le service en tout tems lui doit son très-humble et très-obéissant religieux,

ANDRÉ LEVAILLANT.

Ce premier jour de l'an mil six cens sept.

Incipit : Pour mieux entendre et déclarer plus particulièrement l'institution, et première origine de cette maison, avec le progrès qui s'en est ensuivi, il sera besoin de reprendre l'histoire un peu plus haut, depuis le temps de saint Eloy et saint Vindicien, qui furent les premiers qui donnèrent occasion et commencement aux édifices, tant matériels que spirituels, qui ont été depuis bâtis, &c. (La chronique s'arrête à l'année 1606.)

feuillets.   [Prov. : Acad. d'Arras.]

124. Relation de l'Ambassade de Jean Sarrazin, abbé de St-Vaast, auprès de Philippe II, en 1582. —In-folio. - papier. - écriture bâtarde du XVe siècle.

[xve siècle.]

Cette relation est de Philippe de Caverel, abbé de St-Vaast.

161 feuillets.   [Prov. : St.-Vaast.]

125. Expositio in Psalmos. — In-folio médiocri. - vélin gratté. - trois feuillets blancs au milieu du volume. - tracé au crayon. - deux colonnes. - écriture du XIIIe siècle de plusieurs mains. - initiales rouges, bleues et vertes. [xiiie siècle.]

Pour première garde, un fragment d'un mémoire à consulter du XVe siècle.

Incipit : Beatus vir qui non abiit in consilio impiorum, &c. *Glose* : Salmus iste de bono viro agens cantatur in festo alicujus martyris vel confessoris.

151 feuillets.   [Prov. : St-Vaast.]

126. N. de Lyra in Novum Testamentum. — In-folio médiocri.-vélin blanc et léger. - tracé au crayon. - deux colonnes. - écriture italienne du XIIIe siècle. - initiales au minium et à l'outremer. [xiiie siècle.]

Incipit : quatuor facies, &c.

Gratia Domini nostri Jesu Christi cum omnibus vobis. Amen.

159 feuillets.   [Prov. : St.-Vaast.]

127. Hieronymus in Jeremiam. — In - folio me-

diocri. - carré. - vélin gratté. - écriture de deux mains différentes. - XIe siècle. - lettres ornées dans le style roman. - initiales au vermillon. - grand titre en onciales alternées vertes, rouges et jaunes. - titres courants à l'encre sur les premiers feuillets.

[xie siècle.]

Au verso du dernier feuillet, l'hymne des apôtres, St-Pierre et St-Paul, notée en neumes :

Fælix per omnes festum mundi cardines
Apostolorum præpollet alacriter
Petri beati, Pauli sacratissimi, &c.

83 feuillets. [Prov. : St-Vaast]

---

128. Johannis Chrysostomi homiliæ (Latinè.) —

In-folio mediocri. - carré. - mutilé. - vélin gratté. - tellement aminci, que dans plus d'un endroit on n'a pu écrire que sur un côté de la feuille. - on pourrait faire renaître quelque chose de l'ancienne écriture. - les sept premiers feuillets sur deux colonnes. - le reste à longues lignes. - tracé à la pointe. - écriture du Xe siècle. - rubriques. - initiales au vermillon.

[xe siècle.]

Hic insunt :

1° Super scriptione psalmorum.
2° In quinquagesimum psalmum.
3° De psalmo centesimo.
4° In Heliâ.
5° De tribus pueris.
6° De cruce dominicâ.
7° De pentecoste.
8° De nativitate Christi.

9° De Solstitia et Æquinoctia conceptionis et nativitatis Domini
nostri Jhesu-Christi et Johannis Baptistæ.

10° De Lazaro suscitato.

11° De Cananææ sub figurà persecutionis.

12° Super Mathæum.

13° De principiis Marci.

14° In Johanne Evangelista.

15° De recipiendo Severiano episcopo.

16° De jejuniis et Geneseos lectione.

17° De eruditione disciplinæ.

18° Ad Eutropium.

19° Quum de expulsione Eutropii ageretur.

20° Ad Theodorum monachum.

21° De militià spiritali.

22° De militià christianà.

23° De patre et filio.

24° Ad Neophitos.

25° Post reditum.

26° De eo quod non leditur homo nisi à semetipso.

27° De cordis compunctione liber primus.

28° De reparatione lapsi.

Au verso du folio 42, laissé en blanc, on lit :

A boine amour je fay vœu et promesse,
Et à la flour qui est rose clamée,
A la vaillant de loiauté déesse,
Par qui nous est ceste cose infourmée
C'a tousjors mais la bonne renommée,
Je garderay de dame en toute chose,
Ne jà par my ni ert diffamée,
Et pour cè prench l'ordène de la rose.

137 feuillets. [Prov. : St-Vaast.]

_____

129. Deuteronomium cum glossa. — In-folio mediocri. - vélin blanc. - deux et trois colonnes. - tracé
au crayon. - initiales rouges et bleues. - grande lettre

miniature au commencement du texte. - grands caractères d'église. - XIIIe siècle. - la dernière garde est occupée par des notes sur le deutéronome écrites en cursive du XIVe siècle. [XIIIe siècle.]

Incipit : Verba quæ locutus est Moyses ad omnem Israël trans Jordanem. *Glose :* Hec fuit causa hujus libri ut scilicet, que facta fuerant, breviter collecta arctius tenerentur in memoriâ, &c.

Mirabilia quæ fecit Moyses coram universo Israël. Explicit.

92 feuillets. [Prov. : St.-Vaast.]

_____

130. In vaticinia & lamentationes Hieremiæ prophetæ clarissimi paraphrasis heroïco carmine conscripta authore Joanne Carpenteio, jurisconsulto Attrebatio. — In - folio. - papier. - écriture bâtarde du XVIe siècle. - en marge le texté de Jérémie. [XVIe siècle.]

Ad Joan. Sarracenum Divi Vedasti abbatem.

Au verso du premier feuillet, on lit : Volumen istud autographon meâ manu exaratum, præsul amplissime, ut inter tot felicia bonorum authorum monumenta, quæ in tuâ instructissimâ bibliothecâ reconduntur, aliquem vel exiguum perpetuo locum obtineat, nomini tuo inscribsi, et, quæ antiqua est votorum formula, donavi, dicavi. Vale decus meum. Ex museo nostro. Idibus novembris anno 1592.

99 feuillets. [Prov. : Acad. d'Arras.]

_____

131. Généalogie de la maison de Bade.—In-folio médiocri. - mauvais papier. - écriture très-fine. - cursive du XVIIe siècle. [XVIIe siècle.]

Cet ouvrage est accompagné de dossiers, de sceaux et tombeaux des marquis de Bade, grossièrement exécutés à la plume.

En tête du livre on lit cette note : J'ai commencé ceste traduction au commencement de l'an 1677, à Brizac. LE FRANÇOIS DE RIGAUVILLE.

198 feuillets. [Prov. : St.-Vaast.[

132. Petit recueil d'airs d'opéra, à une seule voix, avec accompagnement de flûtes allemandes. —In-folio. - papier. - musique et écriture du XVIe siècle. [xvie siècle.]

64 feuillets. [Prov. : Acad. d'Arras.]

133. Leviticus cum glossâ.—In-folio médiocri. - vélin léger. - tracé au crayon. - deux et trois colonnes. - XIIIe siècle. - grande lettre peinte au commencement du texte. - initiales au minium et à l'outremer. - rubriques. [xiiie siècle.]

Au recto du dernier feuillet :

Est qui torquetur ne fastus ei donetur — ut Paulus.

Quinque de causis punit deus aliquos in hâc vitâ, quod notatur hiis quinque versibus :

Est qui torquetur, ut purus inde probetur — ut Job et Thobias et multi alii.

Est qui torquetur, deus ut sic glorificetur—ut cecus natus.

Est qui torquetur ut perpetuo crucietur—ut Herodes, sodomitæ, dathan et abyron.

Est qui torquetur ut crimine purificetur – ut Maria soror Moysis.

50 feuillets. [Prov. : St-Vaast.]

134. S. Thomæ de Aquino prima pars secundæ summæ.—In-folio. - carré. - vélin mince, endommagé par l'humidité. - tracé au crayon. - deux colonnes. - XIVe siècle. - les feuillets numérotés en chiffres arabes anciens. - la place des initiales laissée en blanc. [xive siècle.]

Les deux premiers feuillets sont occupés par une table de questions.

Incipit : Questio est de malo et primo queritur an malum sit, &c.

Et idem potest dici de aliis similitudinibus. Amen.

Expliciunt questiones de potentiâ Dei.

234 feuillets. [Prov. : St-Éloi.]

135. Theologia Moralis.—In-folio médiocri.- vélin de basse qualité. - deux colonnes. - écriture négligée du XVᵉ siècle. - indication courante du numéro des livres en chiffres romains alternés rouges et bleus.

[xvᵉ siècle.]

Manquent les premières pages; finit par ces mots : Ad salutem per obedentie perseverantiam nos perducere dignetur et specialiter me Dominus noster Jhesus Christus, qui cum patre et spiritu sancto vivit et regnat Deus per omnia secula seculorum. Amen.

131 feuillets. [Prov. : St-Éloi.]

---

136. Liber XII prophetarum cum glossâ. — In-folio médiocri. - vélin jaune. - réglé au crayon. - trois colonnes. - le texte au milieu. - XIIIᵉ siècle. - titres courants en onciales rouges et bleues. - vignettes. - initiales au minium et à l'outremer. - annotations dans les marges d'une écriture du XIVᵉ siècle.

[xiiiᵉ siècle.]

Incipit : Non idem ordo est duodecim prophetarum apud hebreos quod et apud nos, &c.

Ne forte veniam et percutiam terram anathemate. Expliciunt duodecim prophete.

103 feuillets. [Prov. : St-Vaast.]

---

137. Sancti Augustini opuscula varia. — In-folio médiocri quadrato. - vélin beau, fort et blanc. - deux colonnes. - XIVᵉ siècle. - tracé au crayon. - grandes lettres historiées en miniature. - initiales festonnées rouges et bleues.- rubriques. - titres courants au vermillon.

[xivᵉ siècle.]

Sur le verso du dernier feuillet est une table des matières contenues dans le volume, au nombre de 16 articles, savoir :

Augustinus in Encheridion.

  —   de agone christiano.

  —   de opere monachorum.

  —   de Deitate et incarnatione Christi.

  —   de essentia divinitatis et visibilitate atque immensitate ejus.

  —   contra quinque hostium genera.

Sermo ejusdem de proverbiis Salomonis.

Liber Richardi de patriarchis.

Augustini tractatus de diversis virtutibus et viciis.

De quatuor virtutibus.

Sermo Sancti Augustini de misericordia.

Sermo Sancti Johannis episcopi qualiter homo confiteri debeat deo delicta sua.

De imploratione misericordie dei.

Sermo Sancti Cesarii ad monachos.

Incipiunt sententie de opusculis Sancti Jeronimi ad monachos.

Incipit tractatus Sancti Augustini episcopi de obedientia.

77 feuillets.   [Prov.: St-Vaast.]

---

138. Jacobi de Theramo consolatio peccatorum. — Abbatis Joachim prædictiones de Eventu peregrinationis regum Franciæ & Angliæ in terrâ sanctâ Anni 1180. — In-folio médiocri. - papier. - longues lignes. - XIVᵉ siècle. - écriture italienne. - lettres festonnées en couleur.   [xivᵉ siècle]

Ex Dono M. Fr. de Ranchicourt, archidiaconi Ostrevanensis.

Incipit : Universis christi fidelibus atque orthodoxæ sanctæ matris Ecclesiæ fidei cultoribus hoc breve compendium inspecturis presbiter Jacobus de Theramo.

Incipit : Tempore colubri leene filii aquile insignite pastor regnabit in solio qui à colubro passiones plurimas et jacturas recipiet, &c. Ut videre possimus gloriam Crucifixi, qui in unitate patris et spiritûs sancti vivit et regnat in secula seculorum. Amen. Explicit liber. Deo gratias.

Papa Innocentius Tertius anno sui pontificatûs XVII mense novembris celebravit concilium generale Laterani. Inter alia damnavit libellum abbatis Joachim quem contra magistrum petrum Lombardum composuerat.

Sur le dernier feuillet, la copie d'une prédiction, écrite à Paris, en 1300, par un moine dont le nom est effacé.

108 feuillets. [Prov. : Cathéd. d'Arras.]

---

139. Histoire des troubles du Pays-Bas advenus soubs le gouvernement de Madame la duchesse de Parme. — In-folio. - papier. - écriture bâtarde du XVIᵉ siècle. [XVIᵉ siècle.]

Incipit : La guerre tant renommée de la Maison d'Austrice et de Bourgongne contre celle de France estoit finie par une très heureuse paix confirmée par le mariage du Roy catholique avec Madame Isabelle, fille du Roy de France, Henry second. . . . .

A la fin : A ceste cause les incitoient à prendre les armes et combattre vaillamment contre les Espaignolz quy avoient conspiré de les faire tous mourir, ravir leurs biens et réduire leur pays en une servitude misérable.

87 feuillets. [Prov. : St-Vaast.]

---

140 Chronicon Fr. Andreæ Marchianensis cœnobitæ. — In-folio. - papier. - écriture courante du XVIᵉ siècle. [xviᵉ siècle.]

Ut proles opibus cumulent et posthuma ditent
Pignora, sollicitos quantus solet usque parentes
Exercere labor ! quantus tenet ardor habendi !
Nec reputant, stolidi, fortunæ dona periclis
Mille patere, gravem moliri sæpe ruinam.
Quàm fuerat satius doctrinâ divite mentes
Instruere, et nullo perituras tempore dotes

Linquere, barbaricis meliora charismata gemmis!
Hoc tu consilio, Præsul clarissime, primam
Promeritus laudem, patriâ pietate, tuorum
Ut sophiæ emeritis animos insignibus ornes,
Nullam non adhibes propenso pectore curam.
Quæ patris pietas? quod tantum pignus amoris?
Quisve parens opibus natos melioribus auxit?
Eminet, et spretâ sapientia præstat opum vi .
Nescia mobilibus fortunæ cedere ventis.

Incipit : Epistolaris præfatio sequentis operis. Domino et patri sanctissimo P. Venerabili Attrebatensis Ecclesiæ episcopo frater Andræas
omnium servorum et vester servus salutem et gaudium sempiternum.

70 feuillets.   [Prov. : St.-Vaast.]

----

141. Disputationes Theologicæ de septem novæ legis sacramentis de Sacramentis Eucharistiæ et extremæ unctionis. — Ad primam secundæ partis disputationum catholicarum appendix. Auctore Boucault, 1606. — Deux volumes in-folio. - papier. - écriture cursive du XVIIe siècle.   [xviie siècle.]

1er vol. 422 feuil.; 2e vol. 318 feuil.   [Prov. : St.-Vaast.]

----

142. Quæstiones Quodlibeticæ. — In-folio. - papier. - écriture cursive du XVe siècle.   [xve siècle.]

Sur la première garde : Quæstiones tres Quodlibeticæ de electione
ad gloriam, de gratiâ et liberi arbitrii concursu, contrà politicos sui
temporis, per Th. Stapletonum. 1590.

A la première page on lit : Joannes Saracenus, abbas Sancti-Vedasti
Atrebatensis, senator regius &c. Lectori benevolo s. dat :

Cum superioribus mensibus Duaci essem, quo tempore questiones
illæ, quas quodlibeticas vocant, frequente Academiâ tractari solent,
adfui etiam equidem ipse summâ cum voluptate ad eas exercitationes;
et eo lubentiùs quod partes illas intelligebam ab eximio Domino magistro nostro Thomâ Stapletono, viro mihi amicissimo susceptas esse, &c.

55 feuillets.   [Prov. : St-Vaast.]

----

143. Magistri Hugonis de Arrâ animæ. — De quatuor virtutibus.—De vanitate mundi.—De arcâ sapientie. — Richardus de Patriarchis. — In folio parvo. - vélin fort. - tracé à la pointe. - longues lignes. XIIIe **siècle. - rubriques. - initiales au minium.**

[XIII**e** siècle.]

Incipit : Soliloquium dilectionis de arrâ anime ut discamus, ubi nos opporteat verum amorem quærere, et quemadmodum debeamus corda nostra spiritualium studio meditationum ad superna gaudia excitare, &c.

39 feuillets. [Prov. : St-Vaast.

———

144. Legenda Aurea. — In - folio mediocri. - vélin léger. - tracé à la pointe. - deux colonnes. - écriture italienne du XIVe **siècle. - rubriques. - initiales rouges et bleues.** [XIV**e** siècle.]

Incipit : Universum tempus presentis vite in quatuor distinguitur, scilicet in tempus deviationis, renovationis, sive revocationis, reconciliationis et peregrinationis.

Le verso de l'avant-dernier feuillet est occupé par une table des chapitres.

112 feuillets. [Prov. : St-Vaast.]

———

145. Jacques de Cœulle.—L'Arithmétique par l'arbre et grand gect, copiée par Max. Citey.—In-folio - papier. - écriture gothique. [XVII**e** siècle.]

Autre titre : *L'Arithmétique par l'arbre de grand gect*, par Maistre Jacques Cœulle, arithméticien et géométricien de ma cognoissance, demeurant à Hesdin, écrite par moy Maximilien de Citey, H. A., le xxvij de mai mil six cent et ung.

Incipit : — Lire convient et en lisant entendre,

Et ce faisant par les getz praticquier ;

Par ce moyen porez le tout comprendre,

Aux ignorans après communiquier.

34 feuillets. [Prov. : St-Vaast.]

146. Tractatus Joh. de Leva pro veritate Eucharistiæ.—Lectio magistri Joannis de Lovanio.—In-folio. - papier. - écriture bâtarde de la fin du XVIe siècle.

[xvie siècle.]

Tractatus sic incipit : Quod Symeon prophetavit de christo puero : ecce positus est hic in ruinam et in resurrectionem multorum in Israël et in signum illius contradicetur, videmus usu venire in hoc sacramentum, &c.

Incipit : Lectio Joh. de Lovanio, sacrarum litterarum professoris, Anno 1561.

Statueram quidem explicare, humanissimi auditores, his paucis diebus lectionis meæ assignatis, Joannis apostoli epistolam; nunc autem, mutato consilio, statui explicare articulum symboli apostoli, qui est de ecclesiâ.

135 feuillets. [Prov. : St-Vaast.]

147. Dictata de Sacramentis ecclesiæ à M. Georgio Colvenerio, professore theol. Annis 1603, 1604 et 1605.— In-folio. - papier. - cursive du XVIe siècle.

[xviie siècle.]

Sur la première garde : In suum et singulorum confratrum usum excerpsit hæc dictata in collegio theol. Duaci Johannes Nysart, religiosus Vedastinus.

Incipit : Sacramentum à sacrando, ut firmamentum à firmando et fundamentum à fundando, etc.

290 feuillets. [Prov. : St-Vaast.]

148. Breviloquium de Floribus Josephi Antiquitatum.—In-folio parvo. - carré. - vélin blanc et choisi. - écriture cursive du XVe siècle. - rubriques.

[xve siècle.]

Incipit : In isto opere ponuntur illa que Josephus addit ultra ea que in Biblia ponuntur, itaque ex isto cum Biblia habebit quis copiam ipsius et clarum intellectum Bibliæ in historiis ; ubi autem notatur de rubro *originale* sunt verba sua formaliter, ubi vero notatur *abreviatio* abreviatur historia, licet per verba sua.

39 feuillets. [Prov. : St-Vaast.]

149. Ars propositionum secundùm artem demonstrativam. [xive siècle.]

Incipit : Ab arte demonstrativà trahit hec ars exordium.

25 feuillets. [Prov. : St-Vaast.]

150. Description des troubles arrivés aux Pays-Bas et principalement à Arras (1576-1579).— In-folio.-papier.-écriture du XVIIe siècle. [xviie siècle.]

Cet ouvrage, dédié au capitaine et aux échevins d'Arras, est de Wallerand Obert, conseiller au Conseil d'Artois, comme l'apprend une note de D. Lepez, en tête du volume.

Incipit : Le prince des philosophes de la secte académique, Carnéades, réputé au jugement de tous, voires mesme de ce torrent d'éloquence, Cicero, disputateur nom pareil et invincible, &c.

97 feuillets. [Prov. : St-Vaast.]

151. Prælectiones M. Arnoldi à Mechliniâ in physica Aristotelis. — In-folio mediocri. - papier.-écriture du XVIe siècle. [xvie siècle.]

Au-dedans un titre-frontispice ainsi conçu :

In universam Aristotelis Physicam commentaria domini ac Magistri Arnoldi à Mechliniâ Bruxellensis, excerpta in pædagogio venerando facultatis artium, vulgo falconis, per me Claudium Heems Atrebatensem anno partæ salutis humanæ millesimo quingentesimo, nonagesimo ivo tertiâ die octobris Lovanii.

En tête de la première page on lit :

Tempus adhuc veniet post paucos forsitan annos
Quo lusisse minus quàm studuisse voles. 1594.

187 feuillets. [Prov. : St-Vaast.]

152. Antiquorum regum Bataviæ, posteá Burgra-viorum Leidensium et Dominorum de Wasse-naer prosapia. — Papier. - écriture bâtarde du XVIIe siècle. - blasons coloriés. - index onomastique. - pièces justificatives. [xviie siècle.

Incipit : Anni erant quadraginta, aut, ut alii scribunt, quadringenti antè urbem Romam, quum Batavia, pars Cattorum, seditione domesticâ pulsi, insulam Rheni amnis vacuam cultoribus occupavère.

38 feuillets. [Prov. : St-Vaast.]

---

153. Feste de l'ordre de la Toison-d'Or, célébrée par Sa Majesté catholique en la ville de Gand, l'an 1559, le 25 juillet. Armes des chevaliers de la Toison-d'Or qui figurent au chapitre du 25 juil-let 1559. — In-folio papier. [xviie siècle.]

Insignes appliqués à la main sur des croquis imprimés.
A la fin du volume on lit : Fin des chevaliers de la Toison-d'Or spécifiez en la feste célébrée par Sa Majesté catholique en la ville de Gand, le 25e jour de juillet 1559, estant sur son département pour aller en son royaulme d'Espangne,

54 feuillets. [Prov. : St-Vaast.]

---

154. Histoire généalogique de la maison de Ber-gues St-Vinoc et d'Ardres, justifiée par chartes, titres, arrêts et autres bonnes et certaines preuves. — In-folio. - papier. - dessins de blasons à la plume. - index onomastique. [xviie siècle.]

Cette histoire, par le sieur Marius Voet, escuyer seigneur de Kuckenburcq, etc. (1682), divisée en cinq livres, a été copiée sur l'original par dom Lepez, religieux du monastère de St-Vaast, l'an 1692.

154 feuillets. [Prov. : St-Vaast.]

155. Evangelium Lucæ cum glossâ. — In-folio mediocri carré. - vélin faible. - trois colonnes. - le texte au milieu. - gothique carrée du XIVe siècle. - initiales rouges et bleues. [xive siècle.]

Incipit: Lucas de omnibus quæ fecit Jhesus et docuit usque in diem, quâ assumptus est, Simonem secutus, primo eorum qui de eo falsa scripserunt redarguit audaciam.

69 feuillets. [Prov. : St-Vaast.]

156. Actus apostolorum, Epistolæ canonicæ, Apocalypsis cum glossis. — In-folio parvo. - vélin blanc léger. - tracé au crayon. - une, deux et trois colonnes. - XIIIe siècle. - titres courants en onciales rouges et bleues. [xiiie siècle.]

Au verso du dernier feuillet : Johannes Wallon,—Jacobus de Crepy, —Jacobus de Kerle,—Wallericus de Wignacourt,—Nicholaus de Journy, —Johannes Cochon,—Johannes Leuriot,—David Dathier :

Isti fuerunt induti in die sancti Basilii anno domini millesimo III^c LXVIII, et induit eos dominus archiepiscopus dominus de Lyons.

Incipit : Lucas medicus Antiocensis, greci sermonis non ignarus, scripsit evangelium, sectator Pauli et comes peregrinationis ejus.

114 feuillets. [Prov. : St-Vaast.]

157. Primæ partis summæ theologicæ D. Thomæ explanatio, ab eximio magistro judoco Haileus, professore Duaci, anno 1603. — Quatre volumes. - in-folio. - papier. - écriture du XVIe siècle.

[xvie siècle.]

1er volume : 153 feuillets.
2e volume : Commentarius in 3^{am} partem D. Thomæ ejusdem. 160 feuillets.
3e volume : De sacramentis ejusdem. 158 feuillets.

4e volume : Commentarius in supplementis à Judoco Haileus.
219 feuillets.   [Prov. : St-Vaast.]

_____

158. Petri Comestoris historia scholastica. — In-folio carré. - vélin de basse qualité. - dévoré par l'humidité. - XIVe siècle. - rubriques. - initiales au minium et à la cendre bleue.   [xive siècle.]

Incipit : Reverendo patri et Domino suo, dei gratià Senonensi archiepiscopo, Petrus servus christi presbiter Trecensis vitam bonam et exitum beatum.

Les deux premiers feuillets sont occupés par une table synchronique des papes, empereurs et roys de France, qui finit à l'an 1191.
113 feuillets.   [Prov. : St-Eloi.]

_____

159. Sanctus Hieronymus in Epistolas Pauli. — In-folio parvo. - vélin gratté. - blanc. - longues lignes. - gloses marginales et interlinéaires. - XIIe siècle. - rubriques. - initiales au minium, à l'outremer, à la cendre verte et à la pourpre.   [xiie siècle]

Incipit : Prefatio sancti Jeronimi in epistolas Pauli. Primùm queritur quare post evangelia, quæ supplementum legis sunt, &c.
50 feuillets.   [Prov. : St-Eloi.]

_____

160. Vita beati Gregorii. — In-folio mediocri. - carré. - vélin gratté. - longues lignes. - tracé à la pointe. - XIe siècle. - rubriques. - initiales au vermillon. - grande lettre peinte au commencement.

[xie siècle.]

Incipit : Suscipe romuleos, pastor venerande, triumphos,
Gregorii sancti suscipe gesta tui,
Qui nituit factis, verbis, scriptisqué beatis,
Ut jubar auricomi solis in orbe cluit.

Forma, decus, speculum tibi sit via, vita per ævum,
    Si cupis æternum ferre sacerdotium.
Nam qui non hujus sequitur vestigia praesul,
    Antè Deum praesul non erit, immo pecus.
Hinc psalmista canit hominem similare cavallis
    Ignavum stultis, qui sub honore perit.
Nocturnum dedimus sancto cantumque diurnum
    Carminibus clarum concinimusque virum.
Redde vicem scriptor servans cola, commata, punctos
    Ne tua mendosum pagina servet opus.
Ludere me libuit variabilis ordine campi,
    Postquam prosa fugit, musa jocosa redit.
Haec mihi tu tribuis, doctor, præciosa Gregori
    Qui bona das famulis, sed mala nulla tuis
Vestitus coepi, nudus tua munia dixi :
    Indue me factis, velleribusque tuis.
Et, quia mortalis desunt commercia carnis,
    Da mihi sub pedibus posse jacere tuis.

Beatissimo ác felicissimo domno Johanni sanctæ catholicæ et apostolicæ romanæ ecclesiæ præsuli Johannes ultimus lævitarum.

Au milieu du volume, sur un feuillet laissé en blanc, un clerc du XIIe siècle a écrit la légende de la damnation de Charles Martel. (imprimée dans Baluze. Capitul.)

94 feuillets.   [Prov. : St-Vaast.]

———————

161. Roberti Abbatis de Divinis officiis expositio super Ecclesiasten. — Explicatio verborum Domini in cruce. — In-folio parvo. - vélin gratté. - de diverses teintes. - mais de belle qualité. - tracé au crayon. - deux colonnes. - commencement du XIIIe siècle. - grandes lettres en or appliqué. - initiales fleuries rouges, jaunes, vertes et bleues. [xiiie siècle.]

On lit sur la première page : Dampt Pierre Anquier de Sauty prit le premier vesture de monseigneur Dampt Martin Asset, puis : Jean

Simon de Warlusel et Dam Maturin Bocquet, religieux faits sous Hyérome Rufault, abbé de Saint-Vaast et de Saint-Adrien de Grand-mont du temps que regnoit Philippe d'Austrice, fils de Charles-Quint et Henri second en France. — 1556.

Incipit : Liber primus de canonicis horis in divinis officiis. Septem canonicas horas diei non licet à quoquam, qui in conspectu dei vacuus et ingratus apparere nolit, negligenter preteriri, &c.

Explicit liber Domini Roberti abbatis de divinis officiis. — Les deux autres traités sont fort incomplets.

69 feuillets.   [Prov. : St-Vaast.]

---

162. Philosophica varia. — In-folio parvo. - vélin blanc. - léger. - tracé à l'encre. - larges marges. - deux colonnes. - fin du XIIIe siècle. - vignettes. - titres courants en onciales bleues et rouges.   [xiiie siècle.]

Ce volume contient Porphyrii Isagogé in Aristotelem. Prædicamenta Aristotelis Libr. VIII. Elenchorum libr. II Liber priorum et posteriorum. (Omnia latiné.)

135 feuillets.   [Prov. : St-Vaast.]

---

163. Chronica et fabule. — In-folio parvo. - mutilé. - vélin fort. - deux colonnes. - le vélin a été gratté. - commencement du XIIIe siècle. - rubriques.

[xiiie siècle.]

Il contient :

1° Initium Methodii episcopi.

2° Epistola Methodii pro Antichristo.

3° Epistolaris præfatio sequentis operis, &c., de gestis et successione regum Francorum qui Merovingii Dicuntur (c'est l'original de la chronique d'André de Marchiennes). Beaucoup de feuillets ont été enlevés à cette chronique, qui s'arrête à l'année 1196.

4° Suit sans interruption et sans rubrique une histoire de la messe: Ordo missæ orationum, &c.

5° Chronique des papes depuis St-Pierre, écrite par Damase à la demande de St-Jérome (incomplète).

6° Prophetia Merlini..... Sedente itaque Worthigerno rege Britonum super ripam, exhausti fluminis egressi sunt duo dracones

7° Romæ de mirabilibus.

8° Commemoratio stationum Romæ et peregrinationes.

9° Morinorum episcopi usque ad petrum 1230.

10° Flandriæ comites usque ad Thomam 122...

11° Isti sunt episcopi sub romano pontifice qui non sunt in alterius provinciâ constituti (26 colonnes).

12° Hic incipit constitutio monachorum et canonicorum regularium ex concilio Lateranensi.

13° Incipiunt Gesta Karoli magni (auctore Turpino).

14° Vita vel actus Apollonii regis Tyri.

15° Incipit epistola Johannis presbyteri.

16° Incipit historia Flandrensium comitum et gesta eorum anno ab incarnatione DCCX C. II.

17° Genealogia comitum Boloniensium (sans rubrique).

132 feuillets.   [Prov. : Cathéd. d'Arras.]

---

164. Epistolæ et Evangelia. — In-folio parvo. - mutilé. - deux colonnes. - XIVᵉ siècle. - grand caractère d'église. - frontispice - vignettes. - rubriques. - initiales au minium et à l'outremer.   [XIVᵉ siècle.]

Sur la première garde on lit : L'an mil Vᵉ et XII le iij jour de octobre furent vestus V religieux.—Dampt Pacquier, D. Michel Dais, D. Jacques Bruneau, D. Enguerrans Dugardin et Dampt Jehan Bassée.

Isti fuerunt induti 13 Kalendas octobris sub Domino Martino Asset.

97 feuillets.   [Prov. : St-Vaast.]

---

165. Sermones de Tempore. — In-folio parvo. - très-beau velin blanc. - tracé au crayon. - deux colonnes. - XIIIᵉ siècle. - une grande lettre en miniature.

- initiales brodées rouges et bleues. - pagination au haut des feuillets. - rubriques. [XIIIe siècle]

Incipit : Dominica prima in adventu domini de epistolà.

Abjiciamus opera tenebrarum et induamur arma lucis.

——

— Dominica prima in adventu de evangelio.

Ecce rex tuus venit tibi, &c.

137 feuillets. [Prov. : St-Vaast.]

---

166. Lettre autographe du duc d'Orléans *(Adressée le 2 avril 1840 à M. le général Létang, commandant le département du Pas-de-Calais).* **In-quarto. - un volume. - papier. - deux pages.** [XIXe siècle.]

Donnée par le général Létang, commandant le Pas-de-Calais.

---

167. Lactantii opera. — In-folio parvo. - papier. - deux colonnes. - quelques feuillets en vélin. - XVe siècle. - cursive. - rubriques. sur les deux premiers feuillets. [XVe siècle.]

Commence par le recueil des opinions des Pères sur Lactance.

Sur le 1er feuillet on lit: Anno Domini millesimo quadringentesimo LXXIIII°, venerabilis vir magister Joannes Pochon in artibus magister, hujus venerabilis ecclesie Attrebatensis canonicus, dedit et legavit hunc librum fabrice jusdem ecclesie Attrebatensis.

Incipiunt Firmiani Lactantii divinarum institutionum adversùs gentes libri septem.

125 feuillets. [Prov. : Cathéd. d'Arras.]

168. Plusieurs choses et mémoires advenues en Flandres des guerres des Roys de France contre les Flamengs et plusieurs autres choses.—In-folio parvo. - papier. - écriture du XVIIe siècle.

[XVIIe siècle.]

Incipit : L'an mille cinquante huit, le pape Victor vint à Coulogne pour faire paix du jeune empereur et du bon conte Baudouin de Flandre à un concile qu'il fist assembler. Il fit tant que la paix fut adjurée entre eux deux et bien tenue.

159 feuillets. [Prov.: St-Vaast.]

_____

169. Mémoires généalogiques. — In-folio parvo. - papier. - écritures brouillons de diverses mains et principalement de D. Le Pez. - XVII° siècle.

[xvii° siècle.]

Familles Snoy,—Bronchorst,—Capple,—Bustanze,—Ces mémoires avoient été envoyés au sieur de Launay, roy d'armes et généalogiste,

127 feuillets. [Prov. : St-Vaast.]

_____

170. Theologia. — In-folio. - papier. - écriture brouillon du XVI° siècle. [xvi° siècle.]

Voici les questions traitées dans ce cours :

De sacræ Theologiæ dignitate ac præstantiâ.
De sacrâ doctrinâ.
De Deo.
De providentiâ.
De predestinatione.
De libro vitæ.
De pluralitate personnarum in divinis.
De processione creaturarum à Deo et de omnium entium primâ causâ.
De Angelis.
De Dæmonibus.

262 feuillets. [Prov.: St-Vaast.]

_____

171. Flores sententiarum ex variis auctoribus excerpti.—In-quarto maximo. - vélin commun. - deux colonnes. - commencement du XIV° siècle. - écriture négligée - initiales au vermillon et à l'outremer. - rubriques.-titres-courants au vermillon. [xiv° siècle.]

Finit par une table des auteurs cités dans le volume :

Quintillianus.	Petronius.
Tullius.	Terencius.
Seneca	Plautus.
Varro.	Salustius.
Plato.	Agellius.
Macrobius.	Cassiodorus.
Boëcius.	

En marge, d'une autre main : Situatio cardinalium in conclavi anno Domini 1352. Die 16ᵈ decembris ingressi sunt, et 18ᵈ die sequenti elegerunt Stephanum Claromontensem cardinalem in papam Innocentium XVIᵉᵐ.

Les seize derniers feuillets sont occupés par un glossaire de lieux-communs avec renvois aux ouvrages des pères de l'église.

81 feuillets.   [Prov. : St-Vaast.]

---

172. Henrici Bohic distinctiones. — In-quarto maximo. - vélin commun. - tracé à l'encre. - longues lignes. - XIVᵉ siècle. - rubriques. — initiales au minium et à l'outremer.   [XIVᵉ siècle.]

Incipit : Tabula super decretales.

Opusculum istud completum fuit in crastino beati Vincentii gloriosi martyris anno à passione Domini Mᵒ CCCᵒ XLIXᵒ ipso Domino imperante, quem ego Henricus Bohic servus suus humiliter exoro ut per suam ineffabilem misericordiam post hujus vite decursum me secum perducat ad gloriam suam sempiternam ubi omnis militie celestis exercitus ipsum facie ad faciem contemplatur. Amen.

45 feuillets.   [Prov. : St.-Vaast.]

---

173. Annales abbatum monasterii Sⁱⁱ-Bertini.— Petit in-folio. - papier. - écriture du XVIᵉ siècle.   [XVIᵉ siècle.]

Incipit : Sanctus Bertinus, abbas primus, in Constantinensi regione anno domini M° CCCCC° LXXXVIII° natus est, Gregorio primo apostolici culminis apicem tenente.

Finit à l'an 1482 par la biographie de Jean de Lannoy, LXV° abbé de St-Bertin.

·61 feuillets. [Prov. : St-Vaast.]

174. Sanctus Martyr Thomas Morus, Tragædia. — Petit in-folio. - papier. - écriture bâtarde du XVI° siècle. [xvi° siècle.]

Prologus : *Ætas parentum grande finitimo nefas*
Regum duello vidit, hesperio quati, &c.

44 feuillets. [Prov. : St-Vaast.]

175. Liber D. Hermanni abbatis sancti Martini Tornacensis chronicon. — Petit in-folio papier. - rongé. - écriture bâtarde du XVI° siècle. [xvi° siècle.]

Sur le premier feuillet, d'une écriture moderne : Chronique de l'abbaye Saint-Martin en la ville de Tournay.

Incipit : *Dilectissimis dominis patribus, fratribus et filiis universis beati Martini Tornacensis cœnobii monachis frater Hermannus ultimus eorum famulus.*

72 feuillets. [Prov. : St-Vaast.]

176. Mémoires sur les constitutions de l'Empire depuis qu'il est passé aux Allemands. — In-folio papier. - écriture de la fin du XVI° siècle.

[xvi° siècle.]

Sur la première page on lit : Il fault icy entendre que du temps de Charlemaigne, et un peu après, la disposition de l'empire n'estoit pas tant en la volonté de ceulx qui faisoient l'élection que en che que le mourant en ordonnoit.

14 feuillets. [Prov. : St-Vaast.]

177. Mélanges historiques.—In-folio. - papier en-cadré à l'encre rouge. — écriture ronde du XVI° siècle. [XVI° siècle.]

Voici les pièces qui y sont contenues :

1° Liber continens historiam brevem Tornacensem ;

2° Catalogus episcoporum Tornacensium ;

3° Alia historia Tornacensis ;

4° Epitome chronicorum ecclesiæ Tornacensis ;

5° Brief recueil des évêques de Tournay, avec la fondation de la ville et autres choses mémorables ;

6° Chronica episcoporum Atrebatensium cum indice succincto eorum dem episcoporum ;

7° Recueil des évêques de Cambray ;

8° Déclaration des fiefz et nobles tenemens appartenantz aux douze pairs de Cambrésis ;

9° Appoinctement fait entre le Daulphin et la ville de Cambray pour les droictz de la chastellenie de Cambray ;

10° Catalogue des évesques et archevesques de Coulongne ;

11° Episcopi Trajectenses ;

12° Episcopi Morinenses ;

13° Histoire des Frisons, Hollandais et autres pays circonvoisins.

354 feuillets. ———— [Prov. : St.-Vaast.]

178. Passiones et vitæ sanctorum. — In-folio parvo. - vélin gratté, jaune ou gris. - tracé à la pointe. - longues lignes. - XI° siècle. - rubriques en capitales romaines et onciales. [XI° siècle.]

Voici les rubriques :

Incipit : Passio sanctorum apostolorum Petri et Pauli.

— Passio sancti Jacobi apostoli, fratris beati Johannis.

— — sancti Bartholomæi apostoli.

— — sancti Mathæi apostoli.

— Sanctorum apostolorum Symonis Chananæi et Judæ Zelotis.

— Prologus miraculorum sancti Andreæ apostoli.

Incipit : Passio ejusdem sancti Andreæ apostoli.

— — sancti Thomæ apostoli.

— Assumptio sancti Johannis apostoli.

Incipit : Vita sancti Silvestri, papæ.

Incipit : Vita Almi confessoris Fursei.

Incipiunt miracula ejusdem sancti Fursei.

Incipit : Exceptio Bedæ de vità ejusdem sancti.

— Passio sanctæ Agnetis, virginis et martyris.

— — sanctæ Agathæ, virginis et martyris.

Prefatio in vità sancti Martini, episcopi et confessoris.

Incipit : Vita sancti Martini.

Epitola Severi Sulpicii ad socrum suam Basulam qualiter sanctus Martinus de hoc mundo recessit.

Vita sancti Brictii episcopi et confessoris.

Passio et vita sancti Eustachii martyris.

— sancti Blasii episcopi et martyris.

Reversio sanctæ et gloriosissimæ crucis D. N. J. C.

D'une écriture postérieure : Passio XI mille Virginum. De Beato Leonardo.

142 feuillets. [Prov. : St-Vaast.]

179. Tractatus Alexandri Majoris de mannâ Atrebatensi et historia Episcopatûs Atrebatensis. —In-folio. - papier. - écriture cursive du XVIᵉ siècle.

Incipit : Veterum provida censuit auctoritas, &c. [XVIᵉ siècle.]

A la fin : D. Lecreux, religieux de St-Vaast, anno 1589.

48 feuillets. [Prov. : St.-Vaast.]

180. Biblia sacra. — In-folio parvo quadrato. - commencement du XIVᵉ siècle. - vélin gratté. - mince. - deux colonnes. - tracé au crayon. - écriture fine. - vignettes. - rubriques. - initiales au minium et à l'outremer. - titres courants en onciales gothiques alternées rouges et bleues [XIVᵉ siècle.]

223 feuillets. [Prov. : St-Vaast.]

181. Armorial général. — In-folio parvo, - papier. - dessins de blasons coloriés. - XVIe siècle.

[xvie siècle.]

La plupart des armoiries appartiennent à des familles allemandes, hollandaises et flamandes.

Sur la première garde on lit :

Ludit in humanis divina potentia rebus
Et certam presens vix habet hora diem.
Tu quoque fac timeas ; nam, quæ tibi læta videntur,
Dum loqueris, fieri tristia posse puta.

108 feuillets. [Prov. : St-Vaast.]

182. Sancti Bonaventuræ de Institutione novitiorum. — In-folio parvo carré. - vélin commun. - deux colonnes. - XIIIe siècle. - rubriques. - initiales au minium et à la cendre bleue. - incomplet.

[xiiie siècle.]

Incipit : Liber primus qui intitulatur novitiorum :
Primo semper debes considerare ad quid veneris.

58 feuillets. [Prov. : St-Vaast.]

183. Annales de St-Vaast par D. Gérard Robert, religieux de St-Vaast. — In-folio parvo - papier. - longues lignes. - écritures diverses des XVe et XVIe siècles.

[xvie siècle.]

Il y a à la fin, des additions d'un certain Gobert, lesquelles vont jusqu'à l'an 1511 ; du même Gobert, un itinéraire de Jérusalem, avec la description du Mont-Sinaï et du Temple.

A la fin des additions on lit : Hæc scripta fuêre anno Domini 1599
Dentur Scriptori pro pænâ gaudia celi.   GOBERTI.

122 feuillets. [Prov. : St-Vaast.]

184. Joh. Bromiard fratris Dominicani sermones, ejusdem fabulæ. — De virtutibus et vitiis. — In-folio parvo mutilé. - vélin et papier entremêlés. - écriture négligée du XVe siècle. (manque le commencement.) [xve siècle.]

Incipit : De virtutibus : Tantùm pollet excellentia prædicationis.

227 feuillets. [Prov. : St-Éloi.]

185 Liber Evangeliorum et Collectarum. — In-folio parvo. - vélin fin, taché de rose. - tracé à l'encre pourpre. - deux colonnes. - commencement du XIVe siècle. - grosse écriture d'église. - vignettes. - initiales brodées au vermillon et à l'outremer. - rubriques. [xive siècle.]

64 feuillets. [Prov. : St-Vaast.]

186. Registre secret de François de Boffles, seigneur de Souchez. — Petit in-folio. - papier. - écriture bâtarde du XVIe siècle. [xve siècle.]

Au troisième feuillet, on lit : en ce livre sont insérées coppies, lettres missives et aultres.

Ce livre renferme toute la correspondance familière de François de Boffles depuis 1561 jusqu'à 1598. On y trouve entremêlés des vers et des pièces politiques.

Bon à consulter pour l'histoire de la Flandre et de l'Artois.

Sur le titre on lit :

Je suis à François de Boffles, seigneur de Souchez :

Pro Christo patriàque suâ succumbere pulchrum est.

189 feuillets. [Prov. : St-Vaast.]

187. De Sacramento Eucharistiæ. — In-folio. - papier. - écriture du XVIe siècle. [xve siècle.]

Incipit : Per baptismum depositis veteris hominis exuviis, vitæque christinæ delictis, mortui ad novam quamdam vitam resurgimus, &c.

A la fin est écrit : De sacramento eucharistiæ finis, anno 1779.

165 feuillets. [Prov. : St-Vaast.]

188. Genesis cum glossis.—In-folio parvo. - vélin gratté et poncé, fort et blanc. - tracé au crayon. - longues lignes. - la glose insérée dans le texte. - XIIIe siècle. - une grande lettre en miniature. - initiales en onciales azur, vermillon et cendre verte.

[xiiie siècle.]

Sur la première garde on lit en cursive très fine du XIIIe siècle la liste des ouvrages de M. H , prêtre.

Incipit : Iste more Hebreorum à principio Genesis appellatur, quia de celi et terre generatione agitur.

45 feuillets. ——————— [Prov. : Cath. d'Arras.]

189. Antiquités d'Arras.—In-folio mediocri. - papier. - écriture brouillon de la fin du XVIe siècle.

[xvie siècle.]

Sur la première page : Bref recueil en forme de répertoire touchant les droits, priviléges, franchises, immunités, domaines, revenus, police, &c., et autres matières concernant l'estat des affaires de la ville d'Arras, corps et communaulté des bourgeois, servant d'instruction à la postérité pour le maintènement et conservation des droitz d'icelle ville, facultés et autorité du magistrat, par lequel abrégé l'on pourra promptement trouver ce qui s'est passé et practiqué par ci-devant et d'antiquité en diverses occasions et occurrences, ensemble aussy pour wider et déc:der de plusieurs doubtes et difficultés qui se poront rencontrer ; le tout colligé par titres et lieux communs réparti en trois livres.

Ce volume se compose d'extraits et de copies prises à la chambre du conseil, aux registres mémoriaux, au registre aux délibérations, &c.

Voici les titres de ce recueil :

1 Des princes souverains et comtes d'Arthois.

2 Des Estats du pays d'Arthois.

3 Du gouverneur général du pays et comté d'Arthois.

4 Des droits et privilèges du conseil provincial d'Arthois.

5 Des gouverneurs de la ville d'Arras.

6 Des lieutenans général et particulier de la ville.

7 Du chastelain d'Arras.

8 Du magistrat en corps et loy eschevinale.

9 Du maieur, de ses droits, préseances et facultés.

10 Du conseiller de la ville.

11 Des eschevins particuliers.

12 Du procureur de la ville.

13 De l'argentier.

14 Des clercqs, greffiers civil et criminel.

15 Des quatre commis aux ouvrages.

16 Des sergens d'eschevins, qu'on dit sergens à verghes.

17 Des sergens du chastelain, et de ceux à masse, que l'on dit du lieutenant.

18 Des chepiers, prisons et maistres des haultes œuvres.

19 Des messagers de la ville, tant de cheval que de pied.

20 Des maisons, charpentiers et autres qui sont aux gaiges de la ville.

21 Des droits, priviléges et exemptions de la bourgeoisie.

22 Du domaine de la ville.

23 De divers priviléges, libertés, franchises et immunités.

24 De la justice, seigneuries, juridiction et banlieue de la ville.

25 Sommaire déclaration de la compréhension et estendue des banlieues et eschevinage de la ville.

26 De divers pooirs particuliers.

27 De la halle, maison de l'hostel de ville, chambres, celiers, concierge, beffroy, horloge et aultres.

28 De l'arsenal, munitions d'armes, pouldres, salpètre, artillerie, provisions de bled et aultres vivres.

29 Des guèt et garde de la ville.

30 Liste de ceux qui sont exempts de guèt en temps de paix.

31 Des remparts, portes, fossés, bolvars, sentinelles.

32 Des sermens et confrairies de la ville, arbalestriers, archiers, canonniers, grands et petits.

33 Des marchés, rues, flegards et aultres places publicques, des bastimens et édifices, tant publicqs que privés, des crinchons, courants d'eau, halles et rietz.

34 Des entrées, droits et auctorités des évesques d'Arras, ensemble du chapitre de l'église cathédrale, &c.

35 Des droits, juridictions, pooirs et prérogatives que les abbés et religieux de Saint-Vaast ont en la ville.

36 Des couvens mendians recheus en la ville d'Arras.

37 De l'iustitution de la bourse commune des pauvres.

88 Des lombards et usuriers tenant table de piété.

39 Des médecins, apothicaires, chirurgiens et sages femmes aux gaiges de la ville.

40 Des hospitaux, de la réception et institution des sœurs grises à l'hospital des Charriottes.

41 Des maladries, des lépreux et meseaux.

42 Des pestiférez et infectez, des porteurs, et des ordonnances sur ce faites en temps de contagion.

43 Des commis à la vingtaine, offices, mestiers en dépendans.

44 Sommaire en forme de répertoire des statuts et ordonnances de la vingtaine, par ordre alphabétique.

45 Des monnoies, de la forge des orfèvres et réglemens sur ce sujet.

46 Du droit d'estaple, des marchans de vin, taverniers, avaleurs.

47 Des commis à l'office du grand marché, des ventes de bled, bois, foings et aultres sur lesquelles ils ont égard.

48 Des commis à l'office du petit marché et des mestiers en dépendans, hostelains, cousturiers et cabartiers.

49 Des brasseurs et boulangers.

50 Des bouchers et poissonniers.

51 De divers autres stilz et artisans qui doibvent présenter chief-d'œuvre pour estre reçus à maistres, estanniers, verreriers, chapeliers, cuveliers, menusiers, cordonniers et aultres non sujets à la vingtaine.

52 D'autres menus mestiers et artisans, où n'est requis aucun chief-d'œuvre, musquiniers, cheliers, peltiers, couvreurs de tuiles, chavaliers, machons.

53 Des charbonniers, mesuriers, porteurs au sacq, mosniers.

54 Touchant le rivage et navigation.

55 Divers placcartz.

(Donné à la Société littéraire d'Arras, par M. Camp, en 1772.)
297 feuillets. _____ [Prov. : Acad. d'Arras.]

190. Tabulæ chronologicæ ab origine mundi ad annum 1517.—In-quarto. - papier. - écriture gothique du XVIᵉ siècle. - rubriques. [XVIᵉ sicèle.]

Ces tables sont accompagnées de quelques notes historiques.

En tête du volume on lit : Joannes de Thieulaine. Gérard de Thieulaine. Philippe de Thieulaine, lequel, entendant que soyons soigneus d'accroistre la grande bibliothèque de nostre monastère, nous a fet présent de ce livre le 19 février de ceste année 1631. — Philippe de Caverel, abbé de St-Vaast.

55 feuillets.   [Prov. : St-Vaast.]

---

191. Notes pour l'histoire de l'abbaye de St.-Vaast, recueillies par Adrien Pronier. — In-folio.- papier. — écriture brouillon.   [xviiᵉ siècle.]

Sur le premier feuillet, on lit : Ouvrage d'Adrien Pronier, sous-prieur de Saint-Vaast en 1600.

88 feuillets.   [Prov. : St-Vaast.]

---

192. Utili et interessi entrate et essiti della Camera Apostolica di Roma, anno 1564. — In-folio.- papier. — écriture de chancellerie italienne.

[xviᵉ siècle.]

70 feuillets.   [Prov. : St-Vaast.]

---

193. Discours en brief des choses mémorables advenues en ce Pays-Bas, depuis la requeste présentée au mois d'apvril de l'an 1566, signament ce qui s'est passé en la ville d'Arras, ville capitale du pays et conté d'Arthois, depuis les altérations dernières. — In-folio mediocri. - écriture cursive du XVIᵉ siècle.   [xviᵉ siècle.]

Commence ainsi :

A hault et puissant seigneur Monseigneur le conte de Hennin, vicomte et baron de Barlain et de Hollefort, seigneur de Capres, de Ranchicourt...... gouverneur et capitaine des ville et cyté d'Arras, et Messieurs les mayeur et eschevins de la dite ville.

Le prince des philosophes de la secte académique, Carnéades, &c., &c.

108 feuillets. [Prov. : Acad. d'Arras.]

_____

194. Primi libri sententiarum explanatio.—Delphinus.—Sophonisba tragœdiæ.— In-quarto. - écriture bâtarde du XVIe siècle. [XVIe siècle.]

Incipit Delphinus : Horrenda linquens Ditis atri limina...

Incipit Sophonista ; Uterque quidquid claudit et videt polus.

(Deux tragédies latines, l'une sur la mort du dauphin, fils de François Ier; l'autre tirée de Tite-Live.)

Au folio 33 on trouve la liste des ouvrages composant la bibliothèque de Jean Sarrazin, abbé de Saint-Vaast.

120 feuillets. [Prov. : St-Vaast.]

_____

195. Augustini Sermones. — Vitæ Sanctorum.— In-quarto. - vélin gratté, fort. - feuillets inégaux. - tracé à la pointe. - écriture du XIe siècle, de diverses mains. - rubriques. - initiales au minium. - quelques lettres ornées dans le style roman. [XIe siècle.]

Voici les rubriques :

1o Questiones Augustini de veteri testamento cum solutionibus, numero XLVII.

2o Sermo sancti Augustini de conversione sancti Pauli apostoli.

3o Sermo de sancto Petro apostolo.

4o Sermo sancti Augustini de nativitate sancti Johannis Baptistæ.

5o Sermo de solemnitate sancti Petri.

6o De sancto Mathia sermo.

7o Vita sancti Galli confessoris, discipuli sancti Columbani.

8o Sermo de Cathedra sancti Petri.

9o Passio sancti Sebastiani martyris, in qua continetur passio sancte Zoe, et passio sancti Tranquillini patris Marci et Marcelliani necnon et passio sanctorum Nicostratii, Claudii, Castorii, Victorini, Simphoriani, Tiburcii, Castoli.

10° Sermo in dedicatione ecclesie.
11° Item sermo de eâdem re.
12° Vita sancti Augustini doctoris eximii.

Incipit : Vita sancti ac verè catholici doctoris simulque egregii Pontificis Augustini :

Inspirante rerum omnium auctore et gubernatore Deo, mei memor propositi, &c.

114 feuillets. [Prov. : St-Vaast.]

---

196. Sermones de Sanctis et de Tempore. — In-folio minimo. - vélin blanc, léger. - tracé au crayon. - deux colonnes. - XIV° siècle. - initiales brodées, rouges et bleues. - quelques rubriques. - en haut des premières pages indication du numéro des feuillets en chiffres arabes au vermillon et à l'outremer.

[xiv° siècle.]

Incipit : In vigiliâ Andree :

Et fide et lenitate ipsius sanctum fecit illum et elegit eum

De eodem.
Stabat Johannes et ex discipulis ejus duo.

— Justorum anime in manu domini sunt.

— Dico vobis omnis quicumque confessus fuerit me coram hominibus et filiis hominis.

— Dilectus deo et hominibus cujus memoriæ in benedictione est.

— Beati misericordes quoniam ipsi misericordiam consequentur.

— Hoc est preceptum meum ut diligatis invicem sicut dilexi.

— Ecce sacerdos magnus qui in diebus suis placuit domino.
(Ces sermons sont au nombre de cent, plus ou moins complets.)
148 feuillets. [Prov. : St-Vaast.]

197. Missale. — In-folio minimo. - vélin blanc. - tracé au crayon. - longues lignes. - commencement du XIVᵉ siècle. - miniatures. - grandes lettres historiées. - vignettes. - initiales au vermillon et à l'outremer.

[xɪvᵉ siècle.]

Commence par un calendrier.
201 feuillets. [Prov. : St-Vaast.]

---

198. Tractatus de Sacramentis. — In-folio parvo. - carré. - vélin hideux, gratté, sali. - feuillets inégaux. - deux colonnes. - XIVᵉ siècle. - vignettes. - initiales à l'outremer. [xɪvᵉ siècle.]

Incipit : queritur quid est sacramentum ? Dicendum quod sacramentum est sacre rei signum.
124 feuillets. [Prov. : St-Vaast.]

---

199. Vitæ SS. Remigii, Nicasii, Lamberti et Mauri. — In-folio parvo mutilé. - vélin gratté, mais fort. - tracé à la pointe. - longues lignes. - fin du Xᵉ siècle. - titres en capitales romaines. - rubriques en onciales. - sur le troisième feuillet, une lettre enluminée, d'une écriture postérieure. [xᵉ siècle.]

Incipit Vita Sancti Remigii Remorum gloriossissimi archiepiscopi et confessoris : post vindictam scelerum, quæ facta est à Domino, cæde Galliarum, prosequente Wandalorum crudelitate, misericordiam cœli distillaverunt, &c.

Incipit Epistola Fausti monachi editoris vitæ Beati Mauri abbatis, &c., &c.

Il ne reste que quelques feuillets de la vie de saint Nicaise et de saint Lambert. — Celle de saint Maur commence par un titre en lettres noires et rouges, mais la couleur rouge a presque entièrement disparu.
51 feuillets [Prov. : St-Vaast.]

200. Petri Blesensis epistolæ.—In-quarto. - vélin blanc. - tracé à l'encre pourpre. - longues lignes. - XIVe siècle. - rubriques. - initiales au minium et à la cendre bleue. [XIVe siècle.]

Incipiunt Epistolæ magistri Petri Blesensis, Bathonensis archidiaconi :
Henrico dei gratia illustrissimo Anglorum regi, Duci Normannie et Aquitanie, comiti Andegavensi suus Petrus Blesensis, Bathonensis archidiaconus salutem in eo, per quem reges regnant.

Expliciunt Epistolæ Petri Blesensis quarum partem feci scribi ego Joh. episcopus Carnotensis, prius abbas Sancti Vedasti Attrebatensis.

Il y a 95 lettres, marquées dans l'index qui suit la dédicace.

212 feuillets. [Prov.: St-Vaast.]

201. Bonifacii VIII sextus decretalium. — In-quarto. - vélin blanc, léger. - tracé à l'encre pourpre. - deux colonnes. - XIVe siècle. - vignettes. - rubriques. - initiales au minium et à l'outremer. [XIVe siècle.]

Incipit Liber sextus decretalium domini Bonifacii VIII, pape.

Bonifacius episcopus, servus servorum dei, dilectis filiis doctoribus et scolaribus universis Bononie commorantibus, sanctam et apostolicam benedictionem.

123 feuillets. [Prov. : St-Vaast.]

202. Sermones fratris Guiberti de Tornaco ordinis fratrum Minorum. — In-quarto parvo. - vélin léger. - tracé au crayon. - deux colonnes. - commencement du XIVe siècle. - rubriques. - miniature sur le 1er feuillet. [XIVe siècle.]

Incipit : Exsequtis, inspirante Domino, sex partibus secundi tractatûs, cujus est titulus de conditionibus doctoris, restat pars septima, quam habemus in manibus, difficilior et diffusior quàm alie, de doctrinâ videlicet hominis pertinente ad predicatores.

Voici la table des sujets des discours :

1 De electione prælatorum.
2 In synodis.
3 In celebratione ordinum.
4 In dedicatione ecclesie.
5 In visitationibus.
6 In capitulo sanctorum minorum.
7 In festo trinitatis.
8 In festo penthecostes.
9 Ad contemplativos et solitarios.
10 Ad theologos et predicantes.
11 Ad scolasticos et scolares.
12 De beatâ virgine.
13 De animâ justâ.
14 Ad canonicos et seculares.
15 De triumphante ecclesiâ.
16 Ad monachos nigros.
17 Ad canonicos regulares.
18 Ad novicios.
19 Ad monachos grisios.
20 Ad judices et advocatos.
21 Ad servientes et hospitalares.
22 Ad pauperes et afflictos.
23 Ad leprosos et abjectos.
24 Ad cruce signatos.
25 Ad peregrinos.
26 Ad potentes et milites.
27 Ad cives rei publicæ vacantes.
28 Ad cives communiter viventes.
29 Ad mercatores.
3¹ Ad agricolas et rurales.
31 Ad mechanicos artifices.
32 Ad conjugatos.
33 Ad viduas.
34 Ad virgines.
35 Ad moniales et religiosas.
36 Ad eos qui dolent propter amicos.

37 Commendatio et testimonium in seipso.

38 Ad ancillas et servos.

39 Ad adolescentulos et pueros.

40 Ad eos qui addiscunt parvulos.

41 Ad viros et mulieres.

42 De sacramentis in generali.

43 De sacramento baptismi.

44 De sacramento confirmationis.

45 De sacramento altaris.

46 De sacramento ordinis.

47 De sacramento penitentie confessionis.

48 De sacramento unctionis.

49 De sacramento matrimonii.

50 De decem preceptis.

51 De penis et gaudiis.

A la fin est une table des sermons sur trois colonnes.

163 feuillets.   [Prov. : St-Vaast.]

---

203. Sermones G. de Castro Theoderici.—Guillermi parisiensis.—Guidonis episcopi Cameracencis.—In-quarto. - vélin léger. - tracé au crayon. - deux colonnes. - XIVe siècle - titres courants au vermillon. rubriques.   [xive siècle.]

Incipit : In die penthecostes magistri G. de Castro Theoderici : Spiritus Domini replevit orbem terrarum ; et hoc quod continet omnia scientiam habet vocis. *Sapient.*

191 feuillets.   [Prov. : St-Vaast.]

---

204. Sermones dominicales. — Festivales. — Liber conscientiæ. — In-quarto. - vélin léger, blanc. - tracé au crayon. - deux colonnes. - XIIIe siècle. - écriture fine. - rubriques. - initiales rouges et bleues.

[XIe siècle.]

Incipit : Liber conscientiæ. Librum scribat mihi ipse qui judical. Job., hic notanda sunt quinque, primum quis est iste liber quem petit Job, et quare petit, secundum est videre ubi legitur liber iste, et à quo audiendus est, tertium est de divisione hujus libri, quartum est de introitu hujus libri, quintum de executione partium hujus libri.

240 feuillets.   [Prov.: St-Vaast.]

205. Armoiries tirées des églises de Douai. — In-quarto, - papier, - dessins de blasons coloriés, accompagnés de devises, - écriture du XVI° siècle.

[XVI° siècle.]

Table des églises et chapelles d'où les armoiries de ce livre ont été extraites :

Saint-Amé, — Saint-Pierre. — Saint-Jacques. — Saint-Albin — Notre-Dame. — Saint-Nicolas. — La Trinité. — Dominicains. — Dominicaines. — Jésuites. — Recoletz. — Recoletz anglais. — Capucins. — Capucines pénitentes. — Carmes deschaussez. — Saint-Vaast. — Minimes. — Chartriers. — Augustins. — Brigittins. — Brigittines. — Saint-Thomas. — dames de Sin. — Saint-Julien. — Sainte-Margueritte. — Notre-Dame des Wetz. — Annonciattes. — Temple. — Église des Clairisses — Chapelle de la Magdeleine. — Chapelle Saint-Jean. — Chapelle de Sainte-Catherine. — Chapelle des huit Prêtres. — Chapelle de l'hospital Sainte-Anne. — Chapelle des Béghines. — Chapelle de Saint-Amand. — Chapelle de Saint-Sampson. — Chapelle des Anglais. — Chapelle des Bénédictines de la Paix. — L'église du collége deMarchiennes. — L'église des dames des Prez. — Chapelle de l'hospital Saint-Jacques. — Chapelle du refuge d'Hénin-Liétard.

La table des noms des armes est à la fin du livre.

144 feuillets.   [Prov. : St-Vaast.]

206. Summa Gauffridi de Trano super decretum.—In-quarto. - vélin de choix. - tracé au crayon. - deux colonnes. - XIII° siècle. - écriture italienne. -

exécution de luxe. - vignettes. - grandes lettres en miniatures. [XIIIᵉ siècle.]

Incipit : Glossarum diversitas intelligentiam textûs nonnunquàm obtenebrat.

267 feuillets. [Prov. : St-Vaast.]

207. Petri Lombardi sententiæ.—In-quarto. - vélin jaune et léger. - tracé à l'encre. - longues lignes. - XIIIᵉ siècle. - rubriques. - initiales au vermillon.

[XIIIᵉ siècle.]

203 feuillets. [Prov. : St-Vaast.]

208. Johannis Beleth gemma animæ.—In-quarto. - vélin gratté. - taché. - tracé au crayon. - longues lignes. - XIIIᵉ siècle. - rubriques. - initiales au vermillon. [XIIIᵉ siècle.]

Incipit : Agmen in castris æterni regis excubans, sub impetu vitiorum undique irruentium desudans.

C'est un traité de l'office divin. Hoc opus vocatur gemma, quià, veluti aurum gemma ornatur, dit l'auteur, sic anima divino officio decoratur.

99 feuillets. [Prov. : St-Vaast.]

209. Liber Duodecim Prophetarum cum glossâ Johannis Lyrani. — In-quarto. - vélin blanc. - tracé au crayon. - deux et trois colonnes. - XIIIᵉ siècle. - vignettes. - initiales au vermillon et à l'outremer.

[XIIIᵉ siècle.]

103 feuillets. [Prov. : St-Vaast.]

210. Rubricæ ecclesiæ sancti Vedasti. — In-folio parvo. - vélin devenu tout noir et rongé par l'usage. - tracé au crayon. - deux colonnes. - XIVᵉ siècle. - grosse

rondo d'église. - initiales festonnées rouges et bleues.
- rubriques. [xiv° siècle.]

Sur la 1re garde on lit : Rubricæ ecclesiæ sancti Vedasti, liber venerandæ antiquitatis, scriptus circà annum 1350.

Au feuillet 62 on lit : Anno Domini M° V° IIIJ°° IJ°. D. Joannes Saracenus abbas, consentiente conventu, instituit in hoc monasterio festum visitationis beatæ Mariæ, approbante Gregorio III° cum indulgentiis desuper concessis.

80 feuillets. [Prov. : St-Vaast.]

211. Expositio in psalmos. —In quarto. - vélin léger, endommagé par l'humidité. - deux colonnes. - écriture fine et négligée du commencement du XIII° siècle. - sans rubrique ni division. [xiii° siècle]

Incipit : Prefacio super psalterium : Prophetia est inspiratio Divina, &c.

106 feuillets. [Prov. : St-Vaast.]

212. Psalterium. —In-quarto. - vélin choisi. - tracé à l'encre pourpre. - longues lignes. - XV° siècle. - grand caractère gothique. - majuscules et encadrements en miniature. - initiales en or et en outremer. - rubriques. folios numérotés au vermillon. [xv° siècle.]

208 feuillets. [Prov. : Cathéd. d'Arras.]

213. Opuscula varia (Latinè omnia). — In-quarto parvo. - papier. - longues lignes. - XV° siècle. - initiales au vermillon. [xv° siècle.]

Suit le détail des ouvrages manuscrits contenus dans le volume :
1 Epistola sancti Augustini de magnificentiis Iheronimi ad Beatum Cyrillum Hierosolimitanum pontificem.

2 Tractatus de differentiâ sectarum et heresium in cultu Dei.

3 Missile discretissimi oratoris ad Octavianum Cesarem de progenie suâ et regibus inclite urbis Romæ breve compendium.

4 Plinius Veronensis de viris illustribus.

5 Breviloquium fratris Johannis Gallensis de ordine minorum de virtutibus antiquorum principum et exemplis eorum.

6 Oratio Æschinis, quam in concilio et senatu Atheniensium habuit, per Leonardum Aretinum.

7 Oratio Demadis in eodem senatu.

8 Oratio Demosthenis in eodem senatu. } ab eodem Aretino.

9 Oratio Demosthenis ad Alexandrum.

210 feuillets. [Prov. : |

---

214. Le livre des vertus et des vices.—In-quarto parvo. - longues lignes. - vignettes. - XVᵉ siècle. - initiales festonnées rouges et bleues. [xvᵉ siècle.]

Commence par une table des chapitres. A la fin de l'ouvrage on lit : Che livre compila et fist uns frères de l'ordre des preescheurs de Paris, à la requête du roy Phelippe, en l'an de l'incarnation Nostre Seigneur mil ijᶜ. soissante et xix, et il fu parfais et escris par le main Drouinet, née de Mouchi, à Vivemont le xxiv jour de septembre, feste saint Germer, abbé, l'an mil iiiᶜ et xxxviii hora prime. Orate pro eo. Amen.

Jehan Quarré, clerc de l'église Saint-Sauver de Péronne, a escript che libre chi, et le fist Damp. Jeh. Honou, grenetier et religieus de l'église dou Mont Saint-Quentin faire ; et fu fait et parfait en l'an de grace mil iiiiᶜ et sept le premier jour de l'Avens devant Noël. Explicit.

Sur l'avant-dernière garde est écrite une médecine que le roi Louis XI envoya au maréchal d'Esquerdes contre l'épidémie.

Le livre commence ainsi :

Che sont li commandement que Nostre sires bailla à Moyses en le montaigne de Synay.

146 feuillets. [Prov. : St-Vaast.]

---

215. Diurnale.—In-quarto. - vélin commun. - tracé à l'encre. - longues lignes. - XVe siècle. - petite écriture courante. - initiales dorées. - majuscules au cinabre et à la cendre bleue. - encadrements arabesques, avec places réservées pour des miniatures qui n'ont pas été faites.   [xve siècle.]

72 feuillets.   [Prov. : St-Eloi.]

———————

216. Alphabeth, grammaire et études sur le sanscrit. —In-octavo. - papier. - XIXe siècle.

[xixe siècle.]

150 feuillets.   [Prov. :   ]

———————

217. Ovidii liber Tristium. — In-octavo. - vélin. - grandes lettres rouges. - lettre ornée rouge et verte. - XIVe siècle. - tracé à l'encre.   [xive siècle.]

39 feuillets.   [Prov : St-Vaast]

———————

218. Breviarium. — In-octavo. - vélin blanc, jauni par l'usage. - tracé à l'encre pourpre. - longues lignes. XVe siècle. - vignettes. - initiales brodées rouges et bleues. - rubriques.   [xve siècle.]

Les derniers feuillets sont une addition du XVe siècle.

190 feuillets.   [Prov. : St-Vaast]

———————

219. Breviarium.—In-quarto minimo. - beau vélin. - tracé à l'encre pourpre. - longues lignes. - XVe siècle. - très belle exécution. - nombreuses et belles miniatures. - encadrements de fleurs et d'animaux à toutes les pages. - vignettes. - grandes lettres peintes sur fond d'or. - initiales d'or sur fond pourpre et azur. - rubriques.   [XVe siècle.]

Commence par un calendrier en français, écrit en or, pourpre et outremer, finit par une prière en français et une inscription qui indique les grâces à obtenir, accordées par cette prière.

Finit par cette inscription et cette prière :

Ceste oroison qui s'ensuit fut trouvé sur le sépulchre Notre-Dame, ou val de Josaphat, laquelle a tant de propriétez en elle. Car toute personne qui la portera sur luy, ou la dira, ou la fera dire une fois le jour, jà ne mourra de mort soubdaine, ne d'espidimie, ne de feu, ne de eaue, ne ne sera vaincu de ses annemis. Et se une personne a le diable ou corps, incontinent s'en partira, et se femme a douleur d'enfent, incontinent sera délivrée, et se une personne a le mal de la gravelle, incontinent sera guarie, et la personne qui usera de dire cette oraison, il vera la vierge Marie trois jours devant sa fin :

« Jesuscrist filz de Dieu le père, toy qui es Dieu des anges, filz de la vierge Marie et saincte mère, exauce moy; vierge glorieuse, mère de Dieu, très piteuse, benoiste et digne et plaine de toute douleeur, prie ton filz pour moy. Dame, qui es vertus des anges, fleur des patriarches, désirs des prophètes, amour et accroissement des apostres, église des espérans, aornement des vierges, dame qui es sur la compaignie des anges. O Dame, deffendez moy de tous maulx passés, présens et advenir. O Dame, mère de Dieu glorieuse, je te prie que tu ne te sépares pas de moy, en ycelle heure espovantable, quant l'ame de mon corps partira. O doulce Dame, vierge mère de Dieu glorieuse, conforte moy à ce jour espovantable du jugement, que je puisse venir devant ton cher filz dignement et que je soye digne d'avoir la gloire pardurable et vie sans fin. O doulce vierge, mère de Dieu, porte du paradis, palais de Jésuscrist, temple de Dieu, estoille de mer, consolation de tout le monde, commencement sans fin, plaise toy avoir merci de moy. Dame saincte épouse de Jesuscrist, porte de salut, fleur sur nature humaine, reine de douleeur, espérance des crestiens, fontaine de pitié, fleur de vertus, chef de virginité de tous anges, mère de miséricorde, de sapience et de vertus, temple et palais où habite toute vérité de toutes les créatures saintes, vestement de doulx repos sans travail, en toy

Dame se resjoissent les anges. O Dame, tes yeux humbles veulles ouvrir envers moy, et la demande que je te fais veulles exsaucer; et en tes saintes et benoistes mains je commande mon esprit. Amen.

194 feuillets. [Prov. :]

220. Roberti Obrizii varia poemata. — In-quarto. - papier. - écriture du XVI° siècle. [XVI° siècle.]

Voici les titres :

1° Threnorum libri — in calce libri posterioris fusè ac fideliter descripta est liberatio urbis Atrebatensis ab injuriâ et oppressione sectariorum et facti sorum, ac breviter de pace postmodum cum Philippo rege initâ.

2° Anastaurosis Christi Jesu.

3° Cœmeterium, id est, epitaphia consanguineorum autoris, comitum Artesiæ, nobilium, deinde et eruditorum complurium.

4° Progymnasmata ad veram et catholicam pietatem.

5° Epistolarum libri duo ad diversos.

6° De felici ingressu amplissimi viri et domini Mathæi Molardi, Atrebatiorum episcopi, in suam civitatem ac urbem Atrebatensem ipso die divi Remigii, hoc est calendis octobribus anno 1577.

210 feuillets. [Prov. : St-Vaast.]

221. Summa prædicantium. — In-quarto. - vélin léger, commun - tracé au crayon. - deux colonnes. - XIV° siècle. · rubriques. - chapitres numérotés en titres courants. [XIV° siècle.]

Incipit : Presens opusculum in quinque partes dividitur : Prima de aversione ; secunda de revocatione ; tertia de conversione ; quarta de merito et sacramentis ; quinta de præmio.

Sur les cinq derniers feuillets une table des matières par ordre alphabétique.

Sur la dernière garde :

Adieu, m'amour, ma chère souveraine,

Belle que j'aim plus qu'aultre qui soit née,

Dire convient à vo beaulté parée,
Comme à celle, que plus chéris et aime,

Souvent me plains et dis, à basse alaine,
Quant on cuide que j'aye la reposée.   Adieu...

Mais bon espoir grant douchour sy m'amaine,
C'est que briefment sera ma retournée
Par devers vous ; adonc sera cangée
La tristesse qui maintenant m'est paine.

160 feuillets.   _____   [Prov. : St-Vaast.]

222. Liber sermonum.—In-quarto. - vélin gratté. - tracé au crayon. - deux colonnes. - XIII° siècle. - rubriques. - initiales rouges et bleues.   [XIII° siècle.]

Voici les incipit des premiers sermons :

1 Prope est Dominus.
2 Veni in hortum meum.
3 Vado ad eum qui misit me.
4 Cum venerit paraclytus ille.
5 Sub umbra illius, quem desideraveram, sedi.
6 Hoc sentite in vobis quod et in Christo-Jesu, &c. (137 sermons.)

190 feuillets.   _____   [Prov. : St-Vaast]

223. Cours de Physique expérimentale par le R. P. Delas, de l'Académie de l'Oratoire.—*Arras, 1781.* — Un volume in-douze. - papier. - écriture du XVIII° siècle.   [XVIII° siècle.]

542 f., non compris 12 f. imprimés à la fin. [Prov. :   ]

224. De utilitate Pœnitentiæ libri tres. — In-octavo. - carré. - beau vélin antique. - tracé à la pointe. - longues lignes. - X° siècle. - têtes de livre en capitales

par lignes alternées rouges et noires. - rubriques en petites capitales au rouge de plomb. - initiales capitales romaines à l'encre. [xe siècle.]

Incipit : De utilitate penitentiæ, et quomodo credendum sit de remissione peccatorum per penitentiam, cum præfatione operis subsequentis. Excepto baptismatis munere, quod contra peccatum originale donatum est, undè incipit hominis renovatio, &c.

Au bas de la 1re page on lit :

Hic liber est scriptus, qui scripsit sit benedictus.

120 feuillets. [Prov. : St-Vaast.]

---

225. Antiphonarium.—In-quarto minimo. - vélin. - XVIe siècle. - caractères gothiques. - une miniature. - rubriques. - noté. [xvie siècle.]

24 feuillets. [Prov. : Cong. miss. Atreb.]

---

226. Horæ beatæ Virginis. — In - octavo. - vélin blanc et fort. - tracé à l'encre pourpre. - longues lignes. - XVIe siècle. - écriture gothique. - encadrements de fleurs d'une médiocre exécution. - grandes lettres d'or. - initiales azur et vermillon. - rubriques. [xvi^o siècle.]

Commence par un calendrier en latin.

A la fin : S'ensuit une dévote oraison en franchois à la Vierge Marie :

Marie, dame toute belle,
Vierge pucelle, nette et munde,
De Dieu mère, fille et ancelle,
En qui toute grâce abunde,
Tu es celle dont sourdi l'onde,
Qui le péchié d'Adam lava,
Je te salue, dame du monde,
En disant *Ave Maria*.

A qui tu voldras faire aye,
Nul ne le pourroit grever ;
Car je sais bien, Vierge Marie,
Qu'après Dieu oncque ne fut per ;
Maitresse te doit on clamer ;
Ta bonté oncq ne varia,
Pour ce je te vœul saluer,
En disant *Ave Maria.*

Royne, donne moy espoir,
Vraye et saincte cognoissance,
Et me garde d'anuy avoir,
Car il est bien en ta puissance,
Onquez ne feis défaillance
A nul qui merchi te cria,
Je te salue, mon espérance,
En disant *Ave Maria.*

Jonesse, folie et enfance
M'ont fait pécher très grandement,
Je te supplie, mon ignorance
Tu excusez aulcunement.
Quand venra mon trespassement,
Ayde moy, virgo pia,
Je t'en supplie dévotement,
En disant *Ave Maria.*

Advocate pour les pécheours,
Tourne vers moy ta doulce face,
Et me fay faire tous les jours,
Ceste oroison, quoi que je faice,
Du livre de l'anemi efface
Mes péchiés quanques en y a,
Je t'en supplie en cette place,
En disant *Ave Maria.*

Amen, dame de grant pooir,
Encore de cœur je te requieurs,
Fay moy sans péchié receproir

Le corps ton fils, ains que je meurs,
Que le feu d'enfer ne me fière ;
Ta pitié oncq nul n'oublia,
Je te salue, très doulce Vierge,
En disant *Ave Maria.*

126 feuillets.   [Prov. : St-Vaast.]

———————

227. Sermones pro tempore.—In-quarto parvo.-vélin fort. - tracé au crayon. - longues lignes. - minuscule du XIIe siècle. - grandes lettres au minium.

[XIIe siècle.]

Pour feuille de garde, un fragment de poème flamand, écriture du XIIIe siècle, à peine lisible.

Incipiunt :

Vox clamantis in deserto.
Paratus esto.
Secunda nobis hodie.
Surge, illuminare Jerusalem.
Surge, illuminare Jerusalem.
Sint lumbi vestri.
Postquam impleti sunt dies purgationis Marie.
Postquam impleti sunt dies purgationis tulerunt.
Beatus vir qui in sapientia morabitur.
Benedictus vir qui confidit in domino.
In fide et lenitate ipsius sanctum fecit illum.
Oportune nobis in his diebus.
Hoc sentite in vobis quod et in Christo-Jesu.
Paulus doctor noster in fide et veritate.
Desiderium anime nostre speciosum forma.
Beatus et sanctus qui habet partem in resurrectione.
Pater cum essem cum eis.
Veni, electa mea, et ponam in te tronum meum.
Maria obtimam partem elegit.
Incipit prefatio de penitentie utilitate.
Luctuosa descriptio carnaliter viventium sacerdotum.

98 feuillets.   [Prov. :   .]

228. Pontificale. — In-octavo. - tracé à l'encre pourpre. - longues lignes. - XVIe siècle. - écriture gothique. - grandes lettres au blanc de plomb sur fond d'or. - initiales en or sur fond pourpre et azur. - rubriques. - vignettes. [XIVe siècle.]

Commence : Ordo ad confirmandum seu crismandum pueros in frontibus.

Les derniers feuillets sont d'une écriture négligée du XVe siècle.
34 feuillets. [Prov. : St-Vaast.]

---

229. Breviarium. — In-octavo parvo. - vélin choisi, sali par l'usage. - tracé à l'encre pourpre. - deux colonnes. - commencement du XIVe siècle. - grandes lettres historiées. - vignettes. - initiales or, azur et vermillon. - offices imprimés intercalés dans le volume. - rubriques. [XIVe siècle.]

Commence par un calendrier écrit sur papier au XVIIe siècle.
582 feuillets. [Prov. : St-Vaast.]

---

230. Rituale. — In-octavo parvo. - vélin gratté, jaune, extrêmement mince. - tracé au crayon. - deux colonnes. - commencement du XIVe siècle. - vignettes. grandes lettres historiées en miniature. - capitales brodées rouges et bleues. - rubriques. [XIVe siècle.]

Commence par un calendrier en latin, suivi d'un petit traité de comput en latin. Une des rubriques en français.

Au verso du folio 131, sous la rubrique in die cinerum, on trouve seize pages en français commençant ainsi :

Après capitle on dira *verba mea*. Après on fera espasse. Quant tans sera on sonnera midi. Li signeur iront au dormoir, et revenront à l'église, descauch, s'on ne fait miséricorde. Après midi on sonnera ij clockes. Li enfant venront au degré del presbitère, et terminera on le patrenostre. Li sires qui est en messe dira les preces et le collecte *concéde*. Dans abbés bénira les cendres au degré del presbitère, &c., &c., &c.

(Voir la seconde partie.)

145 feuillets.   [Prov. : St-Vaast.]

---

231. Psalterium. — In-octavo parvo. - vélin gratté, jaune, grossier. - tracé à l'encre blanche. - longues lignes. - gothique négligée du XVᵉ siècle. - initiales rouges et bleues. - rubriques.   [xvᵉ siècle.]

Commence par un calendrier en français, finit par des oraisons en latin et en français. Au recto du 4ᵉ avant-dernier feuillet, cette rubrique :

Quiconques dira ces xxv *Pater noster* en l'onneur et en la ramembrance des xxv souffrances que nostre Seigneur souffry pour nous en la manière quelles sont cy dessoubz escriptes, par an entier, à genoulx, soit certain que sa vie en amendera et qu'il s'en appercevera dedens l'an. *Pater noster*.

La première en l'onneur et en la ramembrance, sire, que vous souffrites quant le traitre vous baisa.

La seconde en la ramembrance, syre, que les felons juifz tancèrent villainement.

La tierce en l'onneur et en la ramembrance, syre, que vous menèrent detant Pylate come malfaiteur.

La quarte en l'onneur de la ramembrance, syre, que vous fustes jugiés à mort.

La quinte en la ramembrance qu'ils vous crachèrent en vostre visage.

La viᵉ en la ramembrance qu'ils vous loièrent les mains au dos.

La viiᵉ en la ramembrance qu'ils vous bandèrent les yeulx.

La viiiᵉ en la ramembrance qu'ils vous despouillièrent tout nudz.

La ixᵉ en la ramembrance qu'ils vous loièrent a l'estaque.

La xᵉ en la ramembrance qu'ils vous batirent d'estories.

La xiᵉ en la ramembrance qu'ils vous vestirent de pourpre et vous saluèrent comme roy.

La xⁱⁱᵉ en la ramembrance qu'ils vous misrent la croix sur vos dignes espaulles et vous firent courir à tout.

La xⁱⁱⁱᵉ en la ramembrance qu'ils vous couronnèrent d'espines.

La xⁱⁱⁱⁱᵉ en la ramembrance que votre précieux corpz fu sy lassez que vous ~uastes sang et eaue.

La xvᵉ en la ramembrance des trois précieux claus dont ils vous atechèrent en la croix, et adont vous plourastes trois larmes et en ceste ramembrance ⁱⁱⁱ *Pater noster.*

La xvⁱⁱⁱᵉ en la ramembrance qu'ils vous donnèrent à boire fiel et aisil meslé.

La xⁱxᵉ en la ramembrance des v playes qu'ils vous firent en la croix, et en celle ramembrance je diray v *Pater noster.*

La xxⁱⁱⁱⁱᵉ en la ramembrance qu'ils vous tourmentèrent par tous vos benois membres.

La xxvᵉ en la ramembrance que vous morustes en croix et que vous espandites vostre benoit sang pour nous.

Manquent les nᵒˢ xvⁱ, xvⁱⁱ, xx, xxⁱ, xxⁱⁱ, xxⁱⁱⁱ.

220 feuillets.

---

232. Horæ. — In-quarto parvo. - vélin blanc. - tracé à l'encre rouge. - longues lignes. - XVᵉ siècle. - écriture gothique. - nombreuses et riches miniatures. initiales en or. - rubriques. - prières en français à la fin   [xvᵉ siècle.]

A la fin 8 feuillets d'un évangéliaire latin, impression gothique sur papier.

188 feuillets.

---

233. Horæ sancte Crucis, sancti spiritûs et Beatæ Mariæ. — In-octavo. - très beau vélin. - tracé à l'encre rose - longues lignes. - écriture du XVᵉ siècle. - encadrements en miniatures. - grandes lettres peintes sur fond d'or. - initiales d'or sur azur - rubriques.

[xvᵉ siècle.]

Commence par un calendrier en français, finit par des oraisons à la Vierge en français.

Donné à la Société Littéraire d'Arras par M. Wartel de St-Eloy.

110 feuillets. [Prov. : Acad. d'Arras.]

234. Baptêmes & Mariages (1795-1802). — Les Bêtes sensitives. — In-douze.-papier. [xviiie siècle.]

Ce registre aux baptêmes et mariages, pour la ville d'Arras, écrit et signé par Doudan, prêtre, qui a administré ces sacrements, commence au 25 avril 1795, et finit au 12 mai 1802.

L'autre ouvrage a été imprimé en 1773, à Arras, chez Nicolas. Il est de Wartel, de la Société Littéraire d'Arras.

73 feuillets [Prov. : .]

235. Horæ beatæ Mariæ et sanctorum. — In-octavo. - beau vélin blanc. - tracé à l'encre pourpre. - longues lignes. - XVe siècle. - miniatures d'une médiocre exécution. - encadrements de fleurs. - grandes lettres d'or sur fond d'azur et de pourpre. - initiales festonnées rouges et bleues. - rubriques au vermillon et à l'encre pourpre. [xve siècle.]

Commence par un calendrier en français.

138 feuillets. [Prov. : St-Vaast.]

236. Le Passe-temps du Pélerin. — Le Traité de salutaire pénitence. — In-quarto parvo.- papier.- tracé à l'encre rouge. - écriture bâtarde du XVIe siècle. - rubriques. [xvie siècle.]

Sur le premier feuillet : *Passe-temps du Pélerin de la vie humaine,* composée par vénérable religieulx, père Jehan Glapio, ung des serviteurs de l'Empereur Charles d'Austrice, Ve de ce nom, et à icelluy empereur envoiet.

1º Incipit : Très-excellent et très-redoubté prince, les derniers jours passés, estant plein de tristesse et d'ennuy, pour le dangier et inconvénient esquelz s'est mis le poutre peuple à l'occasion des doctrines erronées et maulvaises, lesquelles contre notre foy on a depuis ung peu de temps semé parmy la chrétienneté, dont une grande partie du peuple est infectée.

2° Incipit : S'ensieult le traicté de salutaire pénitance et comment le pécheur, à l'exemple de Jésus-Crist, doibt morir à péchié et résusciter à vie spirituelle, et, par après, par bonne vie converser spirituellement, pour monter au réaulme des cieulx.

Exemplum dedi vobis ut quemadmodum ego feci ita et vos facialis idem.

Selon que dit le benoit sainct Grégore, toutes les actions et opérations de Notre Seigneur sont à nostre instruction et information. Entre les aultres, la passion de Notre Seigneur est exemplaire, forme et patron des vrais et salutaires pénitents.

238 feuillets.   [Prov.: St-Vaast.]

------

237. Abrégé de la vie du vénérable Jean-Baptiste de Villers, prêtre et supérieur du séminaire provincial des évêques, à Douay en Flandres. — In-douze. - papier. - écriture du XVIIIᵉ siècle.

[xviiᵉ siècle.]

136 feuillets.   [Prov. :   ]

------

238. Abrégé de Géographie. — In-douze. - papier. - écriture du XVIIIᵉ siècle.   [xviiᵉ siècle.)

60 feuillets.   [Prov. :   ]

------

239. Liber verborum et exemplorum sacræ scripturæ, ordine alphabetico. — Concordantia quatuor evangelistarum. — In-octavo papier. - écriture fine. - XVIIᵉ siècle.

[xviiᵉ siècle.]

239 feuillets.   [Prov. :   .]

240. Horæ Diurnæ. — In-octavo parvo. - beau vélin. - sali par l'usage. - tracé à l'encre pourpre. - longues lignes. - fin du XIVe siècle. - miniatures. - encadrements de fleurs d'or à toutes les pages. - initiales d'or sur fond pourpre et azur. - rubriques.

[xive siècle.]

Commence par un calendrier en français. — On a relié à la fin un formulaire de prières, oraisons et instructions chrétiennes, imprimé à Paris, chez Corrozet, 1585.

166 feuillets. [Prov. : St-Vaast.]

---

241. Alphabet de divers caractères de chaque nation de l'Univers, recueillis tant de divers manuscrits qu'imprimés, par Jean - Anth. - Joseph Fayolle, maistre d'escole à Lille. — In-quarto oblong. - papier. - écriture du XVIIe siècle.

[xviie siècle.]

81 feuillets. [Prov. : St-Vaast.]

---

242. Tractatus de rhetoricâ. — In-douze - papier. - écriture du XVIIe siècle. [xviie siècle].

84 feuillets. [Prov. :]

---

243 Breviarii sancti Eligii pars Æstivalis. — In-octavo parvo. - papier. - deux colonnes. - écriture bâtarde du XVIIe siècle. - rubriques au vermillon.

[xviie siècle.]

452 feuillets. [Prov. : St-Eloi.]

---

244. Horæ sancti Spiritûs. — In-octavo magno. - vélin sali. - endommagé. - tracé à l'encre blanche. -

longues lignes. - commencement du XVIe siècle. - miniatures. - encadrements renaissance. - initiales en or et azur. - mutilé.   [xvie siècle.]

Commence par un calendrier en latin.
139 feuillets.   [Prov. : St-Vaast.]

---

245. Recettes de médecine et secrets pour les arts.—In-douze.-papier.-XVIe siècle.   [xvie siècle.]
239 feuillets.   [Prov. :   .]

---

246. Diurnale Vedastinum. Pars Æstivalis. — Grand in-seize. - papier. - longues lignes. - écriture bâtarde du XVIIe siècle. - rubriques.
255 feuillets.   [Prov. : St-Vaast.]

---

247. Psalterium.—Grand in-seize. - vélin blanc. - sali. - tracé au crayon. - longues lignes. - XIVe siècle. - initiales en or. - vignettes. - grandes lettres rouges et bleues. - rubriques.   [xive siècle.]

Finit par des oraisons en latin.
214 feuillets.   [Prov. : St-Vaast.]

---

248. Breviarium.—Grand in-seize. - beau vélin. - tracé à l'encre pourpre. - longues lignes. - XVe siècle. - belle exécution. - grandes lettres pourpre et azur sur fond d'or. - initiales festonnées rouges et bleues. - rubriques au rouge de plomb.   [xve siècle.]

Un calendrier en latin, avec un petit traité de comput en vers français.
Au verso du 1er feuillet on lit :
　　　　　L'an mil iiiic iiiixx　neuf
　　　　　Fust ce livre escript tout neuf.

Pour journal, aux laudes comenchant,
A l'abbaye des Preaulx appartenant.
En parchemin, escripture et surplus,
Sy cousta douze livres et plus.
Ung religieux de ce monastère
Des biens Dieu sy le fit faire.
Et, qui G pour S la lettre
En Rosier sy vouldroit mettre,
Cognoissance auroit de son nom.
Dieu face à son âme pardon !
   Amen.

401 feuillets.   [Prov. : St-Vaast.]

249. Psalterium. — In-seize. - beau vélin. - sali par l'usage. - tracé au crayon. - longues lignes. - commencement du XIVe siècle. — miniatures. - vignettes. grandes lettres d'or sur fond d'or et azur. - initiales vermillon et outremer. - rubriques.   [xive siècle.]

Commence par un calendrier en latin. A la fin, des oraisons en latin.
241 feuillets.   [Prov. : St-Vaast.]

250. Psalterium cum breviario. — Format nain. -billot. - vélin sale. - tracé à l'encre blanche. -longues lignes. - XIVe siècle. - initiales rouges et bleues. - rubriques.   [xive siècle.]

Commence par un calendrier en latin.
353 feuillets.   [Prov. : St-Vaast.]

251. Sermones pro tempore. — Decretum abbreviatum, &c. — Format nain. - vélin léger. - blanc. - longues lignes. - écriture imperceptible. - XIVe siècle. - rubriques.   [xive siècle.]

Titres des ouvrages :

1° Incipiunt sermones pérutiles de tempore et de sanctis.
2° Incipit decretum abbreviatum.
3° Speculum humanæ creationis et dampnationis.
4° Incipit vita et passio J. C. à Beato Anselmo exposita.
(Nombre des sermons : 25)
173 feuillets.

[Prov. : St-Vaast.]

---

252. Postillæ Nicolai de Lyra super Pentateucho, Josue et Judicibus.—In-folio maximo. - magnifique vélin blanc, poli - tracé au crayon. - deux colonnes. - le commentaire encadrant le texte. - écriture italienne. - XIV° siècle. - grandes lettres historiées. - innombrables miniatures préparées au bistre. - quelques fonds seulement ont été coloriés. - initiales d'or festonnées à l'outremer. - titres courants en onciales alternées rouges et bleues. - rubriques. [xiv° siècle.]

Incipit : Epistola sancti Ieronimi.
214 feuillets.

[Prov. : St-Vaast.]

---

253. Justiniani institutiones et novellæ cum glossis.—In-folio maximo. - vélin très beau, endommagé par l'usage. - tracé au crayon. - deux colonnes. - la glose encadrant le texte. - écriture du XIV° siècle. - exécution italienne. - miniatures. - têtes de livres en onciales à la céruse sur fond d'azur. - rubriques.

[xiv° siècle.]

141 feuillets.

[Prov. : St-Vaast.]

---

254. Innocentius super decretales. — In-folio maximo. - incomplet. - écrit sur vélin. - deux colonnes.

Cant tons ad moyse

M^s 252

- lettres ornées. - rubriques. - notes marginales. - exécution italienne du commencement du XIVᵉ siècle.-deux miniatures, l'une sur le premier feuillet, l'autre en tête du troisième livre.   [xivᵉ siècle.]

Incipit : Liber primus Innocentii quarti.

135 feuillets.   [Prov. : Cathéd. d'Arras.]

---

255. Guillelmi Durandi speculum judiciale. — In-folio maximo.-beau vélin.-quelques feuillets jaunes, maculés par l'écriture. - tracé au crayon. - deux colonnes. - XIVᵉ siècle. - initiales festonnées rouges et bleues. - vignettes. - rubriques.   [xivᵉ siècle.]

Incipit : In nom'ne Domini et gloriose Virginis matris ejus, speculum judiciale à magistro guillermo Duranti compositum.

Incipit Rubrica : reverendo in christo patri Domino suo Othobono, &c.

112 feuillets.   [Prov. : Cath. d'Arras.]

256. Gregorii Moralia super Job. — Trois volumes in-folio magno. - vélin blanc et fort.- tracé au crayon. - deux colonnes. - grosse écriture du commencement du XIIIᵉ siècle. - grandes lettres romanes aux trois couleurs (rouge vert et bleu). - initiales au vermillon et à la cendre bleue et verte. - rubriques.

[xiiiᵉ siècle.]

1ᵉʳ volume : 1º Incipit : Prohemium beati Gregorii pape urbis Rome ad Leandrum.

Explicit liber decimus. Pars secunda.

2º Incipit liber undecimus : Quamvis in prolixo opere esse culpabilis stili mutabilitas non debet, &c.

Explicit liber xx secundus.

3º Incipit : Liber xxiiiᵘˢ beati Gregorii pape.... finit à la fin du xxviiiᵉ.

Commence sur le verso folio 1° par une table des chapitres du premier livre.

118 feuillets.

2° volume : L'écriture de ce volume est un peu moins grande que celle du précédent ; les grandes lettres y sont plus ornées, tout annonce une confection postérieure.

78 feuillets.

3° volume : Ecriture moins ornée que celle du précédent, longue et pâle, qui semble indiquer une main peu exercée à ce genre de caractère. — Il s'arrête dans le livre 28°.

87 feuillets.   [Prov. : Cathéd. d'Arras.]

---

257. Guillelmi Durandi speculum judiciale.—In-folio maximo.-vélin jaune et épais.-tracé au crayon.-deux colonnes. - écriture italienne du XIV° siècle.-une miniature sur le premier feuillet. - grandes lettres gouachées. - initiales festonnées au vermillon et à la cendre bleue. - rubriques. - titres courants au vermillon.   [xiv° siècle.]

Incipit : In nomine Domini et gloriose Virginis matris ejus, speculum judiciale à magistro guillermo Duranti compositum.

200 feuillets.   [Prov. : Cath. d'Arras.]

---

258. Infortiatum cum apparatu. — In-folio maximo.-vélin magnifique.-poli.-un peu jaune. - tracé au crayon. - deux colonnes. - la glose enveloppant le texte. - grosse écriture italienne du XIV° siècle.-miniatures. - lettres historiées. - vignettes. - initiales au vermillon et à la cendre bleue. - rubriques. - indication courante en chiffres romains, alternés rouges et bleus.   [xiv° siècle.]

Incipit : Soluto matrimonio, quemadmodum dos petatur......

Explicit Infortiatum et tres partes. Istud Fortiatum est Joh. de Mota. Commence au livre XXIIII.

205 feuillets. [Prov. : St-Vaast.]

259. Johannes de Lignano in primum et secundum librum Decretalium.—In-folio maximo -magnifique vélin.- tracé au crayon.- deux colonnes.- exécution de luxe du XIVᵉ siècle. - écriture italienne - admirables miniatures. - vignettes. - initiales festonnées au vermillon et à l'outremer. [xviᵉ siècle.]

Au haut de la 1ʳᵉ page, un tableau à compartiments représentant les quatre évangélistes.

Au haut des 1ʳᵉˢ pages, le titre courant de *Constitutionibus* est écrit en gothique du XVᵉ siècle. Ce manuscrit ne présente aucune division.

Incipit : Posito suprà fidei fundamento, breve est ut juris Ædificium supponatur.

225 feuillets. [Prov. : St-Vaast.]

260. Johannis Andreæ apparatus super librum VIᵘᵐ decretalium Bonifacii papæ.—In-folio maximo. -incomplet.-vélin magnifique. - écrit sur deux colonnes. - la glose encadrant le texte, annoté d'une écriture postérieure. - exécution italienne du XIVᵉ siècle. - vignettes. - lettres ornées. - rubriques. - une belle miniature tenant lieu de frontispice, et dans l'encadrement de laquelle on voit un chevalier tenant un écu d'or au lion rampant de sable tourné vers sénestre. [xivᵉ siècle.]

Incipit : Sextus liber decretalium Domini Bonifacii pape viii.

A la fin, sur l'intérieur de la couverture, on trouve une note autographe de Pierre de Ranchicourt, écriture du XVᵉ siècle, et, sur la feuille de garde, une autre note d'une écriture du XVIᵉ siècle.

Ex dono venerabilis domini magistri Francisci de Ranchicourt archidiaconi Ostrevanensis.

48 feuillets. _____ [Prov. : Cathéd. d'Arras.]

261. In IV^um et V^um libr. Decretalium. — In-folio maximo. - magnifique vélin. - tracé à l'encre pourpre. - deux colonnes. - cursive du XVe siècle. - têtes de paragraphes en grandes gothiques. - encadrements en miniatures. - grandes lettres en or, vermillon et outremer.

[xve siècle.]

Incipit : De materia istius quarti libri, quid sit matrimonium, &c., undè dicatur et ubi et quando et quibus verbis fuerit institutum, quæ sint causæ matrimonii, quæ vel quot sint ejus bona, quæ vel quot sint ejus impedimenta.

192 feuillets. _____ [Prov. : Cathéd. d'Arras.]

262. Bonifacii VIII, papæ, sextus decretalium cum glossâ. — In-folio maximo. - vélin. - sur deux colonnes. - la glose encadrant le texte. - écriture italienne. - XIVe siècle. - lettre ornée, sur le recto du feuillet deux, représentant Boniface VIII et un moine noir à ses pieds, lequel lui fait hommage de son commentaire. [xive siècle.]

Incipit præfatio : In Dei nomine amen secundùm philosophum, scire est rem per causam cognoscere.

Explicit præfatio : Finis autem hujus libri est ut mores reformentur. &c., vicia puniantur ac jurgia terminentur. &c.

Incipit : liber vi decretalium. Bonifacius episcopus servus servorum Dei dilectis filiis doctoribus et scolaribus universis Parisius commorantibus salutem et apostolicam benedictionem, etc.

52 feuillets. _____ [Prov. : Cathéd. d'Arras.]

263. Decretum Gratiani cum apparatu. — In-folio maximo. - beau vélin, un peu mince, d'une teinte jaune.

tracé au crayon. - deux colonnes. - la glose enveloppant le texte. - commencement du XIVe siècle. - exécution italienne. - belles miniatures. - grandes lettres
en miniatures sur fond d'or. - initiales brodées au vermillon et à l'outremer. - rubriques.   [xive siècle.]

Incipit : Concordia discordantium canonum ac prioum de jure
nature et constitutionis.

Manque la fin. — S'arrête au milieu de la cause. 34e.

269 feuillets.   [Prov. : Cath. d'Arras.]

---

264. Summa copiosa de titulis Decretalium. —
In-folio maximo. - vélin gratté. - fort. - assez blanc. -
tracé au crayon. - deux colonnes. - écriture italienne
du XIVe siècle. - une miniature sur le premier feuillet. - grandes lettres ornées et peintes sur fond d'or. -
vignettes. - initiales rouges et bleues. - rubriques.

[xive siècle.]

Incipit : Summa de titulis Decretalium compilata, addita in aliquibus
locis quibusdam aliis rubricellis, quæ vocatur summa copiosa.

155 feuillets.   [Prov. : Cathéd. d'Arras.]

---

265. Codicis Justiniani libri IX cum glossis.—
In-folio maximo. - incomplet. - piqué de vers. - vélin
faible. - sur deux colonnes. - la glose encadrant le
texte. - toutes les marges surchargées de notes en
écriture cursive contemporaine. - XIVe siècle. -
exécution italienne. - grandes lettres fleuronnées en
azur. - rubriques.   [xive siècle.]

Incipit : Imperator Justinianus, Pius, Felix, Inclitus, Victor ac
Triumphator et semper Augustus, repetite prelectionis, sanctissimi in
nomine Domini.

Incipit : Liber primus de novo codice faciendo.

118 feuillets. —————————— [Prov.: Cathéd. d'Arras.]

266. Recueil de portraits historiques. — In-folio magno. - papier. - XVIe siècle. [XVIe siècle.]

Ce précieux recueil, fait vers l'an 1560, se compose d'une série de portraits exécutés à la mine de plomb ou à la sanguine, d'après des originaux peints, la plupart d'un très beau caractère : le plus ancien est celui de Philippe de Valois; le plus moderne celui de Charles IX.

(Nombre des portraits : 275.)

293 feuillets. —————————— [Prov. :   .]

267. Glossarium linguæ latinæ. — In-folio maximo. - incomplet. - mutilé. - endommagé par l'humidité. - vélin de belle qualité. - écrit sur deux colonnes. réglé au bistre. - écriture du XIVe siècle. - initiales en azur et vermillon. [XIVe siècle.]

Incipit : Mulio a mulus. Dicitur hic mulio mulionis. . . . . . . s'arrête à la lettre V.

166 feuillets. —————————— [Prov. : Acad. d'Arras.]

268. Nicolai de Lyra Postillæ super veteri Testamento.—Deux volumes in-folio maximo. - vélin de deuxième qualité. - feuillets tachés de jaune. - tracé au crayon. - deux colonnes. - XIVe siècle.- miniatures grossières. - Encadrements. - initiales brodées au vermillon et à l'outremer. - titres courants au vermillon. - le deuxième volume n'a pas de miniatures.

[XIVe siècle.]

1e Vol. Incipit : Postillæ magistri Nicolai de Lyra super Genesi . . . . . . finit au psaume 47^e

2° Vol. Incipiunt : Proverbia Salomonis, &c.

Explicit secundus liber Machabeorum.
1er vol. 224 feuil. ; 2e vol. 190 feuil.   [Prov. : Cathéd. d'Arras]

---

269. Liber officiorum Sancti Vedasti. — In-folio
magno. - vélin - sali par l'usage. - tracé au crayon. -
deux colonnes. - XIIe siècle. - grandes lettres onciales
au vermillon, à la pourpre et à la cendre verte. - musique notée. - rubriques.   [XIIe siècle.]

Commence par un calendrier aux trois encres, verte, noire et
rouge.

144 feuillets.   [Prov : St-Vaast.]

---

270. Johannis Januensis catholicon. — In-folio
magno. - vélin gratté. - tout à fait endommagé par
l'humidité. - tracé au crayon. - deux colonnes. - écriture cursive du XIVe siècle. - encre pâle. - initiales au
vermillon. - rubriques.   [XIVe siècle.]

Commence par une table fort incomplète. Sur le verso folio 3, en
gothique du XVe siècle, est cette inscription latine de Mre Robert, li-
cenciez en droit civil, escolâtre et chanoine d'Arras, donateur de cet
ouvrage à la cathédrale :

Venerabilis vir quondam magister Robertus, Regis in jure civili
licenciatus, scolasticus et canonicus hujus ecclesie Atrebatensis, in suo
testamento hunc pulcrum librum, vocabulo catholicum eidem ecclesie
Atrebatensis Legavit et dedit. Et, ut liber ipse dicte ecclesie perpetuo
remaneat, et, ne alienetur, distrahatur, transferatur, ne cuicumque
persone modo, nomine seu titulo quocumque tradatur, voluit ipse
magister robertus ac ordinavit expressè, dictum librum pariter cum
aliis libris ipsius ecclesie Atrebatensis ejusdem sumptibus ac expensis
fortiter in hoc loco Cathenari, ad finem, quod ipse liber ab omnibus
volentibus ac indigentibus, ibidem legi videri ac inspici valeat,
quibus ipsum librum legentibus caricativè supplicavit prefatus ma-

gister Robertus, quatinus pro salute anime sue Altissimum devote
velint exorare, scientes quod sic orantes pro scipsis exorabunt.

186 feuillets. _____ [Prov. : Cathéd. d'Arras.]

271. Missale. — In-folio plano. - très beau vélin. -
tracé à l'encre pourpre. - deux colonnes. - XVe siècle.
- miniatures grossières. - encadrements arabesques. -
grandes lettres d'or sur fond d'azur et de pourpre. -
initiales au vermillon et à l'outremer. - plain-chant.

[xve siècle.]

Commence par un calendrier incomplet.

175 feuillets. _____ [Prov. : Cathéd. d'Arras.]

272. Henricus Bohic de IIIo decretalium. — In-
folio magno. - même écriture. - même confection que
le numéro 261 qui lui faisait suite dans l'origine.

[xve siècle.]

Sur la 1re garde, en gothique du XVe siècle, se lit, en latin, la con-
dition à laquelle Mre Estocart, doyen de la cathédrale, a fait donation
de ce manuscrit à l'église d'Arras :

Hoc pulcrum volumen continens lecturam domini henrici Bohic
super tercium decretalium huic Atrebatensi ecclesie legavit quondam
venerabilis vir magister guillermus Estocart, in artibus magister et in
jure canonico licentiatus, ejusdem ecclesie, dum viveret, decanus et
canonicus, conditione adjectà quod incathenaretur et perpetuo ma-
neret retro majus altare ejusdem ecclesie. Anima ejus requiescat in
pace.

230 feuillets. _____ [Prov. : Cathéd. d'Arras]

273. Magister sententiarum P. Lombardi. — In-
folio. - vélin blanc. - poli. - tracé au crayon. - deux
colonnes. - très grandes marges. - écriture italienne
du XIVe siècle. - grandes lettres brodées rouges et
bleues. - rubriques. [xive siècle.]

Incipit : Prologus in librum sententiarum. Cupientes aliquid de penuria ac tenuitate nostra.

118 feuillets. [Prov. :]

---

274. Synopsis temporum universalis. — In-folio. - papier. - en mauvais état. - écriture grimoire du XVIe siècle. [xvie siècle.]

C'est un essai de chronologie universelle, écrit en latin, par Boucault, religieux de Saint-Vaast d'Arras.

140 feuillets. [Prov : St-Vaast.]

---

275. Missale Atrebatense. — In-folio. - magnifique vélin. - d'une teinte un peu jaune. - tracé au crayon. - deux colonnes. - fin du XVe siècle. - grande gothique d'église. - très belle miniature au milieu du volume. - encadrements de fleurs. - initiales festonnées au vermillon et à l'outremer. - rubriques. - plainchant. [xve siècle.]

Commence par un calendrier en latin.

201 feuillets. [Prov. : Cathéd. d'Arras.]

---

276. Concordantiæ veteris et novi Testamenti.— In-folio. - beau vélin. - blanc et poli. - tracé au crayon. - trois colonnes. - écriture italienne. - commencement du XIVe siècle. - deux lettres en miniatures sur le premier feuillet. - lettres courantes en azur et vermillon au haut des pages. [xive siècle.]

Incipit : Cuilibet volenti requirere concordancias in hoc libro unum est primitus attendendum, videlicet, &c.

Explicit : Liber concordanciarum.

285 feuillets. [Prov. : St-Vaast.]

Contraste insuffisant

NF Z 43-120-14

277. Johannis Lectoris summa confessorum. — In-folio. - beau vélin blanc. - tracé au crayon brun. - deux colonnes. - grosse écriture italienne du XIVᵉ siècle. - miniatures. - vignettes. - initiales brodées bleues et rouges. - titres courants en onciales bleues et rouges. - rubriques. [xivᵉ siècle.]

Incipit : Prologus fratris Johannis lectoris in priorem libellum quæstionum casualium.

Quoniam dubiorum nova cotidie difficultas emergit casuum, doctores moderni tàm theologi quàm juriste, plures casus et legendo et scribendo determinaverunt, &c.

Explicit compendiosa collectio quorumdam statutorum ex sexto decretalium addita in summa confessorum.

271 feuillets [Prov. : St-Ḥ...]

---

278. Missale Romanum. — In-folio. - beau vélin. - taché par l'usage. - tracé à l'encre pourpre. - deux colonnes. - XIVᵉ siècle. - miniatures. - vignettes. - initiales festonnées au vermillon et à la cendre bleue. - rubriques. [xivᵉ siècle.]

208 feuillets [Prov. : St-Vaast.]

---

279. Epistolæ Beati Pauli cum glossâ. — In-folio. - vélin blanc et fin. - tracé au crayon. - deux colonnes. - XIVᵉ siècle. - grandes lettres brodées rouges et bleues. - vignettes. - initiales festonnées au vermillon et à l'outremer. - titres courants en onciales alternées bleues et rouges. [xivᵉ siècle.]

Manquent les premiers feuillets. Commence dans l'Épître aux Romains ; s'arrête dans l'Épître aux Hébreux.

148 feuillets. [Prov. : St-Vaast.]

280. Lectionarium. — In-folio. - vélin tout noirci. - tracé à l'encre pourpre. - deux colonnes. - XIVᵉ siècle. - grande gothique d'église. - initiales festonnées rouges et bleues. - rubriqués.　　[XIVᵉ siècle.]

117 feuillets.　　　　　　　　　　　[Prov. : St-Vaast.]

281. Flores Excerpti ex operibus sancti Augustini, per Eugippium abbatem. — In-folio. - incomplet. - vélin épais et choisi. - deux colonnes. - écriture fine et élégante du XIᵉ siècle. - rubriques. - grandes lettres au vermillon.　　　　　　　　　　[XIᵉ siècle.]

incipit : Prologus libri Eugippii.

Dominæ merito venerabili et fructu sacre virginitatis in Christi gratia semper illustri ac per omnia probac Eugippius omnium servorum dei famulus in domino salutem dicit.

Explicit passio policarpi Smyrneorum episcopi.

A la fin se trouvent douze épîtres de saint Ignace ; une de saint Polycarpe, *ad philippum*. La légende du martyre de saint Polycarpe tout à la fin.

104 feuillets.　　　　　　　　　　[Prov. : St-Vaast.]

282. Peregrini Hirsaugensis speculum virginum. — In-folio. - beau vélin. - taché par les rubriques. - tracé au crayon. - deux colonnes. - XIIIᵉ siècle. - grandes et riches miniatures. - grandes lettres historiées. - initiales festonnées au vermillon et à l'outremer. - rubriques marginales encadrées de festons bleus et rouges.　　　　[XIIIᵉ siècle.]

Incipit : Collaturo tecum, o Theodora, de floribus paradysi, de fructibus divinis, id est, de sanctitate virginalis vite et consummatione in Christi membris pudicitie materia ; exordium collationis nostre flos ille ponendus est, qui dixit ego flos campi et lilium convallium.

Explicit dyalogus Peregrini et Theodore de speculo virginum.
A la fin une table des matières qui s'arrête sur le verso du dernier feuillet.
101 feuillets. [Prov. : St-Vaast.]

---

283. Généalogies et alliances de la maison de Launay, en Flandre. — In-folio. - papier. - écriture du XVIIe siècle. - blasons coloriés.

[xviie siècle.]

Sur le premier feuillet est collée une gravure représentant les armoiries de la famille de Launay.
27 feuillets. [Prov. : St-Vaast.]

---

284. Armorial de l'Artois et de la Flandre. — In-folio. - papier. - dessins de blasons grossièrement exécutés à la plume. - quelques-uns coloriés. - exécution du XVIIe siècle. [xviie siècle.]
103 feuillets. [Prov. : St-Vaast.]

---

285. Lectionarium. — In-folio. - vélin de bas aloi. - réglé à l'encre. - deux colonnes. - XIIIe siècle. - grandes lettres d'église. - miniatures. - rubriques.

[xiiie siècle.]

143 feuillets. [Prov. : St-Vaast.]

---

286. Radulphi expositiones super Levitico. — In-folio plano. - vélin blanc. - fort. - choisi. - tracé à l'encre noire. - deux colonnes. - XIIIe siècle. - initiales onciales rouges et vertes. - rubriques. [xiiie siècle.]

Incipit : Cum inter socios aliquando sermo de judeorum contentionibus haberetur, quibus veritatem obruere et suam nobis conantur inducere cecitatem.
132 feuillets. [Prov. : Cathéd. d'Arras.]

287. Gregorianæ Decretales cum Apparatu. — In-folio. - vélin gratté. - poli. - sali par l'usage. - tracé au crayon brun. - deux colonnes. - la glose enveloppée dans le texte. - XIVe siècle. - écriture italienne. - miniatures. - vignettes. - têtes de livres en onciales à la céruse sur fond pourpre ou azur. - annotations marginales en cursive du XVe siècle.

[xive siècle.]

Sur les derniers feuillets on a commencé la transcription des constitutions d'Innocent III.

214 feuillets. [Prov. : Cathéd. d'Arras.]

---

288. Inventaire chronologique des Archives des anciens comtes d'Artois, *par M. Godefroy, garde des archives des anciens comtes de Flandre, à Lille.* — In-folio. - papier. - 1788. [xviiie siècle.]

Cet inventaire s'étend depuis 1102 jusques et y compris 1287, avec une table alphabétique des noms propres. pour faciliter les recherches.

468 feuillets. [Prov. :]

---

289. Gregorii IX decretales. — In-folio. - vélin blanc et fort. - tracé au crayon brun. - deux colonnes. - grandes marges. - XIVe siècle. - têtes de livres en onciales allongées, alternées bleues et rouges. - initiales festonnées rouges ou bleues. - rubriques. - annotations marginales au crayon. [xive siècle.]

Incipit : Gregorius episcopus servus servorum Dei dilectis filiis doctoribus et scolaribus universis Parisius commorantibus salutem et apostolicam benedictionem. Rex pacificus pia miseratione disposuit, &c.

95 feuillets. [Prov. : Cathéd. d'Arras.]

290. Martyrologium & Obituarium ecclesiæ Atrebatensis. — In-folio. magno. - beau vélin. - tracé au crayon. - longues lignes. - de plusieurs écritures, dont la plus ancienne est une grosse et élégante minuscule cursive du XIIIe siècle, et la plus récente, une gothique du XVe. - rubriques, - initiales festonnées rouges et bleues. **[XIIIe & XVe siècle.]**

Commence : Hæc sunt nomina eorum qui posuerunt denarios ad festa facienda in Atrebatensi ecclesiâ tam canonicis quàm capellanis distribuendos.

Après ce tableau vient un calendrier au recto, folio V^e. L'obituaire commence au verso du folio 44, avec les sommes données pour les fondations.

A la fin : Sequuntur fundationes per reverendum in Christo patrem et Dominum Dominum Nicholaum episcopum Attrebatensem in ecclesiâ Attrebatensi factæ, et per nos Prepositum, Decanum et Capitulum vigesima die decembris anno Domini millesimo quingentesimo septimo accordate et acceptate.

181 feuillets. **[Prov. : Cathéd. d'Arras |**

---

291. Mémoires généalogiques sur la Flandre et l'Artois. — Trois volumes in-folio. - papier. - écriture du XVIIe siècle. - par dom Le Pez. **[XVIIe siècle.]**

A chaque volume est jointe une table alphabétique des noms propres. Il y a près de 500 généalogies.

1er vol. 333 f^{ts}; 2e vol. 314 f^{ts}; 3e vol. 310 f^{ts}. **[Prov. : St-Vaast.]**

---

292. Vita beati Martini, Sulpicio auctore, Brictii Albino. — In-folio mediocri. - vélin gratté et choisi, jaune d'un côté et blanc de l'autre. - tracé à la pointe. - longues lignes. - Xe siècle. - exécution de luxe. -

grande écriture romaine très-soignée. - têtes de livres
en capitales alternées rouges et noires, ou bien par
lettres alternées rouges et noires. - grandes lettres ornées à la plume. - initiales et rubriques au rouge de
plomb. [xe siècle.]

Incipit : Postquàm dominus noster Jesus Christus triumphator ad
alta cœlorum ascendit et majestate paterna Déus consedit, multa secu-
lis doctorum lumina concessit, quatinus ignorantiæ tenebris effu-
gatis, &c.

76 feuillets. [Prov. : St-Vaast.]

_____

293. Rabani Mauri expositio in libris Machabeorum. — In-folio plano. - vélin gratté, taché de
rose. - tracé au crayon. - une, deux et trois colonnes.
- XIVe siècle. - miniatures. - initiales festonnées rouge
et bleues. - titres courants en onciales alternées rouges
et bleues. [xive siècle.]

A la fin pour feuille de garde un compte de dépense du XIVe siècle
concernant l'abbaye de Saint-Vaast

Incipit : Domino excellentissimo et in cultu christiane religionis
strenuissimo Lodovico Regi Rabbanus vilissimus servorum Dei, &c.

79 feuillets. [Prov. : St-Vaast.]

_____

294. Homiliæ Origenis de Pentateucho (Latiné).
—In-folio plano. - vélin blanc gratté. - tracé au crayon.
deux colonnes. - commencement du XIIIe siècle. - sur
le deuxième feuillet, un cartouche peint en miniature style roman. - grandes lettres ornées rouges,
jaunes, vertes et azur. [xiiie siècle.]

Commence par un catalogue de saint Jérôme sur les ouvrages d'Origène.

Incipit . Marcum Terentium Varronem miratur antiquitas quod apud latinos innumerabiles libros scripscrit...

Explicit : Expositio Adamantii Origenis in Numeros.

105 feuillets.   [Prov. : St-Vaast]

---

295. Jo. Cassiani institutiones Monachorum.— Ejusdem collationes Patrum. — In-folio. - vélin blanc. - taché de rose. - fin. - tracé au crayon. - deux colonnes. - XIII siècle. - grandes lettres en miniature sur fond d'or. - vignettes. - initiales au vermillon et à l'outremer. - rubriques.   [xiiie siècle.]

Incipit : Prefacio Johannis Cassiani super librum institutionum Patrum ad Castorem papam gallicanum.

174 feuillets.   [Prov. : St-Éloi.]

---

296. Manipulus exemplorum. — In-folio plano. - vélin blanc et fort. - tracé au crayon. - deux colonnes. - écriture de la deuxième moitié du XIVe siècle. - la place des initiales laissée en blanc.   [xive siècle.]

Incipit : Quoniam, ut ait Gregorius in dyalogo...

Explicit manipulus exemplorum.

77 feuillets.   [Prov. : St-Vaast.]

---

297. Missale Atrebatense. — In folio plano. - vélin choisi, sali par l'usage. - tracé à l'encre pourpre. - deux colonnes. - XIVe siècle. - grande gothique d'église. - miniatures. - vignettes. - initiales brodées rouges et bleues - rubriques.   [xive siècle.]

Commence par un calendrier. — Finit sur le recto du dernier feuillet par une prose en l'honneur de saint Louis. — au verso, des oraisons à la Vierge en écriture contemporaine.

133 feuillets.   [Prov. : Cathéd. d'Arras.]

298. Evangelium secundum Matthæum et Marcum. — In-folio. - vélin gratté, épais, d'une teinte sombre. - tracé au crayon. - deux colonnes. - commencement du XIIe siècle. - peintures et lettres historiées dans le style roman - têtes de livres en capitales romaines, mêlées d'onciales par lignes alternées rouges et bleues. - initiales vermillon et azur. - titres courants en petites capitales au vermillon.   [XIIe siècle.]

Sur le recto du 1er feuillet; la transcription de deux Chartes; l'une concernant l'abbaye de Marœul. — Elle se trouve imprimée dans le *Gallia christiana*, tom III, première colonne 87.

L'autre concernant la Cathédrale. — Elle est imprimée dans Lemire dipl. Belg. tom II, chap. II.

Incipit : Epistola Hieronimi presbiteri Beato pape Damaso Hieronimus. Novum opus facere me cogis ex veteri, ut, post exemplaria Scripturarum toto orbe dispersa, quasi quidam arbiter sedeam.

33 feuillets.   [Prov. : Cathéd. d'Arras.]

299. Genesis et Exodus cum glossâ. — In-folio plano. - vélin fin. - d'une teinte rose. - tracé au crayon. - deux et trois colonnes. - XIIIe siècle. - miniatures en verrières. - grandes lettres historiées. - initiales festonnées au vermillon et à l'outremer. - titres courants en onciales alternées rouges et bleues.   [XIIIe siècle.]

Incipit : Prefatio Iheronimi presbiteri. Desiderii mei desideratas accepi epistolas, qui, quodam presagio futurorum cum Daniele, sortitus est nomen obsecrantis, &c.

134 feuillets.   [Prov. : St-Vaast.]

300. Tractatus de virtutibus. — In-folio mediocri. - vélin blanc. - tracé au crayon. - deux colonnes. -

XIVe siècle. - rubriques. - initiales festonnées rouges et bleues. [XIVe siècle.]

Manque le commencement. . . . . *Presentes pressure sunt debita quibus obligaverunt parentes nostri celestem hereditatem.*

Tractatus virtutum explicit.

A la fin une table des chapitres, dont voici les premiers titres :

De virtute in communi. — Nomen virtutis notificatur. — Commendatur virtus tripliciter. — quod virtus sit bonum nostrum. — Status virtutis paradyso comparatur, &c.

Le dernier : *De patientiâ persecutionum.*

153 feuillets. [Prov. : St-Vaast.]

_____

301. **Journal des évènements survenus à Arras, et dans l'abbaye de Saint-Vaast, pendant les années 1598-99 et 1600.** — Papier. - écriture du XVIe siècle. - entremêlé de libelles, pamphlets, chansons imprimées ou manuscrites et relatives aux évènements de l'époque. [XVIIe siècle.]

Contient :

Convocation des Estats en la ville d'Arras, pour entendre ce que de la part de Sa Majesté leur seroit proposé.

Brief discours du voyage de la reine d'Espaigne en Italie et en Allemaigne.

Election de Philippe de Caverel, abbé de St-Vaast.

Relation de l'arrivée en Espaigne de la reine Marguerite d'Austrice.

Processions faites à Arras à l'occasion de ce que la ville n'avait pas été prise en 1597 par les Français.

Processions faites à Arras pour le retour de Leurs Altèzes d'Espaigne.

Entrée de Leurs Altèzes en la ville d'Arras.

216 feuillets. [Prov. : St-Vaast.]

_____

302. Psalterium cum orationibus. — In-folio mediocri. - vélin devenu absolument noir. - tracé à l'encre pourpre. - deux colonnes. - XIV⁰ siècle. - miniatures. - grandes lettres historiées. - vignettes. - initiales brodées azur et vermillon. - rubriques.

[xɪvᵉ siècle.]

Commence par un calendrier en latin. — Pour feuilles de garde un fragment des comptes des recettes et dépenses de la ville d'Arras. 1516.

92 feuillets. _____ [Prov. : St-Vaast.]

303. Missale Atrebatense. — In-folio mediocri. - vélin fort, noirci par l'usage. - tracé à l'encre noire. - deux colonnes. - commencement du XIV⁰ siècle. - miniatures. - vignettes. - grandes lettres festonnées rouges et bleues. - initiales au vermillon et à l'outremer. - rubriques. - plain-chant. [xɪv° siècle.]

Commence par un rituel, puis un calendrier au folio 13.

142 feuillets. _____ [Prov. : Cathéd. d'Arras.]

304. Epistolæ et Evangelia. - In-folio mediocri. - tracé au crayon. - deux colonnes. - XIII⁰ siècle. - une miniature. - rubriques. - vignettes. [xɪɪɪᵉ siècle.]

Pour dernière garde une charte du XIV⁰ siècle, émanée du prévôt du chapitre d'Arras.

133 feuillets. _____ [Prov. : Cathéd. d'Arras.]

305. Obituarium ecclesiæ Atrebatensis. — In-folio vélin magnifique. - tracé au crayon. - longues lignes. - écritures diverses, dont la plus ancienne est une grosse et élégante minuscule cursive du XIII⁰ siècle, et la plus récente une gothique du XV⁰ siècle. - rubriques. - initiales festonnées rouges et bleues.

Contient les titres et les conditions des diverses fondations.
122 feuillets. _____ [Prov. : Cathéd. d'Arras.]

306. S. Augustinus super Psalmis. — In-folio médiocri. - vélin épais, un peu jaune. - tracé au crayon brun. - deux colonnes. - commencement du XIIIe siècle. - grandes lettres ornées au vermillon, azur ou cendre verte. - rubriques. [XIIIe siècle.]

Incipit : Titulus de psalmo centesimo 1°. Titulus hujus psalmi est oratio pauperis, cum auxiatus fuerit, &c.

A la fin : Ego frater Johannes clericus promitto Stabilitatem meam et conversionem morum meorum, et obedientiam secundum regulam sancti Benedicti coram Deo et beatis martiribus.

65 feuillets. _____ [Prov. : St-Vaast.]

307. Légendes et Vies des Saints. — In-folio. - vélin blanc, un peu mince. - tracé au crayon. - deux colonnes. - XIIIe siècle. - miniatures. - initiales en or sur fond pourpre et azur. - rubriques. [XIIIe siècle.]

Ce volume a été tellement mutilé, qu'il est impossible de reconnaître la succession des pièces dont il se compose.

La première, dont le commencement manque, est le martyre de saint Pierre, de saint Paul (prose); viennent ensuite la vie de saint Audrieu, saint Bertrémieux, saint Jakéme, saint Philippe, saint Mathiu, actes des apostres, saint Simon et saint Judes, saint Ihérome, saint Beneoist, saint Brisce, saint Paulin, saint Pols, saint Anthoine, saint Pantelions, saint Ylaires, saint Nicholay, saint Patris, saint Foursi, saint Veas (prose); la passion de saint Estevène, Job, saint Jehan, évangéliste, saint Dominique (vers).

Voici le commencement de la légende de saint Vaast :

Chi commence li prologues ki parole de quel liu sains Veas fu nés et de quel lignage.

Aquitaine est une montaigne qui est contenue et devisée par iels espaces, et a en la partie d'aise deux cités, dont li une est nomée Petragorike, et li autre est nomée Leumonique. Icils mons d'Aquitaine est moult grans et porprent moult de terre, par sa quantité et par sa grandese et par sa grant largour, et samble qu'il aviègne par sa hautece as nues. Mais, pour les anciens tans et les eages trespassés, est chose doutable et nient certaine savoir mon se Castel ou cités furent assis sor la hautece de celui mont. Et li jugemens des choses qui là sont trébucies, ausi come ancien édefisce qui vont à gast, et li assemblée des choses qui sont destruites, desmontrent assés combien li chose fu grande. Li mons est apelés des donc et orendroit ensemeut Leucus, et du non de celui mont a cil castiaus non, dont me sire sains Veas fut nés, Leucus, et les gens de cele région en sont apelé et dit Leucien, et est très grans partie d'Aquitaine, et dure cele région dusques à la mer qu'on apèle occeanum. Et de cou sont tesmoignagne li renomée perpétuel du païs et plusieurs escriptures, que au jor dui sont totes iceles choses ensi apelées. Dont nos vos faisons savoir que me sire sains Veas fu nés d'icelle contrée, et fu nés sans faille de noble gens, de noble lignée et plaine de boine renomée et riches de terre et d'alves, et estoient ses gens si habondant en tous biens temporels, que nule chose qui apartient à la gloire séculère ne leur défaloit. Li enfes sains Veas fu mis par bon eur à l'escole et as letres. Car il retenoit plenièrement, par la grasce et par l'aide de Diu, toutes les choses qui apartenoient à ensaignement d'escole et metoit en tout bon usage sa vie et ses sens. Et cils enfes, dont nos parlons desirans de degré en degré devenir as hautes choses, à la parfin est fais philosophes vraiement selonc Diu et selonc les choses qui sont de Diu, qu'il peut faire. Et embracher Diu seulement et faire sa volenté et ses commandemens, autre chose ne désiroit. Car certains estoit qu'il en recevroit bon loier et quedroit bon fruit à la parfin. Li très bons eurreus sains Vaas, puis qu'il ot passé xv ans et se jouenece, il fui père et mère et ses parens, et despit les ricoises de cest siècle et meesmement les suies qui li venoient de père et de mère, et toute la gloire du monde. Et despite ausi les très grandes possessions de riqueces, come s'eles fuissent petites. En telle manière laissa il sén païs, et s'en ala tous seus et sans avoir, et ala tant qu'il se mist avoec marceans en mer et arriva en Alemaigne, et ala illuec come povres escilles de liu en liu pour l'amour de Diu et pour avoir la vie pardurable, &c.

209 feuillets. _____ ____ [Prov. : St-Vaast.]

308. Chronologie de l'histoire moderne.—Extraits de cartulaires concernant la noblesse de l'Artois. —Généalogie de la maison de Pas et autres. — Papier. - écriture. - brouillon de XVIIIe siècle, par le s^r Le François de Rigauville. [xviiie siècle.]

Sur le premier feuillet on lit : Table chronologique des papes, des empereurs, rois de France, d'Angleterre, archevesques de Reims, evesques d'Arras, de Thérouanne, Tournay ; des comtes de Flandres, de Boulogne, de Saint-Paul, d'Artois ; des abbés de Saint-Vaast et de Saint-Bertin ; des seigneurs de Pas ; des Conciles et des hommes illustres. La plus grande partie suivant Guillaume Gazet.

On y trouve :

Généalogie de la maison de Pas en Artois, vérifiée par chartes et munimenz authentiques des recherches de L. L. F. s^r de Rigauville.

Généalogie de la maison de Couwing.

—	—	de Beaufort.
—	—	de Famechon.
—	—	de Mondicourt.
—	—	de Sarton.
—	—	de Saint-Amand.
—	—	de Souastre.
—	—	de Bonnières.
—	—	de Guisnes.

Figuration des sceaux dessinés à la plume.

179 feuillets. [Prov. : St-Vaast.]

309. Missale Atrebatense. — In-folio mediocri.- vélin fort, sali par l'usage.- tracé au crayon.- deux colonnes. - fin du XIIIe siècle. - miniatures. - grandes lettres historiées. - vignettes. - initiales au vermillon et à l'outremer.- plain-chant. [xiiie siècle.]

Commence par un calendrier.

130 feuillets. [Prov. : Cathéd. d'Arras.]

310. Inventaire des Chartes d'Artois fait en 1546.
— In-folio. - papier. - écriture de chancellerie du XVIe
siècle. [XVIe siècle.]

379 feuillets. [Prov. : .]

311. Troubles d'Artois. — In-folio. - papier.
[XVIe siècle.]

Mémoires, instructions et pièces originales sur le projet d'accession
de l'Artois à la ligue des provinces unies en 1579.

On y trouve les pièces suivantes :

1. Sire,

Suyvant le grand désir qu'avons toujours heu, signantment doiz que
fut arresté le traictié de réconciliation, nous envoyons pour de nostre
part très humblement baiser les mains de Votre Majesté, &c.

(8 mai 1580.)

2. Au cardinal Granvelle,

Monseigneur, ayant despeschié noz desputez vers Sa Majesté,
pour remonstrer les grands dangers, périls ou nécessitez ou se re-
trouvent ces provinces, &c. (8 mai 1580)

3. Instruction pour révérend père en Dieu dom Jehan Sarrazin, prélat de l'église et abbaye de Saint-Vaast d'Arras, Charles de la Hamaide,
seigneur de Cerren, gouverneur et prévost de la ville de Binch, et
maistre Denis le Guillebert, licentiez ès droictz, greffier de la ville de
Lille, deputez vers Sa Majesté de la part des Estatz des provinces réconciliées, &c. (6 mai 1580.)

4. Mémoire à vous, révérend père en Dieu, dom Jehan Sarrazin,
prélat de l'église et abbaye de Saint-Vaast d'Arras, Charles de la
Hamaide, seigneur de Cerren, gouverneur et prévost de la ville de
Binch, et maistre Jean le Guillebert, licentyé ès droictz, greffier de la
ville de Lille, arrivez que serez en Espaigne en la court de Sa Majesté,
de vous trouver par devers l'illustrissime seigneur monseigneur le
cardinal de Granvelle et avecq les lettres de crédence de nous Estatz
et provinces réconciliées présenter nos bien humbles recommandations à la bonne grace de sa seigneurie illustrissime, &c. (7 mai 1580.)

5. Monseigneur, ayant les desputez des Estatz des provinces réconciliées entendu que votre excellence s'est résolue de députer quelqun de sa part pour accompagner ceux des provinces en Espaigne, l'en remerchient très humblement. Toutefois, estant venu à leur cognoissance que seroit propos du sieur conseiller Vandervingt homme bien signalé et accompli de toutes vertus, suplient vouloir considérer que le conseiller Richardot, &c.   (21 mai 1580.)

---

6. Rudolphus secundus divinâ favente clementiâ electus Romanorum Imperator semper Augustus.

Reverendi, illustres, generosi, magnifici, nobiles, honorabiles, prudentes, fideles, et sincere dilecti, ex consiliarii nostri Otthonis Henrici Schartzemberg relatione cognovimus, vos non modo amicabili pacis et concordie tractationi locum dare, &c.   (4 février 1579.)

---

7. Rudolphus secundus divinâ favente clementiâ electus imperator semper Augustus.

Reverendi, illustres, generosi, magnifici nobiles, honorabiles et prudentes, fideles et sincere dilecti, ex consiliarii nostri et supremi curiæ Mareschalci, comitis Otthonis Henrici de Schartzemberg relatione cognovimus, vos non modo amicabili pacis, et concordie tractationi locum dare, Verum etiam quod ad arma aliquot septimanas suspendantur assensisse, &c.   (24 février 1579)

---

8. Sacra Cæsarea majestas, dominus noster clementissimus benigne cognovit ea que majestati suæ nomine serenissimi principis et domini Mathiæ archiducis Austriæ rex Serenitatis suæ legatus Antonius de Lalaing, &c.   (15 janvier 1579.)

---

9. Remonstrances faictes aux mannans et inhabitans de la ville de Gand, déclairant pourquoy la réconciliation tant avecque les Espaignols qu'avecque les Franchois ne se trouve conseillable, avecque ouverture de certains moyens convenables pour la défense de la patrie contre les forces des ennemis d'icelle, &c.   (Imprimé en l'an 1581.)

10.   A son Altèze,

Le xxviiie de ce présent mois j'avoie escript à votre Altèze ma dernière par ung soldat exprès que La Motte despescha vers votre

Altèze, ne disant en icelle sinon choses que n'importoit point d'estre publiées, ayant réservé pour cestes ce que je supplie très humblement vostre Altèze estre tenu secret, car on peult bien considérer en quel danger je me trouveroye, s'il venoit à sçavoir que je traicte et escript à votre Altèze en particulier, faisant entièrement profession du contraire, et sur ceste confiance je continueray en ce à quoy je suis obligé, &c.   (30 mars 1579.)

———

11. Extrait d'une lettre de M. de La Motte à Sa Majesté :

Il y a beaucoup de choses à considérer en ceste particularité et entre aultres que M. de Montigny entend et prétend que la promesse et offre des six payes que j'avoys faict à ses soldats doibt sortir effet, voires qu'on la leur doibt accomplir. Et mesme que doresnavant on les doit entretenir aux mêmes gages que les aultres, en cecy, &c.

———

12.   Messieurs,

Sur nos dernières lettres du troisième de mars nous espérions bien qu'il vous auroit pleu nous donner une response conforme à la bonne intention en laquelle vous avez toujours protesté vouloir demourer, et au debvoir, vertu et fidélité de bons patriots, nous déclairans roudement et sincèrement, &c.   (28 avril 1579.)

———

13. Rudolphus secundus divinâ favente clementiâ electus Romanorum Imperator, semper Augustus.

Reverendi, illustres, generosi, magnifici, nobiles, honorabiles, prudentes et syncere fideles dilecti dedimus superiori mense Januario ad vos litteras quibus significavimus, &c.   (18 mars 1579.)

———

14. Raisons et moyens servant à l'advancement de l'union plus estroite entre les provinces de Gueldre, Zutphen, Hollande, Zélande, Frize, Utrecht, Overissel, &c.

———

15. Les Estats de Haynaut ayant entendu par la proposition verbale de M. de Froidmont et son adjoinct, et veu par leur instruction le soing que son Altesse et messeigneurs des Estats généraux ont heu d'eulx et pour les accomoder dépesché pardevers eulx ambassade si

notable, les en remerchient en toutte humilité, pretz et appareillés en leur endroict aussi de s'accomoder à toute chose bonne, &c.

(27 octobre 1578.)

51 feuillets [Prov. : St-Vaast.]

---

312. Summa de vitiis et virtutibus. — In-folio. - vélin blanc et fort. - tracé au crayon brun. - deux colonnes. - cursive du XIV⁰ siècle. - une grande lettre dorée sur le premier feuillet. - initiales rouges et bleues. - titres courants à l'encre noire [xiv⁰ siècle.]

Commence au mot patientia. — Finit au mot religio.
Incipit : Paciencia. Nota quod virtute paciencie causantur, &c.
138 feuillets. [Prov. : St-Vaast.]

---

313. Mélanges généalogiques. — In-folio. - collection de mémoires généalogiques concernant divers pays, notamment la Flandre, écrits aux XVI⁰ et XVII⁰ siècles. [xvii⁰ siècle.]

On y trouve :

1º Abrégé de l'institution de l'ordre et religion de Christo, par P Willems, professeur d'éloquence. (Blasons coloriés.)

2º Mémoires du XVI⁰ siècle contenant les armes et épitaphes représentées sur les tombeaux des églises de Hasnon, Beaumont à Valenciennes, St-Waudru à Mons, des Cordeliers des comtes de Blois à Valenciennes. (Blasons coloriés.)

3º Une lettre de d'Assignies à Butkens avec la généalogie de la maison d'Anneu.

4º Histoire et généalogie de la maison de la Viefville.

5º Item de Landeloes, La Haye, etc.

6º Liste des capucins qui ont esté de qualité et de naissance dans la province de Flandre, 1661.

7º Extraits d'un livre composé par Jacques Le Boucq, en 1565, qui contient une collection des épitaphes de la maison de Mastaing.

8ᵉ Généalogie de la maison Dubois, de celle de Halewin, etc.
231 feuillets.   [Prov. : St-Vaast.]

---

314. De VIII partibus Orationis. — Summa derivationum. — In-folio médiocri. - beau vélin, un peu gris. - tracé au crayon. - deux colonnes. - fin du XIVᵉ siècle - grandes lettres au vermillon et à l'outremer. - initiales rouges et bleues.   [XIVᵉ siècle.]

Incipit : Partes orationis quot sunt? Octo. que? nomen, prenomen verbum, adverbium, participium, conjunctio, prepositio, interjectio.
71 feuillets.   [Prov. : St-Vaast].

---

315. L. Annæi Senecæ opera. — Excerpta philosophorum. — In-folio médiocri. - vélin blanc et fort. - tracé au crayon. - deux colonnes. - XIVᵉ siècle. - grandes lettres fleuries au vermillon et à l'outremer. - initiales festonnées rouges ou bleues. - vignettes. - rubriques.   [XIVᵉ siècle]

Ce manuscrit est annoté de la main de Jean Lefèvre, abbé de St.-Vaast.

1ᵉ Incipiunt : Epistolæ Pauli apostoli ad Senecam et Senecæ ad Paulum;

2ᵉ Moralium dogma philosophorum per multa volumina dispersum, tuo quidem instinctu, vir optime et liberalis, contrahere meditabar : dumque primo conticinii silencio super hâc re scrutabundus memoriam consulerem repentè somnus obrepsit; et ecce vir sobrio decore laudabilis quasdam personas non minus nativâ gravitate reverendas antecedebat. Statimque ut fit solo animi augurio, primum illum esse Latie eloquentiè auctorem, Tullium, mihi innotuit, post quem ille moralitatis eruditor elegantissimus Seneca, cum quibusdam aliis, quos tibi eorum verba deinceps signabunt, se agebat.

121 feuillets.   [Prov. : St-Vaast.]

316. Extraits pour l'histoire ecclésiastique et nobiliaire de l'Artois et de l'abbaye de St-Vaast. — Copies de chartes. — Extraits de cartulaires. — In - folio. - papier. [xviie siècle.]

Notes écrites de la main de D. Le Pez, avec un index onomastique:
    Contient :

Carta Odonis abbatis et capituli pro Harcicourt.

Extrait du cartulaire P de Saint-Vaast.

Carta Comitisse Sibille de Theloneo et censu.

Extrait du cartulaire G de Saint-Vaast.

Extrait du registre aux dictum de la chambre du conseil provincial d'Artois.

Extrait du cartulaire M. de Saint-Vaast.

Copies et extraits du cartulaire de Saint-Pol.

Différentes copies d'originaux communiqués par diverses personnes à Etienne Le Pez.

Lettres d'apointement faict par les religieux, abbé et couvent de Saint-Vaast d'Arras avec les eschevins dudit Arras, touchant l'hospital.

Carta Balduini de Theloneo.

Privilegium Philippi comitis Flandriæ de censu beati Vedasti.

Carta Guerrici abbatis de Theloneo et censu.

Extrait des répertoires des titres de Saint-Vaast.

Extrait d'un récépissé de dénombrement qui se trouve aux archives de Saint-Vaast, du 12 mai 1504, le dénombrement estoit du 18 septembre 1502.

296 feuillets.   [Prov. : St-Vaast.]

----

317. Chronique de l'Hôtel-de-Ville d'Arras (1738-1741). — In-folio. - papier. - écriture du XVIIIe siècle. [xviiie siècle.[

Manquent les premières pages. — Contient :

Pièces relatives à l'acquisition et à l'appropriation de l'hôtel Gomicourt pour y loger le prince d'Isenghen (1738-1741.)

Délibérations et résolutions prises à ce sujet.

157 feuillets.   [Prov. : St-Vaast.]

318. Tabula moralium Aristotelis.—In-folio médiocri.-vélin blanc et fort. - tracé au crayon.-longues lignes au commencement. - deux colonnes à la fin.-XIVe siècle. - initiales festonnées rouges et bleues.

[xive siècle.]

Finit par une table des chapitres contenus dans les traités d'Aristote qui ont servi à composer l'ouvrage.

Annoté de la main de Jean Lefebvre, abbé de Saint-Vaast, puis évêque de Chartres.

72 feuillets. [Prov. : St.-Vaast.]

————————

319. Extraits concernant les familles de Flandres et d'Artois.—In-folio. -papier.

Recueil de notes écrites de la main d'Etienne Le Pez ; configurations d'armoiries.

On y trouve des extraits des Chartriers particuliers de la province.—Un extrait de l'obituaire de l'abbaye d'Avesnes — Extrait d'un livre où étaient les listes des gouverneurs des villes et chastellenie de Lille, Douai et Orchies, avec une table des noms propres.

Noms des princes et seigneurs qui ont été tués à la bataille d'Azincourt.—Compte de la renterie de St-Vaast. — Familles de Créquy, de Ghistelles, d'Espinoy, de Longueval, etc.

399 feuillets. [Prov : St-Vaast]

————————

320. Histoire de la maison de Longueval, par D. Est. Le Pez, avec preuves et chartes.—Papier. - autographe de D. Le Pez. [xviie siècle.]

Ce travail est accompagné de pièces justificatives, de tableaux généalogiques et d'un index onomastique.

372 feuillets. [Prov. : St-Vaast.]

————————

321. Généalogies. — In-folio.-papier.-écriture de D. Le Pez. [xviie siècle.]

Contient :

1° Généalogie de la branche royalle d'Arthois, extraite d'un manuscrit de la bibliothèque de St-Vaast d'Arras, dans lequel est contenue toute la descente de la dite maison, depuis Hugues-Capet jusqu'en 1592, que ce manuscrit a été escrit.

L'extrait s'en fit l'an 1683 par D. le Pez.

2° Généalogie de la maison de Melun.

3° Généalogie des nobles et anciens comtes de Guînes et de Boulogne.

240 feuillets. [Prov. : St-Vaast.]

---

322. Généalogies de familles de Flandres et d'Artois. — In-folio. - papier. [xviie siècle.]

Ce sont des notes de différentes mains sur les familles du pays, recueillies par Etienne Le Pez.

Lettres de noblesse accordées à Pierre-Albert de Launay (titre de baron).

Extrait de la descente des seigneurs de Rely.

Liste de ceux qui ont obtenu lettres patentes d'annoblissement, réhabilitation, déclaration et confirmation de noblesse, du ressort de la chambre des comptes à Lille.

Généalogie de Bailleul-en-Artois, par L. Lefrançois, seigneur de Rigauville.

Généalogie des seigneurs de Béthune, advoués de l'abbaye de St-Vaast d'Arras.

Suite et déclaration de ceux qui ont esté commis aux magistrats de la ville de Gand depuis l'ordonnance de Philippe-le-Bel jusqu'à l'an 1630, en conformité des registres qui ont été tenus et conservez aux archives de la dicte ville.

148 feuillets. [Prov. : St-Vaast.]

---

323. Registrum litterarum Sti Gregorii. — In-folio mediocri. - vélin blanc choisi. - tracé au crayon brun. - deux colonnes. - XIIe siècle. - grandes lettres au vermillon. - rubriques en petites capitales. [xiie siècle.]

Incipit : Gregorius, servus servorum Dei, Universis episcopis per Siciliam constitutis.

Valde necessarium esse perspeximus ut, sicut decessorum nostrorum fuit judicium, ita uni eidemque personæ omnia committamus, et, ubi nos presentes esse non possimus, nostra per eum, cui præcipimus, representetur auctoritas.

Voici les noms des personnes auxquelles sont adressées ces lettres : Justino, prætori Sicilie, — Narsae, — Anastasio, episcopo, — Bagaudo, episcopo Firmiensi,—Petro, subdiacono,—Petro, subdiacono, — Natali, episcopo Salonitano, — Nonnoso, — Georgio, preposito Italiæ, — Anthemio, subdiacono, — Johanni, Constantinopolitano, Eulogio, Alexandrino, Gregorio, Antiocheno, Johanni, Hierosolimitano, et Anastasio, expatriarchæ, — Anastasio, patriarchæ Antioceno, — Anastasio, archiepiscopo Chorinthi, — Petro, subdiacono Siciliæ, — Virgilio et Theodoro, episcopo Massiliæ — Anthemio, subdiacono,—Petro, subdiacono,—Universis monachis in christimonte insula constitutis, — Simmacho. defensori,—Johanni, episcopo Sorrentino,—Anthemio, subdiacono,— Petro,—Anthemio, subdiacono, —Petro, subdiacono Siciliæ,—Petro, subdiacono,—Petro, subdiacono, — Gennadio, Patritio Africe, — Januario, archiepiscopo Sardinie, — Hylario, Monacho Africæ, — Petro, notario, — Prejecto, episcopo Narniensi,—Clero, nobilibus et plebi consistentibus Neapoli,—Candido, episcopo de urbe vetere, — Columbo, episcopo, — Johanni, episcopo, Universis de trium capitulorum causa,—Petro, subdiacono Campanie, — Paulo, episcopo, — Johanni, abbati, — Bonifacio, episcopo Regitano, — Natali, archiepiscopo Salonitano, — Universis habitantibus Arimino, —Magno presbitero Mediolanensi, — Martiniano, abbati de Panormo et benenato, notario rectori patrimonii partis Panormitane, —Populo per Italiam,—Presbiteris, diaconibus, et Clero Mediolanensis ecclesie, — Constantio, episcopo Mediolanensi, —Theodelinde, regine Langobardorum, — Cypriano, diacono rectori Siciliæ, — Januario, episcopo Caralitano, — Clementio episcopo primati Bizanceno, — Cypriano, diacono rectori Siciliæ,—Universis episcopis per Dalmatiam, — Mauro, abbati,—Leoni, accolito, — Zaburdæ, duci Sardinie, — Januario, episcopo Caralitano, — Hospyton, duci Bardorum, — Constantinæ Augustæ, Marcello Scolastico, — Valentino, abbati, —

10.

Bonifacio, viro magnifico Africæ, — Maximiano, episcopo Syracusano, -- Rusticiane patritie, — Felici episcopo, — Petro notario in regio, — Universis episcopis per Illiricum, -- Johanni episcopo Ravennae,—Petro, episcopo Trecalitano,—Gaudentio, episcopo Nolano, — Castorio, episcopo Arimini, — Andreo scolastico, — Leandro episcopo, — Nobilibus Syracusanis, — Johanni abbati, — Universis episcopis Galliarum,—Childeberto, regi Francorum,—Universis episcopis Arellanda provintia consistentibus,—Mariniano, episcopo Ravennae, — Anastasio, episcopo Antioceno, — Theodorito, Demetrio, Phylippo, Zenoni et Alcisoni, episcopis Epyri, — Bonifacio, episcopo Regestano,—Candido, presbytero,—Fortunato, episcopo Neapolitano, — Mauritio Augusto, — Theotisto, cognato Imperatoris, — Dominico, episcopo Affricano, — Cipriano, diacono, — Presbyteris, diaconibus, clero, nobilibus, populo Jaderte consistentibus,—Candido, episcopo,—Mariniano, episcopo Ravennae, — Martino, diacono et abbati, — Fortenato, episcopo, et Anthemio, defensori,—Theodoro, medico Constantinopolitano,—Dinamio et Aureliæ,—Dominicæ, uxori Johannis, — Ciriaco, patriarchae Constantinopolitano, — dilectissimis fratribus universis coepiscopis per Galliam, Europam, Germaniam et per universas provincias constitutis, — Johanni, episcopo Panormitano, — Sergio, defensori, — Castorio, notario, — Juramentum,—Antemio, subdiacono Neapolitano, — Secundino, episcopo Sauromnitano, — Columbo, episcopo Numidiae, — Antemio, subdiacono,—Rufino, episcopo,—Victori, episcopo Panormi,—Venantio, exmonacho patritio,—Theodorico et Theodeberto, fratribus regibus, Francorum paribus,—Pelagio, de Turnis et sereno Masiliensi, episcopis a paribus, —Virgilio, episcopo Arelatensis metropolitae, — Desiderio Viennensi, Siagrio Augustidunensi, episcopis Gallie, — Protagio, episcopo,—Stephano, abbati, — Gennadio, patritio Africæ, — Dominico, episcopo Cartaginensi, — Mauritio Augusto, — Anastasio, presbytero de Isauria,—Gennadio, patritio Africæ,—Cyriaco, episcopo Constantinopolitano,—Petro Domitiano et Helpidio, episcopis, — Stephano, episcopo,—Johanni, episcopo Syracusano,—Agnello, abbati de Arimino,—Rufino, episcopo Ephesi, — Respecte, abbatissae, — Constancio, episcopo Mediolanensi, — Teogtiste, patritie, — Anastasio, episcopo Antioceno,—Andree,—Ilarse, religioso,—Mauritio Augusto,—Eulagio, episcopo, Alexandrino et Anastasio, episcopo, Antioceno, a paribus, — Dono,

episcopo Messanæ, — Brunichilde, regine Francorum, — Candido
abbati monasterii sancti Andreœ ad clivum Scauri, — Adeodato,
Maurentio, episcopis Africæ a paribus,—Victori et Columbo, episcopis
Numidie a paribus, — Columbo Numidie, — Bonifacio de privilegiis
defensorum, — Mariniano, episcopo Ravenne, — Aguello, episcopo
Terracinensi, — Eulogio, Alexandrino. —Eulogio, patriarchae Alexandrino, — Secundino, episcopo Taurominitano, — Dominico, episcopo
Cartaginensi, — Victori, episcopo, —'Johanni, episcopo prime Justi-
niane, — Constantino Scodritano, — Constantino, episcopo Narniensi,
— Romano, defensori, — Antonio subdiacono et Dometio abbati
atque Probo, a paribus, — Venantio, episcopo Lunensi, —Antemio,
subdiano Neapolis, — Fausto, — Antemio, subdiacono, — Romano,
defensori Siciliæ,—Romano, defensori, Saumo, subdiacono, Adriano
notario, Felici subdiacono, Sergio defensori, Bonifatio defensori,
a paribus et expatronis, — Anastasio, Antioceno, — Vincentio,
Innocentio, Mariniano, Libertino, Agathoni, et Victori, et omnibus
episcopis Sardinie, — Vitali, defensori Sardinie, — Januario, episcopo
Sardiniae, — Occilliano, tribuno Ydrontino, — Syagrio, episcopo, —
Theoderico et Theodeberto, regibus Francorum, — Aregio, episcopo
in Francia, — Syagrio, episcopo Augustidunensi, — Antemio, subdiacono,—Virgilio, episcopo Arelatensi et Siagrio, episcopo Augustidunensi, — Theoderico et Teodeberto, regibus Francorum,—Maximo,
episcopo Salonitano, — Romano, defensori Syciliæ, — Fortunato,
episcopo Neapolitano, — Zittani, magistro Militum, — Eulogio, patriarche Alexandrino, — Clero et nobilibus Neapolis, — Dominico,
episcopo Cartaginensi, — Eulogio, patriarche Alexandrino, — Leontio
exconsuli, — Clero et pop. Mediolanensi, — Spes in deo Presidi
Sardinie,—Januario, episcopo Caralitano, — Paschasio, episcopo Neapolis—Mariniano, episcopo Ravennae, — Paschasio, episcopo Neapolis.
Barbare Antonine,—Germano, defensori Sicilie,—Teoteste, patritie,—
Ilysatio, episcopo Hierosolimitano, — Anatholio, diacono Constantinopolitano, — Augustino, episcopo Anglorum, — Etherio, episcopo
Gallie,—Virgilio, episcopo Arelatensi, — Brunichilde regine Franco-
rum,--Theoderico, regi Francorum,—Antemio, subdiacono Campanie
—Eusebio, episcopo Tessalonicensi, — Savinelle Columbe et aguelle a
paribus—Passivo, episcopo,—Oportuno de aprutio,—Firmino episcopo
Hystrie, — Brunichilde, regine Francorum, — Etherio, episcopo, —

Venantio, patritio Panormi, — Juliano, — Honorio, episcopo Tarentino,
— Paschali et consolantiæ, — Rusticiane patritie, — Bonifatio notario, —
Philippo, presbytero, — Mariniano, archiepiscopo Ravenne, — Antemio,
subdiacono Campanie, — Eusebie Patritie, — Catulo, Romano et Anthe-
mio, subdiacono Campanie, — Chrisanto episcopo, — Johanni, episcopo
Panormitano, — Johanni defensori, — Paulo Scolastico Siciliæ, — Cor-
duino duci Neapolitano, — Johanni episcopo, — Theodelinde regine, —
Sabiniano diacono Constantinopoli, — Secundino episcopo Tauromi-
tano, — Amandino, — Urbico abbati, — Scolastico defensori, —
Felici episcopo Portuensi, — Mauritio Augusto, — Cypriano diacono.

Epistola Felicis episcopi Sicilie ad beatum papam Gregorium directa.
Rescriptum sancti Gregorii ad eundem Felicem episcopum.

Sur le recto du dernier feuillet, même écriture que le reste du volume : Dicta ex testamento beati Remigii.

Au verso, de la même main, le catalogue des manuscrits de saint
Vaast. (Voir la seconde partie).

Pour feuillets de garde, un extrait de compte des dépenses de la
ville d'Arras en 1405.

72 feuillets.   [Prov. : St-Vaast.]

---

324. Gregorii moralium in Job, pars quarta.—
In-folio médiocri. - beau vélin, fort. - tracé à la pointe.
- deux colonnes. - XIᵉ siècle.- grandes lettres historiées
à la plume - têtes de livres en capitales, mélangées
au vermillon.   [xiᵉ siècle.]

Finit au milieu du livre XVIIᵉ.
86 feuillets.   [Prov. : St-Vaast.]

---

325. Speculum historiale Vincentii Bellovacensis
abbreviatum à Johanne hantfuney.—In-folio plano.
- beau vélin blanc. - tracé à l'encre pourpre. - deux
colonnes. - XIVᵉ siècle. - la place des initiales laissée
en blanc.   [xivᵉ siècle.]

INⓇPOSTIONE.

BEATI. IOB. P.

CONTEMPLATIO.

NEM. SVPTA.

LIBR EX. PARS.

QARTA. INNO.

MINE. DN. INEIPT.

SEPTIMUS.

DEIM? LIBER.

En tête de la première page on lit ce titre :

Tabulæ historiæ naturalis fr. Vincentii Bellovacensis.

Incipit: Reverendo patri ac Domino suo Domino Simoni, Dei gracia episcopo, sancte priscæ presbitero cardinali, suorum servorum humillimus Johannes hantfuney, &c.

61 feuillets.　　　　　　　　　　　　　　[Prov. : St-Vaast.]

326. Magister sententiarum à Petro Lombardo.
— In-folio mediocri. - vélin gratté, blanc et mince. - tracé au crayon brun. - deux colonnes. - fin du XIIIe siècle. - vignettes. - grandes lettres ornées en couleur verte, rouge et bleue. - vignettes. - rubriques. - initiales au vermillon et à l'outremer. - annotations marginales au crayon d'une main contemporaine.

[xiiie siècle.]

Incipit: Omnis doctrina est de rebus vel de signis; de rebus quibus fruendum est vel utendum est, et de his que fruuntur, &c.

A la fin, pour feuillet de garde, un fragment de compte du XIVe siècle. Sur la première feuille de garde écriture du XVe siècle : Textus sententiarum P. Lombardi.

63 feuillets.　　　　　　　　[Prov. : Cathéd. d'Arras.]

327. Anselmi, Bernardi, Augustini et aliorum opuscula.—In-folio mediocri. - vélin léger, commun, jaune et gris, tracé au crayon. - deux colonnes. - XIVe siècle. - vignettes. - initiales rouges et bleues. - rubriques.

[xive siècle.]

Les premiers feuillets manquent. Commence dans le chapitre 5 par un traité du libre arbitre.

Voici les titres de ces différents ouvrages :

Divi Anselmi de casu dyaboli. — Ejusdem de conceptu Virginali et de originali peccato. — Ejusdem de processione spiritûs sancti quo greci à nobis dissentiunt. — Ejusdem de concordiâ et prescientie et predestinationis cum libero arbitrio. — Ejusdem proslogium. — Ejusdem monologium. -- Cur Deus homo. — Ejusdem distinctiones virtutum et vitiorum. — De conflictu viciorum et virtutum. — D. Anselmi de similitudinibus. — Meditationes sancti Bernardi. — Ejusdem de precepto et dispensatione. —Hugonis de sancto Victore (quædam fragm.) de arte fidei catholice.—Beati Augustini de mendacio.— Ejusdem sermo Arianorum. — Ejusdem de hereticis pravitatibus. — Ejusdem de Dulcitii octo questionibus.

145 feuillets. [Prov. : St-Vaast.]

---

328. Recueil d'Épitaphes des églises d'Arras.— In-folio.-papier.-écriture brouillon de la fin du XVI° siècle. - blasons grossiers coloriés. [XVI° siècle.]

A la fin, un extrait du P. Ménestrier, sur l'origine des armoiries et du blason.

Bon à consulter pour l'histoire généalogique du pays.

143 feuillets. [Prov. : St-Vaast.]

---

329. Prophetæ Minores cum glossâ. — In-folio mediocri quadrato. - vélin blanc, gratté, poncé. - tracé au crayon. - une, deux et trois colonnes. - XIV° siècle. - grandes lettres ornées rouges et bleues. - initiales vermillon et outremer. - titres courants en onciales alternativement rouges et bleues. [XIV° siècle.]

Incipit : Ordo prophetarum secundum LXX talis est : Osce, Amos, Michaël, &c.

49 feuillets. [Prov. : St-Éloi.]

---

330. Aristotelis Ethica (latinè).—In-folio mediocri· - très - beau vélin blanc. - tracé à l'encre blanche.- deux colonnes. - larges marges. - XIV° siècle. - grande lettre miniature. - vignettes. - initiales brodées rouges

et bleues. - annotations marginales de la main de Jean Lefebvre, abbé de St-Vaast, puis évêque de Chartres.

[xive siècle.]

Bon à consulter pour l'histoire généalogique du pays.

Incipit : Omnis ars et omnis doctrina, similiter autem et actus et electio bonum quoddam appetere videtur.

. . . . . Explicit liber ethicorum translationis nove.

A la fin on lit :

Iste liber est sancti Vedasti Attrebatensis, emptus per me fratrem Johannem Fabrum, tunc monachum sancti Vedasti, et, dum hoc scripsi, in perrestuto castro comitatûs Forcalquerii eram, episcopus Carnotensis. — Anno Domini M. CCC. IIII^{xx} et vii.

57 feuillets. [Prov. : St-Vaast.]

---

331. Copies d'Épitaphes, par Le Pez.—In-folio. - papier. - écriture du XVIIe siècle. - dessins de blasons à la plume. [xviie siècle.]

Les épitaphes contenues dans ce volume sont tirées des églises de Valenciennes, Cambrai, Lille, Marquettes, Haspres, Lessies, &c.; de Saint-Omer, Estrun, Paris, Bavay, Avesnes, Haynin, Hamade, Bailleul, &c., &c.

177 feuillets. [Prov. : St-Vaast.]

---

332. Extraits de pièces originales concernant la noblesse de Flandre et d'Artois.—In-folio.-papier. -écriture cursive du XVIIe siècle. - dessins de sceaux à la plume avec un index onomastique. [xviie siècle.]

Contient : Extraits des cartulaires du prieuré de St-André-lez-Aire, suivis de la liste des prieurs; — des cartulaires originaux de Ham; — des archives de Bucquoy, — du Verger,—d'Hénin-Liétard,— de St-Pierre d'Aire,—de St-Bertin ;—des dénombrements, ventes de fiefs, actes divers reposant au baillage d'Aire. —Lettres de fondation de la chapelle de Dainville à Bucquoy. — Extraits des archives de l'échevinage d'Aire.

263 feuillets. [Prov. : St-Vaast.]

---

333. Extraits de Pièces originales faits par D. Le Pez. — In-folio papier. - autographe de Le Pez.

[XVIIe siècle.]

On y trouve les extraits :

1° D'un cartulaire du XIVe siècle conservé autrefois dans les archives de la Prévôté de St-Vaast d'Arras, et contenant les noms des villages qui appartenaient à cette abbaye.

2° Du cartulaire B de St-Vaast d'Arras.

3° D'un compte original du domaine de la ville d'Arras pour l'année 1589-1590.

4° D'anciens papiers de la ville de Lille.

5° D'une information faite à Arras en 1518, par Philippe Raulin, conseiller de l'empereur, au conseil provincial d'Artois.

6° D'un mémorial des chanoinesses du chapitre de sainte Aldegonde de Maubeuge.

7° Des archives particulières de M. Aymard, Louis, marquis de Saulty.

252 feuillets. [Prov. : St.-Vaast.]

---

334. Missale Atrebatense. — In-folio mediocri. - beau vélin. - tracé au crayon. - deux colonnes. - XIIIe siècle. - une miniature. - initiales en onciales au vermillon et à l'outremer. - rubriques. [XIIIe siècle.]

Commence par un calendrier. - Sur le verso du dernier feuillet, d'une écriture du XIVe siècle :

Sancte Marie Egyptiace officium, &c.

60 feuillets. [Prov. : Cathéd. d'Arras.]

---

335. Généalogies de Picardie, d'Artois et de Flandre. — In-folio. - papier. - écriture courante du

XVIIe siècle. - dessins grossiers d'armoiries à la plume.
[xviie siècle.]

76 feuillets.

336. Jeremias—Baruch—Job.—In-folio mediocri. - vélin gratté, fort, pelucheux. - tracé au crayon brun. - longues lignes. - XIe siècle. - grandes lettres ornées et peintes dans le style roman. - têtes de livres, inscriptions en capitales mélangées vermillon, ou par mots alternés verts et rouges. - rubriques en petites capitales. - initiales au vermillon et à la cendre verte.
[xie siècle.]

Le recto du folio 3 est occupé tout entier par une inscription en capitales fleuries, dont les lignes sont alternativement rouges et noires.

35 feuillets.
[Prov. : Cathéd. d'Arras.]

337. Généalogies de Flandre et d'Artois. — In-folio parvo. - papier. - écriture brouillon du XVIIe siècle. - avec une table des familles dont la généalogie est rapportée dans le volume.
[xviie siècle.]

Quartiers généalogiques.

444 feuillets.
[Prov. : St-Vaast.]

338. Extraits concernant l'histoire politique civile et nobiliaire de l'Artois, tirés è Cartulario S. Nicholai de Fossatis et pluribus aliis chartis. — In-folio parvo. - papier. - écriture brouillon du XVIIe siècle. - autographe de D. Le Pez.
[xviie siècle.]

Recueil de titres : contient :

Extrait du cartulaire de l'église de St-Nicolas sur les fossés Arras. — Hommes de fiefs de St-Vaast en 1383

Extraits de différents originaux appartenant à divers particuliers communiqués à D. Le Pez.

Extraits du cartulaire P. de St-Vaast.—Epitaphe du bon duc Philippe de Bourgogne.—Différentes généalogies, &c.

310 feuillets. [Prov. : St-Vaast.]

---

339. Missale.—In-folio médiocri. - vélin fin, noirci par l'usage. - tracé à l'encre pourpre. - deux colonnes. - XIVe siècle. - gothique d'église. - miniatures endommagées. - vignettes. - grandes lettres brodées rouges et bleues - rubriques. [xive siècle.]

Au commencement un calendrier. — Les derniers feuillets sont occupés par des oraisons écrites de plusieurs mains, à des époques postérieures.

193 feuillets. [Prov. : St-Vaast.]

---

340. Petite Chronologie du prieuré d'Aubigny-en-Artois & du prieuré de Rebreuve *(faicte par sire François Doresmieux, religieux du Mont-St.-Éloy. — In-folio. - papier. - écriture bâtarde du XVIe siècle.*

[xvie siècle.]

A la fin : Déclaration des appartenances du prieuré du Perroy.
Cette chronologie s'étend de l'année 1131 à 1614.

Incipit : Petitte chronologie du prieuré d'Aubigny, bourgade du païs d'Artois, faicte par sire François Doresmieux, religieux du Mont-St-Eloy.

Le prieuré d'Aubigny, déservy de chanoines réguliers, est un membre dépendant de l'abbaye du Mont-St-Eloy, ordre de saint Augustin, diocèse d'Arras, lequel tire son commencement du bienheureux confesseur saint Killien, évesque d'Hybernie, quy, pour éviter la vaine gloire, délaissa son clergé et ses ouailles, afin de s'addonner aux saints pèlerinages. Mais, comme l'ancien légendaire manuscript de sa vie le dit vivant du temps de saint Vaast, évesque d'Arras, et de saint Fiacre, jadis ancien serviteur de son père, et ne fait mention de saint Faron, évesque de Meaux, en Brie, qu'on dit avoir assigné domicile au dit saint Fiacre, et receu à sa table ledit saint Killien, et, depuis, l'envoie annoncher la parolle de Dieu aux environs d'Arras, comme se voit en sa vie rapportée par Surius. Fault considérer que c'est vice des anciens escrivains, lesquels ont mis saint Vaast pour saint Vindicien ; parce que ledit saint Vaast estoit mort dois l'an 537, selon les bons autheurs, et ledit saint Vindicien vivoit du temps de saint Faron, lequel, selon le catalogue des évesques du dit Meaux, on trouve avoir esté consacré évesque l'an 620, et mort l'an 686. Le cardinal Baronius, faisant mention de l'autre saint Killien, martyr et évesque d'Herbipolis, advertit le lecteur qu'il y avoit l'an 686 ou environ, un autre saint Killien de mesme nom, et aussi natif d'Hibernie, lequel fut signalé par la gloire de sa confession en Arthois : si on met aussi en considération que, du temps de saint Aubert, et le dit saint Vindicien, plusieurs saints évesques et saints personnages Hibernois, si comme Foursy, Etton, Foillan, Ultan, Obode et autres, sont venus en ces pays pour y semer l'Evangile et y rendre par après leurs belles âmes à Dieu, &c.

28 feuillets.   [Prov.: Acad. d'Arras.]

---

341. Glossæ super epistolis Pauli. — In-folio mediocri. - vélin blanc. - tracé au crayon. - deux colonnes. - XIIIe siècle. - grande lettre romane sur le premier feuillet. - rubriques marginales   [xiiie siècle.]

Incipit : Principia rerum requirenda sunt prius, ut earum notitia plenior possit haberi, &c.

120 feuillets.   [Prov. : St-Vaast.]

---

342. Généalogie de la Maison de Fiennes. — In-folio. - papier. - écriture du XIXe siècle. [xixe siècle.]

12 feuillets.   [Prov. :   .]

---

343. Commentarii Boëtii de prædicamentis Aristotelis. — In-folio mediocri. - vélin fort, un peu

jaune. - tracé à la pointe. - deux colonnes. - XIe siècle.
- têtes de livres en petites capitales, par lignes alternées vertes, rouges et bleues. - initiales vertes,

[XIe siècle.]

Commence par un glossaire des termes philosophiques employés
par Boëce.

Incipit : Equivoca dicuntur quorum nomen solum commune est,
secundum nomen vero substantiæ ratio diversa, ut animal, homo, et
quod pingitur, &c.

26 feuillets. [Prov. : St-Vaast.]

**344. Lectionarium de Tempore et de Communi
sanctorum.** — In-folio mediocri. - beau vélin blanc. -
tracé au crayon. - deux colonnes. - XIVe siècle. -
grandes lettres historiées en miniatures. - vignettes. -
initiales festonnées or, vermillon ou azur. - rubriques.
(Manquent les premiers feuillets). [XIVe siècle.]

187 feuillets. [Prov. : Cathéd. d'Arras.]

**345. Index d'une collection en 41 volumes dont
le titre n'est pas rapporté, et qui se composait
de pièces relatives à l'histoire ecclésiastique du
XVIIe siècle.** — In-folio. - papier. - écriture du
XVIIe siècle. [XVIIe siècle.]

84 feuillets. [Prov. : St-Vaast.]

346. Sancti Ambrosii hexahemeron. — In-folio
mediocri. - vélin jaune, gratté. - tracé à la pointe. -
longues lignes. - Xe siècle. - têtes de livres en capitales romaines. - rubriques au rouge de plomb, en
petites capitales. [Xe siècle.]

Incipit: Tantum ne opinionis assumpsisse homines, ut aliquot eorum tria principia constituerent omnium, Deum, et exemplar, et Materiam, sicut Plato discipulique ejus et ea incorrupta et increata ac sine initio esse asseverarent; Deumque non tanquam creatorem, sed tanquam artificem ad exemplar &c.

Explicit exameron sancti Ambrosii.

42 feuillets.   [Prov. : St-Vaast.]

---

347. Constitutiones Cluniacenses. — In-folio mediocri. - vélin gratté, sali. - tracé au crayon. - deux colonnes. - XIIIe siècle. - grande lettre ornée et peinte dans le style roman. - initiales festonnées rouges et bleues. - rubriques.   [XIIIe siècle.]

Commence par une table des titres.

Incipit : Epistola Bernardi ad Hugonem abbatem Cluniacensem.

Reverentissimo atque totius religionis informatori precipuo, domno Hugoni abbati, frater Bernardus filiorum ejus ultimus &c.

72 feuillets   [Prov. : St-Vaast.]

---

348. Extraits des registres aux contrats reposant à la gouvernance du souverain baillage de de Lille.—In-folio. - papier. - écriture du XVIIe siècle.   [XVIIe siècle.]

Sur les derniers feuillets est une pièce ainsi intitulée :

« Copie de certain recueil contenant que les rois de l'Espinette auroient été mis et assis en la ville de Lille par le roy de France, saint Loys, en 1226, et qu'aucuns auroient été faits chevaliers (8 pages d'écriture). »

127 feuillets.   [Prov. : St-Vaast.]

---

349. J. Solini Polyhistor. — In-folio plano. - vélin blanc. - tracé au crayon. - longues lignes. - grandes

marges. - XIIIe siècle. - grande écriture. - rubriques. - initiales festonnées rouges et bleues. [xiiie siècle.]

Incipit : Editus et recognitus, de situ orbis terrarum et de singulis. Quum quidam impatientius potius quam studiosius opusculum, quod moliebar, intercipere properarunt, id, quod etiam tum impolitum prius in medium dederunt, quàm inchoate rei summa manus imponeretur &c. Il y a de longues et nombreuses annotations.

73 feuillets. [Prov. : St-Vaast.]

350. Manipulus Curatorum.—In-quarto maximo.- vélin commun.- écriture cursive du XVe siècle. - longues lignes. [xve siècle.]

Au verso du 3e feuillet on lit :
Sequuntur nomina illorum qui in sacra synodo Atrebatensi tam de jure quàm consuetudine interesse tenentur.

31 feuillets [Prov. : St-Vaast.]

351. Parabolæ Salomonis et Daniel cum glossis. —In-folio parvo quadrato.- vélin blanc, léger. - tracé au crayon. - deux et trois colonnes. - XIIIe siècle.- grande lettre peinte au commencement. - initiales au minium, à l'outremer et à la cendre verte.

Incipit : Ieronimus Jungat epistola quos Jungit sacerdotium. . . .
Explicit liber Danielis prophete.
Au verso du dernier feuillet, d'une écriture du XIIe siècle : la liste des rois de Perse, celle des Lagides, celle des Séleucides, d'après Jules Africain, et la concordance des Olympiades avec la chronologie sacrée, tirée du même auteur.

100 feuillets. [Prov. : St-Vaast.]

352. Guillermi de Monte-Lauduno sacramentale. —In-folio. - papier. - longues lignes. - écriture du XVe siècle. - place des initiales laissée en blanc.

[xve siècle.]

Incipit : Carissimo filio suo ac socio speciali Domino Poncio de Villa nuová in jure canonico Bacchalario excellenti Guillermus de monte Lauduno inter alios doctores Decretorum minimus salutem &c.

48 feuillets. ——————— [Prov. : .]

353. Inventaire des Chartes et Registres de la trésorerie d'Artois, livré aux Commissaires de l'Empereur, sur le mandement des Présidents et Conseillers de la chambre des comptes de Lille, au mois de mars 1545. — In-folio. - papier. - écriture de chancellerie du XVIᵉ siècle. [XVIᵉ siècle.]

Grosse délivrée sous le nom de Pierre Grenet, licencié ès-loix, adjoint de Jean Morel, procureur de l'empereur au conseil d'Arthois.

138 feuillets. —————— [Prov. : .]

354. Liber Sermonum Gerardi episcopi Cameracensis. — In - folio mediocri. - vélin blanc. - tracé au crayon. - longues lignes. - XIVᵉ siècle. - écriture cursive. - vignettes. - initiales brodées rouges et bleues. [XIVᵉ siècle.]

Il contient 23 sermons prêchés en différents endroits, à Paris, à Douai et à Beauvais.

123 feuillets. —————— [Prov. : St-Vaast.]

355. Annales de St.-Vaast, *par Dom Gérard Robert, religieux de St-Vaast, mort en 1602.* **— In-folio. - écriture coulée du XVIᵉ siècle.** [XVIᵉ siècle.]

Contient :

1ᵉ Le tableau des abbés de St-Vaast, depuis St-Vaast jusqu'à Jacques de Kerles (1497).

2ᵉ Les maisons, rentes viagères et provendes vendues par l'église de St-Vaast d'Arras.

3° Journal de dom Gérard Robert, religieux de St-Vaast (depuis 1475 à 1502).

4° Journal de dom G. Robert, copié en 1723 par N. Hebert, religieux de St-Vaast.

115 feuillets. [Prov. : St-Vaast.]

_____

356. Breviarium Atrebatense.—In-folio mediocri. - papier tracé à l'encre rouge. - deux colonnes - XVᵉ siècle. - grand caractère d'église. - vignettes. - initiales au vermillon et à l'outremer. - commence par un calendrier écrit à l'encre rouge et noire. [xvᵉ siècle.]

190 feuillets. [Prov. :]

_____

357. Panagii Salii Audomarensis Vedastiados libre II.—In-folio. - papier. - écriture du XVIᵉ siècle.

Incomplet. [xvɪᵉ siècle.]

28 feuillets. [Prov. : St-Vaast.]

_____

358. Recueil d'Épitaphes, *fait par Dom Estienne Le Pez.* — In-folio papier. - écriture du XVIIᵉ siècle. - écriture brouillon. - autographe de Le Pez.

[xvɪɪᵉ siècle.]

Composé en grande partie d'après les monumens élevés dans les églises de Flandre, de Picardie et d'Artois.

On y trouve l'épitaphe de Dom Le Pez, auteur de ce recueil :

Hîc Jacet R. D. D. Steph. Le Pez, Insulanus, hujus monasterii (St-Vaast), Religiosus. Fato cecidit die XXVIIIᵃ januarii 1707. Ætatis suæ anno 61, &c.

296 feuillets. [Prov. : St-Vaast.]

_____

359. Decreta promulgata in Consistorio Synodi provincialis Cameracensis die 11 octobris 1586.— In-folio.- écriture bâtarde du XVIᵉ siècle. [xvɪᵉ siècle.]

A la suite sont deux mémoires en français relatifs au même synode :

1°. Résolutions admises par le Conseil sur les articles proposez par les députez de la synode de Cambray.

2°. Pointz advisez par les président et gens du Conseil provincial d'Arthois, par forme de remontrance, touchant certains articles, au Conseil privé de Sa Majesté et les députez de la synode provinciale de Cambray.

57 feuillets.   ————   [Prov. : St-Vaast.]

360. Magister Sententiarum. (Petrus Lombardus).

—In-folio médiocri. - vélin gratté, pelucheux. - tracé au crayon. - deux colonnes. - fin du XIIᵉ siècle. - grandes lettres ornées dans le style roman, couleurs vertes, rouges et bleues. - initiales festonnées au vermillon, azur et cendre verte. - rubriques.

Sur la première garde, une inscription en caractères gothiques indique que ce manuscrit a été donné en 1474, à la Cathédrale, par Jean Pochon, chanoine.

Incipit : Prologus magistri Petri in Sententias :

Cupientes aliquid de penuria ac tenuitate nostra cum paupercula in gazofilacium domini mittere.

70 feuillets.   [Prov. : Cath. d'Arras.]

361. Liber Custumarum et Redituum capituli ecclesiæ Coloniensis.

—In-folio. - vélin de basse qualité, endommagé par l'humidité. - deux colonnes. - XIIIᵉ siècle. - rubriques. - grandes lettres au vermillon et à l'outremer.   [XIIIᵉ siècle.]

Commence ainsi : Qualiter Waringa detur. Cuilibet canonico vivo sive mortuo datur equaliter Waringa. Si quis etiam canonicus eligatur in episcopum vel in priorem Coloniensem. Quem oporteat vicarium habere, ipsi datur Waringa et non ejus vicario. Quatuor principalibus vicariis datur cuilibet ipsorum dimidia Waringa. Aliis omnibus vicariis nihil datur de Waringa. Fratres sanctæ Margaretæ recipiunt de minori prebenda, scolastici Waringam et unum denarium de quolibet convivio.

Contient un détail curieux des distributions, rentes et pratiques du chapitre de Cologne.

22 feuillets   [Prov. : Cathéd. d'Arras.]

362. Strabonis Blairvillæ et Aureomontis Domini de nobilitate duplici, Generis et Codicillarii et insignibus gentilitiis libri tres. — In-folio parvo.- papier. - écriture du XVIe siècle.   [XVIe siècle.]

Incipit : Romani, populorum quondam omnium clarissimi, nobilitatis suæ exordium ab antiquis illis senatoribus et patriciis sumpsisse existimantur.

220 feuillets.   [Prov. : St-Vaast.]

363. Explication du Symbole des Apôtres, par Jean Sarrazin, abbé de St-Vaast.—In-folio. - papier.- écriture bâtarde du XVIe siècle.   [XVIe siècle.]

Manque le commencement.

150 feuillets.   [Prov : St.-Vaast.]

364. Oratio funebris habita in obitu Gerardi Hamericurtii abbatis Bertiniani, Johanne Malpautio medico auctore. — In-folio. - papier. - cursive du XVIe siècle.   [XVIe siècle.]

Dans le même volume :

1° Reverendo domino domino Joanni Saraceno, apud Vedastinos præsuli amplissimo J. P. D. F. C. Carrette.

2° Discours sur la coustume d'enterrer les morts.

3° Sermon pour le jour de saint Pierre et saint Paul, prononcé à Louvain, en la chapelle du grand collége des théologiens, le 29 de juing 1598.

26 feuillets.   [Prov. : St-Vaast.]

365. Discours, Mémoires, Lettres originales concernant la réconciliation des États provinciaux de l'Artois (1579-1584.)—In-folio. - papier.

Composé de pièces diplomatiques de différentes écritures du temps. — Porte sur le dos. Matières d'Estat.

Contient :

Un aultre remède bien propre pour rompre toutes les forces de l'ennemi, non seulement en vertu des armes, mais, qui plus est, sans force aucune, &c.

———

Discours sur les affaires présentes :

Supplient les nobles du pays d'Arthois très humblement Vostre Excellence qu'il luy plaise avoir esgard, que tenant en centiesme des meubles et immeubles, &c.

———

Monseigneur, sy l'estonnement que les Estats de Haynaut, par ordonnance de Votre Excellence, convoqués et rassemblés chés jours passés, at esté extrême, entendant l'excessive demande et dernière à iceulx faicte de cent mille livres de quarante gros en prest, &c.

———

Moyens généraulx quy serviront à lever sur les marchandises suivantes, &c.

———

Sommaire de ce qu'ont proposé messeigneurs les ambassadeurs de Sa Majesté réginale en son nom aux desputez du conseil d'Estat, demandant les dits ambassadeurs à icelle response par voye d'appostille, &c.

———

Rodulphus secundus divinâ favente clementiâ electus Romanorum Imperator, semper Augustus. Reverendi, illustrissimi, generosi, magnifici, nobiles, honorabiles, prudentes sincere et nobis dilecti, &c.

———

Supplient les nobles du pays d'Arthois très humblement, Vostre Excellence que luy plaise avoir esgard que levant le centiesme des meubles et immeubles, &c.

———

Mémoire pour messieurs des Estatz et desputés des villes de par-deçà, pour leur faire entendre comme Sa Majesté, au moindre grief de ses subjetz et à leur meilleur contentement, entend faire lever et collecter le centiesme denier sur les biens, meubles et immeubles, &c.

———

Comme par la proposition faicte aux Estatz en général, a esté déclaré, Son Excellence s'est mise à penser à quelque nouveau moïen pour subvenir aux affaires et nécessitez de pardeçà, afin de le povoir conjointement avec la dite proposition mettre en avant, &c.

———

Messieurs, ayant monseigneur le duc d'Alve, lieutenant gouverneur et capitaine général pour le roi notre souverain, seigneur et prince, en ces pays esté, comme sçavez, piéça envoyé par deçà par Sa Majesté, &c.

———

Messieurs, j'ai reçu les lettres de vos seigneuries par lesquelles j'ay apperceu le désir qu'avez d'estre certioré de ma négociation, &c.

———

Veu l'accord de ceulx d'Arthois et difficultez par eux représentez, semble que l'on doibt tousjours accepter l'acte d'accord touchant les moyens généraulx, à l'entrée, sortie et consommation des mar-chandises et denrées, &c.

———

Copie d'une lettre que Sa Majesté écrit aux villes et conté d'Arthois. — Le Roy.

Chers et bien amez, nous avons volontiers entendu les bons devoirs et offices que vous avez fait pour le bien et salut en général de la chrestienté et particulièrement de nostre pays et conté d'Artois, &c.

De Madrid, le 3 de janvier 1579.

———

La substance et brief recœuil du discours en allemand proposé par l'empereur Rodolphe en la ville d'Augspurg, en cest an 1582, aux princes électeurs, ducs, seigneurs et autres députez, des princes seigneurs et villes impériales, &c.

———

Instruction que Son Altèze, par advis de M. le prince d'Oranges, seigneurs du conseil d'Estat et Estatz généraux des Pays-Bas, donne pour chacun commissaire, &c.

Mémoire et instruction de ce que Jacques Herry aura à traicter et négotier devers la royne d'Angleterre de la part desdits Estatz des Pays-Bas, assemblés en la ville de Bruxelles, &c.

A M. le coronel Charles Focquier, &c.   1576.

Sur l'asseurance à donner aux sieurs Octavio Gonzaga et le seigneur Escovedo, de la part de Son Altèze, envoyez vers les soldats espagnols, &c.   14 décembre 1578.

Messieurs et bons confrères, paravant lire ce mien discours, je vous prie despouiller toutes passions, &c.

Les Estatz du pays et conté d'Arthois, considérant que le traicté de la paix et réconciliation des provinces confirmées avecq Sa Majesté, &c.   25 apvril 1579.

Ce sont les pointz principaulx de la paix, &c.

Monseigneur, nous ne sçaurions assez louer Dieu, remerchier Vostre Excellence des bénéfices qu'espérons ressentir de la réconciliation traicté avec le roy, nostre syre, &c.

Messieurs, révérend père en Dieu, Damp Jehan Sarrazin, prélat esleu de l'église et abbaye de St-Vaast d'Arras, &c. 19 may 1579.

A Son Excellence. Remonstrent humblement les députez des Estats d'Artois, Haynault, Lille, Douay et Orchies, que sur la confidence des lettres de Sa Majesté et de Vostre Excellence, ils sont passé jà six mois entrez en communication avecq messieurs les révérendissime, évesque d'Arras, baron de Colles et seigneur de Valhuon, députez de Sa Majesté, &c.

Son Excellence, louant grandement les Estatz et inhabitans d'Arthois, Haynault, Lille, Douay et Orchies, de la bonne et ferme résolution qu'ils ont prinse, &c.   24 juin 1579.

Les députez des Estats d'Arthois, Haynaut, Lille, Douai et Orchies, ayant leu l'escript signé de Vostre Excellence, &c.

———

Ce jourd'hui vingt-deuxiesme jour de décembre 1583, se sont rassemblez en la maison abbatiale de St-Vaast d'Arras, monsieur le révérendissime, évesque d'Arras, &c.

———

Messieurs, j'ai veu par la lettre qu'avez escript à monsieur le comte de Hennin, le rapport, &c.

———

Monsieur Jehan Merlin, escolatre et chanoine de l'église Cathédrale Notre-Dame d'Arras, et Guillaume Le Vasseur, seigneur du Val-huon, &c. ——— 23 febvrier 1584.

Monseigneur, pour satisfaire au contenu des lettres de Vostre Seigneurie, &c. 1er febvrier 1584.

———

Messieurs, je tiens qu'avez fresche mémoire comme, le 4 de janvier, monseigneur de St-Vaast et moy retournans de St-Omer, &c.

———

Monsieur, je suis très marry avoir esté absent de ma maison lorsque vostre lacquet avecq les lettres vostres passoit par icy, &c.

——— 3 febvrier 1584.

Poinctz et articles conceuz, advisez et arrestez pour parvenir à une bonne paix et réconciliation avecq Sa Majesté, &c.

———

Pour respondre aux articles présentez par Messieurs les Estatz des provinces catholiques assemblez en la ville d'Arras, &c.

———

Mon cousin, vous aurez entendu, comme je ne doubte, l'arrivée des députez d'Artois, Haynaut, Lille, Douay et Orchies vers moy, &c.

———

Sur la difficulté représentée de la part de Son Excellence en aucuns articles du traicté, désirant en estre appaisée, &c.

———

Au roy. Remonstrent très humblement les évesques d'Arras avecq son chapitre, abbés de St-Vaast d'Arras, du Mont-St-Eloy et Ma-rœul, ensemble autres ecclésiastiques, &c.

———

Les prélatz, gens d'église et nobles, résidans en la ville d'Arras, ayans biens à trois lieues à l'environ, sur la proposition à eux faicte par, &c.

———

Le jœudi 1er de febvrier 1588, messieurs les eschevins de la ville d'Arras ont faict convocquer en la manière accoustumée leurs bourgeois, &c.

———

Poinctz qui semblent se debvoir représenter en la prochaine assemblée des Estatz d'Artois, &c.

———

Les Estatz du pays et conté de Hainaut aians entendu la proposition par Son Ecellence aux députez des provinces réconciliées et uniés, &c.

———

Gens de guerre desquelz les Estatz des provinces réconciliées requièrent estre assistez du camp de Sa Majesté, &c.

———

Monsieur le procureur, je vous tiens mémoratif des propos que vous tins à mon retour de la ville de St-Omer, &c.   29 janvier 1589.

———

Maieur et eschevins de la ville d'Aire certifient que au commenchement du mois de janvier dernier, monseigneur le prélat de St-Vaast, retournant de St-Omer, &c.   6 de febvrier 1584.

———

Examinant les articles de réconciliation, a esté remarqué non effectuez les poinctz quy s'ensuivent, &c.   22 mars 1587.

———

Monseigneur, j'entens par lettres de vostre seigneurie escriptes à messieurs du magistrat de ceste ville en date du pénultiesme de febvrier, le mal contentement que vostre a receu à raison des lettres escriptes, &c.   Le 11 de mars 1584.

———

Monsieur, nous avons reçeu vos lettres du mois précédent et les pièces joinctes, &c.   Le 2 de mars 1584.

———

Monsieur, il m'a semblé que je feroys bien de vous escripre d'une chose de bien grande importance et fort proufitable, à ce qu'il semble, &c.

———

Son Altèze aians ouy le rapport de la communication tenue entre le marquis de Renty, président, Richardot et Serret Le Vasseur, &c.
                              11 may 1581

Comme ceulx des magistratz, consaulx et doyens de la ville de Gand, &c.

———

Messieurs, suivant la charge qu'il pleust à vos seigneuries et bonnes grâces dernièrement nous donner, nous nous sommes mis en chemin, &c.

———

Où Son Altèze seroit servye d'assembler les Estatz d'Arthois, &c.

Lettres de ceux d'Anvers escriptes à Son Altèze du 24 novembre 1854, &c.

193 feuillets. [Prov. : St-Vaast.]

———

366. Journal du traité d'Arras.—In-folio.-papier. -écriture du XVe siècle. [XVe siècle.]

Sur la première page : Traictiet de la convention faicte à Arras à Saint-Vaast pour le bien de la paix l'an mil CCCC et XXXV, et aussi le manière des entrées des seigneurs.

On lit sur la marge : Le présent manuscrit a été fait imprimer à Paris, l'an 1649, par moy frère Jean Collart, de l'ordre de Saint-Jean de Hiérusalem, docteur en droict et en médecine, du temps de très haultet très révérend prince Maximilien de Bourgogne, abbé de Sainct-Vaast d'Arras.

96 feuillets. [Prov. :]

———

367. Vita Sti Bertini, confessoris et abbatis.— In-folio.-papier.-copie du XVIe siècle. [XVIe siècle]

Incipit : Prologus in vità sancti Bertini confessoris Christi atque abbatis.

Domino omnipotenti bonorum universorum largitori multiplices gratie, laudesque, &c.

52 feuillets. [Prov. : St-Vaast.]

———

368. Recueil des Antiquitéz de Flandres.—In-folio.-papier.-écriture bâtarde du XVIe siècle.-une table détaillée au commencement. [XVIe siècle.]

Sur la première feuille on lit :

Recueil historial contenant diverses choses touchant la Flandre, villes et pays circonvoisins, par Philippe Willart, président au conseil de Flandres.

Incipit : Que c'est de Flandres anchiennement.

Ainsy que l'on peult conjecturer, hors des anchiennes histoires, Flandres est, de toute anchienneté, assis en la Gaule Belgique, partie soubz les Nerviens quy sont les Tournisiens, soubz les Moriniens, quy sont Thérouanne et partie soubz les Menapiens, qui sont le West quartier sur la mer.

430 feuillets.   [Prov. : St-Vaast.]

-----

369. Fratris Thomæ à Capellâ Sermones.—In-folio. - papier. - écriture du XVIᵉ siècle. [xviᵉ siècle.]

Incipiunt : Predicationes quadragesimales fratris Thomæ à Capellâ pro anno 1537, in civitate Atrebatensi.

Nombre des sermons, 31.

Incipit : Legimus in Esdra, quod controversia fuit coràm Dario quæ res esset fortior &c.

67 feuillets.   [Prov. : St-Vaast.]

-----

370. Adriani Bessemeri, theologiæ professoris in Academiâ Duacensi, commentarius super tertio sententiarum. —In-folio. - papier. - écriture cursive du XVIIᵉ siècle.   [xviiᵉ siècle.]

89 feuillets.   [Prov. : St-Vaast.]

-----

371. Histoires concernant l'Artois. — In - folio parvo. - papier. - diverses écritures du XVIᵉ siècle.   [xviᵉ siècle.]

Voici les titres des ouvrages :

1º. Brevis Enarratio de Origine comitatûs Artesiæ Adriano de Croy Dicata ;

2º Discours en bref des choses mémorables advenues en ces Pays-Bas, depuis la requête présentée au mois d'apvril 1566 ; singulièrement ce qui s'est passé en la ville d'Arras, depuis les dernières altérations (1578) par Wallerand Obert, conseiller au conseil provincial d'Artois ;

3º. Discours véritable de ce qui s'est passé en la ville d'Arras depuys l'union et confédération des Etats d'Arthois avecq les autres provinces du Pays-Bas, composé par Me Paien, advocat.

4º. Vera, et vitæ quam instituit, et rerum quas hactenus gessit dominus filius paterque regum franciæ, commemoratio, unâ cum salutari ad provinciales Brabanciæ, Flandriæ, Hollandiæ, Zelandiæ, Machliniæ, Aliosque in Belgis Burgundici admonitione nominis populos.

5º. La guerre de la maison d'Austrice contre celle de la France ;

6º. Copie de la requeste présentée par le sieur de Mérode, au nom de la noblesse, le 5 d'apvril 1565.

7º. Sommaire contenant la vérité des troubles advenus dans la ville d'Arras, fait par ceux du conseil d'Artois, à la requête des commissaires de Son Altesse, le 5 novembre 1578,

212 feuillets.   [Prov. : St.-Vaast.]

_____

372. Mémoires de D. Pronier, religieux de St.-Vaast (1600). — In-folio, - autographe de l'auteur, - écriture cursive du XVIe siècle.   [XVIe siècle.]

Ce volume est consacré à la biographie des religieux contemporains de l'auteur.

133 feuillets.   [Prov. : St-Vaast.]

_____

373. Joannis Saraceni orationes aliquot. — Papier Écriture bâtarde du XVIe siècle.   [XVIe siècle.]

C'est un recueil des sermons composés en latin, par Jean Sarrasin, abbé de Saint-Vaast (de 1576 à 1598).

Index orationum omnium que in hoc libro continentur.

1. In nativitate beati Johannis Baptiste oratio.

2. In dominica quadragesime.

3. In Evangelium Johannis.

4. In nativitatem Domini.

5. In caput IX actûm Apostolorum.

6· De sancta Dorothea.

7. In Evangelium Math.

8. In festum sancti Lucii.

9. In Commendationem temperantie.

10. In Sanctum Matheum.

11. In dominicam secundam quadragesime.

13. In evangelium Luce, chapitre 2.

14. In beate Virginis annunciatione.

15. In diem Pentecostes.

16. In festum annunciationis domini, de fide et operibus.

17. In ascensione domini.

18. In Evangelium Luce.

19. In Evangelium Johannis.

20. In dominicam in passione de morte.

21. De sacrosancta Eucharistia.

22. In diem apostolorum Petri et Pauli.

23. In Assumptione beati Marie virginis.

24. In evangelium Luce, chapitre 7.

25· De ordine monastico.

26. In vers. psalm. 138.

27. In diem animarum.

28. Super verbis obsecro vos.

29. Pro   veteri more conciliorum sepius celebrandorum.

30. In singulorum peccatorum.

31. In evangelium M.

32. In evangelium Mathei, caput 17.

33. De Virginis Marie è mundo excessu.

34. De Jejunii efficacia.

494 feuillets.   [Prov. : St-Vaast.]

----

374. Recueil de Placards pour servir à l'histoire de la Flandre et de l'Artois pendant les XVIe et XVIIe siècles.—In-folio. - papier.   [XVIIe siècle.]

Collection d'ordonnances impériales et royales imprimées ou manuscrites, dont plusieurs en flamand.

Contient entre autres :

1º. Règlement pour les gens de guerre ;

2º. Placcart contre les déserteurs et soldats vagabondans ;

3º. Lettres de Marguerite, régente des Pays-Bas, aux gouverneur, président et gens du conseil d'Artois ;

4º Lettres du roy Philippe au comte de Rubempret, gouverneur au Pays-Bas ;

5º Des pointz et articles dont les Estats généraux ont supplié leurs Altèzes.

291 feuillets. [Prov. : St-Vaast]

375.—Vita sancti Thomæ Cantuarensis per Herbertum de Boseham.—Ejusdem liber melorum.—Homelia de martyre.—Causa exilii et martyrii beati Thomæ. — In - quarto maximo. - vélin blanc. - choisi. - tracé au crayon. - deux colonnes. - commencement du XIIIᵉ siècle. - grandes lettres peintes et ornées dans le style roman. - rubriques. - titres courants en onciales rouges. [xiiiᵉ siècle.]

A la fin du premier ouvrage : Liber melorum. — Puis une homélie de Boseham.

Incipit : Epistola Herberti de Boseham ad Baldwinum Cantuarensem archiepiscopum et ad ejus catholicos successores.

167 feuillets. [Prov. : St-Vaast.]

---

376. Copies de titres concernant les familles de l'Artois (par Le Pez).—In-folio parvo. - papier. - écriture brouillon du XVIIᵉ siècle. [xviiᵉ siècle.]

Autographe de dom Le Pez ; la plus grande partie des pièces copiées par extraits dans ce volume sont du XIVᵉ et du XVᵉ siècles.

Les principaux titres concernent les familles de Belvalet, Béthune, Bertoul, Bournel, Courcol, Croix, Créquy, Fiennes, La Haye, Wignacourt.

Ce volume contient de plus :

Deux arrêts du grand conseil de Malines, confirmant la sentence du conseil d'Artois relative à un procès entre deux branches de la famille de Béthencourt et de Haynin.

Des extraits des reliefs servis à Saint-Vaast, contenus dans le registre de 1470.

Les lettres de fondation de l'hôpital Comtesse, à Lille.

Une histoire de l'abbaye de Vicogne.

La charte d'Aire de 1198.

Une assiette de quint sur la terre de Pas en 1368.

328 feuillets. [Prov. : St-Vaast.]

---

377. Communications et résolutions prises en la ville de Mons, en l'assemblée des députés et gouverneurs d'Arthois, Haynaut, Douai et Orchies, &c., pour l'éclaircissement des difficultés et obscurités du traité fait en Arras en 1579. — Écriture de chancellerie du XVIe siècle [XVIe siècle.]

Ce registre-journal commence au XVII jour d'aoust 1579 et finit au XXVII de juin 1580.

99 feuillets. [Prov. : St-Vaast.]

---

378. Martyrologium et Obituarium Ecclesiæ Atrebatensis. — Deux volumes in-folio mediocri.- beau vélin. - tracé à l'encre pourpre. - longues lignes. -XVe siècle. - grosse écriture gothique. - rubriques.- initiales festonnées rouges et bleues. [XVe siècle.]

A la fin est une acceptation par le chapitre de legs faits par Monseigneur Nicholas, évesque d'Arras, à l'église d'Arras, datée de mai 1509.

1er vol. 94 feuil.; 2e vol. 65 feuil. [Prov. : Cathéd. d'Arras.]

---

379. Sermones de Tempore.—In-folio mediocri.- vélin jaune et mince, très-laid. - feuillets inégaux.- tracé au crayon. - deux colonnes - XIVe siècles. - initiales rouges et bleues. - rubriques. [xive siècle.]

Incipit : Dominica in adventu. Quum appropinquasset Jesus Jerosolymam, &c.

Nombre des sermons, 55.

133 feuillets. [Prov. : St-Vaast.]

380. Sancti Vedasti vita et miracula. — In-folio mediocri.-vélin blanc, sali par l'usage.- tracé à l'encre pourpre. - XIVe siècle. - grande écriture gothique.- initiales festonnées rouges et bleues. [xive siècle.]

Sur les derniers feuillets sont quelques miracles ajoutés à une époque postérieure et qui ne sont pas imprimés dans les Bollandistes, le dernier est daté de 1339 :

Arthesûs summo splendore Vedastus in oris
          Fulget, et eterni nomen honoris habet,
Dogmate celesti Christi exornavit ovile.
          Plebs, cole tam sanctum, relligiosa, patrem.

Le peuple doux, humain & très courtois,
Siège tenant ès limites d'Arthois,
De tel honneur toujours saint Yaast vénère
Comme s'il fust son patron et vrai père ;
Car il donna de charitable main
Du ciel luisant le salutaire pain.

Incipit : Prologus in vita sancti Vedasti episcopi Attrebatensis. Dilectionis nostre venerabile preceptum secutus, vitam sancti Vedasti patris nostri et intercessoris nostri emendare studui, &c.

Sur la dernière garde on lit :

Damp Philippe d'Oignies fut faict sacristain par monsieur Sarrasin, le quinziesme de juin l'an 1597.

25 feuillets. [Prov. : St-Vaast.]

381. Prima pars Summæ S^ti Thomæ Aquinatis.— In-folio parvo. - papier. - deux colonnes. - cursive négligée du XVe siècle. [xve siècle.]

Incipit : Quia catholicæ veritatis doctor non solum provectos debet instruere, sed ad eum etiam pertinet insipientes erudire. . . .

Explicit primus liber, seu prima pars summe sancti Thoma de Aquino, qui fuit finitus parisius in collegio Marchie, anno Domini millesimo quadringentesimo sexagesimo octavo ultimâ die mensis aprilis. Deo cunctipotenti gratia et laudes. J. BRADET.

183 feuillets. [Prov. : St-Vaast.]

---

382. Traité de Blason.— In-folio parvo. - papier.- longues lignes. - écriture gothique. - cursive du XVIe siècle. - quelques blasons coloriés. [xvie siècle.]

Sur le premier feuillet : s'ensieult ung petit traictié de noblesse composé par Jacques de Valère en langue d'Espaigne, et translaté en franchois par maistre Hugues de Salve, &c.

Incipit : S'ensieult ung petit traictié de noblesse, composé par Jacques de Valère en langue d'Espaigne et translaté en franchois par maistre Hugues de Salve, prévost de Furnes, lequel traictié s'adresse à noble roi de Castille.

Prologue :

Or que je me trouvay tout à par moy et délivre de toutes pensées et occupations mondaines, remis en ma mémoire ung dict de Sénecque qu'il escripvit à son amy &c.

360 feuillets. [Prov. : St-Vaast.]

---

383. Chronique métrique de Nicaise Ladam, natif de Béthune. — In-folio. - papier. - écriture négligée du XVIe siècle. - rubriques. [xvie siècle.]

Ce volume renferme la première partie de l'ouvrage de Nicaise Ladam. Il commence au prologue et finit l'année 1525.

Incipit : Prologue.

A l'homme ne doibt souffir de fréquenter en divers réaulmes, pays et seigneuries, pour tant seullement parler des fortunes et infortunes par luy veues, sans aultrement en faire par escripture ample déclaration, entendu que le commun proverbe dict *vox audita perit,* en quoy se poeult entendre que la parolle ouye se perd au moyen que l'homme est mortel &c.

127 feuillets. [Prov. : St-Vaast.]

---

384. Sermons pour les Fêtes de l'Année.—In-folio.-papier.-écriture du XVIIe siècle. [XVIIe siècle]

Voici les discours qui composent ce recueil :

1. Du sacrement de l'Eucharistie.
2. Du saint sacrifice de l'autel.
3. Des merveilles de l'Eucharistie.
4. Sermon pour la feste de Notre-Dame du Mont-Carmel.
5. Sermon pour la feste de la Purification de la Ste-Vierge.
6. Sermon pour l'Annonciation de la Ste-Vierge Marie.
7. Sermon pour l'Assomption de la Ste-Vierge
8. Sermon pour l'ouverture de l'église du Calvaire.
9. Sermon pour le 1er dimanche du caresme.
10. Sermon pour le 2e dimanche de caresme.
11. Sermon pour le jour de la Nativité de la Vierge.
12. Sermon pour la vesture d'une religieuse.
13. Sermon pour le 5e dimanche de caresme.
14. Sermon pour la feste de St-François de Paul.
15. Sermon pour le 6e dimanche de caresme des Rameaux.
16. Sermon pour le 3e dimanche de caresme.
17. Sermon pour le 4e dimanche de caresme.
18. Sermon pour le 5e dimanche de caresme et pour St.-François de Paul.
19. Sermon pour la Passion de Notre-Seigneur Jésus-Christ.
20. Sermon pour le jour de la Pentecoste.
21. Exhortation.
22. Sermon du saint nom de Jésus en la Circoncision.

240 feuillets. [Prov. : St-Vaast.]

385. Mémoire pour Marie de Bourgogne contre le Roi Louis XI. — In-folio. - écriture du XVIe siècle.

[xvie siècle.]

Incipit : Pour obéir à ceulx qui sur moy ont auctorité et puissance de commander, j'ai, en mon rude, inept et mal aorné langaige maternel, mémorié et recuœilly par escript ce que, en diverses journées, assemblées, parlemens et communications des gens et ambassadeurs du roy de France, et des gens et ambassadeurs de mon très redoubté seigneur et prince, monseigneur le duc et ma très redoubtée dame, maîtresse et princesse naturelle, madame Marie, &c.

85 feuillets. [Prov. : St-Vaast.]

---

386. Chronique, ou récit particulier de ce qui s'est passé en Arthois, par François Balduin. — In-quarto. - papier. - écriture cursive du XVIe siècle.

[xvie siècle.]

C'est une chronique très abrégée de ce qui s'est passé en Arthois depuis Jules César jusqu'en 1535.

Incipit : La chef-ville et métropole d'Arthois est Arras, ville très ancienne, laquelle Ptolomée, en sa géographie, appelle *Rigiacum*, &c.

29 feuillets. [Prov. : St-Vaast.]

---

387. Dictata de Summâ Sancti Thomæ Aquinatis. — In-folio. - papier. - écriture du XVIIe siècle.

[xviie siècle.]

Incipit : De Methodo sancti Thomæ. Deus considerari potest vel ut principium vel ut finis, juxtà illud : ego sum Alpha et Omega.

294 feuillets. [Prov. : St-Vaast.]

---

388. Edmundi de Dinter Chronicon Brabantiæ. In-folio parvo. - papier. - longues lignes. - écriture du XVe siècle. - initiales au vermillon. [xve siècle.]

12.

Commence par un éloge de la Belgique, en vers hexamètres, signé de Henricus Oesterwyck medicus.

Sur le folio 5 est écrit d'une main moderne le témoignage que Le Mire a porté d'Edmond de Dynter, dont il possédait l'ouvrage complet. (Dynter est mort en 1448.)

L'ouvrage commence à l'origine des Francs. — Le manuscrit n'en renferme que la moitié; il s'arrête à l'an 1355 avec le livre 5e.

Incipit : In nomine sancte et individue Trinitatis Patris et Filii et Spiritûs sancti. Amen.

Originem et generationem regum Francorum ex Trojanis descendentium, qui olim Merovingi dicebantur, ex avorum propagine, &c.

378 feuillets. [Prov. : Cathéd. d'Arras.]

---

389. Ordinarium Atrebatense. — In-folio parvo.-papier. - tracé à l'encre noire. - deux colonnes. - XVe siècle.-écriture négligée. - grandes lettres au vermillon et à l'outremer. [xve siècle.]

Au bas du verso. folio 13, d'une cursive du XVe siècle : le 15e jour d'octobre, furent cacées les trèves du roy de Franche et de monseigneur de Bourgoigne, neuf ans durans marchandées, et, à la penthecouste devant, avoit ars le roy Corbie, Mundidier, Bray, Roie, St-Riequier et grand partie des villages depuis Amiens jusqu'à Arras (Cette note est de dom Gérard Robert, religieux de St-Vaast).

349 feuillets. [Prov. : Cathéd. d'Arras.]

---

390. Traité de Blason. — In-folio parvo. - papier. - encadrements à l'encre rouge. - écriture bâtarde du XVIIe siècle. - exécution de luxe. -frontispice en miniature. - initiales dorées et encadrées. - dessins de blasons coloriés. [xviie siècle.]

Incipit : A la loenge de Dieu, de la vierge Marie, et à l'exaltation de noblesse, ay proposé dire et mettre par escript aulcunes armes et blasons, pour instruire tous jones et nobles hommes à scavoir congnoistre et apprendre la manière de blasonner leurs armes et toutes aultres, selon che que en ay peu comprendre et recœiller, à mon petit entendement, tant par en avoir ouy aulcunes fois parler à aulcuns renommés et réputés sçavant en ceste matière, comme par le très vaillant, victorieux et preulx Allexandre, roy de Macédoine, le sage et naturel philozophe Aristote, le très prudent et preux Julius César et plusieurs aultres nobles princes, lesquels désirant sçavoir comment leurs vassaulx et subjectz se porteroient vaillamment ès faictz d'armes, affin aussi de pourveoir et récompenser chacun selon sa déserte, ordonnèrent qu'on leur feroit descripre et porter certaines enseignes et différence; par laquelle on polra clerrement congnoistre, discerner et jugier leurs vaillance et preulx faictz, laquelle enseigne est à présent appelez armes, lesquelles ont esté assegnées par lesdits princes, non seulement à yceulx vaillans hommes, mais aussi à toute leur postérité, affin que, en récordation et mémoire desdites vaillances, ils soient plus enclins en armes, et ensuyr les beaulx faictz de leurs prédycesseurs. 1555.

220 feuillets. [Prov : St-Vaast.]

––––––––––

391. Missale Atrebatense.—In-folio parvo.-papier. -longues lignes.-écriture du XIVe siècle.-initiales rouges.-rubriques-une gravure du XVIe siècle au *le igitur.* [xive siècle.]

Commence par un calendrier, à la fin duquel est un cercle destiné à la recherche des lettres dominicales.

304 feuillets. [Prov. : Cathéd. d'Arras.]

––––––––––

392. Relation de l'Ambassade de Jean Sarrazin, abbé de St-Vaast, auprès de Philippe II, en 1582. —In-folio parvo. -papier. - encadrements à la plume. -écriture bâtarde du XVIe siècle. [xvie siècle.]

Cette relation a été écrite par Philippe de Caverel, qui fut depuis abbé de St-Vaast.

Incipit : Ambassade du révérent père en Dieu dom Jean Sarrazin, abbé de St-Vaast, &c.

Ayant à coucher par escript une ambassade mémorable et qui a grandement servy à trouver les moyens, lesquels ont remis les provinces Wallonnes en meilleur estat et à user de ceux qui nous promettent ranger de brief des Flamengues à la raison, &c.

179 feuillets.   [Prov. : St-Vaast.]

393. Registre des Échevins et chronique d'Arras. —In-folio. - papier. - écriture courante du XVIᵉ siècle.

[XVIᵉ siècle.]

Sur le titre intérieur : pappier mémorial où sont escripts tous les eschevins de la ville d'Arras, renouvellez tous les ans, et autres choses advenues en la dicte ville d'Arras et pays environ, depuis le mois d'aoust 1518, que moy, Anthoine Scavée, sergent à Verghue de l'eschevinage d'Arras, ay commenchié à escrire les chozes mentionnées en ce présent pappier mémorial, comme cy aprez sera déclaré.

96 feuillets.   [Prov. : St-Vaast.]

394. Summa Præpositivi.—Summa Stephani de Langton archiepiscopi Cantuarensis. — In-folio parvo. - vélin léger, sali, laid. - tracé au crayon. - deux colonnes. - XIVᵉ siècle. - écriture abrégée et très-négligée. - rubriques.

[XIVᵉ siècle.]

Incipit : Summa Prepositivi. Qui producit ventum de thesauris suis, &c.

Incipit : Summa magistri Stephani de Langhothoniâ, quod homo possit resurgere in tantâ caritate à quantâ cecidit, &c.

157 feuillets.   [Prov. : St-Vaast.]

395. Obituarium ecclesiæ Atrebatensis.—In-folio parvo. - vélin mou, sale et gris, rongé. - tracé au crayon. - longues lignes. - XIVᵉ siècle.   [XIVᵉ siècle.]

Commence par un calendrier de Messes. Détails des fondations. (Écrit en 1319).

63 feuillets. [Prov. : Cathéd. d'Arras.]

---

396. Diverses particularités sur la ville d'Arras. — In-folio parvo. - papier. - écriture du XVIIe siècle.

[XVIIe siècle.]

C'est une chronique de la ville, depuis Jules César jusqu'en 1600.

Commence :

Les histoires nous apprennent que, cinquante ans avant l'incarnation de Notre Seigneur, les peuples d'Arras, Tournay, Soissons, Beauvais et Amiens, s'estant entrejuré fidélité, et fait ligue offensive et défensive par ensemble, armèrent pour la tuition des pays, pour lesquels subjuger, César venoit avec les légions romaines, que ceux de Soissons, Beauvais et Amiens estants rendus et soumis, ceux d'Arras et Tournay, sans s'en estonner, persistèrent en leur fidélité et passèrent la rivière de la Sambre, où, escarmouchans virillement contre les 9e et 10e légions, ils furent repoussés et mis en déroute, &c.

51 feuillets. (Prov. : Acad. d'Arras.)

---

397. S. Hieronymi Expositio super Minoribus Prophetis. — In-folio parvo quadrato. - vélin gratté, blanc et fort, taché de rose. - tracé au crayon. - deux colonnes. - fin du XIe siècle. - rubriques en petites capitales.

[XIe siècle.]

49 feuillets. (Prov. : St-Vaast.)

---

398. Balderici historia episcoporum Atrebato-Cameracensium. — Papier. - copie du XVIe siècle.

[XVIe siècle.]

Voici le titre tel qu'il est écrit sur la page première :

Episcoporum utriusque Ecclesiæ Atrebatensis et Cameracensis communium vitæ, à sancto Vedasto usque ad Gerardum primum Ejusque successorem Lietbertum, una cum plerorumque monasteriorum utriusque Diœcesis fundatione, per sacellarium ejusdem Gerardi, de quo quidem Gerardo penè totus est Liber tertius.

Et d'une autre main :

Hujus Chronici auctor est Balderiçus Noviomensis et Tervanensis episcopus. Duaci apud Bogardum impressum est.

54 feuillets. [Prov. : St-Vaast.]

---

399. Ticulaine florilegium. — In-folio.-papier. - écriture brouillon du XVIIe siècle. [xviie siècle.]

Ce volume se compose d'extraits d'auteurs ecclésiastiques, par Ticulaine, religieux de St-Vaast.

257 feuillets. [Prov. : St-Vaast.]

---

400. Tractatus de conceptione B. M. Virginis à Petro Aureolo. — In-folio parvo. - vélin blanc et fort. - tracé au crayon. - deux colonnes. - XIVe siècle. - écriture courante. - initiales au vermillon. [xive siècle.]

Incipit : In nomine Unigeniti Marie Virginis, incipit tractatus de conceptione ejus editus à fratre petro Aureolo ordinis fratrum minorum apud Tholosam anno domini M° III° XIII. Quem compilavit denuo quidam alter frater Maturinus ordinis carmeli, tempore quo fuit lector seminarii conventûs Metensis.

44 feuillets. [Prov. : St-Éloi.]

---

401. Explicatio Articulorum fidei. — In-folio.-papier. - écriture brouillon du XVIIe siècle.

[xviie siècle.]

Rédaction d'un cours de théologie.

132 feuillets [Prov. : St-Vaast.]

---

402. Iperii chronicon. — In-folio parvo.-papier.- encadrements à l'encre noire. - écriture bâtarde du XVIe siècle. [xvie siècle.]

Commence ainsi : Cronica sive historia monasterii sancti Bertini, &c.
Finit à l'article qui a pour titre : *Eustachius Abbas LIVum, cap. LIVin.*

Prologus primus : In nomine Patris et Filii missis in orbem apostolis et discipulis Dominum predicare, &c.

Prologus secundus : Opusculi presentis intentio sive subjectum est cronica texere et declarare statum hujus ecclesiæ sancti Bertini, &c.

208 feuillets. _____ [Prov.: St-Vaast.]

403. Livre des Priviléges et Constitutions du comté de Haynaut. — In-folio parvo. - papier - longues lignes. - écriture cursive du XVe siècle. - rubriques. [xve siècle.]

Incipit : C'est ly forme de le paix que li quens de Flandre et de Haynaut et li nobles hommes, chevaliers et autres, jurèrent et asseurèrent et confermèrent à tenir perpétuellement.

A la fin du volume sont quelques pièces sur l'ordre de la Toison-d'Or, écrites en cursive du XVIe siècle.

128 feuillets. _____ [Prov. : St-Vaast.]

404. Rerum Vedastinarum commentarius *(per D. Philippum de Caverel, 1583).* — In-folio. - papier. - écriture cursive du XVIe siècle. - autographe. [xvie siècle.]

Dédié à Jean Sarrazin, abbé de St-Vaast

Dans le même volume se trouvent :

1o Advènement de la Sainte Chandelle d'Arras, &c. C'est une légende en vers français, qui forme un cahier daté de 1589.

2o Nomina abbatum celeberrimi monasterii sancti Vedasti Atrebatensis civitatis.

3o Oratio funebris in exequiis Rev. P. Rogerii Montmorencii, abbatis Vedastini. 1573.

feuillets. _____ [Prov. : St.-Vaast.]

405. Pontificale Sanctæ Mariæ Atrebatensis.— In-folio parvo. - vélin très-blanc. - tracé au crayon.

deux colonnes. - XIV⁰ siècle. - grandes lettres d'église.
- miniatures. - vignettes - initiales festonnés au vermillon et à l'outremer. - rubriques.　　　[xiii⁰ siècle.]

Les premiers feuillets sont occupés par des oraisons écrites par
diverses mains et à diverses époques.

57 feuillets.　　　　　　　　　　　　　[Prov. : Cathéd. d'Arras.]

406. Fragment de chronique de l'an 1430 à 1431. — In-quarto. - papier. - écriture bâtarde du XV⁰ siècle. - sans titres ni rubriques.　　　[xv⁰ siècle.]

Manquent le commencement et la fin. Commence ainsi :

..... Et songa (on parle de Philippe duc de Bourgogne) en ceste
très-excellente et très-glorieuse ymage et ensengne de la Toison-d'Or,
laquelle, à cause de Jason, on peut surnommer d'or, pour cause que
l'or appartient à porter aux chevaliers ; si se peut-elle nommer juste-
ment aussi Toison-d'Or, comme l'aultre, dont, cy-après, par un chapitre à par ly, vous sera déclairé l'entendement, qu'il pooit avoir à tous
deux, et non soy parant de l'un pour rebouter l'aultre, auquel déter-
minément s'est arresté, et les causes et raisons pourquoy, &c.

138 feuillets.　　　　　　　　　　　　　　[Prov. : St-Vaast.]

407. Armorial général.—In-folio. - papier. - écriture brouillon du XVII⁰ siècle.-blasons grossièrement dessinés et coloriés.　　　[xvii⁰ siècle.]

Sur le premier feuillet · Livre à seize quartiers d'armoiries traictant
de plusieurs familles, copié sur ung livre appartenant aux Estats
d'Artois.

191 feuillets.　　　　　　　　　　　　　[Prov. : St-Vaast.]

408. Homiliæ Sancti Gregorii super Ezechiel.— In-folio minori. - vélin fort, blanc et jaune. - tracé au crayon. - longues lignes. - XIII⁰ siècle. - grandes lettres en miniatures.　　　[xiii⁰ siècle.]

A la fin de ce recueil est un cahier de parchemin, même format, mais tracé à la pointe, et d'une écriture plus ancienne de deux siècles; c'est un commentaire sur les évangiles. Manquent le commencement et la fin.

24 feuillets.

[Prov. : St-Eloi.]

409. **Evangelium Matthæi cum glossis.** — In-folio minori. - vélin gratté, sale et laid. - feuillets inégaux. - tracé à la pointe. - longues lignes. - la glose dans les marges enveloppant le texte. - XI⁰ siècle. - une grande lettre historiée à la plume. [xi⁰ siècle.]

Incipit : Prologus Ieronimi in Matheum, &c.

24 feuillets.

410. **Eberhardi Bethuniensis Græcismus cum apparatu.** — In-folio parvo... vélin blanc, très-mince. - tracé au crayon. - deux colonnes. - XIV⁰ siècle. - grandes lettres au vermillon. [xiv⁰ siècle.]

Commence par une table alphabétique des mots de l'ouvrage, renvoyant aux pages du volume, qui sont numérotés en chiffres arabes.

Après la table on lit : Anno milleneno C ter et totidem duodeno adventu Christi, tu, facta, tabella, fuisti.

Incipit : Quoniam ignorantie nubilo quamplurimas dictiones in græcismo contentas non poteram facilè invenire, &c.

Incipit : Secundum quod dicit philosophus in libro metheorum, &c.

A la fin : Explicit Ebrardi græcismus nomine Christi qui dedit alpha et omega.

Sit laus et gloria Christo.

144 feuillets.

[Prov. : St-Vaast.]

411. **Le doctrinal des simples gens.** — In-quarto maximo. - papier. - longues lignes. - écriture du XV⁰ siècle. - rubriques. [xv⁰ siècle.]

Commence : Ce présent livre, en franchois, qui est de très-grant proufit et édification, examiné et approuvé à Paris par plusieurs maistres, a fait transcripre et copier révérend père en droit monseigneur Guy de Roye, par la permission divine humble archevêque de Sens, pour le salut de son âme et des âmes de tout son peuple, et par espécial des simples gens lays, pour lesquels ce dit livre a esté espéciaument fait.

93 feuillets   [Prov. : St-Eloi.]

---

412. Breviarium Atrebatense. — In-quarto. - beau vélin noirci par l'usage. - tracé à l'encre pourpre. - deux colonnes. - XIVᵉ siècle. - miniatures. - vignettes. - initiales au vermillon et à l'outremer. - plain-chant. - noté.   [xivᵉ siècle.]

659 feuillets.   (Prov. : Cathéd. d'Arras.)

---

413. Virorum illustrium Elogia diversis metris conscripta, Sluperio auctore. — Deux volumes in-folio minori. - écriture brouillon du XVIᵉ siècle.

                        [xviᵉ siècle.]

1ᵉʳ volume, sur le premier feuillet : Elogiorum liber primus, Jacobo Sluperio Herzelenzi Flandro auctore 1579.

2ᵉ volume, sur le premier feuillet : Chilias Pieria, in decem centurias phaleucianas divisa à Sluperio.

Cet ouvrage est consacré à la louange des écrivains illustres et surtout de ceux de la Flandre.

1ᵉʳ vol. 102 feuil. ; 2ʳ vol. 134 feuil.   [Prov. St-Vaast.]

---

444. Encomium agriculturæ. — In-quarto. - papier. - écriture bâtarde du XVIᵉ siècle.   [xviᵉ siècle.]

Dédicace à J. Sarrazin, abbé de Saint-Vaast, signée J. Olivarius, et datée du 13 juillet 1573.

Incipit : Jeronimo Ruffaldo presuli divi Vedasti Attrebatensis clarissimo ac litteratissimo Robertus Britannus

S. D.

Cum esset à me scriptus de laudatione rei rusticæ liber, à meque, ut cum ederem, nonnulli peterent vehementius, unus tu maximè visus es idoneus, cui eum ipsum dicarem.

37 feuillets. [Prov. : St-Vaast.]

---

415. Tractatus varii de Disputatione S. Hieronymi adversus Origenem.—In-folio minori.-vélin blanc et fort. - piqué de vers. - tracé au crayon. - longues lignes.-fin du XIIᵉ siècle. - initiales au vermillon.

[xiiᵉ siècle.]

Sur le recto du folio 1 est la table des matières contenues dans le volume :

Epistola Pammachii et Oceani ad Ieronimum de transferendo libro Origenis.

Epistolaris responsio beati Ieronimi ad Pammachium et Oceanum contra Rufinum.

Prefatio Rufini presbiteri librorum periarchon quos de greco transtulit in latinum.

Apologia quam pro se misit Rufinus presbiter ad Anastasium Romane urbis episcopum.

Jeronimi ad Pammachium et Marcellam pro se contra accusatorem defensio.

Ejusdem contra Rufinum presbiterum.

Epistola ejusdem ad eundem.

Rufinus contra Ieronimum.

Ejusdem contra eundem.

Item Jeronimus contra Rufinum.

142 feuillets. [Prov. : St-Éloi.]

---

416. Hugonis de Folleto tractatus de Claustro corporis et animæ.—In-folio minimo.-vélin sombre.

tracé au crayon. - longues lignes. - XIII° siècle. - grosse écriture. - rubriques. - initiales vertes et rouges.

[XIII° siècle.]

Sur la dernière feuille laissée en blanc, on lit en cursive du XV° siècle :

Qui veult sa feme à gré servir
Et vièse maison entretenir
Et à ses povre amis aidier
C'est toujours à recommenchier.

Incipit : Magistri Hugonis de Folleto tractatus de claustro corporis et anime.

Rogasti nos, frater amantissimo, quatinus aliqua remedia tempta-tionum, videlicet spiritalis dilectationis fercula fratribus nobiscum commorantibus quererem ac propinarem.

55 feuillets. [Prov. : St-Vaast]

---

417. Breviarium Bethuniense.—In-folio minimo.-

papier. - deux colonnes. - écriture de la fin du XVI° siècle. - orné d'images gravées, collées dans l'intérieur des colonnes. - rubriques. [XVI° siècle.]

334 feuillets. [Prov. : Acad. d'Arras.]

---

418. Dictata theologica de extremâ unctione à Joanne Servio. — De extremâ unctione à Maximi-liano à Capellâ. — In-folio. - papier. - cursive du XVI° siècle. [XVI° siècle.]

Incipit : Sequitur tractatus de excommunicatione à vigilantissimo domino Maximiliano à Capellâ sacræ theologiæ doctore. 20 may 1580.

181 feuillets. [Prov. : St-Vaast.]

---

449. Sermones de Tempore. — In-folio parvo.-

vélin commun, blanchi, piqué de vers. - tracé au

crayon. - deux colonnes. - écriture négligée du XIVᵉ siècle. - initiales festonnées rouges et bleues.

Incipit : Hora est jam nos de sompno surgere. Hoc tempus dicitur tempus adventûs quod cantus ecclesiæ sunt de adventibus Christi. Triplex autem est adventus Christi, &c.

Nombre des sermons, 36.

63 feuillets.   [Prov. : St-Vaast.]

---

420. Sancti Augustini de bono conjugali, de sanctâ viduitate, de moribus ecclesiæ. — In-folio parvo. - vélin gratté, fort et blanc. - tracé à la pointe. - longues lignes. - XIᵉ siècle. - rubriques.   [xiᵉ siècle.]

51 feuillets.   [Prov. : St-Vaast.]

---

421. Sermones pro tempore. — In-folio parvo. - vélin blanc, très-mince. - tracé au crayon. - deux colonnes. - XIVᵉ siècle. - initiales onciales rouges et bleues.   [xivᵉ siècle.]

Incipit : Preparate corda vestra Domino et servite illi soli, quià vulgaliter *qui est garnis ne est honniz; garnitus* enim, &c.

(Nombre de sermons, 152.)

134 feuillets.   [Prov. : St-Vaast.]

---

422. Le Livre des bonnes Mœurs. — In-folio minimo. - vélin blanc, transparent. - tracé au crayon. - deux colonnes. - cursive du XIVᵉ siècle. - encadrements en miniatures. - dans les encadrements un écusson dont les emblêmes ont été effacés. - initiales en or sur fond d'azur et de pourpre. - rubriques.

[xivᵉ siècle.]

Commence : Tous orgueilleux qui se veullent à Dieu comparer en tant qu'ils se glorifient en eulx mesmes et ès biens qu'ils ont, desquelles choses la gloire est deue principaulment à Dieu, et est grant abusion, quant créature prent orgueil en soy mesmo, pour les biens que Dieu lui envoye, pour lesquels elle devroit estre plus humble envers Dieu.

51 feuillets. [Prov. : St-Eloi.]

423. Philippi Meyeri Annales Flandriæ post Jacobum Meyerum continuati ab anno 1477 ad 1611. — In-quarto. - XVIIe siècle. - papier. - encadrements à l'encre. - titres courants. - indication des matières en marge. - longues lignes. [xviie siècle.]

Au commencement se trouve une table des écrivains consultés par l'auteur.

Sur la première page :

Annales Post Jacobum Meyerum continuati, sive commentarius rerum in Belgio gestarum annorum centum et XXX spatio, videlicet, ab anno 1477° usque ad 1611, auctore Philippo Meyero Atrebatio, Jacobi pronepote.

Incipit : Ad benevolum lectorem auctoris prefatio.

Priusquàm rem aggrediar, paucis tibi, benevole lector, instituti nostri ratio aperienda videtur. Scripsit Jacobus Meyerus, propatruus, annales Flandriæ à prima suæ gentis origine, ad cædem usque Caroli Burgundionis, &c.

541 feuillets. [Prov. : St-Vaast.]

424. Martyrologium et necrologium ecclesiæ Atrebatensis. — In-folio minimo. - vélin fort, gris. - tracé au crayon. - longues lignes. - fin du XIIIe siècle. - additions du XIVe et du XVe siècles. - grandes lettres festonnées bleues et rouges. - rubriques [xive siècle.]

Commence par l'office des morts.

89 feuillets. [Prov. : Cathéd. d'Arras.]

425. Collectio Decretorum, ex Conciliis et epis-tolis Paparum. — In-folio parvo. - format étroit. - vélin blanc et fort. - tracé au crayon. - longues lignes. - commencement du XII⁰ siècle. - initiales vermillon et azur. - rubriques.   [xɪɪᵉ siècle.]

Incipit : Ex concilio Niceno, cap. III.

79 feuillets.   [Prov. : Cathéd. d'Arras.]

---

426. Sermones pro Festis anni. — In-quarto. - vélin gratté. - tracé au crayon. - deux colonnes. - écriture négligée et fine du XIV⁰ siècle.

[xɪVᵉ siècle.]

De omnibus sanctis ;—de mortuis ;— de sancta Cecilia ;—de sancto Clemente ; — de sancto Andrea ; — de sancto Nicholao ; — de beata Lucia ;— de sancto Thoma ;—de sancto Stephano ;—de sancto Johanne ; — de Innocentibus ;— in festo sancti Silvestri ; — in Octavis nativitatis Domini ;—in Epiphania Domini ;—in die Fabiani et Sebastiani ;—in die Agnetis Virginis ; - in die Cinerum ;— in die absolutionis ;—in die Barnabe apostoli ; — in die Johannis & Pauli ; — in die sᵗⁱ Petri apostoli ;— de Magdalena ; — de sancto Jacobo ;—ad Vincula ; —sancti Petri ;—in inventione sancti Stephani ; — in die Sixti, episcopi et magistri ; — in die Laurentii, martyris ; — in die Ipoliti, martyris & sociorum ; — in Assumptione beate Marie ; — de sancto Bernardo ;— in die Bartholomei apostoli ; — in die Augustini episcopi ; — in Nativitate sancte Marie Virginis ; — in festo beati Mathei apostoli ; — de sancto Luca ; — in die Simeonis et Judeæ apostolorum.

65 feuillets.   [Prov. : St-Vaast.]

---

427. Beda in Cantica Canticorum. — In-quarto quadrato. - vélin de choix. - tracé à la pointe. - longues lignes. - Xᵉ siècle. - rubriques. - lettres romanes enluminées postérieurement.   [xᵉ siècle.]

138 feuillets.   [Prov. : St-Vaast.]

428. Tractatus in proprietatis defensores regulares.—In-quarto. - vélin commun, feuillets inégaux. - tracé au crayon. - longues lignes. - écriture courante du XV⁰ siècle. - rubriques marginales.

[xv⁰ siècle.]

Sur le recto du folio 1 : Ces deux vers de la main qui a écrit le manuscrit :

Ponitur in bepho, geton, orpho, pochoque Xenon,
Infirmus, vetulus, puer, orphanus et peregrinus.

Incipit : Zelus domus tuæ, Augustine pater, amicorum salus, obsequium debitum, sinceraque dilectio, adversus proprietarios, regulæ tuæ professores et proprietatis defensores, etc.

68 feuillets.
[Prov. : St-Vaast.]

---

429. Liber Scintillarum Henrici Defensoris. — In-quarto parvo. - vélin grossier de plusieurs teintes. - feuillets de diverses grandeurs. - tracé au crayon. - deux colonnes. - écriture très-négligée du XIV⁰ siècle. - au commencement, une grande lettre en miniature grossièrement exécutée. - rubriques. - initiales rouges et bleues.
[xıv⁰ siècle.]

Au verso du dernier feuillet, même écriture que celle du manuscrit :

Miserere mei, Deus,
Trop longuement me suis téus,
Quar je déusse avoir bien dit.
Assés ai lieux et tamps éus
Des maus blâmer, que j'ai véus.
Diex, par le prophète, maudit
Qui répant et qui escondit
Le frument au pule maudit
Dont il doit estre repéus.
Pour che qu'ensi le truis escript
Du blé de mon grenier petit

Ai des meillours grains esleus,

En un autre lieu truis lisant

Diex par le prophète disant :

Frater Johannes de . . . . , petri Ambiani, fecit facere istum librum per manum fratris Johannis dicti Saquespée canonico ejusdem, anno Domini M⁰ CCC. quadragentesimo septimo.

Titres des chapitres du livre :

1. De Caritate; — 2. de Patientia; — 3. de Dilectione Dei & proximi; — 4. de Humilitate; — 5 de Indulgentia; — 6. de Compunctione; — 7. de Oratione; — 8. de Confessione; · · 9. de Penitentia; — 10. de Abstinentia; — 11. de Relinquentibus seculum; — 12. de Timore; · — 13. de Virginitate; — 14. de Justiciâ; — 15. de Invidia; — 16. de Silentio; — 17. de Superbia; — 18. de Sapientia; — 19. de Iracundia; · · 20. de Vana gloria, hoc est inani; — 21. de Fornicatione; — 22. de Perseverantia; — 23. de Curios-tate; — 24. de Stulticia; — 25. de Avaricia; — 26. de Virtute; — 27. de Vitiis; — 28. de Ebrietate; — 29. de Decimis; — 30. de Cupiditate; — 31. de Disciplina et increpatione; — 32. de Doctoribus sive rectoribus; — 33. de Fide; — 34. de Spe; — 35. de Gratia; — 36. de Discordia; — 37. de Juramento; — 38. de Cogitatione; — 39. de Mendacio; — 40. de Monachis; — 41. de Detractione); — 42. de Voluntatibus; · · 43. de Indumentis; — 44. de Misericordia; — 45. de Compassione proximi; — 46. de Elatione; — 47. de Vita hominis; — 48. de Muneribus; — 49. de Eleemosinis; — 50. de Tribulationibus; — 51. de Primitiis sive oblationibus; — 52. de Tristicia; — 53. de Pulchritudine; — 54. de Conviviis; — 55. de Risu & fletu; — 56. de Honore parentum; — 57. de Filiis; — 58. de Divitibus et pauperibus; — 59. de Acceptione personarum; — 60. de Itinere; — 61. de Sensibus; — 62. de Servis et Dominis; — 63. de Consortio bonorum et malorum; — 64. de Consiliis; — 65. de Amicitia et Inimicitia; — 66. de Defunctis; — 67. de Auxilio; — 68. de Senibus et Juventbus; · — 69. de Contemptionibus; — 70. de Curiositate; — 71. de Mansuetis et temerariis; — 72. de Rectoribus sive Judicibus; — 73. de Simplicitate; — 74. de Medicis; — 75. de Legatione; — 76 de Exemplis; — 77. de Discipulis; — 78. de Temptatione et Martyrio; · — 79. de Verbo otioso; — 80. de Brevitate hujus vite; — 81. de Lectoribus.

Incipit : Lector, quisquis es, hunc libellum flagito te, scriptor, ut libenti legas animo et melliflua grato suscipias verba ; voluntas enim bona et labor nichil aliud fuit mecum, nisi de Domini nostri Jhesu-Christi et sanctorum suorum dictis, à quibus crepta est scintilla, aliquid proloqui. Nec mea exstitit industria ; sed totum, dei gratia meique nutritoris Hursini doctrine obtemperare volens, paginas quasque scrutans sententiasque reperiens fulgentes, seu inventas quis margaritas aut gemmas, ità avidus collegi ; et, ut gutte pluvie in unum collecte optimum efficiunt fontem, sic diversorum voluminum congregans testimonia, hunc libellum condere temptavi, ut, veluti de igne procedunt scintille, ita hic, minute sententie pluribus de libris salubriter extracte et scripte, vocentur scintilla scripturarum. Quam qui legere vult laborem sibi amputet, ne per ceteras paginas iterando lacescat, hic est e plurimis carpsum. Ne autem opus quasi sine auctore apocriphum putetur, unicuique sententie per singulas capitulatim virtutes suum scripsi auctorem, nomen scribens meum, quod est Deffensor, non ob vanam gloriam, sed ut, quicumque volumen hoc legerit, mei memoriam habeat.

76 feuillets. [Prov. : St-Vaast.]

---

430. Petri Londoniensis archidiaconi remediarium. — In-quarto. - vélin choisi. - deux colonnes. - XIIIe siècle. - tracé à l'encre. - rubriques. - initiales au vermillon et à l'outremer. [xiiie siècle.]

La fin du volume est écrite en cursive du XIVe siècle et contient une définition des vices et des vertus.

L'auteur a dédié son ouvrage à Richard, évêque de Londres.

Incipit : Prologus presentis tractatûs qui remediarium appellatur. Reverendo patri Ricardo ecclesie Londoniensis episcopo tertio suus Petrus archidiaconus ejusdem ecclesie. Sic currere per temporalia ut bravium apprehendat eternum, de beata mentis solitudine nec non et evangelicæ paupertatis beatitudine, tua me frequenter commonuit exhortatio, &c.

133 feuillets. [Prov. : St-Vaast.]

431. Bartholomœi Brixiensis in Gratiani decretum. — In-quarto quadrato. - vélin grossier, blanchi à la chaux. - tracé au crayon. - trois colonnes. - écriture négligée du XIV⁰ siècle. - vignettes. - initiales rouges et bleues. [xiv⁰ siècle.]

Incipit : Quóniam, suffragantibus antiquorum láboribus, júniorés possunt interdum perspicaciùs intueri, &c.

Expliciunt casus decretorum.

Ille nos servet qui cuncta gubernat et auget.

103 feuillets. [Prov. : Cathéd. d'Arras.]

---

432. Petri Alphonsi cum Judæo dialogus. — In-quarto. - vélin gratté, fort. - XII⁰ siècle. - tracé au crayon. - longues lignes. - grandes lettres ornées à la plume, chargées de rouge et de vert. - initiales capitales à l'encre noire. - rubriques effacées pour la plupart. [xii⁰ siècle.]

Incipit : Dialogus Petri cognomento Alfonsi cum Judeo.

Uni et æterno, primo qui caret principio et qui caret termino, omnipotenti, rerum omniuni creatori, omnia scienti, &c.

A la fin de ce traité, de la même main que le reste du manuscrit, commence une chronique latine rimée, pour l'an 1117, écrite sur deux colonnes et occupant neuf pages.

Ce poème est une chronique Liégeoise, un récit versifié des évènements qui se passèrent à Liége, ou qui vinrent à la connaissance des habitants de cette ville, depuis l'année 1117 jusqu'au commencement de 1119. Elle embrasse l'espace de quinze mois. L'ouvrage se compose de 513 vers latins rimés.

Incipit :

Quid tam novum, quid tam mirabile,	Quàm quod æstas fuit in hieme?
Millesimo centesimo anno	Christi septimo decimo.
In hieme tanta Serenitas,	Tanta fuit mundi Amœnitas.

La pièce de vers finit par :

Epitaphium Frederici episcopi.

Clauditur hâc tumbâ simplex sine felle columba
Quæ nobis vivam referebat pacis olivam. . . . . .

49 feuillets.   [Prov. : St-Vaast.]

_____

433. S. Augustinus de doctrinâ christianâ.—
In-quarto, format étroit.-vélin gratté, fort.-tracé au
crayon.-longues lignes.-commencement du XIIe
siècle.-initiales capitales à l'encre noire.

[xiie siècle.]

Manquent le commencement et la fin.
30 feuillets.   [Prov. : Cathéd. d'Arras.]

_____

434. Ambrosii Liber de Officiis.—In-quarto, format étroit.-vélin gratté, d'une teinte sale.-commen-
cement du XIIe siècle.-tracé au crayon.-longues
lignes.-tête de livre en petites capitales alternées
rouges et noires.-rubriques.   [xiie siècle]

Sur la première garde, une nomenclature de différens ouvrages de
la Cathédrale d'Arras:

Missalis Gregorianus.

Item alius missalis.

Lectionnarius 1.

Textus quatuor evangeliorum, in uno volumine.

Item evangelium Johannis, in uno volumine.

Item missalis, in duobus voluminibus.

Duo ordinarii.

Item ordinarius romanus.

Antiphonarius diurnus.

Psalterium 1.

Episcopales benedictiones, in duobus voluminibus.

Pastoralis Gregorii.

Augustinus de opere monachorum.

Regula beati Augustini.

Regula sancti Benedicti.

Testamentum beati Remigii.

Soliloquiorum Isidori episcopi libri duo, in uno volumine.

Cantica canticorum, apocalipsis, in uno volumine.

Ambrosius de officiis ministrorum.

Augustinus contra hereses quinque. Vita sancti Augustini in eodem volumine.

Lectiones in natali sancti Stephani protomartyris et miracula ejusdem et vita sancti Augustini episcopi in uno volumine.

Vita sancti Amandi.

Registrum episcopi.

Après le traité de Saint-Ambroise de Officiis, deux extraits du livre de st Augustin *de verbis Domini.*

26 feuillets. [Prov. : Cathéd. d'Arras.]

---

435. Scintillæ Scripturarum.—De vitâ contemplativâ.— In-quarto parvo. - vélin gratté. - tracé à la pointe. - longues lignes - XIe siècle. - initiales au minium.-rubriques en onciales. [xie siècle.]

Titres des chapitres de ce livre :

1. De Caritate; — 2. de Patientia; — 3. de Dilectione dei et proximi; — 4. de Humilitate; — 5. de Indulgentia; — 6. de Compunctione; — 7. de Oratione; — 8. de Confessione; — 9. de Penitentia; —10. de Abstinentia; — 11. de Relinquentibus seculum; — 12. de Timore; — 13. de Virginitate; — 14. de Justicia; — 15. de Invidia; — 16. de Silentio; — 17. de Superbia; — 18. de Sapientia; — 19 de Iracundia; — 20. de Vana gloria, hoc est inani; — 21. de Fornicatione; — 22. de Perseverantia; — 23. de Curiositate; — 24. de Stulticia; — 25. de Avaricia; — 26. de Virtute; — 27. de Vitiis; — 28. de Ebrietate; — 29. de Decimis; — 30. de Cupiditate; — 31. de Disciplina et increpatione; — 32. de Doctoribus sive rectoribus; — 33. de Fide; — 34. de Spe; — 35. de Gratia; — 36. de Discordia; — 37. de Juramento; — 38. de Cogita-

tione ; — 39. de Mendacio ; — 40. de Monachis ; — 41. de Detractione; — 42. de Voluntatibus ; — 43. de Iudumentis ; — 44. de Misericordia ; — 45. de Compassione proximi ; — 46. de Elatione ; — 47. de Vita hominis ; — 48. de Muneribus ; — 49. de Eleemosinis ; — 50. de Tribulationibus ; — 51. de Primitiis sive oblationibus ; — 52. de Tristicia ; — 53. de Pulchritudine ; 54. de Conviviis ; — 55. de Risu & fletu ; — 56. de Honore parentum ; — 57. de Filiis ; — 58. de Divitibus et pauperibus ; — 59. de Acceptione personarum ; — 60. de Itinere ; — 61. de Sensibus ; — 62. de Servis et Dominis; — 63. de Consortio bonorum et malorum ; — 64. de Consiliis ; — 65. de Amicitia et inimicitia ; — 66. de Defunctis ; — 67. de Auxilio; — 68. de Senibus et Juvenibus ; — 69. de Contemptionibus ; — 70. de Curiositate ; — 71. de Mansuetis et temerariis ; — 72. de Rectoribus sive Judicibus ; — 73. de Simplicitate ; — 74. de Medicis ; — 75. de Legatione ; — 76. de Exemplis ; — 77. de Discipulis ; — 78. de Temptatione et martyrio ; — 79. de Verbo otioso ; — 80. de Brevitate hujus vite ; — 81 de Lectoribus.

Incipit : Lector, quisquis es, hunc libellum flagito te, scriptor, ut libenti legas animo et melliflua grate suscipias verba, &c.

Incipit prologus in libro primo de contemplativâ vitâ.

Diu multumque renisus sum voluntati tue, mi Domine, studiosissime pontificum Juliane, non velut procaciter durus, sed propriæ impossibilitatis ammonitus, &c.

122 feuillets. [Prov. : St-Vaast.]

---

436. Collectarium. — In-quarto parvo. - vélin blanc. - tracé à l'encre. - longues lignes. - XIVᵉ siècle. - grand caractère d'église. - grandes lettres en miniatures. - vignettes. - rubriques. - initiales au vermillon et à l'outremer. - paginé au vermillon. [XIVᵉ siècle.]

Sur les premiers feuillets, un calendrier perpétuel et une table des matières.

Sur le verso du feuillet cvi, d'une écriture moderne antiquée : Ritus celebrandi Jubilæi in monasterio sancti Vedasti Atrebatensis, &c.

107 feuillets. [Prov. : St-Vaast.]

437. Graduale et Hymni.—In-folio minimo.- vélin fort, sali par l'usage.- longues lignes. - musique ancienne. - écriture du XIIIe siècle. - grandes lettres brodées rouges et bleues. - initiales vermillon et cendre bleue. - portées au vermillon. [XIIIe siècle.]

83 feuillets. Prov. : St-Vaast.]

---

438. Claudiani Carmina. — Petit in-folio long.- vélin noirci.- tracé au crayon. - une colonne.- fin du XIIe siècle. - écriture fine. - rubriques. [XIIe siècle.]

Commence : Phœbus, &c., &c.

Sont contenus les poèmes : Adversùs Rufinum. — Epithalamium in nupt. Honorii et Mariæ.— De Bello Gildonico.—Panegiric. Stiliconis, —Paneg. in VI Honorii consulatum. — In Eutropium. — Paneg. in III Honorii Aug. Consulatum. — Item in IV Ejusdem Consulatum.

67 feuillets. [Prov.: St-Vaast.]

---

439. Relation des troubles survenus dans la ville d'Arras pendant les années 1577 et 1578.—In-quarto. - papier. - écriture du XVIIe siècle.

[XVIIe siècle.]

Incipit : Peu de temps après l'adjonction du païs d'Artois avec les autres provinces confédérées pour résister à l'invasion des soldats espagnols, que le conseil des Estats commis au gouvernement du Païs-Bas pour Sa Majesté, avait déclarés ennemis, les gouverneurs et magistrats trouvèrent expédient pour la seureté publique de faire armer le peuple, &c.

92 feuillets. [Prov. : Acad. d'Arras.]

---

440. S^{ti} Basilii admonitio. — S^{ti} Isidori de divinis officiis liber, Ejusdem soliloquia, &c.—In-quarto.- vélin gratté, léger, jaune et gris. - tracé à la pointe. -

longues lignes. - XIe siècle. - grandes lettres romanes à l'encre et au vermillon. - têtes de livres en capitales mélangées à l'encre noire, ou en petites capitales alternées rouges et noires. - rubriques.   [XIe siècle.]

Sur la première garde :

Iste liber pertinet fabrice hujus ecclesie Attrebat. ex dono Domini Johannis Estoffe senioris Capellani ipsius ecclesie, Anno Domini M^o IIII^c LXXIII° facto, ut in presenti pulpitro incathenetur, &c.

55 feuillets.   (Prov. : Cathéd. d'Arras.)

---

441. Evangelium secundum Johannem cum glossis.—In-quarto, format étroit. - vélin gratté, mince et blanc. - tracé au crayon. - longues lignes. - rubriques dans les marges autour du texte. - XIIe siècle. - grande lettre ornée à la plume. - initiales au vermillon.   [XIIe siècle.]

Incipit : Hic est Johannes evangelista unus ex discipulis Domini.

31 feuillets.   (Prov.: Cathéd. d'Arras.)

---

442. Antiquitez & Coustumes de la ville de Lille.—In-quarto. - papier. - écriture bâtarde du XVIe siècle.   [XVIe siècle.]

Titres du livre :

Du droit des cas.

Fondation de la ville de Lille.

Guet et garde de la ville.

Priviléges et franchises de la ville.

Feste de Lille.

Franc feste de chevaulx et aultres bestes.

Procession de la ville.

A qui appartient la justice.

Création des eschevins et de la loi.

Offices de la ville.
Du Reward.
Les huit hommes.
L'argentier.
Siége et ordre de seoir en halle.
Du conseiller et du pensionnaire.
Des bourgeois.
Priviléges, exemptions, droits et franchise des bourgeois.
Droit des cas.
Prévost de la ville.
Prisons.
Paiseurs.
La feste de l'Espinette.
62 feuillets.   [Prov. : St-Vaast.]

---

443. Généalogie de la maison de Fiennes. — In-quarto parvo quadrato. - papier. - grosse bâtarde du XVIᵉ siècle.   [xvIᵉ siècle.]

Ce travail, très succinct, se compose de 44 pages sans nom d'auteur.
Incipit : C'est chose notoire et tout certaine, qu'entre les maisons les plus illustres de la conté de Boulogne, celle de la très noble maison de Fiennes a toujours tenu le premier rang, &c.
47 feuil., y compris les feuillets blancs à la fin. [Prov. : St-Vaast.]

---

444. Missale.— In-quarto. - très-beau vélin. - tracé au crayon.- deux colonnes. - XIIIᵉ siècle. - miniatures. grandes lettres historiées et peintes. - vignettes. - initiales festonnées au vermillon et à l'outremer. - plainchant noté. - rubriques.   [xiiiᵉ siècle.]

Commence par un calendrier.
343 feuillets.   [Prov. : St-Vaast.]

---

445. Breviarium Monachorum sancti Eligii, par
Hiemalis.— In-quarto parvo.- papier.- longues lignes.
- écriture bâtarde du XVI⁰ siècle. - rubriques.

Daté de 1600. [XVI⁰ siècle.]
484 feuillets. [Prov. : St-Eloi.]

---

446. Isagoge Porphyrii, prædicamenta Aristote-
lis et alia logica. — In-quarto. - vélin sale, hideux.-
tracé au crayon. - longues lignes - XIV⁰ siècle. - gran-
des lettres brodées rouges et bleues. - vignettes.-
têtes de livres en onciales alternées rouges et bleues.

[XIV⁰ siècle.]

Commence :
Lib. 1ᵘˢ Porphyrii. — Ensuite lib. 1ᵉʳ prædicamentorum. — Liber
divisionum.—Perihermeneias.—Lib. 1ᵘˢ Topicorum Boecii. (Aucune de
ces parties n'est complète).
67 feuillets. [Prov. : St-Vaast.]

---

447. Ambassade de Jean Sarrazin, abbé de St.-
Vaast, auprès de Philippe II, *par Philip. de Caverel.*
— In-quarto. - papier. - XVI⁰ siècle. [XVI⁰ siècle.]
261 feuillets. [Prov. : St-Vaast.]

---

448. Missale. — In-quarto parvo. - vélin choisi.-
tracé au crayon. - deux colonnes. - commencement
du XIV⁰ siècle. - vignettes. - riches miniatures. - ini-
tiales au cinabre et à l'outremer. [XVI⁰ siècle.]
Commence par un calendrier perpétuel.
309 feuillets. [Prov. : St-Vaast.]

---

449. Horæ.—In-quarto parvo. - vélin blanc. - tracé
à l'encre pourpre. - longues lignes - XV⁰ siècle. -

grand caractère gothique. - majuscules et encadrements en miniature. - initiales en or et azur. - rubriques. [xvᵉ siècle.]

Commence par un calendrier perpétuel.
Au douzième feuillet suivent les heures de la Croix.
161 feuillets. [Prov. : St-Vaast.]

---

450. Chronique générale de l'ordre de St-Benoît.
—In-quarto. - papier. - écriture du XVIIᵉ siècle.

Deux volumes. [xviiᵉ siècle.]
En tête de l'ouvrage on lit : Composé par le R. P. Antoine de Yépes, et nouvellement traduit en français par Dom Georges d'Oinguies, chantre et religieux de St-Vaast, l'an 1640.
Avant propos au lecteur :
Incipit : L'une des principales causes qui m'ont incité de prendre la plume et d'escrire l'histoire de l'ordre de saint Benoit, &c.
1ᵉʳ vol. 449 feuil.; 2ᵉ vol. 594 feuil. [Prov.: St-Vaast.]

---

451. Porphyrii Isagoge, Aristotelis prædicamenta, priorum, peri Hermeneias, Topicorum, Elenchorum, posteriorum libri. — In-quarto parvo. vélin jaune, léger, choisi. - longues lignes. - belles marges. - écriture fine et soignée du XIIIᵉ siècle. - initiales azur et vermillon. - annotations marginales de diverses époques.

96 feuillets. [Prov. : St-Vaast.]

---

452. Constitutiones Congregationis Vallisoletanæ. — In-quarto parvo. - papier. - XVIIᵉ siècle. - écriture allongée. [xviiᵉ siècle.]

62 feuillets. [Prov. : St-Vaast.]

453. Chronicon Fr. Andrææ Marchianensis cœnobitæ (usque ad annum 1286). — In-quarto. - vélin commun. - tracé au crayon. - longues lignes. - commencement du XIIIe siècle. - rubriques. - initiales au vermillon. **[xiiie siècle.]**

Sur la première garde : Philippi Ticulaine Atrebatis, qui Philippus hunc librum nobis Philippo abbati monasterii sancti Vedasti dono dedit 4° Februarii anni Domini 1631. — Philippus abbas monasterii sancti Vedasti. (Écrit de la main de Philip. de Caverel).

Epistolaris prefatio hujus operis. Domino et patri sanctissimo p. venerabili Atrebatensi episcopo fr. Andreas omnium sanctorum et vester servus salutem et gaudium sempiternum, &c.

Incipit : Prologus primi libri. Primus iste libellus originem gentis Francorum, successionnem ducum, genealogiam regum qui Merovingi dicti sunt, egressum à Troià et Sicambrià regem Clodoveum à sancto Remigio cum Francorum populo baptizatum insinuat, nec non adquisitionem tocius Gallie per prefatum regem et ejus successores factam, et industriam quorumdam regum, &c.

55 feuillets. **[Prov. : St-Vaast.]**

454 Relation de l'ambassade de Jean Sarrazin, abbé de St-Vaast, auprès de Philippe II, *par Ph. de Caverel.* — In-quarto. - papier. - écriture du XVIe siècle. - (brouillon.) - autographe. **[xvie siècle.]**

164 feuillets. **[Prov. : St-Vaast.]**

455. D. Anselmi monologium et proslogium et alia. — In-quarto minimo. - vélin gratté, antique, jaune et blanc. - tracé à la pointe. - longues lignes. - XIe siècle. - grandes lettres au vermillon et à la cendre verte. - initiales capitales rouges et vertes. - rubriques par mots alternés en rouge et en vert.

[xie siècle.]

Incipit : quidam fratres sepe me studioseque precati sunt ut quedam que illis de meditanda divinitatis essentia, &c.

Sur les deux derniers feuillets, une prose à la Vierge écrite sur deux colonnes :

Maria templum Domini,
Sacrarium paracliti &c.

11 feuillets. [Prov. : St-Vaast.]

456. Innocentii III liber de vilitate conditionis humanæ.—Alanus de Insulâ de sex Alis Cherubim.—Regula Sti Benedicti, &c.— In - quarto. - vélin fort et blanc. - tracé au crayon. - deux colonnes.- XIVe siècle. - initiales festonnées au vermillon et à l'outremer - une image à la plume pour l'intelligence du traité d'Alain de Lille. - rubriques [xive siècle.]

Après les deux premiers traités suit la règle de St-Benoît ; puis une autre pièce avec ce titre écrit d'une main moderne : Reformatio Cœnobii sancti Vedasti Atreb. Anno 1232.

Enfin la lettre de Pierre le vénérable, adressée à saint Bernard pour la justification de l'ordre de Cluny.

126 feuillets. [Prov. : St-Vaast.]

457 Synodus congregationis monasteriorum exemptorum Belgii ord. Sti Benedicti, in monasterio Sti.-Vedasti, anno 1569. — In-quarto. - papier. - écriture bâtarde du XVIe siècle. [xvie siècle.]

56 feuillets [Prov. : St-Vaast.]

458. Ode Eucharistica ad R. P. D. Philippum de Caverel, abbatem Vedastinum. — In-quarto parvo. - papier. [xviie siècle.]

Pièce composée et envoyée par Adam Adams, bénédictin de Brautilliers, le 7 janvier 1635.

11 feuillets. [Prov. : St-Vaast.]

459. Bedæ Venerabilis expositionum super psalmis Excerptio. — Epistolæ Pauli ad Timotheum, ad Titum, ad Philemonem. —In-quarto minori-quadrato. - vélin blanc, fort. - tracé à la pointe. - longues lignes. - XIe siècle. [XIe siècle.]

Sur le dernier folio est une transcription plus moderne d'une lettre de l'empereur Henri IV :

Henricus, Dei gratia, Romanorum Imperator Augustus Henrico reverendo abbati, quod filius patri. Diu est, Domine ac pater, quod infirmum vestrum, sicut solebatis, non visitastis, et quod adhortationum et consolationum fomentis contritum vestrum non curastis, &c.

28 feuillets. [Prov. : St-Vaast.]

---

460. Vedastinensium abbatum Historia brevis. —In-quarto minimo. - papier. - écriture bâtarde du XVe siècle. [XVe siècle.]

Voici le titre du premier feuillet: Origines, progressus, secundæ res et adversæ, auctores ac præsules celeberrimi hujus monasterii sancti Vedasti.

Incipit : Monasterium hocce Vedastinum, ut nomen sic originem primam habet ac repetit à beato patre Vedasto, &c.

Finit à Thomas de Parenty. LXXVIIe abbé.

Sur la dernière garde : M. de Bourgogne, abbé de St-Vaast, mourut à Paris, le 11 de septembre 1660.

55 feuillets. [Prov. : .]

---

461. Vie de sainte Collette, réformatrice de l'ordre de Sainte-Claire. —In-octavo magno. - vélin blanc, fort. - tracé à l'encre pourpre. - longues lignes. - écriture gothique du XVIe siècle. - une image en miniature. - initiales rouges et bleues. - rubriques.

[XVIe siècle.]

Au bas de l'image qui sert de frontispice, est un écu avec la devise *Fortune, Infortune, Fortune.* Ce sont, je crois, les armes de Marguerite de Bourgogne, femme de Philibert de Savoie.

Incipit : La vie abbrégié de la très sainte Vierge seur Collecte, réformateresse de l'ordre Madame-Sainte-Clare.

Dieu omnipotent estant de incompréhensible miséricorde, a de sa bonté infinie, en tous temps, envoyé, en ceste présente vallée de pénitence, aucuns de ses saincts, au secours et consolation de la sainte église, &c. — A la fin :

Translaté hors du flammeng en fransois par le révérend père frère Robrecht de Yengsem, pater et confesseur des Brigittes en la ville de Tenremonde, en décembre, l'an XVe et neuf.—Finit par cette pièce :

DE LA SAINTE MÈRE SEUR COLLETTE.

Du beau gardin est yssue la rachine
Du beau net lys, qui florit et germine,
La noble fleure, qui en tout bien s'incline.
C'est elle que créa la grant bonté divine.

Dieu veult monstrer sa grand miséricorde
Ou povre monde, plain de toute discorde,
Où l'anemy met son las et sa corde,
Menant les gens à la voye qui est orde,

Es derniers jours, pour le salut du monde,
Une Vierge pure, nette et monde,
Laquelle odeur se espant par le monde,
C'est seur Collette ou tout bien se habonde.

Eslevée fut de Dieu, ne fault doubter,
Pour nous monstrer servir Dieu et louer.
Lequel par foy veult en elle habiter,
En son net cuer veult son amour planter.

Elle a esté au monde admirable,
A tous pécheurs doulce et consolable,
Aux bons dévots bénigne et amiable,
A toutes gents a esté charitable.

Le Créateur l'ama moult chièrement,
Auquel servit moult très diligemment,
Et se adhéra inséparablement.
Checi savons très véritablement.

Elle a esté moult miséricordieuse,
En tous ses fais belle et gracieuse.
Partout donnoit clarté moult lumineuse,
A tous estoit large et copieuse.

De avarice jamais ne s'acointa,
Toutes doleurs paciamment porta,
Toutes délices et honneurs despita,
Vaine faveur mondaine supplanta.

Au Dieu du ciel adrechoit son désir,
En netteté estoit tout son plaisir.
Flatter nulluy ne voloit ne blésir,
La vérité veult eslire et choisir.

Elle eut en Dieu parfaicte confiance,
A li offrit sa nette conscience.
Des maulx avoit la vraie cognoissance,
Considérant sa grand descognoissance.

Elle eust en soy simplesse columbine,
Et eust aussi prudence serpentine,
Les yeux moult clers par vertus aquilines,
Comme celle qui tant à loenge divine.

Elle avoit visage très vénérable,
Regart piteulx, plorant et lacrimable,
En son parler plaisant et aggréable,
Es devos ceurs estoit moult pénétrable.

De contempler estoit tout son mestier,
Elle disoit tous les jours son psaultier.
De bon exemple adreschoit le sentier,
Son cuer gardoit tous jours net et entier.

Humble estoit, par admiration,
Doulce, bénigne en conversation,
Paisible estoit, sans conturbation,
Craintive aussi, sans trépidation.

Benoit soit Dieu, qui tèle te créa,
Par son amour refit et recréa,
Ton cuer loyal ne erra, ne mescréa,
Ne en la foy ne doubta, ne descréa.

En ta profession très sainte et constante,
A Dieu et aux prélatz, humble et révérante,
Finant ainsi tes jours comme vraye observante,
L'an mille quatre cents et sept avec quarante,

Au sixime de mars trespassa sainctement;
Lequel déché ploràmes tendrement.
Et les Gantois l'ont recheu dignement,
Tout a esté par divin muniment.

Or loons Dieu par bonne volenté,
Qu'elle pour nous supplie de sa bonté,
Que tous puissions, par sa grant charité,
Régner là sus en sa félicité. Amen.

XI mille ans de pardon.
Completum est anno 1510.
22 feuillets.   [Prov. :   .]

------

462. Sermons prononcés dans le chapitre de St.-Vaast d'Arras. — In - quarto. - papier. - écriture brouillon du XVIIᵉ siècle.   [xviiᵉ siècle.]

Les pièces contenues dans ce volume sont des années 1600 à 1606.
Il y a de nombreuses corrections écrites de la main de Philippe de Caverel. Ces sermons pourraient bien être de lui.
Il y a 23 sermons.
226 feuillets.   [Prov. : St-Vaast.]

463. Alani summa de maximis theologiæ. — Alexandri memoriale rerum difficilium, de imagine speculi.—In-quarto minimo. - vélin blanc, très-léger. - tracé au crayon. - longues lignes. - XIVᵉ siècle. - vignettes. - grandes lettres brodées rouges et bleues. - rubriques. [XIVᵉ siècle.]

Incipit : Omnis scientia suis utitur regulis, &c.

A la fin on lit : Iste liber tradatur magistro Thomæ de Vilers et executoribus ejus vendatur et detur pecunia pro anima ejus.

40 feuillets. [Prov. : Cathéd. d'Arras.]

---

464. Relation des troubles survenus en la ville d'Arras, pendant les années 1577 et 1578.—In-quarto. - papier. - écriture du XVIᵉ siècle. [XVIᵉ siècle.]

Voici le titre de la première page : Discours véritable de ce qui s'est passé en la ville d'Arras depuis l'union et confédération des Estats d'Artois avec autres provinces du Pays-Bas. . . . .

Incipit : Ceux qui par cy devant se sont efforcez de pervertir l'Estat d'une république, ou altérer l'ordre des royaumess, pour en dé-chasser les seigneurs naturels et légitimes, n'ont trouvé ruse plus vaillable, pour couvrir leur trahison, que par un fard de religion ou prétexte de bien public, &c.

45 feuillets. [Prov. : St-Vaast.]

---

465. Missale.—In-octavo magno. - format Billot. - vélin jaune, noirci par l'usage. - tracé au crayon. - deux colonnes. - XIVᵉ siècle. - écriture fine et soignée. - vignettes. - initiales au vermillon et à l'outremer. - rubriques. - plain-chant noté. [XIVᵉ siècle.]

Commence par un calendrier exécuté au XVᵉ siècle. — Les der-niers feuillets ont été ajoutés au XVIIᵉ siècle.

Sur la 1re garde sont les noms des différents possesseurs de ce missel de 1553 à 1626. Louis Doresmieux, 1558, — D. Jean le Vaillant, religieux de Saint-Vaast, — depuis à François Boucault, 1620, — depuis appliqué à l'usage du prieur de Saint-Vaast, par ordonnance de monseigneur le révérendissime prélat. — L'an 1626.

553 feuillets.   [Prov. : St-Vaast.]

---

466. Rituale. — In-quarto minimo. - vélin sali, rongé par l'humidité. - XIVe siècle. - caractères d'église. - initiales au minium et à la cendre bleue.

[XIVe siècle.]

46 feuillets.   [Prov. : St-Vaast.]

---

467. Catologus religiosorum monasterii sti Vedasti Atrebatensis, mensis septembris, anni 1607. — In-quarto. - papier. - écriture. - brouillon du XVIIe siècle.   [XVIIe siècle.]

Cette liste dressée par Philippe de Caverel, abbé de Saint-Vaast, écrite de sa main, donne les noms des religieux de l'abbaye, avec des notices sur chacun d'eux. Elle commence en 1607 et se continue jusqu'à 1636. Il y a des additions d'autres mains jusqu'en 1672.

115 feuillets.   [Prov. : St-Vaast.]

---

468. Ad Belgii Ordines exhortatoria ad pacem Oratio. — In-quarto. - papier. - écriture bâtarde du XVIe siècle.   [XVIe siècle.]

Incipit : Cum vos longo jam pridem et lamentabili bello attritos, varioque, verùm infausto, ut fere, successu attonitos, atque ob id fortassis etiam suscepti jam oneris totque laborum pertæsos videam, &c.

Le titre se complète ainsi qu'il suit :

Quâ, Belli causis et rebus quæ inter Ordines, et Auriaci principem actæ sunt summatim explicatis, quid pacem hactenus impedierit, quidque eam promovere debeat, ostenditur.

Anno M. LXXIX non. octobr.

42 feuillets. —————— [Prov.: St-Vaast.]

469. Pontificale. — In-quarto. - vélin très blanc.- tracé au crayon. - longues lignes. - XIV° siècle. - grande gothique d'église. - vignettes. - initiales au vermillon et à l'outremer. - rubriques. [xiv° siècle.]

Les trois derniers feuillets tracés à l'encre pourpre sont une addition du XV° siècle.

151 feuillets. —————— [Prov. : St-Vaast.]

470. Les Tombeaux des hommes illustres qui ont paru au conseil privé du Roy catholique aux Pays-Bas, depuis son institution de l'an 1517 jusqu'aujourd'huy 1673.

Écrit par D. Le Pez. C'est la copie d'un livre imprimé à Liége, chez Pierre Heghius, en 1673. (incomplet).

35 feuillets. —————— [Prov. : St-Vaast.]

471. Vita S⁴⁴ Thomæ de Aquino, autore fratre Bernardo Guidone, dominicano.—In-quarto. - vélin commun. - tracé à l'encre rouge. - longues lignes. - XV° siècle. [xv° siècle.]

Incipit : Legenda sancti Thomæ. — Sanctus Thomas de Aquino ordinis fratrum predicatorum doctor egregius, nobilibus ortus natalibus, de domo ac illustri prosapia comitum Aquinorum, in confinibus campanie et regni Sicilie duxit originem. . . . .

30 feuillets. —————— [Prov. : St-Vaast.]

472. Carmen de Periculo urbis Atrebatensis XXVIII⁴ Martii M. D. XCVII, à Philippo Meyero

de Atrebatium gentis urbisque laudibus et antiquitate Oratio panegyrica ab Andreâ Hoio, Bru-
gensi. — In-quarto. - papier.   [xviiᵉ siècle.]

Incipit : Atrebatum nocturnis insidiis tentatum :
    Nocte per insidias Atrebatia mœnia Francus
    Subdere tentavit. Subruit ausa deus &c.

29 feuillets.   [Prov. : St-Vaast.]

**474. Cartularium monasterii Sancti Bertini Si-
thiensis, &c. — In-quarto mediocri. - beau vélin. -
longues lignes. - XVᵉ et XIVᵉ siècles. - tracé au crayon.
- initiales rouges et bleues.**   [xvᵉ et xivᵉ siècles.]

Ce volume a été tellement mutilé qu'il n'y reste pas deux feuillets
qui se suivent. On y trouve deux brefs d'Alexandre IV à Guil-
bert, abbé de Saint-Bertin. Voici quelques pièces qui sont restées
complètes : nᵒ C, Donatio Willelmi de Clarques Militis de ruagio de
Arkes, septembre 1265 ; — nᵒ CVI, Robertus Comes Atrebatensis
pro sancto Bertino, contra Scabinos Audomarenses, février 1209 ;
— nᵒ CXIV, Confirmatio Karoli regis super privilegio Johannis Ducis
Burgundiæ et comitis Flandriarum pro fortalicio Domûs nostræ de
Arques (en français), 22 décembre 1415.

Les dernières pièces sont toutes en français et toutes incomplètes :
elles appartiennent à la première moitié du XIVᵉ siècle.

72 feuillets.   [Prov. : St-Vaast.]

**474. Vita et translatio S. Benedicti in Cœnobio
Floriaco. — In-quarto. - vélin gratté, sombre. - tracé
au crayon. - longues lignes. - fin du XIᵉ siècle. -
grandes lettres romanes, ornées à la plume et chargées
de vert. - têtes de livres en capitales, mélangées au
vermillon.**   [xiᵉ siècle.]

Incipit : Fuit vir vite venerabilis, gratiâ Benedictus et nomine . . . . .
Cum diu gens Longobardorum infidelitatis suæ tenebris, &c.

53 feuillets.   [Prov. : St-Vaast.]

475. La clavicule de Salomon. — In-quarto mi-
nimo. - papier. - XVIIIe siècle. - différentes écritures.

[xviiie siècle.]

Le titre porte : Clavicule de Salomon, traduite en français par Cornelius Agrippa et primitivement de l'hébreu en latin..... On y trouve
des caractères &c., des figures cabalistiques... cercles magiques...
talismans. ... &c.

73 feuillets.   [Prov. :   ]

**476. Tragœdia de voto Jepthte à Cornelio Lu-
minæo à Marca.** — In-quarto. - papier. - écriture du
XVIIe siècle.

[xviie siècle.]

54 feuillets.   [Prov. : St-Vaast.]

---

477. Caroli Magni vita. — Papier - écriture du
XVIIe siècle.

[xviie siècle.]

Copie d'une légende dont l'auteur n'est point nommé; l'ouvrage
ressemble beaucoup à celui de Turpin.

Incipit : Prologus in vitam acerrimi Christi militis, Karoli magni
Romanorum Imperatoris Regisque Francorum invictissimi, Justitia
ubique strenuissimi, bello doctissimi, bellorumque plurimorum pro
defensione, dilatationeque Christianæ fidei triumphatoris passim
gloriosissimi.

(37 chapitres.)
36 feuillets.   [Prov. : St-Vaast.]

**478. De Septem psalmis pœnitentiæ auctore
fr. Jacobo de Marquais, priore sancti Vedasti.** —
In-quarto. - papier. - écriture du XVIe siècle.

[xvie siècle.]

La dédicace de l'ouvrage dédié à Jean Sarrazin, abbé de St-Vaast,
est de 1583.

120 feuillets.   [Prov. : St-Vaast.]

**479. Turcarum imperatores compendioso car-
mine descripti, seu rerum Turcicarum Epitome,
per Philip. Meyerum. — In-quarto. - papier.-écriture
du XVIe siècle.** **[XVIe siècle.]**

Ce livre, écrit en distiques, est dédié à J. Sarrazin, abbé de St-Vaast
Incipit : Reverendo in Christo patri ac Dom D. Joanni Sarraceno
apud Atrebates Vedastino præsuli amplissimo ac Hisp. regis in senatu
Belgico consiliario prudentissimo.

31 feuillets. [Prov. : St-Vaast.]

**480. Visitatoris Cujusdam è soc. Jesu Itinera-
rium Belgicum, Germanicum et Helveticum. —
In-quarto. - papier. - écriture de la fin du XVIe siècle.**
[XVIe siècle.]

Incipit : Postulasti, mi pater, scripta ut relinquerem loca per quæ
transii in Germaniâ in visitationis mihi impositæ decursu, hoc modo
tibi præstabo, sed eâ ratione et brevitate, ut non multum me effundam,
sed tantùm, ea præcipuè loca quæ vidi, et in quibus aliquamdiu hæsi,
ne proxilitas tædium adferat, attingam.

108 feuillets. [Prov. : St-Vaast.]

**481. Apocalypsis et Epistolæ Canonicæ cum
glossâ. — In-quarto minimo - vélin beau et blanc.-
tracé au crayon. - longues lignes. - la glose en marge.
-XIe siècle. - grandes lettres ornées à la plume, sur
fond vert. - rubriques et initiales au rouge de plomb.**
[XIe siècle.]

Liber Sancto Marie Ursicampi.
123 feuillets. [Prov. : St-Vaast.]

---

482. Explication symbolique et mystique de diverses devises tirées des poëtes latins. — In-quarto. - papier. - écriture du XVIIe siècle.

Incipit : Symbole I. Ille habeat servetque.

Les anciens romains se sont représenté l'éternité par la déesse Vesta, à l'honneur de laquelle ils ont fait ériger un feu perpétuel qui ne se devoit jamais éteindre. C'est à quoy butoient les vaillants héros, et tâchoient de représenter, par ces flammes immortelles, l'immortalité même, à laquelle se devoient sacrifier tous ceux qui s'attachoient à la vertu, et, en méprisant la lascheté et la paresse, s'adonnaient entièrement aux belles actions.

104 feuillets. [Prov : St.-Vaast.]

483. Isidorus de quatuor humoribus corporis— Æquivoca Magistri Henrici—Liber veritatis Hypocratis— Chirurgia Equorum—Macer de virtutibus herbarum.—In-quarto minimo.-vélin jaune, commun. - tracé au crayon. - longues lignes. - fin du XIIIe siècle. - initiales au vermillon. - rubriques.

Commence par la rubrique : Ysidorus de IIII^{or} humoribus corporis.

La dernière rubrique : Incipiunt equivoca magistri Henrici disposita per ordinem alphabeticum (ouvrage en vers).

Ensuite la rubrique : Incipit liber veritatis ypocratis editus de illis qui laborant in agone mortis à Galieno, ab Arabico in latinum translatus.

Au feuillet suivant. . . . . Incipit cirurgia equorum.

A la fin de ce traité : De Arthemisia.

Incipit : Herbarum quasdam dicturus carmine vires, &c.

50 feuillets. [Prov. : St-Vaast.]

484. Anselmus de processione Spiritûs sancti.— In-quarto minimo. - vélin jaune, fort. - tracé au crayon.

- longues lignes. - commencement du XIIIe siècle. - grosse écriture. - rubriques. - petites capitales.

Commence par un titre qui est d'une autre main que le reste du manuscrit, mais contemporaine.

63 feuillets   [Prov. : Cathéd. d'Arras.]

485. S. Ambrosius de divinis officiis. — In-quarto minimo. - vélin jaune. - tracé à la pointe. - longues lignes. - écriture du XIe siècle. - une rubrique.

(Des Célestins d'Amiens).

87 feuillets.   [Prov. : St-Vaast.]

486. S^{ti}. Bernardi liber de Consideratione. — In-quarto minimo. - vélin blanc. - tracé au crayon. - longues lignes. - piqué de vers. - grosse écriture italienne du XIVe siècle.   [XIVe siècle.]

(Des Célestins d'Amiens).

39 feuillets.   [Prov. : St-Vaast.]

487. Vita S^{ti} Antonii heremitæ. — In-quarto minimo quadrato. - vélin léger, commun, de diverses teintes. - tracé au crayon. - longues lignes. - cursive du XIVe siècle. - rubriques. - initiales festonnées rouges et bleues.   [XIVe siècle.]

Commence par la rubrique :

Incipit : Prologus Evagrii presbiteri in vitâ sancti Antonii priùs ab Athanasio, episcopo Alexandrie greco stilo descripta, dehinc ab Evagrio ad Innocentium in latinum translata.

Sur le dernier feuillet, d'une écriture plus fine, est écrite la messe de saint Antoine.

72 feuillets.   [Prov. : St.-Vaast.]

488. Mariale, seu de laudibus Virginis Mariæ (liber dicatus Umberto episcopo Vercellensi).— In-quarto maximo. - vélin blanc. - tracé au crayon. - longues lignes. - écriture cursive du XIVe siècle. - sans ornements. - rubriques exécutées au XVe siècle.

[XIVe siècle.]

Incipit : Eximie bonitatis et pietatis exemplo nec non venerabili in Christo patri Domino Umberto Dei gracia Vercellensi episcopo, &c.

Voici les titres des pièces contenues dans le volume :

Mensa pauperum. — Exhortatio in festum et officium transfixionis B. M. Virginis. — Expositio Biblie ad laudem Virg. Mariæ. — Ave Maria dévoté expositus. — Vita beatæ Virginis. — Anselmus de planctu Mariæ. — Psalterium Virginis, &c.

206 feuillets.   [Prov. : St-Vaast.]

---

489. Nicolai de Hanapis Manipulus sacræ Scripturæ. — Alphabetum narrationum. — In-quarto minimo. - vélin commun de diverses teintes. - tracé au crayon. - deux colonnes. - XIVe siècle. - initiales rouges et bleues. - rubriques. - feuillets numérotés en chiffres arabes.

[XIVe siècle.]

Incipit : Liber exemplis sacræ Scripture compositus à fratre Nicholao de Hanapis ordinis predicatorum patriarcha Jerosolimitano.

Alphabetum narrationum.

Incipit : Antiquorum principum exemplo didici nonnullos ad virtutes fuisse inductos narrationibus edificatoriis et exemplis.

Hic liber est scriptus qui scripsit sit benedictus. Nicholaus Biaute.

(Célestins d'Amiens)

202 feuillets.   [Prov. : St-Vaast.]

---

490. Johannis de Abbatis villâ Expositio super Cantica Canticorum.—Expositio regulæ S. Augustini per Hugonem de S. Victore.— Liber de pœni-

tentiâ Johannis de Deo.—In-quarto minimo. - vélin blanc et fort. - tracé au crayon - diverses écritures du XIIIᵉ siècle. - rubriques.   [xiiiᵉ siècle.]

Le premier traité est écrit sur longues lignes et se trouve séparé des autres ouvrages, que renferme le volume, par trois feuillets sur lesquels ont été écrits plusieurs sermons en cursive extrêmement fine du XIIIᵉ siècle. — Vient ensuite un calendrier, écrit en rouge, noir et bleu; puis d'une autre main et aussi en longues lignes : l'exposition de la règle de saint Augustin; à la fin de cet ouvrage quelques statuts ecclésiastiques dont le commencement a été enlevé ; puis vient la somme de Jean-de-Dieu; enfin un recueil de sermons sans commencement.

Incipit : Expositio Johannis episcopi Sabinensis, quondam Decani Ambianensis, super cantico canticorum à sacro sancta Romanâ ecclesiâ approbata anno Domini Mᵒ CCᵒ XXXIIIᵒ. Ad honorem matris et filii cantica canticorum expositurus, &c.

A la fin du traité de Penitentiâ, on lit : Guillermus de Ambianis scripsi hanc summulam de penitentiâ.

141 feuillets.   [Prov. : St-Vaast.]

---

491. Expositio super Epistolis beati Paüli. — In-quarto, minimo quadrato. - vélin très blanc.- tracé au crayon. - deux colonnes. - XIIIᵉ siècle. - écriture nette et très fine. - grandes lettres ornées vertes et rouges.   [xiiiᵉ siècle.]

Incipit : Romani erant de Judeis et gentibus ad Christum conversi.
70 feuillets.   [Prov. : St-Vaast.]

---

492. Chronique abrégée de l'Artois. — In-quarto minimo.- papier. - écriture bâtarde du XVIᵉ siècle.

[xviᵉ siècle.]

Cette petite chronique, qui commence aux temps les plus reculés, est ainsi intitulée : — Chronique d'Arthois par François Balduin, fitz d'Anthoine, natif d'Arras, jurisconsulte et historien des plus fameux de son siècle, jusques en 1519.

Sur la dernière garde :

Le 10e d'aoust de l'an 1519, jour de saint Laurent, le prince d'Espaigne Dom Philippe d'Austriche, fait son entrée en Arras, environ les six heures du soir, assisté de plusieurs princes et notables personaiges.

Le même jour, une bonne heure après, l'empereur entra aussy en ladicte ville, et furent tous logés en St-Vaast.

Le dimanche ensuivant, après que le prince eut ouy la messe en Cité, vint au grand marché d'Arras, à environ les douze heures à midy, il feit lo serment, en présence de plusieurs, les évesques et abbé d'Arras, conte de Roeux, maire et eschevins dudict Arras.

80 feuillets. [Prov. : St-Vaast.]

---

493. Aliquot versus in laudem s. Vedasti. — In-quarto. - papier. - écriture bâtarde du XVIIe siècle.

[XVIIe siècle.]

Pour dédicace : Ad Reverendissimum D. abbatem sancti Vedasti Mæcenatem suum, Philippum Kavrel Gauguericus hispanus.

16 feuillets. [Prov. : St-Vaast.]

---

494. Ad Belgii ordines exhortatoria ad pacem oratio. — In-quarto. - papier. - écriture cursive du XVIe siècle.

[XVIe siècle.]

Incipit : Cum vos longo jam pridem et lamentabili bello attritos varioque, verùm infausto, ut fere, successu attonitos.

46 feuillets. [Prov. : St-Vaast.]

---

495. Boëtius de consolatione philosophiæ. — Petit in-quarto - vélin commun, jaune. - tracé au crayon. - longues lignes. - XIIIe siècle. - initiales

ornées, rouges et bleues. — notes marginales du XIV⁰ siècle. [XIII⁰ siècle.]

Sur la deuxième garde, ces vers écrits au XV⁰ siècle :

Canonici cur canonicè,   Quem canonicastis
Canonicum, non canonicè   Decanonicastis?
Est reprobum reprobare   Probum dum me reprobastis.
Vos reprobos non esse   Probos jam jure probastis.

(Des Célestins d'Amiens.)

36 feuillets. [Prov. : St-Vaast.]

---

496. Formulaire pour recevoir les filles du tiers-ordre de St-François.—In-quarto. - vélin. - écriture du XVII siècle. [XVII⁰ siècle.]

14 feuillets. [Prov. : St-Vaast.]

---

497. Carmen Philippo Caverellio, abbati Vedastino, ineunte Anno, dicatum.— In-quarto. - papier. - écriture du XVI⁰ siècle. [XVI⁰ siècle.]

On lit à la fin : Vestræ reverend. Dominationis Minimus et subsequens Clientulus M. Servatius Fabius de Villers.

15 feuillets. [Prov. : St-Vaast.]

---

498. F. Guillermi Lugdunensis Sermones super Evangelia.—In-quarto minimo. - vélin gratté, léger. - XIV⁰ siècle. - écriture fine et négligée. [XIV⁰ siècle.]

Incipit : Dicite filie Syon : ecce rex tuus venit tibi mansuetus.
Explicit : Summa fratris guillermi de Lugduno super evangelia.
Nombre des sermons : 44.

87 feuillets. [Prov. : Cathéd. d'Arras.]

---

499. Quidam sermones Eusebii—epistola Assonis monachi ad Gerbergam reginam de Antichristo.— In-quarto parvo. - vélin grossier. - tracé à l'encre. -

longues lignes. - XVe siècle. - grands caractères gothiques. [xve siècle.]

Incipit : Exortatur nos sermo divinus ut curramus, dum lucem
habemus, priusquam nos tenebre comprehendant.

Epistola ad Gerbergam.

Incipit : Excellentissime ac regali dignitate polenti, deo dilecte,
omnibusque sanctis amabili, monacorum matri, et sanctarum Virginum dulcissime regine Gerberge. frater Adso suorum omnium servorum ultimus.

Nombre des sermons : 7.

(Des Célestins d'Amiens.)

38 feuillets [Prov. : St-Vaast.]

_____

500. Excerpta ex Annalibus Flandriæ Jacobi Meieri (ab anno 484 ad an. 1614). — In-quarto.- papier. - XVIIe siècle. [xviie siècle.]

90 feuillets. [Prov. : St-Vaast.]

_____

501. Croquis généalogiques des familles des Pays - Bas. — In-quarto oblong. - papier. - blasons coloriés avec soin. - XVII siècle. [xviie siècle.]

Sur la première garde, on lit cette note · Ad usum Steph. Le Pez.

Les quartiers suivans contenus dans ce livre ont esté dressez par
feu Henry Prévost de Leval escuier, s^r de Tennans, roy d'armes ordi-
naire du roy catholique, l'an 1649.

499 noms.

99 feuillets. [Prov : St-Vaast.]

_____

502. Epistola heroïco carmine descripta ad Phi- lippum Caverel, Abbatem Vedastinum. — Petit in- quarto. - papier. - écrit en bâtarde et en caractères romains. [xviie siècle.]

Avec une dédicace en français, signée D. S. J.

8 feuillets. [Prov. : St-Vaast.]

_____

503. Sermon pour les prémices de frère Domi-nique Guérard. — In-quarto minimo. - papier.

[xviie siècle.]

C'est un sermon prononcé en 1629 devant Philippe de Caverel, abbé de Saint-Vaast, par Dominique Guérard de l'ordre des frères prêcheurs.

17 feuillets. [Prov. : St-Vaast.]

_____

504. Statuta congregationis Benedictinorum ex-emptorum Belgii 1569. — In-quarto parvo. - papier. - écriture du XVIe siècle. [xvie siècle.]

76 feuillets. [Prov. : St-Vaast.]

_____

505. Opuscula ascetica et alia, de morte et fine Mundi, &c. — In-octavo - vélin commun de toutes les teintes. - feuillets inégaux. - tracé au crayon. - tantôt longues lignes, tantôt deux colonnes - diverses écritures courantes du commencement du XVe siècle. - initiales au vermillon. - rubriques. [xve siècle.]

Sur le premier feuillet : Une table des matières écrite d'une main contemporaine, il y a 24 pièces.

Pour feuille de garde une lettre adressée par un provincial des Carmélites à frère Jean de Hillesheim. — De l'an 1367.

On y trouve : Summa de animâ Joannis de Rupellâ — Conversio sancté Catharine — Lyranus in evangelia, &c.

133 feuillets. [Prov.: St-Vaast.]

_____

506. Oliverii Tirsay carmina varia. — In-quarto minimo. - papier. - cursive du XVIIe siècle. - frontis-pice grossièrement enluminé. [xviie siècle.]

Titre de la première page : Oliverius Titsay Rhetor Verviniacensis
in collegio Sancti Bonaventuræ sub. M. R. P. P. Huberto Bodlet,
professore. — Anno D. 1674.

Ce sont des vers sur la Passion, sur la Vierge, des anagrammes, &c.
94 feuillets.   [Prov : St-Vaast]

---

507. Luc. An. Flori compendium Historiæ Romanæ. — In-octavo mediocri. - vélin blanc. - tracé au crayon. - longues lignes. - XVᵉ siècle.   [xvᵉ siècle.]

Sur la première garde on lit : A Jehan Prault, à Lille. — 1583.
Depuis à Jean Delatre, chanoine de l'église cathédrale de Nostre-
Dame d'Arras, qui l'a donné à la bibliothèque d'icelle église.

De latere labris.

A la fin, sur le recto du dernier feuillet, d'une écriture renaissance,
différente de celle du manuscrit, on lit ces vers :

> Robertus Gaguinus. L. Annei
> Flori lectoribus salutem optat
> Quos nulla in terris concluserat ora, Quirites
> Hec flori obstrictos parva tabella capit.
> Et quæque eximia produxit Livius arte,
> Bella, duces, pompas, rite coacta tenet.
> Quo vere exemplo vobis sperate futurum
> Qui fama et questu fertis in astra gradum.
> Post tumidos nisus, post seva pericula sortis,
> Ad Manes raptos, vos brevis Urna teget.

65 feuillets.   [Prov. : Cath. d'Arras.]

---

508. La Femme docteur, ou la Théologie tombée en quenouille, (comédie en cinq actes et en prose.) — In-octavo parvo. - papier. - écriture du XVIIIᵉ siècle.

[xviiiᵉ siècle.]

126 feuillets.   [Prov : St-Vaast.]

509. Breviarium. — In-octavo parvo. - vélin très blanc. - tracé au crayon. - longues lignes. - commencement du XIVe siècle. - initiales festonnées en azur et vermillon. - rubriques. [xive siècle.]

311 feuillets. [Prov. : St.-Vaast.]

---

510. Summa Raymundi super casibus decretalium. — In-quarto minimo, quadrato. - vélin blanc et mince. - tracé au crayon. - deux colonnes de largeur inégale. - XIVe siècle. - une grande lettre en miniature. - rubriques. [xive siècle.]

Incipit : Quoniam, ut ait Ieronymus, secunda post naufragium tabula est culpam simpliciter confiteri.

A la fin du IVe livre est une table des titres disposée sur deux colonnes.

(Des Célestins d'Amiens).

126 feuillets. [Prov. : St-Vaast.]

---

511 Priscianus de constructione, dialectica — Varia. — In-octavo quadrato. - vélin jaune et sombre. - tracé au crayon. - longues lignes au commencement. - deux colonnes à la fin. - écriture très négligée du XIVe siècle. [xive siècle.]

Incipit : Quum in expositis libris de partibus orationis in plerisque Apollonii auctoritatem sumus secuti, &c.

Sur les derniers feuillets sont des tables de comput.

(Des Célestins d'Amiens).

62 feuillets. [Prov. : St-Vaast.]

---

512. Johannis de Sacro-Bosco Tractatus de Sphæra — Algorismus — Tractatus de Ratione per-

fectorum, &c., &c.—In-quarto quadrato. - vélin jaune, transparent. - tracé au crayon. - longues lignes. - mauvaise écriture du XIVe siècle. - rubriques. - initiales rouges et bleues. [XIVe siècle.]

A la fin du premier traité est une table de multiplication de nombres par 10 et par 11.

Ensuite un traité de morale scholastique. — Puis, tractatus de spherà, — enfin un traité d'algorisme qui a été rapporté à la fin du volume, mais d'une exécution plus ancienne et plus nette.

Incipit : Hæc algorismus præsens ars dicitur in quâ,
Talibus Indorum fruimur bis quinque figuris :
0. 9. 8. 7. 6. 5. 4. 3. 2. 1.
Primaque significat se unum, duo vero secunda, &c.
97 feuillets. [Prov. : St-Vaast.]

_____

513. Horæ & Prières en flamand. — In-octavo.- vélin. - tracé à l'encre pourpre. - longues lignes.-. XIVe siècle. - miniatures. - encadrements. - initiales d'or. - rubriques. [XIVe siècle.]

Commence par un calendrier en flamand.
127 feuillets. [Prov. : St-Vaast.]

_____

514. Summa Monaldi de Jure Canonico. — In-octavo, quadrato.-beau et fin vélin.-tracé au crayon. - deux colonnes.-XIVe siècle.-grandes lettres festonnées rouges et bleues.-vignettes.-rubriques.

[XIVe siècle.]

Incipit : Summa Monaldi de jure canonico tractans et expediens multas materias secundum ordinem alphabeti.

Quoniam ignorans ignorabar, sicut ait Paulus egregius predicator, et habentes juris ignorantiam, que nullum excusat, &c.
248 feuillets. [Prov. : Cathéd. d'Arras.]

515. Horæ. — In-octavo mediocri. - vélin blanc et beau. - tracé à l'encre pourpre. - longues lignes. - XVᵉ siècle. - nombreuses et riches miniatures. - encadrements de fleurs à toutes les pages. - grandes lettres en or sur fond d'azur et de pourpre.   [xvᵉ siècle.]

Commence par un calendrier en français, — les rubriques sont également en français. — Finit par cette oraison en ballade à la Vierge Marie :

ORÉSON EN BALADE A LA VIERGE MARIE.

O escharboucle reluisant
Nuit et jour sans obscurité,
Esmeraude très cler luisant,
O saphir de fécundité.

Dyamant de mundicité,
Rubi rayant cler comme flamme,
Je vous requier en charité,
Ayes pité de me povre ame,

O cypré aromatizant,
Plain de très grand suavité,
Hault cèdre, sur tout verdoyant,
Olive de fertilité,

A ma très grant nécessité,
Je vous requier, très saincte dame,
Quant à morir seray cité
Qu'ayes pité de me povre ame.

O rose odoriférant,
O vray liz de virginité,
Violette très florissant,
Marguerite d'humilité,

Marjolaine de pureté,
Romarin flerant comme bame,

Par ta grant clémence et bonté,
Ayes pité de me povre ame.

Prince éternel en Trinité,
Ches trois persones je réclame
Et leur requier en unité
Qu'ayent pité de me povre ame.

291 feuillets.   [Prov. : St-Vaast]

---

516. Isidorus de Vitiis et Virtutibus. — In-octavo. - vélin blanc, fort et transparent. - tracé au crayon. - longues lignes - commencement du XIIIe siècle. - grandes lettres ornées rouges et azur. - rubriques.   [XIIIe siècle.]

Au commencement une table des chapitres.

Incipit : Summum bonum dei esse incommutabilis est, et corrump: omnino non potest.

Au verso du dernier feuillet, une prière à saint Antoine en cursive du XVe siècle.

48 feuillets.   [Prov. : St-Vaast.]

---

517. Liber Aristotelis de secretis secretorum.— In-octavo. - vélin extrêmement grossier, jaune, noir et gris. - tracé au crayon. - longues lignes. - écriture très-négligée du XIVe siècle. - initiales rouges et bleues.- rubriques.   [XIVe siècle.]

Commence par la rubrique : Incipit liber moralium ab Aristotele ad magnum Alexandrum regem, Discipulum suum, de regimine ducum, regum et principum, qui alio nomine dicitur secreta secretorum Aristotelis.

Incipit : Domino suo excellentissimo et in cultu religionis christiane Strenuissimo, Guidoni, &c.

(Des Célestins d'Amiens.)

42 feuillets.   [Prov. : St-Vaast.

518. Summa Raymundi super Casibus Decretalium cum apparatu. — In-octavo. - vélin blanc et choisi. - tracé au crayon. - deux colonnes. - la glose autour du texte. - exécution mignonne du commencement du XIVe siècle. - miniatures. - vignettes. - rubriques. - titres courants en onciales fleuries alternées rouges et bleues. [XIVe siècle.]

Incipit : Quoniam, ut ait Ieronymus, secunda post naufragium tabula est culpam simpliciter confiteri.

Sur le recto du dernier feuillet on lit la table des titres.

198 feuillets. [Prov. : St-Vaast.]

---

519. Hugonis de S^{to} Victore Sententiæ—Sermones Yvonis Carnotensis. — In-octavo magno, quadrato. - vélin grossier de toutes les teintes. - feuillets inégaux. tracé au crayon. - longues lignes. - écriture négligée du XIIIe siècle. - rubriques. [XIIIe siècle.]

Commence par la rubrique. . . . . Sententiæ Magistri Hugonis.

A la fin de cet ouvrage : incipiunt sermones Yvonis, episcopi Carnotensis . . . . de Adventu Domini; — de nativitate Domini; Dominica in Ramis palmarum; — de tribus sacramentis; — de remissionibus peccatorum.

113 feuillets. [Prov. : St-Vaast.]

---

520. Horæ (latin & flamand). — In-octavo. - vélin blanc. - très-fort. - tracé à l'encre pourpre. - longues lignes. - XVe siècle. - miniatures. - encadrements. - initiales or et azur. - rubriques. [XVe siècle.]

Commence par une transcription un peu plus moderne des VII pardons de Rome (en flamand), suit un calendrier en flamand.

175 feuillets. [Prov. : St-Vaast.]

521 Horæ diversæ. — In-octavo. - très beau vélin. - tracé à l'encre rouge. - longues lignes. - XVe siècle. miniatures nombreuses. - encadrements de fleurs. initiales en or, sur fond pourpre et azur. - rubriques.

[xve siècle.]

Commence par un calendrier en latin, dans lequel sont les baptêmes de la famille des Robles de 1593 à 1616.

Sur les premiers feuillets et les derniers, sont quelques oraisons en français en cursive du XVIe siècle.

120 feuillets. [Prov. : St-Vaast.]

---

522. Breviloquium Sti Bonaventuræ. — In-octavo. - vélin blanc. - tracé au crayon. - deux colonnes. - XIVe siècle. - vignettes. - initiales rouges et bleues. - rubriques. [xive siècle.]

(Des Célestins d'Amiens.)

54 feuillets. [Prov. : St-Vaast.]

---

523. Quæstiones Theologicæ. — In-octavo. - vélin gratté, sale et grossier. - tracé à la pointe. - longues lignes. - écriture du XIIIe siècle - initiales à l'encre, remplies de rouge. [xiiie siècle.]

Incipit : Divina essentia, teste Augustino, ineffabilis est, non quod de ea loqui non possimus, sed quod eam ità plane, ut est, quanta sit, eloqui non possimus.

42 feuillets. [Prov.: St-Vaast.]

---

524. Liber Orationum ex Anselmo et Aliis. — In-octavo. - vélin gratté, jaune, taché. - tracé au crayon. longues lignes. - XIIe siècle. - initiales rouges. - rubriques. [xiie siècle.]

Commence par la rubrique : Meditatio Anselmi Cantuarensis de redemptione generis humani.

Les autres rubriques sont : Oratio ad sanctam Dei Genitricem ; — ad sanctum Johannem Baptistam ; — sanctum Petrum ; — Johannem Evangelistam, &c., &c.

Oratio episcopi vel Abbatis ad sanctam sub cujus nomine regit ecclesiam,—pro amicis ad Dominum, &c., &c.

Incipit vita sancte Justine.

Incipit : Meditatio Anselmi Cantuarensis archiepiscopi de redemptione humani generis :

Anima christiana, anima de gravi morte resuscitata, anima de misera servitute sanguine dei redempta et liberata, &c.

72 feuillets.   [Prov. : St-Vaast.]

---

525. Hymni Glossati et Alia.—In-octavo magno. - vélin sombre et sale. - tracé au crayon. - deux colonnes. - XIIIe siècle. - écriture soignée. - initiales rouges et vertes. - réparations du XIVe siècle. - le premier feuillet est du XIVe siècle.   [XIIIe siècle.]

Incipit : Liber iste dicitur liber hymnorum ; hymnus dicitur laus Dei cantico facta.

Le premier ouvrage finit sur un feuillet qui a été coupé dans la moitié de sa hauteur. — Suivent 18 feuillets d'une écriture très négligée du XIVe siècle, sur lesquels sont jetés sans ordre et sans distinction, des extraits des pères, des recettes de médecine, une explication de l'algorisme et une interprétation du *Pater noster*, &c.

42 feuillets.   [Prov. : St-Vaast.]

---

526. Sermones pro Communi sanctorum. — In-octavo, quadrato. - vélin léger, blanc. - tracé au crayon brun. - deux colonnes. - cursive du commencement du XIVe siècle. - vignettes. - initiales brodées au vermillon et à l'outremer.   [XIVe siècle.]

Incipit : Precinxisti me virtute ad bellum.
Finit par la table des Sermons au nombre de 92.
147 feuillets. [Prov. : St-Vaast.]

527. **Psalterium.** — In-octavo. - vélin fort, un peu jaune. - tracé au crayon. - longues lignes. - XIIIe siècle. riches miniatures. - grandes lettres en or sur fond pourpre et azur. - initiales en or et outremer.

[XIIIe siècle.]

Commence par un calendrier.—Le septième feuillet est occupé tout entier par un B initial, dans lequel est représenté le roi David : Beatus, vir qui non abiit, &c.

A la fin, les litanies des saints et quelques oraisons en latin.
158 feuillets. [Prov. : St-Vaast.]

528. **Explanatio Hieronymi super evangelio Marci.—Ejusdem liber de officio septem horarum. — Cyprianus de opere et Eleemosynis. — Explicatio symboli per Rufinum. — In-octavo quadrato.** - vélin blanc et fort. - tracé au crayon. - longues lignes. - fin du XIIe siècle. - rubriques. - initiales rouges, bleues, vertes et jaunes. [XIIe siècle.]

(Des Célestins d'Amiens.)
83 feuillets. [Prov. : St-Vaast.]

529. **Das Grosse planeten Buch.** — In-octavo papier. - écriture du XVIIIe siècle. [XVIIIe siècle.]

Cet ouvrage traite de la géomantie, de la physionomie, de la chiromancie, d'après Platon, Ptolomée, &c.; il est traduit du hollandais en allemand.

204 feuillets. [Prov. : Cathéd. d'Arras.]

530. Breviarium sancti Eligii.—Deux volumes in-octavo parvo. - papier. - longues lignes. - écriture bâtarde du XVIᵉ siècle.   [xvɪᵉ siècle.]

1ᵉʳ vol. 372 feuil.; 2ᵉ vol. 492 feuil.   [Prov. : St-Eloi.]

---

531. Diurnale Vedastinum. — In-octavo parvo. - papier. - longues lignes. - écriture bâtarde du XVIᵉ siècle. - rubriques. - plain-chant.   [xvɪᵉ siècle.]

316 feuillets.   [Prov. : St.-Vaast.]

---

532. Armoiries et devises de familles Flamandes et Épitaphes. -- In-folio maximo. - papier. - écriture du XVIIᵉ siècle. - blasons coloriés avec soin.

          [xvɪɪᵉ siècle.]

Ad usum Stephani Le Pez.

Sur la première feuille : Sum Conrardi de Prince. Anno 1622, mense Februario.

256 feuillets.   [Prov. : St-Vaast.]

---

533. Horæ Beatæ Virginis. — In-octavo parvo. - vélin fort, jaune, de qualité inférieure. - tracé à l'encre rouge. - longues lignes. - XVᵉ siècle. - écriture gothique assez négligée. - quelques encadrements en miniatures. - grandes lettres d'or sur fond de pourpre et d'azur. - rubriques.   [xvᵉ siècle.]

Commence par un calendrier en français.

Au milieu du livre : Ces Heures sont à Gillette, fille de Jehan Palart et de Jehannette, sa femme.

A la fin du volume, des prières en français dont voici la dernière :

> Saincte vraye crois adourée,
> Qui du corps Dieu fus aournée,
> Et de sa sueur arousée,

Et de son sanc enlumiuée.
Par ta vertu, par ta puissance
Deffent mon corps de méchéance
Et m'octroye par ton plessir
Que je puisse confês morir.   Amen.

99 feuillets.   [Prov. : St.-Vaast.]

---

534. Sermones Mixti.—In-octavo. - vélin de basse qualité. - assez fort. - tracé au crayon. - deux colonnes. - écriture très-fine. - dernières années du XIIIe siècle.

[XIIIe siècle.]

Les quatre premiers feuillets sont occupés par des sermons écrits de diverses mains et en longues lignes.

A la fin une table des sermons contenus dans le volume indiqués dans l'ordre alphabétique des textes sur lesquels ils sont faits.

(Célestins d'Amiens.—Nombre des sermons :   )

142 feuillets.   [Prov. : St.-Vaast.]

---

535. Arithmétique, géométrie et fortification.— In-douze. - papier. - XVIe siècle.   [XVIe siècle.]

281 feuillets.   [Prov. :   ]

---

536. Officium beatæ Virginis. — In-octavo parvo. - beau vélin. - tracé à l'encre blanche. - longues lignes. - grandes marges. - fin du XIVe siècle. - nombreuses miniatures. - riches encadrements. - initiales en or sur fond de pourpre et d'azur, en pourpre et azur sur fond d'or. - rubriques.   [XIVe siècle.]

Commence par un calendrier en français.

173 feuillets.   [Prov. : St-Vaast.]

---

537. Tractatus exemplorum secundum ordinem alphabeti. — **Collationes super evangeliis.** — In-quarto. - vélin blanc, léger. - tracé au crayon. - longues lignes - XIVᵉ siècle. - une grande lettre en miniature. - initiales rouges et bleues. [xivᵉ siècle.]

Le premier feuillet est numéroté au vermillon CCCLXXXI et contient un fragment qui se termine par la rubrique :

Explicit Miraculum B. Francisci.

Au verso folio secundo : Incipit tractatus exemplorum secundum ordinem alphabeti.

Accidia. *(Nota)* : Accidiosus est sicut canis famelicus, cujus omnes sensus esuriunt, &c., &c.

Suit une table des matières. Le second ouvrage commence ainsi : Dominica secunda port Epiphaniam, &c.

Incipit : Tractatus exemplorum secundum ordinem alphabeti.

(Des Célestins d'Amiens).

128 feuillets. [Prov. : St-Vaast]

538. Méthode pour méditer.—In-douze.-papier. - écriture du XVIIᵉ siècle. [xivᵉ siècle.]

56 feuillets. [Prov. : .]

539. Summa Dictaminis. — In-octavo quadrato. - vélin jaune et mince. - tracé au crayon. - longues lignes. - cursive du XVᵉ siècle. - rubriques.

[xvᵉ siècle.]

Commence par la rubrique incipit : Summa Dictaminis de varietatibus litterarum.

De dictamine Tractaturus primum ejus diffinitionem ostendere decrevi.

107 feuillets. [Prov. : St-Vaast.]

540. Horæ beatæ Virginis. — In-octavo minimo. - vélin choisi. - tracé à l'encre rouge. - longues lignes.

- commencement du XVe siècle. - nombreuses miniatures. - riches encadrements. - initiales pourpre et
azur sur fond d'or. - rubriques.   [xve siècle.]

Commence par un calendrier en français écrit en lettres d'or.
Sur le dernier feuillet, des prières en français.
149 feuillets.   [Prov. : St-Vaast.]

**541. Summa Raymundi super Casibus Decreta-
lium.** — In-octavo quadrato. - vélin léger et choisi. -
tracé au crayon. - deux colonnes. - minuscule mignonne du XIIIe siècle. - têtes de livres en onciales
allongées, alternativement bleues et rouges. - initiales
festonnées au vermillon et à l'outremer. [xive siècle.]

Incipit : Quoniam, ut ait Ieronimus, secunda post naufragium tabula
est culpam simpliciter confiteri &c.
Le cinquième livre est une réparation exécutée au XIVe siècle ; il
est terminé par une table.
102 feuillets.   [Prov.: St-Vaast.]

---

542. Liber psalmorum & orationum. — In-octavo.
vélin gratté, sale et laid. - feuillets inégaux. - tracé au
crayon. - deux colonnes. - minuscule négligée. - XIIe
siècle. - initiales au minium.   [xiie siècle.]

29 feuillets.   [Prov. : St-Vaast.]

---

543. Guillelmi de Peraldo summa super tempore.
— In-quarto quadrato. - vélin blanc, mince. - XIVe
siècle. - écriture négligée. - tracé au crayon. - deux
colonnes. - rubriques. - initiales brodées rouges et
bleues.   [xive siècle.]

Incipit : Hora est jam de sompno surgere.

(Célestins d'Amiens).

(Nombre des sermons, 81).

213 feuillets. [Prov. : St-Vaast.]

---

544. Traité de la Vie spirituelle. — In-douze. - papier. [xviie siècle.]

Incipit : Prologue ou sujet du traité : Mon cher lecteur et frère en Jésus-Christ , &c.

Finit par ces mots :

> Vive Jésus et Marie
> Le seul soulas de ma vie.

155 feuillets. [Prov. :]

---

545. Horæ Diurnæ. — In-octavo minimo. - vélin commun, jaune et léger. - tracé à l'encre pourpre. - longues lignes. - XVe siècle. - miniatures. - encadrements de fleurs. - initiales d'or sur fond de pourpre et d'azur. [xve siècle.]

Commence par un calendrier en français.

A la fin, des prières à Notre-Dame, également en français.

Finit par cette prière :

> Saincte vraye croix aourée,
> Qui du corps Diu fus aournée,
> De sa sueur, de sa pousée,
> Et de son sanc enluminée ;
> Par ta vertu, par ta puissance,
> Deffens mon corps de mécheance,
> Et m'octroye, par ton plaisir,
> Que je puisse confès mourir.   Amen.

185 feuillets. [Prov. : St-Vaast.]

546. Breve compendium veri monachi exerci-tiorum spiritualium. — In-douze. - papier. - XVIe siècle. [XVIe siècle.]

Sur le titre : Ad usum fratris Nicolai Dupire, relig. montis sancti Eligii, 1585.—Au verso du premier feuillet : Ad Benevolum lectorem.

Non hic leges, non horrida bella frementem
Fulmineum Martem, nec sordida tela Cupido, &c.

90 feuillets.

---

547. Regula sancti Benedicti cum glossis fr. Bernardi Cassinensis. — In-quarto. - vélin fort, pelucheux. - tracé au crayon. - longues lignes. - la glose dans les marges, autour du texte. - XIVe siècle. - ru-briques. - initiales festonnées au vermillon. [XIVe siècle.]

Incipit. Legitur in proverbiis : Doctrina sapientium facilis, ideoque qui sapientiam docere studet non subtilitates, sed profectus discipu-lorum et utilitates quærere debet, &c.

Finit par une table des matières.

76 feuillets. [Prov. : St-Vaast.]

---

548. De Prædicatorum officiis. — S^{ti} Bernardi sermo de sacramento altaris. — De conceptione Marie.—In-octavo minimo. - vélin de diverses qualités. - tracé au crayon. - longues lignes. - écriture de di-vers temps. - initiales festonnées au minium et à l'ou-tremer. [XVe siècle.]

La première partie est du XVe siècle; elle renferme quatre ouvra-ges. La deuxième est sur vélin jaune, d'une écriture très soignée du XIIIe siècle. C'est un traité de la prédication.

Incipit : Sermo beati Bernardi de sacramento altaris.

Panem angelorum manducavit homo.

Incipit : constitutio generalis synodi Basiliensis de conceptione beate Marie Virginis genitricis Dei.

Vidit Scalam Jacob à terra usque ad celum contingentem per quam ascendebant angeli et descendebant.

68 feuillets.   [Prov. : St-Vaast.]

---

549. Breviloquium Pauperis — Sermones pro Tempore. — In-quarto minimo. - vélin blanc. - tracé au crayon. - deux colonnes. - XIVe siècle. - rubriques. - réclames.   [xive siècle.]

Incipit : Flecto genua mea ad patrem Domini nostri Jhesu-Christi, ex quo omnis paternitas in celo et in terra nominatur.

(Des Célestins d'Amiens.—Nombre de Sermons : 27).

176 feuillets.   [Prov. : St-Vaast.]

---

550. Breviarium.—In-octavo parvo. - vélin blanc, choisi.- tracé à l'encre.- deux colonnes. - XVe siècle. - riches encadrements. - écriture fine. - initiales d'or sur fond bleu et pourpre. - rubriques.   [xve siècle.]

Commence par un calendrier.

Ecusson sur la première page.

345 feuillets.   [Prov. St-Vaast.]

---

551. Entretiens d'Amintas et d'Eurymedon sur les méditations de Descartes. — In-douze.- papier. - XVIIe siècle.   [xviie siècle.]

45 feuillets.

---

552. Breviarium latinum. — In-douze. - vélin. - XVIe siècle. - initiales en couleur rouge et bleue. - rubriques. - feuillets numérotés en chiffres romains. - quelques lettres ornées et en or.   [xvie siècle.]

Incipit : Breviarium ad usum et consuetudinem ecclesie Valentinensis provincie Viennensis.

399 feuillets.　　　　　　　　　　[Prov. :　　　　　]

---

553. Traicté des trois Roys Béthléemites, ou Mages d'Orient. — In-douze. - papier. - écriture du XVIIe siècle.　　　　　　　　　　[xviie siècle.]

Manuscrit d'un auteur anonyme, escript environ l'an 1360, traduit du latin en français par François-Jean de Thélu, chanoine, religieux de Hénin-Liétard, pasteur de Montigny, 1627.

102 feuillets.

---

554. Armorial des Pays-Bas. — Petit in-quarto oblong. - papier. - écriture cursive du XVIIe siècle.
　　　　　　　　　　[xviie siècle.]

173 feuillets.　　　　　　　　　　[Prov. : St-Vaast.]

---

555. L'onguent à la brûlure. — Fatalité de St-Cloud. — In-douze. - papier. - XVIIe siècle.
　　　　　　　　　　[xviie siècle.]

Mauvaise copie de deux livres imprimés et connus.

107 feuillets.　　　　　　　　　　[Prov. : St-Vaast.]

---

556. Officium in festo sanctæ Ursulæ. — In-douze. - papier. - écriture du XVIIIe siècle. - plain-chant.
　　　　　　　　　　[xviiie siècle.]

46 feuillets.　　　　　　　　　　[Prov. :　　　　.]

---

557. Traduction en français de quelques chapitres de l'Imitation de J.-C. — In-douze. - papier. - écriture du XVIIe siècle.　　　　　　　　　　[xviie siècle.]

95 feuillets.　　　　　　　　　　[Prov : St-Vaast.]

558. Diurnale.—In quarto minimo. - vélin blanc. - tracé à l'encre rouge. - longues lignes. - XV⁰ siècle. - initiales en or. - miniatures d'une exécution médiocre. - encadrements arabesques - capitales au vermillon et à la cendre bleue.   **[xvᵉ siècle.]**

Commence par un calendrier en français.
106 feuillets.   **(Prov. : St-Vaast.)**

___

559 Biblia Sacra.—Trois volumes in-folio maximo. - vélin gratté. - deux colonnes. - tracé à la pointe. - Xᵉ siècle. - encadrements en tête de chaque livre. - peintures. - lettres ornées de la grandeur du feuillet. - rubriques en capitales romaines et onciales. - titres au cinabre.   **[xᵉ siècle.]**

Sur la première garde :

Quicquid ab Ebreo stilus atticus atque latinus
   Sumpsit, in hoc totum codice, lector, habes,
Quo loca prima tenet genesis, primordia mundi,
   Diluviumque canens, gestaque magna patrum.
Exodus Egiptum spoliat, secat equora, rura,
   Pandit iter heremi, limph₁ ibi lexque datur.
Inde sacerdotum gentem Leviticus ornat,
   Ettipica exponit dona sacris tipicis.
Bella virosque liber numeri describit et actus,
   Quis Moyses fregit idola, stupra, duces.
Post repetit legem, populo benedicit et alma
   Jura dat, ac, dicto carmine, victor obit.
Dividit hinc proprio terram Nanegius heros
   Libro, deletis urbibus atque locis.
Pridem judicibus quis et ordo cucurrit et actus,
   Continuante stilo, concinit inde sequens.
Moxque sedent quæ Ruth Moabitis femina gessit,
   Clara piis meritis, clara nepote pio.

Psalmicamque actus et iniqui gesta Saulis
  Prima. sequensque liber. hinc Samuelis habes.
Tertius et quartus Malachim quis nomen inhesit
  Regum hebreorum ex ordine gesta canunt.
Hinc sed et Isaias Christum de Virgine nasci
  Qui canit et gentes ad pia jura vocat.
Hunc propè Hieremias. qui virgam ollamque, tuetur
  Ordine quadruplici flebile texit opus.
Partibus Ezechiel summis obscurus et imis,
  Hinc est stirps qui hominis more vocatur Heri
Indè philostoricus Daniel est totius orbis,
  Omnia qui lapidem frangere regna canit.
Post duodenus inest vatum pius ordo minorum,
  Longe aliud signans, quàm sua verba sonent.
Nam moecham et prolem et Joseph creber intonat Osee,
  Samariam, Ephraim, Gexdrael et Viduam.
Hinc Johel eversum prius atris cladibus orbem,
  Flaminis adventum concinit inde pii.
Quattuor æquè tribus probris regna increpat Amos
  Se et vidisse boat mistica plura satis.
Percutit Abdias Edom almi cuspide verbi,
  Emulus et fratris illius ore ruit.
Naufragio Jonæ signatur passio Christi.
  Nimius et vitam nomine mundus habet,
Filia latronis vastatur famine Miche, &c.

Incipit : Frater Ambrosius tua michi munuscula perferens detulit simul et suavissimas litteras, quæ à principio amicitiarum fidem probate jam fidei et veteris amicitie preferebant.

  1er vol. 181 f.; 2 vol. 149 f.; 3e vol. 155 f.   [Prov. : St-Vaast.]

---

560. Preces et benedictiones Hebraicæ. — In folio maximo, - vélin. - écrit tantôt en longues lignes, tantôt sur deux colonnes. - deux frontispices enlumi-

nés et dorés, dans le style oriental. - grandes lettres ornées à la plume. - exécution du XII⁰ siècle.

[xii⁰ siècle.]

298 feuillets.   [Prov. : Saint-Vaast.]

---

561. Biblia sacra. — In-folio maximo. - très beau vélin blanc et fort. - tracé au crayon. - deux colonnes. - grande écriture. - XIII⁰ siècle. - riches miniatures en verrières. - grandes lettres historiées en miniatures. - vignettes. - initiales rosaces, au vermillon et à l'outremer. - titres courants en onciales gothiques, alternées rouges et bleues. - rubriques.   [xiii⁰ siècle.]

Incipit : Epistola sancti Ieronimi.—Finit au milieu des psaumes.
Sur la première garde : Le nombre des feuillets enlevés est considérable. D'après mon calcul, il serait de 139 au moins ; plusieurs des feuillets conservés sont coupés.
                    C.-M.-J. Faucmson, bibliothécaire, 1828.
137 feuillets.   [Prov. : St-Eloi.]

---

562. Petri Berchorii Repertorium morale.—Deux volumes in-folio maximo. - vélin épais. - tracé à l'encre. - deux colonnes. - XIV⁰ siècle. - la place des initiales laissée en blanc.   [xiv⁰ siècle.]

Incipit : A. A. Domine deus, ecce nescio loqui, quia puer ego sum, sicut dicit Bernardus in quodam sermone, &c
Explicit littera F completa anno Domini millesimo trecentesimo septuagesimo nono, die sabbati in vigilia nativitatis ejusdem Domini. Deo gratias.
Le second volume finit avec la lettre P.
1ᵉʳ vol. 346 feuil.; 2ᵉ vol. 335 feuil.   [Prov. : St-Vaast.]

563. Antiphonarium. — Folio maximo mutilé.- beau vélin blanc. - écrit sur deux colonnes. - vignettes. - lettres peintes. - caractères d'église avec chant noté sur portées au vermillon. - exécution du XVe siècle

[xve siècle.]

178 feuillets.

[Prov. : St-Éloi.]

---

564. Petri Lombardi Glossæ super epistolis Pauli. — In-folio maximo. - vélin gratté. - tracé au crayon.-deux colonnes de largeur inégale.-XIIe siècle. - initiales ornées à la plume dans le style roman.- titres des chapitres en onciales de diverses couleurs. - rubriques marginales.

[xiie siècle.]

Incipit : Prologus magistri Petri super epistolas Pauli.

Principia rerum requirenda sunt prius, ut earum noticia plenior possit haberi. Tunc enim demùm facilius potest cause ratio declarari, si ejus origo discatur.

84 feuillets.

Prov. : St-Vaast.

---

565. Justiniani Pandectæ cum apparatu. — In- folio maximo. - vélin jaune. - tracé au crayon. - deux colonnes. - la glose encadrant le texte. - XIVe siècle.- grosse écriture italienne. - miniatures. - rubriques. initiales à l'outremer.

[xive siècle.]

Incipit: Imperator Justinianus Cesar, Flavius, Alamanicus, Gothi- cus, Francus, Germanicus, Pius, Felix, Inclitus, Victor ac Triumpha- tor, semper Augustus, Theophilo, &c.

186 feuillets.

[Prov. : St-Vaast]

566. Vincentii Bellovacensis Speculum naturale.
— Trois volumes in-folio maximo. - vélin gratté. - tracé au crayon. - deux colonnes. - XIII⁰ siècle. - rubriques. - titres courants au vermillon. - initiales au vermillon et à l'outremer.   [XIII⁰ siècle.]

Incipit : De causa suscepti operis et ejus materia.

Quoniam multitudo librorum et temporis brevitas, memorie quoque labilitas non paciuntur cuncta quæ scripta sunt pariter animo comprehendi, mihi omnium fratrum minimo plurimorum libros assiduè ex longo tempore revolventi ac studiose legenti visum est tandem, accedente etiam majorum meorum consilio, quosdam flores, pro modulo ingenii mei electos ex omnibus ferè, quos legere potui, sive nostrorum, id est, catholicorum doctorum, sive gentilium id est philosophorum et poetarum et ex utrisque historicorum in unum corpus voluminis quodam compendio et ordine summatim redigere.

1ᵉʳ vol. 181 f.; 2ᵉ vol. 254 f. ; 3ᵉ 203 f.   [Prov. : St-Vaast.]

---

567. Vitæ XLII Sanctorum. — In - folio maximo. vélin gratté, gris. - tracé au crayon. - deux colonnes. - commencement du XIV⁰ siècle. - grand caractère d'église. - rubriques. - grandes lettres en miniatures. - titres courants au vermillon.   [XVI⁰ siècle.]

Sur le titre : *Liber dictus Albus.*
Vita sancti Thome archiepiscopi.
— —. Remigii episcopi.
— — Mauri abbatis.
— — Felicis presbiteri.
— — Marcelli pape.
Passio sanctorum Martyrum Marii et Marthe et Audifax et Abacuc.
— sancti Sebastiani martyris.
Vita sancte Agnetis.

Passio sancti Vincentii martyris.
Vita sancte Aldegundis Virginis.
— — Ignatii.
— — Agathe.
Vita sancti Blasii
— — Amandi episcopi.
— sancte Juliane.
— — Ambrosii episcopi.
Passio sancti Georgii martyris
— — Marci.
— — Jacobi apostoli.
Assumptio sancti Philippi.
Passio sancti Alexandri.
Inventio sancte Crucis.
Passio sancti Gordiani.
Passio sanctorum Nerei et Achillei.
— — Marcellini et Petri exorciste.
Vita beati Medardi confessoris Christi.
Vitæ sanctorum Nazarii et Celsi.
— sancti Basilii.
— — Modesti.
— sanctorum Gervasii et Prothasii.
— — Johannis et Pauli.
— — Petri et Pauli.
— sancte Ursule.
— sancti Hyrenei.
— — Hylarii.
— — Gregorii.
— — Fursei.

144 feuillets. [Prov. : St-Vaast.]

_____

568. Gregorii Decretales cum notis Bernardi.—
De Consanguinitate. — In-folio maximo. - vélin
jaune, léger. — tracé au crayon. - deux colonnes. - la
glose encadrant le texte. - XIVe **siècle. - écriture ita-**

lienne. - têtes de chapitres en onciales allongées, alternées pourpres et bleues. - initiales au minium et à l'outremer. - rubriques. [XIVe siècle.]

Incipit : Liber primus. Gregorius episcopus servus servorum dei dilectis filiis doctoribus et scolaribus Parisius commorantibu : salutem et apostolicam benedictionem. De summa Trinitate fide catholica, &c.
183 feuillets [Prov. : St-Vaast.]

---

569. Sanctorum Vitæ. — In-folio maximo. - vélin gratté. - tracé au crayon. - deux colonnes. - XIIe siècle. - rubriques en onciales. - grandes lettres au vermillon et à l'outremer, ornées dans le style roman.

Sur le titre : *Liber dictus albus.* [XIIe siècle.]

Sur le recto du premier feuillet, d'une écriture contemporaine, les noms de quarante-quatre saints :

Vita sancti Silvestri, pape.
—   —   Martine virginis.
—   —   Genovefe virginis.
—   —   Hylarii.
—   —   Hugonis.
—   —   Remigii.
—   —   Mauri.
—   —   Felicis.
Passio —   Marcelli, pape.
—   sanctorum Marii, Marthe, Audifax et Abacuc.
—   sancti Sebastiani.
—   —   Agnetis.
—   —   Vincentii.
Vita —   Fursei Abbatis.
—   —   Patricii.
—   —   Aldegundis virginis.
Passio —   Ignatii.
Vita —   Eufrosine.
Passio —   Agathe.

Passio sancti Blasii.
Vita — Amandi.
Passio — Juliane.
Vita — Ambrosii.
Passio — Georgii.
— — Marci evangeliste.
— jacobi Apostoli fratris Domini.
— sancti Philippi apostoli.
— — Alexandri pape et sociorum.
Inventio — Crucis.
— — Gordiani.
— sanctorum Nerei et Achillei.
— sancti Petronille virginis martyris.
— — Petri exorciste.
Vita — Medardi cum miraculis.
Passio sanctorum Nazarii et Celsi.
Vita sancti Basilii.
Passio — Viti.
— sanctorum Gervasii et Prothasii.
— — Johannis et Pauli.
— apostolorum Petri et Pauli.
— sancte Ursule.
Sermones et visiones cujusdam Elysabeth.
Vita sancti Godehardi.
— — Poponis abbatis.

107 feuillets.   [Prov. : St-Vaast.]

———

**570. Johannis Andreæ apparatus super Clemen-
tinis. —Jesselini de Cassanis super Extravagantibus.—In-folio maximo.-vélin jaune.-tracé au crayon.
-deux colonnes.-la glose encadrant le texte.-XIVe
siècle.-exécution italienne.-miniatures.-vignettes.
-initiales en pourpre et à l'outremer.-rubriques.**

Incipit : Johannes episcopus servus servorum dei dilectis filiis doctoribus et scolaribus universis Avenione commorantibus salutem et
apostolicam benedictionem.

Explicit apparatur magistri Jesselini de Cassanis super constitutionibus extravagantibus.

A la fin, d'une autre main, huit feuillets avec cet explicit :

Explicit : Apparatus Guill. de Moulau extravagantium Johannis XXII papæ.

86 feuillets.   [Prov. : St-Vaast.]

_____

571. Zachariæ Chrysopolitani Concordia evangelistarum. — In-folio maximo. - vélin blanc, choisi. - tracé au crayon.-deux colonnes.-fin du XIIe siècle. - miniatures. - rubriques en capitales. - onciales par lignes alternées rouges et vertes. - initiales au vermillon, azur, outremer et cendre verte.   [xiie siècle.]

Incipit : Zacharie Chrisopolitani in unum, ex quatuor, sive concordia evangelistarum.

In principio erat verbum et verbum erat apud deum et deus erat verbum. Hoc erat in principio apud deum. Verbum, idest, sapientia, &c.

158 feuillets.   [Prov. : St-Vaast.]

_____

572. Psalterium cum glossâ. — In-folio maximo. -vélin choisi. - tracé au crayon. - deux colonnes. - le texte et la glose enveloppés dans chacune. - commencement du XIIIe siècle. - lettres en miniatures. - initiales au minium et à l'outremer. - annotations au crayon dans la marge, en cursive du XIVe siècle.

[xive siècle]

Incipit : Cum omnes prophetas spiritus sancti revelatione constet esse locutos, David prophetarum eximius quodam digniori atque excellentiori modo quam alii velut tuba spiritus sancti prophetavit.

183 feuillets.   [Prov. : St-Vaast.]

_____

573. XLV Sanctorum Vitæ. — In-folio maximo. - vélin gratté, noirci. - tracé au crayon. - deux colonnes. - XIIIe siècle. - grands caractères d'église. - rubriques.

[XIIIe siècle.]

Vita Beate Marie Magdalene,
Passio sancti Jacobi apostoli.
— — Christofori martyris.
— sanctorum Septem dormientium.
Vita sancti Gaugerici episcopi.
— — Bernardi primi abbatis Clarevallis.
— — Bernardi.
— — Aychadry abbatis.
Passio sancti Lamberti episcopi.
— sancte Justine virginis et martyris.
— sanctorum martyrum Cosme et Damiani.
Vita sancti Iheronimi presbyteri.
— — Vedasti.
De relatione capitis sancti Jacobi.
Passio sive vita sancti Leodegarii episcopi.
— sanctorum martyrum Dyonisii, sociorumque ejus.
Vita sancti Amandi.
Passio sanctorum apostolorum Symonis et Judæ.
Vita sancti Wulganii confessoris.
— — Vigoris episcopi.
— — Winnoci abbatis et confessoris.
Passio sanctorum quatuor Coronatorum.
— sancti Vitoni episcopi.
— — Livini.
— sancte Cecilie virginis martyris.
— sancti Clementis pape.
— sanctorum martyrum Crisanti et Darie.
— sancti Andree.
Vita — Eligii.
— — Nicolai.
— — Valerici.
— — Autberti.

Passio sancti Nichasii

Assumptio sancti Johannis.

Vita sancti Vindiciani.

Les titres des légendes contenues dans ce volume se trouvent à la fin. Finit par une lecture de Saint-Jean Chrysostome écrite au XVIe siècle.

155 feuillets.   ———   [Prov. : St-Vaast.]

574. Sanctæ Scripturæ, sancti Augustini et aliorum Deflorationes.—In-folio magno.-vélin blanc, noirci.-tracé à l'encre.-deux colonnes.-XIIIe siècle.-vignettes et grandes lettres en miniatures.-rubriques.-initiales au vermillon et à l'outremer.-feuillets numérotés au vermillon.   [XIIIe siècle.]

Commence par une table des matières avec renvois aux feuillets jusqu'au folio CCCLXXXIII, sanctæ Scrupturæ, sancti Augustini.

Au folio suivant : Flores auctorum. — Defloratio libri Catonis — Sententiæ diversorum philosophorum Collectæ, seu ludicra philosophorum — septem sapientium sententiæ septem versibus explicatæ — libellus de IV virtutibus honestæ vitæ.

Sur le titre on trouve la date 1386.

Incipit : Introitus ad sacram scripturam. In sacra scriptura species dictionis quatuor sunt, hystorica, prophetica, poverbialis et simpliciter docens.

341 feuillets.   [Prov. : St-Vaast.]

575. Tobias — Judith — Esther — Job — Libri Sapientiales — Prophetæ et Machabæi. — In-folio magno. - vélin gratté, noirci, détérioré par l'usage. - tracé au crayon. - deux colonnes. - XIIIe siècle. - grandes lettres. - miniatures. - rubriques. - vignettes. titres courants en onciales alternées rouges et bleues.

           [XIIIe siècle.]

Incipit : Prologus in libro Thobie.

Chromacio et Helyodoro episcopis Iheronimus presbyter in domino salutem. Mirari non desino exactionis vestre instantiam, &c.

177 feuillets. [Prov. : St-Vaast.]

---

576. Johannis Januensis Catholicon Magnum (glossarium).—In-folio magno. - vélin blanc. - tracé au crayon. - deux colonnes. - XIVᵉ siècle. - écriture italienne. - vignettes. - miniatures. - initiales rouges et bleues. - indication des lettres en titres courants.

[xivᵉ siècle.]

Incipit : Prosodia quedam pars gramatice nuncupatur, pars siquidem gramatice sunt quatuor, scilicet, ortographya, ethymologia diasyntastica et prosodia.

354 feuillets. [Prov. : St-Vaast.]

---

577. Decretum Gratiani cum apparatu Bartholomei Brixiensis. — In-folio magno. - vélin choisi. - deux colonnes. - tracé au crayon. - le commentaire en marge, encadrant le texte. - fin du XIIIᵉ siècle. - écriture italienne. - miniatures enlevées - initiales au vermillon et à l'outremer. - rubriques. [xiiiᵉ siècle.]

Incipit : Quum, novis supervenientibus causis, novis est remediis succurrendum, &c.

301 feuillets. [Prov. : St-Vaast.]

---

578. Georges Chastelain (1461-1464), avec cette étiquette : Histoire de France, Ms.—In-folio magno et in-quarto. - papier. - deux colonnes le grand format, longues lignes le petit. - grosse lettre courante du XVᵉ siècle ou du commencement du XVIᵉ.

[xvᵉ siècle.]

Incipit : Comme já longhement aye esté plongié ou lacque d'annoyeuse matière, et que souspiramment il m'a convenu fondre de ma plume motz ruyneux et ensievant les ennoys de fortune et la pauvreté des hommes : maintenant comme esveillié d'ung somme, là où la vision m'a donné le traveil, nouvel suscité homme me treuve à l'entrée de nouvelle joye : et perplex d'esperit me solloye deffyer de salut et invocquier le divin pourveoyr, sur les humaines difficultez que je sentoye et qui me causoient annuy de vivre : Maintenant en exultation je reverdis en loenge, &c.

Finit par ces mots : Tandis et tout ce temps pendant il (Louis XI), chasseroit, ce disoit, en la forest de Hersy et se donroit bon temps, et ainsy fit.

314 feuillets. ——————— [Prov. : St-Vaast.]

579. Sextus Decretalium cum apparatu. — In-folio magno. - vélin gratté. - tracé au crayon. - deux colonnes. - le commentaire autour du texte. - XIVe siècle. - écriture italienne. - d'une encre très jaune. - miniatures grossières. - initiales au vermillon et à l'outremer. [XIVe siècle.]

Explicit : Textus sexti libri Decretalium à Domino Bonifacio papa octavo compositus, anno Domini millesimo ducentesimo nonagesimo octavo. Qui scriptit sit benedictus.

Puis : Liber iste est mei fratris Johannis Fabri, nunc abbatis sancti Vedasti Atrebatentis. Scriptum anno Domini M. IIIe LXX.

97 feuillets. ——————— [Prov. : St-Vaast.]

580. Astexani Summa de Casibus. — In - folio magno. - vélin blanc. - tracé au crayon. - deux colonnes. - XIVe siècle. - écriture italienne. - miniatures grossières. - rubriques. - initiales rouges et bleues. [XIVe siècle.]

Incipit : Summa de casibus ad honorem Dei compilata per fratrem Astexanum de ordine fratrum minorum.

203 feuillets. [Prov. : St-Vaast.]

581. Decretales Gregorianæ cum apparatu. — In-folio magno. - vélin jaune. - tracé au crayon. - deux colonnes. - le commentaire en marge autour du texte. - commencement du XIVe siècle. - écriture italienne. - initiales festonnées rouges et bleues. - têtes de livres en onciales allongées bleues et rouges. [XIVe siècle.]

Incipiunt : Decretales domini Gregorii papæ. Liber primus.

Incipit (glose) : In hujus libri principio quinque sunt præcipuè prænotanda.

Au verso du feuillet numéroté 350, commencent les constitutions de Grégoire X, sans commentaire. — A la fin dix vers en cursive du XIVe siècle, sur les quatre tempéraments : *Sanguineus, — colericus, — fleumaticus, — melancolicus.*

244 feuillets.   [Prov. : St-Vaast.]

---

582. Ostiensis Summa copiosa de titulis Decretalium. — In - folio magno. - vélin blanc. - tracé au crayon. - deux colonnes. - fin du XIIIe siècle. - écriture italienne. - miniatures. - rubriques.   [XIIIe siècle.]

Incipit : Summa de titulis Decret. ium compilata que vocatur Summa copiosa.

Après un feuillet blanc, commence l'ouvrage intitulé : *Oculus copiosæ,* par Bérenger, dont le commencement a été enlevé.

310 feuillets.   [Prov. : St-Vaast.]

---

583. Sextus Decretalium cum apparatu. — In-folio magno. - vélin blanc, léger. - tracé au crayon. - deux colonnes. - la glose encadrant le texte. - commencement du XIVe siècle. - écriture italienne. - miniatures. vignettes. - rubriques. - initiales en or, vermillon et outremer.   [XIVe siècle.]

Incipit : Scire est rem per causam cognoscere.

75 feuillets.   [Prov. : St-Vaast.]

584. Clementinæ Constitutiones novæ cum apparatu Johannis Andreæ. — In-folio magno. - vélin gratté. - très mince et jaune. - tracé au crayon. - deux colonnes. - le commentaire dans les marges autour du texte. - XIVe siècle. - exécution italienne. - miniature grossière. - vignettes. - initiales rouges et bleues.   [XIVe siècle.]

Incipiunt nove constitutiones domini Clementis papæ.
Explicit apparatus domini Joan. Andreæ.
44 feuillets.   [Prov. : St-Vaast.]

---

585. Decretum Gratiani cum summariis ac divisionibus per Bartholomæum Brixiensem. — In-folio magno. - vélin choisi et blanc. - tracé à la pointe. - deux colonnes. - la glose en marge autour du texte. - commencement du XIIIe siècle. - écriture italienne. - miniatures dans le style Byzantin. - rubriques. - têtes de livres en onciales allongées, alternées bleues et rouges. - initiales au cinabre et à l'outremer.   [XIIIe siècle.]

Incipit : Humanum genus duobus regitur, naturali videlicet jure & moribus, &c.
(Glose) : Quoniam novis supervenientibus causis, &c.
206 feuillets.   [Prov. : St-Vaast.]

---

586. Digestorum Libri XXIV cum glossis. — In-folio. - vélin gratté, mince et jaune. - tracé au crayon. - deux colonnes. - les gloses en marge autour du texte. - XIIIe siècle. - écriture italienne. - annotations marginales du XIVᵉ siècle. - rubriques. - têtes de livres en onciales allongées rouges et bleues.

[XIIIᵉ et XIVᵉ siècles.]

Incipit : In nomine Domini nostri Jesu Christi. Domini Justiniani sacratissimi principis perpetui Augusti, juris enucleati et ex omni veteri jure collecti. digestorum seu pandectarum, incipit liber primus de justitia et jure.

Juri operam daturum primùm nosse oportet undè nomen juris descendat.

Sur la dernière garde : une table des titres principaux en cursive du XIVᵉ siècle.

170 feuillets. [Prov. : St-Vaast.]

587. Azonis summa super Codice Justiniano. —
In-folio magno. - vélin blanc. - tracé au crayon. - deux colonnes. - rubriques - XIIIᵉ siècle. - hastes montantes en haut des pages. - quelques gloses en cursive du XIVᵉ siècle dans les marges. [XIIIᵉ siècle.]

Incipit : Prohemium domini Azonis.

156 feuillets. [Prov. : St-Vaast.]

588. Clementinæ Constitutiones cum apparatu Johannis Andreæ.—In-folio. - vélin commun. - tracé au crayon. - deux colonnes. - le commentaire en marge autour du texte. - XIVᵉ siècle. - écriture italienne. - rubriques. - initiales rouges et bleues.

[XIVᵉ siècle.]

Incipit : Littera Johannis XXII pape super constitutionibus.

40 feuillets. [Prov. : St-Vaast]

589. Bartholomæi Brixiensis Casus Decretorum.
— In-folio. - vélin commun, jaune et blanc. - tracé

au crayon. - deux colonnes. - XIV⁰ siècle. - écriture italienne. - vignettes. - initiales de couleur. - titres courants en onciales alternées rouges et bleues.

[xiv⁰ siècle.]

Incipit : Quoniam, suffragantibus antiquorum laboribus, juniores possunt interdum perspicacius intueri, &c.

104 feuillets.   [Prov. : St-Vaast.]

---

590. Bernardi Compostellani Quæstiones ex apparatu Innocentii papæ IV. super Decretis decisæ —Summa Nicolaï de Gondeto super Codice. — In-folio - vélin blanc. - tracé au crayon. - deux colonnes. - XIV⁰ siècle. — écriture italienne. - vignettes. - initiales à la cendre bleue et au minium.   [xiv⁰ siècle.]

Incipit : Hactenus, ut loquar cum Senecà, meam ignorantiam ignorari, nunc autem ad opus intendens &c.

98 feuillets.   [Prov. : St-Vaast.]

---

591. Guidonis de Baysio apparatus super sexto Decretalium. — In-folio. - vélin gratté, léger, jaune et gris. - tracé au crayon. - deux colonnes. - XIV⁰ siècle.

[xiv⁰ siècle.]

Incipit : Venerabilibus et discretis viris, rectoribus universitatis scolarium Bononie degentium, fratribus et amicis karissimis Guydo de Baysio Bononien. archidiac, &c.

84 feuillets.   [Prov. : St-Vaast.]

---

592. Decretum Gratiani cum notis. — In-folio.- vélin choisi. - tracé à la pointe. - deux colonnes. - XIII⁰ siècle. - écriture italienne. - rubriques. - initiales au cinabre et à l'outremer. - têtes de livres en on-

ciales alternées rouges et bleues. - gloses marginales
de diverses écritures du XIII⁣ᵉ et du XIV⁣ᵉ siècle.

[XIII⁣ᵉ siècle.]

Commence par une table des titres.

A la suite sont quelques lettres des papes.

Incipit : Concordia discordantium canonum ac primum de jure cons
titutionis nature et humane, &c.

Humanum genus duobus modis regitur, naturali videlicet jure et
moribus.

178 feuillets. _____ [Prov : St-Vaast.]

593. Decretales Gregorianæ cum apparatu Bernardi et titulis Joan. Theutonici. — In-folio. - beau vélin. - tracé au crayon - deux colonnes. - le commentaire autour du texte dans les marges. - XIV⁣ᵉ siècle. - écriture italienne. - miniatures. - initiales au cinabre et à l'outremer.

[XIV⁣ᵉ siècle.]

Incipit (glossa) : In hujus libri principio quinque præcipuè sunt prænotanda, videlicet, quæ sit intentio, quæ materia, quæ utilitas, cui
parti philosophiæ supponatur, quis modus agendi et quis libri titulus.

Explicit textus decretalium Dei gratia anno M. CCC. XVII die jovis
post festum conversionis beati Pauli apostoli, per manum Jacobi de
Clavomesnillo scriptoris venerabilis viri magistri Roberti de Pinchebek
canonici Eboracensis.

Expliciunt tituli decretalium à magistro Johanne Theutonico com-
pilati.

Sur les deux derniers feuillets, un index distribué sur trois colonnes.

267 feuillets. _____ [Prov. : St-Vaast.]

594. Biblia sacra. — In-folio. - vélin léger. - tracé au crayon. - deux colonnes. - XIII⁣ᵉ siècle. - vignettes. - initiales au vermillon et à la cendre bleue. - titres courants en onciales bleues et rouges. [XIII⁣ᵉ siècle.]

Les premiers feuillets sont une réparation du XVe siècle.

Incipit prefatio Ieronimi presbyteri ad Paulinum super bibliothecam de omnibus divine hystorie libris.

Frater Ambrosius mihi tua munuscula perferens, detulit simul et suavissimas litteras.

214 feuillets. [Prov. : St-Vaast.]

_____

595. Bartholomæi Brixiensis Quæstiones Dominicales — Distinctiones Johannis de Deo. — In-folio magno. - vélin choisi. - tracé au crayon. - deux colonnes. - XIVe siècle. - écriture italienne. - rubriques. - initiales en azur. [xive siècle.]

Incipiunt : Questiones dominicales magistri Bartholomei Brixiensis. Ad honorem omnipotentis Dei et ecclesie Romane, cui presidet Gregorius nonus, et ad utilitatem scolarium Bononie et alibi studentium.

Incipiunt : Distinctiones. Principio nostro sit presens virgo Maria.

105 feuillets. [Prov. : St-Vaast.]

_____

596. Johannis Andreæ apparatus in sextum Decretalium. — In-folio longo. - vélin choisi. - tracé à l'encre. - deux colonnes. - XIVe siècle. - écriture italienne. - initiales au vermillon et à l'outremer.

[xive siècle.]

Incipit : Quia preposterus est ordo prius humana subsidia petere, &c.

89 feuillets. [Prov. : St-Vaast.]

_____

597. B. Papiniensis præpositi exempla de veteri jure sub titulis Decretalium — Decretales Innocentii papæ. — In-folio - vélin gratté. - assez blanc. - tracé au crayon. - deux colonnes. - XIIIe siècle. - vignettes. - initiales au vermillon et à la cendre bleue. — têtes de livres en onciales allongées, alternées rouges et bleues. [xiiie siècle.]

Incipit : Justè judicate, filii hominum, et nolite judicare secundum faciem &c.

Incipit : Firmiter credimus et simpliciter confitemur quia unus est Trinus Deus.

212 feuillets. [Prov. : St-Vaast.]

---

598. Lectiones pro festis anni.—In-folio quadrato. - vélin gratté, jaune et fort. - tracé au crayon. - deux colonnes. - XII⁰ siècle. - grand caractère. - initiales en rouge festonnées dans le style roman. - rubriques.

[XII⁰ siècle.]

119 feuillets. [Prov. : St-Vaast.]

---

599. Decretum Gratiani cum glossâ—Decretales Alexandrinæ.—In-folio quadrato. - vélin choisi. - tracé au crayon. - deux colonnes. - XIII⁰ siècle. - écriture italienne. - miniatures. - rubriques. - initiales au cinabre et à l'outremer. - annotations marginales du XIV⁰ siècle. [XIII⁰ siècle.]

Incipit : Humanum genus duobus regitur, naturali videlicet jure et moribus.

Incipit (glossa) : Quoniam, novis supervenientibus casibus, &c.

Incipiunt decretales : Alexander episcopus servus servorum Dei ad perpetuam rei memoriam.

Quia nonnulli habentes temporale dominium.

212 feuillets. [Prov. : St-Vaast.]

---

600. Lectionarium pro festis sanctorum.— In-folio quadrato. - vélin gratté, noirci. - tracé au crayon. - deux colonnes. - XIII⁰ siècle. - rubriques. - initiales rouges et bleues. [XIII⁰ siècle.]

Vita sancti Silvestri.
— — Fursei.
— — Sebastiani.
— — Tyburtii.
— sancte Agnetis.
— — Vincentii martyris.
— — Polycarpii.
— — Ignatii.
In purificatione beate Marie virginis.
Vita sanctæ Agathe.
— sancti Gregorii pape.
— — Gregorii martyris.
Passio sancti Marci evangeliste.
— — Jacobi fratris Domini.
Assumptio sancti Philippi apostoli.
De inventione sancte Crucis.
Vita beati Johannis.
Passio sanctorum Marcelli presbiteri et Petri martyris.
— — Primi Feliciani martyris
— — Nichomedis martyris.
— — Medardi.
Sermo beati Maximi episcopi.
Vita sancti Eligii Noviomensis episcopi.
Passio sanctorum Johannis et Pauli martyrum.
— sancti Petri apostoli.
Sermo beati Leonis pape.
Passio sanctorum septem fratrum filiorum sancte Felicitatis.
Translatio sancti Benedicti abbatis.
Passio sancte Margarete virginis et martyris.
— sancti Jacobi apostoli fratris sancti Johannis evangeliste.
— — Christophori.
— — Septem dormientium.
— sanctorum Abdon et Sennis martyris.
— — martyrum Syxti sociorumque ejus.
— sancti Laurentii martyris.
— sanctorum martyrum Ypoliti sociorumque ejus.
— — — Alexandri pape, Eventii et Theodoli.

Passio sancte Scolastice.
— sancti Benedicti.
— — Calepodii martyris.
— — Urbani pape et martyris.
— — Barnabe apostoli.
— sanctorum Viti et Modesti et Crescentie.
Martyrium gloriosissimi apostoli Pauli a Lino episcopo conscriptum
Vita sancti Marcialis episcopi et confessoris.
135 feuillets. [Prov. : S‑Vaast.]

601. Missale. — In-folio. - vélin choisi. - tracé à
l'encre. - deux colonnes. - XIVᵉ siècle. - grand ca‑
ractère d'église. - miniatures. - vignettes. - rubriques.
- initiales au minium et à l'outremer [XIVᵉ siècle.]

Au commencement est un calendrier perpétuel écrit à l'outremer,
au vermillon et à l'encre noire.
280 feuillets. [Prov. : St-Vaast]

602. Libri Sapientiales cum glossâ Lyrani. —
In-folio quadrato. - vélin choisi. - XIIIᵉ siècle. - tracé
au crayon - deux colonnes. - lettre miniature en tête
de chaque livre.-initiales au vermillon et à l'outremer.
- titres courants en onciales rouges et bleues.
[XIIIᵉ siècle.]
159 feuillets. [Prov. : St-Vaast.]

**603. Guillermus de Monte Lauduno super Cle-
mentinis et Extravagantibus.** — In-folio. - vélin
blanc. - tracé au crayon noir. - deux colonnes. -
XIVᵉ siècle.-écriture italienne.- vignettes.-rubriques.
[XIVᵉ siècle.]
Incipit : Apparatus. Magnifice bonitatis mireque, &c.

Explicit apparatus domini guillermi de monte Hauduno super Clement, et Johan.

70 feuillets. [Prov. : St-Vaast.]

___

604. Cassiodori Expositio Psalmorum à 1º ad Lum. — In-folio quadrato. - vélin blanc et fort. - tracé au crayon. - deux colonnes. - commencement du XII° siècle. - lettres ornées à la plume. - initiales en rouge et en vert minéral. - rubriques en capitales rouges et vertes. [XII° siècle.]

Incipit : Prefatio M. Aurelii Cassiodori in expositione Psalmorum.

102 feuillets. [Prov.; St-Vaast.]

___

605. Digestorum pars dicta Infortiatum cum apparatu. — In-folio. - vélin commun, fort. - tracé au crayon. - deux colonnes. - la glose dans les marges autour du texte. - fin du XIII° siècle. - écriture italienne. - initiales rouges et bleues. - têtes de livres en onciales allongées alternées rouges et bleues.

[XIII° siècle.]

Incipit : Soluto matrimonio &c.

297 feuillets. [Prov. : St-Vaast.]

___

606. Missale *(Capellæ sanctæ Catharinæ).* — In-folio. - vélin gratté, détérioré par l'usage - tracé à l'encre pourpre. - deux colonnes. - commencement du XIV° siècle. - miniatures. - vignettes. - initiales au minium et à l'outremer. - rubriques. - feuillets numérotés à l'encre rouge. [XIV° siècle.]

Au commencement un calendrier.

190 feuillets. [Prov. : St-Vaast.]

___

607. S. Bernardi epistolæ. — In-folio - vélin blanc et choisi. - tracé au crayon. - deux colonnes. - XIIIᵉ siècle. - rubriques. - vignettes. - initiales au vermillon et à l'outremer. [XIIIᵉ siècle.]

Incipit : Epistola domini Bernardi abbatis ad Robertum nepotem suum, qui de ordine Cisterciensi transierat ad Cluniacensem.

Satis et plus quàm satis sustinui, dilectissime fili Roberte, &c.

Suivent les traités ci-après :

De propria voluntate. — De quatuordecim beatitudinibus corporis et anime. — De quatuor virtutibus, seu libellus dictus formula vite honeste. — Liber ceremoniarum ecclesiasticarum.

Noms des personnes auxquelles sont adressées ces lettres :

Ad Robertum.	Ad Hugonem.
Fulconem.	Drogonem.
Quosdam canonicos regulares.	Magistrum Hugonem.
Arnoldum.	Eundem.
Eosdem.	Comitem Theobaldum.
Papam honorium.	Eundem.
Eundem.	Eundem.
Haimericum.	Eundem.
Petrum presbiterum cardinalem	Eundem.
Petrum diaconem cardinalem.	Henricum.
Eundem.	Eundem.
Eundem.	Eundem.
Haimericum.	Haimericum.
Matheum.	Ludovicum, regem francorum.
Magistrum Gillebertum.	Dominum papam honorium.
Hugonem.	Eundem.
Guidonem.	Haimericum.
Ardutionem.	Papam honorium.
Eundem.	Eundem.
Stephanum.	Haimericum.
Alberonem.	Eundem.
Hugonem.	Eundem.
Abbatem sancti Nicasii.	Ebalum.

Ad Guillencum.
  Eundem.
  Ricuinum.
  Henricum.
  Eundem.
  Alexandrum.
  Abbatum Aquiscinti.
  Eundem.
  Guidonen.
  Eundem.
  Monachos ejusdem loci.
  Ramaldum.
  Eundem.
  Magistrum hugonem.
  Suggerium abbatem s^{ti} Dionisii.
  Guidonem.
  Girardum.
  Abbatem s^{ti} Johannis.
  Symonem.
  Eundem.
  Guillelmum.
  Eundem.
  Eundem.
  Oggerium.
  Eundem.
  Eundem.
  Eundem.
  Abbates suessioni Congregatos.
  Henricum, regem angl.
  Henricum, regem angl.
  Abbatem cujusdam monasterii
    Eboracensis.
  Archiepiscopum Eboracensem.
  Ludovicum.
  Rikardum.
  Ducem Conradum.
  Epistola ejusdem de Machabeis.

Ad Magistrum Galterum.
  Romanum.
  Magistrum Henricum.
  Thomam.
  Alterum Thomam.
  Illustrem juvenem Gaufridum.
  Gaufridum.
  Sophiam.
  Sanctimoniales.
  Ermengardem.
  Eandem.
  Beatricem.
  Ducem & ducissam Lotharingie
  Ducissam.
  Ducissam Burgundie.
  Hildebertum.
  Magistrum Gaufridum.
  Episcopos Aquitanie.
  Ejusdem ex-persona ducis
    Burgundiæ.
  Eundem.
  Januenses.
  Pisanos.
  Mediolanenses.
  Clerum Mediolanensem.
  Universos cives Mediolanenses.
  Nuntios apud Mediolanum.
  Petrum.
  Eundem.
  Imperatricem Romanorum.
  Henricum.
  Lotharium.
  Eundem.
  Humbertum.
  Abbatem Garinum.
  Monachos alpenses.
  Suos Clarevallenses.

Ad Eosdem.

    Abbates Cistercio congregatos.

    Fratrem G. . . .

    Burchardum.

    Abbatem petrum.

    Eundem.

    Eundem.

    Dominum papam Innocentium.

    Dominum Innocentium papam.

    Bernardum.

    Eundem.

    Dominum papam Innocentium.

    Eundem.

    Haimericum.

    Papam Innocentium.

    Eundem.

    Haimericum.

    Dominum papam Innocentium.

    Haimericum.

    Johannem.

    Actio cause Lingonensis ecclesiæ.

    Dominum Innocentium papam.

    Falconem.

    Eundem.

    Episcopos & cardinales Romane
      curie.

    Dominum papam Innocentium.

    Ludovicum.

    Dominum papam Innocentium.

    Eundem.

    Falconem.

    Canonicos Lugdunenses.

    Patriarcham Iherosolimorum.

    Dominum papam Innocentium.

    Eundem.

    Haimericum.

    Henricum.

Ad Conradum.

    Dominum papam Innocentium.

    Eustachium.

    Symonem.

    Episcopos Senonas convocandos.

    Ad episcopos & cardinales.

    Ludovicum.

    Dominum papam de eodem.

    Eundem.

    Eundem.

    Littere domini Innocentii pape
      contra Hereses Petri Abailardi.

    Episcopum Constantiensem.

    Guidonem.

    Magistrum Guidonem.

    Magistrum Yvonem.

    Petrum.

    Dominum Innocentium.

    Eundem.

    Magistrum Ulgerium.

    Balduinum.

    Clerum Senonensem.

    Episcop. & clerum Trecensem.

    Abbatem sancti Albani.

    Episcopum Rofrensem.

    Reginam Jherosolimorum.

    Rogerium.

    Eundem.

    Eundem.

    Dominum papam Innocentium.

    Eundem.

    Dominum papam Innocentium.

    Eundem.

    Eundem.

    Eundem.

    Tres episcopos curie Regem.

    Ad dominum papam Eugenium.

Ad Eundem.
Joslenum.
Episcopum Suessionensem.
Stephanum.
Episcopum Suessionensem
Ludovicum.
Episcopum Suessionensem.
Petrum.
Tres episc. Hostiensem, Tuscu-
  lanum, Prenestinum.
Tres Supra.
Eosdem.
Johannem.
Herbertum.
Dominum papam Celestinum.
Dominum Eugenium.
Eundem.
Eundem.
Ildefonsum.
Tolosanos.
Romanos.
Conradum.
Dominum papam.
Eundem.
Eundem.
Eundem.
Eundem
Dominum Eugenium.
Eundem.
Epistola domini Hyldeberti
  Turonensis archiepiscopi
  ad Bernardum abbatem.
Epistola Bernardi ad eundem.

227 feuillets.

Ad Eundem.
Eundem.
Abbatem Rualenum.
Dominum papam Eugenium.
Eundem.
Eundem.
Epistola Petri Cluniacensis abb.
Bernardum abbatem Clareval-
  lensem.
Suggerium abbatem Sⁱ Dionisii.
Dominum papam Eugenium.
Eundem.
Comitem Theobaldum.
Abbatem Cluniacensem.
Dominum papam Eugenium.
Abbatem.
Epistola Bernardi ad eundem.
Episcopum Aivisioderensis.
Dominum papam Eugenium.
Eundem.
Item domino pape.
Arnaldum.
Abbatem Brunonem.
Regem Francorum Ludovicum
Dominum papam.
Eundem.
Eundem.
Andream.
Reginam Jherosolimorum.
Premonstratenses.
Epistola ejusdem de Jordano
  cardinali domino Hostiensi.

608. Libri Sapientiales cum glossâ. — In-folio. - vélin blanc, choisi. - tracé au crayon. — une, deux et trois colonnes. - rubriques. - initiales rouges et bleues. [XIIIe siècle.]

Incipit : Prologus beati Jeronimi. . . . . Parabole Salomonis secundum hebraïcam virtutem, &c.

172 feuillets. [Prov. : St-Vaast.

---

609. Johannis de Rupellâ Summa de animâ. - In-folio quadrato. - vélin fort et blanc. - deux colonnes. - XIVe siècle. - tracé au crayon. - rubriques. - initiales au vermillon et à la cendre bleue. [XIVe siècle.]

Incipit : Summa de anima edita à fratre Johanne de Rupellâ, de ordine Fratrum minorum.

Si ignoras te, ô Pulcherrima mulierum, vade et abi post greges caprarum.

On lit, en tête du livre, en cursive du XVIe siècle : Hic auctor obiit anno 1271. Fuit theologus Parisiensis, varia scripsit.

42 feuillets. [Prov. : St-Vaast.]

---

610. Guillelmi de Monte Lauduno apparatus super Clementinis. — In-folio. - vélin blanc. - tracé au crayon. - deux colonnes. - XIVe siècle. - écriture italienne. - initiales en miniatures. [XIVe siècle.]

Incipit : Magnifice bonitatis mireque pietatis viro Domino Jo inclitissimo Infanti illustrissimi principis Domini regis Aragonum filio ejusque cancellario Joannes de monte Lauduno salutem.

Explicit textus constitutionum Clementis quinti Papæ.

Sur le dernier feuillet, quelques autres constitutions de Clément V.

95 feuillets. [Prov. : St-Vaast.]

611. Isaias propheta cum glossâ. — In-folio quadrato. - vélin choisi. - XIIIe siècle. - tracé au crayon. - deux colonnes. - lettre miniature en tête de chaque livre. - initiales au vermillon et à l'outremer. - titres courants en onciales rouges et bleues.   [XIIIe siècle.]

Incipit : Nemo cum prophetas viderit versibus esse descriptos, merito estimet eos aput hebreos ligari, &c.

103 feuillets.   [Prov. : St-Vaast.]

---

612. Petrus de Tarentasiâ super IX^m librum Sententiarum. — In-folio quadrato. - vélin jaune et commun. - tracé au crayon. - deux colonnes. - XIVe siècle. - écriture négligée. - initiales rouges et bleues.

[XIVe siècle.

Incipit : Haurietis aquas in gaudio de fontibus salvatoris et dicetis in illa die : Confitemini Domino et invocate nomen ejus.

116 feuillets.   [Prov. : St-Vaast.]

---

613. Gregorii moralia in Job. — In-folio mediocri. - vélin blanc, très fort. - tracé au crayon. - deux colonnes. - XIIe siècle. - rubriques en onciales. - grandes lettres au rouge de plomb.   [XIIe siècle.]

Incipit : Ego vidi stultum firma radice et maledixi pulchritudini ejus statim, &c.

83 feuillets.   [Prov. : St-Vaast.]

---

614. Lactantii Divinarum institutionum. — In-folio mediocri. - vélin choisi. - tracé au crayon. - XIIe siècle. - deux colonnes. - grandes lettres en miniatures - têtes de livres en inscriptions, mélangées de capitales romaines et d'onciales par lignes alternées rouges et vertes. [XIIe siècle.]

Incipit : Firmiani Lactantii divinarum institutionum.

Explicit liber Lactantii de opificio Dei vel formatione hominis. Amen.

A la fin : Liber ecclesie sancti Vedasti Attrebatensis ; si quis illum abstulerit anathema sit. Fiat, fiat.

138 feuillets. [Prov. : St-Vaast.]

---

615. S. Augustinus de Concordia Evangelistarum.—In-folio quadrato. -vélin fort. - tracé à la pointe. - deux colonnes. - commencement du XIe siècle. - grandes lettres au vert minéral. - rubriques. - têtes de livres en capitales. - par lignes alternées rouges et noires. [XIe siècle.]

Incipit : Ex libro retractationum beati Augustini super librum de concordiâ evangelistarum.

57 feuillets. [Prov. : St-Vaast.]

---

616. S. Augustini Confessiones — Ejusdem liber de verâ religione. — In-folio quadrato. - vélin gratté, très beau et très fort. - tracé à la pointe. - deux colonnes. - commencement du XIe siècle. - têtes de livres en capitales romaines. - rubriques au rouge de plomb. - grandes lettres à la plume, ornées de vert, dans le style roman. [XIe siècle.]

Sur le verso du premier feuillet un frontispice encadré, dessiné à la plume. — Au recto folio deux, on lit dix vers, par un nommé Alard, qui a écrit ce manuscrit, adressés à St-Vaast.

Incipit : Retractatio in libris confessionum sancti Augustini episcopi.

75 feuillets. [Prov. : St-Vaast.]

617. Aristotelis Ethica, Politica et Rhetorica (latiné). — In-folio quadrato. - vélin blanc et fort. - tracé au crayon. - deux colonnes - XIIIe siècle. - grandes lettres miniatures. - titres courants en on-ciales bleues et rouges. [XIIIe siècle.]

Incipit : Omnis ars et omnis doctrina similiter autem et actus et electio bonum quoddam appetere videntur.

Incipit (politica) : Quoniam omnem civitatem videmus communita-tem quandam existentem.

Incipit (rhetorica) : Rhetorica assecutiva dialectice est ; ambe enim de talibus quibusdam sunt.

Le volume se termine avant la fin du troisième livre de la rhétorique.
135 feuillets. [Prov. : St-Vaast.]

---

618. S. Augustinus super psalmos. — In-folio mediocri. - vélin gratté, fort et blanc. - tracé à la pointe. - deux colonnes. - commencement du XIe siècle. - grandes lettres ornées à la plume. - style roman. - rubriques en onciales au rouge de plomb. [XIe siècle.]

Incipit : Expositio libri psalmorum sancti Augustini
Beatus vir qui non abiit in consiliis impiorum.
194 feuillets. [Prov. : St-Vaast.]

---

619. Expositiones Bertrandi de Turre super Epistolis dominicalibus. — In-folio mediocri. - vélin gratté, léger. - tracé à l'encre. - longnes lignes. - XVe siècle. - la place des initiales laissée en blanc. [XVe siècle.]

Incipit : Dominica prima de adventu domini Expositio epistolæ.
189 feuillets [Prov. : St-Vaast.]

---

620. S. Augustinus super psalmos. — In-folio. - vélin blanc et fort. - tracé au crayon. - deux colonnes. - XIIe siècle. - écriture longue, pâle. - grandes lettres ornées vermillon, azur ou cendre verte. - quelques rubriques. [XIIe siècle.]

Incipit · Audite, audite, dilectissimi, viscera corporis christi, quorum spes dominus deus noster est, &c.

118 feuillets. [Prov. : St-Eloi.]

----

621. Gauffredi de Trano Summa super titulis Decretalium—Johannis de Deo Liber pœnitentialis —Ægidii de Româ expositio decreti de canone Missæ.—In-folio mediocri. - vélin blanc, choisi. - tracé à la pointe. - deux colonnes. - fin du XIIIe siècle. - grandes lettres en miniatures. - rubriques. [XIIIe siècle.]

Incipit · Glossarum diversitas intelligenciam textus nonnumquam obtenebrat.

Incipit (lib. Pœnitentialis) : Venerabili patri ac Domino, &c.

Incipit (expositio) : Firmiter credimus, &c.

204 feuillets. [Prov. : St-Vaast.]

----

622. Anselmi expositio super principium Genesis — Item Johannis Chrysostomi super Matthæum (latiné).—In-folio quadrato. - vélin blanc, assez fort. - tracé au crayon.-XIIe siècle.-(Ans.): trois colonnes aux caractères de diverses dimensions. - la 1re intitulée *Moralitas*, la 2e *Hystoria*, la 3e *Allegoria*. - initiales rouges et vertes. - au commencement une grande lettre historiée dans le style roman. - *(Chrys.)*: deux colonnes. - initiales au rouge de plomb. [XIIe siècle.]

Incipit : Facies Moysi cum ubique ex collocutione Dei splendida sit, &c.

101 feuillets.   ——————   [Prov. : St-Vaast.]

623. Expositio S. Augustini super Genesim.—In-folio medioeri.-vélin gratté, fort, noirci en quelques endroits.- tracé à la pointe. - longues lignes. - Xe siècle. - têtes de chapitres en capitales à l'encre. - une rubrique au commencement.   [xe siècle.]

Incipit : Expositio super genesi Aurelii Augustini liber qui grecè dicitur exaemeron, &c.

161 feuillets.   ——————   [Prov. : St-Vaast.]

624. S. Gregorii Moralium in Job libri sex à XXIII usque ad XXVIII. — In-folio mediocri. - vélin gratté. - tracé au crayon. - deux colonnes. - XIIe siècle. - grandes lettres ornées à la plume. - rubriques en capitales romaines et onciales.

[xII^e siècle.]

Au commencement, trois feuillets de garde, d'une écriture contemporaine, dont la première présente au recto la notice d'un accord passé entre la cathédrale de Cambray et le monastère de Saint-Vaast, en présence du roi Robert à Compiègne anno M. XXXVIII, de son règne XXVIIII.

Incipit prefatio hujus operis. Totiens necessario repeto quotiens hoc in distinctione voluminum locutionis mee pausatione succido.

Les quatre derniers feuillets sont occupés par un poème grotesque sur le mariage de J. C. avec l'église, — Ce poème remplit dix-huit colonnes. — Sur le dernier feuillet, une prose notée en l'honneur de Saint-Thomas de Cantorbéry, commençant ainsi :

> Laureata novo Thoma,
> Sicut suo Petro Roma,
> Gaude, Canthuaria, &c.

118 feuillets.   ——————   [Prov. : St-Vaast.]

625. **Magistri Bernardini casus Decretalium.—**
Bartholomæi Brixiensis quæstiones Dominicales.
—In-folio mediocri. - vélin léger. - tracé au crayon. -
deux colonnes. - fin du XIIIe siècle. - vignettes. -
initiales au vermillon et à l'outremer. **[xiiie siècle.]**

Incipiunt : Casus et notabilia magistri Bernardini. Rex pacificus,
præmissa salutatione, &c.

Incipiunt : Questiones Dominicales magistri Bartholomei Brixiensis.
Ad honorem omnipotentis Dei et ecclesie Romanæ, cui presidet
Gregorius nonus, &c.

168 feuillets. [Prov. : St-Vaast.]

---

626. **S. Augustinus de verbis evangelii se-**
cundum Matthæum — Johannis de Abbatis villâ
sermones. — In-folio mediocri. - vélin blanc, léger. -
tracé au crayon. - deux colonnes. - XIVe siècle. -
vignettes. - rubriques. - initiales à l'outremer.

[xive siècle.]

Incipit sermo sancti Augustini de verbis evangelii secundum Matheum. Agite penitentiam appropinquavit, enim regnum cœlorum.

De apostolis sermo ad fratres minores.

A la fin, d'une main moderne : Johannes Peregrinus, abbas S. Petri
de abbatis villa, Gallus, ex Bisuntino archiepiscopo episcopus cardinalis
factus Sabinensis, professor olim Gymnasii Parisiensis, vivebat Anno
1227.

261 feuillets. [Prov. : St.-Vaast.]

---

627. **Fr. Galieni de Horto Abbreviatio super**
secundam secundæ. — In-folio mediocri. - vélin
commun. - tracé au crayon. - deux colonnes. - XVe
siècle. - initiales au vermillon et à la cendre bleue. -
rubriques. **[xve siècle]**

Titres des questions : de Fide ;— de Spe ;— de Caritate ;—de Prudentia ;— de Justicia ; — de Fortitudine ; — de Temperantia ; — de
Prophetia.

Incipit : Abbreviatio fratris Galieni de Orto super secundam secunde
fratris Thome. Quia sermones morales, &c.

138 feuillets. [Prov.: St-Vaast.]

_____

628. S. Gregorii Moralium in Job, pars secunda.

—In-folio mediocri. - vélin gratté, blanc et fort.- tracé
au crayon. - deux colonnes. - XIIe siècle. - lettres ornées à la plume. - rubriques. - inscriptions en capitales
et onciales mélangées au rouge de plomb.

[XIIe siècle.]

Incipit : Liber XXIX. Dominus noster Jhesus-Christus in eo quod
virtus et sapientia Dei est, &c.

Explicit liber, juvante Domino, tricesimus quintus.

147 feuillets. [Prov. : St-Vaast.]

_____

629. S. Gregorii homiliæ de Ezechiele prophetâ.

— In-folio mediocri. - vélin blanc. - tracé au crayon. -
deux colonnes. - XIIe siècle. - lettres ornées dans le
style roman. - rubriques. [XIIe siècle.]

Sur le recto du premier feuillet, l'hymne : Lux jucunda, lux insignis,
en écriture contemporaine et notée.

Incipiunt : Omelie beati Gregorii pape, in Hiezechiel propheta.

Incipit : Prologus dilectissimo fratri Mariniano episcopo Gregorius
episcopus servus servorum domini, Omelias quæ in beato Ihezechiel, &c.

Au verso de l'avant-dernier feuillet, la légende de saint Lambert.
—Sur le verso du dernier feuillet, ces vers sur la Rédemption :

> Adæ peccatum quæ conveniens aboleret
> Victima ? numquid homo ? sed & hic reus unde placeret ?
> Angelus, an fruges, an vacca ? sed hostia talis
> Naturâ dispar, precio minor, esset inanis.
> Hec eadem, quæ displicuit natura placere

Debuit, atque aliquid quo pacificaret habere.
Ergo fuit querendus homo, cui pretium idipsum,
Quod puri est, hominis aliquid foret unde placere,
Unitur carni Deus, & natura creatrix,
Quem redimit, recipit, fit & ipsa redempta redemptrix.
Par homini, quia verus homo, sed dignior ortu,
Dissimilis culpa, deitate potentior idem,
Quem quia non genuit, ex lapsu nata voluptas.
Justus pro lapsis agit, occisusque perorat.
Hostia sufficiens, quæ cælos cive replevit,
Quâ furor offensi cecidit, quâ gratia crevit.
Felix antidotum, quo vulnera nostra coherent,
Angelus exultat, homo gaudet, tartara merent !!

100 feuillets.   [Prov. : St-Vaast.]

630. La Légende dorée. *(tr. par Jacq. de Vignay.)* — In-folio médiocri. - vélin jaune. - deux colonnes. - titre courant du XIVe siècle. - frontispice en miniature. - encadrement tricolore, signalé comme la marque des manuscrits du chancelier d'Orgemont. - images en grisailles grossièrement exécutées. - rubriques. - titres courants.   [XIVe siècle.]

Commence par une table.

Incipit : L'advènement nostre Seigneur est fait par iiii sepmaines, à signifier que ilz sont iiii advènemens, en char, en mort, en pensée et en jugement &c.

334 feuillets.

631. Liber Distinctionum. — In-folio. - vélin. - deux colonnes. - réglé au crayon. - XVe siècle. - initiales bleues et rouges.   [xve siècle.]

Incipit. Abel dicitur principium Ecclesie propter innocentiam.

Expliciunt distinctiones per alphabetum disposite.

93 feuillets.   [Prov. : St-Vaast]

632. Libri Regum cum glossâ.—In-folio médiocri. -vélin gratté, très léger, taché de rose. -tracé au crayon. - longues lignes. - la glose insérée dans le texte. - XIIIe siècle. - vignettes. - têtes de livres en onciales allongées bleues et rouges.   [xiiie siècle.]

Commence par une table des chapitres.

Incipit : Viginti duas esse litteras apud Hebreos Syrorum quoque lingua et Caldeorum testatur, que Hebrec magna ex parte confinis est, &c.

Explicit liber regum quartus.

(Liber magistri Bernardi succentoris Belvacensis.)

124 feuillets.   ———   [Prov. : St.-Vaast.

633. Explanationes super Epistolis Pauli. — In-folio médiocri. - vélin blanc, très-fort. - tracé au crayon. deux colonnes d'inégale grandeur, une pour le texte et l'autre pour les gloses. - XIIIe siècle. - grandes lettres chargées de très-riches miniatures. - titres courants au vermillon.   [xiiie siècle.]

Incipit : Sicut prophete, post legem, sic et apostoli, post evangelium, rectè scripserunt, &c.

107 feuillets   ———   [Prov. : Cathéd. d'Arras.]

634. Glossæ in Epistolas Pauli.—In-folio quadrato. vélin mince. - réglé au crayon. - deux colonnes, dans chacune desquelles la glose encadre le texte. - XVe siècle. - initiales en rouge et azur. - titres courants en onciales gothiques alternées rouges et bleues.

         [xve siècle.]

Incipit : Principia rerum requirenda sunt prius, ut earum noticia plenior possit haberi, &c.

(Des Célestins d'Amiens.)

191 feuillets.   ———   [Prov. : St-Vaast.]

635. Ambrosius in Lucam.—In-folio.- beau vélin. - deux colonnes. - rayé au compas. - XIIIᵉ siècle,- vignettes au commencement. - initiales peintes en rouge et en azur. [xiiiᵉ siècle.]

La première colonne et une partie de la deuxième sont occupées par une table des chapitres de l'apôtre.—Suit immédiatement la rubrique *Ambrosius super Lucam.*

Incipit : Ambrosius super Lucam.

Zacharias, viso Angelo, quia non credidit obmutuit, Elisabeth uxor ejus concepit.

86 feuillets. [Prov. : St-Vaast.]

636. Glossæ in XII prophetas minores.—In-folio. - beau vélin. - tracé au crayon. - trois colonnes. - le texte au milieu - fin du XIIᵉ siècle. - initiales rouges. grandes lettres fleuronnées en rouge, en bleu et en vert. [xiiᵉ siècle.]

Incipit : Prologus Iheronimi. Non idem ordo est duodecim prophetarum apud hebreos, qui et apud nos, &c.

(Liber sanctæ Marie Atrebatensis.)

110 feuillets. [Prov. St-Vaast.]

637. Prosæ et quatuor passiones Christi, cum cantu. — In-folio médiocri. - vélin gratté, pelucheux.- longues lignes. - plain-chant et écriture du XIVᵉ siècle. - encadrement en miniature sur le premier feuillet.- grandes lettres en or sur fond pourpre. - rubriques. [xivᵉ siècle]

59 feuillets. [Prov. : Cathéd. d'Arras.]

638. Missale Atrebatense.—In-folio. - vélin beau et fort, un peu jaune. - tracé à l'encre blanche. - deux

colonnes - grosse gothique du XVe siècle. - initiales brodées rouges et bleues. - rubriques. - plain-chant.

[xve siècle.]

Commence par un calendrier.

176 feuillets.

---

639. Expositio beati Gregorii super cantica canticorum.— S. Chrysostomus de Laudibus s. Pauli. —S. Ambrosius de Paradiso. — Gesta passionis Dominicæ. — S. Augustini retractationes. — Vita Caroli comitis Flandriæ.—In-folio mediocri. - vélin. deux colonnes. - réglé au crayon. - XIIe siècle. - rubriques. - initiales en rouge et en bleu. [xiie siècle.]

Incipit : Expositio beati Gregorii pape super cantica canticorum.

Postquam a paradisi gaudiis expulsum est genus humanum, &c.

Incipiunt : Gesta Dominicæ passionis quo invenit Theodosius magnus in prætorio Pontii Pilati in codicibus publicis. Factum est in anno nono decimo imperii Tiberii Cæsaris, &c. *(incomplet)*.

Incipit : Libellus de genere et vita, morte et vindicta Karoli Comitis Flandriæ.

Domino suo et patri merito sanctitatis tocius reverentia devotionis excolendo, Johanni sancto Tervanensis ecclesie episcopo, Frater Cauterus dignationis ejus inutilis servus, debitum omnimode subjectionis obsequium.

Precepit humilitati mee auctoritas reverenda paternitatis vestre ut, quia his nostris temporibus horrenda nimis a nephandis hominibus in partibus istis perpetrata sunt crimina, universo mundo execrabilia & in ultionem eorundem formidanda multum divine justicie eminuerunt judicia, pro eorum immanitate equissima retributionis lance ponderata, & hec omnia quantum preteritis generationibus inaudita, tantum presentibus mirabilia, sicut gesta sunt, cuncta stilo percurram et ad noticiam posterorum scribendo tansmittam. Que omnia ideo scribi & scripto futuris temporibus manifestanda servari decrevit prudentia vestra, ut, eis lectis vel auditis, & boni tanta superni judicis equitate considerata, in amorem ipsius ardentius excrescant, & mali, tam terribili divine ultionis judicio cognito, per timorem ipsius a sua se pravitate compescant. Accessit etiam, vestre ussioni, domini Goscelini decani & fratrum nostrorum amica michi et omni cum honore semper suscipienda peticio, cui in cunctis deo lacitis obtemperare fervente opto desiderio. Vestre igitur sanctitatis pauctoritate, et fraterna cogente karitate, aggrediar, ipso qui linguas infancium facit disertas adjuvante, ac mee ariditatem lingue, sue rore gratie irrigante & irrigando fecundante, quod injungitis agere, virtute magis fretus obedientie, quàm ejus, quam nondum adeo, ut id audere debeam, assecutus sum litteralis sciencie; conabor autem, quia etiam sic placet vobis, omni nevo falsitatis & vulgaris incerte opinionis evitato, simplici tantum, ut potero, que acta sunt narratione referre. Quatinus & superfluis verborum falleris & rethoricorum ornamentis colorum exquirendis minus intentus, fastidiosam sic caveam prolixitatem, ne nimie brevitati studens, earum quas vel ipse vidi, vel virorum veracium testimonio indubitanter cognovi rerum, lectoris cognitioni dumtaxat necessariarum occultare inveniar veritatem. Et, ut facilius elucescat omne quod dicitur, totam sequentis seriem opusculi compendiosis comprehensam titulis, numeris singulorum pagine prefixis, disposui designare, quo videlicet lectori ceca quodam modo pagina tedium nequaquam pariat, et ad inveniendum quod queritur, expeditior aditus pateat. Quod si singula naturali non perstrinxero ordine, lectorem precor nequaquam id moveat : Sed et posteriora, cum se intulerunt, oportune aliquando anticipando promittere, & priora liceat ordine artificiali quandoque reapitulando subjungere, dum tamen ubi exigerit ratio satis appareat, quid, quo gestum sit tempore . . . .

CONCLUSIO LIBELLI.

Ecce voluntati vestre, reverende pater, immo jussioni, ac fratrum meorum pie petitioni, prout valui, parui, et materiam mei modum ingenui, pariter et eloquii, ut in ipso apparet effectu, tantopere transcendentem vel contingere presumens, multorum me reprehensioni simul et irrisioni exposui ; etenim stultus dum non loquitur, plerumque sapiens esse creditur, silentium namque ejus non tam putatur sensus inopia, quam humilitatis custodia. Unde et ego, si omnino situissem, sapiens quidem putari potuissem; sed non amplius sapiens eo fuissem. Nunc autem, quia impericiam meam scribendo prodidi, sapientes, in quorum manus hec forte pervenerunt, indignabuntur michi, et alii quidem calumpniabuntur insipientem, alii subsannabunt presumptorem, alii idiotam judicabunt, nonnulli quoque stultum merito inclamabunt. Quid ergo erit, pater sancte, quod me tanta rerum evidentia convictum poterit excusare? Possum equidem obedientiæ vestra mihi auctoritate imposite non incongruam causam obtendere; sed commodius arbitror calumpnias hujusmodi, etiam si quo modo possem non evadere, quàm insipientiam meam pertinaciter excusando, tanto meorum cumulo peccatorum etiam fallaciam addere, fructumque mihi humilitatis adimere, et in fastum me vanitatis inaniter extollere: Utilius est enim mihi, ut sciar insipiens quod sum, quàm ut estimer sapiens quod non sum. Illud namque non infructuosum humili timorem, istud vero ruinosum superbo parere poterit, quod absit, tumorem. Quem, cum omnibus aliis vitiorum sordibus, propitius a me avertere dignetur qui omnem omnino superbiam sua dapnavit humilitate. Amen.

Karole, tu mea cura manens,
Karole, tu mea flamma calens,
Karole, te mea lingua colit,
Karole te mea musa canit.
Karole, regia progenies.
Martyris apta patris soboles,
Rite viam ingrederis.
Karole, dum patre signifero,
Milicie geris arma deo.
Fortiter hostis ab insidias
Pervigiles agis excubias.
Karole, dum bene pauperibus
Agnus es et leo divitibus,
Hos reprimis, sed eos relevas.
Omnibus omnia factus eras.
Karole, dum tua larga manus
Larga stipendia pauperibus
Distribuit. . . . . . .inopes,
Arce poli bene condis opes.

Karolo, talibus officiis.
Crimina diluis et lacrimis,
Justicieque simul meritis.
Multiplicatus *(sic)* inimicicias,
Circuit et studet ut pereas.
Karole, dum bene stratus humi
Davidicum miserere mei
Psalmis in ecclesia
Gladio crederis hostia grata deo.
Karole, commoda debilibus.
Pluribus obtinet hic obitus.
Martyrium quia judicio
Sic Deus approbat ipso suo.
Karole, consule te, pietas
Floruit et viguit probitas.
Sed quasi morte tua vegetum
Nunc caput omne levat vitium.
Karole, consule te, rabies
Bellica cessat, et alta quies
Multiplicat populi varias,
Rure, mari, lare, divicias.
Karole, te duce Flandria gens,
Inclita que fuit atque potens.
Ipsa cruore notata tuo,
Perfidie patet obprobrio.
Karole, te duce, terribilis
Hostibus undique cara suis,
Jam modo sordet et est humilis,
Hujus habens maculam sceleris.
Karole, sed nota diluitur
Criminis ejus et obtegitur.
Ultro reos quia persequitur
Gens ea vivere nec patitur.

(Liber sancte Marie Ursicampi.)

108 feuillets. [Prov. : St-Vaast.]

640. Inventaire de plusieurs layettes des archives du conseil d'Artois. — In-folio. - papier. - écriture du XVIIᵉ siècle. [xviiᵉ siècle.]

Toutes les pièces inventoriées dans ce volume sont comprises entre les années 1200 à 1400. (Copié sur le répertoire orignal reposant ès archives du Conseil d'Artois.)

A la fin est une table alphabétique des noms de personnes et de lieux (820 noms). — Voici les divisions de cet inventaire :

Artois.

Lettres touchant les différens d'entre Mehault, comtesse d'Artois & Robert d'Artois, son neveu.

La ville d'Arras.

Bailliage d'Arras.

La Tieulloye lez la ville d'Arras.

Saint-Vaast d'Arras.

Saint-Omer, Saint-Bertin, Guines, Tournehen, Boulogne & autres.

Boulogne, Guines, Calais, Tournehen & Langle.

Licques.

Esperlecques.

Bapaumes, le péage & les dépendances.

Aubigny & Busquoy.

Avesnes.

Remy.

Becquerel.

Housdain.

Le Mont-Saint-Éloy.

Chapitre d'Arras.

Chapitre de Cambray.

Béthune.

Hesdain.

Humières.

Haute justice de Buyres, Wavrans & Villers l'Hospital.

Les fiefs de Ponthieu deça la rivière d'Authie.

Mariages de plusieurs comtes & comtesses d'Artois.

Fondations des comtes et comtesses d'Artois.

Chapitre de Béthunes.

L'abbaye de Ham.
Notre-Dame de la Réalle de Maubuisson.
Les Chartreux de Saint-Omer.
L'abbaye du Vivier.
L'abbaye de Marchiennes.
Trinité d'Arras.
L'abbaye de Beaupré.
L'abbaye d'Auchy-les-Hesdin.
Les Chartreuses de Gonnay.
Chapitre de Langres.
L'abbaye de Mons, diocèse de Langres.
Chapitre de Troye.
L'abbaye d'Arouaise.
L'abbaye de Cercamp.
L'abbaye d'Etrun.
La Chartreuse.
La Prieuré Saint-André-lez-Aire.
L'abbaye du Viviers.
L'abbaye de Cleuny.
L'abbaye de Bonneheu.
Chapitre de Troye.
L'abbaye de Villencourt.
Saint-Géry de Cambray.
L'abbaye de Chisteaux.
Du provincial des Carmes.
La Chartreuse.
Les Chartreuses de Gonnay.
Les Filles-Dieu-lez-Arras.
Chapitre de Béthune.
L'abbaye de Saint-Augustin-lez-Térouanne.
Chapitre de Hennin.
Chapitre de Lens.
L'abbaye du Mont-Saint-Eloy.
Saint-Donat de Bruges.
Chapitre de Térouan.
Saint-André-lès-Aire.
L'église Sainte-Marguerite à Saint-Omer.

Chapitre de Chartres.

Les Célestins.

L'abbaye de Chocques.

Les Chartreux-lez-Saint-Omer.

Sainte-Claire de Saint-Omer.

L'abbaye de Licques.

Trinité d'Arras.

Les sergeants du comté d'Artois.

Les maisons de Bourgogne & d'Artois séantes à Paris.

La comté de Poictiers.

Nevers.

Lettres justificatives de dame Mehault, comtesse d'Artois.

Testament de Mehault comtesse d'Artois.

Lettres pour le seigneur de Fléchinel.

Lettres touchant les affaires. — Mgr Thiery, évêque d'Arras.

Haute-Bourgogne.

Malines.

Jean de Stambourg.

226 feuillets. [Prov. : St-Vaast.]

641. Hilarius in Psalmum beati immaculati.— Verbum abbreviatum magistri Petri Cantoris.— In-folio médiocri. - vélin gratté. - réglé au crayon. - deux colonnes. - XIIIᵉ siècle. - rubriques. - majuscules ornées au minium et à l'outremer.   [xiiiᵉ siècle.]

Incipit : Tractatus sancti Hylarii episcopi super ps. *Beati imma-culati*. Qui ad doctrinam rationabilis et perfecte prudentie prepa-rantur ab ipsis Statim elementis litterarum docendi sunt.

Incipit : Verbum abbreviatum magistri petri Cantoris parisiensis. Verbum abreviatum fecit Deus super terram, &c.

122 feuillets. [Prov. : St-Vaast.]

642. Augustinus de Civitate Dei. — In-folio mé-diocri. - vélin mince. - deux colonnes. - écriture ita-lienne du XIVᵉ siècle. - grandes majuscules ornées de

miniatures. - initiales fleuronnées minium et azur. - vignettes. - l'indication des livres en titres-courants.

Manque le commencement. [XIV° siècle.]

Au dernier feuillet on lit :

Dominus Enguerranus de sancto Fusciano, præpositus Ecclesiæ Ambianensis, huic monasterio sancti Anthonii de Ambianis, ordinis celestinorum, hunc librum, dedit isto tamen modo : Nam, dum viveret in humanis, nobis dederat librum magnarum concordiarum, quem quidem anno Domini M° CCCC° XXX° mense martii tradidimus canonicis ecclesiæ Ambianensis, loco cujus et pro condignâ commutatione nobis tradiderunt hunc librum de civitate Dei. Orate pro eo.

142 feuillets. [Prov. : St.-Vaast.]

---

643. Petri Cantoris Summa super verbum abbreviatum. — In-folio mediocri. - vélin blanc. - choisi. - tracé au crayon. - deux colonnes. - XIII° siècle. - vignettes. - rubriques marginales. [XIII° siècle.]

Commence par une table des chapitres.

Incipit : Summa magistri Petri Parisiensis Cantoris ex conquisitis auctoritatibus ad detestationem viciorum commendationemque virtutum, que dicitur verbum abbreviatum.

Verbum abbreviatum fecit dominus super terram.

262 feuillets. [Prov. : St-Vaast.]

---

644. Collectio Canonum vetustissima. — In-folio parvo. - vélin antique. - tracé à la pointe. - longues lignes. - fin du VIII° siècle. - têtes de livres en capitales. - rubriques au rouge de plomb, en onciales romaines. [VIII° siècle.]

Sur le recto folio primo : Nomina episcoporum urbis Romæ qui fuerunt à sancto Petro ad Severinum.

Ce manuscrit, du temps de Charlemagne, est très précieux et très beau ; il est le plus ancien de la bibliothèque.

En tête du livre on lit cette note :

Hoc codice continetur canonum et decretalium collectio, quam publici juris fecit Paschasius Quenellus ad calcem operum sancti Leonis. Notus fuit viro erudito Jacobo Pamelio, qui ex eo sextum Canonem Nicænum referens in notis ad librum Sancti Cypriani de unitate ecclesiæ, « Nicæni, inquit, concilii canon, vulgo sextus, ita » legitur in codice venerandæ antiquitatis D. Vedasti Attrebatensis, » scripto ante annos plus minus octingentos. » *Ecclesia Romana semper habuit primatum. Teneat autem Ægyptus*, &c. Hujus etiam codicis honorificam mentionem fecêre Alanus Copus dialogo primo adversus novatores, Severinus Binius in notis ad canonem sextum Nicænum, et ad concilium Sardicense; Baronius, Gravius professor Loraniensis, &c. Vide quenellum in append. ad sancti Leonis opera dissert. 12. cap. 3.

Hic liber continet ducenta et triginta duo folia manuscripta, quorum primum sic incipit : *BREB. Nominum episcoporum* &c., et ultimum sic finit : Rudimenta creverunt.

D. M. Lefebvre, bibliothecarius sancti Vedasti.

212 feuillets. [Prov. : St-Vaast.]

---

645. Sancti Augustini Expositio psalmorum ab LXXI^{um} usque ad Centesimum.—In-folio quadrato.-vélin choisi, très-fort. - tracé à la pointe. - deux colonnes. - Xe siècle. - rubriques et initiales au rouge de plomb.-têtes de livres en onciales. - titres-courants à l'encre noire. [xe siècle.]

Incipit : De Psalmo septuagesimo primo.

In salomone quidem psalmi hujus titulus prænotatur: Sed hec in eo dicuntur quæ non possint illi Salomoni regi Israël, &c.

137 feuillets. [Prov. : St-Vaast.]

---

646. Lectionarium.—In-folio mediocri quadrato. -vélin blanc et fort. - tracé au crayon. - deux colonnes. -fin du XIIIe siècle. - grandes lettres brodées rouges

et bleues. - initiales en onciales au vermillon et à l'outremer. [XIIIe siècle.]

93 feuillets. [Prov. : Cathéd. d'Arras.]

---

647. Summa de Viciis. — In-folio parvo. - vélin blanc. - tracé au crayon. - deux colonnes. - XIVe siècle. rubriques. - initiales festonnées à l'outremer.

[XIVe siècle.]

Sans commencement. Finit ainsi : Ad commendationem silentii potest valere illud sapientis, locutum esse aliquando penituit, tacere vero nunquàm.

Explicit : Summa de viciis.

Une table à la fin.

232 feuillets. [Prov. : St-Vaast.]

---

648. S. Gregorii Moralia in Job. — In-folio mediocri. - vélin gratté, assez blanc. - tracé au crayon brun. - deux colonnes. - XIVe siècle. - initiales festonnées bleues et rouges. [XIVe siècle.]

Manque le commencement du prologue.

Incipit : Liber primus explanationis beati Gregorii super Job.

Finit : Quando eternam deo sapientiam, quam per ora predicantium quasi per decurrentia flumina sumimus, in ipso suo fonte biberimus. (C'est-à-dire avec le livre 18.)

(Des Célestins d'Amiens).

339 feuillets. [Prov. : St-Vaast.]

---

649. Tractatus de Vitiis et Virtutibus. — In-folio mediocri. - vélin commun. - tracé au crayon. - deux colonnes. - cursive de la fin du XIIIe siècle.

[XIIIe siècle.]

Incipit : Septem sunt species timoris, &c.

Une table à la fin.

157 feuillets. [Prov. : St-Vaast.]

650. **Rabani Mauri Expositio super libris Regum.**
—In-folio quadrato. - vélin gratté, mince. - tracé à la
pointe. - longues lignes. - X⁰ siècle. - rubriques au rouge de plomb, en onciales mêlées de capitales romaines.   [x⁰ siècle.]

Commence par une table des chapitres, dont la première partie a
été enlevée, ainsi que le commencement du texte.

A la fin du livre premier, sur un feuillet laissé en blanc, d'une
écriture contemporaine, la révélation des reliques de saint Etienne,
notée dans le système antérieur à Guy d'Arezo, & deux autres fragments
notés selon le même système.

Pour feuille de garde, un fragment de feuillet contenant une
partie d'un *Credo* grec noté selon l'ancien système et écrit en caractères latins.

128 feuillets.   _____   (Prov. : St-Vaast.)

651. **Histoire des Croisades, depuis 1096 jusqu'à
1200** (*traduite de Guillaume de Tyr, par Bernard*).
—Portant pour étiquette : *Histoire de Rome.*—In-
folio parvo. - vélin grossier. - tracé au crayon. - deux
colonnes. - XIII⁰ siècle. - miniatures. - initiales rouges
et bleues.   [xiii⁰ siècle.]

Incipit :

Les anchiennes estoires dient que Eracles, ki moult fu boins crestiens,
gouvernoit l'empire de Romme; mes en son tans Mahommet avoit jà
estei, qui fu messagiers au deable. Et il fist entendant k'il fu prophetes
de Dieu. Et tans Eracle estoit la mauvaise loy par tote la terre, et nom-
méement en Arabie, que li prince des teres ne se tenoient à ce ke
l'en enseignast à croire cele malaventure : Ançois constraignoit par force
et par espée tous leur solgis obéir par le comandement Mahommet et
à croire en sa loy. Quant Eracles ot conquise Perse et ocis Codroe, qui
estoit moult poissans, il en aporta la vraie crois en Jherusalem.
I. Patriarche, par le conseil de lui, qui avoit non Modeste, par le conseil
celui il faisoit refaire eglises et aorer, que cil desloiaus Codroes avoit
depecies. Moult y metoit Eracle grant entente. Endementiers qu'il en-

tendoient à ce faire, si vint Hommarle, qui estoit fieus Karap, qui esta prince!d'Arrabe, tiers après Mahommet, rois et enseignières après es commandemens. Vint en cele terre qui a non Palestine à moult grant plentes de gent, et eut jà pris moult fortes chités de cele partie qui a non Ladre. D'illuecques se traist vers Damas et assit la chistel et assailli et le prist par forche. Li empereres Eracles ki demouroit eacore en cele tere, qui a non Celice, oï nomer et nouveles de ces gens Si envoia boines espies pour encherquier leur couvine, car il voloit savoir s'il peust cele gent atendre en camp, si qu'il les peust encachier des cités qui obéissent à la crestieneté; mes quant s'espies revindrent il sot certainement qu'il n'avoient a ax durée. Car il avoient si grant plentes de gent ke il nes porroit souffrir. Si ot conseil k'il s'en retournast en son pais, puis qu'il nes pooit secourer : ensi s'en ala de Surie. Li rois d'Arrabie et sa gent montèrent, si conquistrent la lice de Surie, tout jusqu'en Egipte. Une cose qui estoit avenue en ces parties aida moult à ceus d'Arrabie à accroistre leur pooir. Car Cosdroes, si poissans reis, estoit venus en grant force en Surie et avoit destruites les castiaus et les chités et églises et grant partie del pueple. La citei de Jherusalem prist à forche et ocist dedens la ville xxxvi mile hommes, si emporta la vraie crois u Jhesu fu mors, li patriarces de Jherusalem qui avoit non Zacaries, entra en Persse avoec les autres caitis.

Finit ainsi : En celui tans avint que li soudans d'Egipte, qui estoit fiex Salek aloit I fois cacher et cai de son ceval et brisa le col. Quant ses oncles, qui point de terre n'avoit, vit que ses nies estoient mors, il saisi la tère, &c.

231 feuillets. [Prov.: St-Vaast.]

652. Expositiones Bibliæ è modernis doctoribus excerptæ.—In-folio quadrato. - vélin commun, léger. -tracé au crayon. - deux colonnes. - cursive très-fine du XIIIᵉ siècle.- rubriques marginales.- titres-courants. - onciales gothiques rouges et bleues. [XIIIᵉ siècle.]

Les noms des auteurs des commentaires sont écrits sur les marges, entre autres, St-Bernard, Hugues de St-Victor, Étienne de Canterbéry, Gillebert, etc.

Incipit : In principio creavit Deus, &c.

162 feuillets. [Prov.: St-Vaast.]

653. S. Gregorii Moralium in Job pars secunda.
—In-folio mediocri. - vélin blanc et fort. - tracé au crayon. - deux colonnes. - commencement du XIVᵉ siècle. — grandes lettres dessinées à la plume. - rubriques mélangées de lettres capitales romaines et d'onciales au rouge de plomb. [XIVᵉ siècle.]

Incipit : Ego vidi stultum firmâ radice, et maledixi pulcritudini ejus statim, &c.

133 feuillets. [Prov. : St-Vaast.]

---

654. Extrait du Répertoire des Chartes d'Artois.
—Deux volumes in-folio. - papier. - écriture du XVIIᵉ siècle. [XVIIᵉ siècle.]

Tous ces extraits concernent le XIVᵉ siècle.

Au commencement du premier volume est une table des localités auxquelles se rapportent les pièces dépouillées et analysées.

Voici les divers titres de cet extrait :

Lettres touchant les différens d'entre Mahault, comtesse d'Artois, et Robert d'Artois, son nepveu.

La ville d'Arras.

Baillage d'Arras.

La Thieulloye lez la ville d'Arras.

Saint-Vaast d'Arras.

Saint-Omer, Saint-Bertin, Guisnes, Tournehem, Boulogne et autres.

Boulogne, Guisnes, Calais, Tournehem, Merle et Langle.

Licques.

Esperlecques.

Bappalmes, le péage et ses dépendances.

Aubigny et Bucquoy.

Avesnes.

Remy.

Becquerel.

Housdain & Olehain.

Le Mont-Saint-Éloy.

Chapitre d'Arras.

. — de Cambray.

Béthune.

Chocques.

Gonnay.

Hesdin.

Lens et ses dépendances.

Aire.

Hesdin, Saint-Saulve & autres abbayes dudit baillage.

Plusieurs mariages des comtes et comtesses de Flandres.

La ville d'Hesdin.

Fondations, anniversaires & messes au profit des comtes et comtesses d'Artois.

Lillers, Melannoy & Saint-Venant.

Les sergents du nombre d'Artois.

Maisons de Bourgogne et d'Artois séantes à Paris.

L'achat de a terre d'Humières.

Le procès de la haute justice de Buire, Wavrans et Villers l'Hospital contre Jean de Mailly, sr de Rosignol.

Le comte de Poitiers.

Nevers.

Controlle des comptes Jehan Destimbourg.

Lettres justificatives de Madame Mehault, comtesse d'Artois, touchant certaines sorcelleries et empoisonnemens dont on la vouloit charger.

Les fiefs de Ponthieu estant entre la rivière d'Authie du Lez vers l'Artois.

Lettres pour le sieur de Fléchinelle.

Testament de Mehault, comtesse d'Artois.

Lettres concernantes le testament et autres affaires de feu messire Thiery d'Irechon, en son temps evesque d'Arras.

Haulte Bourgogne.

Deuxième volume : Juridiction. — Mouvance. — Police. — Saint-Vaast. — Cité. — Evesque & chapitre d'Arras. — Quart foraine. — Cinq grosses fermes. — Hôpitaux. — Argent à rente. — Impositions & octrois. — Pièces diverses — Layes A, B, C, D, E, F. — Rivage.

1er vol. 335 feuil. ; 2e vol. 205 feuil. [Prov. : St-Vaast]

655. Libri Sapientiales cum glossâ. — In-folio parvo quadrato. - vélin. - à longues lignes ou à deux et trois colonnes pour la confrontation du texte et de la glose. - XIV⁰ siècle - grandes lettres en miniatures au commencement de chaque livre. - initiales en rouge et en azur. [XVI⁰ siècle.]

Incipit : Ieronymus. Jungat epistola quos jungit sacerdotium, &c.
(Des Célestins d'Amiens.)
167 feuillets. [Prov. : St.-Vaast.]

---

656. Glossæ super Evangelistis, Isaiâ, Apocalypsi et Epistolis Canonicis. — In-folio mediocri. - vélin blanc, léger. - tracé au crayon. - deux colonnes. - écriture cursive très-fine de la fin du XIII⁰ siècle.

[XIII⁰ siècle.]

Incipit : Fecit Deus duo luminaria in firmamento celi, luminare majus ut preesset dici et luminare minus ut preesset nocti, &c.
Expliciunt Epistolæ Canonicæ.
260 feuillets. [Prov. : St-Vaast.]

---

657. Morales chrétiennes et philosophiques. — **Chansons notées.** — **Histoires romanesques.** — In-folio mediocri. - incomplet, mutilé. - vélin choisi - tracé au crayon. - deux colonnes. - XIII⁰ siècle. - rubriques. - nombreuses miniatures. - vignettes. [XIII⁰ siècle.]

Ce volume renferme :
1⁰ Un poème moral, intitulé : Ici endroit commence li livre ki est de philosophie et ensement de moralité.
2⁰ Ici endroit définent li filosofe et li aucteur.
Si commence après le naissance Jhesu-Crist et se mort.
3⁰ Légende de sainte Suzanne, en prose, dont il manque le commencement.

4º Ici endroit définc le vie sainte Suzanne et li bautisemens de Pelage qui estoit Sarrasin. Si commence la vie de Mon signieur saint Julien (en prose); des lacunes empêchent de suivre la succession des légendes en prose qui viennent après celle de saint Julien.

5º Plusieurs récits empruntés à la manière de vivre des animaux.

6º Des *Ave* dont il ne reste que l'explicit :

7º Del povre Clerc qui disoit *Ave Maria* ades et pour çou fu il saus.

8º Comment on doit se contenir en le messe.

9º Des chansons notées de maistre Willaumes-li-Viniers, maistre de Fournival, Adam li Boçu d'Arras, &c., &c.

10º Un long roman en prose dont manque le commencement.

Sur la première garde on lit : écrit en 1278.

Ce manuscrit est obvenu à l'abbaye vers 1625.

Il étoit dès lors gâté du ciseau et injurié par des enfants, selon les apparences.

Et plus bas : C'est sans doute l'écriture d'un bibliothécaire de l'abbaye de St-Vaast, dont je désirerois savoir le nom et l'époque où il exerçoit ses fonctions. *(sic)*.

Arras, le 25 mai 1837.

Charles-Marie-Joseph FAUCHISON-DUPLESSIS, installé bibliothécaire le 24 février 1826.

A la fin de ce volume on lit : Cis livres fu escris en l'an que l'incarnation coroit sour mil et IIe et soissante dis et VIII, as octaves de le mi-àoust. Si l'escrisi Jehans Damiens li petis.

Explicit : De Marké le fil Caton qui eut tant de paine tant qu'il vesqui.

Et plus bas : En 1720, ce manuscrit étoit déchiré de temps immémorial par gens qui ont injurié à l'antiquité (Même écriture que celle de la première garde, c'est-à-dire du bibliothécaire Lefebvre).

Ci endroit commence li livres qui estrais est de philosophie et ensement de moralité.

> Cil ki en soi a tant de sens,
> Qu'il set les poins & les assens,
> De dire et de biaus mos trouver
> Volentiers se doit esprouver,
> En raison et en vérité,

Dont il puit droite auctorité
Traire avant, quant mestiers li est.
Mains d'onnor et mains de conquest
A ès menchoigne, que el voir;
Et je vous fais à tous savoir
C'autant i met entente & painne
Cil qui menchoigne avant amainne,
Com chil ki vérité recorde.
Dont est sages cil ki s'acorde
A vérité dire et traitier,
Se del mentir se set gaitier.
Boine est la vérités trouvée,
Qui est d'auctorité prouvée
Par parole d'auctorité
Doit seneüier vérité.
D'une euvre me voel entremetre,
Dont à tesmoins puis traire & mettre
Les plus maistres clercs qui ains furent,
Qui tout seurent & tout connurent.

Jou Alars, ki sui de Cambrai,
Qui de maint bel mot le nombre ai,
Vous voil ramentevoir par rime
De ce ke disent il meisme.
De lor sens est grans li renoms.
Or vous vaurai nommer lor noms, &c.

———

Si commence après le naissance Jhesu Crist et se mort.

Diex, qui cest siècle commencha,
Et chiel & tere & nous forma,
Li rois de toute criature,
Nous doint à tous boine aventure !
Signor, por Diu, entendes moi,
Arestes vous ici un poi,
Pour J. convent, que vous dirai,
Notre Signour deproierai
Pour ceux qui ci aresteront

Et ma parole escouteront.
Que Diex leur face vrai pardon,
Si comme il fi celui larron,
Qui à se destre li pendi,
Au jour que passion soffri.
Se vous voles que je vous die
De Diu & de sainte Marie,
Or faites pais, si m'escoutes,
Je vous dirai, se vous voules,
Si com Jhesus li rois naqui
Et saint Jehans Bautistre ausi, &c., &c..

— —

Ichi endroit après commence li senefiance comment on se doit contenir à le messe.

Li introites de le messe ce est li entrée de le messe. Si doit-on entrer dedens li & restraindre tous ses sens & ne doit on penser ne esgarder à cause que on ait veüe ne oïe, pour chou que li cuers puist del tout franquement penser à celui qui le fourma. Après cant on IX fois *Kyrie leyson, Criste leyson*, en senefianche qu'il a IX ordres d'angles en paradis, & de cascun ordre vient à cele messe, ne mie tout li ordre, mais de cascun ordre une partie. Si doit on proier à ces sains angles, de vrai cuer, qu'il représentent nos orisons au Signour, en qui présence il sont ades pour lui loer, & quil pricent pour nous.

— —

Sans commencement.   REFRAIN :

Boine est la dolours
Dont il naist douchours
Et soulas & joie.

Voici les premières lignes des autres chansons :

M. WIL. LI VINIERS. Ki merchi pric, merchi merchi doit avoir.—4 c.
        id.   S'onques kanters m'eust aidié.—4 couplets.
        id.   Tel fois kante le jouglères.—5 c.
        id.   La flour d'iver sour la branche.—5 c.
        id.   Flour, ne glais, ne vois autaine.—6 c.

RICARS DE FOURNIVAL. Puis k'il m'estuet de ma dolour kanter. — 8 c.

    id.   Teus s'entremet de garder. — 5 c.

    id.   Joie d'amours ne puet nus esprisier. — 5 c.

               Ains ne vi grant hardement furnir sans folie. — 5.

  M. RICARS.   Talent avoie d'amer, mais paour m'est prise. — 5

    id.   Lon tans me sui escondis. — 6 c.

ADAM LI BOÇUS. D'amourous cuer voel canter, pour avoir aïe. — 6 c.

    id.   Li jolis maus ke je senc. — 5 c.

    id.   Il ne muet pas de sens celui ki plaint. — 6 c.

    id.   Je n'ai autre retenance en amours — 6 c.

    id.   Hélas il n'est mais nus ki aint. — 6 c.

    id   De cuer pensieu en désirant. *(Incomplet).* 4 c. et
                 la première ligne du 5e.

               Maistre Simon, d'un essample nouvel. — 10 c.

               Sires ferri, faites me un jugement — 5 c.

               A vous me sire Gautier de d'Argies, conseil kier. — 11.

               Sire ne me cheles mie. — 8 c.

               Sire, ki fait mieus à proisier. — 8.

               Amis Guillaume, ains si saige ne vi. — ? c

               Moines, ne vous anuit pas. — 5 c.

               Dame, merchi, une riens vous demant. — 6 c.

               Bauduuin, il sont doi amant. — 7 c.

               Bon rois Tibaut, sirés, conseilles moi. — 6 c.

               Cuveliers, vous amerés et belle et sage et vaillant.—8.

               Cuvelier, s'il est ainsi. — 6 c.

               Jehan Bretel, vostre avis me dites. — 6 c.

               Je vous pri, dame Maroie. — 6. c.

               Jehan Bretel, par raison me deves bien consillier.—8.

               Conseilles moi, Jehan de Grieviler. — 8 c.

               Cuvelier et vous Ferri et vous ausi Grieviler. — 8 c.

               De çou, Robert Delepiere, me vois moult esmer-
                 villant. — 8 c.

               Cuvelier, un jugement me dites je le vous kier. — 8.

               Biau Philipot Vredière, je vous proi. — 6 c.

               Grieviler, vostre ensient me dites d'un ju parti.—8.

               Amis pierot de Neele, je vous demant, respondes.—8.

               Lambert Ferri, li queus doit mieus avoir. — 6 c

               Respondes à ma demande, Grieviler. — 8. c.

Jehan Simon, li qieus s'aquita miex. — 8 c.

Adan amis, moult saves bien vo roi. — 20 c.

Avoir quidai enganc le marchie. — 7 c.

Adan, vauries vous manoir à Aras. — 8 c.

Adan, mout fu Aritotes sachans. — 8 c.

Adan, à moi respondes con lais hon. — 8 c.

Adan, ki aroit amée une dame loyaument. — 11.

Sire Jehan, ains ne fustes partis. — 5 c.

Tant ai amours servie longement. — 5 c.

Saves pour koi amours a non amours. — 4 c.

A vous amant plus k'a nulle autre gent. — 6 c.

Fiue amour et boine espéranche. — 5 c.

Je kantaisse volontiers liement. — 5 c.

Bien quidai vivre sans amour des ore mais. — 5

LI KASTELAINS   La douce vois du louseignol sauvaige. — 5 c.

id.   Li nouviaus tans et mai et violete. — 5 c.

id.   Mout m'est bel la douce commencence. — 5 c.

id.   Merci clamans de mon fol errement. — 5 c.

GAUTIER DE DARGIES.   Quant li tans pert sa choulour. — 5 c.

id.   Maintes fois m'a on demandé. — 5 c.

id.   Humilités et frankise et douçours. — 5 c.

id.   Cançon ferai mout maris. — 5 c.

id.   La gens dient pour coi jou ne fai kans. — 5 c.

UGON DE BREGI.   Nus hom ne set d'ami ki puet valoir. — 5 c.

id.   Jou sui con cieus ki coeuvre sa pesance. — 5 c.

UGES DE BREGI.   S'onkes nus hom pour dure départie. (*Incomplet*).

(La suivante, qui est sans commencement, se termine ainsi) :

Mais or m'est douce et légière.

LI VIDAME.   Tant con fuisse hors de ma contrée. — 5 c.

id.   Li plus desconfortés del mont. — 4 c.

PIERES DE MOLAINES.   Chanter me fait çou dont je chriem morir. — 5 c.

MESIRES PIERES.   Tant sai d'amours ke cil ki plus l'emprent. — 5 c.

LE DUC DE BREBANT.   Se kascuns del monde savoit. — 4 c.

— —

A Rome ot jadis un emperaour, qui ot non Dyocliciens. Li empereres fu vix & acoucha malades & morut. il avoit eu feme II fois. De la première feme li fu remes un fiex grant damoisiaus & savoit des letres de toutes sciences & de toutes clergies. Car mout i avoient mis li vii

sage grant paine comme à celui ki lor avoit este carcies à enseignier
& a endouctriner, et avoit este lor desciples grant tans. & li valles
apres le mort du père fu empereres & tint la tere. Catons li sages, ki
ses maitre avoit este, avoit un fil ki avoit a non Markes. Li jones empereres pour l'amor k'il avoit au pere en fit son senescal. & l'ama mout.
& le tint cil pour le sens qu'il savoit el vallet, car il avoient auques este
nourri ensamble. Dedens le premier mois ke li valles fu empereres
s'assamblerent li vii sage & li senator de Rome & li baron, li haut home
del pais, & disent ke bonne cose seroit que li empereres presist feme,
& dont vinrent à lui & li disent : Sire nos vousloeriens une kose, que
vous presissies feme, & nous le vous querrons tele come il convient
à vostre persone. Seignour dist li empereres, je le ferai volontiers a
vostre los. Sire, dient li baron, grant mercis. A tant se partent d'illeuc
& se traisent a une part, et li dist li uns qu'il en savoit une bone et
bele & sage & courtoise en Lombardie, fille au duc de la terre. Quant li
autre oirent çou, si s'acorderent quil l'iroient querre. Il ne vaurrent mie
aler cele part com esbahi, ains se misent a la voie desi a quarante des
mies prisies de Rome, sans la mainie, ke il enmenerent, et moult i me-
nerent bel harnois & grant avoir, tant qu'il en vinrent el pais; & en
vinrent devant le duc trestout ensamble mout noblement. & li re-
quisent sa fille aveuc tel seigneur, com est li empereres de Rome.
& quant li duc oi ceste parole, si ot mout grant joie de la nouvele &
forment en fu lies. Seigneur, dist le duc, mout est la pucele vaillans.
& s'ele valoit encor miex, si l'aim jou mout aveuc tel seigneur com est
li empereres de Rome, ensor ke tout j'ai mout oi parler de son sens.
Sire, dient il; grans mercis, &c.

212 feuillets.   [Prov. : St-Vaast.]

_____

658. Gregorius in Ezechielem —In-folio mediocri
incomplet. - mutilé. - vélin de choix. - tracé au crayon.
- deux colonnes. - XIIe siècle. - grandes lettres
zoomorphes en miniatures. - têtes des chapitres en
onciales alternées vertes, rouges et azur. - réparations
du XVe siècle.   [XIIe siècle.]

Manque le commencement.

Finit ainsi : Sit itaque gloria omnipotenti Domino nostro Jhesu

Christo, qui vivit et regnat cum patre, in unitate spiritus sancti, per omnia secula seculorum amen. &c.

(Des Célestins d'Amiens.)

91 feuillets. [Prov. : St-Vaast.]

659. Raymundi Summa casuum cum glossâ.—In-folio médiocri. - vélin mince. - tracé au crayon.- deux colonnes. - écriture négligée de la fin du XIIIe siècle. - initiales rouges et bleues. - rubriques.

[XIIIe siècle.]

Incipit : Summa casuum : quoniam, ut ait Jheronimus, secunda post naufragium tabula est culpam simpliciter confiteri, &c.

152 feuillets. Prov. : St-Vaast.

660. B. Gregorii Moralium in Job pars secunda.—In-folio parvo. - vélin jaune. - deux colonnes. - écriture anglo - saxonique. - XIIe siècle. - rubriques et grandes lettres au minium à la tête de chacun des chapitres.

[XIIe siècle.]

Moralium in Job beati Gregorii pape liber tricesimus incipit. Beatus Job talia, utrumne fecerit, domino interrogante, requiritur, qualia utique facere non potest homo, &c.

Explicit :

46 feuillets. [Prov. : St-Vaast.]

661. Fr. Petrarcha de remediis utriusque fortunæ.—In-folio médiocri. - beau vélin, fort. - tracé au crayon brun. - deux colonnes. - cursive du XIVe siècle. - encre pâle. - grandes lettres brodées or et azur. - initiales vermillon et outremer. - rubriques.

[XIVe siècle.]

Incipit : Primus liber Domini Francisci Petrarche, laureati poete, de remediis utriusque fortunæ.

Manque la fin.

76 feuillets.

662. Epistolæ Sti Bernardi.—In-folio. - vélin magnifique. - réglé au crayon. - deux colonnes. - fin du XIIe siècle. - rubriques. - initiales ornées en rouge, azur et vert. [XIIe siècle.]

Commence par une table des lettres contenues dans le volume par numéro d'ordre, en tout CCXCVII lettres.

Noms des personnes auxquelles sont adressées ces lettres :

Ad Robertum.	Ad Guidonem.
Fulconem	Ardutionem.
Quosdam canonicos.	Eundem.
Arnoldum.	Stephanum.
Adam monachum.	Alberonem.
Brunonem Coloniensem.	Hugonem.
Item ad Adam monachum.	Abbatem sancti Nicasii.
Item ad Brunonem Coloniensem	Hugonem.
Eundem jam archiepiscopum.	Drogonem.
Item ad Eundem.	Magistrum Hugonem.
Cartusienses.	Eundem.
Dominum papam Honorium.	Comitem Theobaldum.
Eundem.	Eundem.
Haimericum.	Eundem.
Petrum presbiterum.	Henricum.
Petrum diaconum.	Eundem.
Eundem.	Haimericum.
Haimericum.	Ludovicum.
Matheum.	Dominum papam Honorium.
Humbaudum.	Eundem ex persona Gaufridi.
Hattonem Trecensem.	Haimericum.
Magistrum Gilbertum.	Papam Honorium.
Hugonem.	Eundem.

Ad Haimericum.	Ad Henricum regem Anglorum
Eundem.	Henricum episcopum.
Eundem.	Abbatem ejusdem monasterii.
Gaufridum.	Archiepiscopum Eboracensem.
Eundem.	Richardum.
Ebalum.	Ducem Conradum.
Guileneum.	De Machabeis.
Eundem.	Magistrum Gaufridum.
Henricum.	Item alia epistola.
Eundem.	Item alia.
Alexandrum.	Item alia.
Abbatem Aquiscineti.	Item alia.
Gaufridum.	Item alia.
Monachos Flaviniacenses.	Magistrum Galterium.
Eosdem.	Romanum Romane curie.
Guidonem.	Magistrum Henricum.
Eundem.	Thomam.
Monachos ejusdem loci.	Alterum Thomam.
Rainaldum.	Illustrem Juvenem Gaufridum.
Eundem.	Parentes ejusdem.
Arthaudum.	Ex persona Helye.
Eundem.	Parentes suos.
Magistrum Hugonem.	Gaudfridum.
Sugerium.	Sophiam.
Abbatem Lucam.	Alteram sanctimonialem.
Guidonem.	Sanctimonialem quandam de monasterio sancte Marie Trecensis.
Gerardum.	
Abbatem sancti Johannis.	
Symonem.	Ermengardem.
Eundem.	Eandem.
Willelmum.	Beatricem nobilem.
Eundem.	Duci & ducisse Lotharingie.
Ogerium.	Ducissam.
Eundem.	Ducissam burgundie.
Eundem.	Hildebertum.
Abbates Suessioni congregatos.	Cardinales Episcopos Aquitanie.

Ad Ludovicum.
   Ex persona ducis Burgundie.
   Eundem.
   Pisanos.
   Clerum Mediolanensem.
   Universos ejus cives.
   Novicios apud Mediolanum.
   Petrum Papiensem.
   Imperatricem romanorum.
   Henricum.
   Lotharium.
   Humbertum.
   Abbatem Guarinum.
   Monachos Alpenses.
   Suos Clarevallenses.
   Abbates Cistercio congregatos.
   Burchardum.
   Abbatem Cluniacensem.
   Abbatem Cluniacensem.
   Eundem.
   Dominum papam Innocentium.
   Philippum Turonensem.
   Item ad dominum papam.
   Bernardum.
   Eundem.
   Dominum papam Innocentium.
   Eundem pro Clericis Aurelia-
     nensibus.
   Haimericum.
   Dominum papam Innocentium.
   Eundem in persona Stephani.
   Haimericum.
   Dominum papam Innocentium.
   Haimericum.
   Actio lingonensis ecclesie.
   Falconem.

Ad Dominum papam Innocentium.
   Eundem.
   Episcopos & cardinales.
   Dominum papam Innocentium.
   Ludovicum.
   Dominum papam Innocentium.
   Eundem.
   Ipsum Falconem.
   Canonicos Lugdunenses.
   Patriarcham Iherosolimorum.
   Dominum papam Innocentium.
   Eundem.
   Item ad Dominum papam In-
     nocentium.
   Eundem.
   Item ad Eundem.
   Haimericum.
   Henricum.
   Conradum.
   Dominum papam Innocentium.
   Eustachium.
   Symonem.
   Episcopos.
   Episcopos & Cardinales.
   Dominum papam.
   Eundem.
   Eundem.
   Littere domini pape Innocentii.
   Episcopum Constantiensem.
   Guidonem.
   Magistrum Guidonem.
   Magistrum Ivonem.
   Petrum.
   Dominum papam Innocentium.
   Magistrum Ulgerum.
   Balduinum.

Ad Clerum Senonensem.
  Romanos.
  Abbatem sancti Albani.
  Episcopum Rourensem.
  Reginam Jherosolimorum.
  Rogerum.
  Eundem.
  Dominum papam Innocentium.
  Eundem.
  Eundem.
  Eundem.
  Eundem.
  Eundem.
  Eundem.
  Tres episcopos Curie. Rom.
  Ludovicum.
  Eundem.
  Joslenum.
  Episcopum Suessionensem.
  Ildefonsum.
  Shephanum.
  Episcopum Suessionensem.
  Johannem.
  Ludovicum.
  Episcopnm Suessionensem.
  Petrum.
  Tres episcopos.
  Eosdem.
  Johannem.
  Herbertum.
  Dominum papam Celestinum.
  Totam curiam.
  Omnem curiam Romanam.
  Dominum Eugenium.
  Eundem.
  Eundem.

Ad Tholosanos.
  Episcopum & clerum Trecensem.
  Conradum.
  Dominum papam.
  Eundem.
  Eundem.
  Dominum papam Eugenium.
  Eundem,
  Bernardum.
  Dominum Eugenium.
  Eundem.
  Epistola domini Hyldeberti Tu-
    ronensis.
  Archiepiscopi ad Bernardum
    abbatem.
  Bernardi.
  Dominum papam Eugenium.
  Eundem.
  Eundem.
  Rualenum.
  Dominum papam Eugenium.
  Eundem.
  Eundem.
  Epistola Petri Cluniacensis ab-
    batis, ad Bernardum abbatem
    Clarevallis.
  Epistola Bernardi abbatis ad
    Eundem.
  Sygerium.
  Dominum papam Eugenium.
  Eundem.
  Comitem Theobaldum.
  Abbatem Cluniacensem.
  Dominum papam Eugenium.
  Abbatem trium fontium.
  Dominum papam Eugenium.

Ad Eundem.

Comitem Henricum.

Item domino pape pro Autisio dorensi negocio.

Abbati Brunoni.

Regi francorum Ludovico ju- niori pro electione Autisio- dorensi.

Domino pape pro fratribus.

Eundem.

Item ad eundem.

Andream.

Reginam Jherosolimorum.

(Liber sanctæ Mariæ Ursicampi.)

112 feuillets.

Ad Eugeniumi.

Petro de Cella Monacho qui transierat ad Claravallem.

Domino pape pro ecclesia.

Domino pape pro episcopo, Ce- nomannensi.

Domino Henrico cardinali.

Pro eodem domino Hostiensi.

Epistola domini Bernardi, ab- batis Clarevallis ad abbatem Premonstratensem.

Hybernienses.

[Prov. : St-Vaast.]

---

663. Glossa in Actus Apostolorum, Epistolas Ca- nonicas et Apocalypsim. — In-folio parvo. - vélin mince. - endommagé par l'humidité. - deux colonnes. - XIIIe siècle. - initiales ornées de miniatures. - titres courants en onciales rouges et bleues. - le premier est une réparation du XVe siècle.   [XIIIe siècle.]

Incipit : Lucas medicus Antiocensis, greci sermonis non ignarus, scripsit evangelium. Sectator Pauli & comes peregrinacionis ejus hoc aliud volumen edidit, quod titulo Actuum Apostolorum prenotatur, cujus hystoria usque ad biennium Roma commorantis *Pauli* pervenit, idest, usque ad quartum *Neronis* annum, ex quo intelligimus in eadem urbe librum esse compositum, &c.

121 feuillets.   [Prov. : St-Vaast.]

---

664. Glossa in Psalterium. — In-folio parvo qua- drato. - vélin mince. - deux colonnes. - tracé au crayon. XIIIe siècle. - vignettes. - initiales au vermillon et à l'outremer.   [XIIIe siècle.]

Incipit : Christus integer caput cum membris est materia hujus libri de qua agit propheta hoc modo, &c.

173 feuillets. [Prov. : St-Vaast.]

665. Armorial général de Flandres. — Collection de blasons coloriés, [xvII° siècle.]

Copie exécutée au XVII° siècle d'un manuscrit du XV°, comme l'indique le frontispice, où l'on voit les armes d'Eugène IV, pape, puis celles d'Antoine de Bourgogne, duc de Brabant, avec cette inscription : *Antonius Brabantiæ et Limburgi dux obiit anno christi 1405 in pralio Azincurtano, sub hoc duce hic liber fuit pictus et à Joanne Petro Tordreau extractus in ordinem alphabeticum. 1666.*

(3051 noms.)

179 feuillets. [Prov : St-Vaast.]

666. Généalogies italiennes. — In - folio papier.- écriture cursive du XVII° siècle. - blasons coloriés. - (par Ét. Le Pez, religieux de St-Vaast.) [xvII° siècle.]

Voici les noms :

Appiano.	Gotz.	Picolomini.
Aquaviva.	Grimaldi.	Pignatelli.
Aquitaine.	Guasco.	Rangone.
Arén.	Guidobagno.	Rossi.
Bentivoglio.	Iblin.	Rouvere.
Birraghi.	Landi.	Ruffo.
Branciforte.	Lombardie.	Saluces.
Caëtano.	Lusignan	Sangro.
Caretti.	Malatesti.	De la Schale.
Cibo.	Medicis.	Sfrondate.
Colalto.	Milino.	Sterza.
Colona.	Montefeltre.	Spinola.
Correglo.	Paleologue.	Tripoli.
Farnese.	Peralta.	Varano.
Gambacorto.	Pico-Pique.	Visconti.
Gesualdo.		

134 feuillets. [Prov. : St.-Vaast.]

667. Homeliæ Magistri Johannis de Abbatis villâ. — In-folio médiocri. - vélin de choix. - réglé au crayon. - deux colonnes. - XIIIᵉ siècle. - hastes montantes dans la première ligne de chaque colonne. - rubriques. - initiales bleues et rouges.   [xiiiᵉ siècle.]

Incipunt : Omelie magistri Johannis de Abbatis Villa. Sermo primus super epistolam : Dominica prima adventus domini : Cum sacro sancta Mater ecclesia, sancto premonstrante spiritu, non sine certarum causis rationum, sacre Scripture certas particiones, certis temporibus in missarum officiis deputasse noscatur, &c.

A la fin : Liber sancte Marie Ursicampi.

(Nombre des sermons : 117.)

144 feuillets.   [Prov. : St-Vaast]

668. Chronicorum manipulus. — In-folio médiocri. papier. - écriture du XVIIᵉ siècle.   [xviiᵉ siècle.]

Table des matières que contient le volume :

1° Chronica sive historia monasterii sancti Bertini ab Yperio concinnata.

2° Catalogus abbatum hujus monasterii

3° Chronicon fr. Andreæ Marchiennensis.

4° Abbatiæ sancti Martini Tornacensis.

5° Historia abbatum monasterii Henniacensis per R. D. Balduinum de Glen, ejusdem monasterii abbatem.

6° Compendium abbatum sancti Petri Gandensis.

Incipit : Chronica sive historia monasterii sancti Bertini.

Prologus primus est commendatio sanctorum Audomari atque Bertini.

In nomine patris & filii & spiritus sancti, missis in orbem terrarum apostolis & discipulis Domini predicare & testificari salutem, &c.

278 feuillets.   [Prov. :   ]

669. Chronologie des Papes. — Généalogies des maisons de Poitiers, d'Avesnes et d'Enghien, par

Jean de Launay.—In-folio médiocri. - papier. - cursive du XVIe siècle. - provenance de D. Le Pez.

[XVIe siècle.]

Incipit : Extrait en bref des papes de Rome. Sainct Pierre, premier pape, célébra sa première messe en Orient, en disant *Pater noster*, puis vint en Antioche, &c.

260 feuillets. [Prov. : St-Vaast.]

_____

670. Mariale, sive de Laudibus beatæ Mariæ Virginis.—In-folio parvo. - vélin commun. - réglé au crayon. - deux colonnes. - écriture négligée du XVe siècle. - lettre ornée au commencement. - initiales rouges et bleues. - rubriques. [XVe siècle.]

Incipit : In nomine sancte et individue Trinitatis incipit prefatio scriptoris in libellum qui intitulatur de laudibus beate Virginis.

Universis Christi fidelibus inspecturis oculo simplici presens opusculum, &c.

Au verso du dernier feuillet : Iste liber, qui mariale dicitur, vel de laudibus beatæ Mariæ, emptus fuit in octobri anno Domini millesimo quadragentesimo quinquagesimo nono de bonis Petri le Cordier, cujus animam Deus absolvat, et pertinet Celestinis beati Anthonii civitatis Ambiani ; et constitit decem scutis.

207 feuillets. [Prov. : St-Vaast.]

_____

671. Beati Gregorii in Job pars ultima. — In-folio parvo quadrato - vélin fort. - rayé au crayon. - longues lignes. - XIIe siècle. - rubriques - lettres ornées dans le style roman. - réparations faites au XIVe siècle. - le 1er feuillet est de cette dernière époque.

[XIIe siècle.]

Incipit : Jhesus Christus, in eo quod virtus et sapiencia Dei est, de patre ante tempora natus est, vel potius, quia nec cepit nasci nec desiit, dicamus verius semper natus.

104 feuillets. [Prov. : St-Vaast.]

_____

672. Copie des Cartulaires de La Brayelle et de Mareuil en Artois. — In-folio parvo. - papier. - XVII° siècle. - autographe de D. Le Pez.   [xvii° siècle.]

Sur la première garde . . . . . . In hoc volumine continentur :

1° Copia Cartularii abbatiæ sanctæ Mariæ de Braellà juxta Annay, 1204. - 1320.

2° Copia Cartularii Mareolensis prope Attrebatum, 1132. - 1290, exscribente D. Le Pez.

127 feuillets.   [Prov. : St-Vaast.]

---

673. Généalogie de la maison royale de Castille et de Léon. — In-folio. - papier. - écriture courante du XVII° siècle. - blasons coloriés. - provenant de D. Le Pez.   [xvii° siècle.]

183 feuillets.   [Prov. : St-Vaast.]

---

674. Lyranus in Actus Apostolorum et Epistolas Canonicas. — In-folio mediocri. - vélin de choix. - taché de bouc. - rayé au crayon. - écriture italienne du XIV° siècle. - titres-courants en onciales rouges et bleues.   [xiv° siècle.]

55 feuillets.   [Prov. : St-Vaast.]

---

675. Alberti magni opus naturalium. — In-folio parvo. - vélin commun. - deux colonnes. - rayé au crayon. - XV° siècle. - rubriques. - initiales rouges et bleues. - indication courante du numéro de chaque livre.   [xv° siècle.]

Incipit : Liber animalium duodecimus, qui est de causa membrorum consimilium et dissimilium et complexione ipsorum, cujus tractatus primus est de membris consimilibus et principalibus, &c.

298 feuillets   [Prov. : Saint-Vaast.]

---

676. De Religione, de Vitiis et Peccatis, de Legibus, &c. — In-folio papier. - écriture bâtarde du XVI⁰ siècle, très-fine. [XVI⁰ siècle.]

Cahier d'un cours de théologie.
Incipit : Questio 99ᵃ.
De superstitione.
351 feuillets. [Prov. : St-Vaast]

677. Chronicon Fanopinense (Phalempin) — ordre des Abbez du Mont-St-Éloy, avec un brief recueil de leurs faits plus illustres. — In-folio papier. - XVII⁰ siècle. - écriture de D. Ét. Le Pez, religieux de St-Vaast d'Arras. [XVII⁰ siècle.]

A la fin un index onomastique.
Incipit : Reverendo in Christo patri ac Domino D. Andreæ Minder Fanopino Abbati meritissimo frater franciscus Pictin, ejus Cænobii clericus regularis, felicitatem sempiternam exoptat.
Incipit : Pour mieux entendre et déclarer plus particulièrement l'institution et origine de cette maison, avec le progrès quy s'en est ensuivi, il sera besoin de reprendre l'histoire un peu plus haut, depuis le temps de saint Eloy et saint Vindicien, qui furent les premiers, &c.
106 feuillets. [Prov. : St-Vaast.]

678. Tragicomœdia de sancto Vedasto. — In-folio. - papier. - écriture cursive du XVI⁰ siècle. [XVI⁰ siècle.]

Incipit : Prologus.
Audite, procerum turma decora Atrebatium,
Audite, seu quis infula accingit comam
Astrea, seu quos nobiles ditat toga.
52 feuillets. [Prov. : St-Vaast.]

679. Passio Sanctorum Apostolorum. — In-folio médiocri quadrato. - vélin jaune. - réglé à la pointe sèche. - longues lignes. - XI° siècle. - rubriques.

[XI° siècle.]

Hic continentur :

Passio sanctorum apostolorum Petri & Pauli.

— sancti Jacobi apostoli, fratris beati Johannis.

— apostolorum sanctorum Symonis Cananæi et Judæ Zelotis.

Liber miraculorum beati Andreæ apostoli.

Assumptio sancti Johannis apostoli.

Sermo legendus in festivitate sancti Mathiæ apostoli.

40 feuillets. [Prov.: St-Vaast.]

680. Evangelium Lucæ cum glossis. — In-folio parvo. - vélin gratté, avarié. - tracé au crayon. - uno, deux et trois colonnes. - XIV° siècle. - vignettes. - titres courants en onciales alternées à la cendre bleue et au vermillon. [XIV° siècle.]

Incipit : Lucas, Syrus natione & Antiochenus, &c.

130 feuillets. [Prov. : St-Vaast.]

681. S. Gregorii Dialogorum libri IV. — In-folio parvo. - vélin gratté, sali. - feuillets inégaux. - tracé à la pointe. - longues lignes. - X° siècle. - têtes de livres en inscriptions. - capitales romaines au rouge de plomb. - rubriques en onciales romaines.

[X° siècle.]

Incipit : Liber primus dialogorum Gregorii papæ urbis Romæ.

Quadam die miseris quorumdam secularium tumultibus depressus, &c.

83 feuillets. [Prov. : St-Vaast.]

682. Chronique de Nicaise Ladam. — In-folio parvo. - papier. - écriture courante du XVIe siècle

[XVIe siècle.]

Commence à l'année 1524 : la chronique y est continuée jusqu'à l'année 1545.

Incipit : Prologue du second volume pour ce et ad cause que les choses commenchées à bonne intention, doibvent estre continuées, &c.

423 feuillets. [Prov. : St-Vaast.]

---

683. S. Augustini opera varia. — In-folio parvo.- vélin blanc. - léger. - deux colonnes. - XIVe siècle.- rubriques. - titres-courants au vermillon.

[XIVe siècle.]

Ce manuscrit contient les traités : de Trinitate. — Confessionum libri XIII. — De verâ religione. — Expositio super Genesin ad litteram.

Incipit : Epistola hieronimi ad Presidium diaconum. Hieronimus Presidio fratri salutem, &c.

Manque la fin.

255 feuillets. [Prov. : St-Vaast.]

---

684. Briefve doctrine chrestienne. — Les Enseignemens de St.-Augustin. — L'A B C des simples gens. — In-folio minimo. - papier. - longues lignes.- écriture lâchée du XVe siècle. [XVe siècle.]

Au milieu des enseignements est une pièce de trente vers français de l'écrivain ou de l'auteur, signée Anthoine Polet.

Incipit : Ceste briefve doctrine est ordené en espécial pour quatre manières de personnes, premièrement pour les simples curés et prestres qui se meslent de oïr confessions, item pour les simples personnes aultres, soient séculiers ou religieux, item pour les josnes escoliers, soient filz ou filles, item pour les personnes qui sont entre les malades, &c.

Incipit : Chieuls qui veule pourfiter en le coguoissance de son créateur, en bonne vie, il doit, etc.

Suit un sermon sur la prédestination, un autre sur la venue de l'ante-Christ et un troisième sur le jugement de Notre Seigneur Jésus-Christ (en français).

156 feuillets. [Prov. : St-Vaast.]

---

685. Petri de Tarentasiâ secundus liber sententiarum. — In-folio parvo. - vélin commun. - léger. - tracé au crayon. - deux colonnes. - XIVᵉ siècle. - écriture fine et négligée.-titres-courants en onciales bleues et rouges. [xivᵉ siècle.]

Une table des matières au commencement.
(les titres sont au nombre de 273).
Premier titre : Utrum creatio esse possit.
Incipit : Creationem rerum, &c.
87 feuillets. [Prov. : St-Vaast.]

---

686. Sikardi Summa juris canonici. — In-folio parvo. - vélin jaune. - léger et commun. - tracé au crayon. - longues lignes. - XIIIᵉ siècle. - écriture fine et négligée. - rubriques. [xiiiᵉ siècle.]

A la suite, un traité commençant par ces mots :
Potentissima pars est uniuscujusque rei principium; unde ad uniuscujusque rei plenariam notitiam frustra aspiratur, nisi causa et origine diligentius inquisita, &c.
78 feuillets. [Prov. : St-Vaast.]

---

687. Missale Atrebatense pro defunctis et festis majoribus. — In-folio parvo. - vélin grossier, jaune, transparent. - tracé au crayon. - longues lignes. - XVᵉ

siècle. - grande écriture gothique d'église, négligée. - grandes lettres au vermillon et à l'outremer.

[xvᵉ siècle.]

On lit à la fin :

L'an mil iiiᶜ & xxviii, ou mois de février, le xviiiᵉ jour, fu chieu messel ci fais et accomplis. Et le fist faire maistre Robert Le Roy, Escolastre et canonne de l'église Notre-Dame d'Arras.

44 feuillets. [Prov. : Cathéd. d'Arras.]

---

688. Ægidii Romani de regimine principum.— In-folio parvo. - vélin blanc. - tracé au crayon. - deux colonnes. - XIVᵉ siècle. - miniatures. - vignettes. - lettres ornées bleues et rouges. - rubriques.

[xivᵉ siècle.]

Incipit : Primus liber de regimine principum editus à fratre Egidio Romano ordinis fratrum heremitarum sancti Augustini, &c. Ex-regia ac sanctissima prosapia oriundo suo Domino spirituali, Domino Philippo primo genito et heredi preclarissimi viri Domini Philippi, Dei gracia illustrissimi regis francorum, suus devotus frater Egydius Romanus ordinis fratrum heremitarum sancti Augustini, etc.

151 feuillets. [Prov. : St-Vaast.]

---

689. Ordinarium Ecclesiæ Atrebatensis. — In-folio parvo. - papier. - tracé à l'encre noire. - deux colonnes. - XVᵉ siècle. - grande gothique d'église. - initiales festonnées rouges et bleues. - rubriques. - titres-courants au vermillon. [xvᵉ siècle.]

Sur la première garde on lit :

Che livre chy est à Sireich Ternisien, curé de Lens, et fut escript par le dit Sireich, en le maison de sire N. H. Daquet, canonne d'Arras, en l'an mil iiiiⁿ LXIJ.

327 feuillets. [Prov. : St-Vaast.]

690. Fr. Johannis Galensis Summa Collectionum —Dietarium.— Breviloquium de virtutibus principum ac philosophorum. — In-folio parvo.-vélin blanc.-tracé au crayon.-longues lignes.-XIVe siècle. -rubriques.-initiales rouges et bleues. [xive siècle.]

Incipit : Tabula hujus libri intitulatur communiloquium fratris Johannis Galensis. Cum collectionis hujus, que potest dici summa collectionum, sint vii partes, &c.

Incipit : Dietarium, Nunquid nosti ordinem celi et rationem ejus pones in terra. (Job.) Sicut Angelica ierarchia sive celestis spirituum celestium, &c.

Incipit : Breviloquium de virtutibus principum ac philosophorum editum à magistro Johanne Galensi, &c.

161 feuillets. [Prov. : St-Vaast.]

------

691. Sanctus Augustinus super psalmos à LI° ad LXXum.—In-folio quadrato.-vélin choisi.-tracé à la pointe.-deux colonnes.-Xe siècle.-initiales au rouge de plomb.-rubriques en onciales.-magnifique et bien conservé.-il a été écrit à St-Vaast. [xe siècle.]

114 feuillets. [Prov. : St-Vaast.]

------

692. Poésies de Jehan Molinet.—In-folio parvo.- papier.-écriture du XVIe siècle. [xvie siècle.]

Commence : S'ensuyt la robe de l'archiduc composée par maistre Jehan Molinet.

S'ensuyt un dictier, dudit Molinet, pour la nativité du duc Charles.

Les nœuf preux de gourmandise matrimonialle alliance entre les très-illustres enfans d'Austrice et les très-resplendissans enfans d'Espaigne, composée par Molinet, anno Domini 1456. S'ensuyt l'épitaphe de dame Ysabel, royne de Castille.

S'ensuyt le voyage du roy de Franche, Charles VIII de ce nom, quand il alla à Naples, composé également par Maistre Jehan

Molinet, avec cette dédicace : Jachoit ce, très haut et poissant prince, que la froide, merveilleuse, tranchante et angoisseuse bize ait converti mon encre en glace, ma plume en corne, et mon papier en pierre blanche, j'ai été tellement ratissié, pressé et agité par le Brun, votre archier de corps, porteur de ceste, que force m'a été de raresti les vollans de ung povre Molinet, qui tout est vostre, afin de le mestre en face du vent, pour le faire tourner et en tirer fleur ou farine, et a tellement exploitié qu'il a mollu, tamisié, bulleté et rimé sans avira soubz termes bestiaux et pretiques, ung voyaige de Naples achevé victorieusement puis naguères, à l'exaltation, gloire du très chrétien roi de Franche, Charles VIII de ce nom, lequel voyaige j'envoyai soubz la correction de vostre noble seigneurie, priant du plus humble endroit de mon cœur que, si il est aulcunement tourné à vostre déplaisir, il soit cassé, brisé et mis au feu avec les maulvaises monnoyes, et s'y n'y a que rebulter, je vous prie très humblement que en gré le veueilles recepvoir.

Les autres pièces sont :

La complainte de la mort de la ducesse Marie.

Ceux qui sont dignes d'estre aux nopces de la fille de le Dain.

Ung dictier poëtical ayant refrain; *en regardant la beauté de Vénus.*

Ballade touchant le voyaige d'Espaigne.

Le throne d'honneur.

La ressource du petit Peuple.

La nativité de Mademoiselle Lyonor d'Austrice.

La naissance du très illustre enfant Charles, archiduc d'Austrice, empereur eleu.

Les chansons de Molinet.

Le jeu de Palme.

La réconciliation de la ville de Gand.

Le présent d'un cat nommé Molinet.

La bataille des deux nobles déesses.

Le naufraige de la Pucelle.

Le siége d'Amours.

Le retour de madame Margueritte de France.

L'a b c Sauvaige.

Le débat de la char et poisson.

Le débat de l'aigle, du hareng et du lyon.

Dialogue du leu et du mouton.

Le débat du gendarme et de l'amoureux.

Le débat d'apvril et de may.

Le débat de trois nobles oyseaux, assavoir, le roitelet, le duc et le papegay.

A vénérable et cannonieuse personne Jo. de Visor, président de Papagosse.

A Monseigneur de Vorne.

A l'Empereur.

Le retour de monseigneur de Nanso, de Franche.

Canon.

Le trépas du duc Charles.

Canon.

Les cages du monde.

La letanie.

Le kalendrier.

Graces sans villonie.

La complainte de Regnomée.

Le trépas du duc Albert.

Œuvre de poeterie.

Les quatre vins franchois.

Pronostication.

Aultre pronostication.

Le donet bailliet au roy Loys douziesme.

Les lettres de Cretin envoyées à maystre Jehan Molinet.

Réponse aux lettres de Cret'n.

Réplique aux lettres de Molinet.

Le trépas de l'empereur Fédéricq.

Le testament de la Guerre.

Le temple de Mars.

Regrets et lamentations du roy de Castille.

Le mont Pélion dédié à Mahieu du Pré, religieux, et a la très noble et illustrissime maison du Mont-Saint-Éloy :

Depuis que dernièrement par la tienne adresse, mon très singulier et honorable amy, a mon retour de la tres clere et jolie ville de Lille, me fust presté logis, en la tres noble, bienheurée, illustrissime et ma-

gnifique (et de moy bien aimée) maison, la noble maison, abbaye et
renerable couvent du Mont-St-Eloy, où tu fais ta gracieuse retentine.
198 feuillets   [Prov. : St-Vaast.]

693. S. Ambrosii libri de Trinitate, cum episto-lis ejusdem.— In-folio parvo quadrato. - vélin jaune, fort. - tracé à la pointe. - longues lignes. - XIᵉ siècle. - grandes lettres ornées à la plume. - inscriptions en capitales, à l'encre, chargée de vert. - rubriques.

Voici les rubriques des lettres qui viennent après le traité :
   Liber Ambrosii de trinitate.
   Liber de spiritu sancto.
   Item epistola ejusdem contra hereticos.
   Item epistola ad Theodosium imperatorem.
   Item ad Valentinianum imperatorem.
   Item ad Valentinianum.
   Relatio Symachi prefecti.
   Item Ambrosius contra relationem.
   Item Ambrosius contra Auxentium.
   Item contra Auxentium.
   Item Alia.
54 feuillets.   [Prov. : St-Vaast]

694. Numerorum liber glossatus.— In-folio parvo. - vélin jaune, léger. - tracé au crayon. - trois colonnes. - le texte au milieu. - commencement du XIIIᵉ siècle. - grandes lettres romanes. - titres-courants alternés bleus et rouges.   [XIIIᵉ siècle.]

Sur le verso du premier feuillet est une table des chapitres.
Incipit : Locutus est Dominus ad Moysem in deserto Sinay (Gloss. Rab. Isidor. Augustin.)
90 feuillets.   [Prov. : St-Vaast.]

MBROSIO RELIHOSO SA
TERDOTI OMIPĪS DI · GRA
TIANUS AVGUSTVS;

Cupio valde quem recordor absentem.

expl epla

695. Sancti Augustini Tractatus in epistolâ sancti Johannis. — In-folio parvo quadrato. - vélin gratté, fort, gris. - tracé à la pointe. - longues lignes.- commencement du XIe siècle. - rubriques au rouge de plomb. - grandes lettres ornées à la plume. - têtes de livres en capitales mêlées d'onciales, par lignes alternées rouges et noires. [xie siècle.]

Sur la première garde on lit :

Fortunati Capitulo VIIII libri tertii de Pascha.

> Tempora florigero rutilans distenta sereno
> Et majore poli lumine porta patet.
> Altius ignivomum solem cœli orbita ducit,
> Qui vagus oceanas intrat & exit aquas.
> Armatis radiis elementa liquentia lustrans
> Adhuc nocte brevi tendit in orbe diem.
> Splendida sincerum producunt ethera vultum,
> Letitiamque suam sidera clara probant.
> Terra favens vario fundit munuscula fetu,
> Cum bene vernales reddidit annus opes,
> Mollia purpureum pingunt violaria campum,
> Prata virent herbis, emicat herba comis.
> Paulatim subeunt stillantia lumina florum,
> Arridentque oculis gramina vincta suis.
> Semine deposito lactans seges exilit arvis,
> Spondens agricolæ vincere posse famem.
> Caudice desecto lacrimat sua gaudia palmes,
> Unde merum tribuat dat modo vitis aquam.
> Cordeque dematris tenera lanugine surgens
> Præparat ad partum turgida gemma sinum.
> Tempore sub hiemis, foliorum crine revulso,
> Respirat viridans frondea terra, nemus,
> Myrta, salix, abies, corylus, siles, ulnus, acernus,
> Plaudet quæque suis arbor amœna comis.
> Construitur favos apes, hinc alvearia linquens
> Floribus increpitans poplite mella rapit.

Ad cantus revocatur avis, que carmine clauso
    Pigrior hiberno frigore muta fuit,
Hinc filomela suis adtemperat organa cannis,
    Fitque repercusso dulcior aura melo.
Ecce renascentis testatur gracia mundi
    Omnia cum domino dona redisse suo.
Namque triumphanti, post tristia tartara, Christo
    Undique fronde nemus, gramina flore favent.
Legibus inferni oppressis super astra meantem
    Laudant rite Deum, lux, polus, arva, fretum.
Qui crucifixus erat Deus, ecce per omnia regnat,
    Dantque creatori cuncta creata precem,
Salve, festa dies, toto venerabilis ævo,
    Qua deus infernum vicit & astra tenet,
Nobilitas anni mensum decus arma dierum
    Horarum splendor scripula puncta fovens.
Hinc tibi silva comis plaudit, hinc campus aristis,
    Hinc grates tacito palmites vitis agit;
Si tibi nunc avium resonant virgulta susurro,
    Has inter minimus passer amore cano:
Christe, salus rerum, bone conditor atque redemptor,
    Unica progenies ex deitate patris,
Æqualis concors socius cum, patre coevus,
    Quo sumpsit mundus principe principium.
Æthera suspendis, sola congeris, equora fundis
    Queque locis habitant, quo moderante, vigent.
Qui genus humanum cernens mersisse profundo
    Ut hominum eriperes es quoque factus homo,
Nec voluisti etenim tantum te corpore nasci,
    Sed caro que nasci pertulit atque mori,
Pollicitam sed redde fidem, precor, alma potestas,
    Tertia lux rediit, surge sepultus aquis.
Lintea tolle, precor, sudaria, linque sepulchra,
    Tu satis es nobis & sine te nihil est.
Solve catenatas inferni carceris umbras
    Et revoca sursum quicquid ad imaginem est
Redde tuam faciem, videant ut secula lumen,
    Redde diem, qui nos, te moriente, fugit.

Incipit sermo primus, ab eo, quod scriptum est, quod erat ab initio, quod audivimus & quod vidimus oculis nostris, & manus nostræ tractaverunt, de verbo vitae, usque, qui diligit fratrem suum, &c.
46 feuillets. [Prov. : St-Vaast.]

---

696. Gregorii Nazianzeni, — Johannis Chrysostomi et aliorum opuscula (latiné). — In-folio parvo. - vélin gratté, antique, assez blanc. - tracé à la pointe. - longues lignes. - commencement du Xᵉ siècle. - rubriques en petites capitales romaines, au rouge de plomb. [xᵉ siècle.]

Contient :

Apollogeticus Gregorii Nazianzeni.
Johannes Chrysostomus de cordis compunctione liber.
   Item de reparatione lapsi libri II.
   Item sermo de penitentia.
Liber sᵗⁱ Laurentii de duobus temporibus.
Epistola Augustini ad Jheronimum de origine anime.
Item rescriptum Jheronimi ad Augustinum.
Item Jheronimus ad Augustinum.
Item Augustinus Optato episcopo de origine anime.
Item Jheronimus de anima.
Incipit : Prefatio Rufini ad Apronianum. Proficiscenti mihi ex urbe magnopere mihi injungebas, fili carissime, ut tibi absens, etc.
106 feuillets. [Prov : St.-Vaast.]

---

697. La Rédemption, l'Annonciation, la Vie, la Passion, la Résurrection et la Vengeance de J.-C., mystères. — In-folio. - papier. - tracé au crayon. - deux colonnes. - écriture du XVᵉ siècle. - nombreuses images exécutées à la plume avec beaucoup de délicatesse et coloriées. - rubriques. [xvᵉ siècle.]

21.

Au bas du folio 2, on lit :

Titulus hujus libri : *Le Poste du Monde.*

Manque le premier feuillet. Cette première partie finit par ces mots :

JUSTICE.

> Puis qu'à mon Dieu a volu plaire
> De faire à l'homme tel secours,
> Jamais il ne m'en doit desplaire.
> Loé en soit il a toujours !

Cy après est l'ammonition comment l'angle Gabriel vint en la cité de Nazareth à la vierge Marie,

> Quant du salut le salua
> En disant *Ave Maria,* &c.

Cy fine la première partie.

— —

Cy presche saint Jehan-Baptiste vestu de la peau d'un camel, et est le commencement de la IIᵉ journée, et dit :

Penitentiam agite, appropinquavit enim regnum celorum.

> Mes amis, qui devez entendre
> A vostre sauvement trouver,
> Pensés de bonnes muers à prendre,
> Affin qu'on ne vous puist reprendre
> Des vices qui font à blasmer, &c.

Cy fine la IIᵉ journée.

Cy après est le prologue de la IIIᵉ journée, ouquel est comprinse la matère de la passion tout entièrement, & commence ainsi le prescheur :

Circundederunt me gemitus mortis, dolores inferni circundederunt me :

> Dévotes gens, pour notre ouvrage
> Et le fruit de no labourage
> Messonner plus licitement,
> S'il vous plest, au commencement
> De ce jour cy, sans plus d'espasse,
> Vers la trésorière de grâce
> Humblement nous retournerons
> Et le bel salut lui donrons,
> Que Gabriel lui présenta,
> Quant il dist *Ave Maria.*

— —

Circundederunt me dolores mortis.

> Hélas! hélas! dévotes gens,
> D'entendre soiez diligens
> Les motz représentans destresse,
> Pleurs, gémissemens & tristesse.
> Oez la parolle dolente,
> Que notre saulveur nous présente
> Parmi la bouche d'Ysaye,
> Qui le nous dist, par prophétie.
> Il n'est nul cuer, et fust de marbre,
> Plus dur à ploier qu'un gros arbre,
> Se ces motz cy ot regehir,
> Qui plorer ne doive & gémir.
> Ce sont les motz d'affliccion
> De pleurs, de lamentacion,
> Ce sont les motz de desconfort ;
> Car ils nous présentent la mort
> De Dieu notre souverain père,
> Qui voult naistre de Vierge mère ;
> Et les motz qu'aleguiez vous ay,
> En françois les exposeray ;
> Dieus les nous dist & magnifeste
> Par Ysaye le prophète.

Circundederunt me dolores mortis.

> Les griefves doleurs de la mort
> M'ont avironné dur & fort ;
> Et certes il dist vérité ;
> Car par grant inhumanité
> Et par faute d'entendement,
> Les Juifz moult honteusement
> Notre sauveur en croix pendirent,
> Et estroitement estendirent,
> Au jour du benoist vendredi,
> Et tant que l'esprit en rendi.
> Et aujord'huy le monstrerons

En no jeu, au mieulx que porrons,
Selonc la rieulle & les droitures,
Monstrées par les Escriptures.
Vous verres, se vous faites paix,
Le grant & le doloreux fais,
Que notre doulz Seigneur porta,
Quant en la croix se présenta
Oblacion divine et pure,
Immaculée, sans ordure,
En laquelle pour les humains,
Volt estre cloeez pies & mains
Et souffrir de sa volonté
Soy percier le dextre costé;
Avec la persécucion
De sa dolente passion,
Verrez maint vertueux signacle
Maint bel & glorieux miracle,
Qui par moy ne seroient comptés.
Car, se no jeu bien entendes,
Vous en verrez entièrement
D'iceulx le propre expériment,
Si entendez bien aux parolles.
Car point ne sont vaines, ne folles,
Mais touchent, sans abusion,
Chascun à sa salvacion;
Or commenciez à ce bout là,
Au nom de Dieu qui tout créa,
A qui soient faictes loenges,
De tout genre humain et des angles.

Explicit la IIIe journée. ——
S'ensieut la resurrection de nostre Seigneur Jhesucrist.

LE PRESCHEUR.

Surrexit dominus veré. (Math. ultimo).

Bonnes gens, très bien vous sçavez,
Ou au mains sçavoir le devez,
Que l'omme qui labeure ou euvre
Et en œuvrant commence ung euvre,

S'il ne mainne à conclusion
Son euvre et opéracion ,
Son labour petit lui profitte,
Et guières n'acquiert de mérite.
S'en ce monde cy tant viviesmes
Qu'adez bien faire voulsissièmes
Et en la fin tout tout nostre affaire,
Se voulsit tourner à malfaire,
Peu nous vauldroient les bienfais,
Qu'en no vivant ariesmes fais,
Pour ce, s'en vivant bien faisons ,
En la fin ne nous deffaisons.
Car ceulx, qu'en vivant bien feront
Et puis en la fin mesferont,
Telle comme leur fin sera,
Leur fin tel loyer leur fera.
Mes bonnes gens, entendes cy
Je vous ay proposé cecy,
Pour ce que commencier avons
Ung œuvre que mener volons
A bonne fin et convenable,
Deue, licite & raisonnable,
Pour ce grand meschief éviter,
Que m'avez oy réciter,
Selon ung proverbe, qu'on dit
Que souvent treuve on en escript :
Celui, qui sert et ne parsert,
Souventes fois son loyer pert.
Et, pour ceste œuvre definer
En bien, il nous faut incliner
Vers la dame saincte et entière,
Qui est de grace trésorière,
Que, par son très digne plaisir,
Elle nous veulle eslargir,
Affin que mieux finer puissions
L'œuvre que commenciez avons.
Et, affin que plus volontaire

Soit de nous ceste grace faire,
Présentons lui le beau salut,
Qui tant proffitta et valut,
Que Gabriel lui présenta,
Quant lui dist *Ave Maria.*

Finit ainsi :

LE PRESCHEUR.

Bonnes gens, vous avez véu,
Se bien y avez entendu,
De bout à aultre la matère,
Dont nous avons fait no mistère.
Si puis bien dire et alléguier
Ce que je dis au jour prémier :

A summo celo egressio ejus est, occursus ejus usque ad summum ejus.

Du souverain de tous les cieulx
Venra Dieu en nature humaine ;
Puis après, vray homme et vray Dieux
S'en rira en son hault demaine ;
Et ce theume en deux je party
Et alléguay par ce party :

A summo celo egressio ejus.

Du souverain de tous les cieulx
Venra en terre le vray Dieux,
Cela fut pour le jour premier ;
Et vecy pour le derrenier,

Et occursus ejus usque ad summum ejus.

Et de la région humaine
S'en rira en son hault demaine,
Nous l'avons aujourd'huy monstré ;
Car Dieu en sa gloire est monté,
Humanité glorifiée
Est en luy et déifiée.
Dieu homme né de vierge mère,
Siet à la dextre de son père.
Dieu aime bien nature humaine,
Qui le fait de lui si prochaine,

Que Dieu et homme ensemble sont.
Dieu et homme ensemble seront
En perpétuelle amitié,
En une perpétuité :
C'est une parfaite union
Point n'y a de distinction ;
Car, si comme le char et l'âme
Qui doit estre du corps la dame,
Font un homme tant seulement,
Aussi dis-je pareillement
Que Dieu et homme est un seul Crist,
Si comme Hanastasse l'escript.
Or doncques puisqu'il est ainsi
Que Jesu-Christ nous aime sy
Qu'il veulle mettre nostre nature
En la gloire qui tousjours dure,
C'est la gloire qui est lassus,
Ordennée pour les eslus,
Grands grâces lui en devons rendre
Et nous bien garder de mesprendre
Envers sa royal Majesté,
Qui est, sera et a esté.
D'ores en avant euvres faisons
Dont sa grâce acquérir puissons ;
Servons le ; nous ferons que sage,
Nous n'y recepvrons nul dommage ;
Mais en grant contemplation,
En la montaigne de Syon,
Nous arons la félicité
De voir sa saincte déité,
Qui est la joye placitive
Et la gloire contemplative,
Que Dieu donne à ses bien curez,
Lesquels il a tant honourez,
Que d'auréoles glorieuses
Et de couronnes précieuses
Il a décoré haultement,

En son glorieux firmament.

Si faisons tant par nos mérites

Que nos ames soient eslictes,

Pour parvenir aux haultains biens,

Qu'il a ordonné pour les siens.

Dieu le veuille par sa bonté,

Qui vit et règne en trinité,

Et toujours sans fin régnera

In seculorum secula.   Amen.

S'ensieut la vengence de notre Seigneur Jhesucrist faicte sur les juifz par Vaspasien & Titus (en trois journées).

Principes convenerunt in unum adversus Dominum et adversus Christum ejus. etc.

Ou nom de Dieu, no créateur,

Notre souverain rédempteur,

Qui, pour notre salvacion,

Endura mort & passion,

Sommes venus présentement,

Pour remonstrer évidamment,

Par exemples & par personnages,

Les grans pertes & les dommages

Et l'orrible exécucion,

Qui fut après la passion

De notre sauveur Jhesucrist

Sur tout le peuple des juifz ;

Et comment, par leurs grans peschiez,

Furent mors, vendus, exilliez,

En espécial pour la mort

Du doulz Jesu qui par grant tort

Fu mis en croix & par envie ;

Et pourtant toute la lignie

Des juifz est mise en exil,

En povreté et en péril,

Subjecte à toutes nations.

De plusieurs malédiccions

Sont aujourduy juifz servi,

Ainsi que bien l'ont desservi.
Chascun scet qu'il est vérité,
Pourtant n'est ja nécessité
Que je vous tiengue longuement
Quant à ce point tant seullement,
A mon theume retourneray
Et assez brief l'exposeray.
Pour vous faire un petit entendre,
A quelle fin volons contendre.
A la fin :
C'est la vengance Jhésu Christ,
Laquelle composa et fist
Un clerc moult bien recommandé.
S'eult dampt Ustasse Marcadé
A nom, et docteur en décret,
Moult sage fut, et moult discret,
Bachelier en théologie,
Et official de Corbie,
En son temps, et sans nez I blasme
Penser. Priez Dieu pour son âme

———

Cy s'ensieut la table, où sont les noms des personnages de la vengence Jhésu Christ mis par ordonnance et chascune ville à par luy.
Suit la table des acteurs, sans compter les personnages muets.

ET PREMIER PARADIS.

Dieu le père.	Vriel, angle.
Gabriel, angle.	

ROMME.

Tybère, empereur.	Othe, prince romain.
Gaie, nepveu à Tybère.	Vitelle, prince romain.
Claude, chevalier	Maurice, ch[lier] et capit[aine] de Romme.
Néron, chevalier.	Porphire, chevalier.
Galbe servius.	Pisson, chevalier à Galbe.

LES SÉNATEURS ET DOCTEURS DE ROMME.

Valère, sénateur.	Quintilien, sénateur.
Senecque, docteur.	Claudien, chevalier.

Titus Livius, sénateur.
Alpin, sénateur.
Bocace, docteur.
Orace, docteur.
Juvénal, docteur.

Ovide, docteur.
Térence, docteur.
Maximien, docteur.
Lucain, docteur.

LA MAISNIE DES SÉNATEURS ET EMPEREURS.

Fabien, secrétaire à Valère.
Harpin, huissier d'armes.
Despart, escuier à Maurice.
Le tourier de Romme.
Valentin, escuier à Gaie.
Le hérault de Romme.
Jaspar, escuier à Claude.
Melcior, escuier à Néron.
Ruffin, escuier à Othe.
Crespin, escuier à Othe.

Léonce, escuier à Vitelle.
Gentilien, clerc à Maurice.
Le sergent de Romme.
Jhérusalem.
Pilate, prevost.
Josephus, duc et capitaine.
Anne, prince de la loy.
Cayphe, prince de la loy.
Zorobabel, prince des prestres.
Gamaliel, prince.

LES CHEVALIERS DE JHÉRUSALEM.

Centurion.
Mételle.
Emillion,
Marcus Anthoine.
Antigonus.
Syméon.
Les gardes du temple.
Ysacar.
Ysmaël.
Véronne.
La femme Pilate.
La femme grosse.
L'ancienne dame.
La tierce femme.
Hommes de mestiers.
Eliachin.
Nacor.
Sadoc.

Sabin, clerc à Pilate.
Jheseus, fol, fils à Nany.
Le pelerin de Jhérusalem.
Joletrin, messagier à Pilate.
Picavet, messagier à Cayphe.
Lancins, }
Carins, } enfans de Syméon.
Joseph, chevalier d'Arimathie.
Josias, escuier à Josephus.
Jonaspère.
Jaffet, capitaine.
Judas, chevalier juifz.
Jacob, escuier.
Daniel, escuier.
Ermenie.
Le roy d'Ermenie.
Floridas, chevalier.
Le connestable du roy.

Athaines.

Palamèdes, duc.

Ephèze.

Dyomèdes, duc.

Espaigne.

Vaspasien, duc.

Titus, son filz, chevalier.

Ferrandon, chevalier.

Polidamas, chevalier.

Rodigon, chevalier.

Albert, secrétaire à Vaspasien.

Godifer, escuier à Titus.

Rifflart, escuier à Titus.

Le hérault de Vaspasien.

Naurmart, bouriel.

Maistre Alphonse.

Le second médecin.

Le laboureur.

Sirie.

Floris, prevost.

Piollet, messagier.

Lyon sur le Rosne.

Le bailly.

Le sergent.

Infer.

Lucifer.

Sathan.

Burgibus,

Baracus.

Aggrappart.

Gorgorant.

Fargabus.

Molocus.

Le diavlot.

Le prescheur.

A la fin cette note :

Le meneur du jeu, le marchant des juifs.

Somme de ces personnages cy-devant escriptz, tous parlans, cent et nœuf. Il en fault bien deux cents qui ne parlent point, pour faire les armées et peuples des villes.

Au folio 315, même écriture que celle du manuscrit, DUVAL.

484 feuillets. [Prov. : St-Vaast.]

___

698. Bedæ expositio Evangelii secundum Lucam.

—In-folio parvo. - vélin gratté, antique. - tracé à la pointe. - longues lignes. - Xe siècle. - têtes de livre en capitales romaines par lignes alternées rouges et noires. - rubriques au rouge de plomb.   [Xe siècle.]

Commence par une table dont les premiers feuillets ont été enlevés.

148 feuillets. [Prov. : St-Vaast.]

___

699. Amalarius de Officiis Ecclesiæ. — In-folio

mediocri. - vélin antique, blanc et jaune. - tracé à la

pointe. - longues lignes. - IXe siècle. - rubriques en petites capitales, au rouge de plomb. - initiales romaines rouges. - une grande lettre byzantine au premier feuillet. [ɪxᵉ siècle.]

Les premiers feuillets sont à peine lisibles—le rouge des rubriques est passé—l'encre noire est tombée.

Incipit : Officialis liber. Gloriosissime imperator et magnificentissime ac centies invictissime, &c.

115 feuillets. [Prov. : St-Vaast.]

700. S. Augustini Sermones de Evangeliis. — Tractatus de Doctrinâ Christianâ.—In-folio minori. - vélin antique, jaune et gris. - tracé à la pointe. - deux colonnes. - IXe siècle. [ɪxᵉ siècle.]

Manque le commencement.

Cette première partie du manuscrit finit avec un sermon numéroté XXXIII — manque la fin.

125 feuillets. [Prov. : St-Vaast.]

701. Anselmus Super Matthæo. — Idem de Passione. — In-folio parvo. - vélin blanc, épais. - tracé au crayon. - longues lignes. - commencement du XIIIᵉ siècle. - sans rubriques ni ornements. [xɪɪɪᵉ siècle.]

Commence sur le verso du folio primo par une exposition mystique et symbolique de l'Eucharistie.

Sur le recto du dernier feuillet, de la même main que celle du manuscrit : De Matre et Materteris et Consobrinis Matris D. N. J. C.

Nupserat Anna viris.	Tribus, hos si nosse requiris,
Hic manifestatur	Quo nomine quisque vocatur.
Quod Joachim scimus,	Hanc duxit in ordine primus.
Hanc Cleophas duxit	Salome que postea nupsit.
Nostis nempe piam	Joachim genuisse Mariam.
Post Joachim sane	Cleophas conjungitur Anne.

Filia tunc alia	Fuit illi dicta Maria.
Post Cleopham tandem	Salomas sibi Junxit eamdem.
De qua mox aliam	Conceperat Anna Mariam,
Filia prima datur	Joseph à quo virgo regatur.
In qua salvator	Fit homo mundique creator.
Alpheus meche	Sociatur nempe Marie.
Unde fuit natus	Jacobus, justus vocitatus.
Tertia judeo	Desponsatur Zebedeo.
Illi Jacobum vere	Fratremque suum genuere.
88 feuillets.	[Prov. : St-Vaast.]

702. **Collectæ et preces ad usum Vedastensis ecclesiæ.** — In-folio parvo. - vélin blanc et fort. - tracé au crayon. - longues lignes. - XIVe siècle. - grandes lettres en miniature sur fond d'or. - initiales festonnées au vermillon et à l'outremer. - rubriques. - plainchant. [XIVe siècle.]

Une table au commencement, suivie d'un calendrier.
La première rubrique : Ad exponendum S. Vedastum.
105 feuillets. [Prov. : St-Vaast.]

703. **Ricardi de Sto Victore opuscula.** — In-folio parvo. - vélin blanc. - tracé au crayon. - deux colonnes. - XIIIe siècle. - vignettes. - initiales rouges et bleues. - dessins allégoriques à la plume et coloriés. - titres courants en onciales rouges et bleues. - rubriques. [XIIIe siècle.]

Contient :
De Trinitate.
De homine interiore.
De contemplatione quæ alio nomine dicitur Benjamin.
Ezechielis de visione.
111 feuillets. [Prov. : St-Vaast.]

704. Le roman de Amys et Amille.— In-folio minimo. — papier. — écriture du XVᵉ siècle. — miniatures grossièrement exécutées. [XVᵉ siècle]

Manque le premier feuillet.

A la fin est une adoration de la Vierge, deux personnages agenouillés, avec ces noms au-dessous : *Jean de Froimon, — Pierrone Seuleuse.*

Finit ainsi :

Moult fu Joians ly contes et sa moullier oussy,
Quant cascuns de eux deux a le preudomme oy.
Ses briefs fist sceller, sans faire nul détry,
Sy a mandé ses hommes, qui tenoient de luy,
Les preudommes, qui sont ses plus loiaulx amy ;
Et quant furent venu ou castel seignoury,
Moult fut joians cascuns, quant la chose entendy
Que ly contes Gérars ot fruit engenuy,
Qui, après luy, tenroit le païs, sans détry,
Et sur tous en fist joye Renier au poil floury,
Quy tenoit quitement Vautamis desoubz luy.
Aussy fist Erembours, sa femme au cors jolly.
On baptisa l'enfant, auquel, sans nul détry,
Vault donner non Renier cilz quy tient Vautamy.
Mais, en celle prope heure, des sains chieulx descendy
Ung angle, quy ung brief au saint homme tendy.
L'arcevesque le lut. Quant la chose entendy,
Il dist, signeur baron, entendes envers my,
Dieux vous mande par moy, je suis quy le vous dy,
Qu'ils voelt que chieulx enfes, que véés droit droichy
Ait à non Jourdenet, ou baptesme de luy,
Et sy mande par moy, s'on a l'enfant chiery,
C'on le baille à Renier, le viel au poil floury
Et sa femme Erembourg, qui maint mal en souffry.
Car mestier en aront, sachiez chertain de fy.
Mais, pour l'amour de Dieu & de le vierge oussy,
Voellies moy pardonner, se plus avant n'en dy.
Prions à Dieu trestous de nos peschiez merchy,
Qu'il nous otroit sa gloire, quant nous serons feny. Amen.

Explicit : Le romant de Amys & Amille, fait & escript le XIII de décembre, l'an mille IIII^c & LXV. et l'escript Henry Riet, boullegier, demourant Aras, en le paroisse Sainte-Croix, ou gardin de Saint-Vaast.   **Henry RIET.**

199 feuillets. ———   [Prov. : St-Vaast.]

705. Expositio Evangelii secundum Johannem.— In-folio minimo. - vélin très-commun, jaune, léger. - feuillets inégaux. - tracé au crayon. - deux colonnes.- XIVe siècle. - initiales rouges et bleues. - titres-courants. - onciales rouges et bleues.   [XIVe siècle.]

Incipit : Facies aquile desuper ipsorum quatuor.

Manque la fin. — Le volume s'arrête au milieu de l'exposition, sur le chapitre 21.

Sur la dernière garde, écriture du XVe siècle :

> Qui plus haut monte qui ne doit,
> De plus haut quiet qui ne vorroit. — T. Lyre l'a fait.

61 feuillets. ———   [Prov.: St-Vaast.]

706. Discipuli Sermones de sanctis.— In-folio minimo. - papier. - deux colonnes. - XVe siècle. - écriture italienne courante. - initiales rouges.   [XVe siècle.]

Au recto du folio secundo : Incipit registrum hujus operis in ordine alphabeti, &c.

Incipiunt sermones pernotabiles Discipuli de sanctis per anni circulum.

(Nombre des sermons : 48, entre autres) :

1° Sermo generalis de sanctis.
2° De sancto Andreâ.
3° De Eodem.
4° De sancto Nicholao, &c.

97 feuillets. ———   [Prov. : St-Vaast.]

707. Psalmi David cum glossâ.—In-folio minimo, très-beau vélin blanc et fort. — tracé à la pointe. - longues lignes. - les gloses dans les marges. - XIIe siècle. - grandes lettres peintes dans le style roman. - initiales bleues, rouges et vertes. - rubriques.

[XIIe siècle.]

Sur la première garde :

Anno domini millesimo quadringentesimo LXXIII° venerabilis magister Johannes Pochon, in artibus magister, hujus venerabilis ecclesie Attrebatensis canonicus, dedit et legavit hunc librum fabrice ejusdem ecclesie Attrebatensi.

77 feuillets.   (Prov. : Cathéd. d'Arras.)

---

708. Sancti Anselmi Meditationes. — In-quarto magno. - vélin blanc. - tracé à l'encre pourpre. - longues lignes. - XVe siècle. - grande gothique.- vignettes. - rubriques.

[XVe siècle]

Incipit : Prologus operis sequentis. Rationes sive meditationes que subscripte sunt.

90 feuillets.   (Prov. : St-Vaast.)

---

709. Johannis Oris Aurei interpretatio Evangeliorum.—Sixti Sententiæ.—In-quarto oblong.-vélin gratté. taché de jaune. - tracé à la pointe. - deux colonnes. - Xe siècle. - initiales capitales romaines.- têtes de livres en petites capitales mêlées d'onciales.

[xe siècle.]

Sur le premier feuillet, endommagé par le frottement, on lit: Johannis papæ urbis Romæ qui dicitur os aureum. — Suit une table des chapitres au recto du folio 2. — Viennent ensuite une exposition de la messe, des oraisons, des prières, &c., puis un dialogue entre

Epictète et Adrien. — Un traité de conduite chrétienne à l'usage des gens du monde (sans nom d'auteur), divisé en trois livres.

Incipit : Interpretatio evangeliorum. Et à transmigratione Babilonis generationes sunt quattuordecim, &c.

Explicit : Liber os aureum.

Incipit : Prefacio Rufini presbiteri. Scio quià, sicut grex ad vocem proprii pastoris libenter accurrit, ità et religiosus auditor vernaculi doctoris commonitionibus gaudet. quià ergo, carissime fili Apromane religiosa filia mea, soror jam in Christo tua, poposcerat à me ut ei aliquid, quod legeret et tale componerem, ubi neque laboraret intellegendo, aperto et satis plano sermone, Sixtum in latinum verti, &c.

195 feuillets.   [Prov. St-Vaast.]

---

710. Concordantiæ Veteris et Novi Testamenti. —

In-quarto magno. - vélin jaune, léger. - tracé au crayon. - cinq colonnes. - XIVᵉ siècle.   [xivᵉ siècle.]

Les neuf premiers feuillets sont occupés par une table analytique des chapitres de l'Ancien Testament.

307 feuillets.   [Prov. : St-Vaast.]

---

711. Gregorii Moralia in Job. — In-quarto maximo.

- vélin blanc, léger. - tracé au crayon. - deux colonnes. - XIIIᵉ siècle. - cursive très-soignée et très-fine. - vignettes. - rubriques.   [xiiiᵉ siècle.]

Incipit : Proëmium beati Gregorii pape urbis Rome in expositione Job :

Dudum te, frater karissime, in Constantinopolitana urbe cognoscens.

253 feuillets.   [Prov. : St-Vaast.]

---

712. Missale. — In-quarto. - vélin gris, sale. - XVIᵉ

siècle. - plain-chant noté.   [xviᵉ siècle.]

74 feuillets.   [Prov. : St-Vaast.]

22

713. De Litterariis puerorum lusibus, seu de infantibus animi nugantis et otiosi quisquiliis infantilis et otiosa synopsis.—In-quarto. - papier. - écriture du XVIIIe siècle. - ouvrage composé sous le pseudonyme de *Chronapoleo.*   [XVIIIe siècle.]

A la première page au-dessous du titre :

Si vis scire, meum, lector, cur nomen omisi,
Accipe : sic egi ductus amore mei.
Dedecet his etenim consumere tempora nugis,
Nec sibi qui scribit talia nomen habet.
Verius at vero si vis pro nomine nomen :
Hoc mihi de græcis fontibus ipse dedi.

                Chronapoleo F. J. J. P. O. P. (Pronville.)

228 feuillets.   [Prov. : Acad. d'Arras.]

714. Rev. Patris Roberti Politiani Sermones.—In-quarto. - papier. - écriture cursive de la fin du XVIe siècle.   [XVIe siècle.]

(Nombre des sermons : 74, entr'autres) :

Dominica quinquagesime contra bacchanalia oratio.
Oratio de nativitate Beate Marie Virginis.
Oratio de antiquitate ecclesie catholice.
De causa calamitatum & miseriarum hujus temporis oratio ad exules.

633 feuillets.   [Prov. : St-Vaast.]

715. Sancti Gregorii Dialogi. — In-folio parvo. - vélin fort, gratté, poncé, gris. - tracé à la pointe. - longues lignes. - XIe siècle. - grandes lettres ornées rouges et vertes. - rubriques en petites capitales.

                [XIe siècle.]

Incipit : Quadam die nimis quorumdam secularium tumultibus depressus, &c.

finit : Et fidenter dico quia salutari hostia post mortem non indi-
gebimus, si, ante mortem, Deo hostia ipsi fuerimus.

46 feuillets.   [Prov. : St-Eloi.]

716. Defensio ecclesiasticæ Hierarchiæ. — In-folio minimo. - vélin blanc. - tracé au crayon. - deux colonnes. - XIVe siècle. - rubriques. - initiales rouges et bleues.   [xive siècle.]

La fin du prologue a été enlevée. — L'ouvrage se termine au cinquième livre. — Suit un autre traité dont le commencement a été enlevé.

Incipit : Collectio catholice canonico Scripture, ad defensionem
ecclesiastice ierarchie, contra pseudopredicatores, et ad instructionem
et preparationem simplicium fidelium Christi, contra pericula immi-
nentia ecclesie generali, per ypocritas pseudopredicatores & penetrantes
domos, ociosos, curiosos et gerovagos. Sapientiam antiquorum, etc.

III feuillets.   [Prov. : St-Vaast.]

717. Sancti Hieronymi Epistolæ. — In-folio mini-mo. - vélin gratté, fort, de toutes les teintes, gris, jaune, blanc. - tracé au crayon. - longues lignes. - XVe siècle. - écriture italienne, renaissance. - une grande lettre miniature. - initiales.   [xve siècle.]

Sur le premier feuillet :

Ex dono Magistri Francisci de Rauchicourt, archidiaconi Ostrevanensis.

Incipit : Beatissimo pape Damaso Ieronimus : Origenes, cum in ceteris libris omnes vicerit, in cantica canticorum, &c.

Quomodo didicimus per Moysen esse quedam non solum sancta sed
et sancta sanctorum, &c.

Item ad Damasum de hoc nomine osanna et ejus interpretatione :

Multi super hoc sermonem diversa finxerunt, &c.

Importuna in Evangelio mulier tandem meruit audiri, et clauso cum
sermonis ostio, media licet nocte, ab amico panes, &c.

Ad Damasum papam de duobus evangelicis fratribus, quorum alter prodigus erat : Beatitudinis tue interrogatio disputatio fuit, &c.

Domino karissimo et desiderantissimo et honorando, fratri Hieronimo Augustinus

Domino vero sancto et beatissimo pape Augustino Hieronimus in Christo salutem.

Domino vere sancto et beatissimo pape Augustino, Hieronimus in Christo salutem.

Domino beatissimo et merito venerando fratri et comsacerdoti Presidio Augustinus in domino salutem.

Domino dilectissimo et cultu sincerissimo caritatis obsequendo atque amplectendo fratri et compresbytero Hyeronimo, Augustinus : numquam tam facile quisquam cuilibet innotuit, &c.

Domino vere sancto, & beatissimo pape Augustino Hyeronimus : Crebras ad me epistolas dirigis, & sepe compellis ut respondeam cuidam epistole tue.

Domino vere sancto & beatissimo pape Augustino, Hyeronimus : Tres simul epistolas in uno libello per dyaconum Ciprianum tue dignationis accepi, &c.

Quod ad te scripsi, honorande michi in christo, frater Hieronime, querens que de anima humana, si nascentibus singulis nove singule nunc usque fiant, ubi peccati vinculum contrahant.

Venerabili pape Augustino Jeronimus. Virum fratrem nostrum, filium dignacionis tue Orosium presbiterum & sui merito & te jubente suscepi.

Domini Hieronimi adversus Jovinianum liber secundus.

D. Hyeronimus ad Marcellam de quatuor quæstionibus : Magnis nos provocas questionibus, et torpens ocio ingenium, dum interrogas. doces.

Hyeronimus Marcellæ : Nuper cum pariter essemus, non per epistolam, ut ante consueveras, sed presens ipsa quæsisti quid ea verba que ex hebreo, &c.

Post priorem epistolam, in qua de hebreis verbis pauca perstrinxeram, ad me repente perlatum est.

Ut absenciam corporum spiritus confabulacione solemur facit unus quisque quod prevalet.

Ambrosius, quo cartas, sumptus, notario ministrante, tam admirabiles libros vere Adamantius, & Chalcenterus noster explicavit, &c.

Epistolare officium est de re familiari aut de cottidiana conversa-
cione aliquid Scribere & quodam modo absentes inter se presentes
feri, dum mutuo quid velint aut gestum sit annuncient.

Beatus pamphilus martir, cujus vitam Eusebius Cesariensis episcopus
tribus ferme voluminibus explicavit.

Ut tam parvam epistolam scriberem cause duplicis fuit, quod et tabel-
larius festinabat et ego alio opere detentus.

Nudius tercius cum centesimum decimum octavum psalmum tibi
insinuare conarer et dicerem omnem moralem locum in eo esse com-
prehensum.

Retulit michi quidam frater e gallia se habere sororem virginem.

Primum vos scire cupio, soror et filia, me, &c.

65 feuillets.   [Prov. : Cathéd. d'Arras.]

718. Antiphonarium et Breviarium Ecclesiæ Atrebatensis. — In-folio. - vélin gratté, jaune. - tracé au crayon. - longues lignes. - musique et écriture du XIIIe siècle. - initiales ornées rouges, bleues et vertes. -rubriques. - les derniers feuillets, tracés sur deux colonnes, sont une addition postérieure.

[XIIIe siècle.]

80 feuillets.   [Prov. : Cathéd. d'Arras.]

719. Quartus liber Sententiarum. — In-folio mi- nimo. - vélin commun, léger. - tracé au crayon. - deux colonnes. - écriture très-négligée du commencement du XIVe siècle. - rubriques. - initiales bleues et rouges.

[XIVe siècle.]

Commence par une table des questions.

Incipit : Quid sit sacramentum, quid signum, quo differant signum et
sacramentum.

62 feuillets.   [Prov. : St-Vaast.]

**720. Fratr. Guiberti Tractatus de Pace — Ser.
mones pro festis sanctorum.—In-quarto mediocri.-
vélin gratté, assez blanc, endommagé par l'humidité.-
tracé au crayon. - deux colonnes. - rubriques. - XIVᵉ
siècle.** [XIVᵉ siècle.]

Commence par une table des chapitres.

Incipit : Beati pacifici, quoniam filii Dei vocabuntur &c

Incipiunt sermones : Universum tempus presentis vite in quatuor
dividitur, &c.

(Nombre des sermons : 15.)

107 feuillets. [Prov. : St-Vaast.]

**721. Missale et collectarium Ecclesiæ Atreba-
tensis. — In-quarto maximo. - vélin fort. - poncé.-
beau, tracé au crayon. - longues lignes. - fin du XIVᵉ
siècle. - grandes lettres ornées à la plume dans le style
roman. - riches miniatures. - initiales peintes en azur,
pourpre et cendre verte. - rubriques au vermillon.**

[XIVᵉ siècle.]

68 feuillets. [Prov. : Cathéd. d'Arras.]

**722. Ars Temporum—Tractatus de Compoto.—
In-quarto parvo. - vélin blanc et choisi. - tracé au
crayon. - longues lignes. - fin du XIIIᵉ siècle. - vignettes.
- initiales rouges et bleues. - tables chronologiques.-
calendriers perpétuels, etc.** [XIIIᵉ siècle.]

Sur le premier feuillet, ce titre est écrit : Liber cronicorum ; est etiam
hic compostus per Hilpericum de Rone. (Ce nom n'est nulle part dans
le manuscrit).

Premier incipit : Cum in lectione sacre Scripture jam pridem ad-
verterem varias & incertas latere temporum & annorum collectiones, &c.

Deuxième incipit : *Omnia tempus habent & suis spaciis transeunt universa sub solo, ut Salomon testatur.*

A la fin du traité est une table chronologique où sont relatés quelques événemens historiques, le dernier est :

Hoc anno ..... Karolus , comes Andegavensis et provinciæ senator Romanus et frater regis Francorum Ludovici, viri devoti, coronatus rex Siciliæ, Manfredum regem usurpatum in bello devicit et regnum obtinuit.

210 feuillets. [Prov. : St-Vaast.]

---

723. Reginonis libri de Disciplinâ ecclesiasticâ.

—In-quarto médiocri quadrato. - vélin beau et fort, un peu jaune. - tracé à la pointe. - longues lignes. - commencement du XIe siècle. - initiales au rouge de plomb et au vert minéral. - rubriques en petites capitales mêlées d'onciales, souvent alternées par lignes rouges et vertes. [XIe siècle.]

Ce volume est de la main de plusieurs religieux de St-Vaast, qui ont eu soin de se nommer en haut des cahiers qui sont leur ouvrage. Voici la succession de ces noms .

Albertus scripsit. — Albertus finem fecit. — Richuinus scripsit. — Richuinus hic desinit. — Itesboldus scriptor optimus. — Walbertus non plus fecit. — Albertus Reincepit. — Albertus hic Dimisit. — Albericus scripsit. — Albericus Dimisit. — Wibertus. — Richuinus IIe scripsit. — Alardus scripsit. — Wibertus reincepit. — Wibertus IIIe. — Walterus scripsit. — Walterus hic Dimisit. — Lantbertus incipit.

Incipit : *Libellus de ecclesiasticis disciplinis & religione christiana collectus ex jussu Domini metropolitani Rathbodi , à Reginone abbate quondam Prumiensis monasterii, ex diversis sanctorum Patrum conciliis, et decretis Romanorum pontificum feliciter in Dei nomine. Amen.*

132 feuillets. [Prov. : St.-Vaast.]

724. Rituale Monasticum.—In-quarto.- vélin blanc.
- tracé au crayon. - longues lignes. - grandes marges.-
XVe siècle. - grande gothique d'église. - rubriques -
initiales festonnées rouges et bleues.   [xve siècle.]

106 feuillets.   [Prov. : St-Vaast.]

_____

725. Breviarium.—In-quarto parvo. - vélin de belle
qualité, noirci par l'usage. - tracé au crayon. - deux
colonnes. - commencement du XIVe siècle. - initiales
en miniature. - vignettes. - rubriques.

[xive siècle.]

562 feuillets.   [Prov. : St-Vaast.]

_____

726. Summula Virtutum et Vitiorum.—In-quarto
médiocri. - vélin blanc et beau. - tracé à l'encre. - deux
colonnes. - XIVe siècle. - rubriques. - titres-courants au
vermillon. - initiales rouges et bleues.

[xive siècle.]

Commence par cette rubrique :
Sunt hoc collecta libro vulgalia multa, &c.
Incipit : Sunt hoc collecta libro vulgalia multa, ex alphabeto dis-
tincte scripta.
A la fin, une table des titres, suivie de ces mots :
          Hoc scripsi totum
          Pro pena da mihi potum.
Incipit : Duplex est abstinentia, detestabilis et laudabilis, &c.
218 feuillets.   [Prov : St-Vaast.]

_____

**727. Augustinus de incarnatione et Deitate
Christi. — Aurelii Prudentii Carmina, etc. — In-
quarto alto. - vélin gratté, jaunâtre. - tracé au crayon.
- longues lignes. - commencement du XIIIe siècle.-
grandes lettres vertes, rouges et bleues. - rubriques.

[xiiie siècle.]

Les poëmes de Prudence commencent par cette rubrique :

Aurelii Prudentis Clementis V. C. libri novem, Cathemerinon, Apotheosis, Hamartigenia, Psychomachia, contra symmachum, item contra Symmachum, peristefanon, tituli historiarum, Romanus contrà Gentiles.

Suit la rubrique : Quod Christus id quod homo : Cum sacris interessem sollempniis, inter cetera humane reparationis cantica, &c.

Incipit : (Augustinus) Species vero eorum que per predicationem apostolicam manifeste traduntur iste sunt : primo quod verus est deus.

163 feuillets. [Prov. : S.-Vaast.]

---

728. Expositio Bedæ in Actus Apostolorum. - Ejusdem in Apocalypsim. — In-quarto médiocri.-vélin antique de diverses teintes. - tracé à la pointe. - deux colonnes. - Xe siècle. - grandes lettres ornées à la plume dans le style barbare. - têtes de livres en onciales à l'encre. - rubriques devenues blanches. [xe siècle.]

Incipit : Expositio in Actus Apostolorum : Primum quidem sermonem feci de omnibus, o Theophile, quæ cœpit Jhesus facere et docere, &c., de omnibus se dicit christi factis et dictis, &c.

Incipit : Apocalipsis sancti Johannis in qua bella et incendia, &c.

Expliciunt : Domino Juvante expositionis in apocalypsi sancti Johannis libri III Bedæ famuli Christo.

A la fin du traité est un glossaire géographique pour l'intelligence des actes des apôtres.

A la suite : Versus Bedæ presbiteri :

Exul ab humano dum pellitur orbe Johannes,
    Et vetitus cœci est cernere regna soli,
Intrat ovans cæli domino dilectus in aulam,
    Regis & altithroni gaudet adesse choris.
Hinc ubi subjectum sacra lumina vergit in orbem,
    Currere fluctivagas cernit ubique rotas,
Et Babel ac Solimam mixtis confligere castris,
    Hincque atque hinc vicibus tela fugamque capi ;
Sed mitem sequitur miles qui candidus agnum
    Cum duce precipiet regna beata polo.
Squameus astanguis per tartara cæca maniplos

Submerget flammis peste fameque suos.

Hujus quæ facies, stadiumve, ordove duelli,

Arsque, queve phalanx, palma, vel arma forent?

Pandere dum cuperem veterum sata lata peragrans,

Excerpsi campis germina pauca sacris.

Copia ne potior generet fastidia mensis,

Convivam aut tenuem tanta parare velet.

Nostra tuis ergo sapiant si fercula labris

Donanti laudes da super astra deo.

Sin, alias animos tamen amplexatus amicos

Quæ cano corripiens pumice frange fero.

124 feuillets. [Prov. : St-Vaast.]

---

729. Breviarium Monasticum.—Deux volumes in-quarto. - vélin gris. - tracé au crayon. - deux colonnes. - XIVᵉ siècle. - miniatures. - vignettes. - rubriques - initiales festonnées au vermillon et à l'outremer.

[XIVᵉ siècle.]

Au commencement de chaque volume est un calendrier écrit en encre de trois couleurs avec une rubrique.

Sur la première garde du second volume on lit :

L'an mil deux cent cinquante-trois ou environ, Paul . . . . . ., abbé de Saint-Vaast, a fest bastir le cœur de l'église dudit Saint-Vaast.

L'an mil deux cent nonante trois les plommées du cloistre dudit Saint-Vaast ont été fetes, ainsy qu'il en est apparu par les dattes trou-vées sur les dites plommées, lors que l'on renouvela les cloistres par le commandement de Philippe de Caverel, abbé dudit Saint-Vaast.

1ᵉʳ vol. 290 f.; 2 vol. 238 f. [Prov. : St-Vaast.]

---

730. Hugonis de Sto Victore Sententiæ. — In-quarto. - format étroit. - vélin jaune, taché, mince. - tracé au crayon. - longues lignes. - XIIIᵉ siècle. - initiales onciales, vermillon et cendre d'azur. - rubriques.

[XIIIᵉ siècle.]

Incipiunt : Sententiæ magistri Ugonis de fide et spe et caritate : de fide et spe quæ in nobis est omni poscenti rationem reddere, ut ait Petrus in epistola sua, parati esse debemus, &c.

42 feuillets. [Prov. : Cathéd. d'Arras.]

---

731. Isidorus de Nativitate, Passione et Resurrectione Christi. — S. Martini episcopi de quatuor virtutibus, seu formula vitæ honestæ. — Excerpta patrum. — Proverbia Senecæ, &c., &c. — In-quarto parvo. - vélin gratté, sale et laid. - tracé à la pointe. - longues lignes. - plusieurs écritures négligées du Xe siècle. - rubriques au rouge de plomb. - têtes de livres en capitales à l'encre noire. [xe siècle.]

A la suite du traité, incipit liber Senecæ.

On trouve aussi Septem Sapientium Sententiæ septenis versibus explicatæ

Puis, sermo sancti Augustini de Symbolo contrà Judæos.

Incipit Martinus : Quattuor virtutum species multorum sapientium sententiis definitæ sunt, quibus humanus animus, comptus ad honestatem vitæ possit accedere, &c.

124 feuillets. [Prov. : St-Vaast.]

---

732. Hieronymus de Assumptione Virginis. — Liber de Animâ. — Cassiodori institutiones divinarum Scripturarum. — In-quarto parvo. - vélin gratté, noirci, très-fort. - tracé à la pointe. - longues lignes. - XIe siècle. - une grande initiale ornée et peinte. - rubriques en capitales mêlées d'onciales. - initiales au rouge de plomb. [xie siècle.]

Sur le premier feuillet, une assomption de la Vierge dessinée à la plume dans le style Byzantin, et coloriée.

Au milieu du volume, incipiunt tituli de institutione divinarum Scripturarum Cassiodori senatoris.

Incipit : In nomine sancte & individue Trinitatis incipit sermo sancti Hieronimi presbiteri de assumptione sancte Marie:

Cogitis me, Paula, & Eustochium, immo caritas Christi me compellit, qui vobis dudum tractatibus loqui consueveram.

Incipiunt : Capitula libri magni Aurelii Cassiodori senatoris de anima ; I. Quid amici requisiverint II. Quid eis responsum sit III.

Incipit : Præfatio Cassiodori senatoris super Pentatheucum :

Cum studia secularium litterarum magno desiderio fervere cognoscerem.

88 feuillets. [Prov. : St-Vaast.]

---

733. M. Odonis de Castro Radulfi distinctiones super Psalterium divisum per quatuor virtutes cardinales.—In-quarto. - vélin léger. - tracé au crayon. longues lignes. - XIVe siecle. - vignettes - titres courants au vermillon. [xive siecle.]

Incipit : Beatus vir qui non abiit, &c., sciendum est quod intentio psalmorum est facere homines virtuosos, &c.

Les neuf derniers feuillets sont occupés par une table des matières, sur deux colonnes.

200 feuillets. [Prov.: St-Vaast.]

---

734. Liber Miraculorum et Officii beati Vedasti, episcopi Atrebatensis.—In-folio parvo. - vélin blanc, choisi, détérioré en quelques endroits par l'humidité. - tracé à la pointe. - longues lignes. - commencement du XIe siècle. - exécution de luxe. - têtes de livres sur feuillets de pourpre avec encadrements peints, écrits au vermillon. - grandes lettres historiées et dorées. - têtes de chapitres disposés en inscriptions, écrites en

capitales et chargées de vert ou de jaune, ou bien alternées par lettres rouges et vertes. - rubriques en petites capitales mêlées d'onciales.   [xɪe siècle.]

A la fin de la dédicace, sur le recto du folio 10, un panneau de fleurons et d'animaux entrelacés occupant toute la page avec ces mots en lettres d'or : *Albertus scripsit*. Puis, la vie de St-Vaast. — Ensuite : Incipiunt pauca de Miraculis sancti Vedasti ab Haimino magistro edita.

Sermo Haimini in Natali sancti Vedasti.

Incipit præfatio de virtutibus sancti Vedasti, &c., &c.

Hymnus de sancto Vedasto, editus metro dactilico, saphico, pentametro.

Suit une prose notée avec tout l'office de St-Vaast.

Puis, une lettre d'Alcuin aux moines de St-Vaast, avec des vers pour les saints de leur église.

Incipit epistola Albini levitæ ad Radonem, abbatem, de vita sancti Vedasti episcopi : Dulcissimo dilectionis filio Radoni, abbati, humilis levita Albinus salutem, &c. (Manuscrit écrit à St-Vaast.)

116 feuillets.   [Prov. : St-Vaast.]

735. Liber Scintillarum. — In-folio parvo quadrato. -vélin gratté, léger, rongé sur les bords. - tracé à la pointe. - longues lignes. - Xe siècle. - initiales. - capitales romaines à l'encre noire et au cinabre.

                                      [xe siècle.]

Commence par la table.

Incipit : Utrùm anima à seipsa sit.

110 feuillets.   [Prov. : St-Vaast.]

736. Apollonii Tyrii Gesta. — In-quarto. - vélin blanc, choisi. - tracé à l'encre pourpre. - longues lignes. -écriture courante du XVe siècle.   [xve siècle.]

C'est une espèce de roman présumé traduit du grec.

Incipit : Fuit quidam rex in Antiochia civitate nomine Antiochus, à quo ipsa civitas appellata est Antiochia. Hic habuit ex amissa conjuge filiam speciossimam virginem, in qua nichil rerum natura erraverat.

Finit par ces mots : Casus suos ipse descripsit; duo volumina fecit; unum in templo Dianæ Ephesiorum, aliud bibliothecæ suæ exposuit.

26 feuillets. [Prov. : St-Vaast.]

_____

737. Summa Theologiæ per Alphabetum digesta. —Sermones pro festis Sanctorum.— In-quarto minimo. - vélin léger. - tracé au crayon. - deux colonnes. - cursive de la fin du XIIIe siècle. - initiales festonnées au vermillon et à l'outremer. - indication courante des lettres de l'alphabet. [xiiie siècle.]

Incipit : Abscondam malum à diabolo.

(Nombre des sermons : 15; 1° De sancto Andreà, etc.)

176 feuillets. [Prov. : St-Vaast.]

_____

738. Epitaphes et Armoiries recueillies sur les tombeaux, qui se trouvent dans les Chatellenies de Lille, Douay et Orchies.— Papier. - écriture de la fin du XVIe siècle. - blasons coloriés. [xvie siècle.]

92 feuillets. [Prov. : St-Vaast.]

_____

739. Sermones de Tempore. — In-quarto. - vélin léger et commun. - tracé au crayon. - deux colonnes. - XIVe siècle. - écriture très-fine. - initiales au vermillon et à l'outremer. [xive siècle.]

Pour feuilles de garde, des fragments d'un évangeliaire du IXe siècle.

Incipit : Cum sacrosancta mater ecclesia, præmonstrante spiritu, non sine certarum causis rationum, &c.

(Nombre des sermons : 146.)

196 feuillets. [Prov. : St-Vaast.]

_____

740. Necrologium Atrebatense.—In-quarto.—vélin blanc.-tracé au crayon.- longues lignes.- les articles largement espacés.-XIIIe siècle.-rubriques.-initiales au cinabre et à l'outremer.- additions en cursive du XIVe siècle. [XIIIe siècle.]

101 feuillets. ——————— [Prov. : Cathéd. d'Arras.]

741. Isidori libri officiorum. — Regula Canonicorum ex Patribus et decretis Conciliorum compilata et quædam alia.— In-quarto parvo.- vélin jaunâtre, fort et beau.-tracé à la pointe.- longues lignes.-XIIe siècle.- rubriques. [XIIe siècle.]

Au verso du folio 129, écriture de la fin du XIIe siècle : genealogia Flandrensium Comitum.

Incipit : Tonsuræ ecclesiasticæ usus à Nazaræis, nisi fallor, exortus est.

Incipit : Interrogatio Karoli serenissimi Augusti ad Amalherum episcopum :

In nomine patris & filii et spiritus sancti : Karolus serenissimus Augustus, a deo coronatus, magnus et pacificus imperator.

A la fin : Incipit interrogatio Karoli ad Amalherum episcopum.

Incipit : Doctrina et fides ecclesiastica & definitio ecclesiasticorum dogmatum :

Credimus unum deum esse patrem et filium & spiritum sanctum.

Genealogia Flandrensium Comitum :

Lidricus Harlebeccensis comes genuit Ingelrannum. Ingelrannus genuit Audacrum. Audacer genuit Balduinum Ferreum, qui duxit filiam Karoli Calvi, nomine Juditham. Balduinus Ferreus genuit Balduinum Calvum, qui duxit filiam Etgeri regis anglorum, nomine Elstrudem. Balduinus Calvus genuit Arnulfum, magnum restauratorem Blandiniensis cenobii, qui duxit filiam Heriberti Virmandorum comitis Adhelam. Arnulfus magnus genuit Balduinum, qui juvenis morbo variole obiit & apud sanctum Bertinum sepelitur. Hic duxerat filiam Hermanni ducis Saxonum Mathildem, ex qua genuit Arnulfum. Mathildis vidua relicta nupsit Gedefrido duci de Benbiam, ex quo suscepit tres filios,

Gezelonem ducem, Gedefridum, Hezelonem. Arnulfus. Filius ejus et priori marito Balduino duxit filiam Berengeri regis Longobardorum Rucelam que et Susannam, ex qua suscepit Balduinum Barbatum. Balduinus Barbatus duxit filiam Gisleberti comitis, Ogivam, ex qua suscepit Balduinum Insulanum, qui duxit filiam Roberti regis Francorum Adhelam. Balduinus Insulanus genuit Balduinum Hasnonum & Robertum cognomento postea iherosolimitanum & Mathildem uxorem Guillelmi regis anglorum. Balduinus ex Rikilde vidua Hermanni comitis Montensis duos suscepit Arnulfum & Balduinum, quorum altero occiso, altero per vim expulso, Robertus qui ex vidua Florentii Frisionis comitis Gertrude Robertum Equivocum & fratrem ejus Philippum susceperat, qui Robertus regni heres efficitur. Robertus Roberti filius Clementiam filiam Guillelmi comitis Burgundionum duxit, ex qua duos filios suscepit, Balduinum & Guillelmum.

142 feuillets. _____ [Prov. : St-Vaast.]

742. Breviarium. — In-quarto parvo. - vélin usé, noirci. - tracé au crayon. - longues lignes. - gothique du XIVᵉ siècle. - vignettes. - rubriques. - initiales au vermillon et à l'outremer. [XIVᵉ siècle.]

Commence sur le verso du folio premier par un calendrier perpétuel.

Sur la première garde est collée une très ancienne gravure sur bois: *Ecce Homo.*

Sur les gardes : Les noms des propriétaires successifs de ce bréviaire.

334 feuillets. _____ [Prov. : St-Vaast.]

743. Petri Cantoris Tabula distinctionum. — In-quarto parvo. - vélin commun. - feuillets inégaux. - longues lignes. - minuscules négligées de la fin du XIIIᵉ siècle. - initiales au minium et à l'outremer.

Finit par ces quatre vers : [XIIIᵉ siècle.]

Virgo, Johannes, avis, vitulus, Lucas, leo Marchus,
Est homo Matthæus; quattuor ista Deus :

Est homo nascendo, vitulus mortem patiendo,
    Est leo surgendo, Jovis ales summa petendo.
Incipit : Abel dicitur principium ecclesie.
132 feuillets.   [Prov. : St-Vaast.]

---

744. Petri de Riga Aurora. — In-quarto alto. - vélin blanc et fort. - tracé au crayon. - une colonne. - minuscule fine du XIIIe siècle. - initiales au vermillon et à la cendre verte. [XIIIe siècle.]

Manquent les premiers vers du poëme sur l'aurore.
Il s'arrête dans le titre consacré au cantique des cantiques.
Incipit : Prologus super Auroram :
Omnis Scriptura divinitus inspirata, Paulo teste, &c.
187 feuillets.   [Prov. : St-Vaast.]

---

745. Regula sancti Benedicti. — Rituale monasticum. — In-quarto mediocri. - vélin blanc et fort. - longues lignes. - XIIe siècle. [XIIe siècle.]

Incipit prologus sancti Benedicti : Ausculta, O fili, precepta magistri,
& inclina aurem cordis tui & ammonitionem pii patris libenter excipe.
29 feuillets.   [Prov. : Cathéd. d'Arras.]

---

746. Thomæ Cantimpratensis bonum universale de proprietatibus apum. — In quarto. - vélin très-léger. - longues lignes. - écriture du XVe siècle. - rubriques. [XVIe siècle.]

Incipit : Epistola auctoris hujus libri, qui bonum universale de proprietatibus apum nominatur, ad fratrem Humbertum magistrum ordinis predicatorum, ut eundem librum per se corrigat et universaliter per totum dictum ordinem faciat publicari.
(Célestins d'Amiens).
185 feuillets.   [Prov. : St-Vaast.]

23.

747. Legenda Aurea Jacobi de Januâ. — In-quarto. - vélin blanc, malpropre. - tracé au crayon.- deux colonnes. - XIVe siècle. - initiales historiées en miniature. - vignettes. - rubriques. [XIVe siècle.]

Incipit : Prologus sacre legende sanctorum, quam compilavit frater Jacobus :

Universum presentis vite tempus in quatuor distinguitur.

99 feuillets. [Prov. : Cathéd. d'Arras.]

---

748. Tractatus de Astrolabio et alia astrono-mica. — In-quarto parvo. - papier. - longues lignes.- cursive fine du XVe siècle. - tables computales.- figures géométriques. [XVe siècle.]

Commence : Si Astrolabium facere volueris, primum et ante omnia fac tabulam illius magnitudinis, cujus vis esse Astrolabium.

A la fin du traité : Explicit Tractatus astrolabii compositus à D. de Nigro de Genua 1458.

Un autre traité commençant : Ad faciendum Orologium murale &c., et multa alia, inter quæ, tractatus de sphærâ.

71 feuillets. [Prov. : St-Vaast.]

---

749. Homiliæ in Evangelia. — In-quarto. - vélin très léger. - longues lignes. - écriture du XVIe siècle. - rubriques. - à la fin une table des chapitres classés suivant les fêtes du rituel romain. [XVe siècle.]

Incipit : De confessione vere fidei quam Petrus fecit pro omnibus :

Post premissa venit Jhesus tamquam salvator ubique lumen doctrine spargens, ubique perditos querens, ubique penitentes salvans.

De exhortatione ad sequendum Christum : Postquam Dominus mysterium passionis, &c.

De transfiguratione Domin. : Deinde quod jam promisit solvit, &c.

De sanatione lunatici : Sequenti autem die Jhesus, &c.

De tribus parabolis : Deinde ne quis scandalizet, &c.

De modo correptionis fraternæ : Et quia deus gaudet de pecatore converso, &c.

De rege qui voluit rationem ponere cum servis suis : Quod autem dimittendum sit fratri peccanti, &c.

De duodecim consiliis evangelicis : Et quia dictum est de preceptis, &c.

De difficultate & impossibilitate intrandi divitem : Videns autem Jhesus, &c.

De denario divino : Et quia non sufficit predicta relinquere, &c.

De villico iniquitatis : Deinde proponit Dominus parabolam, &c.

De divite & Lazaro mendico : Pharisei autem qui erant avari, audientes, &c.

De conspiratione pontificum : Predicto itaque miraculo de suscitacione Lazari, &c.

De decem leprosis a Domino curatis : Factum est autem ut, cum complerentur, &c.

De Samaritanis hospicium domino negantibus : Ut autem adventus domini Jhesu non lateret, &c.

De uno ceco ante ingressum Jherico illuminato : Factum est autem, cum appropinquaret, &c.

De Zacheo & ejus convivio : Deinde eadem die dominus Jhesus, &c.

De duobus cecis post egressum Jherico illuminatis : Post hec egrediente jhesu cum discipulis, &c.

De effusione unguenti super caput Jhesu : Appropinquante tempore, in quo, &c.

De sessione Domini super pullum & asinam : Frequentabantur misteria et implebantur, &c.

De gloriosa Domini susceptione : Et cum appropinquaret Jhesus ad descensum, &c.

De fletu Domini super Jherusalem & ingressu in eam : Immiscuit autem dominus cum predicta, &c.

De ejectione vendentium & ementium de templo : Venit autem Jhesus ad templum & intravit protinus, &c.

De duobus minutis vidue ac de pharisei & publicani : Et sedens Jhesus extra gazophilacium, &c.

De duobus filiis, quorum unus in vineam ivit : Simile est negocio quod potuit fieri per hominem, &c.

De primo & magno mandato : Pharisei vero audientes & gaudentes quod sapienti, &c.

Quibus debetur Ve eternum : Post hec Dominus qui legi & preceptis evangelicis, &c.

De signis adventus domini & consummatione seculi : Et cum Dominus Jhesus eadem feria tercia egressus, &c.

De adventu & persecutione Antichristi : Post prelia autem & seditiones & alia, &c.

De remediis contra temptationes novissimi temporis : Et quia, ut dictum est ante adventum Domini, &c.

De die Domini subito venturo : Post hec declarat incertitudinem diei Domini, &c.

De lumbis precintis & lucernis ardentibus : Et quod ad vigilandum multipliciter Dominus, &c.

De decem virginibus : Postquam ostendit quedam antecedentia, &c.

De talentis & bonis a domino servis suis traditis : Deinde subjungit secundam parabolam, &c.

De ventilatione aree in extremo judicio : Postremo ponit terciam parabolam, &c.

200 feuillets. [Prov. : St-Vaast.]

---

750. Homiliæ S. Gregorii de Lectionibus Evangeliorum. — In-quarto parvo. - vélin jaune, commun, léger. - tracé au crayon. - deux colonnes. - XIIIᵉ siècle. - initiales ornées, vertes et rouges. - rubriques.

[XIIIᵉ siècle.]

Incipit : Epistola sancti Gregorii pape ad Secundianum episcopum Tauromitanum :

— Reverendissimo fratri Secundino coepiscopo Gregorius servus servorum dei.

Omelia sancti evangelii secundum Lucam : Erunt signa in sole & luna.

Incipit : Omelia lecta ejusdem habita ad populum in basilica sancti Petri apostoli : Dominus ac redemptor.

Omelia sancti evangelii secundum Lucam : Assumpsit Jhesus XIIᵃᵐ discipulos suos & ait illis, ecce ascendimus.

Omelia sancti evangelii secundum Matheum : Loquente Jhesu ad turbas, ecce mater.

Omelia in natale sancte Felicitatis.

Omelia sancti evangelii secundum Matheum : Misit Jhesus xɪɪᶜⁱᵐ discipulos suos dicens.

Incipit : Omelia lectionis ejusdem habita ad populum in basilica beati Stephani.

Omelia sancti evangelii secundum Matheum : Ambulans Jhesus secus mare Galilee vidit duos fratres.

Incipit : Omelia lectionis ejusdem habita ad populum in basilica beati Andree apostoli die natalis ejus.

Omelia sancti evangelii secundum Matheum : Cum audisset Johannes in vinculis.

Omelia sancti evangelii secundum Johannem : Miserunt Judei ab Jerosolimis sacerdotes.

Omelia sancti evangelii secundum Lucam : Exiit edictum a Cesare Augusto.

Omelia sancti evangelii secundum Matheum : Homo quidam peregre proficiscens vocavit servos tuos.

Omelia sancti evangelii secundum Matheum : Cum natus esset Jhesus in Bethleem.

Omelia sancti evangelii secundum Matheum : Simile regnum celorum thesauro.

Incipit : Omelia lectionis ejusdem habita ad populum in basilica sancte Agnetis die natali ejus.

Omelia sancti evangelii secundum Matheum : Simile est regnum celorum decem virginibus.

Incipit : Omelia lectionis ejusdem habita ad populum in basilica sancte Agnetis die natali ejus.

Omelia sancti evangelii secundum Lucam : Sint lumbi vestri precincti & lucerne.

Incipit : Omelia lectionis ejusdem habita ad populum in basilica sancti Felicitatis die natali ejus.

Omelia sancti evangelii secundum Johannem : Ego sum pastor bonus.

Incipit : Omelia lectionis ejusdem habita ad populum in basilica beati Petri apostoli.

Omelia sancti evangelii secundum Lucam : Exiit qui seminat seminare.

Incipit : Omelia humiles lectionis ejusdem habita ad populum in basilica sancti Petri apostoli.

Omelia sancti evangelii secundum Matheum : Ductus est Jhesus in desertum a spiritu.

Incipit : Omelia lectionis ejusdem habita ad populum in basilica sancti Johannis, que appellatur Constantiniana.

Omelia sancti evangelii secundum Lucam : Designavit dominum & alios LXX.

Incipit : Omelia lectionis ejusdem.

Omelia sancti evangelii secundum Johannem : Quis ex vobis arguet me de peccato.

Omelia sancti evangelii secundum Matheum : Simile est regnum celorum homini patrifamilias.

Omelia sancti evangelii secundum Lucam : Anno quinto decimo imperii Tiberii Cesaris, procurante.

Incipit : Omelia lectionis ejusdem habita ad populum in basilica sancti Johannis Baptiste.

Omelia sancti evangelii secundum Marcum : Maria Magdalene et Maria Jacobi.

Incipit : Omelia lectionis ejusdem habita ad populum in basilica beate Marie de sancto Paschæ.

Omelia sancti evangelii secundum Johannem : Una sabbati Maria Magdalene.

Incipit : Omelia lectionis ejusdem habita ad populum in basilica sancti Johannis, que appellatur Constantiniana.

Omelia sancti evangelii secundum Lucam : Duo ex discipuli Jesus ibant.

Incipit : Omelia ejusdem habita ad populum in basilica beati Petri apostoli.

Omelia sancti evangelii secundum Johannem : Maria Stabat ad monumentum.

Omelia sancti evangelii secundum Johannem : Manifestavit se iterum Jhesus.

Incipit : Omelia lectionis ejusdem habita ad populum in basilica beati Laurentii martiris.

Omelia sancti evangelii secundum Johannem : Cum sero factum esset.

Incipit : Omelia lectionis ejusdem habita ad populum in basilica beati Johannis Baptistæ, que appellatur Constantiniana.

Omelia sancti evangelii secundum Johannem : Hoc est preceptum meum.

Incipit : Omelia lectionis ejusdem habita ad populum in basilica sancti Pancratii die natali ejus.

Omelia secundum Marcum : Euntes in mundum universum.

Incipit : Omelia lectionis ejusdem habita ad populum in basilica beati Petri de ascencione Domini.

Omelia secundum Johannem : Erat quidam Regulus.

Incipit : Omelia lectionis ejusdem habita ad populum in cœmeterio sanctorum Nerei & Achillei die natali eorum.

Omelia secundum Johannem : Si quis diligit me sermone.

Incipit : Omelia lectionis ejusdem habita ad populum in basilica sancti Petri apostoli die sancto Pentecostes.

Omelia secundum Lucam : Arborem fici habebat quidam.

Incipit : Omelia lectionis ejusdem habita in basilica beati Laurentii

Omelia secundum Lucam : Si quis vult post me venire.

Incipit : Omelia lectionis habita ad populum in basilica sanctorum martyrum processi & Martiniani.

Omelia secundum Lucam : Rogabat Jhesum quidam phariseus.

Incipit : Omelia lectionis ejusdem habita ad populum in basilica beati Clementis.

Omelia secundum Lucam : Accesserunt ad Jhesum publicani.

Incipit : Omelia lectionis ejusdem habita ad populum in basilica beati Johannis apostoli die Dominica.

Omelia secundum Lucam : Cum audieritis prælia & seditiones.

Incipit : Omelia lectionis ejusdem habita ad populum in basilica sancti Menne die natali ejus.

Omelia secundum Lucam : Homo quidam fecit cenam.

Incipit : Omelia lectionis ejusdem habita ad populum in basilica beatorum apostolorum Philippi & Jacobi.

Omelia secundum Lucam : Si quis venit ad me & non odit.

Omelia secundum Matheum : Cum appropinquaret Jhesus Jerosolimam.

Incipit : Omelia lectionis ejusdem habita ad populum in basilica beati Johannis, que appellatur Constantiniana.

Omelia secundum Matheum : Simile est regnum celorum homini.

Omelia secundum Lucam : Homo quidam erat dives.

Incipit : Omelia lectionis ejusdem habita ad populum in basilica beati Laurentii martiris.

94 feuillets. [Prov. : St-Vaast.]

---

751. Chronicon Martini Poloni.—Historia regum Francorum abbreviata.—Commentarius super III° & IV° sententiarum. — Summa dictaminis.—In-quarto - vélin léger, jaune et gris. - tracé au crayon. diverses écritures du XIVe siècle. [xive siècle.]

Commence par la chronique des empereurs et des papes. — Deux colonnes.

Vient ensuite, d'une autre écriture, sur deux colonnes, une chronique abrégée des rois de France. — Cet ouvrage s'arrête à la mort de Philippe Auguste.

Le commencement du commentaire sur le livre *des Sentences* manque.

Incipit : Quoniam scire tempora summorum pontificum ac imperatorum, &c.

Incipit : Considerans historiæ prolixitatem regum Francorum, &c.

Incipit : Summa dictaminis breviter & artificiose composita per magistrum Laurentium Lombardum, juxta stilum Romane curie & consuetudinem modernorum : Novitiorum studia Januam sibi concupiscentium aperiri dictatorie facultatis circà stilum quem Romana servat curia debent assidua meditatione versari.

Explicit : Summa dictaminis.

Incipiunt versus colorum rhetoricorum : Si dicas contraria, tunc contentio fiet, &c.

77 feuillets. [Prov. : Cathéd. d'Arras.]

---

752. Sermones de tempore et festis Sanctorum. — In-quarto parvo. - vélin léger, taché. - tracé au

crayon. - longues lignes. - XIIIe siècle. - fine écriture.- initiales au minium et à la cendre bleue.

[xiiie siècle.]

Incipit : Ascendet Dominus nubem levem et ingredietur Egiptum & movebuntur omnia simulacra Egypti.

(Nombre des sermons : 53).

125 feuillets.   [Prov. : St-Vaast.]

———————

753. Johannis de Abbatis villâ sermones pro festis sanctorum.— In-quarto mediocri. - vélin commun, blanchi à la chaux. - tracé au crayon brun. - deux colonnes. - XIVe siècle. - initiales brodées rouges et bleues. - rubriques.   [xive siècle.]

Incipit : Licet cum Martha sollicitarer in curia et turbarer erga plurima, inclinavi me cum Maria ad pedes Domini, &c.

65 feuillets.   [Prov. : St-Vaast.]

———————

754. Lotharius Cardinalis de quadripartitâ specie Nuptiarum.—Johannis de Abbatis villâ sermones. —Summa Tancredi super Decretis. — In-quarto parvo. - vélin choisi. - tracé au crayon. - diverses écritures du XVIe siècle. - rubriques.   [xvie siècle.]

Le premier traité, en longues lignes, est du commencement du XIIIe siècle, avec une rubrique.

Les deux autres ouvrages sont sur deux colonnes, en minuscules très-fines des dernières années du XIIIe siècle.

Les sermons de J. d'Abbeville, dont le dernier est sur la Toussaint, commencent par une petite préface.

Incipit : Lotarii cardinalis ad Benedictum presbyterum, de quadripartitâ specie nuptiarum :

Sacra docente Scriptura didicimus quatuor esse species nuptiarum juxta quatuor theologicos intellectus, hystoricum, allegoricum, tropologicum et anagogicum.

Incipit Johannis de Abbatis villà : Licet cum Martha sollicitarer in curia et turbarer erga plurima, inclinavi me cum Maria ad pedes Domini.

Incipit summa Magistri Tancredi in decretis :

Assiduis petitionibus me, karissimi socii mei, inducere jamdudum studuistis, ut judiciarii libellum, quo actor ad agendum, reus ad defendendum et judex ad causam audiendam, examinandam et diffiniendam instrui Valeant, vestre componerem caritati.

(Nombre des sermons : 125.)

242 feuillets. [Prov. : St-Vaast.]

---

755. P. Comestoris historia Scholastica. — In-quarto quadrato. - vélin gratté. - tracé au crayon. - longues lignes. - diverses écritures de la fin du XIIe siècle ou du commencement du XIIIe. - rubriques initiales au vermillon et à la cendre verte.

[xiie siècle.]

Incipit : Plantaverat autem Dominus Deus paradysum voluptatis a principio ; paradysus ecclesia est : sic enim de illa legitur in canticis canticorum, &c.

113 feuillets. [Prov. : St-Vaast.]

---

756. Sermones pro Tempore et festis sanctorum. — In-quarto médiocri. - vélin fort et blanc. - tracé au crayon. - deux colonnes. - fin du XIIe siècle. - grandes lettres rouges et bleues. [xiie siècle.]

1° In cena Domini :

Incipit : Illi sunt dies quos observare debemus, dies pleni pietate et gratia, quibus etiam sceleratorum hominum mentes ad penitentiam provocantur.

Finit par un sermon sur la saint Hubert.

(Nombre des sermons : 45.)

92 feuillets. [Prov. : St.-Vaast.]

757. S. Gregorii moralium abbreviatio. — Innocentius Papa de Vilitate conditionis humanæ.— Isidori monita.—In-quarto mediocri.-vélin commun de diverses teintes, très-léger.- tracé au crayon. - longues lignes.- écriture courante du XVe siècle.- initiales festonnées rouges et bleues. - rubriques.

[xve siècle.]

Commence par une table du premier ouvrage. — Le commencement du traité d'Innocent III a été enlevé. — Le commencement du troisième ouvrage manque.

Incipit prologus in libro de moralibus Beati Gregorii ab Alberto quodam monacho excerpto, qui appellatur speculum.

Incipiunt monita Isidori : o homo, scito temet ipsum quid sis, &c.

104 feuillets.   Prov. : St-Vaast.]

758. Magistri Sententiarum libri duo posteriores.—In-quarto minimo.- vélin blanc, sali. - tracé au crayon. - longues lignes. - XIIIe siècle.

[xiiie siècle.]

Incipit liber tertius de incarnatione verbi :

Cum venit igitur plenitudo temporis, ut ait Apostolus, misit Deus filium suum, &c.

Finit par ces mots :

Hic liber est scriptus :

Qui scripsit sit benedictus.   Amen.

Anno Domini M^o CC^o. XX°. VII°, tempore Domini Abbatis Odonis beati Vedasti Atrebatensis.

106 feuillets.   [Prov. : St-Vaast.]

759. Sermones variorum pro tempore et festis sanctorum. — In-folio minimo.- vélin léger, blanc, tracé au crayon. - deux colonnes. - cursive du commencement du XIVe siècle.   [xive siècle.]

Commence par une table des sermons contenus dans le volume. Voici les noms de quelques-uns des auteurs de ces sermons qui sont indiqués au bas des pages.

Episcopus prædicator. — Frater Johannus Soyntlasne. — Frat. Henricus. — Magister Guillelmus de Nicole. — Fr Galfridus. — F. Ringaldus. — Guillelmus de Gramayt. — Galterus de Castro Theodorici. — Albertus de Coloniâ.

Sur la première garde, un cœur percé de deux flèches et quelques vers en cursive du XIVe siècle

(Nombre des sermons : 91).

303 feuillets. [Prov. : St-Vaast.]

760. Breviarium. — In-quarto minimo - vélin blanc. - non tracé. - encadré à l'encre rouge. - longues lignes. - lettres en miniatures. - initiales rouges et bleues. - XVIe siècle. [xvie siècle.]

Commence par un calendrier en français.

88 feuillets. [Prov. : St-Vaast.]

761. Isidori Tractatus de summo Bono. — Medicina animæ. — Sententiæ Patrum versibus descriptæ. — In-quarto parvo. - beau vélin. - tracé au crayon. - longues lignes. - XIVe siècle. - grandes lettres miniatures. - vignettes. - initiales rouges et bleues. - rubriques. - feuillets numérotés au vermillon.

]xive siècle.]

Après les différents traités commencent sans titre ni rubrique les sentences des pères & de quelques païens, paraphrasées en vers latins rimés ou à peu près.

Incipit: Liber beati Ysidori Spalensis archiepiscopi, de summo bono, quod summus et incommutabilis deus sit:

Summum bonum deus est, quia incommutabilis est & corrumpi omnino non potest, &c.

221 feuillets. [Prov. : St-Vaast.]

762. Odonis de Castro Radulphi distinctiones super Psalterio. — In-quarto minimo. - vélin commun, sali, endommagé par l'humidité.- tracé au crayon. - longues lignes. - XIV⁴ siècle. - écriture fine et négligée. - lettres festonnées au commencement.

[xɪvᵉ siècle.]

Incipit : Beatus vir qui non abiit, &c. Sciendum quod intentio psalmorum est facere homines virtuosos.

Expliciunt : Distinctiones magistri Odonis de castro Radulphi super Psalterium.

217 feuillets. [Prov. : St-Vaast.]

_____

763. Liber orationum et precum variarum. — In-quarto minimo. - vélin gratté, taché de rose. - feuillets inégaux. - tracé à la pointe. - longues lignes. - XIᵉ siècle. - écriture négligée. - titres en petites capitales à l'encre. - initiales à l'encre chargées de rouge et de vert. [xɪᵉ siècle.]

Commence par : Oratio ad singula officia nocturna vel diurna.

108 feuillets. [Prov. : St-Vaast.]

_____

764. Rabani Mauri Expositio Librorum Judith et Esther.—Incerti Commentarius de Epistolis Pauli, etc.—In-quarto minimo quadrato.-vélin de plusieurs qualités, beau au commencement, gratté et détérioré à la fin. - tracé à la pointe. - longues lignes. - diverses écritures du Xᵉ siècle. [xᵉ siècle.]

Incipit Rabanus Maurus :

Arfaxat itaque rex Medorum subjugaverat multas gentes imperio suo. Et ipse ædificavit civitatem potentissimam quam appellavit Ecbathanis.

Incipit : (Commentarius in Paulum) Paulus Christi Jhesu. &c.

Explicit disputatio libri Veteris et Novi Testamenti.

Vers la fin, d'une écriture saxonne :

Incipit : De ortu et gestis et obitu et vita quorundam inlustrium virorum sanctorum non vilissimorumque Veteris et Novi Testamenti cum genealogiis suis ; dignitas quoque eorum et mors atque sepultura &c. (commence par Adam) :

Adam protuplaustus et colonus paradisi princeps generis et delicti ad imaginem dei factus est, &c.

181 feuillets. [Prov. : St-Vaast.]

_____

765. Excerpta historica. —In-quarto parvo.- papier. cursive du XVIIe siècle. [XVIIe siècle.]

Ce sont des anecdotes écrites en latin et classées par ordre alphabétique.

55 feuillets. [Prov. : St-Vaast.]

_____

766. Le roman d'Elaine femme au roy d'Angleterre.—La vie de s^t Alexis.—Le Trespas de Notre-Dame.— In-quarto minimo. - papier non tracé. - cursive du XVe siècle. - initiales rouges. [XVe siècle.]

Sur la première feuille on lit : composé en l'an 1407 et écrit le Xe jour de mars 1477, par Jennette Grebert.

Commence :

Seigneur, plaise vous oïr glorieuse canchon,
Je croy que de milleur dire ne porrait-on,
C'est de sains et de saintes, de droit et de raison,
D'amours et de pitié et de grans traïson,
Que on fist à Elaine, la dame de renon, &c.

A la fin du roman :

Explicit : Che livre chy fut fait l'an IIII^c et sept, et par my escript l'an mil CCCCLXXI.

Suit la rubrique. . . . . . . la vie de saint Alexis :

Oes, seigneurs, pour Dieu le très doulz roy amant,

Si orès une istoire qui est belle et plaisant,

D'un très bon preudome qui vesqui saintement, &c.

Le trépas de Notre-Dame commence ainsi sans rubrique :

Très douches gens, or entendes

En l'onneur Dieu qui feut penés

Et qui souffry mort et contraire

Pour nous sur le mont de Calvaire, &c.

Sur le dernier feuillet : escript par Jeannette Grebert, le Xe jour de march, l'an MCCCCLXXI avant pasques.

225 feuillets. [Prov. : St-Vaast.]

---

767. Horæ B. Virginis. — In-quarto parvo. - vélin sali, taché d'eau. - tracé au crayon - longues lignes. - XVe siècle. - miniatures d'une grossière exécution. - encadrements peints. - initiales en or sur fond d'azur et de pourpre. - grandes lettres au vermillon et à l'outremer. [xve siècle.]

Commence par un calendrier en français. -- A la fin une prière à la Vierge par laquelle on acquiert 11000 ans de pardon.

Une moult illustre et devoste oroison à la vierge Marie, laquelle se doibt dire à genoulx avec ung *Ave Maria* au commenchement et en la fin de la dite oroison. On acquerra onse mille ans de pardon. La dite oroison est escripte à Romme devant le grant autel. Bien aprouvé en ung tablet. *Ave Maria.*

Ave, sanctissima, sancta Maria, mater Dei, Regina Celi, porta paradisi, Domina mundi, singularis pura, tu es virgo, tu concepisti Jesum sine peccato, tu peperisti creatorem, redemptorem et salvatorem mundi in quo non dubito. Ergo libera me ab omnibus malis, et ora pro peccatis meis. Amen. Ave Maria.

73 feuillets. [Prov. : St-Vaast.]

---

768. Breviarium ad usum Atrebatensis Ecclesiæ. — In-quarto parvo. - beau vélin, jaunâtre. - tracé à

l'encre noire. - deux colonnes. - XVe siècle. - grandes lettres festonnées rouges et bleues. - rubriques.

[xve siècle.]

166 feuillets.   [Prov. : Cathéd. d'Arras.]

---

769. Gauffridi de Trano Summa super titulis Decretalium. — In-quarto minimo. - vélin très-beau. - tracé au crayon brun. - deux colonnes. - fin du XIIIe siècle. - minuscule italienne. - miniatures. - vignettes. - rubriques. - commence par une table, après laquelle est une indication sommaire des lieux saints à Jérusalem.   [xiiie siècle.]

Incipit : Summa super titulis decretalium composita a magistro Gofrido de Trano domini pape subdiacono & capellano.

Glossarum diversitas intelligentiam textus nonnonquam obtenebrat.

271 feuillets.   [Prov. : St-Vaast.]

---

770. Summa de festis anni. — Innocentii Papæ de vilitate conditionis humanæ. — Hugonis de S. Caro speculum Ecclesiæ. — Liber de Pomo, &c. —In-quarto minimo. - vélin commun. - tracé au crayon. - deux colonnes. - XIIIe siècle. - minuscule négligée.- rubriques.   [xive siècle.]

Après le premier ouvrage en cursive du XIVe siècle : Innocentius de vilitate conditionis humanæ.

Vers la fin. . . . Incipit prologus de morte Aristotelis perypatetici philosophorum principis gloriosissimi, qui dicitur liber de pomo.

L'auteur se nomme ainsi dans la préface. . . . . nos Manfredus Domini imperatoris Augusti Frederici filius, &c., &c., &c. — Librum aristotelis principis philosophorum, qui de pomo dicitur ab eo editum in exitu vitæ suæ, in quo probat sapientes de exitu hospicii lutei non dolere &c. Quoniam eum in Ebraico legimus translatum de Arabico &c., de Arabicâ linguâ transtulimus in Latinam, &c.

Enfin vient un traité en latin, sans titre, sur les sept Sacrements.
119 feuillets. [Prov. : St-Vaast.]

---

771. **Psalterium.** — In-quarto minimo. - vélin très-beau. - tracé à l'encre pourpre. - deux colonnes. - XVe siècle. - encadrements et initiales en miniatures. - grandes lettres rouges et bleues. - rubriques.

[xve siècle.]

Commence par un calendrier écrit au vermillon et à l'encre noire.
122 feuillets. [Prov. : St-Vaast.]

---

772. **Tractatus de septem itineribus Æternitatis.** —Bonaventuræ itinerarium mentis.—Augustini de contemplatione Christi. — Expositio litteratis sermonis Domini in monte.—Epistola super compassionem super errores Sarracenorum. — In-quarto minimo. - papier. - tracé au crayon. - longues lignes. -XVe siècle. - écriture courante. - rubriques. - initiales au vermillon et à l'outremer. [xve siècle.]

Commence par quelques extraits de St-Bernard.

Incipit : Tractatus de septem itineribus Æternitatis, quibus itur ad eternam mansionem seu vitam.

Incipit : prologus in libro, qui dicitur itinerarium mentis in Deum edito a fratre Bonaventura theologo et viro sancto.

Incipit liber qui dicitur manuale sancti Augustini de contemplatione Christi.

Expositio litteralis sermonis Domini in monte totam legem evangelicam continentis.

Incipit epistola quedam super habendam compassionem super errores Sarracenorum et quis modus sit convenientior et tractabilior ad habendam pacem cum eis.

284 feuillets. [Prov. : St-Vaast.]

24

773. Collectarium Vedastinum.—In-quarto minimo. - vélin blanc, taché par l'humidité. - tracé au crayon. - longues lignes. - XVᵉ siècle. - grande gothique d'église. - grandes lettres miniatures. - initiales festonnées rouges et bleues. - rubriques. - feuillets numérotés au vermillon. [xvᵉ siècle.]

Commence · Ad exponendum sanctum Vedastum.

Finit par les collectes de l'office des morts.

191 feuillets. [Prov : St-Vaast.]

774. Expositio in Danielem, Apocalypsin et Lucam.—Sᵗⁱ Augustini de animâ christianâ.—Hugonis postillæ in Lucam.—In-quarto minimo quadrato. - vélin commun, léger, sali. - tracé au crayon. - deux colonnes. - écriture négligée de la fin du XIVᵉ siècle.

[xivᵉ siècle.]

Manque le commencement du commentaire sur Daniel. — Finit ainsi : Surgeque et hoc est Daniel comedit. Explicit Daniel.

Incipit liber beati Augustini : Eccl. Cognovit Dominus omnem scientiam, &c.

Incipiunt postillæ fratris Hugonis ordinis predicatorum super Lucam : Vidi et ecce quatuor quadrige egredientes de medio duorum montium, &c.

188 feuillets [Prov. : St-Vaast.]

775. Tractatus Radberti Paschasii de Corpore & sanguine Christi.—Excerpta quædam è patribus.—Lanfranci ad Berengerium.—In-quarto minimo. quadrato. - vélin gratté, fort et blanc. - tracé à la pointe. - longues lignes. - Xᵉ siècle. - exécution soignée. - rubriques au rouge de plomb. - la fin est du XIIᵉ siècle.

[xᵉ siècle.]

Incipit Prologus Radberti Paschasii :

Regis adire sacræ quamvis sollempnia mensæ,
Almificum Christi corpus contingere votis,
Delicias vesci, roseum potare cruorem :
Bacchica nostra velim, puero quæ misimus olim,
Et niveos casto condas in pectore flores.
Rustica fortè animo sordent, sed melle manabunt.
Tantum quæ calamus Christi de fonte ministrat,
Undè sitim pueri possint restinguere saltem,
Si libeat dignè sectari jussa Tonantis.
Libertas etenim fidei nunquam abnegat ulli
Eximios vitæ fructus de cespite carnis.
Vita, salus, pax, lux, sapientia, denique cunctis
Undè fluit, testor, cœli sub cardine quadro.
Tu quoque muneribus si dignus vixeris istis,
Accipias palmam regni, virtute beatus.

Incipit : Lanfrancus misericordia Dei catholicus Berengerio catholicæ ecclesiæ adversario : Si divina pietas cordi tuo inspirare dignaretur, &c.

140 feuillets.   [Prov. : St-Vaast.]

---

776. Breviarium. — In-quarto minimo. - très beau vélin. - tracé à l'encre pourpre. - deux colonnes. - XVᵉ siècle. - encadrements et lettres en miniatures. - initiales en or sur fond pourpre et azur. - rubriques. riche exécution.   [XVᵉ siècle.]

Sur le dernier feuillet : Ex dono magistri Boni Radulphi Scolastici et Canonici Atrebatensis A. D. 1516.

405 feuillets.   [Prov. : St-Vaast.]

---

777. L'Estrif de Vertu et de Fortune *(par Martin Le Franc).* — In-quarto minimo. - vélin léger, choisi. - tracé à l'encre pourpre. - longues lignes. - écriture réformée du XVᵉ siècle. - encadrement et miniature

sur le premier feuillet. - rubriques. - initiales rouges
et bleues. [xvᵉ siècle.]

Commence..... Très hault et très puissant et très redoubté
prince, Philippe duc de Bourgoigne, de Brabant, &c., Martin Le Franc,
prévost de Losanne, secrétaire de nostre Saint Père le pape Nycholas,
très humble recommandation, &c.

Sur le dernier folio : Cy finit l'estrif de vertu et de fortune fait par
très excellent clerc maistre Martin Le Franc, prevost de Losanne.

229 feuillets. ———— [Prov. : St-Vaast.]

778. Horæ beatæ Virginis. — In-octavo. - vélin
choisi. - tracé à l'encre rouge. - longues lignes. - XVᵉ
siècle. - miniatures d'une médiocre exécution. - encadrements. - initiales en or sur fond d'azur.

[xvᵉ siècle.]

Commence par un calendrier en français.

70 feuillets. ———— [Prov. : St-Vaast.]

779. Officium defunctorum. — In-quarto. - vélin
commun, fort. - longues lignes. - XVᵉ siècle. - rubriques. - chant noté. [xvᵉ siècle.]

54 feuillets. ———— [Prov. :]

780. Horæ sanctæ Crucis. — In-octavo maximo. -
vélin gratté, d'une teinte sombre. - tracé à l'encre
pourpre. - longues lignes. - XVᵉ siècle. - miniatures et
encadrements d'une exécution peu soignée. - initiales
en or et azur. - rubriques. [xvᵉ siècle.]

Commence par un calendrier.

A la fin : Ayons toujours devant nos yeux,
La gloire du sainct nom de Dieu,
Monsieur de Bellacour,
1680.

Dono dedit D. Stephano Le Pez Vedastino dominus de Bellacour, anno domini 1700.

128 feuillets.. [Prov.: St-Vaast.]

---

781. Liber Orationum. — In-octavo.-vélin noirci, sali, tracé au crayon.-longues lignes.-grand caractère d'église du XIIIe siècle.-additions du XIVe et du XVe siècle.-grandes lettres en or, azur et vermillon.

[XIIIe, XIVe & XVe siècle.]

84 feuillets. [Prov. : St-Vaast.]

---

782. Excerptiones de Libro Sententiarum magistri Petri Longobardi. — In-quarto minimo.-vélin hideux, sale et jaune.-feuillets inégaux.-tracé au crayon.-longues lignes.-écriture très-négligée du XIIIe siècle.-rubriques.-initiales rouges et vertes.

[XIIIe siècle.]

Incipit omnis sacræ pagine tractatus circa res vel signa versatur, &c.

184 feuillets. [Prov. : St-Vaast.]

---

783. Diurnale. — In-quarto minimo.-vélin léger.-tracé à l'encre rouge. - longues lignes. - XIVe siècle.-rubriques.- initiales rouges et bleues. [XIVe siècle.]

230 feuillets. [Prov. : St-Vaast.]

---

784. Francisci Petrarchæ de vitâ solitariâ et de otio religiosorum et alia ejusdem. — In-quarto minimo quadrato.-papier.-tracé au crayon.-longues lignes.-écriture cursive du XIVe siècle. [XIVe siècle.]

Commence . . . . . Francisci Petrarchæ Laureati pœtæ de vitâ solitariâ liber primus incipit feliciter, inchoatus A. D. M. CCCC. LX° IX. XXJ aprilis in Castello Nepe.

Le deuxième traité F. Petrarchæ Laur. Poët. de Ocio religiosorum incipit feliciter. Dignum erat, o Felix, &c

Manque le dernier feuillet.

140 feuillets.

785. Biblia Sacra. — In-quarto minimo. - vélin choisi. - tracé au crayon. - deux colonnes - commencement du XIVe siècle. - exécution de luxe. - écriture d'une finesse extrême. - grandes lettres en miniatures. - vignettes. - initiales rouges et bleues. - titres courants en onciales rouges et bleues. **[xive siècle.]**

Le volume se termine par un glossaire des noms hébreux avec l'interprétation latine. A la fin :

Adventus proprie vult sermones Isaye.
Post natale sacrum recitat sacra lectio Paulum,
Quinque libros Moysi tibi, septuagesima, misi.
Et tu, Leviticos lege, quadragesima, libros.
Vult sibi scripta legi Jheremie passio Christi.
Actus Apostolicus sequitur post pasca legendus,
Hinc Apocalipsim lege canonicasque vicissim.
Post Penthecosten regum liber exit in hostem.
Inde per Augustum sumit sapientia scutum,
Per totum mensem sapiens Salomon tenet ensem,
Esdras septembri, Job, Tobias, Judith, Esther,
Octobri mense Machabea Trophea regnant.
Hinc Evangelii lege libros mense novembri.
Ezechielem lege prius, post Danielem.
His lectis repetas bis sex in fine Prophetas.

519 feuillets.

786. Nul n'est grevé que de soy-mesme. — Le Passe-Temps du Pélerin de vie humaine. — In-quarto minimo. - papier. - longues lignes. - écriture gothique du XVIe siècle. **[xvie siècle.]**

Sur le premier feuillet : Nul n'est grevé que de soy-meisme.

Doctrine très utile et salutaire pour endurer patiemment toutes tribulations, composée par ung vénérable docteur, et dédié aux bourgeois et habitans de la ville d'Arras, aprez la prinse d'icelle ville par les Allemans, extraite d'un petit traicté composé par sainct Jean Chrisostome, intitulé : *Nemo leditur nisi, à se ipso*, nul n'est blessé ou grevé que de soy-meismes. Lisez et vous y trouverez fructueuse délectation.

Incipit : Nul n'est grevé que de soy-meismes :

Je croy que ceulx qui mettent toute leur affection en ceste vie présente, et n'ont quelque saveur du bien spirituel, prenderont ces parolles dessus proposeez, en dérision, et les reputeront folles et non vraysemblables.

Incipit : Le passetamps du pélerin de vie humaine composé par frère Jehan Clapio, en son temps confesseur de l'empereur Charles d'Austrice, cinquiesme de ce nom, & a icelluy empereur envoyet :

Très excellent & très redoubté prince, les derniers jours passez estant plain de tristesse et d'ennuy, pour le dangier et inconvénient esquelz se est mis le povre peouple à l'occasion des doctrines erronées & mauvaises, &c.

Suit un traité sans rubrique commançant ainsi : A l'honneur de Dieu soit : & au salut de entre nous, povres mondains, abreuvez et enyvrez aux eaues puantes & desplaisantes à Dieu, des conversations maulvaises & mondaines tellement que l'on se eslonge de la vraye foy de Jesus-Christ, de la charité, & de la vraye espérance. (Manque la fin).

180 feuillets.   [Prov. : St-Vaast.]

---

787. Missale Fratrum minorum. — In-quarto minimo. - vélin choisi, blanc. - tracé à l'encre. - deux colonnes. - XIVe siècle. - miniatures. - vignettes. - encadrements. - initiales en or, azur et vermillon. - exécution très-soignée.   [xive siècle.]

Commence par un calendrier.

374 feuillets.   [Prov. : St-Vaast].

788. Généalogie de la maison de France. — In-folio maximo. - papier. - écriture du XVIIe siècle. - encadrements. - blasons coloriés avec soin.

[XVIIe siècle.]

Incipit : Lothaire roi de France, mourant, recommanda le roy Loys, cinquiesme du nom, et ja sacré, à Hue Capet son cousin, à cause que le prince estoit fort jeune, et afin que Capet luy feit office de bon parent et lui maintint son droit à la couronne.

212 feuillets. [Prov : St-Vaast]

789. Isaias. — **Epistolæ Pauli.** — **Pentateuchus.** — **Josue.** - **Judith.** — **Ruth.** — In - folio maximo. - vélin gratté, noirci. - tracé au crayon. - deux colonnes. - XIIIe siècle. - grand caractère d'église. - miniatures en verrières. - vignettes. - rubriques. - titres-courants en onciales gothiques alternées rouges et bleues.

[XIIIe siècle.]

Incipit : Visio Ysaie, filii Amos, quam vidit super Judam et Jerusalem In diebus Ozie, Joathan, Achaz & Ezechie regum Juda.

202 feuillets. [Prov. : St-Vaast.]

790. Biblia Sacra. — In-folio maximo. - beau vélin, un peu léger. - tracé au crayon. - deux colonnes. - XIIIe siècle. - riches miniatures en verrières - vignettes. - initiales d'or sur fond rouge et azur. - titres courants en onciales alternées bleues et rouges. - initiales vermillon et outremer. [XIIIe siècle.]

Incipit : Frater Ambrosius Michi tua munuscula perferens detulit suavissimas litteras que a principio amicitiarum fidem probate jam fidei et veteris amitie nova.

Finit par un glossaire incomplet des noms hébraïques.

212 feuillets. [Prov. : Cathéd. d'Arras.]

791. Gratiani Decretum, cum apparatu. — In-folio maximo. - vélin léger, tracé au crayon. - XIIIe siècle. - deux colonnes. - la glose encadrant le texte. - exécution italienne. - initiales. - vignettes tracées au vermillon et à l'outremer. - rubriques.   [xiiie siècle.]

Commence par une histoire du décret, sans titre ni rubrique.

Incipit : Concordia discordantium canonum ac primum de jure naturæ et constitutionis.

Humanum genus duobus regitur, naturali videlicet jure et moribus.
210 feuillets.   [Prov. : St-Vaast.]

---

792. Lectionarium. — In - folio maximo. - vélin gratté, noirci, dégradé par l'usage. - tracé à l'encre. - deux colonnes. - fin du XIIIe siècle. - grand caractère d'église. - initiales en miniatures. - rubriques. - vignettes grandes lettres azur et vermillon.   [xiiie siècle.]

Les dix premiers feuillets sont une réparation du XVe siècle.

Incipiunt : Lectiones in dominicis et festis diebus à Penthecoste usquè ad adventum Domini.

De sancta Christina.

De sancto Vindiciano.

Omelia beati Augustini : Non enim misit deus filium.

—   Venerabilis Bedæ : Si virum à demonio liberatum.

sermo beati Leonis, in octavis Pentecostes : Hodiernam, dilectissimi, solemnitatem.

Omelia beati Gregorii : In verbis sacri eloquii.

—   —   —   Hoc distare, fr., inter delicias.

—   —   —   Estivum tempus.

—   venerabilis Bedæ : Hoc loco nobis nichil.

—   —   —   Stagnum Genesareth.

—   —   —   In hac lectione consideranda est.

—   —   —   Et ecce quidam legis peritus.

—   —   —   Nemo potest duobus Dominis.

—   —   —   Hydropis morbus.

Omélia beati Johannis : Convenerunt ut multitudine.
— — — Christum in humanis actibus.
— — Gregorii : Lectio sancti evangelii.
— — sancti Augustini : Miracula que fecit Dominus.
— — &., &c.
159 feuillets. [Prov. : St-Vaast.]

793. Decretales Gregorii Papæ et Sextus Clementis V, cum apparatu.—In-folio maximo. — vélin léger. - tracé au crayon. - deux colonnes. - la glose encadrant le texte. - XIIIe siècle. - exécution italienne. - miniatures. - vignettes. - initiales au vermillon et à l'outremer. - rubrique. [xiiie siècle.]

Incipit liber primus Decretalium : Gregorius episcopus servorum dei dilectis filiis doctoribus et scolaribus universis Parisius Bononieque cummorantibus salutem et apostolicam benedictionem. Rex pacificus pia miseratione disposuit.
210 feuillets. [Prov. : St-Vaast.]

794. Quatuor Evangelistæ cum glossâ.—In-folio maximo. - vélin choisi. - deux colonnes. - le texte engagé dans la glose. - fin du XIIIe siècle. - initiales au cinabre et à l'outremer. - titres-courants en onciales alternées rouges et bleues. [xiiie siècle.]

Les trois premiers feuillets sont une réparation du XIVe siècle.
Incipit : Matheus ex Judea sicut in ordine primus ponitur, ita evangelium in Judea primus scripsit. Cujus vocatio ad Deum ex publicanis actibus fuit.
179 feuillets. [Prov. : St-Vaast.]

795. Vincentii Bellovacensis è speculo naturali Libri XII.—In-folio maximo. - vélin sur deux colonnes.

-écriture du XIVe siècle. - lettres ornées en azur et au cinabre. - rubriques.

[XIVe siècle.]

Commence au livre 20, de Bestiis.

Incipit : Tygris vocata est propter volucrem fugam, sic enim nominant Persæ & Medi sagittam. Est autem bestia variis distincta maculis, virtute et velocitate mirabilis ; ex ejus nomine fluvius Tygris apellatur. 231 feuillets.

[Prov. : St-Eloi.]

796. Varii Sermones. — In-folio maximo, mutilé. - vélin épais. - écrit sur deux colonnes. - fin du XIIe siècle. - rubriques. - lettres ornées, toutes du même temps que l'écriture. - les feuillets numérotés au cinabre.

[XIIe siècle.]

Renferme une collection d'homélies, tirées des Pères et destinées aux diverses fêtes des saints. — Les peintures n'ont jamais été exécutées non plus que la rubrique qui devait précéder le texte. — Finit par un sermon de saint Léon sur la fête de saint Laurent.

Omelia venerabilis Bede presbiteri : Redemptoris nostri precursor testimonium.

Sermo beati Leonis papo : Quod temporis ratio.

Item ejusdem : Sublimitas quidem, dilectissimi, glorie Dei.

Sermo in die Domini nostri Jhesu Christi : Appropinquavit nobis, dilectissimi fratres, dies.

Sermo beati Maximi : Investigabilis humanis sensibus.

Sermo beati Maximi episcopi : In adventu dominico cui honorem.

Omelia lectionis ejusdem : Querendum est cur hic dicat Herodem.

Venerabilis Bede presbiteri : Virtutem spiritus, signa miraculorum.

Beati Augustini episcopi : Manifestum est his preceptis omnem.

Venerabilis Bede presbiteri : Duo pariter miracula humane.

Venerabilis Bede presbiteri : In lectione sancti evangelii que nobis.

Sermo de sancta Trinitate : Credimus sanctam Trinitatem, id est, patrem.

Omelia beati Augustini episcopi : Magnum est sacramentum & qui.

Sancti Augustini episcopi : Nunc, inquit, judicium est mundi.

Sermo domini Fulberti Carnotensis episcopi : Approbate consuetudinis est apud christianos.

Lectionis ejusdem : Prefatio totius operis premisit de quo dicturus.

Sermo sancti Augustini episcopi : Adest nobis, dilectissimi, optatus.

Sermo Ambrosii : Si subtiliter a fidelibus que sit.

Sancti Augustini episcopi : Sanctum evangelium cum legeretur.

Sermo beati Augustini episcopi : Verba domini nostri Jhesu Christi.

Sermo in dedicatione basilice sancti Michaelis archangeli : Memoriam beati Michaëlis, archangeli, toto orbe venerandam.

Item sermo de eodem Die : Factum est prelium magnum in celo.

Sermo beati Isidori : Angeli grece, vocantur Hebraice Malaoth.

Sermo ex commentario beati Jheronimi presbiteri : Accesserunt discipuli ad Jhesum dicentes.

Venerabilis Bedo presbiteri : Venturus in carne dominus & redemptor.

Item de eodem Die sermo beati Augustini episcopi : Hodie Natalem sancti Johannis, fratres karissimi.

Sermo beati Johannis episcopi : Beatus Paulus qui tantam vim.

Sermo beati Hieronimi presbiteri : Grandis fidutia.

Sermo Leonis papæ : Omnium quidem sanctorum.

Sermo beati Jheronimi presbiteri : Discipulis precepit transfretare.

Narratio quali de causa celebretur festivitas sancti Petri : Notandum est cunctis fidelibus, fratres karissimi.

In nativitate sancti Petri : Hujus diei observantiam.

Sermo sancti Eusebii episcopi : Opera bona propter Christum.

In festivitate sancti Luce evangeliste : Lucas juxta traditionem.

Argumentum beati Jheronimi presbiteri : Lucas Syrus Antiocensis.

In solempnitate omnium sanctorum : Legimus in ecclesiasticis.

Item de eodem Die : Hodie, dilectissimi, omnium sanctorum.

Tractatus sancti Augustini episcopi : Si queritur quid significet.

Beati Augustini episcopi : Iste locus evangelicus, fratres, ubi.

Sermo beati Augustini episcopi : Hoc est preceptum meum ut diligatis.

Beati Gregorii pape : Cum cuncta sacra eloquia dominicis.

Beati Augustini episcopi : Hec mando vobis ut diligatis.

Sermo beati Gregorii pape : Sancta quatuor animalia que per prophetie spiritum.

Item ejusdem : Sancto prophetie spiritu pennata animalia.

Sermo beati Maximi episcopi : In martyrio beatissimi, fratres karissimi.

Sermo beati Maximi episcopi : Sufficere nobis deberent ad profectum.

Lectio sancti evangelii secundum Lucam : In illo tempore. Dixit Jhesu.

Beati Gregorii pape : Quia dominus ac redemptor noster novus,

Beati Gregorii pape . Si consideremus, fratres karissimi.

Sermo ex commentario beati Jheronimi presbiteri : Nolite arbitrari quia venerim pacem mittere in terram.

Sermo ex commentario beati Jheronimi : Nichil enim opertum.

Sermo beati Augustini episcopi : Psalmus qui cantatur domino. Domino deo nostro laudes læti canamus.

Sermo beati Leonis pape : Predicante, dilectissime, domino Jhesu Christo.

Omelia venerabilis Bede presbiteri : Et ipse, elevatis oculis in discipulos suos.

Sermo beati Ambrosii episcopi : Ecce ego mitto vos sicut agnos.

Venerabilis Bede presbiteri : Attendite à fermento phariseorum.

Sermo beati Maximi episcopi : Ad sancti ac beatissimi istius.

Sermo sancti Fugentii episcopi : Dominicus sermo quem debemus.

Lectionis ejusdem · Sermonem evangelicum, fratres karissimi.

Scimus quam diligentibus domini : Omnia cooperantur omnia.

Lectio sancti evangelii secundum Lucam : In illo tempore dixit.

Beati Gregorii pape : Sancti evangelii, fratres karissimi, aperta.

Beati Gregorii pape : Dominus & Salvator noster, fratres karissimi.

Lectiones in dedicatione ecclesie de libro regum tercio : Stetit Salomon ante altare Domini in conspectu.

Sermo beati Augustini episcopi : Quotienscumque, fratres karissimi.

Item sermo sancti Augustini : Recte festa ecclesie colunt.

Venerabilis Bede presbiteri : Quia propitia divinitate, fratres.

Lectionis ejusdem venerabilis Bede presbiteri : Audivimus ex lectione evangelica, fratres karissimi.

Venerabilis Bede presbiteri : Et ingressus Jhesus perambulabat.

Venerabilis Bede presbiteri : Tanta ac talis est Scripturæ divine.

Beati Gregorii pape : Audisti, fratres karissimi, quia ad unius.

Sermo in Assumptione sancte Marie : Adest, nobis dilectissimi.

Item alius sermo de eodem : Merito itaque sancta & venerabilis Dei

Item sermo ejusdem : Scientes, fratres dilectissimi, auctori nostro

Sermo sancti Augustini : Castissimum Marie Virginis uterum.

Lectionis ejusdem : Adveniens itaque conditor mundi.

Sermo sancti Augustini episcopi : Natalem sancti Johannis.

Sermo sancti Johannis episcopi : Heu me quid agam unde.

Bede presbiteri de eadem : Natalem, fratres karissimi, beati Johannis.

Beati Gregorii pape : Sancti evangelii, fratres karissimi, brevis.

Beati Johannis episcopi : Clementissimus omnipotens deus pietate.

Venerabilis Bede presbiteri : Dominus conditor ac redemptor noster.

257 feuillets indiqués sur l'ancienne pagination.

169 subsistants.   [Prov. : St-Eloi.]

---

707. Ostiensis super Quinque libros Decretalium. — Deux volumes in-folio maximo. - vélin blanc, choisi. - tracé à l'encre. - deux colonnes. - commencement du XIVe siècle. - écriture italienne. - miniatures. - rubriques. - vignettes. [XIVe siècle.]

Incipit : Commentum libri Decretalium et prohemium actoris :

Ad dei omnipotentis gloriam et universalis ecclesie decus & decorem, necnon reipublice et maximo Scolasticorum utilitatem.

1er vol. 233 f.; 2e vol. 205 f.   [Prov. : St-Vaast.]

---

798. Henricus Bohic in Decretales Gregorianas. — Deux volumes in-folio maximo - vélin choisi. - tracé au crayon. - deux colonnes. - XVe siècle. - rubriques. - initiales au vermillon et à l'outremer.

Incipit Liber primus Decretalium :   [XVe siècle.]

Venerabilibus et discretis viris, Doctoribus, Licenciatis, Bacalariis et aliis Scolaribus auditorium suum lecture Decretalium de mane Parisius intrantibus Henricus Bouhic, Leonensis diocesis in Britannia.

1er vol. 138 f ; 2e vol. 174 f.   [Prov. : St-Vaast.]

799. Quatuor Evangelistæ cum glossis. — In-folio maximo. - vélin blanc. - tracé au crayon. - une, deux et trois colonnes. - XIII° siècle. - miniatures en verrières. - vignettes. - initiales au vermillon et à l'outremer. - titres-courants en onciales alternées rouges et bleues. **[XIII° siècle.]**

Incipit : Matheus ex Judea, sicut in ordine primus ponitur, ita evangelium in Judea primus scripsit, cujus vocatio ad deum ex publicanis actibus fuit.

191 feuillets. **(Prov. : St-Vaast.)**

---

800. Novella Johannis Andreæ super sexto Decretalium. — In-folio maximo. - vélin blanc, choisi. - tracé au crayon. - deux colonnes. - XV° siècle. - gothique courante. - hastes montantes aux premières lignes. - rubriques. - initiales au minium et à l'outremer. **[xv° siècle.]**

Incipit : Novella Johannis Andree super sexto libro Decretalium.

Cum eram parvulus loquebar ut parvulus, sapiebam ut parvulus cogitabam ut parvulus ; cum autem factus sum vir evacuavi que erant parvuli. Licet divine majestatis consilium.

140 feuillets. **(Prov. : St-Vaast.)**

---

801. SS. Patrum sermones et homiliæ pro tempore. — In-folio maximo. - vélin gratté. - noirci. - tracé au crayon. - deux colonnes. - XIII° siècle. - rubriques. - initiales bleues, vertes et rouges. **[xiii° siècle.]**

Omelia beati Gregorii pape : Dominus ac redemptor noster.

Lectionis ejusdem beati Gregorii pape : Querendum est nobis, fratres carissimi.

Venerabilis Bede presbiteri : Exordium nostre redemptionis.

Item ejusdem sermo beati Augustini : Legimus sanctum Moysen.

Sermo beati Maximi episcopi : Leticia quanta sit quantusque cursus.

Omelia beati Augustini episcopi : Intuentes quod modo audivimus.

Venerabilis Bede presbiteri : Quia temporalem mediatoris.

Venerabilis Bede presbiteri ; Audivimus ex lectione evangelica.

Venerabilis Bede de eadem lectione : Nato in Bethleem Domino Salvatore.

Beati Gregorii pape ; Quia largiente Domino.

Quamvis, dilectissimi ineffabilis :

Eusebii episcopi ; Audivimus per prophetam.

Item sermo Eusebii : Bene nostis, fratres karissimi.

Sermo sancti Fulgentii : Cupientes aliquid de hujus.

Item ejusdem : Hodie, fratres karissimi, christus natus est in adventu Domini, fratres karissimi.

Item sermo sancti Maximi episcopi : Hodierni mysterii sacramentum.

Sermo beati Maximi episcopi : Quamquam non dubitem.

Venerabilis Bede presbiteri : Sanctam venerandamque presentes.

Sermo beati Maximi episcopi : In hac, dilectissimi, celebritate.

Item sermo beati Maximi episcopi : Quamvis, dilectissimi fratres.

Item de eodem Die : Complura nobis, fratres atque.

Item ejusdem : Hodiernam festivitatem, dilectissimi.

Sermo beati Leonis pape ; Si fideliter, dilectissimi atque.

Sermo beati Leonis pape : Festivitatis hodierne, dilectissimi.

Sermo beati Augustini : Fratres karissimi celebravimus.

Item sermo beati Augustini : Ihesus filius Nave in heremo stabat.

Omelia beati Fulgentii : Hero celebravimus temporalem.

Item sermo beati Maximi : Lectio Actuum Apostolorum.

Item unde supra sermo beati Eusebii : Satis notum est beatos.

Sermo beati Jeronimi presbiteri : Assumpsit Jhesus Petrum & Jacobum.

Sermo Ysidori episcopi : Johannes apostolus & evangelista.

Item ex hystoria ecclesiastica relatio de eodem Johanne : Audi fabulam non fabulam sed rem gestam.

Omelia venerabilis Bede presbiteri, lectio sancti evangelii que nobis modo lecta est.

Sermo beati Severini episcopi : Zelus quo tendat? Quo prosiliat livor?

Sermo beati Augustini episcopi : Hodie fratres karissimi natalem illorum innocentium colimus.

Omelia venerabilis Bede presbiteri : De morte preciosa martyrum Christi.

Sermo sancti Johannis episcopi : Dedicatur novus ab infantibus.

Sermo sancti Ambrosii episcopi : Cum in toto mundo virgineus.

Sermo beati Ambrosii episcopi : Immaculatus Dominus immaculatam.

Sermo sancti Ambrosii episcopi : Et ecce homo erat in Jherusalem.

Omelia venerabilis Bede presbiteri : Sollempnitatem nobis hodierne.

Venerabilis Bede presbiteri : Aperta nobis est, fratres karissimi.

Origenis de eadem lectione : Docente in monte Domino.

Origenis de eadem lectione ; Ingrediente Domino in naviculam secuti sunt discipuli.

Beati Gregorii pape : In explanatione sua multa ad loquendum.

Sermo beati Johannis episcopi : Dignitas humane originis facile.

Omelia Gregorii pape : Lectio sancti evangelii quam modo fratres.

Beati Gregorii pape : Redemptor noster providens.

Sermo beati Johannis episcopi : Fides est religionis sacratissime.

Omelia Gregorii pape : Dubitari a quibusdam solet.

Sermo sancti Leonis pape : Licet nobis, dilectissimi, appropinquante festivitate.

Sermo beati Leonis pape : Semper quidem nos, dilectissimi, sapienter.

Ejusdem sermo de quadragesima : Predicaturus vobis, dilectissimi.

Sermo de quadragesima : Apostolica, dilectissimi, nos doctrina ammonet.

Sermo beati Maximi episcopi : Audistis, karissimi, sicut evangelica tuba.

Sermo beati Maximi episcopi : Conflictus iste mirabilis quem.

De XLª : Advertite, fratres karissimi peractum à Domino nostro Jhesu Christo.

Ejusdem : Quia nonnullorum est consuetudo.

Sermo beati Johannis episcopi : Portabat Rebecca geminos.

Omelia venerabilis Bede presbiteri : Duo pariter miracula humane.

Venerabilis Bede presbiteri : Evangelica lectio, dilectissimi.

Venerabilis Bede presbiteri : Quia Dominus ac redemptor.

Venerabilis Bede presbiteri : Demoniacus iste apud Matheum.

Johannis : Confitemini Domino quoniam bonus est.

Omelia venerabilis Bede presbiteri : Presentem sancti evangelii lectionem.

Venerabilis Bede presbiteri : Qui signa et miracula Domini.

Venerabilis Bede presbiteri : Solet movere quosdam.

Venerabilis Bede presbiteri : Mediator Dei & hominum.

Sermo beati Leonis : Desiderata nobis, dilectissimi.

Venerabilis Bede presbiteri : Moris esse prudentium solet.

Sermo beati Leonis papae : Gloria, dilectissimi, dominice passionis.

De passione Domini : Expectationi vestre, dilectissimi.

Sermo sancti Leonis : Sermonem, dilectissimi, de gloriosa.

De eodem : Cum multis modis, dilectissimi.

Sermo beati Johannis episcopi : Scio quidem, dilectissimi, paschale

Natalis Domini dies appropinquavit nobis, dilectissimi.

Sermo Augustini : Laudem Domini loquetur os meum.

Sermo sancti Augustini : Filius Dei idemque filius hominis.

Clementissimus pater omnipotens Deus.

Sermo sancti Augustini : Hodie veritas orta est, Christus de carne natus est.

Sermo sancti Augustini : Post miraculum virginei partus.

Sermo sancti Augustini : Ante paucissimos dies natalem.

Sermo sancti Augustini ; Ad partum virginis adorandum.

Sermo de baptismo Domini : Aperiatur hodie omne os, dilectissimi.

Omelia sancti Augustini : Nuptie quibus Christus munerator.

Item sermo sancti Augustini : Hodiernus dies ad habendam.

Odonis Cameracensis episcopi : Quis est homo dives nisi Christus.

(Nombre des sermons . 98),

145 feuillets.   [Prov. : St-Vaast.]

---

802. **Gregorii IX papæ Decretalium Libri V, cum glossâ.** — In-folio maximo. - vélin. - sur deux colonnes. - la glose encadrant le texte. - écriture italienne. - XIVᵉ siècle. - une miniature en tête du livre IV.   [XIVᵉ siècle.]

Le premier livre manque ainsi qu'une partie du second.
200 feuillets. [Prov. : Cathéd. d'Arras.]

803. Disgestorum Libri ab. XXXIX° ad XLVIII^{um} cum apparatu. — In-folio magno, - vélin commun, - tracé à l'encre, - deux colonnes. - le commentaire en marge autour du texte. - XIV° siècle. - écriture italienne. - rubriques. - initiales rouges et bleues.

[xiv° siècle.]

Incipit : Domini Justiniani sacratissimi principis perpetui augusti juris enucleati ex omni veteri jure collecti Digestum seu Pandectarum incipit.

124 feuillets. [Prov. : St-Vaast.]

804. Guido de Baysio in Decretum Gratiani. — In-folio magno. - vélin blanc. - tracé au crayon. - deux colonnes. - feuillets rongés par l'humidité. - XIV° siècle. - écriture italienne. - miniatures. - initiales rouges et bleues. [xiv° siècle.]

Incipit : Reverendo in Christo patri suo, domino Gerardo dei gratia episcopo Sabinensi Guido de Baysio Bononiensis archidyaconus, suus clericus et capellanus cum recommendacione sui utriusque hominis sospitatem.

Explicit : Rosarium Guidonis archidiaconi. Juenus, filius Rogerii de sancto Matheo complevit istud die sabbati ante festum beati Bartholomei anno domini millesimo CCC° tricesimo octavo. Deo gratias.

302 feuillets. [Prov.: St-Vaast.]

805. Berengarii Inventarium juris canonici. — In-folio magno. - vélin blanc. - tracé au crayon. - deux colonnes. - XIV° siècle. - écriture italienne. - miniatures sur le premier feuillet. - initiales rouges et bleues. [xiv° siècle.]

Annoté par Jean Lefebvre, évêque de Chartres et auparavant ablé de St-Vaast.

Incipit : Patri suo ac domino reverendo domino G. Dei providentia Ebrudinensi archiepiscopo Berengarius miseratione divinâ episcopus Bitiensis salutem in eo qui est omnium vera salus.

Liber iste est sancti Vedasti, quem tempore scolaritatis acquisivi ego Johannes Carnotensis olim abbas sancti Vedasti. Scriptum anno domini M° CCC° LXXXIII° in mense junii.

257 feuillets. [Prov. : St-Vaast.]

---

806. Concordantia Veteris et Novi Testamenti.
— In-folio vélin blanc. - tracé à l'encre. - trois colonnes. - écriture courante de la fin du XIVᵉ siècle. - initiales rouges et bleues. [XIVᵉ siècle.]

Incipit : Cuilibet volenti scire seu requirere concordantias in hoc libro unum est prius attendendum.

311 feuillets. [Prov. : St-Vaast.]

---

807. Justiniani Codicis Libri IX cum glossâ.—
In-folio magno. - vélin jaune tracé au crayon. - deux colonnes. - les gloses en marge autour du texte. - fin du XIIIᵉ siècle. - écriture italienne. - rubriques. - têtes dès livres en onciales allongées, rouges et bleues.

[XIIIᵉ siècle.]

Incipit : Codicis Domini Justiniani sacratissimi principis repetite prelectiones liber primus incipit de novo codice faciendo : Hec que necessario corrigenda esse multis retro principibus visa sunt.

189 feuillets. [Prov. : St-Vaast.]

---

808. Simonis Vayreti Compilatio quatuor (id est Johannis Andreæ, Guillermi, Gecellini et Pauli), apparatuum Super Clementinas. — In-folio. - vélin

commun. - tracé au crayon. - deux colonnes. - écriture grossière, italienne du XIVe siècle. - rubriques. - initiales festonnées en rouge et en bleu.

[XIVe siècle.]

Incipit Compilatio quatuor apparatuum super Clementinas : Hæc glossas quatuor auctorum decisis eorum prefationibus super Clementinas Compilatio.

135 feuillets. [Prov. : St-Vaast.]

809. Decretum Gratiani cum apparatu Bartholomei Brixiensis. — In-folio magno. - vélin commun - tracé au crayon. - deux colonnes. - le commentaire en marge autour du texte. - XIVe siècle. - écriture italienne. - têtes des chapitres en onciales allongées rouges et bleues. - rubriques. [XIVe siècle.]

Incipit : Humanum genus duobus regitur, naturali jure videlicet et moribus. Jus naturale est quod in lege et evangelio continetur.

222 feuillets. [Prov. : St-Vaast.]

810. Guido de Baysio in Sextum Decretalium.— In-folio porrecto. - vélin blanc. - tracé à l'encre. - deux colonnes. - écriture italienne du XIVe siècle. - vignettes. - initiales au vermillon et à l'azur. [XIVe siècle.]

Incipit : Venerabilibus et discretis viris rectoribus universitatis scolarium Bononie degentium fratribus et amicis carissimis Guido de Baysio Bononensis archidiaconus, Domini pape Capella s nunc ipsius litterarum auditor.

119 feuillets. [Prov. : St-Vaast.]

811. Gregorii Decretales cum glossis Bernardi. —In-folio maximo. - beau vélin. - tracé au crayon. - deux colonnes. - la glose encadrant le texte. - XIVe

siècle. - écriture italienne. - têtes de livres en onciales brodées alternées rouges et bleues. - initiales au vermillon et à l'outremer. - annotations marginales en cursive contemporaine. [xive siècle.]

Incipit : Gregorius episcopus servus servorum Dei dilectis filiis doctoribus et scolaribus universis Bononie commorantibus salutem.

Sur le dernier feuillet, une table des titres en cursive du XVe siècle.

212 feuillets. [Prov. : St-Vaast.]

812. Guido de Baysio in librum Decretorum.—

In-folio maximo. - vélin. - écriture italienne du XIVe siècle, grosse et suivie. - vignettes. - lettres ornées. - miniatures d'un grand style. [xive siècle.]

Incipit : Reverendo in christo patri suo domino Gerardo dei gratia episcopo Sabinensi Guido de Baysio Bononiensis archidiaconus suus clericus et capellanus cum recommendacione sui utriusque hominis sospitatem. A la fin :

Suscipe completi laudes, o Christe, laboris,
Quas cordis leti vox subdita reddit amoris.
Sit merces operis oratio sacra legentis
Que jungas superis nos toto robore mentis.

168 feuillets. [Prov. : St-Éloi.]

813. Passiones & Gesta Sanctorum. — In-folio

maximo mutilé. - vélin. - sur deux colonnes. - écriture du commencement du XIIe siècle. - antiquée sur les premiers feuillets. - rubriques. - lettres ornées.

[xiie siècle.]

Il commence sur le verso du premier feuillet par une table des matières écrite de la même main que celle qui a écrit le volume, mais en caractères courants.

Vita sancti Silvestri cum privilegio romane ecclesie.

Vita sancti Basilii episcopi.

Vita sancti Hilarii episcopi.
Vita beati Felicis presbiteri.
Vita sancti Fursei confessoris.
Vita beati Sulpicii episcopi.
Passio sancti Sebastiani.
Marie et Marthe. — Audifax et Abacuc.
Passio sancte Agnetis virginis.
Sermo beati Maximi episcopi.
Sermo beati Ambrosii episcopi.
Passio sancti Vincentii diaconi.
Sermo beati Augustini episcopi.
Vita sancte Aldegundis virginis.
Passio beati Ignatii episcopi.
Passio sancti Blasii episcopi.
Passio beate Agathe virginis.
Vita sancti Vedasti episcopi.
Passio beate Eulalie virginis.
Passio sancti Valentini episcopi.
Passio beati Valentini presbiteri.
Passio sancte Juliane virginis.
Vita beati Albini episcopi, ecclesie beati Vedasti.
Vita sancti Vindiciani episcopi.
Vita beati Gregorii pape.
Vita sancte Marie Egyptiace.
Vita sancti Ambrosii episcopi.
Passio beatorum Tiburcii, Valeriani et Maximi.
Passio sancti Georgii militis.
Passio beati Marci evangeliste.
Passio sancti Vitalis.
Passio beati Jacobi apostoli.
Assumptio sancti Philippi apostoli.
Inventio sancte Crucis.
Passio beatorum Alexandri, Eventii, Theodoli.
Passio sancti Pancracii.
Passio beati Victoris militis.
Passio sanctorum Marcellini et Petri
Passio beatorum Primi et Feliciani.

Passio sanctorum viti et Modesti.
Passio beati Cirici et Julite matris ejus.
Passio sanctorum Marci et Marcelliani.
Passio beatorum Gervasii et Prothasii.
Passio sancti Albani.
Passio beati Johannis et Pauli fratrum
Passio sanctorum apostolorum Petri & Pauli.
Passio beati Petri apostoli.
Passio sancti Pauli apostoli.
Vita sancti Martialis apostoli.
122 feuillets.   [Prov. : St-Éloi.]

814. S. Augustini opuscula varia.—In-folio maximo. - vélin blanc, très-beau. - tracé au crayon. - deux colonnes. - commencement du XIIIe siècle. - lettres miniatures. - rubriques. - initiales au vermillon et en azur. - titres-courants à l'encre noire.   [XIIIe siècle.]

Sur le verso du folio primo est écrite la table des opuscules en belle minuscule capétienne.

Incipit : Retractatio Aurelii Augustini Ypponensis episcopi in libro super Genesim contra Manicheos : Jam vero in Affrica constitutos scripsi duos libros de Genesi contra Manicheos : Quamvis enim superioribus libris quicquid disputavi.

In hoc volumine continentur libri Aurelii Augustini Ipponensis episcopi :

Super Genesim libri duo, contra Manicheos.
De Mendatio liber unus.
Ad inquisitiones Januarii libri duo.
De fide ad Petrum liber unus.
De disciplina Christiana liber unus.
De vita Christiana liber unus.
De octo questionibus in Veteri Testamento liber unus.
De ecclesiasticis dogmatibus liber unus.
De sancte Virginitate liber unus.
Ad Pollentium de aldulterinis conjugiis libri duo.

Ad Thimalium & Jacobum de natura & gratia liber unus.

Ad Consentium contra mendacium liber unus.

De symbolo libri quatuor.

Sermo de symbolo Dominici adventus.

De Novo cantico liber unus.

De quatuor virtutibus caritatis liber unus.

Ad Eutropium & Paulum de perfectione justicie hominis liber unus.

De quarta feria liber unus

Contra Donatistas liber unus.

Ad Aurelium episcopum de opere Monachorum liber unus.

Sermo de utilitate penitentie.

138 feuillets.   [Prov. : St-Vaast.]

---

815. Guido de Baysio in Decretum Gratiani.—

In-folio maximo. - vélin léger. - tracé au crayon. - deux colonnes. - XIVe siècle. - écriture italienne. - lettres miniatures. - vignettes. - initiales au minium et à l'outremer.   [xive siècle]

Incipit : Reverendo in christo patri suo domino Gerardo dei gratia episcopo Sabinensi Guido de Baysio Bononiensi archidyaconus suus dericus et capellanus cum recommandacione sui utriusque hominis sospitatem.

248 feuillets.   [Prov. : St-Vaast].

---

816. Gregorianæ Decretales cum glossâ. — In-folio magno. - vélin gratté, d'une ténuité extrême. - tracé au crayon. - deux colonnes. - le commentaire en marge autour du texte. - XIIIe siècle. - écriture italienne. - miniatures exécutées avec soin. - têtes de livres en onciales allongées, peintes en blanc sur pourpre et azur, en vermillon et en outremer, sur fond blanc. - initiales rouges et bleues.   [xiiie siècle.]

Vers la fin : le *stemma parentelæ* avec de riches miniatures et autour un commentaire.

Incipit : Gregorius episcopus servus servorum dei dilectis filiis doctoribus & scolaribus universis Parisius commorantibus salutem & apostolicam benedictionem. Rex pacificus, &c.

155 feuillets. [Prov. : St-Vaast.]

---

817. SS. Patrum Homiliæ et Sermones per annum.—In-folio. - vélin gratté, hideux. - noirci par le temps. - tracé au crayon. - deux colonnes. - XIII° siècle. - initiales festonnées rouges et bleues. - rubriques.

[xiii° siècle.]

Incipit : Lectio sancti evangelii secundum Marcum.

In illo tempore Marie Magdalene et Maria Jacobi & Salome abeuntes emerent aromata, ut venientes ungerent Jesum. Et valdè manè una sabbatorum veniunt ad monumentum, orto jam sole.

Omelia beati Gregorii pape : Multis vobis lectionibus.

Sermo beati Maximi episcopi : Non immerito, fratres, hodierna.

Ejusdem de sancto Pasche : Magnum, fratres, & mirabile.

Beati Maximi episcopi : Beneficia dei nostri cum magna atque.

Sermo beati Maximi episcopi : Exultandum nobis est, fratres.

Ejusdem de eadem die : Diximus fratres quod ad similitudinem.

Beati Gregorii pape : In cotidiana vobis sollempnitate.

Venerabilis Bede presbiteri : Gloriam sue resurrectionis Dominus.

Beati Gregorii pape ; Lectio sancti evangelii que modo.

Beati Gregorii pape : Prima lectionis hujus evangelice.

Beati Gregorii pape : Audistis, fratres karissimi, ex lectione evangelica.

Venerabilis Bede presbiteri : Leta Domini & salvatoris.

Venerabilis Bede presbiteri : Sicut ex lectione evangelica, fratres karissimi.

Sermo beati Augustini episcopi : Quum jejuniorum tempus est.

Beati Gregorii pape : Quod resurrectionem Dominicam.

Sermo de ascensione domini : Sacramentum, dilectissimi, salutis.

Ejusdem venerabilis Bede presbiteri, ex multis sancti evangelii : Promissum patris spiritus sancti gratiam dicit.

Venerabilis Bede presbiteri : Quia sancti spiritus hodie.

Beati Gregorii pape : Libet, fratres karissimi

Sermo beati Leonis pape : Hodiernam solempnitatem, dilectissimi.

Sermo Leonis pape : Hodiernam, dilectissimi, festivitatem toto.

Sermo de eodem die : Non incommode ante dies.

Beati Augustini episcopi : De illuminato illo qui cecus.

Venerabilis Bede presbiteri : Ubi dominus sedens.

Venerabilis Bede presbiteri : Si virum a demonio liberatum.

Beati Gregorii pape : In verbis sacri eloquii, fratres.

Beati Gregorii pape : Hoc distare, fratres karissimi.

Beati Gregorii pape : Estivum tempus quod corpori.

In festivitate sancti Michaëlis : Angelorum quippe & hominum natu-ram.

Venerabilis Bede presbiteri : Hoc loco nobis nichil aliud precipi.

Venerabilis Bede presbiteri : Stagnum Genezareth.

Sermo beati Johannis episcopi : Dominus Deus cum David regem populo.

Sermo ex commentario beati Jheronimi : Omnis qui irascitur fra-tri suo.

Tractatus sancti Eusebii : Ait evangelista in presenti lectione.

Origenis : Quod Paulo superius spatiosum &c.

Beati Gregorii pape : Lectionem brevem sancti

Venerabilis Bede presbiteri : Quia parabolam Dominus.

Venerabilis Bede presbiteri : Non oculi scribarum & phariseorum.

Bede : Leprosi non absurde intelligi possunt.

Venerabilis Bede presbiteri : Quia non valet simul.

Beati Johannis : Christum in humanis actibus divina gessisse.

Beati Gregorii pape : Textum lectionis evangelisto.

Beati Gregorii pape : Lectio sancti evangelii, quam modo

Sermo ex commentario beati Johannis : Familiare est Syris & maxime.

Beati Gregorii : Sed inter hec sciendum est quia ille recte.

Beati Augustini episcopi : Erigenda est nobis, fratres, ad Deum major intentio.

In festo visitationis : Bonifacius episcopus servus servorum.

Venerabilis Bede presbiteri : Venturus in carne Dominus.

Sermo beati Maximi episcopi : Solempnitates nobis diversorum martyrum

Venerabilis Bede presbiteri : Precursoris Domini nativitas.

Venerabilis Bede presbiteri : Virtutem nobis perfecte dilectionis.

Sermo beati Leonis pape : Omnium quidem sanctorum solempnitatum.

Sermo beati Maximi episcopi : Glorisissimos christiane fidei principes.

Venerabilis Bede presbiteri : Lectio sancti evangelii, quam modo, fratres.

Sermo ex commentario beati Jheronimi presbiteri : Discipulis precepit.

Beati Gregorii pape : Dominus & Salvator noster Jhesus.

Beati Gregorii pape : Cum constet omnibus.

Venerabilis Bede presbiteri : Dominus conditor.

Venerabilis Bede presbiteri : Quia dominus ac redemptor noster.

In natale sancti Laurentii martyris : Sixtus igitur urbis Rome

Beati Augustini episcopi : Se autem dicebat ipsum granum.

Sermo beati Maximi episcopi : Sanctum est, fratres, ac Deo placitum

Sermo de assumptione sancte Marie : Adest nobis, dilectissimi.

Sermo sancti Augustini episcopi : Verba Domini nostri Jhesu Christi.

Venerabilis Bede presbiteri : Sicut bonis esse moris solet.

Sermo beati Johannis episcopi : Hodie nobis Johannis virtus.

Vetus hystoria narrat Philippum Herodis.

Sermo de nativitate sanctissime Marie virginis : Nativitatis gloriose.

Sermo ex commentario Jheronimi : In Ysaia legimus generationem.

Ejusdem : Liber generationis Jhesu Christi filii David.

Incipit reversio vel exaltatio sancte crucis : Tempore illo postquam.

Venerabilis Bede presbiteri : Legimus, apostolo dicente.

In solempnitate omnium sanctorum : Legimus in ecclesiasticis historiis

Beati Augustini episcopi : Si queritur quid significet.

Collatio dicenda in parasceve : Multos, ut arbitror, vestrum, fratres karissimi.

Gregorii pape : Audistis, fratres karissimi, quia ad unius.

Venerabilis Bede presbiteri : Sicut ex lectione sancti evangelii, fratres, transiturus de mundo ad patrem salvator noster Dominus Jhesu Christus.

Incipit prefatio in vita sancti Augustini episcopi : Beatum Augustinum.

Incipit vita : Augustinus ex provincia Affricana civitate Tagastensi.

Incipit vita sancte Gemme virginis ac martyris : Tempore quo Blandianus.

(Nombre des sermons : 110).

155 feuillets.   [Prov. : St-Vaast.]

---

818. Glossa in Libros Josuæ, Judicum, Regum. —In - folio. - incomplet. - vélin très-blanc, piqué de vers. - écrit en longues lignes, lorsque le texte est seul, sur deux et trois colonnes, lorsque la glose excède. - écriture du XIVe siècle, lettres ornées en rouge et en azur. - titres-courants en haut des pages, en onciales gothiques rouges et bleues.   [XIVe siècle.]

Incipit : Tandem finito Pentatheuco Moysi velut grandi fenore liberati ad Jesum filium Nave manum mittimus quem Hebrei Josue Bennum, id est Josue filium Num vocant.

131 feuillets.   [Prov. : St-Vaast.]

---

819. S. Augustini Sermones et Homiliæ. — Epitomé succincta Expositionis super Apocalypsim.— In-folio maximo. - vélin gratté, noirci. - tracé au crayon. - deux colonnes. - XIIIe siècle. - rubriques. - initiales en rouge et en bleu.   [XIIIe siècle.]

Incipit : Dixit dominus Jhesus ad eos qui crediderunt Judeos, si manseritis in sermone meo, vere discipuli mei eritis et cognoscetis veritatem, & veritas liberabit vos.

Contient :

Tractatus sancti Augustini episc.:	Mirum non esse debet a deo factum.
—	Lectio sancti evangelii que precessit.
—	Puteus erat, sed omnis puteus fons.
—	Aliam rem narrat sicut se habebat.
—	Quod sequitur de evangelio & hodie.
—	Quod modo audivimus.
—	Quia non poterant apprehendere.
—	Quod jam commendavi dilectioni.
—	Passionem vel resurrectionem Domini.
Tractatus contra philosophos:	Per hos dies sicut recolit caritas vestra.
Feria IIIIᵃ in pascha :	Diebus his sanctis resurrectioni.
Feria vɪᵃ in septimana pasche :	In horto voluptatis Dominum requirit.
Tractatus de hoc, Petre amas me:	Apostolum Petrum primum omnium.
De Anania & ejus uxore :	Cum lectio legeretur de libro qui inscribitur.
De monitis baptizatorum :	Ne moras faciam.
Item sermo de eodem :	Digne, fratres karissimi, piis studiis.
De symbolo :	Appropinquante sollemnitate paschali.
Incipit : Liber primus Paschasii diaconi urbis Romane de spiritu sancto :	Fides catholica in universum mundum.
Item sermo :	In actibus apostolorum Petrus de Domino nostro disserens.
—	Ad Corinthios prima.
—	Creaturam eam, inquit, dico.
Ubi spiritus sanctus templum Dei dicitur:	Habitatorem cordis humani sacra.
Item sermo :	Accipe & ad Corinthios.
—	Vides quod sicut unus pater et unus.
Incipit sermo :	Cum lavaret Dominus pedes.
—	Jam illa verba evangelii , ubi Dominus.
—	Audivimus sanctum evangelium loquente.
—	Scio, karissimi, moveri posse nonnullos
Incipit :	Advertenda est, karissimi dominicorum.

—	Dominus Jhesus mandatum novum.
—	Cum dominus Jhesus sanctam dilectionem.
Continuatio sermonis predicti :	Deberi vobis, fratres karissimi.
Incipit sermo :	Nunc est dilectissimi ut quantum.
—	Verba sancti evangelii, fratres ita.
—	Quid sibi velit & quomodo accipiendum.
—	Magnam spem Dominus suis.
—	Audivimus fratres cum evangelium.
—	Interrogantibus discipulis.
—	Accipimus fratres verba Domini.
—	Iste locus evangelicus, fratres, ubi.
—	Vitem se dixit esse Jhesus.
—	Magis magisque salvator gratiam.
—	Audistis, karissimi, Dominum dicentem
—	Plenitudinem dilectionis, qua nos.
—	Merito queritur quomodo accipiendum
—	In lectione evangelica, que hanc.
—	Exortans Dominus servos suos.
—	Superius dixerat Dominus ad discipulos.
—	Dixerat Dominus, qui me odit.
—	Dominus Jhesus in sermone quem.
—	In isto sancti evangelii capitulo.
—	Ex verbis Domini nostri, ubi ait.
—	Quid est quod Dominus ait.
—	Cum promitteret Dominus venturum.
—	Hec Domini verba, ubi ait.
—	Glorificatum a patre filium.
—	Cum de his, quos jam discipulos.
—	Dominus Jhesus jam sua.
—	Cum Dominus Jesus orasset.
—	In magnam spem Dominus Jhesus.

Incipit. Epythoma succincte expositionis super librum Apocalypsis : Legimus in ecclesiastica historia beatum Johannem.

Incipit : Excerptum libri Apocalypsis collectum ex ydoneis doctoribus : Apocalypsis Jhesu christi.

Incipit liber quartus : Ve terre & mari quia descendit.

— Et vidi & ecce nubem candidam

Et venit unus de septem angelis qui habebant septem phialas.

Incipit liber septimus : Et vidi celum apertum.

170 feuillets [Prov. : St.-Vaast.]

---

820. Johannis Andreæ et Guidonis apparatus super VI^{um} Decretalium. — In -folio maximo. - vélin commun. - tracé au crayon. - deux colonnes. - commencement du XIVe siècle. - écriture italienne négligée. - vignettes. - miniatures. - rubriques.

[XIVe siècle.]

Incipit : Apparatus Sexti libri Decretalium compositus à domino Johanne Andrea: Quia preposterus est ordo priùs humana subsidia petere.

178 feuillets. [Prov. : St-Vaast.]

---

821. Ostiensis Summa Copiosa de titulis Decretalium. — In-folio maximo. - vélin léger. - tracé au crayon. - deux colonnes. - XIVe siècle. - écriture italienne. - miniatures. - vignettes. - rubriques. - réclames marginales en or et en outremer. - initiales en pourpre et outremer. [XIVe siècle.]

Incipit : Summa de titulis Decretalium compilata, additis in aliquibus locis quibusdam aliis rubricellis, quæ vocatur summa copiosa sive caritatis.

267 feuillets. [Prov. : St-Vaast.]

---

822. Homeliæ diversæ.—In-folio maximo, mutilé. - vélin de belle qualité. - écrit sur deux colonnes.- exécution de la fin du XIIe siècle. - rubriques. - lettres ornées, la plupart d'un style bien postérieur à celui de l'écriture du manuscrit. [XIIe siècle.]

Pour feuilles de garde, deux fragments de la légende de St.-Maur, en grands caractères.

Incipit : In vigilia epiphanie lectio sancti evangelii secundum Matheum : Defuncto herode, ecce angelus Domini apparuit in somnis Joseph in Egypto dicens.

Omelia lectionis ejusdem : Querendum est cur hic dicat.

Tractatus sancti Augustini episcopi : Miracula que fecit.

Omelia Johannis episcopi : Puto res ipsa.

Sermo beati Maximi episcopi in adventu Domini : Igitur quum post.

Omelia Gregorii pape : Dominus ac redemptor noster.

Sermo beati Maximi episcopi : Superiore dominica capitulum.

— beati Augustini episcopi : Qui sunt in illa nocte duo in lecto.

— beati Gregorii pape : Querendum nobis est, fratres karissimi.

— venerabilis Bede presbiteri : Exordium nostre redemptionis.

— beati Gregorii pape : Ex hujus nobis lectionis verbis.

— beati Gregorii pape : Redemptoris precursor quo tempore.

— lectionis ejusdem : Audivimus ex lectione evangelica.

— beati Leonis pape : Exultemus in Domino, dilectissimi.

— — Festivitatis hodierne, dilectissimi

— — Sepe, ut nostis, dilectissimi.

— — Excedit quidem, dilectissimi multumque.

— — Cum nos semper, dilectissimi, gaudere.

— — Quamvis, dilectissimi, ineffabilis sit.

— — Semper quidem, dilectissimi, diversis.

— beati Augustini episcopi : Nativitas Domini nostri Jhesu-Christi.

— — Hodie a me possit, fratres karissimi.

— — Anniversaria Domini incarnatio.

— — Gaudeamus, fratres, lætentur.

— — Omnes scripturæ quas nunc.

— beati Ambrosii episcopi : Æterni nominis virgineum partum.

— beati Johannis episcopi : Et reclinavit eum in præsepio.

— beati Augustini episcopi : Clementissimus pater omnipotens.

— — Verbum patris per quod facta sunt.

— beati Eusebii episcopi : Audivimus prophetam de divinitate.

— beati Fulgentii episcopi : Heri celebravimus temporalem.

— beati Jheronimi presbiteri : Hoc quod antea dixeram vos.

— beati Augustini episcopi : Fratres karissimi, celebravimus

Sermo beati Augustini episcopi : Hiesus filius Navæ in heremo.
— beati Fulgentii episcopi : Natalem Domini hesterna die.
— — Magnifica martyrum sollempnias
— Isydori episcopi ; Johannes apostolus et evangelista.
Relatio de sancto Johanne evangelista à Clemente Alexandrino descripta : Audi fabulam, non fabulam.
Sermo beati Jheronimi presbiteri : Assumpsit Jhesus Petrum et Jacobum.
Sermo petri Damiani : Hodie, dilectissimi, nobis læticiæ.
Omelia venerabilis Bede presbiteri : Lectio sancti evangelii que mat
Sermo beati Augustini episcopi : Non parva questio est fratres.
— beati Severiani episcopi : Zelus quo tendat, quo prosiliat?
— beati Augustini episcopi : Hodie, fratres karissimi, natalem
Omelia venerabilis Bede presbiteri : De morte preciosa martyrum
Sermo beati Eusebii episcopi : Christo igitur secundum prophetiæ
— beati Johannis episcopi : Dedicatur novus ab infantibus.
71 feuillets. [Prov. : St-Éloy.]

---

823. **Vitæ Sanctorum.**—In-folio incomplet. - vélin de basse qualité. - deux colonnes. - gratté. - on voit, page 69, des traces d'une autre écriture. - les premiers cahiers peuvent être de la fin du XIe siècle. - la plus grande partie du volume, écrite portérieurement, a été antiquée, cependant les formes anguleuses qui se trahissent dans les dernières pages, semblent indiquer une contrefaçon du XIVe siècle ou du XIIIe siècle. - rubriques. - grandes lettres dans le style roman.

[XIe siècle.]

Contient :
Vita sancti Silvestri pape.
Vita sancti Hilarii confessoris.
Vita sancti Remigii confessoris.
Vita sancti Gregorii pape.
Vita sancti Vindiciani.

hem elevatio ejusdem Vindiciani.

Vita sancti Ambrosii Mediolani episcopi.

Passio sancti Leodegarii.

Passio sanctorum Johannis et Pauli.

Passio sanctorum Crispini & Crispiniani.

Passio sanctorum Marcellini & Petri.

Vita beati Augustini episcopi.

Translatio ejusdem Augustini.

Translatio sancti Martini episcopi.

86 feuillets.   [Prov. : St-Eloi.

_____

824. S. Augustini Epistolæ.—In-folio quadrato, -
vélin fort.- tracé au crayon. - deux colonnes. - XIIe
siècle.- grandes lettres peintes et ornées.- rubriques.
-inscriptions en onciales alternées par lignes rouges
et vertes.   [XIIe siècle.]

Incipit : Aurelii Augustini Hipponensis episcopi epistolarum liber
incipit :

Augustini   ad Aurelium de vitandis conviviis.

   Id.   — Crisinium.

Alypii & Aug. — Peregrinum episcopum.

   Id.   id. — Maximum medicum Thenitanum ennomianistam.

Rescriptum Ysichii ad Augustinum.

Augustini   ad Cecilianum comitem adversus Donatistas.

   Id.   — Quintilianum pro Galla & Simpliciola.

   Id.   — Felicitatem et Rusticum de correctione.

Evodii de suprascriptis questionibus & de epistola Petri apostoli

Augustini   ad Evodium de visionibus Somniorum.

   Id.   — Evodium de ratione & deo & de corpore Domini,
            —de visionibus somniorum.

   Id.   — Evodium.

Alypii & Aug. — Aurelium episcopum.

Augustini   — Lætum.

   Id.   -- Consentium.

   Id.   — Syxtum romane urbis presbiterum,

Augustini ad Syxtum.
 Id. — Celestinum.
 Id. — Antoninum.
 Id. — Gaium.
 Id. — Hermogenianum
 Id. — Romanianum.
 Id. — Zenobium.
Nebridii — Augustinum.
Augustini — Nebridium.
 Id. — Nebridium.
 Id. — Nebridium.
 Id. — Nebridium.
 Id. — Valentinum.
 Id — Valentinum.
Macedonii — Augustinum.
Augustini — Macedonium.
Macedonii — Augustinum.
Dioscori — Augustinum.
Augustini — Dioscorum.
Paulini — Augustinum.
 Id. — Augustinum.
Nectarii — Augustinum.
Augustini — Nectarium.
 Id. — Maximinum episcopum donatistam pro diacono quodam
   ne cum rebaptizaret.
 Id. — Donatum presbyterum.
 Id. — Victorianum presbiterum de pressuris bellorum.
 Id. — Orontium.
 Id. — Olympium.
 Id. — Cornelium.
 Id. — Donatum.
 Id. — Olympium.
 Id. — Seleutianam.
 Id. — Esychium episcopum de fine seculi.
 Id. — Florentinam.
 Id. — Italicam.
 Id. — Pammachium.

Augustini ad Severum et qui cum eo sunt fratres.
Id. — Felicem et Hylarinum.
Id. — Clerum et ad universam plebem ecclesie Ypponensis pro
      malis in ecclesia tolerandis etiam que in clero.
Id. — Clerum & ad universam plebem.
Id. — Possidium.
Audacis — Augustinum.
Augustini — Audacem.
Id. — Maximam.
Id. — Julianam.
Id. — Sebastianum abbatem.
Id. — Consentium de incarnatione Domini.
Id. — Proculeianum.
Id. — Valerium.
Id. — Profuturum.
Id. — Donatum.
Id. — Fratribus Madaurensibus.
Id. — Helpidium.
Id. — Nebridium.
Silvanus senex, Valentinus, Aurelius, Innocentius, Maximus, Optatus,
Augustinus, Donatus et cæteri episcopi de concilio Cirtensi ad
Donatistas.
Augustini ad Publicolam.
Id. — Martianum.
Id. — Probam.
Id. — Marcellinum.
Id. — Apringium.
Id. — Marcellinum.
Silvani & Aliorum ad Innocentium papam.
Augustini ad Honoratum episcopum.
Id. — Glorium Eleusium felicibus Gramatico et ceteris quibus
      hoc gratum est.
Id. — Emeritum.
Id. — Eleusium et Glorium.
Fort. Alypii et Augustini ad Generosum.
Augustini ad Eusebium.
Id. — Eundem Eusebium.

Augustini ad Severinum.

Id. — Donatistas ecclesia catholica dicit.

Id. — Januarium prime sedis Donati.

Id. — Crispinum.

Incipit libellus S. Augustini catholici contra Crispinianum scismaticum.

Augustini ad Pascentium comitem arrianum.

Epistola — Honoratium Thianensi ecclesie episcopum consulentem an, adventante vastatione barbarica, episcopis vel clericis esset de ecclesiis recedendum.

Augustini — Italicam.

Id. — Bonefacium.

Bonefacii — Augustinum.

Augustini — Bonefacium.

Id. — Eundem.

Bonefacii — Augustinum.

Augustini — Bonefacium.

Bonefacii — Eundem Augustinum.

Augustini — Eundem Bonefacium.

Id. — Asellicum.

Id. — Paulinum et Therasiam.

Id. — Bonefacium.

Id. — Volusianum.

Volusiani — Augustinum.

Augustini — Volusianum.

115 feuillets. [Prov. : S.-Vaast.]

---

825. Augustinus de Trinitate. — In-folio incomplet. - vélin blanc. - écrit sur deux colonnes. - réglé à l'encre. - grandes lettres historiées. - dans la première est représenté saint Augustin. - écriture du XIIe siècle.

[XIIe siècle.]

En tête de chaque livre est une table des chapitres que ce livre contient.

Incipit : Lecturus que de Trinitate disserimus pius oportet ut
moverint stilum nostrum adversum eorum vigilare calumpnias.
(Des Célestins d'Amiens.)
92 feuillets.   [Prov. : St-Vaast.]

---

826. Hegesippi Jos. historiarum. Libri V. — In-
folio quadrato. - vélin gratté, fort. - tracé à la pointe.
- deux colonnes - XI⁰ siècle. - lettres ornées à la plume.
- initiales au minium. - rubriques.   [xi⁰ siècle.]

Sur le verso du premier feuillet est un frontispice dessiné à la
plume du temps du manuscrit, et représentant Dieu dans sa gloire.

Sur un feuillet, qui formait autrefois la garde du manuscrit, sont
écrits en cursive du XII⁰ siècle les accensements de *Boregnies*.

Incipit : In hoc corpore continentur Egesippi historie libri numero
quinque cum Dei auxilio :

Quattuor libros regnorum, quos scriptura complexa est sacra, etiam
ipse stilo persecutus sum usque ad captivitatem Judeorum.

53 feuillets.   [Prov. : St-Vaast.]

**827. Première partie de l'histoire de Georges
Chastelain (1419-1422). —** In-folio papier. - longues
lignes. - écriture cursive de la fin du XV⁰ siècle.

[xvᵉ siècle.]

Évènemens & guerres entre la France, le duc de Bourgogne, comte
de Flandre et le roy d'Angleterre, depuis 1419 jusques 1422.

Incipit : Au commencement jadis du monde, que les vivans d'alors
voient les choses de leur temps diverses et merveilleuses, et apper-
cevaient les affaires humaines estre conduites par aulcune puissance.

187 feuillets.   [Prov. : St-Vaast.]

---

828. Apparatus Innocentii IV super Decretis. —
In-folio. - vélin léger, grossier. - tracé au crayon. -

deux colonnes. - XIVe siècle. - écriture négligée. - initiales au minium et à la cendre bleue.

[XIVe siècle.]

Le commencement et la fin manquent.
223 feuillets. [Prov. : St-Vaast.]

---

829. Fr. Johannis Compilatio Summæ confessorum. — In-folio. - vélin commun. - tracé au crayon. - deux colonnes. - XIVe siècle. - écriture négligée. - miniature. - initiales rouges et bleues. - numérotation courante des divisions de l'ouvrage en chiffres arabes au vermillon. [XIVe siècle.]

Incipit : Nota Quod iste Johannes antè compilationem hujus Summæ confessorum fecerat tabulam super Summam Raymundi &c.

Explicit : Summa confessorum per scriptorem completa Au. D. M CCC° XVI°.

188 feuillets. [Prov. : St-Vaast.]

---

830. Libri Sapientiales cum glossâ. — In-folio quadrato. - vélin gratté, blanc. - tracé au crayon. - deux et trois colonnes. - XIIIe siècle. - initiales rouges et bleues. - titres-courants en onciales alternées rouges et bleues. - gloses marginales en cursive du XIVe siècle.

Incipit Hieronimus : Jungat epistola quos jungit sacerdotium, immo carta non dividat quos Christi nectit amor.

144 feuillets. [Prov. : St-Vaast.]

---

831. Sti Thomæ liber quartus sententiarum. — In-folio. - vélin très-beau. - tracé au crayon. - deux colonnes. - XVe siècle. - écriture scholastique courante. - initiales au vermillon et à l'outremer. [XVe siècle.]

Finit par une table des questions selon l'ordre qu'elles occupent dans le volume.

Incipit : Misit verbum suum et sanavit eos et eripuit eos.

313 feuillets. [Prov. : St-Vaast.]

————

832. Rabanus Maurus de universo ad Haymonem episcopum. — In-folio - vélin gratté, fort. - tracé à la pointe. - deux colonnes. - XI⁰ siècle. - rubriques en onciales. - grandes lettres à la plume dans le style roman entremêlées de vert. [XI⁰ siècle.]

Incipit : Epistola Rabani ad Ludovicum imperatorem : Domino excellentissimo et omni honore dignissimo Ludovico regi.

A la fin : Epitaphium S. Rabani Mauri Moguntinæ sedis archiepiscopi, aput sanctum Albanum martirem sepulti :

Lector honeste, meam si vis cognoscere vitam
  Tempore mortali, discere sic poteris :
Urbe quidem genitus sum ac sacro fonte renatus
  In Fulda, post hæc dogma sacrum didici,
Quo monachus factus seniorum jussa sequebar
  Norma mihi vitæ regula sancta fuit ;
Sed, licet incaute hanc nec fixe semper haberem,
  Cella tamen mihimet mansio grata fuit.
Ast, ubi jam plures transissent temporis anni,
  Convenere viri vertere fata loci.
Ne abstraxere domo invalidum regique tulere,
  Poscentes fungi præsulis officio.
In quo nec meritum vitæ nec dogma repertum est,
  Nec pastoris opus jure bene placitum.
Promptus erat animus ; sed tardans debile corpus.
  Feci quod poteram quodque Deus dederat.
Nunc rogo te ex tumulo, frater dilecte, juvando
  Commendes Christo me ut precibus Domino,
Judicis æterni me ut gratia salvet in ævum,
  Non meritum aspiciens, sed pietatis opus.
Raban nempe mihi nomen, et lectio dulcis

Divinæ legis semper ubique fuit ;
Cui, Deus omnipotens, tribuas cœlestia regna
Et veram requiem semper in arce poli.

Sur le verso, sont écrits les accensements de la terre de Berni.
117 feuillets. [Prov. : St-Vaast.]

833. Novella Johannis Andreæ super Sexto Decretalium. — In-folio magno. - vélin blanc. - tracé au crayon. - deux colonnes. - XIVe siècle. - écriture italienne. - miniature. - rubriques courantes en haut des pages. [XIVe siècle.]

Incipit : Novella Johannis Andreæ super lib. Decretalium :
Cum eram parvulus loquebar ut parvulus, sapiebam ut parvulus, cogitabam ut parvulus ; cum autem factus sim vir evacuavi que erant parvuli.

172 feuillets. [Prov. : St-Vaast.]

834. Pauli de Lya Lectura super Clementinis. In-folio maximo. - vélin choisi. - tracé au crayon. - deux colonnes. - fin du XIVe siècle. - miniatures. - lettres arabesques. - initiales à l'outremer. [XIVe siècle.]

Incipit : Lectura domini Pauli super Clementinas :
Bonus vir sine Deo nemo est et non potest aliquis supra fortunam, nisi ab illo adjutus, exsurgere ; ille dat magnifica consilia & recta, ut ait Seneca in epistolis.

64 feuillets. [Prov. : St-Vaast.]

835. Bedæ historia ecclesiastica. — Expositio super Cantica Canticorum. — In-folio maximo. - très beau vélin. - réglé à la plume sur deux colonnes. - écriture saxonique du XIIe siècle. - grandes lettres

ornées. - rubriques alternées en lignes rouges et
vertes.   [XIIe siècle.]

Commence : Hymnus venerabilis Bedæ presbiteri de compoto ;
asnus. . . . .

Continetur quatuor temporibus &c.

A la fin de ce poème on lit : *Symon*, en onciales rouges et vertes,
puis l'argument de l'histoire ecclésiastique commence sans titre ni
rubrique : Ab orbe condito usque ad urbem conditam, &c.

Après, on lit quinze vers hexamètres intitulés : *Præcepta salutis*,
— puis : *Præcepta Pythagoræ*, enfin : *Verba Augustini* ; *Duodecim*
legenda sunt, &c.

Incipit : Hymnus venerabilis Bedo presbiteri de compoto.

    Annus suis continetur quatuor temporibus
    Ac deinde adimpletur duodecim mensibus.
    Quinquaginta et duabus currit eptomadibus
    Trecentenis sexaginta atque quinque diebus
    Sed excepta parte quarta noctis atque diei,
    Quæ dierum superesse cernitur seriei.
    De quadrante post annorum bis binorum terminum,
    Calculantes colligendum decreverunt bisextum.
    Hinc annorum divisantur longo longitudines,
    Quorum quidam embolismi, quidam fiunt communes :
    Brevis quippe qui vocatur communis lunaribus.
    Solis semper duodecim terminatur mensibus :
    Longus enim qui omnino embolismus dicitur,
    Lunæ tribus atque decem mensibus colligitur.
    Brevioris anni totus terminatur circulus
    Trecentenis quinquaginta atque quatuor diebus ;
    Longus vero lune annus in dierum termino
    Continetur trecenteno octogeno quaterno ;
    Uno nempe atque decem diebus in ordine
    Brevis annus anni solis superatur agmine,
    Novem vero embolismus atque decem diebus
    Pervidetur anni solis eminere cursibus ;
    Ac per istam sui semper incrementi copiam
    Breviorum longiores compensant inopiam.

De hinc decem atque novem annorum statuitur
Tempus certum, quo lunaris terminus porrigitur,
In quo luna replicantur cursu quodam subtili
Bis centeni terque deni semel quini circuli,
Hinc & inde, ut exigit perscrutandi racio
Se per partes dies saltus interserit spacio
Intra quoque supradictum habent semper spacium
Dies solis atque lune equum pondus partium.
Hujus cieli par vocatur ogdoas anterior
Ac deinde appellatur endecas ulterior.
Ogdoadi deputantur octo anni priores,
Endecadi reliquorum destinatur series.
In hoc ciclo fiunt anni duodecim breviores,
Anni vero longiores supputantur septies ;
Talis quippe Cumannorum circulus extenditur,
In eundem luno cursum circulus revertitur.
Solis vero in idipsum non recurrit series,
Donec anni revolvantur octies et vicies,
Adimpleto sane solis suprascripto tempore,
Declinatur absque ullo resistendi rancore.
Ilis itaque reciprocis alternata cursibus
Solis luno divertuntur tempora temporibus.
Sed ad prima post annorum recurrit initia
Quingentorum ac triginta atque duorum spacia.
In hoc ciclo per concursum celi luminarium
Manifesta fiunt festa dierum paschalium.
Qui porrectus per extensam annorum vertiginem
In eandem, ut predixi, decurrit originem.
Pascho vero longos breves intellectu varios
Hoc excepto multi plures conscripserunt circulos ;
Quos dispono preterire, brevitatis gratia,
Quorum nobis non ignota numeri peritia.
Altum celum qui creavit terras atque equora
Doxa regi per eterna Deo soli secula.   Amen.

SYMON.

Ab orbe condito usque ad urbem conditam anni quatuor milia quidingenti octoginta quatuor, ab urbe condita usque ad nativitatem Christi, anni septingenti quindecim colliguntur ; ergo ab origine mundi usque ad adventum Domini nostri Jesu Christi quinque milia centum sexaginta novem anni.

De tempore belli Anglie.

Sexagenus sextus erat millesimus annus,
Cum pereunt angli stella monstrante cometa
Anno milleno septeno septuageno
Claros brumales nostri videre priores.

Feuillet 70, verso :

Judicii signum. Tellus sudore mardescet,
E Cælo rex adveniet per Secla futurus,
Scilicet in carne præsens, ut judicet orbem.
Undè deum cernent incredulius atque fidelis,
Colsum cum sanctis, ævi jam termino in ipso
Sic animo cum carne aderunt quos judicet ipse.
Cum jacet incultus densis in rebribus orbis,
Rejicient simulachra viri cunctam quoque gazam.
Exuret terras ignis, pontumque polumque,
Inquirens tetri portas effringet Averni.
Sanctorum sedenim cuncte lux libera carni
Tradetur. Sontes eternum flamma cremabit,
Occultos actus relegens. Tunc quisque loquetur
Secreta, atque Deus reserabit pectora luci.
Tunc erit et luctus, stridebunt dentibus omnes.
Eripitur solis jubar, et chorus interit astris,
Volvetur cælum. Lunaris splendor obibit,
Dejiciet colles. Valles extollet ab imis,
Non erit in rebus hominum sublime vel altum.
Jam æquantur campis montes et cærula ponti.
Omnia cessabunt, Tellus confracta peribit.
Sic pariter fontes torrentur, fluminaque igni,
Et tuba tunc sonitum tristem demittet ab alto.
Orbe gemens facinus miserum variosque labores,
Tartareumque chaos monstrabit terra dehiscens.
Et coram hic Domino reges sistentur ad unum.
Decidet è cælo ignisque et sulphuris amnis.

Præcepta salutis.

O mortalis homo, mortis reminiscere casus.
Nil pecude distas, si tantùm prospera captas
Omnia quæ cernis, vanarum gaudia rerum,
Umbra velut tenuis veloci sine recedunt.
Præcave nunc miser, ne te dum nescis et audes.
Quassans præcipiti dissolvat turbine finis.
Porrige poscenti victum et contege nudum ;
Et te post obitum sic tælia facta beabunt.
Dilige pauperiem, mordaces effuge gazas,
Ut valeas felix Thesauros prendere cœli.
Pauper et exiguus sic ibis nudus ad umbras
Hæc solum tecum post mortem facta manebunt,
Quod benè, quod justò, quod rectè feceris ipse.

A la fin :

In Christo quicumque piè vult vivere, sese
    Bellorum species præparet ad varias.
Jhesus discipulis inter sua dogmata dixit :
    Non veni pacem mittere, sed gladium.
Non pacem requiemve deus promittit habendam.
    Passus ut ipso fuit vult sua membra pati.
Non pax, nec requies promittitur ulla volenti
    Deservire Deo ; bella parantur ei.
Virtutem tribui peto, non ut bella quiescant.
    Prelia si desunt, premia non aderunt.
Non sunt digna satis certamina temporis hujus,
    Reddet pro meritis premia digna Deus.
Otia dissolvunt animos et bella coronant,
    Miles bella bonus fortia non refugit.
Promptos bella, pigros pax multos efficit, &, quos
    Frangere non valuit pugna, quies nocuit.
Pax regem David à tanto culmine stravit
    Virtutum ; bellis fortius illo stetit.
Custos virtutum res est adversa tuarum
    Et motus animi deprimit illa leves.
Cursibus incertis immensa per æquora navis
    A ventis agitur pondere pulsa levi,

Si sit onusta, gravem nequeunt agitare catinam ;
  Nec ventus facilis. nempe, nec aura levis
Sollicitum reddunt custodem pervigilemque
  Exitus laquei fraudis et insidiæ.
Urbes pax aperit. Castrorum, tempore pacis,
  Porta patet, bello clauditur excubiis.
Hostes inrumpunt murorum claustra remissis ;
  Si vero metuant, sollicité vigilant,
Et nos assultus occultos pertimeamus,
  Opponatque suum provida mens clipeum,
Tela minus provisa nocent, inflicta latenter
  Sepa solet celerem ferre sagitta necem.

Incipit : Liber ecclesiastico historie scriptus apud Hinniacum, anno ob incarnatione Domini millesimo centesimo quinquagesimo primo.

89 feuillets   [Prov. : St-Vaast.]

---

830. Leviticus,—Numeri,—Deuteronomium cum glossâ. — In-folio quadrato. - vélin choisi. - deux colonnes. - tracé au crayon. - XIIIᵉ siècle. - lettre miniature en tête de chaque livre. - initiales au vermillon et à l'outremer. - titres-courants en onciales rouges et bleues.   [XIIIᵉ siècle.]

Incipit : (Hieronimus) querendum est quare liber iste Leviticus dicatur. Quia silicet in hoc nomine tocius libri argumentum manifestatur.

177 feuillets.   [Prov. : St-Vaast.]

---

837. Genesis et Exodus cum glossâ. — In-folio quadrato. - vélin choisi. - deux colonnes. - tracé au crayon. - XIIIᵉ siècle. - lettre miniature en tête de chaque livre. - initiales au vermillon et à l'outremer. - titres-courants en onciales rouges et bleues.

                                                [XIIIᵉ siècle.]

Incipit : Cum omnes divinos libros legimus in tanta multitudine verorum intellectuum qui de paucis verbis eruuntur.

186 feuillets. [Prov. : St-Vaast.]

---

838. Sancti Hyeronimi Epistolæ. — In-folio. - vélin gratté, très fort. - tracé au crayon. - deux colonnes. - XIIe siècle. - initiales au minium, à la cendre bleue et à la cendre verte. - rubriques. [XIIe siècle.]

Commence sur le verso du folio premier par une table des lettres contenues dans le volume.

Incipit : Epistola Ieronimi ad Pammachium : de morte Paulinæ sanato vulneri & in cicatricem superducte cuti.

Ieronimus ad Pammachium de optimo genere interpretandi : Paulus apostolus presente Agrippa rege.

Epistola pammachii & Oceani ad Iheronimum de transferendo libro Origenis : Sanctus aliquis ex fratribus.

Iheronimi rescriptum . Scedule quas misistis.

Planctus seu lamentum Origenis : In afflictione.

Ieronimus ad Fabiolam de mansionibus Israelitarum : In septuagesimo octavo psalmo quem juxta.

Epistola Damasi pape ad Iheroninum presbiterum de quinque questionibus in Genesi : Dormientem te & longo.

Iheronimi rescriptum ad Damasum de supra dictis questionibus : Postquam epistolam tuæ sanctitatis.

Iheronimus ad Damasum de VII gradibus ecclesie : Sufficere.

Epistola Damasi ad jeronimum de osanna : Commentaria.

Rescriptum Ieronimi de osanna : Multi super hoc.

Tractatus Ieronimus ad Damasum de Seraphim : Et factum est.

Ieronimi ad Damasum de calculo & Seraphin : tractatus Ieronimi ad Damasum de cantico canticorum post Origenem translati : Quomodo.

Ieronimus Tranquillino quemadmodum Origenem legere debeat : Majora vincula spiritus quam.

Ieronimus ad Damasum de fide cui in Antiochia communicare debeat : Quam vetusto oriens.

Item ad eundem de eadem re : Importuna mulier.

Ieronimus ad Damasum de frugi & luxurioso filiis.

Disputatio de ratione anime : Cum.

Augustinus ad Ieronimum de anima : Sancte, fratres.

Augustinus ad Ieronimum : Audivi pervenisse.

Ieronimus ad Augustinum : Cum sancto fratre nostro.

Ex libro retractationum Augustini : Scripsi.

Libri duo Augustini ad Ieronimum, quorum prior est de origine anime, alter de sententia Jacobi apostoli quomodo observator legis in uno offendens fiat omnium reus. Prior incipit, Dominum nostrum. Alter vero, quod.

Rescriptum Ieronimi ad Augustinum : Virum venerabilem.

Augustinus ad Optatum de origine anime : Quamvis.

Ieronimus ad Marcelinum & Anapsiciam de anima : Tandem ex Affrica vestræ litteras unanimitalis.

Ieronimus ad Alippium & Augustinum : Sanctus Innocentius presbiter.

Ieronimus ad Augustinum : In ipso profectionis.

Ieronimus ad Augustinum : Anno præterito.

Augustini ad Presidium : Sicut presens rogavi.

Augustini ad Ieronimum : quamvis existimem.

Rescriptum Ieronimi ad Augustinum : Crebras.

Augustinus ad Ieronimum · Numquam æque.

Augustinus ad Ieronimum : Habeo gratiam.

Augustinus Ieronimo : Ex quo cepi ad te.

Rescriptum Ieronimi ad Augustinum : Tres.

Augustini Ieronimo : Jam pridem tue caritati.

Ieronimi ad Augustinum : Omni quidem tempore.

Ieronimi ad Augustinum : Multi utroque.

Ieronimi ad Heliodorum epistola : Quanto.

Ieronimi ad Amandum presbiterum de diversis questionibus : Brevis epistola longas explicare.

Ieronimi ad Oceanum de vita clericali : Deprecationis.

Ieronimus Oceano de unius uxoris viro : Nunquam.

Ieronimi ad Euglium de Melchisedech : Misisti.

Ieronimi ad Marcum presbiterum Calcide : Decreverunt.

Ieronimi ad Avitum, in qua ea quæ in libris periarchon contra fidem catholicam sunt : Ante.

De fide et simbolo apud Niceam : Credimus.

Ieronimi ad Vitalem presbiterum quomodo Salomon & Achaz xi anno procrearunt filios : Quoniam Salomon.

Ieronimi ad Cyprianum de psalmo LXXX^{mo} VIII° : Prius te.

Ieronimi ad Dardanum de terra repromissionis : Quæris.

Ieronimi de tribus virtutibus : Tres quodam modo.

Ieronimi ad Desiderium : Lecto sermone.

Ieronimi ad Lucinium Beticum : Nec opinanti.

Ieronimi ad Tyrasium de dormitione filiæ : Caritatis.

Ieronimi ad Domnionem : Litteræ tuæ

Epistola Epiphanii episcopi ad Johannem Constantinopolitanum episcopum ab Ieronimo Translata : Oportet.

Libellus Ieronimi adversus Helvidium de virginitate sancte Marie : Nuper rogatus a fratribus.

Ieronimi adversus Vigilantium : Justum quidem.

Ieronimi ad Riparium presbiterum : Acceptis primum.

Ieronimi ad Riparium et Desiderium presbiterum adversus Vigilantium : Multa in orbe monstra gen, &c.

Liber Ieronimi ad Pammachium contra Johannem Jerosolimitanum episcopum et Ruphinum assertorem Origenis : Si juxta Paulum.

Ieronimi ad Innocentium de septies percussa : Sepe.

Ieronimi ad Magnum oratorem urbem Rome : Sebesium.

Ieronimi ad Ruphinum presbiterum urbem Rome de judicio Salomonis : Multum in utramque partem.

Ieronimi ad Florentium : In ea mihi parte.

Ieronimi ad Abigaum Spanum cæcum : Quamvis.

Ieronimi ad Castritianum quod super cæcitate quæ ei accidit non debeat contristari : Sanctus.

Ieronimi de honorandis parentibus : Parentum.

Ieronimi Sabiniano diacono lapso : Samuel

Ieronimi ad Julianum diaconum Aquileie : Antiquis.

Ieronimi ad Rusticum monachum : Nichil est.

Ieronimi ad Paulum monachum : Humanæ vitæ.

Ieronimi Cromatio, Jovino et Eusebio : Non debet.

Ieronimi ad Crisogonum monachum : Qui circa.

Ieronimi ad Ammonium monachum : Dominus noster.

Ieronimi ad Theodosium et cæteros anachoret : Quam vellem.

Ieronimi ad Minervium et Alexandrum : In ipso.

Ieronimi ad Heliodorum epitaphium Nepotiani presbiteri : Grandes materias.

Ieronimi ad Nepotianum de institutione clericatus : Petis a me.

Ieronimi ad Paulinum de institutione clericorum vel monachorum è diversis divinæ historiæ expositum : Bonus homo de bono thesauro.

Ieronimi ad Euglium qualiter presbiter et diaconus differant : Legimus in Ysaia fatuus fatua.

Ieronimi ad Exuperantium : Inter omnia quæ mihi.

Ieronimi ad Rusticum exhortatoria : Quod ignotus.

Ieronimi apologetica epistola ad Pammachium : Quod.

Ieronimi ad Pammachium : Christiani.

Ieronimi ad Pammachium et Marcellam : Rursum.

Ieronimi ad Eustochium de Virginitate servanda : Audi.

Item ad eandem de muneribus : Parva specie.

Ieronimi ad Marcellam de X nominibus Dei : Nonagesimum.

Ieronimi ad Asellam de fictis amicitiis : Si tibi.

Ieronimi ad Castorinam materteram : Johannes apostolus.

Ieronimi ad Florentium de ortu amicitiæ : Quantus.

Ieronimi ad virgines Ermonenses : Cartæ exiguitas.

Au bas du premier feuillet :

Liber sancti Johannis Tervannensis, si quis abstulerit anathema sit,

98 feuillets.   [Prov. : St-Vaast.]

---

839. Hugutionis Derivationes Magnæ — In-folio. - vélin gratté, noirci. - tracé à l'encre pourpre. - deux colonnes. - XIIIᵉ siècle. - miniatures. - lettres au minium et à la cendre bleue.   [XIIIᵉ siècle.]

Commence par un index des mots expliqués dans le vocabulaire. Cet index disposé en cinq colonnes et dans l'ordre alphabétique, occupe les vingt-un premiers feuillets ; les quarante derniers sont occupés par un index, sur sept colonnes, des mots du vocabulaire, classés par espèces.

Incipit : Cum nostri protoplasti suggesta prevaricatione humanum genus a sue dignitatis culmine quam longe decedit ac triplicis incommodi, scilicet, indigentie, vicii & ignorantie, &c.

370 feuillets.   [Prov. : St-Vaast.]

840. Guillelmi Durandi Speculum judiciale.—In-folio. - vélin choisi. - tracé au crayon. - deux colonnes. XIVe siècle. - écriture italienne. - rubriques. - titres courants. - initiales en miniatures.   [xive siècle.]

Incipit : Reverendo in christo patri Domino Matheo dei gratia sancte Marie in porticu dyaconi cardinali Guillelmus Duranti domini pape subdyaconus et capellanus utriusque hominis sospitatem.

282 feuillets.   [Prov : St-Vaast.]

_____

841. Lectiones et Sermones SS. Patrum per annum. — In-folio. - vélin jaune et fort. - tracé à la pointe. - deux colonnes. - XIe siècle. - 'rubriques en onciales. - initiales zoomorphes peintes en jaune, vert, pourpre et vermillon.   [xie siècle.]

A la fin, d'une exécution du XIIe siècle, des notes d'accensements, toutes relatives aux seigneuries de St-Vaast.

Incipit : Sermo beati Hieronimi de vespere Sabbati Paschalis : Quomodo juxta Matheum vespere Sabbati Maria Magdalene vidit Dominum resurgentem.

Bede : Vigilias nobis hujus sacratissime noctis, Sicut ex lectione

Gregorii : Multis vobis lectionibus, fratres karissimi.

Maximi de die sancto Pasche : Non immerito, fratres, hodierna die psalmus hic legitur, in quo propheta exultandum precipit et letandum.

Ejusdem de sancto Pasche : Magnum, fratres, et mirabile donum.

Gregorii : Lectio sancti evangelii quae modo.

Gregorii : Maria Magdalene que fuerat in civitate peccatrix.

Bede : Evangelica lectio, fratres, quam modo audivimus.

Gregorii : Longa molestia stomachus.

Gregorii : Prima lectionis hujus evangelice questio animum pulsat.

Gregorii : Audistis, fratres karissimi, ex lectione evangelica.

Bede : Domini et salvatoris nostri permissa, fratres, karissimi.

Bede : Rogatus a discipulis salvator non modo formam orationis.

Maximi : Legimus prophetis cum Ninive civitati.

Gregorii : Quod resurrectionem dominicam discipuli tarde.

Leonis pape de ascensione Domini : Post beatam et gloriosam.

Leonis de ascensione Domini : Sacramentum, dilectissimi, salutis.

Bede : Promissum patris spiritus sancti gratiam.

Gregorii : Libet, fratres karissimi, evangelice verba lectionis.

Leonis : Hodiernam sollempnitatem. dilectissimi.

Leonis : Plenissime quidem nobis, dilectissimi, causam.

Augustini : De inluminato illo qui cæcus natus est.

Augustini : Magna gratiæ commendatio nemo venit Nisi tractus.

Bede : Si virum a dæmonio liberatum moraliter.

Gregorii : In verbis sacri eloquii, fratres karissimi, prius servande.

Gregorii : Festivum tempus quod corpori meo valde contrarium est.

Bede : Hoc loco nobis nihil aliud precipi existimo.

Hieronimi : Omnis qui irascitur fratri suo.

Hieronimi : Qui sit vilicus iniquitatis qui Domini voce laudatur.

Gregorii : Lectionem brevem sancti evangelii brevi si possum.

Bede : Quia parabolam Dominus qua semper orare et non deficere.

Bede : Surdus ille et mutus quem mirabiliter curatum.

Bede : Non oculi Scribarum et Phariseorum qui corpus tantum.

Bede : Leprosi non absurde intellegi possunt.

Bede : Naim civitas est Galilee in secundo miliario Thabor montis.

Bede : Ydropis morbus ab aquoso humore vocabulum trahit.

Johannis : Et interrogavit eum unus legis doctor.

Johannis : Christum in humanis actibus divina gesisse.

Gregorii : Textum lectionis evangelii, fratres karissimi.

Gregorii : Lectio sancti evangelii quam modo, fratres, audistis.

Hieronimi : Familiaris est Syris et maxime.

Gregorii : Sed inter hæc sciendum est quia ille recte.

Gregorii : Cogitanti mihi de Marie penitentia.

Gregorii : Dominus et redemptor noster per evangelium suum.

Johannis de misericordia : Sunt que in misericordiæ opere.

Augustini : Erigenda est nobis, fratres, ad Deum major.

Augustini : Iste locus evangelicus, fratres, ubi se dicit

Bede : Venturus in carne Dominus et redemptor noster.

Bede : Cunctorum quidem prophetarum, fratres karissimi.

Bede : Praecursoris Domini nativitas sicut sacratissima lectionis.

Bede : Virtutem nobis perfecte dilectionis presens sancti evangelii.

Ejusdem : Apostolici natalis gaudio, fratres karissimi, Petri et Pauli.

Ejusdem : Beatissimorum apostolorum Petri et Pauli inseparabilem.

Bede : Beatissimorum apostolorum passio, fratres, quorum hodie.

Bede : Cum omnes beati apostoli parem gratiam apud Dominum.

Bede : Lectio sancti evangelii quam modo, fratres, audistis.

Johannis : Beatus Paulus qui tantam vim humane alacritatis.

Hieronimi : Grandis fiducia: Petrus piscator erat, dives non fuerat.

Hieronimi : Discipulis precipit transfretare et compellit ut ascendant.

Gregorii : Dominus et salvator noster Jesus Christus, fratres karissimi

Gregorii : Cum constet omnibus.

Bede : Dominus conditor ac redemptor.

Augustini : Amen, amen, dico vobis nisi granum frumenti cadens.

Maximi : Sanctum est, fratres, ac Deo placitum ut natale beati.

Augustini : Adest nobis, dilectissimi, optatus dies festus beate.

Augustini : Fratres dilectissimi, cum aliquid pro amore creatoris.

Gregorii : Merito utique sancta et venerabilis Domini.

Gregorii : Scientes, fratres dilectissimi, auctori nostro multum.

Sermo de assumptione sancte Marie : Adest nobis, dilectissimi fratres.

Bede : Hec lectio superiori pulcherrima ratione connectitur.

Augustini : Verba domini nostri Jesu-Christi que modo.

Johannis : Hodie nobis Johannis virtus Herodis.

Johannis : Heu! me! quid agam? Unde sermonis exordium faciam?

Bede : Natalem, fratres karissimi, beati Johannis diem celebrantes.

Sermo de Nativitate sanctissime Marie : Nativitatis gloriose.

Incipit reversio vel exaltatio sancte Crucis : Tempore illo.

Bede : Legimus apostolo dicente : Quia omnes peccaverunt.

In solemnitate omnium sanctorum : Legimus in ecclesiasticis.

Bede : Hodie, dilectissimi, omnium sanctorum sub una sollemnitate.

Augustini : Si queritur quid significet mons.

Bede : Tanta ac talis est sublimitas, ut non solum verba.

Gregorii : Audistis, fratres karissimi, quia ad unius Jussionis vocem

Gregorii : Cum cuncta sacra eloquia dominicis plena sint preceptis

Augustini : Hoc est preceptum meum ut diligatis invicem sicut.

Augustini : Haec mando vobis : ut diligatis invicem.

Leonis : Prædicante, dilectissimi, Domino.

In festivitate martirum sermo Johannis episcopi : Quis sanctorum?

Gregorii : Quia dominus ac redemptor noster novus homo venit.

Hieronimi : Nihil enim opertum est quod non revelabitur.

In natale plurium martirum sermo s. Augustini episcopi : Psalmus

Bede : Et ipse elevatis oculis in discipulos suos.

Ambrosii : Ecce ego mitto vos, sicut agnos inter lupos.

Gregorii : Quia longius ab urbe digressi sumus ne ad revertendum.

Bede : Ad hoc fermentum pertinent omnia que recumbens.

Bede : De se ipso Dominus hec loquitur : Ostendens et si supra.

Bede : Hic aperte ostenditur quare Dominus diem judicii.

Gregorii : Sancti evangelii, fratres karissimi, aperta vobis.

Gregorii : Celorum regnum, fratres karissimi, idcirco terrenis.

Augustini episcopi : Recte festa ecclesie colunt.

Bede : Audivimus ex lectione evangelica, fratres karissimi.

Augustini : Jam vero de resurrectione carnis.

Claudii : Occupatus erat Dominus in opere sermonis.

Augustini : Non hoc de illo judicio dicit quod in fine mundi.

171 feuillets. ——————— [Prov. : St-Vaast.]

842. Digestorum libri ab. XXV° ad XXXVIII^um.—
In-folio magno. - vélin gratté, fort. - tracé au crayon. - fin du XIIIe siècle. - exécution italienne. - têtes de chapitres en onciales allongées à l'outremer.- initiales marginales à l'outremer. - rubriques. - gloses marginales d'une main contemporaine. [XIIIe siècle.]

Incipit : Soluto matrimonio solvi mulieri dos debet.

122 feuillets. ——————— [Prov. : St-Vaast.]

843. Liber Decretarius (Decretum Gratiani) cum glossis.—In-folio maximo. - vélin. - deux colonnes. - la glose encadre le texte. - écriture italienne du XIIIe siècle. - rubriques. - lettres ornées. - miniatures. [XIIIe siècle.]

Manque le premier feuillet; les onze derniers, écrits au XVe siècle, contiennent un glossaire historique destiné à faciliter l'étude du décret de Gratien.

Incipit : Decretis ergo romanorum pontificum & sacris canonibus conciliorum ecclesiastica'negocia ut supra monstratum est terminantur.

Ex dono Nicolay de Rocourt.

197 feuillets. ——————— [Prov. : St-Vaast.]

844. Recueil sur l'Artois.—In-folio papier.-écriture bâtarde du XVIIe siècle.-- avec rubriques et frontispices enluminés.- en tête du volume est une table des matières qu'il renferme, écrite au vermillon.

[XVIIe siècle.

Contient :

Petit traité de cronique des comtes de Flandre fait par sire Jean de Fœucy, abbé d'Hénin-Liétard.

Les forestiers de Flandre.

Erection de la comté d'Artois.

Election de l'empereur Charles V.

Emotion de la guerre par François Ier, roy de France contre l'empereur Charles V.

Prinse du roy François devant Pavie.

Cartel envoyé par le roy François, estant délivré de prison, à Sa Majesté impérialle.

Ordonnance de l'entrée de Boulongne la grasse.

La triomphante entrée de l'empereur Charles à Rome.

Mémoires d'aucunes choses remarquables.

Autres mémoires.

Batailles mortelles.

Livret contenant plusieurs mémoires de 1050 à 1550 & audelà.

Siége et bataille de Sainct-Quentin.

Autres mémoires et choses mémorables advenues ès pays de par deçhà.

Institution de l'ordre de la Toison d'Or.

Du chancelier de l'Ordre.

Du greffier de l'Ordre.

Du trésorier de l'Ordre.

Du hérault de l'Ordre.

Du gardien de l'Ordre.

De la feste de l'Ordre.

Des funérailles de l'Ordre.

Droits appartenant aux officiers d'armes.

Entrée de l'empereur Charles à Tournay et renouvellement dudict ordre.

Complainte de Tournay.

Privilèges des chevaliers de l'Ordre.

De la feste de l'Ordre.

Des vœux des chevaliers de l'Ordre.

Les douze pairs de France.

Plusieurs dattes.

Discours pacifique sur l'estat présent des Pays-Bas.

Traité de réconciliation d'Arras.

242 feuillets. [Prov. : St-Vaast.]

---

845. Le Pélerinage de N. Sauveur Jésus-Christ. —Le Traité de Jean de Meung sur les sept articles de la foi. — Le miroir du sauvement et autres poésies morales.—In-folio.- vélin blanc. - tracé à l'encre. - deux colonnes. - XIVᵉ siècle. - miniatures. - nombreuses vignettes. - rubriques. [XIVᵉ siècle.]

Commence par un frontispice, où sont écrits les dix commandements et en regard, sur le recto folio 2, un commentaire en prose sur ce tableau.

Contient :

Les dis des mors et des vis.

Testament de Jehan de Meung.

Les dis des philosophes.

Extraits du roman de la Rose.

Doctrine des layes gens (en prose).

Chi sensieut li pelerinages no doulch sauveur Jhesus Christ fais et compilez du moine de Chaalis, après ce qu'il eut fait le pélerinage humain et cetera.

> Entre plusieurs autres paroles,
> Que Jhesus Crist, en ses escoles,
> A ses disciples enseignoit,
> A cui à ouir les voloit,
> Il dist que un homme jadis
> Fu qui ala hors du pays,
> En pélérinage loingtain.

Où par longtemps il fust remain ;
Et de ce sains Grigores dist,
En le Omelie qu'il en fist,
Que de luy meisme ce disoit,
Jhesus qui pélérins estoit,
Que la char humaine qu'il prinst
Hault en ciel pélériner fist,
Quand de luy elle y fut menée
Comme en estrange contrée.

282 feuillets. [Prov. : St-Vaast.]

---

846. Pauli Epistolæ cum glossâ. — In-folio quadrato. - vélin blanc, taché de rose, tracé au crayon. - XIIIe siècle. - deux colonnes. - miniatures. - initiales au vermillon et à l'outremer - titres-courants en onciales alternées rouges et bleues. - les deux premiers folios sont une réparation du XVe siècle.

[XIIIe siècle.]

Incipit : Principia rerum requirenda sunt prius, ut earum noticia plenior possit haberi, tunc enim demum facilius poterit ratio declarari.

275 feuillets. [Prov. St-Vaast.]

---

847. Paralipomenon libri , Judices, Ruth, Esdras, Nehemias, Tobias, Judith, Esther, cum glossâ. — In-folio quadrato. - vélin choisi. - XIIIe siècle. - tracé au crayon. - deux colonnes. - lettre miniature en tête de chaque livre. - initiales au vermillon et à l'outremer. - titres-courants en onciales rouges et bleues.

[XIIIe siècle.]

Incipit : Si Septuaginta Interpretum pura, id est, ut ab eis in grecum versa est, editio permaneret.

193 feuillets. [Prov. : St-Vaast.]

848. D. Thomæ secunda secundæ. — 1° In-folio -
vélin. - deux colonnes. - XIVe siècle. - écriture fine. -
rubriques. - vignettes. - initiales rouges et bleues. -
2° format plus petit que le premier. - vélin plus grossier. - écriture un peu plus moderne et très-négligée.

[XIVe siècle.]

Incipit : Continuatio primi libri ad sequentem.—Secunda secundæ
fratris Thomæ de Aquino de ordine fratrum predicatorum :
Post communem considerationem de virtutibus et vitiis.
174 feuillets. [Prov. : St-Vaast.]

849. S. Augustini tractatus super Johannem. —
In-folio quadrato. - vélin gratté, blanc, fort. - XIe
siècle (commencement). - tracé à la pointe. - deux
colonnes. - grandes lettres ornées à la plume. - têtes
de livres en capitales - rubriques. - onciales au rouge
de plomb. [XIe siècle.]

Incipit : In Christi nomine incipit Tractatus sancti Aurelii Augustini
super Johannem :
In principio erat verbum et verbum erat apud deum. Et deus erat
verbum; hoc erat in principio apud Deum, omnia per ipsum facta sunt.
Au dernier feuillet, recto :
Abbas devotus, probus ac vita Sewoldus
Contulit hos libros Christo dominoque Vedasto.
Suit la liste des livres au nombre de 32 :
Textum argenteum.
Missalem.
Lib. eptaticum Moysis.
Lib. moralium Greg. xx.
Lib. Haimon usque in pascha.
Lib. Claudii super Matheum.
Lib. Regulæ sancti Benedicti et Diadema monachorum.
Lib. dialogorum Gregorii.
Lib. Vitæ Patrum.

Lib. expositionis Ambrosii de psalmo cxviii.

Lib. item Ambrosii de initiandis Lib. i.

Ejusdem de mysteriis libri vi.

Commonitorium Palladii.

De Bragmanis lib.

Isidori de officiis lib. ii.

} volumine in uno.

Lib. Pronosticon.

Lib. Enkiridion.

Lib. Exameron Ambrosii.

Lib. Prosperi ad Julium et Ambrosii de officiis.

Lib. Bede super vii epistolas canonicas.

Lib. epistolarum Bacharii, Augustini, Eubodii, Maced.

Lib. vitæ sancti Richarii.

Lib. vitæ sanctorum confessorum Culberti, Gutlaci, Aichadri, Fili-berti, Dunstani.

Lib. de assumptione sancte Mariæ.

Lib. canonum.

Lib. historiæ ecclesiasticæ gentis Anglorum,

Lib. vitæ sancti Walerici & Mauri. Passiones sanctorum martyrum Luciani, Maximiani atque Juliani (in uno volumine).

Lib. medicinalis.

Lib. Cassiodori de ortographia.

Lib. versuum.

Lib. parobolæ Salomonis.

Lib. de laude virginitatis.

Lib. de professione conjugatorum.

Lib. Prudentii, Juvencii, Sedulii (in uno volumine).

Lib. Rabbani super Judith & Hester.

Lib. Tripartitæ historiæ ecclesiasticæ.

Au verso : Liber sancti Vedasti Atrebatensis, quicumque eum fura-veit anathema sit. (Sewoldus abbas fuit Vedastinus ab ann. 993 ad ann. 1005).

159 feuillets. [Prov. : St-Vaast].

850. Ezechiel et prophetæ minores cum glossâ.

—In-folio quadrato. - vélin-blanc. - très-léger, taché

de rose. - une, deux et trois colonnes. - tracé au crayon - grandes lettres miniatures. - XIIIe siècle. - initiales au vermillon et à l'outremer. - titres-courants en onciales alternées rouges et bleues. [xiiie siècle.]

Incipit (Gregorius) prophetie tempora tria sunt, presens, preteritum & futurum.

195 feuillets. [Prov. : St-Vaast.]

_____

851. S. Chrysostomus in Mathæum (latiné).—In-folio médiocri. - vélin. - deux colonnes. - XIVe siècle. - rubriques. - vignettes en tête des homélies.

[xive siècle.]

Incipit : Omelia sancti patris nostri Johannis Crisostomi archiepiscopi Constantinopolitani super Matheum :

Oportebat quidem nos non indigere eo quod alterius est auxilio, sed ita vitam prebere puram.

144 feuillets. [Prov. : St-Vaast.]

_____

852. Magister sententiarum Pet. Lombardus.—In-folio. - vélin gratté, fort. - tracé au crayon. - deux colonnes. - XIIIe siècles. - initiales. - miniatures. - rubriques. [xiiie siècle.]

Incipit : liber (prologus). — Cupientes aliquid de penuria ac tenuitate nostra cum paupercula in gazophilatium Domini mittere, ardua scandere.

211 feuillets. [Prov. : St-Vaast.]

_____

853. Summa de Vitiis.—In-folio médiocri. - vélin réglé au crayon. - deux colonnes. - XIVe siècle. - vignettes. - rubriques. - initiales bleues et rouges.

[xive siècle.]

Sur la feuille de garde du commencement, une table des matières en cursive du XIVe siècle, avec renvois aux pages du volume.

Après la table on lit :

> Quatuor hiis versibus sine dubio cadit adulter,
> Aut hic pauper erit, aut hic subito morietur,
> Aut cadet in causam quâ debet judice vinci,
> Aut aliquot membrum casu vel crimine perdet.

Incipit : Tractatus moralis in VII viciis capitalibus, tractatus iste continet IX partes.

168 feuillets. [Prov. : St-Éloy.]

---

854. D. Hieronymi Explanatio super Isaiam. — In-folio quadrato.-vélin gratté, défectueux, mais fort.-tracé au crayon. - deux colonnes. - XIIe siècle. - initiales au vermillon et à l'encre noire. - rubriques en onciales. [XIIe siècle.]

Incipit : Prologus Hieronimi de libris explanationum super Isaiam prophetam :

Expletis longo vix tempore in XII prophetas XX explanationum libris & in danihele commentariis.

Sur le verso du dernier feuillet, une légende dont la transcription n'est pas achevée.

102 feuillets. [Prov. : St-Vaast.]

---

855. Magister sententiarum.—Johannis Damasceni liber Mansionis, interprete Burgundione judice cive Pisano. — In-folio quadrato. - vélin gratté, très mince, jaune et sombre. - tracé au crayon. - deux colonnes. - fin du XIIIe siècle. - vignettes. - rubriques. -gloses marginales d'une main contemporaine. [XIIIe siècle.]

Incipit : Omnis doctrina est de rebus vel de signis.

191 feuillets. [Prov. : St-Vaast.]

856. Justiniani institutiones. — Novellæ. — Codicis Liber X⁰ cum glossis. — In-folio. - vélin gratté, piqué de vers, jaune et blanc - tracé au crayon. - deux colonnes. - la glose autour du texte. - écriture italienne du XIV⁰ siècle, assez négligée. - miniatures. - têtes de livres en onciales brodées rouges et bleues. - initiales au vermillon. - rubriques. [XIV⁰ siècle.]

La dernière garde est une charte d'émancipation délivrée le 31 mai 1320 : Regnante D. nostro Roberto dei graciâ, Jerusalem et Siciliæ inclito rege, ducatus Apulie et principatus Capue, provincie et Forcalquerii ac Pedemontis comite, &c., &c.

Incipit : Imperatoriam majestatem non solum armis decoratam, sed et legibus oportet esse armatam, ut utrumque tempus, et bellorum et pacis, rectè possit gubernari.

195 feuillets. (Prov. : Cathéd. d'Arras.)

857. Petri Comestoris historia Scholastica. — Petit in-folio quadrato. - vélin. - deux colonnes. - fin du XIII⁰ siècle. - vignettes. - lettres ornées. - rubriques. - titres-courants. - annoté d'une écriture courante du XIV⁰ siècle. [XIII⁰ siècle.]

Incipit : Prologus reverendo patri & domino suo Guillelmo dei gratia Senonénsi archiepiscopo petrus servus Christi presbiteri Trecensis vitam bonam & exitum beatum.

157 feuillets. (Prov. : St-Vaast.)

858. Duodecim Prophetæ cum glossâ. — In-folio quadrato. - vélin choisi. - XIII⁰ siècle. - tracé au crayon. - deux colonnes. - lettre miniature. - initiales au vermillon et à l'outremer. - titres-courants en onciales rouges et bleues. [XIII⁰ siècle.]

Incipit : Non idem ordo est duodecim prophetarum apud hebreos qui et apud nos, unde secundum id quod ibi legitur hic quoque dispositi sunt.

91 feuillets.   [Prov. : St-Vaast.]

---

859. Jeremias, Daniel, Isaias, cum glossâ. — In-folio quadrato. - vélin blanc, taché de rose. - XIIIᵉ siècle. - tracé au crayon. - une, deux et trois colonnes. - miniatures. - vignettes. - titres-courants en onciales alternées rouges et bleues.   [xiiiᵉ siècle.]

Incipit : Iheremias propheta cui hic prologus scribitur sermone quidem apud Hebreos, Ysaià et Oseà et quibusdam aliis prophetis videtur esse rusticior.

229 feuillets.   [Prov. : St-Vaast.]

---

860. S. Hieronymi Commentarius in Libro Psalmorum.—In-folio quadrato. - vélin fort et blanc. - tracé à la pointe. - deux colonnes. - XIᵉ siècle. - grandes lettres ornées dans le style roman. - rubriques en onciales et capitales romaines. - initiales en vert minéral et en rouge de plomb.   [xiᵉ siècle.]

Sur le recto folio primo, un frontispice encadré, dessiné à la plume, et dans l'encadrement des vers latins assez curieux composés par Rodulphus de Monchy.

Incipit :

Hunc ego Rodulphus · monachus tantùm modo dictus,
Nomine, non merito, sed fretus presule Christo,
Conscripsi librum cœlesti dogmate plenum,
Nec grave sit cuiquam libri si lucra capescam.
Magnum pro libro certe quia pignus habebo.
Quod pignus, sodes ? Quod pignus ? Jam modo nosces.
Cum librum scribo, *Vedastus* ab ethere summo
Respicit è cœlis, notat et quot grammata nostris.

· De Monchy.

Depingam calamis, quot aretur pagina sulcis,
Quot folium punctis, hinc hinc laceretur acutis ;
Tuncque favens operi nostro, nostroque labori,
Grammata quot, sulci quot sunt, quot denique puncti,
Inquit, in hoc libro, tot crimina jam tibi dono
Hancque potestatem dat Christus habere perhennem.
Nec labor iste tibi, frater, jam proderit uni,
Sed pro quibuscumque velis detur pars magna laboris.
Hec merces operis, quam dat scriptoribus ipsis
Sanctus *Vedastus*, pater optimus, atque benignus.
Hac mercede librum perscripsi sedulus istum.
Quem si quis tollat, tellus huic ima dehiscat,
Vivus ut infernum petat amplis ignibus atrum. Fiat fiat.

Au-dessus de cette pièce de vers est représenté saint Vaast, parlant du haut du ciel au scribe placé sous lui. (Manuscrit écrit à St-Vaast). 135 feuillets. 　　　　　　　　　　　　　　[Prov. : St-Vaast.]

------

861. S[t]. Bernardi sermones super Cantica Canticorum. —In-folio.- vélin blanc, fort.-tracé au crayon. - deux colonnes. - XIIe siècle - rubriques. - grandes lettres fleuronnées, ornées d'argent, de cinabre, d'outremer et de vert minéral. 　　　　　　　[XIIe siècle.]

Sur la dernière page, la lettre du pape Alexandre, relative à la canonisation de saint Bernard (imprimée dans les bollandistes).

Incipit : Vobis, fratres, alia quàm aliis de seculo aut certè aliter dicenda sunt.

153 feuillets. 　　　　　　　　　　　　　　[Prov. : St-Vaast.]

------

862. Missale. — In-folio. - vélin blanc, taché de vermillon. - tracé au crayon. - deux colonnes. - XIIIe siècle. - vignettes. - initiales au vermillon et à l'outremer. - grand caractère d'église. 　　　　　　[XIIIe siècle.]

Au commencement un calendrier. — A la fin la formule du serment du maieur de Blangy, écrit au XVe siècle.

SERMENS DU MAIEUR DE BLANGY.

Maires, vous jures et franchies par le foy de vo cœr et de vo corps que l'office de le mairie de Blangy vous exerceres bien & loyaument et les drois de l'église Saint-Vaast warderes à vo loyal pooir et le droit d'autruy, et feres boines, loyaux et justes prinses, arres & exécucions, & feres droit et loy au povre aussi bien comme au riche. Et toutes les prinses et arres que vous feres vous traiteres et amenres à cognoissance pardevant eschevins du lieu et à leur jugement.

185 feuillets. [Prov. : St-Vaast.]

_____

863. Quatuor Evangelistæ cum glossis. — In-folio quadrato. - vélin très-blanc. - texte en longues lignes. - les gloses ont deux et trois colonnes lorsqu'elles excèdent. - XIVᵉ siècle. - une miniature. - lettres dorées. - titres courants en onciales gothiques, vermillon et azur.

[xivᵉ siècle.]

Sur l'intérieur de la couverture, d'une écriture du XVI siècle, on voit l'époque de l'entrée de six religieux dénommés à St-Vaast.

Incipit : Matheus ex Judea sicut in ordine primus ponitur, ita evangelium in Judea primus scripsit.

172 feuillets. [Prov. : St-Vaast.]

_____

864. Expositio Levitici. — In-folio quadrato. - vélin choisi. - tracé au crayon. - deux colonnes. - XIIᵉ siècle. - lettres brodées et peintes dans le style roman. - rubriques en onciales. - titres monogrammes.

[xiiᵉ siècle.]

Incipit : Prologus in libro Levitici editus à quodam Dominicæ crucis servo :

Unus ex accolis domus filiorum Israël Anselmo Cantuariensis ecclesie archiepiscopo. Hostiam vivam, sanctam, rationabilem offerre summo pontifici, quum quidem in te diversa dona sancti spiritûs. . . .

147 feuillets. [Prov. : St-Vaast.]

_____

865. Petri Comestoris Scholastica historia.—In-folio. - deux volumes. - vélin de choix, - tracé au crayon. -deux colonnes. - grande gothique du XIVe siècle. - vignettes, - initiales rouges et bleues. - titres courants en onciales au vermillon. - rubriques. **[XIVe siècle.]**

Incipit : Epistola magistri petri Comestoris ad Willelmum Senenensem archiepiscopum, postea Remensem :

Reverendo patri et Domino suo Guillermo Dei gratia Senonensi archiepisco Petrus servus Christi presbiter Trecensis, &c.

(Des Célestins d'Amiens.)

1er vol. 213 f.; 2e vol. 115 f.   [Pror. : St-Vaast.]

---

866. Chronicon Andrensis monasterii.—In-folio médiocri. - papier. - copie moderne de la chronique d'André de Marchiennes, considérablement augmentée par Guillaume, abbé d'Andres, au diocèse de Thérouane.   **[XIe & XIIe siècles.]**

Cette chronique va de l'an 1094 à 1197.—On lit à la fin : reliqua habentur, tom. IX spicilegii Dacherii.

Incipit : Epistola Willelmi abbatis : Guillelmus Dei miseratione Andrensis monasterii servus dilectis in Christo filiis ac fratribus.

217 feuillets.   [Prov. : St-Vaast.]

---

867. Mémoires de Jacques Duclercq. — In-folio parvo. - papier. - longues lignes. - écriture courante du XVIe siècle.   **[XVIe siècle.]**

Sur le frontispice : Les mémoires de Jacques Duclercq, écuyer, sieur de Beauvoir en Ternois, commenchantes l'an mil IIIJ^e XLVIIJ, faissantes l'an mil IIIJ^e LXVIJ.

Incipit : Chy après s'enssuivent les choses advenues depuis l'an de l'Incarnation de Nostre Seigneur Jesus-Christ, mil IIIJ XL et huict ans, jusques en l'an mil IIIJ et LXVII ans, advenues tant au roiaulme d'Angleterre comme au roiaulme de France et les pays de Philippes, le grand duc de Bourgogne.

638 feuillets. [Prov. : St-Vaast.]

---

868. Jordani de Quedlingenburg expositio passionis Christi. — Expositio Evangelii sancti Johannis, in principio erat verbum.—In-folio quadrato.- vélin commun. - tracé au crayon. - deux colonnes.- écriture courante du XVe siècle. - initiales rouges et bleues [XVe siècle.]

Incipit : Prologus passionis Domini secundum beatam Johannem evangelistam quam compilavit Fr. Jordanus de Quedlingenburg, lector Madebengensis ordinis fratrum heremitarum sancti Augustini.

87 feuillets. [Prov. : St-Vaast.]

---

869. Lectionarium.—In-folio parvo. - vélin blanc.- tracé à l'encre. - XIVe siècle. - grands caractères d'église. - miniatures. - vignettes. - rubriques. [XIVe siècle.]

93 feuillets. [Prov. : St-Vaast.]

---

870. S. Thomas de Aquino super librum primum Sententiarum.—In-folio parvo.-papier et velin entremêlés. - deux colonnes. - écriture cursive négligée du XVe siècle. -initiales au vermillon. [XVe siècle.]

Au bas de la première page :
Incipit : Ego sapientia effudi flumina.
A la fin :
Explicit : A sancto Thoma de Aquino super primum Sententiarum. Nicolaus Bertoul. Completus fuit anno Domini m° quadringentesimo quinquagesimo tertio.

249 feuillets. [Prov. : St-Vaast.]

871. Galfredi Arthurii Monemuthensis Historia Britanniæ. — Historia Judæorum ex Josepho et aliis compilata.—In-folio parvo. - vélin jaune. - tracé au crayon. - deux colonnes. - XIII° siècle. - rubriques. - initiales rouges et bleues. [xiiiᵉ siècle.]

Au folio 39 : Incipit : Historia Hebræorum, ... qui finit à la destruction du temple.

Incipit : Cum mecum multa et de multis sepius annalia revolverem, in hystoriam regum Britannie incidi.

A la suite, après deux feuillets en blanc, vient :

Incipit hystoria Hebreorum : Status imperii judaici breviter in hoc libello annotatus est.

Incipit : (Hist. Brit.) Postquam igitur contra Britones nefandum bellum peregerunt Saxones, noluerunt interficere Vortigernum, sed mortem comminantes ligaverunt eum &c.

Finit ainsi : Cum non habeant librum illum Britannici sermonis, quem Walterus ex Britannia advexit, quem de historia eorum veraciter editum predictorum principum hoc modo in latinum sermonem transfere curavi.

75 feuillets. _____ (Prov. : St-Vaast.)

872. Flores insignium doctorum excerpti per Thomam de Hiberniâ.—In-folio parvo. - vélin blanc. - tracé au crayon. - tous les feuillets rongés à peu près au tiers de la hauteur. - XIV° siècle. - encadrement arabesque sur la première page. - initiales au vermillon et à l'outremer. - dans l'encadrement, un écu d'argent à deux faucons de sinople, affrontés, et un hêtre de sinople entre deux. - derrière l'écu, une crosse d'argent. [xivᵉ siècle.]

A la fin du traité, une table des matières sur deux feuillets.

Incipit : Abiit in agrum et collegit spicas post terga metentium Ruth II :

Ruth paupercula, non habens messem propriam ad colligendum, agrum intravit alienum, ut spicas colligeret post terga metentium. Sic ego pauperculus, non habens copiam scriptorum nec originalium acervum, agrum intravi Booz, quod interpretatur robur vel virtus, scilicet Roberti utique robusti, in quo virtutis robur vigere consuevit, et ibidem originalium spicas, id est diversas auctoritates sanctorum de diversis libris non sine labore collegi. Sed considerans quia sine med) erant et ordine, ut post me alicui alii posset prodesse, hic breviter quasi in unum manipulum ex diversis spicis collectum, secundum ordinem alphabeti, more concordantiarum collegi ; ut sic a me et aliis simplicibus facilius possint reperiri, ita ut, cum alii messores veniunt cum exultatione portantes manipulos suos, ego hunc collectum post terga doctorum, cum vidua, offeram in donum gazophilatium. Cum enim librorum originalium pelagus sit quasi mare magnum et spaciosum quod a quolibet investigari non possit, michi utilius videatur pauca doctorum dicta in promptu habere quàm si multa quidem homo transcurreret, et illa ad manum non haberet.

Juxta documentum Senece, cum multa percurreris, unum excipe quod illa die concoquas. Certis enim ingeniis nutriri et immorari opportet, si quis velit aliquid trahere quod ipse fideliter teneat. Fragilis enim est memoria, et rerum turbe non sufficit. Apes ergo nobis imitandi sunt, qui vagantur, et flores ad mel faciendum carpunt, deinde quicquid attulerint disponunt, ac per favos digerunt. Ita inquit, quecumque ex diversa leccione congessimus, separare debemus. Melius enim distincta servantur; deinde ad debitam facultatem ingenii in unum saporem varia libamenta ordinare, ut si apparuerit unde sumpta sint, alter tamen esse quam unde sumpta sint appareant. Quasdam igitur dictiones notabiliores ac magis communes, que sepius in sermonibus vel lectionibus possent occurrere, et cum quibus se possit homo in omni materia juvare, hic secundum alphabeti ordinem more concordantiarum signavi.

Tu ergo, lector, ora pro collectore & utere quesitis cum labore alieno & gaude de inventis sine labore proprio. Nomen autem collectoris volui subticere ne collectio villesceret, cognito collectore.

Une note de Jacques de Lefebvre met ici le nom de l'auteur : Nomen est ejus magistri Thomas de Hibernia.

Noms des auteurs qui ont fourni des extraits : Dionysius areop.

Augustinus, Ambrosius, Gregorius, Bernardus, Hylarius, Isidorus, Johannes Chrysostomus, Hieronimus, Prosper, J. Damascenus, Origenes, Cyprianus, Fulgentius, Basilius, Rabanus, Leo, Beda, Prosper, Anselmus, Ricardus, Cassianus, Cassiodorus, Solinus, Vegetius, Agellus, Sidonius, Hugo de sancto Victore, Alcuinus, Alanus, Boetius, Tullius, libri diversorum auctorum, Plinius, Raby Moses, Valerius Maximus, Macrobius.

Incipit : Abstinentia.—Bonum est in cibo cum gratiarum actione, &c. 212 feuillets. [Prov. : St-Vaast.]

_____

873. S. Thomæ Aquinatis Quæstiones Quodlibeticæ. — In-folio parvo. - vélin blanc, léger. - tracé au crayon. - deux colonnes. - XIVᵉ siècle. - initiales rouges et bleues. [XVIᵉ siècle.]

Incipit : Occasione illius verbi quod dicitur apud II. Corinth. 197 feuillets. [Prov.: St-Vaast.]

_____

874. Antiquitez d'Artois et d'Arras. — In-folio. - papier. - diverses écritures du XVIᵉ et du XVIIᵉ siècle. [XVIᵉ & XVIIᵉ siècles.]

On trouve dans ce recueil :

Inventaire faicte le quattriesme jour de may 1588, par messire Jacques Doresmieulx, des privilèges, chartes et lettres trouvées au coffre des chartes, reposant en la chambre de MM. les maieur et échevins d'Arras.

Copie d'un privilège touchant le droit de régale octroyé par le roy Philippe-le-Bel aux chanoines de l'église Nostre-Dame d'Arras.

De candelæ sanctæ apud Atrebates origine.

Catalogue des abbés de l'abbaye de Sithiu.

Copie d'un mandement du roi de France touchant les tailles de l'Artois.

Mémoire sur l'antiquité des constitutions de l'Artois, par le sieur de Villemont.

Copie des lettres de l'empereur aux eschevins d'Arras adressées en 1517 et 1518.

Copie du traité de Péronne, 11 octobre 1468.

Extraits du registre mémorial commençant à l'année 1565 et reposant en la chambre du conseil de la ville.

Extraits du registre mémorial de l'eschevinage d'Arras pour l'année 1576.

Eschevins de la ville d'Arras de 1423 à 1523.

Procès criminel fait au sieur de Heuse, 1580.

Diverses pièces concernant l'accession du duc d'Alençon au gouvernement des Pays-Bas.

Mémoire historique sur l'Artois, écrit vers l'an 1550.

Histoire des Vaudois d'Arras (extrait de Jacques Duclerq).

Discours sur ce qui est advenu au pays d'Arthois, Flandre et autres lieux circonvoisins à cause des révoltes faites contre les espignols.

Nomina abbatum ecclesiæ sancti Vedasti Atrebatensis usque ad Jacobum de Kefles (1500).

Mémoire historique sur Hénin-Liétard.

Ad generosissimum principem de Croy comitem Rhodium de origine Comitatus Arthesiæ et comitum ejusdem genealogia brevis enarratio.

Vita sancte Berthæ. Incipit : Divina clementia humanum genus, &c. 251 feuillets.   [Prov. : Acad. d'Arras.]

———

875. Sancti Augustini quæstiones de Veteri Testamento. — In-folio quadrato. - vélin jaune, épais. - tracé à la pointe. - longues lignes. - XIIe siècle. - rubriques en onciales. - initiales au rouge de plomb.

[XIIe siècle.]

Sur le recto du premier feuillet sont ces vers :

Lux redit et Cœcas meroris discutit umbras,
  Dum tua gaudentes tractant monimenta clientes,
Notés suivant le système antérieur à Guy-d'Arezzo.

Incipit : De hoc libro suo quæstionum sanctus Augustinus in retractationum volumine ita dicit LXXXI quæstionum libri VII : Eodem tempore scripsi etiam libros quæstionum de libris eisdem divinis septem.

99 feuillets.   ———   [Prov.: St-Vaast.]

876. Odonis episcopi Tusculani Sermones. — In-folio médiocri. - incomplet. - vélin de choix. - tracé au crayon. - deux colonnes. - exécution italienne. - fin du XIIIe siècle. - vignettes. - rubriques. - initiales à l'outremer. - feuillets numérotés au vermillon.

[XIIIe siècle.]

Commence par une table des sermons dont il ne reste qu'un feuillet. — On remarque dans la suite de l'ouvrage d'autres sermons historiques, au nombre de 7.

(Nombre des sermons : 37.)

171 feuillets. [Prov. : St-Éloi.]

———

877. Libri Josue, Paralipomenon & Baruch cum glossâ. — In-folio parvo. - vélin gratté, très mince. - noirci par l'humidité. - tracé au crayon. - une, deux et trois colonnes. - XIVe siècle. - vignettes. - initiales rouges et bleues. - titres courants en onciales alternées rouges et bleues.

[XIVe siècle.

Incipit : Tandem finito Pentatheuco moysi velut grandi fenore liberati ad Jhesum filium Nave manum mittimus quem Hebræi Josue bennum, id est, Josue filium Num vocant.

115 feuillets. [Prov. : St-Vaast.]

———

878. Sermones pro festis anni. — In-folio. - vélin blanc. - tracé au crayon. - deux colonnes. - XIVe siècle. - vignettes. - initiales rouges et bleues. - rubriques.

[XIIIe siècle.]

(Nombre des sermons : 58.)

178 feuillets. [Prov. : St-Vaast.]

———

879. Panagii Salii Audomarensis Vedastiados Libri V. — In-folio parvo quadrato. - vélin encadré à l'encre rouge et longues lignes. - écriture bâtarde de la fin du XVIᵉ siècle. [XVIᵉ siècle.]

Incipit : Panagii Salii Audomarensis Vedastiados seu Galliæ christianæ, ad Joannem Saracenum abbatem, liber primus.

A la fin : Plusieurs hymnes du même auteur et un poëme en vers hexamètres.

85 feuillets. [Prov. : St-Vaast.]

880. M. Johannis de Burgh Pupilla oculi. — In-folio médiocri. - vélin fort, jaune. - tracé au crayon. - deux colonnes. - écriture scholastique, négligée à la fin. - grandes lettres et encadrements en miniatures. - initiales rouges et bleues. - rubriques. [XIVᵉ siècle.]

Incipit : Tractatus qui dicitur Pupilla oculi compilatus per venerabilem magistrum et sacre theologie doctorem magistrum Johannem Burgh, nacione Anglicana :

Humane conditio nature jam senescente mundo decursu temporum continue.

102 feuillets. [Prov. : Cathéd. d'Arras.]

881. Decretales Gregorianæ. — In-folio parvo - vélin blanc, léger. - tracé au crayon. - deux colonnes. - grandes marges. - XVᵉ siècle. - la place des initiales laissée en blanc. [XVᵉ siècle.]

Incipit : Servus servorum dei dilectis filiis doctoribus & scolaribus universis Parisius commorantibus salutem & apostolicam benedictionem.

89 feuillets. [Prov. : .]

882. Pontificale Senonense. — In-folio médiocri.- beau vélin. - taché et frippé par l'humidité. - tracé à l'encre noire. - longues lignes. - commencement du XIVᵉ siècle. - miniatures riches et nombreuses. - en-

cadrements. - vignettes à toutes les pages. - initiales sur fond d'or, ou d'or sur pourpre et azur. - rubriques, plain-chant. [xiie siècle.]

Commence par une table des matières.
110 feuillets. [Prov. : Cathéd. d'Arras.]

883. **Passiones Domini cum cantu.** — **Missa in festo reliquiarum ecclesiæ Atrebatensis.**—In-folio médiocri. - vélin jaune. - la deuxième partie du volume tracé au crayon. - deux colonnes. - plain-chant et écriture du XIVe siècle. - rubriques. - initiales rouges et bleues. [xive siècle.]

34 feuillets. [Prov. : Cathéd. d'Arras.]

884. **Recueil des fondations, faites à l'église de Sainte-Croix de la ville d'Arras.** — In-folio. - papier. - écriture du XVIIIe siècle. [xviie siècle.]

170 feuillets. [Prov. :]

885. **Tableaux généalogiques des familles de Flandres.**—In-folio. - papier. - écriture du XVIe siècle. [xvie siècle.]

Sur la première feuille :
Recherches et appertient Jean Lalou Valentiennois.
108 feuillets. [Prov. : St-Vaast.]

886. **Missale Atrebatense.** — In-folio médiocri.- vélin jaune. - sali par l'usage. - tracé au crayon. - deux colonnes. - XIVe siècle. - initiales outremer et vermillon. - une miniature fort endommagée au milieu du volume. [xive siècle.]

Au commencement un calendrier en latin, à la fin des oraisons en diverses écritures plus modernes que le manuscrit.

Sur la garde : L'an M. CCCC LXII ou mois de march maistre Estienne de Moreul, prestre natif d'Amiens, fit reloier cest livre, appartenant à la chapelle qu'il possesse, fondée jadiz en l'église d'Arras, par leur Ours Hucquedieu et Anastaze sa femme, citoyens d'Arras, en l'an M. C. nonante et ung.

E. DE MOREUL.

74 feuillets.   [Prov. : Cathéd. d'Arras.]

---

887. Commentarius in Apocalypsim. — In-folio parvo quadrato. - vélin choisi, mais léger. - rayé au crayon. - deux colonnes. - écriture fine du XIIIe siècle. - vignette sur la première page. - titres courants en onciales alternées rouges et bleues. - hastes montantes et écrasées aux premières lignes des premiers feuillets.

[XIIIe siècle.]

Incipit : Jacob vidit in sompnis scalam stantem super terram et cacumen ejus tangens celum.

Explicit Apocalipsis.

(Liber sancte Marie Ursicampi. Quicumque cum alienaverit anathema sit.)

74 feuillets.   [Prov. : St-Vaast.]

---

888. Jeremias cum glossâ. — In-folio mediocri. - vélin de choix - réglé au crayon. - une, deux et trois colonnes. - écriture de la fin du XIIe siècle. - deux grandes lettres historiées et peintes dans le style roman.

[XIIe siècle.]

Au verso du dernier feuillet : Jeremias glosatus, quem dedit Lambinus de Brugis ecclesiæ sanctæ Mariæ Ursicampi. Si quis abstulerit vel alienaverit quoquo modo Anathema sit. Amen.

84 feuillets.   [Prov. : St-Vaast.]

889. Scripta Hebraïca (Talmud). — In-folio quadrato. - beau vélin, fort, d'une teinte verdâtre, quelques feuillets tachés de jaune. - tracé au crayon brun. deux et trois colonnes. - confection du XIVᵉ siècle. - caractères hébraïques et chaldaïques. - sans points. - le texte hébreu au milieu. - le chaldéen sur les côtés. - rubriques. [xivᵉ siècle.]
88 feuillets. [Prov. : St-Vaast.]

---

890. Stephanus Cantuariensis super VII libros priores Bibliæ. — In-folio quadrato. - réglé à l'encre. - deux colonnes. - XIIIᵉ siècle. - les lettres des premières lignes de chaque page à longues hastes. - rubriques. - vignettes. - initiales rouges et bleues. - titres courants au vermillon. [xivᵉ siècle.]

Incipit : Expositio super Genesim secundum magistrum Stephanum Cantuariensem archiepiscopum :
Tabernaculum moysi coopertum erat usque coriis et usque cortinis.
246 feuillets. [Prov. : St-Vaast.]

---

891. Fr. Martini Margareta Decreti, — In-folio. - vélin gratté, léger. - tracé au crayon. - deux colonnes. XIVᵉ siècle. - écriture italienne. - rubriques. - grandes lettres miniatures. - initiales rouges et bleues.
[xivᵉ siècle.]

Incipit : Margarita Decreti à fratre Martino pape penitenciario & capellano conpilata per alphabetum.
78 feuillets. [Prov. : St-Vaast.]

892. **Histoire généalogique de la maison de Luxembourg.** — In-folio parvo. - papier. - gothique cursive du XVIe siècle. [XVIe siècle.]

Au frontispice une gravure collée représentant les armoiries de la famille de De Launay, et datée 1662.

Au feuillet suivant : Premier volume de la descente et généalogie de la maison de Luxembourg.

L'an mil Ve XXXIV par Roland de Thiembronne de Bournel, chevalier seigneur de Boncourt.

Incipit : Sievant le poëte Orace qui dit en aucun passaige que sçavoir faire chose agréable aux princes terriens est mettre et rédiger par escript les haultz et magnanimes faits de leurs prédécesseurs avec leurs descentes et lignées affin de esmouvoir les coraiges vertueus, Moy, Roland de Thiembronne de Bournel, chevalier, seigneur de Boncourt ay recœillet et mis en brief une descente et généalogie de la maison de Luxembourg, &c.

352 feuillets. [Prov. : St-Vaast.]

893. **Histoire généalogique de la maison de Luxembourg.** — In-folio parvo - papier. - gothique cursive du XVIe siècle. [XIVe siècle.]

C'est la suite du travail de *Roland de Thiembronne*, dont la devise, *l'attente n'est pas seure de Thiembronne (1536)*, est écrite sur chacun des volumes.

Au frontispice une gravure représentant les armoiries de la famille de Launay et datée de 1662.

2e vol. 342 f.; 3e 372 ; 4e 356. [Prov. : St-Vaast.]

894. **Histoire généalogique de la maison de Lorraine.** — In-folio parvo. - papier. - écriture gothique cursive du XVIe siècle. - recueillie par Roland de Thiembronne l'an mil cinq cent trente-un.

[XVIe siècle.]

Incipit : Sievant le poëte Orace qui dit en aulcun passage que sça-voir faire chose agréable aux princes terriens est mettre et rediger par escript les haultz & vertueulx faitz de leurs prédécesseurs avec leurs descentes et lignées affin de esmouvoir les coraiges vertueulx des prinches de présent a volloir sievir les haultx & vertueulx faitz de leurs prédécesseurs.

294 feuillets. [Prov. : St-Vaast.]

---

895. Histoire généalogique de la maison de Bou-logne. — Deux volumes in-folio parvo. - papier. - écriture gothique cursive du XVIe siècle.

[xvie siècle.]

Ce travail appartient encore à Roland de Thiembronne ; mais il manque un volume, le premier, où se trouvait probablement le nom de l'auteur.

Au bas de la première page du premier des deux qui subsistent on lit : *Boulogne* ; *second volume*, et sur le deuxième : *Tierch volume* de la descente de Boullogue, commenchant au roy Charles VIe de ce nom de ce royaulme.

1er vol. 320 f. ; 2° 353 f. [Prov. : St-Vaast.]

---

896. Summa Confessorum. — In-folio minimo. - vélin blanc, choisi. - tracé au crayon. - deux colonnes. -XIVe siècle. - miniatures. - grandes lettres. -vignettes. -titres-courants en onciales rouges et bleues. - initiales au vermillon et à l'outremer. [xvie siècle.]

Manque le premier feuillet, sur le suivant est une table des titres.

Incipit : Summa confessorum compilata a fratre lectore ordinis fratrum predicatorum :

Quoniam inter ecclesiastica crimina symoniaca heresis optinet pri-mum locum :

Incipiunt statuta Summæ confessorum ex sexto Decretalium addita quantum pertinere videtur ad materiam ejusdem Summe ac sub eisdem titulis.

257 feuillets. [Prov. : St-Vaast.]

897. Le Roman de la Rose. — Le testament de Jean de Meun, &c. — In-folio parvo. - vélin blanc. - tracé au crayon. - deux colonnes. - XIVe siècle. - écriture de romans. - miniatures grossièrement exécutées.

[XIVe siècle.]

Commence sans titre ni rubriques . . . . Maintes gens quident que en songes, &c. Aux deux tiers du volume finit le *roman de la Rose*.

Suit le testament de Jean de Meung terminé par cet explicit : Li testamens maitre Jehan de Meung, qui contient II mil III et IIII vers, lequel ecripvit Jehan de Meung, notaires de le court d'Arras et fut escripz le xve jour de février l'an mil CCC LXIX. Priez Dieu pour luy.

Suivent : la légende de Fulbert, sans titre ni rubrique, en dix colonnes ; — la légende du Purgatoire de saint Patrice, en prose ; — un lai sans rubrique, — l'histoire de Tobie en prose, — un poème dévot.

Incipit : Maintes gens quident que en songes

> N'ait se fables non et mensonges ;
> Mais on poeut teulz songes songier,
> Qu'il ne sont mie mensongier.

Incipit : (St-Patrice) Sains Patris préchoit en Irlande &, pour ce que il trouvoit la gent bestial, grant paine metoit de eulz retraire de leur errour, pour la pavour d'infer et pour l'amour des joyes de paradis. Mais ils disoyent que jà ne se convertiroyent, ne pour miraclez, ne pour sa prédication, se aucuns d'eulz ne veoit les tormens des pécheours et les joyes des juistes.

Sy commence un miracle :

> Se chil, qui lez romans ont fais,
> Des outragez, dez grans meffaiz,
> Des estors & des mortiex guerres
> Et des destructions de terres,
> Eusent lour sens apresté
> A dire de divinité,
> Moult eussent esploitié mielx,
> Tout autre si, comme si miex
> Est tous vers le ciel, qu'est tant fors.

Si est plus dinez li repors
Qui dist pour reconforter l'âme
Et plus plaist Dieu et Notre-Dame
As boins sains qui sont en gloire.
Bien doit-on tenir en mémoire
Seure vie à fieux aprendre,
Pour cou qu'essample i puissent prendre,
S'erent lour non plus tenu cier.
    I miracle veul commenchier
Que li vie des pères conte.
Bien doit-on escouter le conte
Si comme nous raconte Rainaux,
Moult en est le miracle biaux.
Il fut jadis i moult hault roiz,
Qui n'ama guerre, ne desroiz,
Mais pais et droiture et raison.
Cil roiz avoit en sa maison
I capellain de sainte vie, &c., etc.

52 feuillets.   [Prov. : St-Vaast.]

_____

898. Fr. Evrardi Sermones. — In-folio parvo. - vélin blanc, léger. - tracé au crayon. - deux colonnes. - XIVe siècle. - rubriques. - titres-courants au vermillon.

[XIVe siècle.]

Incipit : Summa de festis quam fecit frater Euvrardus ordinis vallis scolarium.

(Nombre de sermons : 118.)

234 feuillets.   [Prov : St-Vaast.]

_____

899. S. Ambrosius de Psalmo CXVIII. — In-folio minimo. - vélin gratté, jaune, léger. - tracé à la pointe. - longues lignes. - IXe siècle. - inscriptions en capitales romaines au commencement et à la fin du volume. - rubriques en onciales au rouge de plomb.   [IXe siècle.]

29

Incipit : Expositio de psalmo CXVIII[os] sancti Ambrosii Medio-anensis urbis episcopi :

Licet mysticæ quoque velut tubæ increpuerit sono David propheta.

136 feuillets. [Prov. : St-Vaast.]

900. Les chroniques de Jehan Molinet. — Deux volumes in-folio parvo. - papier. - encadré à l'encre rouge. - longues lignes. - écriture du XVIe siècle.

[xvie siècle.]

Recœullies, escriptes et mises au net par Augustin Molinet, chanoine de Condé, fils du dit feu Me Jehan Molinet, et ce au commandement de l'impérialle Majesté Maximilien, par la grâce de Dieu, Empereur des Allemaignes, toujours Auguste.

Le premier volume finit au feuillet 157, avec l'année 1485.

Le second volume finit en 1506, folio 415 par cette inscription : J'ai fini le second volume des chroniques de Me Jehan Molinet, en son temps Indiciaire et historiographe des très nobles maisons d'Austrice et de Bourgoigne, &c.

Incipit : En ce présent volume sont rédigées par escript les chroniques de feu maistre Jehan Molinet, Indiciaire et hystoriographe des très illustres maisons d'Austrice et de Bourgoigne, commenchant icelles croniques en l'an mil quatre cens LXXIIII, lors que le très redoublé et très puissant duc Charles de Bourgoigne assiégea la très forte ville de Nuysse.

161 feuillets. [Prov. : St-Vaast.]

901. Compilatio magistri Middini de Morbis.— Liber Mahumeti Avenscot dictus Colliget. — In-folio parvo. - vélin fort. - tracé au crayon. - deux colonnes. - XIVe siècle. - initiales au vermillon. - rubriques.

[xive siècle.]

Commence par la rubrique : Hoc opus compilavit Magister Middinus.

Après ce traité : *Colliget*, liber medicinalis.

Incipit : Consilium pro magistro curie ad apericiones fantasticas oculorum.

Incipit : Colliget, liber medicinalis ; quando ventilata fuit.

Explicit : Liber Methemet Avenscot, qui Colliget nominatur.

94 feuillets.   [Prov. : St-Vaast.]

_____

902. Sti. Gregorii Homiliæ in Ezechiel prophetâ.
—In-folio parvo.-vélin gratté, antique.- tracé à la pointe.- longues lignes.- Xᵉ siècle.- têtes de chapitres en capitales romaines, mêlées d'onciales au rouge de plomb, ou par lettres alternativement rouges et noires. - grandes lettres ornées à la plume. - coloriées de vert et de rouge. - rubriques.   [xᵉ siècle.]

Sur le recto du premier feuillet on lit, en écriture du XIᵉ siècle, une liste d'accensements de l'abbaye de St-Vaast, où se trouvent des notes utiles pour l'histoire du pays.

Incipiunt : Omeliæ Beati Gregorii pape in Iliezechiel propheta.

169 feuillets.   [Prov. : St-Vaast.]

_____

903. Sti Augustini Tractatus de Trinitate. — In-folio parvo. - vélin choisi. - jaune. - tracé à la pointe. longues lignes. - XIᵉ siècle. - lettres ornées à la plume dans le style roman. - rubriques en onciales au rouge de plomb.   [xiᵉ siècle.]

Incipit : Epistola Hieronimi : Ad Presidium diaconem :

Hieronimus Presidio fratri salutem :
Nulla res, vetus inquit comicus, tam facilis est.

Sur le dernier feuillet un dessin à la plume qui représente Saint-Vaast, exécuté du même temps que le manuscrit, et au-dessous ces vers :

Scire volens summam Deitatem cuncta creantem,
Ter quinos hinc, lector, habes ex ordine libros,
Quos Augustinus, claro sermone retexens,

Edidit insignis rethor studio vehementi.
Ergo, Vedaste, favens scriptoris suscipe munus
Evrardi poscens regnum miserando polorum.
(Manuscrit écrit à St-Vaast).
113 feuillets.   [Prov. : St-Vaast.]

---

904. Liber Evangeliorum. — In-folio mediocri. - vélin noirci et déchiré. - tracé au crayon. - longues lignes. - XIVe siècle. - vignettes. - initiales rouges et bleues. - rubriques.

904. Liber Evangeliorum. — In-folio mediocri. - vélin noirci et déchiré. - tracé au crayon. - longues lignes. - XIVe siècle. - vignettes. - initiales rouges et bleues. - rubriques. [xive siècle.]

A la fin quelques additions des siècles postérieurs.
64 feuillets.   [Prov. : St-Vaast.]

---

905. Compendium Theologicæ veritatis. — Summa fidei. — In-folio parvo. - très-beau vélin. - tracé au crayon. - longues lignes. - XIVe siècle. - initiales. - miniature. - vignettes. - grandes lettres au vermillon et à l'outremer. [xive siècle.]

Commence par une table du premier traité sur deux colonnes. Ce traité finit avec le septième livre. — Celui qui suit s'annonce par une table des chapitres.

Incipit : Compendium theologice veritatis : Veritatis theologice sublimitas cum sit superni splendoris radius illuminans intellectum.

Incipit (Summa) : Ad instructionem juniorum quibus non vacat opusculorum variorum prolixitatem scrutari, de dictis catholicorum magistrorum hec consequentia compilata sunt ; ità etiam ut, si velit aliquis quod suum est subtrahere, pars minima videbitur esse compilantis.

191 feuillets.   [Prov. : St-Vaast.]

---

906. Arnoldi Rotterodamensis Gnotosolitos. — In-folio parvo. - papier. - deux colonnes. - écriture du XVe siècle. [xve siècle.]

Incipit : Honestis fidelibus et discretis viris Waltero de Bulet, Wilhelmo de Druepet, &c., &c. Arnoldus de Hollandia de Rotterdam decretorum doctor minimus.

Explicit prima pars gnotosolitos per fratrem Arnoldum in viridi Valle proprè Bruxellam anno domini M°. CCCC°. XXXIII°. XXVI°. die julii.

351 feuillets.   [Prov. : Cathéd. d'Arras.]

---

907. Boëtius de Trinitate. — In-folio quadrato. - vélin fort, taché de rose. - tracé au crayon. - deux colonnes d'inégale grandeur. - le texte d'un côté, le commentaire de l'autre. - fin du XIIe siècle. - grandes lettres ornées et peintes. - têtes de chapitres en onciales, par lignes alternées rouges et vertes. - initiales au vermillon et au vert minéral.   [XIIe siècle.

Incipit : Prologus magistri Gisleberti Pictavensis episcopi super Boëtium de Trinitate.

Prologus primus.

72 feuillets.   [Prov. : St-Vaast.]

---

908. Prophetæ XII minores cum glossâ. — In-folio parvo. - vélin blanc. - deux et trois colonnes. - réglé au crayon. - XIVe siècle. - vignettes. - initiales au minium et à l'outremer. - titres-courants en onciales rouges et bleues.   [XIVe siècle.]

Incipit : Non idem ordo est XII prophetarum apud hebreos, qui et apud nos.

100 feuillets.   [Prov. : St-Vaast.]

---

909. Chronique de Liége. — In-folio. - papier. - écriture coulée du XVIe siècle.   [XVIe siècle.]

Composée par maistre Jehan d'Oultremeuze. Cette chronique se continue avec suite jusqu'au mois de septembre 1428.

Après quoi il n'y a plus que le nom des évêques de Liége et quelques évènemens qui s'y sont passés en 1551.

Sur le verso du premier feuillet on trouve cette liste d'auteurs à consulter pour l'histoire de Liége :

Histoire de Damp Gilles, abbé de Saint-Tron.

Hugo Floriacensis.

Hugo Tullensis.

Johannis Placentini Dominicani.

Catalogus omnium Antistitum Tungarorum, Trajectensium ac Leodiorum, et rerum Domi bellique gestarum compendium.

Harigerus abbas monasterii Lobiensis Leodiorum scriptor insignis qui à divo Materno usque ad D. Remaclum suam perduxit historiam.

Symphorianus scripsit historiam Leodiorum.

Laurentius Leodiensis, souvent allégué par Wassembourg, et selon que je puis appercevoir, ce doit estre ung historien notable.

178 feuillets. [Prov. : St-Vaast.]

---

910. Origenis Homiliæ in Isaiam et Ieremiam. — In-folio parvo. - vélin choisi, blanc. - tracé au crayon. - deux colonnes. - XIIIᵉ siècle. - rubriques. - grandes lettres ornées au vermillon et à la cendre bleue.

XIIIᵉ siècle.]

Incipiunt : Capitula libri sequentis :

Visio prima, et factum est in anno quo mortuus est Ozias rex.

96 feuillets. [Prov. : St-Vaast.]

---

911. Raymundi Summa de Casibus. — In-quarto. - vélin extrêmement léger. - tracé au crayon. - deux colonnes. - commencement du XIVᵉ siècle. - notes marginales de la même époque. - rubriques.

[XIVᵉ siècle.]

Incipit : Quoniam, ut ait Ieronimus , secunda post naufragium tabula est culpam simpliciter confiteri.

48 feuillets. [Prov. : St-Vaast.]

---

912. Conclave Julii III papæ.—In-quarto maximo. -papier. - écriture de chancellerie italienne. - XVIᵉ siècle. [xviᵉ siècle.]

Incipit : Conclave quo Julius tertius papa creatus est, &c

Acta ejus interregni, quod fuit inter obitum Pauli pape tertii & congregationem Julii tertii pontificis maximi anno domini M. D. XLIX in quibus infirmitas, obitus, &c.

263 feuillets. [Prov. : St-Vaast.]

---

913. Hieronymus in Ieremiam.—In-quarto. - vélin gratté. - tracé à la pointe. - longues lignes. - Xᵉ siècle.- [xᵉ siècle.]

Les premiers feuillets sont une réparation du XIᵉ siècle.

Incipit : Expositio sancti Hieronimi presbiteri, in libro Hieremiæ prophetæ.

55 feuillets. [Prov. : St-Vaast.]

---

914. Homiliæ Patrum et præcipuè venerabilis Bedæ super evangeliis. — In-folio parvo. - vélin gratté. - jaune. - tracé au crayon. - longues lignes. - commencement du XIIIᵉ siècle. [xiiiᵉ siècle.]

Les sept premiers feuillets en cursive du XVᵉ siècle contiennent une table des matières et l'homélie de saint Jean Chrysostome sur l'évangile : Nisi abundaverit justitia vestra.

Incipit : Omelia Johannis Crisostomi : Nisi habundaverit.

— Venerabilis Bede presbiteri : Adventum dominice.

— Venerabilis Bede : Nativitatem Domini, &c.

(Nombre des sermons : 24).

71 feuillets. [Prov. : St-Vaast.]

915. Chroniques et pièces relatives à la Flandre. — In-quarto. - papier encadré à l'encre rouge. - écriture bâtarde du XVIe siècle. [xvie siècle.]

Incipit : Plusieurs choses & mémoires advenues en Flandres des guerres des roys de France contre les Flamengs, & plusieurs autres choses :

Incipit : En l'an mil cinquante huiet, le pape Victor vint à Coulogne.

82 feuillets. [Prov. : St-Vaast.]

---

916. Peregrini Monachi Hirsaugensis Speculum virginum. — In-folio parvo. - papier. - écriture cursive du XVIe siècle. [xvie siècle.]

Incipit : Speculum virginum Peregrini : Collaturo tecum, ô Theodora, de floribus paradisi, de fructibus divinis. id est, de sanctitate virginalis vitæ.

278 feuillets. [Prov. : St-Vaast.]

---

917. Johannis Cassiani collationes Patrum. — In-folio minimo. - vélin jaune et beau. - tracé au crayon. - longues lignes. - fin du XIIe siècle. - grandes lettres romanes ornées, sur un fond vert. - initiales rouges, vertes et bleues. - rubriques mêlées de mots écrits à l'outremer et au vert minéral. [xiie siècle.]

Incipit : Prefatio Johannis Cassiani in septem collationibus Patrum : Cum virtutem perfectionis vestre.

121 feuillets. [Prov. : St-Vaast.]

---

918. S^{ti} Thomæ in primum librum Sententiarum. — In-quarto maximo. - vélin et papier entremélés. - longues lignes. - écriture du XVe siècle. - la place des initiales laissée en blanc. [xve siècle.]

Incipit: Ego sapientia effudi flumina, ego quasi trames aque immense de fluvio.

A la fin : Sic finitus est liber iste primus per manus mei Johannis Pauli de Turnout, clerici Cameracensis dyœcesis anno a nativitate Domini millesimo CCCC° XXXII°.

236 feuillets.   [Prov. : St-Vaast.]

919. Généalogie des Maisons de Mailly, Créqui, &c. — In-folio parvo. - papier. - écriture brouillon du XVIe siècle.   [xvie siècle.]

Ce volume, qui vient d'Estienne Le Pez, renferme les généalogies de Mailly, Moreul, Créqui, Rubenpré, Mouy, Werchin, &c.

184 feuillets.   [Prov. : St-Vaast.]

---

920. Partie des chroniques d'Enguerran de Monstrelet (1402-1411). — In-folio parvo. - longues lignes. - écriture courante du XVe siècle. - rubriques à l'encre pourpre, initiales au vermillon.   [xve siècle.

Ce texte présente de notables différences avec la rédaction imprimée ; il renferme surtout un plus grand nombre de pièces justificatives, mémoires, ordonnances, chansons populaires.

Manquent la fin et le commencement ; les premiers mots sont... Très chiers cousins le roy de Castille, le roy d'Escoce, &c.

La première rubrique..... s'ensuit la deuxième lettre du duc d'Orléans répliquant aux premières lettres du roy d'Engletere.

La dernière : Comment le comte de Clermont guerroya en Gascogne.

335 feuillets.   [Prov. : St-Vaast.]

---

921. Insignia Militum Velleris Aurei. — In-folio parvo quadrato. - papier fort.   [xvie siècle.]

Représentation des écus de tous les chevaliers de la Toison d'Or, dans l'ordre des promotions successives jusqu'au chapitre de l'année

1555. Peintures à la gouache, exécutées avec talent, entourées de devises en caractères gothiques de la renaissance : Sur les premiers feuillets sont écrits les statuts de l'ordre de la Toison.

A la fin du volume, la date de 1555 est répétée dans un cartouche peint.

424 feuillets. [Prov : St-Vaast.]

_____

922. Gasparis Scioppii Machiavellica. — In-folio parvo. - papier. - écriture moderne. [xviiᵉ siècle.]

Voici le titre plus développé de l'ouvrage :

Casp. Sciop. Machiavellica, hoc est, apologia duplex, quarum priore, sacræ romanæ ecclesiæ de Nicolai Machiavelli libris decreta defenduntur, posteriore ejusdem Machiavelli innocentia adversus Calvinistas præcipuè Italici nominis hostes propugnatur ; in utrâque vero pseudopoliticorum Machiavelli doctrina ad propriam utilitatem nullo honesti turpisque discrimine conficiendam abutentium improbitas ipsius Machiavelli præceptis confutatur.

Incipit : Gasparis Scioppii Machiavellica : Duo sunt que in Nicobi Machiavelli causâ.

69 feuillets. [Prov : Cathéd. d'Arras.]

_____

923. Blasons, croquis, généalogies et pièces originales du XVIᵉ siècle concernant les familles de Flandre et d'Artois par Jean de Launay. — In-folio - papier. - diverses écritures du XVIᵉ siècle. - blasons coloriés. [xviiᵉ siècle.]

Sur le premier feuillet on lit :

Genealogia Ducum, imperatorum, regum, &c. de Nicholao Ritterhusió, &c.

249 feuillets. [Prov : St-Vaast].

_____

924. Collectanea ex Bᵘ Gregorii operibus. — In-folio médiocri. - vélin épais, quoiqu'il ait été

gratté. - tracé à la pointe. - longues lignes. - XIᵉ siècle.
-grandes lettres au minium. - rubriques.   [xrᵉ siècle]

Commence sur le recto du folio primo par un avertissement du compilateur. — Suit la table des extraits.

Incipit : Dum beatissimi atque apostolici Gregorii pontificis nostri vestri quoque.

69 feuillets   [Prov. : St.-Vaast.]

_____

925. S. Gregorii liber Pastoralis.—In-folio parvo.
-vélin blanc et choisi. - tracé au crayon. - longues
lignes. - miniatures. - initiales bleues, vertes et rouges,
ornées dans le style roman. - rubriques en onciales
et minuscules.   [XII siècle]

Incipit : Liber pastoralis cure editus a sancto Gregorio papa urbis Rome :

Pastoralis cure me pondera fugere.
88 feuillets.   [Prov. : St-Vaast.]

_____

926. Armorial général de Flandre. — In-folio. -
écriture brouillon du XVIᵉ siècle. - les noms y sont
classés par ordre alphabétique.   [xvrᵉ siècle.]

Incipit : Trésor et inventaire des escus & armoiries de divers monarques, roys, ducs, princes, marquis, comtes, barons, vicomtes, chevaliers, escuiers, nobles & illustres personnés de diverses contrées du monde, extraicts de plusieurs chartiers, histoires & manuscripts, sépultures, monumens, verrières et épitaphes, & mis en ordre alphabétique, par maistre Jean Franchois, prêtre.

217 feuillets.   [Prov.: St-Vaast.]

_____

927. Textus è Sᵘˢ Scripturis Eruti pro tempore.
—**Proverbia Senecæ.**—**Johannis de Abbatisvillâ
sermones.** — In-folio parvo quadrato. - vélin jaune. -
tracé au crayon. - deux colonnes. - XIVᵉ siècle. - rubriques. - initiales rouges et bleues.   [XIVᵉ siècle.]

Les proverbes de Sénèque sont par ordre alphabétique.
(Nombre des sermons : 132.)
142 feuillets. [Prov. : St-Vaast.]

---

928. Concordantiæ Evangeliorum. — In-folio parvo.
- vélin magnifique.- tracé à la pointe.- longues lignes.
- XIIe siècle. - rubriques. - initiales au minium, à l'outremer et à la cendre verte. - une grande lettre romane en miniature. [XIIe siècle.]

Incipit : Quoniam quidem multi conati sunt ordinare narrationem in nobis rerum que complete sunt.

Sur le recto du folio dernier, est une table des mois hébreux, avec la concordance du calendrier romain.

119 feuillets. [Prov. : St-Vaast.]

---

929. Guimundi Aversani Episcopi Libri III de Corpore et Sanguine Domini et alia. — In-folio parvo longiori. - vélin commun et fort. — tracé au vermillon, dans le style roman. - rubriques onciales.
[XIIIe siècle.]

Contient outre le traité ci-dessus :
Algerius de corpore et sanguine Domini.
Sermo Ivonis episcopi Carnotensis de sacramentis neophytorum.
Incipit : Prologus Guimundi Aversani episcopi in libro de corpore et sanguine domini, contra Berengarium.

90 feuillets. [Prov. : St-Vaast.]

---

930. Généalogie de la maison de Hornes, Lalaing, Berlaymont, &c. — In-folio parvo. - écriture gothique du XVIe siècle [XVIe siècle.]

Par Roland de Thiembrone.
246 feuillets. [Prov. : St-Vaast.]

931. Petri Cantoris tabula Distinctionum. — In-folio minimo. - très-beau vélin. - tracé au crayon. - deux colonnes. - commencement du XIIIe siècle. - rubriques marginales au vermillon et au vert minéral. - initiales vertes et rouges.　　　[XIIIe siècle.]

Incipit : Abel dicitur principium ecclesie.

98 feuillets.　　　　　　　　　　　[Prov. : St-Vaast.]

---

932. Isaias cum glossâ. — In-folio parvo, quadrato. - beau vélin - tracé au crayon. - deux colonnes. - la glose insérée dans le texte. - XIIIe siècle. - initiales vermillon et azur.　　　　[XIIIe siècle.]

Incipit : Nemo cum prophetas versibus viderit esse descriptos metro existimet eos apud Hebreos ligari.

Isaias glossatus quem dedit Lambinus de Brugis ecclesie sancte Marie Ursicampi. Si quis abstulerit vel alienaverit quoquo modo anathema sit. Amen.

77 feuillets.　　　　　　　　　　　[Prov. : St-Vaast]

---

933. Titres et croquis concernant la noblesse des Pays-Bas. — In folio parvo. - papier. - écritures diverses de la fin du XVIe siècle. - dessins de blasons coloriés.　　　　　　　　　[XIVe siècle.]

Ces pièces, dont plusieurs sont en flamand, concernent les familles de Brandebourg, de Gaure, Bardoul, &c.

127 feuillets.　　　　　　　　　　[Prov. : St.-Vaast.]

---

934. Disputationes theologicæ de septem novæ legis sacramentis. — Deux volumes in-folio. - papier. - écriture. - brouillon du XVIIe siècle.　[XVIIe siècle.]

Sur la première feuille : Scripsit Fr. Boucault, 1606.

304 feuillets.　　　　　　　　　　[Prov. St-Vaast.]

935. Johannes Chrysostomus in Matthæum (latinè).—In-folio parvo. - vélin mince. - deux colonnes. - piqué de vers. - écriture négligée du XIVe siècle. - initiales au minium et à l'outremer. - annotations marginales en cursive du même temps.

[xive siècle.]

Incipit : Oportebat quidem nos non indigere quod a litteris est auxilio.

157 feuillets. [Prov. : St-Vaast.]

---

936. Tragico-Comœdia de Sto Vedasto, data á studiosâ Juventute collegii. S. J. Atrebati. 13o septembris 1611.—Papier, écriture bàtarde du temps.

[xviie siècle.]

Le poème est en vers trochaïques et iambiques, avec chœurs dans les règles de la tragédie antique.

Amplissimo et admodum reverendo domino D. Philippo de Caverel, abbati D. Vedasti tantillam hanc actiunculam, paucorum dierum opus, gratitudinis ergo collegium societatis Jesu Atrebatense. D. C. Q.

Tragico comœdia.

De sancto Vedasto primo parente religiosorum Cœnobii Vedastini necnon Atrebatium patrono data a studiosa juventute collegii societatis Jesu Atrebati 13o septembris 1611.

Incipit prologus :

Audite procerum turma decora Atrebatium,
Audite, seu queis infula accingit comas,
Astrea seu quos nobiles ditat toga.

136 feuillets. [Prov. : St-Vaast.]

---

937. Mémoires sur l'Artois. — In-quarto parvo. - papier. - XVIIIe siècle.

[xviiie siècle.]

Mémoire sur l'Artois, dressé par M. Bignon, en l'année 1698.

Incipit : Tous les auteurs qui ont écrit de l'Artois conviennent que Jules César est le premier qui en a parlé sous le nom latin Atrebates.

feuillets. [Prov. : Acad. d'Arras.]

---

938. Claudii Heems Tractatus de Ebrietate. — In-quarto billot. - papier. - cursive du XVII° siècle. - brouillon annoté de la main de l'auteur.

[xvii° siècle.]

Incipit : Questio prima. Undè dicta ebrietas, temulentia, comessatio, crapula.

988 feuillets. [Prov. : St-Vaast.]

---

939. S°° Bernardus de consideratione. — **De libero Arbitrio.** — In-quarto magno. - vélin choisi. - tracé à l'encre. - longues lignes. - deux colonnes pour les dix premiers feuillets. - fin du XII° siècle. - initiales au vermillon, à l'azur et à la cendre verte. - rubriques.

[xii° siècle.]

Incipit : Sicut comperi, non est tibi, frater, onerosam diu fuisse discipulum.

64 feuillets. [Prov. : St-Vaast.]

---

940. Sermones S°° Bernardi in Cantica Canticorum. — In-quarto magno. - vélin gris, gratté, dégradé. - tracé au crayon. - les onze premiers feuillets longues lignes, le reste deux colonnes - XII° siècle. - réparations, initiales, rubriques du XIV° siècle.

[xii° siècle.]

Incipit : Super librum qui dicitur Cantica Canticorum Salomonis filii David :

Vobis, fratres, alia quam aliis.

79 feuillets. [Prov. : St-Vaast.]

941. Novum Testamentum. — In-quarto. - vélin gratté, mince et gris. - tracé au crayon. - deux colonnes. - XIIIe siècle. - écriture extrêmement fine.

[XIIIe siècle.]

Manquent la fin & le commencement.
38 feuillets.

[Prov. : St-Vaast.]

_____

942. Alexandri de Villa - Dei doctrinale grammaticum cum apparatu. — In-quarto. - vélin commun. - tracé au crayon. deux colonnes. - écriture lâchée. - fin du XIIIe siècle. - vignettes. - initiales rouges et bleues.

[XIIIe siècle.]

Incipit :   Scribere de regulis paro doctrinale novellis
            Pluraque doctorum sociabo scripta meorum.

133 feuillets.

[Prov. : St-Vaast.]

_____

943. Papiæ Glossarium. — Ejusdem grammatica. — In-quarto. - vélin gris, léger. - tracé au crayon. - deux colonnes. - XIIIe siècle. - écriture fine et soignée. - initiales en miniature.

[XIIIe siècle.]

Incipit (glossarium) : Karissime debui si potuissem.
Incipit (grammatica) : Petistis a me, karissimi, ex arte grammatica vobis competentes regulas dari.

202 feuillets.

[Prov. : St-Vaast.]

_____

944. Petri Damiani liber Gratissimus et alia. — In-quarto. - vélin léger, blanc. - tracé au crayon. - longues lignes. - XIIIe siècle. - plusieurs écritures. - initiales vermillon et azur.

[XIIIe siècle.]

Incipit : Petri Damiani humilis monachi liber qui appellatur Gratissimus.

Sur les derniers feuillets, en cursive du XIVe siècle, est la préface du dialogue de saint Anselme, entre deux interlocuteurs, *Magister et Discipulus*. La fin manque.

97 feuillets. [Prov. : St-Vaast.]

---

945. S. Augustini opuscula varia. — In-quarto vélin gratté.- tracé au crayon. - longues lignes.- XIIe siècle. - diverses écritures. - rubriques. - initiales au vermillon. - titres courants à l'encre. [XIIe siècle.]

Ce volume contient :

De agone Christiano.

De gratiâ novi Testamenti.

De vitâ Christianâ.

De diversis moribus ecclesiæ.

Pars aliqua Enchiridii.

De definitione ecclesiarum dogmatum.

De fide, spe et caritate.

De conflictu vitiorum.

De predestinatione.

Enchiridion hoc scriptum anno 1186.

95 feuillets [Prov. : St-Vaast.]

---

946. Beda de Tabernaculo. — In-quarto. - vélin blanc. - tracé au crayon.- deux colonnes. - commencement du XIIIe siècle. - écriture serrée et penchée, genre anglo-saxon. - Initiales au vermillon. - rubriques. [XIIe siècle.]

Commence au chapitre v du livre 1er.

Explicit : Liber tertius de Tabernaculo.

47 feuillets. [Prov. : St-Vaast.]

---

947. Summa de Vitiis et alia. — In-quarto. - vélin léger. - deux colonnes. - écriture négligée. - fin

30

du XIIIe siècle. - rubriques. - initiales rouges et bleues. [XIIIe siècle.]

A la fin du traité est rapporté un miracle de la sainte Vierge en latin.

Incipit : Tractatus moralis in VII viciis.

Incipit : Liber conscientie :

Librum mihi scribat ille qui judicat. Job. XXXI.

140 feuillets. (Prov. : St-Vaast.)

---

948. **Procès-verbal fait par la commission de France et d'Espagne après la paix des Pyrénées pour la délimitation des provinces d'Artois et de Flandres. — In-folio parvo. - papier. - écriture de grosse du XVIIIe siècle.** [XVIIIe siècle.]

Incipit : Extrait du procès-verbal fait en exécution du traité des Pirénées, dont l'assemblée étoit à Saint-Bertin, en Saint-Omer, 1661.

490 feuillets. (Prov. : Acad. d'Arras.)

---

949. **S^{ti} Augustini opuscula. — In-quarto quadrato. - vélin jaune et fort. - tracé à la pointe. - longues lignes. - XIe siècle. - rubriques. - initiales. - capitales romaines au vermillon.** [XIe siècle.]

In hoc volumine sunt :

Sancti Augustini retractationum libri duo.

De origine & natura animæ libri IIII.

Epistola Augustini ad Evodium.

De Baptismo libri VII.

De peccatorum meritis & remissione lib. III.

De unico Baptismo.

De presentia Dei.

212 feuillets. (Prov. : Saint-Vaast.)

950. Reformatio Monachorum Nigrorum Remensis et Senonensis provinciarum. — In-quarto. - vélin blanc et fort. - tracé à l'encre pourpre. - longues lignes. - écriture courante du XVᵉ siècle. - vignettes. - initiales rouges et bleues. - rubriques.　　　　[xvᵉ siècle.]

Sur le recto du premier feuillet : Statuta ordinata in Capitulo generali novissimè celebrato in ecclesiâ seu monasterio sancti Faronis Meldensis pro reformatione Monachorum Nigrorum Remensis et Senonensis provinciarum anno M. CCCC. X.

33 feuillets.　　　　—————　　　　[Prov. : St-Vaast.]

951. Sermones Mixti. — In-quarto. - vélin choisi. - tracé au crayon. - deux colonnes. - XIIIᵉ siècle. - rubriques. - initiales au cinabre et à l'outremer.

[xɪɪɪᵉ siècle.]

Incipit : Sermo de adventu Domini : Salvatorem expectamus. (Nombre des sermons : 31).

75 feuillets.　　　　—————　　　　[Prov. : St-Vaast.]

952. P. Comestoris historia evangelica. — Expositio symboli Apostolorum. — Tabulæ astronomicæ. — In-quarto. - vélin blanc et fort. - tracé au crayon. - deux colonnes. - XIIIᵉ siècle. - initiales au vermillon, or, outremer et cendre verte. - rubriques.

[xɪɪɪᵉ siècle.]

Les tables astronomiques sont écrites postérieurement à la première partie du volume ; elles sont disposées sur trois colonnes.

Incipit : Mortuo Symone qui ultimus quinque filiorum Mathathiæ Assamonei.

Incipit : (Symbolum) Apud Aristotilem argumentum est ratio faciens fidem ; sed apud Apostolum argumentum est fides faciens rationem.

(Des Célestins d'Amiens).

65 feuillets.　　　　—————　　　　[Prov. : St-Vaast.]

**953. Sermones è verbis S^{ti} Bernardi collecti. —
In-quarto lato. - vélin commun, très mince. - tracé
au crayon. - deux colonnes. - écriture négligée du
XIVe siècle. - rubriques.** [xive siècle.]

Sur le verso du folio 2 : In hoc volumine continentur sermones à
prima dominica adventûs ad pascha, etc.

Incipit: Dominica prima adventus Domini sermo de sex circunstan-
tiis adventus.

(54 sermons.)

67 feuillets. [Prov. : St-Vaast.]

**954. Isaias cum glossâ. — In-folio parvo. - vélin
assez beau. - tracé au crayon. - trois colonnes. - le
texte au milieu. - XIIIe siècle. - grandes lettres miniatures. - initiales azur et vermillon.** [xiiie siècle.]

Incipit : Nemo cum prophetas versibus viderit esse descriptos, metro existimet eos apud Hebreos ligari.

112 feuillets. [Prov. : St-Vaast.]

**955. S^{ti} Bernardi liber de præcepto et dispen-
satione.—De Gratiâ et Libero Arbitrio.—In-folio. -
vélin gratté, épais, taché. - tracé au crayon. - longues
lignes. - commencement du XIIIe siècle. - grandes lettres au vermillon. - rubriques.** [xiiie siècle.]

Incipit : Domino abbati Columbensi frater Bernardus, abbas dictus
de Clara Valle, in Domino valere semper.

61 feuillets. [Prov. : St-Vaast.]

**956. S. Gregorii homiliæ de evangeliis.— Ser-
mones alii de tempore. — In-folio parvo. - vélin**

blanc. - tracé au crayon. - XIIIe siècle. - rubriques. - initiales ornées en rouge et en vert. [XIIIe siècle.]

Incipit : Epistola Gregorii pape urbis Rome ad episcopum Tauro-minitanum.

In hoc volumine sunt :

Quadraginta omeliæ beati Gregorii pape :

Aliæ omeliæ quarum prima incipit a festo omnium sanctorum.

110 feuillets. [Prov. : St-Vaast.]

---

957 **Officium in festo sancti Firmini.** — In-quarto magno. - vélin commun, jaune. - tracé au crayon. - deux colonnes. - fin du XIVe siècle. - rubriques. - initiales rouges et bleues. - plain-chant noté.

[XIVe siècle.]

30 feuillets. [Prov. : St-Vaast.]

---

958. **Haimonis Expositiones super Epistolis Pauli.** —In-quarto magno.- très beau vélin.- tracé au crayon. - deux colonnes. - commencement du XIIIe siècle. - rubriques. - grandes lettres festonnées au vermillon, à la cendre verte et à l'outremer. [XIIIe siècle.]

Incipit : Haimo super epistolas Pauli. Incipit prologus in epistola ad Romanos.

113 feuillets. [Prov. : St-Vaast.]

---

959. **Exodus et Evangelium Lucæ cum glossâ.**— In-quarto magno. - vélin blanc, très-beau. - tracé au crayon. - trois colonnes. - le texte au milieu. - XIIIe siècle. - grandes lettres ornées de rouge et de bleu. - initiales au vermillon et à l'outremer.

[XIIIe siècle.]

L'Évangile de saint Luc commence par la préface de saint Jérôme.

Incipit : Hec sunt nomina filiorum Israel, &c.

159 feuillets. [Prov. : St-Vaast.]

960. **Notes relatives à l'histoire du couvent des Dominicains d'Arras,** *par le révérend père F.-J.-J. Pronville, religieux dominicain du couvent d'Arras, 1753.* — In-quarto. - papier. - écriture du XVIIIe siècle. [XVIIIe siècle.]

Sur l'un des feuillets : Fini le 21 mars 1759.
299 feuillets. [Prov. : St-Vaast.]

---

961. **Legenda Aurea Bartholomæi Januensis.** — In-quarto. - vélin léger, jaune. - tracé au crayon. - deux colonnes. - commencement du XIVe siècle. - rubriques. - initiales au vermillon. [XIVe siècle.]

Incipit Legenda Aurea de sanctis edita a fratre Barth. Januens. :
Universum tempus presentis vite in quatuor distinguitur, scilicet, in tempus deviationis, renovationis, peregrinationis et reconciliationis.
(166 légendes).
171 feuillets. [Prov. : St.-Vaast.]

---

962. **Expositiones super Cantica Canticorum et Apocalypsim.** — In-quarto. - beau vélin blanc. - tracé au crayon. - deux colonnes. - XIIIe siècle. - rubriques marginales. - initiales rouges et vertes. [XIIIe siècle.]

Incipit : Donum sapientie cum Salomone.
116 feuillets. [Prov. : St.-Vaast.]

---

963. **Noëls, Cantiques et autres Poésies sacrées.** —Papier. - écriture du XVIIIe siècle. [XVIIIe siècle.]

Sur l'un des premiers feuillets . . . . . Noëls nouveaux commencez le 25 décembre 1738 à Arras.
Au milieu du registre ce titre écrit au vermillon :

Recœil de quelques psaumes de David, mis en vers français sur les plus beaux airs des meilleurs auteurs, tant anciens que modernes, par M. l'abbé Pellegrin.

Appartenant et copié pendant le séjour que j'ay fait aux Alleux, par Mlle de Créquy Canaples, en l'année 1721, demeurant au bourg de Douriez en Artois.

93 feuillets.   [Prov. : St-Vaast.]

---

964. Registrum Epistolarum Alexandri Papæ.— In-quarto. - vélin choisi, blanc. - tracé au crayon. - deux colonnes. - XIIIᵉ siècle. - initiales festonnées au vermillon et à l'outremer. - rubriques.

[XIIIᵉ siècle.]

Commence par la table des lettres contenues le volume. Elles sont au nombre de 251.

La plus grande partie des brefs sont adressés à l'archevêque de Reims.

94 feuillets.   [Prov. : St-Vaast.]

---

965. Le bouclier du clergé. — Papier. - écriture bâtarde du XVIIᵉ siècle.   [XVIIᵉ siècle.]

L'ouvrage est précédé d'une dédicace à Anne d'Autriche, signée Denis de Laseta de Marseille, prestre capucin, auteur de cet ouvrage.

280 feuillets.   [Prov. : St-Vaast.]

---

966. Legenda Aurea Bartolomæi Januensis.— In-quarto magno. - vélin blanc. - un peu mince. - tracé au crayon. - deux colonnes. - XIVᵉ siècle. - grandes lettres en miniatures. - vignettes sur les marges. - rubriques. - titres courants au vermillon.

[XIVᵉ siècle.]

Commence par une vie de saint Louis, qui est une addition du XVᵉ siècle.

Incipit : Summa super vitis, id est, legendis sanctorum edita a fratre Bartholomeo Januensi de ordine fratrum predicarorum,
(178 legendes.)
245 feuillets. [Prov. ; St-Vaast.]

967. Liber conscientiæ ab Hugone de sancto Victore. — Sancti Augustini Enchiridion-Anselmus de timore mortis et amore vitæ æternæ. — In-folio parvo. - vélin commun, gris, léger. - tracé au crayon. deux colonnes. - écriture négligée du XIVᵉ siècle.- initiales au vermillon. [xivᵉ siècle.]

Sur le recto du folio 1 : Sequitur tabula hujus libri.
Le calendrier, qui commence sur le folio LXXIIIJ, est plus ancien que le reste du volume, il appartient au XIII siècle. Sur le dernier feuillet, vingt vers didactiques qui donnent la clé de tout le comput. On trouve dans ce volume :

Sancti Augustini manuale.
Hugonis de Claustro animæ.
Kalendarium cum tabulis.

71 fouillets. [Prov. : St-Vaast.]

968. Sermones et homiliæ Patrum pro tempore. — Historia Veteris et Novi Testamenti. — In-folio parvo. - vélin jaune, fort. - tracé au crayon. - deux colonnes. - XIIIᵉ siècle.- rubriques. - initiales rouges et bleues. [xiiiᵉ siècle.]

Le second traité est d'une écriture fine et postérieure.
Incipit : Sermo de adventu Domini, &c.
Sur le dernier feuillet on a écrit la table des sermons contenus dans la première partie du volume.
(Nombre des sermons : 37.)
75 feuillets. [Prov.: St-Vaast.]

969. Rupertus de Victoriâ Verbi Dei. — In-folio minimo. - vélin jaunâtre, assez fort. - tracé au crayon. -deux colonnes. - fin du XII° siècle. - grandes lettres à la plume, ornées dans le style roman. - rubriques.- initiales au vermillon. [XII° siècle.]

Incipit : Nuper cum tu, hospes optabilis.
105 feuillets. [Prov. : St-Vaast.]

970. Quatuor Evangelistæ (Græcè.) — In-quarto minimo. - papier oriental. - longues lignes. - tracé à la pointe. - XII° siècle. - cursive. - titres de livres en capitales à l'encre pourpre. - frontispices peints à la gouache. [XIII° siècle.]

A la fin est une table.
239 feuillets. [Prov. : St-Vaast.]

971. Liber Albertani de doctrinâ Dicendi et Tacendi. — De amore et dilectione proximi. — De amore et amicitiâ Christianâ. — Liber Innocentii papæ de vilitate conditionis humanæ. — In-quarto minimo. - vélin de choix. - tracé au crayon. - longues lignes. - belle écriture du XIV° siècle. - miniatures. - vignettes. - lettres initiales au vermillon et à l'outre-mer. - rubriques. [XIV° siècle.]

Sur la garde : Iste liber restituatur monasterio Sancti Vedasti post obitum Joannis Episcopi Carnotensis.
Incipit (Albertani) : Inicio et medio ac fini mei tractatus, &c.
173 feuillets. [Prov. : St-Vaast.]

972. Le livre de la consolation de Boèce, traduit en vers français. — In-quarto minimo. - vélin

commun. - tracé à l'encre. - une colonne. - XIVe siècle.
- initiales festonnées rouges et bleues.   [xive siècle.]

Ces vers sont d'un frère prêcheur, ainsi que l'indiquent le trente-septième vers et les suivants.

Incipit : Fortune, mère de tristesce
          De doleur et d'affliction,
          Mettre me fait en ma vieillesce
          Mon estude et m'entention
          De faire un romant sus Boesce,
          Qu'on dit de consolation,
          Qui donne confort et léesce
          A ceux qui ont turbation.

          Raison et cause plus pour quoy
          Jo commance ce romans faire
          Est une dame que jo voy
          Cui fortune a esté contraire.
          Conforter je la vueil et doy,
          Et son cuer envers Dieu atraire.
          Or prions tous Dieu le haut roy
          Que li romans lui puisse plaire.

          En françois n'est pas proprement ;
          Nul n'en doit avoir desplaisance,
          Pour ce qu'à mon commencement
          Je ne fu pas norri en France ;
          Mais tant sachiez certainement
          Qu'il contient assez la substance
          Des diz du livre clèrement
          Et d'aucuns la signifiance.

          Resgardez bien le livre tout,
          Qui n'est pas legier à entendre.
          N'est pas en romant mot-à-mot,
          Car tous ne les pourroie prendre
          Et s'ainsi estoit, je me doubt
          Que l'on ne me peüst reprendre.

Et pour ce ai-je miz sans riot
Ce que ma raison peut comprendre ;

Et non pourquant je n'ai pas dit
Riens qui au livre soit contraire ;
Mais ay bien resgardé l'escript,
Duquel l'en peut moult de bien traire,
Lequel un frère prescheur fist,
Qui le livre moult bien déclaire :
Car du frère portoit l'abit ;
De lui ay fait mon exemplaire.

Finit ainsi :

Se vous voulez savoir l'année
Et la ville et la journée
Où le frère parfist s'entente.
L'an mil iiie soissante et trente
Le derrain jour de mars prenez.
Si saurez quant à fin menez
Fu cils romans à Poligny,
Dont le frère s'est pou loigny
Qui le romant en rime a miz.
Dieu gart au frère ses amiz,
Qui ce petit romant a fait
Et li pardoint tout son meffait.

A la fin :

Explicit Boetii no consolatione, liber translatus in ydioma gallicum ad requestam et instantiam unius regis Francorum, qui Karolus Calvus nuncupabatur anno ixo sui regni. Anima dicti regis ac Scribentis hanc cartulam in pace requiescant. Amen

154 feuillets.   [Prov. : St-Vaast.]

------

973. Leonardi Aretini isagogicum moralis disciplinæ. — Ejusdem Aretini Tractatus Basilii Cæsareæ Cappadociæ episcopi de studiis liberalibus. — Horatii Flacci Epistolæ. — In-quarto. - papier. -

longues lignes. - écriture renaissance italienne du XVe siècle. - initiales rouges. [xve siècle.]

Incipit : Si, ut vivendi sic etiam benè vivendi cura nobis esset, in finitos penè labores.

Avant les épîtres d'Horace est une pièce de 528 vers latins en distiques, commençant ainsi :

> Grecorum studia atquo diu nimiumque secutus
> Amphitrion aberat, et sibi Geta comes.
> Intrat in Alcmenam ficto Saturnius ore,
> Cui comes Archas erat; credidit esse virum, &c.

(Ex dono de Ranchicourt.)
92 feuillets. [Prov. : Cathéd. d'Arras.]

---

974. Xenophontis Cyropædia à Poggio in latinum translata. — In-quarto minimo. - papier. - tracé au crayon. - longues lignes. - cursive du XVe siècle.

Incipit : Cum plures qui greca ad latinos hac etate transtulissent magnam essent laudem sue industrie et ingenii consecuti.
113 feuillets. [Prov. : St-Vaast.]

---

975. Liber Officiorum variorum. — In-quarto parvo. - vélin léger, sali. - tracé au crayon. - deux colonnes. - XIVe siècle. - miniatures. - vignettes. - initiales rouges et bleues. - rubriques. [xive siècle.]

Commence : Dominica in adventu Domini.
Finit par l'office de sancto Vedasto.
Les dix derniers feuillets, qui sont une addition du XVe siècle, contiennent : Missa contra pestem.
130 feuillets. [Prov. : St-Vaast.]

---

976. Dicta et Castigationes Sapientium. — In-quarto parvo. - vélin fort, d'une teinte jaunâtre. -

tracé au crayon. - longues lignes. - XIVᵉ siècle. - grandes lettres festonnées. - initiales rouges et bleues. - rubriques. - titres courants au vermillon.

[XIVᵉ siècle.]

Commence par la rubrique : Incipit liber Philosophorum moralium antiquorum, et primo dicta seu Castigationes Sedechiæ, &c.

Voici les autres rubriques : Dicta Hermetis, Zagualquini, Homeri, Rabion, Solonis, Ypocratis, Pytagore, Diogenis, Socratis, Platonis, Aristotelis, Alexandri, Ptholomæi, Assoron, Loginon, Emesii, Medargis, Thesilli, Gregorii, Galieni, Sapientium.

Incipit : Liber Philosophorum moralium antiquorum et primo dicta seu Castigationes Sedechie.

Expliciunt : Dicta et Castigationes philosophorum antiquorum.

61 feuillets. [Prov. : St-Vaast.]

-----

977. Guidonis de Monte-Rocherii Manipulus Curatorum. — In-quarto minimo. - papier. - longues lignes. - cursive du XVᵉ siècle. - initiales au vermillon.

[XVᵉ siècle.]

Incipit : In isto libello sunt tres particule. Prima continet septem tractatus. Tractatus prime partis est de sacramentis, &c.

143 feuillets. [Prov. : St-Vaast.]

-----

978. Summa Johannis Beleth. — Item Magistri Alani. — In-quarto. - vélin gratté, commun. - longues lignes. - XIIIᵉ siècle. - initiales rouges et bleues.

[XIIIᵉ siècle.]

Incipit Summa magistri Johannis Belet : In primitiva ecclesia prohibitum erat ne quis loqueretur linguis nisi esset qui interpretaretur.

Incipit summa magistri Alani : Vidit Jacob scalam à terra usque ad celos pertingentem per quam ascendebant angeli.

Sur la première garde :

Nous devons savoir ke x cas sont, desquels simples prestres ne puet assaure, et cil, ki sont en aucuns de ces x cas, sont à envoier au vesques, u à l'archevesque. Li premiers sont ki habite carneument avecc se parente, u avoec personne religieuse ; li second de tolir virginité à feme, li tiers homecides, li quars sacrilèges, li quins mettre main à père, u à mère, li vɪ sodomites, li vɪɪ ki brise sen veu, li vɪɪɪ ki ment se foi, li ɪx sorciers u sorcières, li x qui maison art, u grange, u autre manoir, et ces x coses sont notées par ces ɪɪɪɪ vers :

> Qui facit incestum, deflorans, aut homicida,
> Sacrilegus, patrum percussor, vel sodomita,
> Et voti fractor, perjurus, sortilegusque
> Insuper et natos qui suffocat igne vel undà,
> Pontificem quærat, nec non qui miserit ignem.

80 feuillets. [Prov. : St-Vaast.]

---

979. Summa Bernardi super titulis Decretalium.
— In-quarto médiocri. - vélin commun, léger. - deux colonnes. - écriture négligée du XIV° siècle. - rubriques. - annotations marginales contemporaines.

[xɪv° siècle.]

Incipit : Formavit Deus hominem ad ymaginem suam.
154 feuillets. [Prov. : St.-Vaast.]

---

980. Vita Ignatii de Loyola. — In-quarto. - papier. - écriture cursive du XVI° siècle. [xvɪ° siècle.]

Sur le premier feuillet : Vita Ignatii Loyola societatis Jesu fundatoris libris quinque comprehensa Auctore Petro Ribadencira. Transcripta ex archetypo manuscripto Neapoli M. D. LXXII cum licentia superiorum.
253 feuillets. [Prov. : St-Vaast.]

---

981. Athanasii Expositio symboli Apostolorum, Orationis dominicæ, Canonis Missæ et Cantici

Canticorum. — In-quarto. - vélin gratté. - tracé au crayon. - longues lignes au commencement. - deux colonnes à la fin. - XIII° siècle. - rubriques.

Prologus in expositione symboli Athanasii.

Incipit : Apud Aristotelem argumentum est ratio faciens fidem.

96 feuillets. [Prov. : St-Vaast.]

---

982. Historia Lobiensis Monasterii. — In-quarto parvo. - papier. - écriture cursive du XVII° siècle.

[XVII° siècle.]

Incipit : Diù ab antiquis quaqua versum quis poterat, quæstione ventilatâ, &c.

73 feuillets. [Prov. : St-Vaast.]

---

983. Priscianus de VII partibus Orationis. —In-quarto parvo quadrato. - vélin jaune, très-mince. - grandes marges. - tracé au crayon. - longues lignes. - fin du XIII° siècle. - initiales rouges et bleues. - notes marginales en cursive du XIII° et du XIV° siècle.

[XIII° & XIV° siècles.]

Incipit : Quoniam in ante expositis libris de partibus orationis, impletis que Apollonii auctoritatem sumus secuti, aliorum quoque sive nostrorum sive Græcorum.

62 feuillets. [Prov. : St-Vaast.]

---

984. S. Hieronymi quæstiones Hebraïcæ. —In-quarto mediocri. - vélin fort, beau. - tracé au crayon. - longues lignes. - XII° siècle. - écriture saxonique. - grandes lettres peintes dans le style roman.

[XII° siècle.]

Incipit : Prologus sancti Hieronimi presbiteri in libris questionum Hebraicarum : Qui in principiis librorum.

96 feuillets. [Prov. : St-Vaast.]

985. Evangelium Lucæ cum glossâ. — In-quarto
mediocri. - beau vélin blanc. - tracé au crayon. - trois
colonnes. - le texte au milieu. - XIII° siècle. - les ornements qui devaient accompagner l'écriture n'ont
pas été exécutés.   [XIII° siècle.]

Incipit : Multi conati sunt ordinare.
161 feuillets.   [Prov. : St-Vaast.]

**986. Armoiries et épitaphes tirées des églises
de Tournay.** — In-quarto. - papier. - écriture du
XVII° siècle. - blasons coloriés avec soin. - table des
noms à la fin.   [XVII° siècle.]

Sur le premier feuillet : Opus otii anni 1613, cum, captâ urbe
nostrâ a Gallis, exules Tornacum incoleremus.

113 feuillets.   [Prov. : St-Vaast.]

---

987. Cur Deus homo. — In-quarto minimo. - vélin
blanc, très-fort. - tracé au crayon. - longues lignes. -
commencement du XIII° siècle. - grandes lettres ornées rouges, bleues et vertes.   [XIII° siècle.]

Commence sur le verso du folio primo par cette rubrique.
Incipit : Prefatio divi Anselmi Cantuariensis archiepiscopi in libro
cur Deus homo.
(Liber sancte Marie Ursicampi.)
43 feuillets.   [Prov. : St-Vaast.]

---

988. Collectanea è sancto Gregorio Magno. —
In-quarto mediocri. - vélin gratté, gris, défectueux.
- tracé au crayon. - longues lignes. - XII° siècle. -
écriture fine. - initiales au rouge de plomb.

[XII° siècle.]

Incipit : Cum beatissimi atque apostolici Gregorii pontificis nostri, vestri quoque ad Deum nutritoris dicta sepius lectione percurrerem.
49 feuillets. [Prov. : St-Vaast.]

989. Grammatica Slavonica. — In-quarto.-papier. -encadrements.-écriture du XVII° siècle.- calligraphie russe.- frontispice dessiné à la plume et doré.

[xvii° siècle.

91 feuillets. [Prov. : St-Vaast.]

990. Gualteri Insulensis Alexandreïs.—In-quarto. - vélin épais, commun. - une colonne. - écriture pâle. -XIII° siècle.- négligée.- initiales au vermillon et à l'outremer - gloses marginales contemporaines.

[xiii° siècle.]

Incipit : Primus (liber) Aristotilis imbutum nectare sacro
Scribit Alexandrum sceptrisque insignitum et armis....
Gesta ducis macedum totum digesta per orbem, &c.
50 feuillets. [Prov. : St-Vaast.]

991. Breviarium. — In-quarto. - vélin gratté, noirci par l'humidité.- tracé à la pointe. - longues lignes. - XIII° siècle. - miniatures. - rubriques - initiales au vermillon et à l'outremer. [xiii° siècle.]

Sur les six premiers feuillets un calendrier perpétuel.
210 feuillets. [Prov. : St-Vaast.]

992. Johannis Teutonici Summa confessorum abbreviata. — Casus novarum constitutionum Clementis quinti. — In-quarto. - vélin très léger. - tracé au crayon. - deux colonnes. - écriture du XV° siècle. rubriques courantes au bas des pages. [xv° siècle.]

Commence par une table des matières pour la *Somme*.
Incipit : Licet doctores juris canonici.
149 feuillets. [Prov. : St-Vaast.]

---

993. Homiliæ in Evangelia pro tempore. — In-quarto parvo. - vélin gratté, épais et blanc. - tracé au crayon. - longues lignes. - fin du XIII° siècle. - grandes lettres ornées en azur, vermillon et cendre verte.

[xiii° siècle.]

Incipit : Quam Jocunde videbit eternum Dei tabernaculum qui aliquid ibi de suo recognoverit.

(Nombre des sermons : 61).

112 feuillets. [Prov. : St-Vaast.]

---

994. Liber disciplinarius. — In-quarto parvo. - vélin commun, jaune et blanc. - tracé au crayon. - longues lignes. - commencement du XIV° siècle. - la place des initiales laissée en blanc. - rubriques.

[xiv° siècle.]

Commence par la rubrique. . . . . De pœnitentiâ.

La deuxième rubrique : De consecratione ecclesiarum et quod missæ non sunt alibi celebrandæ quàm in locis Deo sacratis.

Puis viennent les constitutions indiquées sous cette rubrique : Incipiunt statuta Domini Octonis quondam legati in Angliâ.

Incipit : Sunt qui dicunt quemlibet criminis veniam sine confessione ecclesie et sacerdotali judicio posse mereri.

52 feuillets. [Prov.´: St-Vaast.]

---

995. Eberhardi Bethuniensis Græcismus cum apparatu. — In-quarto. - vélin gratté, gris, dégradé par un fréquent usage. - trois colonnes. - le texte au milieu. - XIII° siècle. - initiales rouges et bleues.

[xiii° siècle.]

56 feuillets. [Prov. : St-Vaast.]

996. Publii Ovidii Metamorphoseôn libri XV. — In-quarto parvo. - vélin gratté, extrêmement mince. - tracé à la pointe. - une colonne. - fin du XIIe siècle. - réparations nombreuses du XVe siècle.

[xiie siècle.]

98 feuillets.   [Prov. : St-Vaast.]

997. Deuteronomium cum glossâ. — In-quarto. - vélin choisi. - une, deux et trois colonnes. - tracé au crayon. - commencement du XIIIe siècle. - une lettre au vermillon sur le premier feuillet.   [xiiie siècle.]

Incipit : Hec sunt verba que locutus est Moyses ad omnem Israel trans Jordanem.

74 feuillets.   [Prov. : St-Vaast.]

998. Guillelmi Parisiensis episcopi Rhetorica divina. — In quarto. - vélin léger, commun. - tracé au crayon. - longues lignes. - écriture courante du XVe siècle. - rubriques.   [xve siècle.]

Incipit : Necessitas orationis et rhetorice divine.

A la fin un court extrait de Thomas de Cantimpré de libro de Apibus.

89 feuillets.   [Prov. : St-Vaast.]

999. Rabani Mauri Expositio super libris Regum. — In-quarto quadrato. - vélin blanc, léger. - tracé au crayon. - deux colonnes. - écriture longue et grêle du XIIIe siècle, sans aucun ornement.   [xiiie siècle.]

Incipit : Post librum Judicum sequitur Regum.

113 feuillets.   [Prov. : St-Vaast.]

1000. Sermones mixti. — de Disciplina scolarum liber Boëtio adscriptus. — In-quarto parvo. - vélin très mince, jaune, taché d'encre. - tracé au crayon. - deux colonnes. - XIVe siècle. - initiales rouges et bleues. [XIVe siècle.]

Les premiers feuillets sont occupés par quelques instructions tirées des saints pères. Le commencement du traité manque.

Les sermons commencent au recto du folio 9 sans titre ni rubrique. — Le Traité de *Disciplina scolarum* ne porte pas non plus de titre.

(Nombre des sermons : 22.)

75 feuillets. [Prov. : St-Vaast.]

1001. Manipulus Florum á M. Thomâ de Hibernia excerptorum. — In-quarto parvo. - vélin commun, jaune et léger. - tracé au crayon. - deux colonnes. - XVe siècle. - grandes lettres festonnées rouges et bleues. - rubriques. - les lettres de l'alphabet disposées au haut des pages, en titres-courants.

[xve siècle.]

Incipit : Manipulus florum editus á magistro Thoma de Hybernia, quondam socio de Sorbonâ... Abiit in agrum et collegit spicas.

A la fin de l'ouvrage une table alphabétique des matières renfermées dans le volume; puis une table des auteurs d'où ont été tirés ces extraits : Libri Dyonisii, — Augustini, — Ambrosii, — Jeronimi, — Gregorii, — Bernardi, — Hylarii, — Johannis Crisostomi, — Prosperi et Damasceni, — Anselmi, — Hugonis de sancto Victore, - Alquini et Alani, — Tullii, — Boëtii, — Senece.

281 feuillets. [Prov. : St-Vaast.]

1002. Diverses particularités touchant la ville d'Arras. — In-quarto. - papier. - écriture du XVIIe siècle. - daté de 1768. [xviie siècle.]

C'est un recueil historique composé avec les chroniques locales, les chartes, monuments et inscriptions existant encore à Arras il y a 80 ans.

Incipit : Les histoires nous apprennent que, 50 ans avant l'incarnation de Notre Seigneur, les peuples d'Arras, Tournay, Soissons, Beauvais & Amiens, s'étoient entrejurés fidélité, & avoient fait ligne offensive & défensive, &c.

Discours des troubles & séditions avenues en la ville d'Arras lés années 1577 & 1578.

Incipit : Guillaume de Nassau, prince d'Orange, chef principal & motif des troubles advenues en ces Pays-Bas, pour usurper la seigneurie de ces pays, s'est appuyé sur la faveur de la populace, qu'il a gagnée par son humilité & sa courtoisie, &c.

196 feuillets. [Prov. : Acad. d'Arras.]

1003. Ludolphi de Saxoniâ vita Christi. — Quatre volumes in-quarto. - les deux premiers, grand format ; les deux autres, plus petits. - vélin très-léger. - tracé au crayon. - longues lignes. - écriture courante du XV° siècle. - rubriques marginales. - frontispice en miniature sur le premier volume. [xv° siècle.]

Incipit : Cum autem Jhesus audisset quia Johannes traditus esset secundum Chrisostomum sine dubio à Deo.

1er vol. 120 f.; 2e 109.; 3e 121.; 4e 75. [Prov. : St-Vaast.]

1004. Comœdia de Sto Georgio. — Comœdia de Sto Landelino. — In-quarto parvo. - papier. - écriture du XVIe siècle. [xve siècle.]

On lit sur la feuille de garde. . . . . Exhibita Duaci in collegio Marchiannensi.

Sur le premier feuillet de la seconde pièce : Exhibita Duaci ut supra. Avec dédicace :

Reverendo in christo patri domino domino Philippo Caverel, cœnobii sancti Vedasti in Atrebato abbati, mecænati suo Gaugericus Hispanus. D. C. Q.

80 feuillets. [Prov. : St-Vaast.]

1005. Psalterium cum glossâ. — In-quarto mediocri. - vélin gratté. - tracé à la pointe. - le texte au milieu. - deux colonnes de glose. - fin du XII° siècle. - rubriques. - initiales au vermillon. - musique notée dans les gloses. [xii° siècle.]

103 feuillets. [Prov. : St-Vaast.]

1006. Sermones pro tempore. — Summa confessorum. — In-quarto parvo. - vélin très-mince, de qualité inférieure. - tracé au crayon. - deux colonnes. - commencement du XIV° siècle. - écriture négligée. - une lettre en miniature. - initiales rouges et bleues. [xiv° siècle.]

Ces sermons sont sans distinction ni rubrique, la transcription n'en est pas complète. Le second traité commence au milieu du volume sans titre ni rubrique.

Incipit Summa : Quum miserationes Domini super omnia opera ejus.

(20 sermons.)

96 feuillets. [Prov. : St-Vaast.]

1007. Le grand Arsenal, ou Recueil d'armoiries. — Quatre volumes petit in-quarto. - papier. - écriture brouillon du XVII° siècle - dessins de blasons à la plume grossièrement exécutés. [xvii° siècle.]

C'est un armorial général, composé en 1673, par Léonor Le François, seigneur de Rigauville, natif de Pas-en-Artois, pendant qu'il tenait garnison dans la ville de Philipsbourg, intitulé *le Grand Arsenal* ou *Recueil d'Armoiries*, dans lequel on trouve, en quatre volumes, les armes des empires, royaumes, souverainetés, républiques, des ordres des chevaliers, des communautés religieuses ou autres, des villes franches ou sujettes, de quelques seigneuries particulières et de près de neuf mille familles nobles ou réputées telles, tant du royaume de France, d'Allemagne, que des autres pays.

Le tout rangé selon l'ordre de l'alphabet et représenté au naturel avec les hacheures convenables aux métaux et aux couleurs du blazon, mesme blazonné dans les formes à chasque article des noms et des armes, avec une table très ample de tous les termes du blazon et quelques autres remarques concernant ce noble art.—1673.

Incipit : Le peu de société que j'ay trouvée dans cette garnison m'a donné lieu, mon cher nepveu, de satisfaire à la promesse que je vous fis il y a quelques années : je vous pourray faire voir quelque chose de l'art du blazon, d'autant plus volontiers, qu'outre les instructions nécessaires à un jeune gentil-homme que je vous donneray, je me seray aussi profitable à moy-mesme, en me réinstruisant dans un art sy facile de soy à oublier, et que de plus je couleray agréablement sur des heures, quy sans cela m'auroient esté très-longues.

1er vol. 258 feuillets. 2e 228. 3e 316. 4e 291.   [Prov. : St.-Vaast.]

1008. Notes sur le Blason et la Noblesse. — In-quarto parvo. - papier. - écriture brouillon du XVIIe siècle.   [xviie siècle.]

Voici le titre intérieur du volume :

Recueil alphabétique de plusieurs pièces concernant mes livres de blason et autres choses curieuses et généalogiques, par Léonor Lefrançois, seigneur de Rigauville, 1675.

Incipit : Remarques meslées.—Austriche.—La X légion romaine avoit ses quartiers dans la Panonnie, & comme elle portoit des allouettes dans ses enseignes, elle estoit appellée allouette gauloise ou germanique

320 feuillets.   [Prov. : St-Vaast.]

1009. Généalogie de la maison de Cool (en flamand). — In-quarto parvo. - papier. - écriture du XVIIe siècle.-blasons gouachés, exécutés avec soin.   [xviie siècle.]

Sur les derniers feuillets restés en blanc sont des extraits de l'histoire de Sebourg, copiés de la main de D. Estienne Le Pez.
419 feuillets.   [Prov. : St-Vaast.]

_____

1010. Biblia Sacra. — In-quarto mediocri. - vélin
léger, très-blanc. - tracé au crayon. - deux colonnes. -
écriture fine et soignée de la fin du XIII⁰ siècle. -
vignettes. - initiales au vermillon et à l'outremer. -
titres-courants en onciales gothiques, alternées rouges et bleues.   [xiii⁰ siècle.]

Incipit : Frater Ambrosius mihi tua munuscula perferens, detulit
simul et suavissimas litteras.

183 feuillets.   [Prov. : St-Vaast.]

_____

**1011. Petri Lombardi sententiarum Liber quar-
tus.** — **Summa Tancredi.** — **Tractatus de Dictamine.** — **Sententiæ Hugonis de sancto Victore.** —
In-quarto mediocri. - vélin léger, commun. - deux colonnes. - XIV⁰ siècle. - écriture fine et négligée. - rubriques. - initiales au vermillon et à la cendre bleue.
  [xiv⁰ siècle.]

Incipit : Liber quartus de sacramentis : Samaritanus
86 feuillets.   [Prov. : St-Vaast.]

_____

1012. Summa de virtutibus. — In-quarto mediocri. - vélin léger, blanc. - tracé au crayon. - deux
colonnes. - XIII⁰ siècle. - vignettes. - initiales azur et
vermillon. - rubriques.   [xiii⁰ siècle.]

Incipit : Præsens opus habet quinque partes principales. Prima est
de virtute in communi, secunda de tribus virtutibus theologicis.

163 feuillets.   [Prov. : St-Vaast.]

1013. Morts, naissances et mariages, et autres choses concernant la noblesse de l'Artois, de l'an 1684 à 1707. — In-quarto. - papier. - notes autographes de D. Le Pez.

171 feuillets. [Prov. : St-Vaast.]

1014. Opuscula varia ad usum prædicantium & confessorum.— De potestate baptismi.— In-quarto médiocri. - vélin. - deux colonnes. - diverses écritures du XIIIe et du XIVe siècle. [XIe siècle.]

A la fin un glossaire des noms propres de la Bible avec l'interprétation latine.

La plupart de ces ouvrages sont incomplets.

(Célestins d'Amiens.)

171 feuillets. [Prov. : St-Vaast.]

1015. S^{ti} Bonaventuræ Breviloquium.— In-quarto parvo. - vélin gratté, noirci. - feuillets irréguliers. - XIVe siècle. - désignation des chapitres en titres-courants. - initiales à l'outremer. [XIVe siècle.]

Incipit : Flecto genua mea ad patrem Domini nostri Jhesu Christi, &c.

35 feuillets. [Prov. : St-Vaast.]

1016. Macer de virtutibus herbarum.— Receptarum liber. — In-quarto médiocri. - vélin. - tracé au crayon. longues lignes. - écriture du XIIIe siècle. - rubriques marginales. [XIIIe siècle.]

Incipit : Herbarum quasdam dicturus carmine vires.

66 feuillets. [Prov. : St-Vaast.]

1017. Théorie de la construction des horloges solaires.— In-quarto parvo. - papier. - encadrement à l'encre. - écriture du XVIIe siècle. - rubriques. - figures géométriques. [XVIIe siècle.]

Incipit : De l'Horlogiographie, ou Discours préambulaire sur les livres suivans:

Entre tant d'instruments inventez par l'admirable industrie des hommes, pour discerner les mouvements divers des lieux, des astres et des planètes, il n'y a rien de plus simple, de plus facile, &c.

323 feuillets, [Prov. : St-Vaast.]

———

1018. Johannis de Lausannâ sermones de Dominicis et de sanctis. — In-quarto mediocri. - vélin léger et commun. - deux colonnes. - écriture du XVe siècle. [XVe siècle.]

Table alphabétique des matières.

Dominica prima adventus :

Incipit : Sicut in die honeste ambulemus, &c.

(146 sermons.)

254 feuillets. [Prov. : St-Vaast.]

———

1019. Tractatus de Regulâ vitæ Christianæ. — Alani excerpta. — Exemplorum libri. — In-quarto. mediocri. - vélin mince, jaune. - tracé au crayon. - deux colonnes. - XVe siècle. - rubriques. [XVe siècle.]

Incipit : Ad honorem Domini nostri Jhesu Christi et ad laudem gloriose virginis Marie, &c.

Incipiunt exempla extracta è sermonibus magistri Alani ad prelatos et sacerdotes.

Incipiunt familiaria exempla : Audivi quendam cardinalem dicentem.

111 feuillets. [Prov. : St-Vaast.]

———

1020. Horæ sanctæ Crucis et beatæ Mariæ. — In-octavo. - vélin gratté, de qualité inférieure. - tracé à

l'encre pourpre. - longues lignes. - XVᵉ siècle. - miniatures d'une médiocre exécution. - encadrements
de fleurs. - grandes lettres d'or sur fond de pourpre
et d'azur. [xvᵉ siècle.]

Commence par un calendrier en français. — Finit par des oraisons
à la Vierge.

96 feuillets. [Prov. : St-Vaast.]

**1024. Commentarius super Boetium de consola-
tione philosophiæ per Trivet.** — In-octavo magno.
- vélin gratté, noirci, léger. - tracé au crayon. - longues lignes. - XIVᵉ siècle. - initiales festonnées rouges
et bleues. - indication courante des titres en chiffres
arabes au vermillon. - figures astronomiques.

[xivᵉ siècle.]

Sur la première garde : Iste liber est fratris Johannis Fabri, quem
emit una Florentia. Puis une table.

Incipit : Explanationem librorum Boethii de consolatione philosophica aggressurus.

Commence par une vie de Boèce, par le commentateur.

Le commentaire commence ainsi : Explanationem librorum Boetii de
consolatione philosophica aggressurus, votis quorumdam fratrum satis-
facere cupiens qui me censentes ex ordinibus predicatorum professione tam majoribus quam minoribus apostolico debito obligatum, ad
hoc propter nonnulla que in eis videbantur obscura, devota sup-
plicatione compulerunt, hystoriam Theodorici regis Gothorum ex
diversis cronicis collectam censui prelibandam. Ipsa namque diligentius inspecta apparebunt quedam memoria et consideratione digna
nec non intentioni nostre subservientia, videlicet quo tempore iste
tutor illustris floruerit, qua occasione libros istos conscripserit, sub
quo persequtore ac quibus meritis presenti solutus ergastulo eterni-
tatis gloriam fuerit consequutus.

230 feuillets. [Prov. : St-Vaast.]

1022 Sermones pro Tempore — In-octavo magno. - vélin jaune et mince. - tracé au crayon. - deux colonnes. - fin du XIIIe siècle. - initiales bleues festonnées. - les feuillets numérotés au vermillon.

[XIIIe siècle.]

Commence : Dominica adventus. — Ecce rex tuus venit, &c.

Finit par un sermon sur le texte . . . . . . Cum sublevasset Jesus oculos, &c.

Incipit : Ecce rex tuus venit mansuetus & cetera Mathei XXI. In verbis istis specialiter tangitur et persone venientis dignitas, et adventus ipsius utilitas.

(Nombre des sermons, 132.)

300 feuillets.   [Prov. : St-Vaast.]

_____

1023. Horæ Diurnæ. — In-octavo. - vélin blanc, tracé à l'encre pourpre. - longues lignes. - XVe siècle. - miniatures. - encadrements de fleurs. - initiales en miniatures sur fond d'or, et en or sur fond d'azur et de pourpre.   [XVe siècle.]

120 feuillets.   [Prov. : St-Vaast.]

_____

1024. Missale — In-octavo. - vélin fort. - tracé à l'encre. - longues lignes. - XVe siècle. - initiales au vermillon. - rubriques.   [XVe siècle.]

64 feuillets.   [Prov. : St-Vaast.]

_____

1025. Horæ beatæ Virginis. — In-octavo médiocri. - vélin choisi. - tracé au crayon. - longues lignes. - XVe siècle. - encadrements en miniatures. - initiales sur pourpre et azur - rubriques.

[XVe siècle.]

Au feuillet 69 et suivants, les xv joies de Notre-Dame.

Sur les deux derniers feuillets, quelques prières en cursive du XVe siècle avec cet avertissement : Tant de fois que on dit ches set petites orisons aveucq les set *pater notres*, on gaigne cinquante sis mille ans de pardons confermés par les sains père de Romme

79 feuillets.   [Prov. : St-Vaast]

1026. Isidori Expositio Pentateuchi. — In-octavo magno. - vélin fort, un peu jaune. - tracé au crayon. - longues lignes. - commencement du XIIIe siècle. - minuscule élégante. - grandes lettres au vermillon. - rubriques.   [XIIIe siècle.]

A la fin : Ænigmata in numeros.

Incipit : Hystoria sacre legis non sine aliqua prœnunciatione.

82 feuillets.   [Prov. : St-Vaast.]

1027. Breviarium. — In-quarto. - vélin choisi. - tracé à l'encre rouge. - longues lignes. - XVe siècle. - grand caractère gothique. - vignettes. - lettres d'or. - riches et nombreuses miniatures.   [xve siècle.]

Commence par un calendrier en français écrit en or, pourpre et azur.

172 feuillets.   [Prov :   .]

1028. Bréve description des choses les plus remarquables arrivées dans la ville de Douay depuis l'an de Notre-Seigneur 602. — In-quarto minimo quadrato. - papier. - écriture du XVIIe siècle.

[xviie siècle.]

La date la plus moderne des faits qui y sont rapportés est de 1663.

Incipit : Laus deo semper.

La ville de Douay fut construite avant le temps de Julius César.

La dite ville fut réédifiée en l'an 662 par deux frères, l'un nommé Archibault et l'autre Adalbaldo, lequel étoit père de saint Maurant.
138 feuillets. [Prov. : St-Vaast.]

1029. Vitæ aliquot sanctorum id est, Cuthberti, Gutlhaci, Dunstani, Philiberti et Aycadri. — In-quarto maximo. - vélin gratté, très mince. - d'une teinte jaune. - tracé à la pointe. - longues lignes. - Xe siècle. - grande écriture. - minuscules. - initiales et rubriques au rouge de plomb. [xe siècle.]

Incipit : Præceptis tuis utinam, sancte episcope.
154 feuillets. [Prov. : St-Vaast.]

1030. Horæ. — In-quarto minimo quadrato. - vélin jaune. - tracé à l'encre pourpre. - longues lignes. - XVe siècle. - miniatures. - encadrements fleuronnés. - initiales en or. [xve siècle.]

Commence par un calendrier en français.
61 feuillets. [Prov. : St-Eloi.]

1031. Diurnale. — In-quarto parvo. - beau vélin. - tracé à l'encre pourpre. - deux colonnes. - XVe siècle. - grandes gothiques arabesques sur toutes les marges. - riches et nombreuses miniatures - rubriques. - initiales or et azur. [xve siècle.]

Commence par un calendrier en français.
150 feuillets. [Prov. : St.-Vaast.]

1032. Liber Miraculorum S. Vedasti. — **Regula S. Benedicti.** — **Sententiarum Manipulus** *(par ordre alphabétique).* — **Sermo Sancti Augustini de Assomptione B. Mariæ.** — **Gesta Salvatoris.** — In-

quarto. - miniatures. - grandes lettres rouges et bleues.
- feuillets numérotés au vermillon.   [xiiie siècle.]

Incipit : Epistola Albini levite ad Radonem abbatem de vita sancti Vedasti.

Incipiunt gesta Salvatoris Domini nostri Jesu Christi que invenit Theodosius magnus Imperator, in Jherusalem in pretorio Pontii Pilati in codicibus publicis.

128 feuillets.   ————   [Prov : St-Vaast.]

1033. Mémoires pour servir à l'histoire du Parlement de Flandres, séant à Douay *(par le R. P. Ignace, capucin).*— Trois volumes in-folio. - papier.
          [siècle.]

Composé de factums, manuscrits et imprimés; les imprimés sont en plus grand nombre.

(Nombre des pièces manuscrites : 44. — Nombre des pièces imprimées : 126).

1er vol. 458 f. 2e 539. 3e 432.   [Prov. : Acad. d'Arras.]

1034. Recueil de pièces concernant le diocèse d'Arras *(par le père Ignace, capucin).* — Huit volumes in-folio. - papier.- écriture brouillon du XVIIIe siècle.- imprimé et manuscrit.   [xviiie siècle.]

Une grande partie est imprimée. Quelques volumes où l'écriture est différente. Il s'y trouve des détails sur l'Artois et ses villes, des chartes, des édits, des lettres patentes et concordats en faveur d'Arras, des factums, des mémoires particuliers imprimés; des catalogues de différents tribunaux tant en Artois qu'en Picardie &c.

1er vol. 322 feuil. 2e 296. 3e 262. 4e 322. 5e 243. 6e 245. 7e 494. 8e 445.   [Prov. : Acad. d'Arras.]

1035. Supplément aux additions, Mémoires et recueils concernant le Diocèse d'Arras. — Deux volumes in-folio, imprimés et manuscrits. - différentes écritures.- papier. [XVIIIᵉ siècle.]

Ce sont toujours des détails sur l'Artois, Arras et les villes de Flandres, sur leurs paroisses, couvents et abbayes, sur des personnages qui se sont distingués dans la province ; des mémoires, &c. feuillets. [Prov. : Acad. d'Arras.]

1036. Additions aux Mémoires et recueils concernant le diocèse d'Arras — Huit volumes in-folio. - papier. [XVIIIᵉ siècle.]

C'est une suite des documens manuscrits et imprimés déjà donnés dans les mémoires, sur les règnes de plusieurs rois de France, des mémoires et factum imprimés pour des abbayes, et pour des particuliers, des noms d'historiens, de théologiens, de poëtes, de médecins, &c., de l'Artois ; l'établissement de la Société Littéraire d'Arras, continuation de particularités sur les villes et les villages du diocèse, &c. divers mandements des évêques d'Arras, le détail des campagnes du XVIIIᵉ siècle en Artois, l'entrée de Louis XV dans les villes du diocèse.

1ᵉʳ vol. 282 feuil. 2ᵉ 289. 3ᵉ 366 4ᵉ 349. 5ᵉ 353. 6ᵉ 362. 7ᵉ 370. 8ᵉ 311. [Prov. : Acad. d'Arras.]

1037. Mémoires du diocèse d'Arras avec un supplément, *par le R. P. Ignace, capucin du couvent d'Arras.* — Neuf volumes in-folio. - papier. - écriture brouillon du XVIIIᵉ siècle. - feuillets inégaux.

[XVIIIᵉ siècle.]

Ces mémoires contiennent des détails sur l'Artois, les estats et l'administration de cette province, la ville et les couvents d'Arras, la cathédrale et ses dignitaires, l'abbaye de St-Vaast, ses abbés ; sur les mouvements des armées françaises et étrangères dans les XVᵉ, XVIᵉ, XVIIᵉ & XVIIIᵉ siècles, dans le diocèse, les siéges d'Arras, l'abbaye de St. - Vaast et ses abbés, &c., les villes et villages de l'Artois, les siéges et capitulations ; les détails sur détails sur les villes de Douai, Valenciennes, &c. Généalogies de beaucoup de maisons, les noms de divers auteurs, etc.

1er vol. 360 feuil. 2e 374. 3e 280. 4e 359, 5e 440. 6e 449. 7e 441. 8e 448. 9e 428. [Prov. : Acad. d'Arras.]

1038. Table pour les Mémoires, Recueils et Dictionnaire du diocèse d'Arras. — Un volume in-folio. - papier. - incomplet. [xviiie siècle.]

Cette table générale n'a été que commencée ; elle devait avoir deux volumes. Le premier n'a pas été fini, il ne va que jusqu'à la lettre L, et les lettres ne sont pas complètes.

L'ouvrage du père Ignace est intitulé : Histoire ecclésiastique, civile et militaire du diocèse d'Arras, on y trouve des documents précieux ; mais il est à regretter qu'ils aient été jetés au hasard, épars sans ordre dans tous les volumes, de sorte qu'il faut souvent avoir recours à un grand nombre de volumes.

Si ce volumineux ouvrage était consciencieusement dépouillé, analysé, coordonné, on pourrait, en retranchant ce qui devient inutile, et, en le réduisant, en former huit ou dix volumes, et avoir un corps historique assez complet du pays d'Artois, bon à consulter.

408 feuillets. [Prov. : Acad. d'Arras.]

1039. Dictionnaire du diocèse d'Arras, y compris le supplément — Cinq volumes in-folio. - papier. [xviiie siècle.]

Cet ouvrage contient, par ordre alphabétique, les noms des villes, des bourgs et villages du diocèse ; ceux des personnes qui se sont distinguées dans les sciences et les lettres, et l'histoire ; des comtes et grands propriétaires de l'Artois ; des abbayes d'hommes et de femmes ; des évêques de l'évêché de Cambrai, &c.; de plusieurs rois de France ; de ce qui regarde particulièrement la ville d'Arras, des couvents et communautés de la ville et des villes voisines, des divers traités de paix des xve, xvie, xviie & xviiie siècle; de ce qui regarde les États

d'Artois, leurs présidents, conseillers, avocats généraux, &c.; des lieu-
tenants, magistrats, échevins de la ville d'Arras, &c., &c.

1er v. 374 f. 2e 451. 3e 558. 4e 538, 5e 393.   [Prov. : Acad, d'Arras.]

**1040. Mémoire pour l'histoire des Communautés
religieuses de la ville de Douai. — In-folio, - papier -
écriture du XVIII° siècle.**   [XVIII° siècle.]

Les maisons dont il est fait mention dans ces mémoires, sont : Des
Prêts du Camp-Fleury, — des Cordeliers, — des Récollets, — de la
Trinité, — des Dominicains, — de Saint-Thomas, — des Jésuites, —
des Augustins, — des Brigittines, — des sœurs de Sainte-Agnès.

Il contient :

Origine du monastère & abbaye des Prets du Camp-Fleury.

L'abbaye des dames abbesses & religieuses de Notre-Dame des
Prets de la ville de Douay, ordre de Cîteaux, ligne & filiation de
Clervaux a esté originairement établie aux Prets.

Ancienneté du couvent des FF. mineurs Cordeliers, à présent les
FF. Récollets de Douay.

Fondation du couvent dit de Sainte-Croix de l'ordre des FF. Prêcheurs ou Dominicains.

Commencement & progrès du couvent & hôpital de Saint-Thomas.

Institut de la maison des Filles de Sainte-Agnès.

Réception des FF. Capucins.

Admission des religieuses Annonciades.

Entrée des religieuses Clarisses.

Réception des pères Carmes déchaussés.

Érection du collège ou séminaire des Récollets anglois.

Permission aux pères Augustins d'ériger un collège.

Fondation de la bonne maison et hôpital de l'Hôtel-Dieu.

Admission des pères Minimes.

Établissement d'un couvent de religieuses Carmélites déchaussées.

Les religieuses Brigittines admises dans Douay.

Fondation de la maison des pères de l'Oratoire faite par Herman
Ottemberg, évêque d'Arras.

Réception des sœurs pénitentes, dites Capucines.

Défense du roy de recevoir dans la suitte aucuns religieux, &c., dans Douay.

Les pères Chartreux admis dans Douay du consentement du souverain.

Amortissement du couvent des pères Carmes chaussés, par Philippe roy d'Espagne.

Institut de la bonne maison des Filles de la Charité.

Les pères Brigittins receus et reconneus pour religieux conventuels.

Admission des Filles de la congrégation de Notre-Dame par la communauté de Douay.

229 feuillets. [Prov. : .]

1041. Mémoires pour l'histoire Civile et Politique des principales villes de la Flandre française au XVIIe siècle. — In-folio. - papier. - écriture du XVIIe siècle. [XVIIe siècle.]

Contient, entre autres, les pièces suivantes :

Extraits des registres consaulx.

Aux très honorez seigneurs Messeigneurs les échevins, six hommes et conseil de la ville de Douay.

A Messieurs, Messieurs les échevins de la ville de Douay.

Instructions que je dois donner à M. de Breteuil en lui remettant l'intendance de Flandre au mois de décembre 1683.

Abrégé de l'histoire ecclésiastique de la ville de Douay.

Du registre aux édits politiques reposant en halle à Douay a esté extrait ce qui suit :

Mémoires & estat des logements auxquels la ville de Douay est assujettie tant pour les officiers de l'état-major d'artillerie, ingénieurs, que pour les commissaires des guerres & autres.

Mémoire pour le droit seigneurial deu à Messieurs les eschevins de la ville de Douay pour deux tiers et un tiers pour le domaine de la ville.

Extrait des registres aux lettres-patentes de la cour de Parlement de Flandres, confirmant l'établissement de l'Hôtel-Dieu de la ville de Douay.

Extrait du registre au renouvellement de loy, couvert de parchemin jaune

Publication de la paix conclue et unie entre la France et l'Angleterre, le roy de Prusse, le duc de Savoye, le roy de Portugal et les seigneurs généraux des provinces unies des Pays-Bas.

Du cahier des fermes de cette ville de Douay et autres exempts.

Mémoire concernant les écoles dominicales établies en la ville de Douay et autres dépendantes de Messieurs les eschevins.

Du registre aux consaux, reposant en la halle à Douay, a été extrait ce qui suit, en l'assemblée du 13ᵉ mars 1636, &c.

Etat de situation de la ville de Douay, adressé à Monsieur le contrôleur général avec le plan de libération des dettes de la ville en 1767.

(De la bibliothèque de M. Conzié.)

318 feuillets. ——— [Prov. :   .]

1042. Novus fasciculus rerum expetendarum et fugiendarum. *Sive rarissimi tractatus, opuscula, libelli, excerpta summorum aliquot virorum, de defensione conjugii clericorum, de corruptis sæculi moribus et de emendandâ ecclesiâ.—Collectore Orthuino Gratio, Coloniæ, M. C. XXXV.—*Quatro volumes in-folio mediocri. [xiᵉ siècle.]

Cette collection se compose de cahiers imprimés ou écrits à la main, contenant une grande multitude de pièces concernant uniquement l'histoire disciplinaire de l'église au temps de la réforme.—La date de 1535 ne peut s'appliquer qu'au premier volume, car on trouve dans les autres des pièces postérieures de beaucoup à cette époque. Le troisième volume se termine par un arrêt du parlement de Paris du 17 juin 1601. Le quatrième, continué par Pierre Favier, de Lille, et daté de 1700, est consacré tout entier à des traités sur la pénitence et sur la puissance temporelle des papes.

1ᵉʳ vol. 329 feuil. 2ᵉ 353, 3ᵉ 225. 4ᵉ 245. [Prov. : St-Vaast.]

1013. Compilation des anciennes histoires. — In-folio médiocri. - vélin jaune. - sali par l'usage. - tracé au crayon. - deux colonnes. - fin du XIII° siècle. - miniatures. - grandes lettres historiées. - vignettes - rubriques.   [XIII° siècle.]

Commence par une table des chapitres dont les premiers ont été enlevés, il prend du commencement du monde jusqu'à la mort d'Octavien César.

Incipit : Ki le trésor de sapienche voet mettre en l'aumaire de sa mémoire, et l'enseignement des sages ès tables de son cuer escrire.

191 feuillets.   [Prov. : St-Vaast]

1014. Jacobi de Voragine Legenda SS^{orum}. — Guillelmi de Gouda Stella Clericorum. — De expositione missæ. — Liber Thobiæ. — In-folio parvo. - papier. - cursive du XV° siècle. - initiales rouges et bleues. - distinctions à la gomme-gutte.

[XV° siècle.]

A la fin du premier ouvrage en est un autre intitulé de Gestis ac Beatissimorum Trium Regum translatione per Johannem Guldenschaff. de Moguntia, &c.

D'une autre main, un poème latin de 924 vers hexamètres et pentamètres, sur Tobie; sur la dernière garde, une courte notice sur la bataille d'Eschinneghate auprès de Terrouwane. — Une instruction sur la confession.

Incipit : Prefatio super Legendas sanctorum per anni circulum quas compilavit frater Jacobus de Voragine :

Universum tempus presentis vite in quatuor distinguitur tempora, &c.

Incipit Thobias :

Ex agro veteri virtutum semina morum
Plantula justicie pullulat ampla seges :
Loth decus hospitii, patiencia Job, Salomonem
Dogma, fides Abraham, spes Symeona probat.

277 feuillets.   [Prov. : St-Vaast.]

1045. Liber Evangeliorum. — In-quarto quadrato. vélin choisi. - teint en pourpre, en vert et blanc sur d'autres pages. - longues lignes. - exécution du IXe siècle. - caractères en or et en argent. - encadrements gouachés dans le style byzantin - grandes capitales romaines en or. - initiales ornées d'arabesques.

Sur le folio primo verso, une table des évangiles disposée sous des arceaux doublés et écrits en lignes alternées d'or et de cinabre.

69 feuillets.   [Prov. : St-Vaast.]

1046. Hommage à la ville d'Arras. — Un volume in-folio. papier. - XIXe siècle.   [XIXe siècle.]

C'est une pièce de vers en l'honneur du général Schramm, par madame Plocq.

13 feuillets.   [Prov. :   ]

1047. Flores ex Patribus. — In-folio mediocri. - vélin de choix. - deux colonnes - piquures de vers. - fin du XIIe siècle. - grandes lettres ornées, style roman. - initiales au minium et à la cendre bleue et verte. - rubriques.   [XIIe siècle.]

Incipit : Apostolus Jesu Christi, per voluntatem Dei, amat Paulus dici à nobis peccata sua ut glorificetur ille qui talem morbum sanavit.

69 feuillets.   [Prov. : St-Eloi.]

1048. Tractatus Origenis super Cantica Canticorum à B. Hieronymo translatus. — Hieronymus in Ezechielem. — In-folio mediocri. - vélin de basse qualité. - tracé au crayon. - deux colonnes. - XIIe siècle. - grandes lettres en miniatures ornées dans le style

roman. - rubriques. - initiales au minium, à l'outremer et à la cendre verte. [XII° siècle.]

95 feuillets. [Prov. : St-Eloi.]

_____

1049. Liber Epistolarum et Evangeliorum. — In-folio parvo. - vélin gratté. - rayé à la pointe. - longues lignes. - XII° siècle. - rubriques. - grandes lettres peintes. [XII° siècle.]

Sur le verso de l'antépénultième feuillet, le dénombrement des ornements que possédait l'église d'Arras à la fin du XII° siècle, même écriture que le reste du volume.

Le dernier feuillet d'une écriture du XIII° siècle. — Additions aux épîtres du volume.

A la fin :

In presenti ecclesia, preter cotidianas, festive casule sunt octo : Ab antiquo una nigra, due albe, quarum una fuit episcopi Godescalci, altera Domini Luce, archidiaconi, una rubea que fuit Domini Alvisi episcopi, de purpura una de Indo colore, que fuit similiter Domini Alvisi, due de samito, quarum una, Gualteri de Bapaumes, altera domini Frumaldi episcopi, insuper casula Robicani.

Sunt etiam cappe festive, quorum nomina qui eas dederunt sunt hec : Alvisus episcopus, Godescalcus episcopus, Andreas episcopus, Frumaldus episcopus, Elembertus, Gillenus, Cantor Atrebatensis duas, Cantor Duacenus, Cantor Noviomagus, Robertus de Albegni, Hugo Titulus, archidiaconus Radulfus, Adam de Corbeia, Hugo Petulfus, Gerbodo, Rogerus præpositus, Symon Gonselins, Gualterus Maraduz, Henricus Lochars, Clarenbaldus archidiaconus, Robicanus, Johannes Camelo, Johannes Crispinus, Balduinus de Novile, Matheus, Henricus Moradins.

Sunt dalmatice festive novem, quorum nomina qui eas dederunt sunt hec : Alvisus episcopus, Godescalcus episcopus, Andræas epis-copus, Cantor, Cantor Duacenus, Hugo Petulfus, Adam Corbiensis, Sagualo, Matheus.

Insuper tunichelli x quos canonici & vicarii & presbiteri istius ville dederunt.

62 feuillets. _____ [Prov. : Cathéd. d'Arras.]

1050. Aristotelis Physica. — Ejusdem de animâ. — Methaphysicorum — de Cœlo et Mundo — de Generatione et Corruptione — de Somno et Vigiliâ — de Memoriâ — de Spiratione et Respiratione — de Morte et Vitâ *(omnio latinè).* **— In-folio mediocri. - vélin blanc, poli et fort. - tracé au crayon. - deux colonnes - écriture italienne du XIVe siècle. - grandes lettres historiées en miniatures. - vignettes peintes. - initiales rouges et bleues.** [xive siècle.]

Annoté de la main de Jehan Lefevre, abbé de Saint-Vaast.

Incipit : Quoniam quidem contingit intelligere et scire circa omnes scientias.

Incipit de animâ.

Sur la dernière garde :

    Petrus eram quem Petra tegit, dictusque comestor,
    Nunc comedor, &c.

79 feuillets   [Prov. : St.-Vaast.]

1051. Codex Lamberti episcopi Atrebatensis. — In-folio parvo. - vélin de choix. - écrit en longues lignes. - encadré à l'encre rouge. - caractères romains XVIIe siècle. - rubriques. - frontispice enluminé.

                                [xviie siècle.]

Ce livre est la copie d'un manuscrit du XIIe siècle. Les actes relatifs à la réintégration de l'évêché d'Arras, en 1093, occupent les quarante-cinq premiers feuillets.

Sur le verso du 45e commence un nouvel ordre de documents : *Concilia et conventus quibus* interfuit Lambertus.

Folio 89 : Privilegia concessa per Lambertum episcopum in synodis Diocesanis.

Folio 115 : Quærimonia inter canonicos Tornacenses et monachos sancti Martini.

Folio 132 : Epistolæ Lamberti et ad Lambertum post annum J.-C.
1193.

111 feuillets. [Prov. : St-Vaast.]

***

1052. Commentarius in Deuteronomium. — In-folio mediocri quadrato. - vélin mince. - deux et trois colonnes. - XIII⁰ siècle. - initiales au minium et à l'outremer. [XIII⁰ siècle.]

Incipit : Hæc fuit causa hujus libri, ut scilicet, quæ facta fuerant, breviter collecta artiùs tenerentur in memoriâ. Facile enim retinentur quæ breviter dicuntur.

55 feuillets. [Prov. : Cathéd. d'Arras]

***

1053. Evangelia cum glossis. — In-folio mediocri. - vélin de basse qualité. - tracé au crayon. - deux et trois colonnes. - XIII⁰ siècle. - initiales au minium et à la cendre bleue. - titres courants en minuscules au vermillon. [XIII⁰ siècle.]

Incipit : Beatissimo papæ Damaso Ieronimus. Novum opus me facere cogis ex veteri.

151 feuillets. [Prov. : St-Vaast.]

***

1054. Bedæ Expositio in Apocalypsim. — In-folio minimo. - vélin gratté. - tracé à la pointe. - longues lignes. - feuillets inégaux. - X⁰ siècle. - titres des chapitres en capitales, à l'encre noire. [X⁰ siècle.]

Au recto du premier feuillet : Præfatio Bedæ in expositione Apocalypsis Johannis apostoli : Versus Bedæ presbiteri :

Exul ab humano dum pellitur orbe Johannes
Et vetitus cœci cernere regna soli,
Intrat ovans cæli domino dilectus in aulam
Regis et altithroni gaudet adesse choris,

Hinc ubi subjectum sacra lumina vergit in orbem
Currere fluctivagas cernit ubique rotas
Et Babel ac Solymam mixtis confligere castris
Hincque atque hinc vicibus tela fugamque capi, &c

55 feuillets. [Prov : .]

1055. Historia genealogica Marchionum Badensium, *par Leonor Le François de Rigauville.* — In-folio médiocri. - papier. - écriture courante du XVII° siècle - dessins à la plume représentant des sceaux et des tombeaux. [xvii° siècle.]

Serenissimorum principum marchionum Badensium et Hochbergensium progenitores ab annis mille recensiti, ex fide historicorum & chronologorum magna ex parte coëvorum & actis publicis aliisque authenticis documentis, idem ac manuscriptum quod in bibliothecâ Eorumdem Marchionum Badenis reponitur à reverendo. Philippo Fehnlé jesuista compositum et scriptum opus inceptum & morte auctoris non finitum. Fideliter descriptum per me L. L. F. S. D. R. Anno 1677. Badenis.

209 feuillets. [Prov. : St-Vaast].

1056. Chronique de Nicaise Ladam. — In-folio parvo. - papier. - écriture du XVII° siècle.

[xvii° siècle.]

Cette copie estait destinée à compléter la chronique qui commence à l'an 1541.

Au folio 175, verso : Fin des chroniques de Nicaise Ladam, dit Grenade, roy d'armes, etc.

Au feuillet suivant : Chronique de Jean Le François, escuier, seigneur de Gongnies et d'Arleu, demeurant à Pas-en-Artois.

Au folio 200, journal de feu Pierre Le François, escuier, seigneur de Festel, commençant en juin 1632 et finissant en 1659.

Au folio 217 : Journal véritable du siége de Philipzbourg, avec le détail de la place, par Léonor Le François, escuier, capitaine au régiment de Monseigneur le Dauphin. (Imprimé à Fribourg en 1679). Original autographe.

Au frontispice, les armes de Léonor Le François, seigneur de Rigauville.

Chronique de Jean Le François, escuier, seigneur de Gougnies et d'Arleu, demeurant à Pas-en-Artois, qui avoit espousé Margueritte Ladam, fille de Pierre, escuier, et petite-fille de Nicaise Ladam, dit Grenado, aussy escuier, roy d'armes de l'empereur Charles V°, lequel aussi a escrit une chronique en vieilles rimes gauloises et en prose, commençant en l'an 1488 et finissant en 1516, que son petit fils cy-dessus a poursuivie, mais dont le manuscrit s'estant trouvé pourry et deffectueux l'on n'en a peu extraire que ce qui s'enssuit quy finit en 1566.

197 feuillets.   [Prov. : St-Vaast.]

1057. Le Miroir du Monde — In-folio parvo. - papier. - longues lignes. - grosse écriture du XIV° siècle. - rubriques.   [XIVe siècle.]

Incipit: Cest livre compila & fist un frère de l'ordre des prescheurs selon l'evvangile & selon la saincte escripture & les auctorités des sains, à la requeste du roy de France, Philippe, en l'an de l'incarnation notre Seigneur mil deux cens quatre vingts & neuf.

Explicit le livre intitulé la Somme le Roy, le Livre des Vices & Vertus et le Livre des Merveilles du Monde.

Philippe de le Sauch.

356 feuillets.   [Prov. : St-Vaast.]

1058. La règle & la vie de saint Benoit. — In-folio parvo quadrato. - papier. - deux colonnes. - imitation du caractère romain. - XVII° siècle.

[XVIIe siècle.]

La règle de saint Benoit est en latin, sa vie en français.

Incipit : Prologus sanctissimi patris Benedicti in regulam suam :

Ausculta, ô fili, præcepta magistri, & inclina aurem cordis tui & admonitionem pii patris libenter excipe.

La vie & les miracles de saint Benoist, abbé, par S. Grégoire-le-Grand :

Saint Benoit reçut en naissant avec ce nom plein de douceur et de bénédiction, une abondance de graces qui a rendu sa vie illustre & sa mémoire vénérable à toute la terre.

92 feuillets.   [Prov. : St-Vaast.]

_____

1059. Le Trésor des histoires. — In-folio parvo. - papier. - tracé au crayon. - longues lignes. - écriture courante du XIVe siècle. - initiales rouges et bleues. - rubriques.   [XIVe siècle.]

Ce trésor rapporte l'histoire depuis la création du monde jusqu'à 1310.

Incipit : Prologue du trésor des histoires :

Ce livre est appellé le trésor des histoires, parce que toutes les histoires de tous livres y sont mis en brief, pour les mieux retenir. Si parle des Caldéens, des Hébrieux, des Grégeois, des Romains, des Franchois, des Cartaginois, des Egiptiens, des Persans, des Sarrasins, des Hongres, des Goths, des Turcs, des Wandes, des Espaignols, des Anglois, des Lombars & des autres nations.

A la fin deux feuillets de parchemin présentant un extrait de compte des recettes de la ville d'Amiens de la fin du XIVe siècle.

448 feuillets.   [Prov. : Acad. d'Arras.]

_____

1060. Le Trésor de Brunetto Latini (en français). — In-folio parvo. - vélin. - tracé au crayon. - deux colonnes. - XIIIe siècle. - miniatures. - vignettes - initiales en or et en argent. - rubriques.   [XIIIe siècle.]

Incipit : Ci commence la première partie dou livre dou Trésor, ki parole de la naissance de toute coses.

Cist livres est apelés Trésors, car si comme li sires ki veut en petit liu amasser cose de grandisme possance, non pas pour son delit seulement, mais pour acroistre son pooir et pour asseurer son estat en guerre et en pais, met les plus chieres choses et les plus précieus joiaus k'il puet selone sa bone entention, tout autre si est li cors de cest livre compiles de sapience, si comme celui ki est estrais de tous les meubres de philosophie en une some briement. Et la première partie de cest Trésor est autre si comme de deniers comtans pour despendre toujours ès choses besoignables. C'est-à-dire k'ele traite du commencement du siècle et de l'anciencté des vielles istores et des establissemens du monde et de la nature de toutes coses , en some, et ce apertient à la première science de philosophie.

131 feuillets.　　　　　　　　　　　　　[Prov. : St-Vaast.]

1061. Généalogies de la noblesse de Liége. — Infolio parvo. - papier. - écriture coulée de la fin du XVIe siècle. - blasons coloriés. - dessins de tombeaux à la plume. - frontispice enluminé.　　[XVIe siècle.]

On lit sur la première page : Coppie des traités des maisons nobles et illustres , tirée hors des originales du sieur Hemricourt, touchant le pays de Liége.

177 feuillets.　　　　　　　　　　　　　[Prov. : St.-Vaast.]

1062. Codex Lamberti episcopi Atrebatensis. — In-folio parvo. - papier. - écriture bâtarde du XVIIe siècle.　　　　　　　　　　　　　　[XVIIe siècle.]

Ouvrage déjà décrit.

158 feuillets.　　　　　　　　　　　　　[Prov. : St-Vaast.]

1063. Chronique de Froissart (livre Ier). — In-folio parvo. - papier. - longues lignes. - écriture courante du XVe siècle. - initiales au minium et à la cendre verte.　　　　　　　　　　　　[XVe siècle]

Manquent les premières pages. — Commence au folio XXI : En capitaine, ung moult gentil prince et moult vaillant en armes, &c.

Finit au chapitre intitulé : Comment la garnison de Cherbourt desconfit la garnison de Montbourg.

Sur le dos est écrit : Histoire des troubles de France.

487 feuillets.　　　　　　　　　　　　　[Prov. : St-Eloi.]

1064. Summa in Decretum Gratiani.—In-quarto. - vélin léger, jaune. - tracé au crayon. - deux colonnes. - XIV⁰ siècle. - écriture fine. - initiales jaunes et bleues.

[xɪv⁰ siècle.]

Incipit : Super Concordantiam discordantium canonum sunt hactenus edita commenta prudentium.

188 feuillets. (Prov. : Cathéd. d'Arras.)

1065. Summa super Evangelia. — In-quarto. - vélin commun. - deux colonnes. - XIII⁰ siècle. - initiales vermillon et outremer. [xɪɪɪ⁰ siècle.]

Incipit : Dicite filie Syon : ecce rex tuus venit tibi mansuetus.

177 feuillets. [Prov. : St-Éloi.]

1066. Recueil de Noëls et de vaudevilles pour servir à l'histoire anecdote depuis 1600 jusqu'à 1723. — Six volumes in-quarto. - papier. - écriture du XVIII⁰ siècle. - musique. [xvɪɪɪ⁰ siècle.]

1er vol. 215 feuil. 2⁰ 215. 3⁰ 244, 4⁰ 278. 5⁰ 245. 6⁰ 211.

[Prov. : .]

1067. Sermones de festis Anni. — In - quarto. - vélin léger, dégradé par l'humidité. - tracé au crayon. - deux colonnes. - écritures du XIII⁰ siècle, de diverses mains. - rubriques initiales au vermillon et à l'outre-mer. [xɪɪɪ⁰ siècle.]

Incipit : De adventu Domini : Rorate celi.

(56 sermons).

178 feuillets. [Prov. : St-Vaast.]

1068. Ambrosius de sacramentis et alia de vitâ et conversatione Bragmanorum. — In-quarto parvo - vélin gratté. - tracé à la pointe. - longues lignes. - IX° siècle. - rubriques en capitales romaines.

[IX° siècle.]

In hoc volumine continentur hi libri :
Ambrosius de initiandis liber.
Item de sacramentis ejusdem libri VI.
Item de Bragmanis liber I.
Isidorus de Officiis libri II.
103 feuillets. [Prov. : St-Vaast.]

1069. Chronologia sacra et profana auctore Francisco Boucault. — In-quarto. - papier. - écriture brouillon du XVII° siècle. [XVII° siècle.]

Sur la première page : Chronologia sacra et prophana à Christo nato ad sæculum XVII[um].
597 feuillets. [Prov. : St-Vaast.]

1070. Le Koran. — In-quarto parvo. - papier oriental. - caractères arabes. - encadrements. - rubriques.

[° siècle.]

352 feuillets. [Prov. : St-Vaast.]

1071. Miracula S[ti] Sebastiani. — Vita S[ti] Hugonis. — Passio S[ti] Benigni. — In-quarto. - vélin blanc et fort, gratté. - tracé à la pointe. - longues lignes. - X° siècle. [X° siècle.]

Incipit : Epistola Odilini ad Ingrannum : Merito magnificè fidei reverendo laudum preconio efferendo Ingranno,
Incipit : Prologus in vita sancti Hugonis archiepiscopi Rotomagensis.
Incipit passio beati Benigni presbiteri : Post redemptionem.
49 feuillets. [Prov. : St-Vaast.]

1072. Négociations entre le Pape Jules III et l'Empereur, 1550 *(en italien).* — In-folio parvo - papier. - écriture de chancellerie italienne du XVIe siècle. [XVIe siècle.]

182 feuillets. [Prov. : St-Vaast.]

1073. Statuta Canonicorum Regularium ordinis sancti Augustini et alia. — In-folio quadrato. - vélin commun. - longues lignes. - tracé à l'encre. - XIVe siècle. - rubriques. [XIVe siècle.]

Vers la fin suivent des instructions à l'usage des desservants des églises

Puis : Capitula libri constitutionum nostrarum (Henniacensis monasterii). — Sur la dernière garde, un fragment de calendrier perpétuel. Au folio 12, une *Exposition de la messe*.

Incipit : In nomine domini amen. Sequitur copia seu transsumptum cujusdam libri apostolici super nonnullis ordinationibus seu statutis per sanctissimum patrem dominum nostrum dominum Benedictum divina providentia perpetua papam XII editis et factis.

Quiconques voelt sçavoir la vérité, et que le messe comprent, par plusieurs parties devisées et ordenées en ceste présente exposition, qui chi après seusieut, pour plusieurs causes que toutes créatures ne entendent point le signification, les paroles et les orisons compilées en le messe peuvent signifier, si prende garde en ceste présente exposition, et il cognoistra quel cose, &c.

53 feuillets. [Prov. : Cathéd. d'Arras.]

1074. Mémoire en faveur de Marie de Bourgogne contre le roi Louis XI. — In-folio parvo.-rongé par l'humidité.-vélin blanc.-tracé à l'encre.-longues lignes.-XVe siècle.-rubriques. [XVe siècle.]

Finit au chapitre rubrique, des traités de Conflans et de Péronne, sur le recto du dernier feuillet, par le mot *Explicit*.

Cy commence le traité que mon très redoublé seigneur et ma très redoublée dame sa compaigne remonstrent touchant le tort dont le roy use par force en occupant leurs seignouries.

86 feuillets.   [Prov. : St-Vaast.]

1075. Le recueil des histoires de Troye. — In-quarto. - papier. - longues lignes. - piqures de vers. - écriture du XVe siècle. - rubriques. [xve siècle.]

Sur le premier feuillet, un dessin à la plume et colorié représentant la dédicace du livre.

Incipit : Cy commence le volume intitulé : *le Recueil des Hystoires de Troyes*, composé par vénérable homme, Raoul Lefevre, chappellain de mon très redoublé seigneur, monseigneur Philippe de Bourgonne, en l'an de grâce mil quatre cens soixante et quatre....... finit par une pièce de vers français, avec cette rubrique :

Cy s'enssieut ung abrégié de la grande cité de Troyes :

Jason et Hercules
Vers Colcos s'en alloient,
A l'un des ports de Troyes
Rafreschir se voloient, &c.

Cy fine l'abrégié selon Dare et Dictys.

310 feuillets.   [Prov. St-Vaast.]

1076. Registre original du renouvellement de loi dans les fiefs de Saint-Vaast. — In-folio parvo. - papier. - écritures diverses du XVIIe siècle.

[xviie siècle.]

Ce sont les procès-verbaux des institutions d'échevins effectuées par les commissaires de l'abbaye dans les bourgs et villages de sa seigneurie depuis 1630 jusqu'à 1660.

182 feuillets.   [Prov. : St-Vaast.]

1077. Histoire de la Controverse de Gerson et de Martin Porée. — In-folio. - papier. - écriture du XVIIIe siècle. [xviiie siècle.]

Incipit (Préface) : Quoique nous n'ayons guères de points importans dans l'histoire ecclésiastique qui ne soient aujourd'hui discutés et approfondis, nous pouvons dire néanmoins que celui, dont il s'agit, ne l'a jamais été exactement.

557 feuillets. [Prov. : St-Éloi.]

————

1078. Constitutiones Religiosæ. — In-quarto. - vélin sale et jaune. - tracé au crayon. - longues lignes. - XIIIe siècle. - initiales au vermillon. - rubriques.

[xiiie siècle.]

Incipit : Defuncto abbate, in silentio et jejunio debent esse fratres usque ad sepulturam ejus, id est, si ante prandium moritur, ut ea die semel comedant.

56 feuillets. [Prov. : Acad. d'Arras.]

————

1079. Hieronymi et Bedæ super sanctos libros Explanationes. — In-quarto. - vélin gratté, détruit en plusieurs endroits par l'humidité. - feuillets irréguliers. - tracé à la pointe. - Xe siècle. - titres en onciales à l'encre. - l'intérieur au vermillon.

[xe siècle.]

105 feuillets. [Prov. : St-Vaast.]

————

1080. Vocabularium Hugutionis, seu magnæ derivationes. — In-quarto maximo quadrato. - vélin blanc et léger. - deux colonnes. - écriture très fine du XIIIe siècle. - grandes lettres ornées. - initiales au minium et à la cendre bleue. [xiiie siècle.]

Incipit : Cum nostri protoplasti prevaricatione humanum genus à sue dignitatis culmine quàm longè decidit.

Les trois derniers feuillets sont occupés par un tableau des irréguliers tracé d'une écriture du XVIe siècle.

143 feuillets. ————— [Prov. : Cathéd. d'Arras.]

1081. Annales de Saint-Vaast *(par Dom Gérard Robert).* — In-folio parvo. - papier. - écritures diverses du XVIe siècle. [xvie siècle.]

Cette copie des annales renferme quantité de petites additions écrites au XVIe siècle par divers religieux de Saint-Vaast.

A la suite de la chronique on a ajouté la copie de plusieurs des grands traités de l'époque ; la paix de Madrid , les trèves de 1528, la paix de Cambray, avec le récit de la publication qui en fut faite , celle de Câteau-Cambresis.

Sur la dernière garde on lit :

Du temps du mesme Sarrasin, desoubs l'arbre de cire au milieu du cœur ont été mis le cœur et les entrailles, avec tout ce qui ne se pouvait bonnement garder, du duc de Parme, en terre, le tout couvert d'ung marbre sur lequel estoit cette inscription :

Alexandro Farnesio Octavi filio, Caroli Quinti ex filia nepoti, Parmæ & Placentiæ duci, Belgii prefecto regio, hæreticorum, scismaticorum ac perduellium victori, magnarum urbium sine sanguine domitori, Parisiorum Neustriorumque vindici, pacis bellique artibus illustrissimo principi R. D. D. Joannes Sarracenus abbas sancti Vedasti domi sue vita defuncto libero munere mestus posuit anno 1593, cum obiisset tertio decembris anni precedentis.

218 feuillets. ————— [Prov. : St-Vaast.]

1082. Chronique de Nicaise Ladam *(natif de Béthune).* — In-folio parvo. - papier. - écriture du XVIe siècle. [xvie siècle.]

C'est une chronique métrique qui va de l'an 1488 à 1511. Le titre écrit sur la cinquième garde est celui-ci :

Cronicque abrégiet avecques aulcunes œupvres et recœuil, mises et rédigées en escript par Nicaise Ladam, roy d'armes à l'Empereur nostre Sire, intitulé *Grenade;* commenchant l'an mil quatre cens quatre-vingtz et huict et finissant l'an mil cinq cens quarante et ung; par lesquelles dactes appert que le dit Grenade a besongné aux dictes œupvres chincquante trois ans ou environ.

On trouve dans cet ouvrage des particularités sur Arras, Béthune, &c., &c.

380 feuillets. [Prov. : St-Vaast.]

1083. **Homeliæ Chrysostomi in evangelium Johannis à Burgundione Judice Pisano in Latinum translatæ.** — In-folio parvo quadrato. - vélin mi..c: - deux colonnes. - cursive du XIVe siècle. - rubriques.

[xive siècle.]

Incipit : Prologus Burgundionis Judicis in commentatione Johannis Chrysostomi super evangelium sancti Johannis evangeliste. Finis expositionis Beati patris nostri sancti Johannis Chrysostomi in sanctum evangelistam Johannem a Burgundione Judice Pisano cive de græco in latinum translate anno Christi Mo Co LXXIIII.

72 feuillets. [Prov. : St-Vaast.]

1084. **Sancti Gregorii Homiliæ.** — In-folio minimo. - vélin de la plus basse qualité. - rongé par l'humidité. - deux colonnes. - XIVe siècle. - rubriques. - initiales au minium et à la cendre bleue

[xive siècle.]

Incipit : Dominus ac redemptor noster.
136 feuillets. [Prov.: St-Éloy.]

1085. **Abrégé de l'histoire universelle depuis la création.** — Deux volumes in-quarto. - papier. - écriture du XVIIIe siècle. [xviiie siècle.]

Incipit : L'histoire universelle est la connaissance de ce qui s'est passé depuis la création du monde jusqu'aujourd'hui, durant 5700 ans.

De ce grand nombre d'années, il s'en est écoulé environ 4000 avant la naissance de Notre Seigneur & depuis cette époque un peu plus de 1700.

1er vol. 377 feuil. 2e 328. [Prov. : Acad. d'Arras.]

1086. Vie du maréchal de Schulemberg. — In-quarto minimo. - papier. - écriture du XVIIIe siècle. - encadré à l'encre. [xviiie siècle.]

A la fin du volume sont des observations sur cette vie par M. Harduin, secrétaire perpétuel de la Société Littéraire d'Arras.

VIE DU MARÉCHAL DE SCHULEMBERG
Livre premier.

Quoique le maréchal de Schulemberg n'ait jamais cherché à se faire valoir par sa noblesse & par les mérites de ses ancêtres, il n'a cependant jamais perdu de vue les exemples domestiques de la valeur qu'il en avoit comme héréditairement reçue avec la vie, ni le nom et la réputation qu'il avait à soutenir, pour n'en pas dégénérer.

152 feuillets. [Prov : Acad. d'Arras |

1087. Decisiones Juris Canonici.—Petit in-quarto, quadrato. - vélin de diverses teintes. - longues lignes. - grandes marges. - XIVe siècle. - initiales au vermillon. - écriture fine. [xive siècle.]

Incipit : Imperator precedit in temporalibus, illis duntaxat qui ab eo recipiunt temporalia.

80 feuillets. [Prov. : St-Éloi.]

1088. Collection concernant l'église d'Arras. — In-quarto quadrato. - papier. - écriture du XVIIe siècle.

[xviie siècle.]

Ce volume se compose d'extraits pris dans les cartulaires de Notre-Dame d'Arras, dans le registre capitulaire, dans le registre des chapelles, et dans celui des Bourses de la même église.

Extraits des deux petits cartulaires du chapitre.

Notes extraites des actes capitulaires concernant les accords, concordats et règlements.

Notes concernant les chapelains tirées des actes capitulaires.

Notes concernant les vicaires & chapelles vicarialles.

Notes concernant le secrétaire du chapitre.

Notes concernant les chanoines de Saint-Nicaise.

Notes concernant les dignitaires et les archidiacres.

Notes concernant les chanoines.

Notes concernant les offices & cérémonies.

Notes concernant les obits & doubles.

Liste des chantres, écolâtres & chanoines de l'église d'Arras depuis avant 1601.

Copie du petit registre des chapelles avec leurs charges & les noms de ceux qui les ont possédées.

Copie du registre des Bourses avec leurs charges.

242 feuillets.   [Prov. :   .]

1089. Chansons d'amour et de table. — In-quarto parvo. - papier. - écriture du XVIIe siècle.

[xviie siècle.]

Manquent les quatre premières pages. Sur le dedans, signé le marquis de Beaufort.

feuillets.   [Prov. :   .]

1089. Sapiens sapiens, sive Declinare à malo et facere bonum. — In-quarto minimo. - papier. - écriture du XVIIe siècle. - images à la plume enluminées.

[xviie siècle.]

C'est un petit traité ascétique.

78 feuillets.   [Prov. : St.-Vaast.]

1091. Chansons de table, chansonnettes et vaudevilles. — In-octavo. - papier. - écriture du XVIII siècle. [xviiie siècle.]

Tom. 2e.

Fait à Saint-Omer le 1er janvier 1731.

161 feuillets. [Prov. : .]

1092. Historica et adversaria. — In-douze. - papier. - écriture fine du XVIIe siècle. [xviie siècle.]

C'est un recueil de notes sur toutes choses prises sans ordre, en latin et en français, par D. Martin Tirsay, religieux de Saint-Vaast, 1690, avec l'indication des auteurs d'où sont extraites ces notes.

501 feuillets. [Prov : St-Vaast.]

1093. Recueil des déclarations, édits et arrêts du Conseil d'État concernant ceux de la religion prétendue réformée, depuis 1665 jusqu'à 1754. — Deux volumes in-octavo, tom. II et III. - papier - écriture du XVIIIe siècle. [xviiie siècle.]

Tom. 2e 152 feuil. 3e 171 [Prov. :]

1094. Romans en langue turque. — In-quarto parvo. - papier. - poli à la dent. - écriture turque. - titre au vermillon. [xviie siècle.]

On lit, d'une écriture du XVIIe siècle : Livre escript en langue turque aporté en France par le sieur de Coullange, revenant de l'ambassade faitte à Constantinople par monsieur Girardin, ambassadeur pour le roy, auprès du grand Seigneur, à la Porte, en 1688.

Ce livre contient différentes histoires rapportées et mélangées de romans, ou plutôt ce ne sont que des romans rapportés historiquement.

147 feuillets. [Prov. : St-Vaast.]

1095. Mémoire sur l'Artois, *par Bignon*—Petit in-quarto. - papier. - écriture du XVIIe siècle.

[xviie siècle]

Mémoire historique très succinct sur l'histoire et l'administration des villes de l'Artois.

Incipit : Mémoire concernant la province d'Artois

HISTOIRE.

Tous les auteurs qui ont écrit de l'Artois conviennent que Jules César est le premier qui en a parlé sous le nom latin *Atrebates*. Il ne reste d'autre monument de cette province avant la conquette que firent les romains que le passage des Artésiens avec quelques autres peuples de la Gaule Belgique dans la Grande-Bretagne.

130 feuillets.   [Prov. : Acad. d'Arras.]

1096. Missale. — In-quarto parvo. - vélin fort, gratté. - tracé à l'encre. - longues lignes. - XVe siècle. - miniature d'une grossière exécution - rubriques. - initiales au minium et à la cendre bleue.

[xve siècle.]

Dans l'une des capitales, folio 17, les armes de Rubempré.

49 feuillets.   [Prov. : St-Vaast.]

1097. Geldrensis historiæ Compendium. — In-quarto minimo. - papier - écriture renaissance du XVIe siècle.   [xvie siècle.]

Sur le frontispice... de Geldrorum principum seu ducum origine, successionis serie et rebus gestis usque ad Carolum Quintum impera-torem, cum præcipuarum urbium et locorum descriptione Libri II, Auctore Rhemero Tengragelo, Arnhemio — avec une dédicace à Charles-Quint, datée de Louvain, 15 janvier 1544.

Incipit : (Boethius) o felix hominum genus, si vestros animos amor, quo cœlum regitur, regat.

(Donné par M. Deslyons.)

87 feuillets.   [Prov. : Acad. d'Arras.]

1098. Poggii dialogus, an seni sit uxor ducenda.
— Tullii synonyma. — Petit in-quarto. - papier. -
XVe siècle. [xve siècle.]

Finit par onze lettres latines adressées par l'Université de Louvain
à un évèque de Tournay, au pape et au cardinal de St-Pierre.
67 feuillets. [Prov. : .]

1099. S. Augustini confessiones. — In-quarto me-
diocri. - vélin gratté, jaune - tracé au crayon. - deux
colonnes. - XIIIe siècle. [xiiie siècle.]

Incipit : Magnus es, Domine, et laudabilis valdè.
82 feuillets. [Prov. : St-Vaast.]

1100. Armorial des Pays-Bas. — In-quarto parvo.
- papier. - écriture du XVIIe siècle. - blasons coloriés.
[xviie siècle.]

Sur le frontispice : Mémoire armoriale des provinces et Pays-
Bas, où les armes des susdites provinces sont représentées, avec leurs
couleurs et blasons, tiré d'un vieux manuscript par le comte Walhain,
hérault d'armes de Jean de Brabant et Lothier, en l'an 1324. Cu-
rieusement recherché par le sieur Jean de Launay, escuier, sieur
d'Oisel et d'Asfelt, l'an 1650.
A la fin du volume est un numéro du *Courrier véritable des
Pays-Bas*, imprimé à Bruxelles, le 30 juillet 1650.
113 feuillets. [Prov. : St-Vaast.]

1101. De l'autorité du roy dans l'administration
de l'église Gallicane. — Petit in-quarto quadrato. -
papier. - écriture bâtarde du XVIIe siècle, sans nom
d'auteur. [xviie siècle.]

C'est l'ouvrage de Talon (imprimé).
242 feuillets. [Prov. : St-Vaast.]

1102. Recueil de devoirs donnés en seconde à Paris, 1786. — Un volume in-quarto parvo. - écriture du XVIIIᵉ siècle. [xviiiᵉ siècle.]

(Donné par M. Fauchison, bibliothécaire, en 1839.)
288 feuillets.

APPENDICE. [1]

— ~◦ᵥ◦ₓ◦◦~ —

N° I.

230 (**). In Die Cinerum. — Après capitle on dira *verba mea.*
Après on fera espasse. Quant tans sera on sonnera midi. Li signeur
iront en dormoir et revenront à l'église descauch, s'on ne fait
miséricorde. Après midi on sonnera ıı clokes. Li enfant venront au
degré del presbytère, et terminera on le *Patre Nostre.* Li sires qui
est en messe dira les *preces* et le collecte *concede.* Dans abbés
bénira les cendres au degré del presbitère ; là doivent estre li crois
et li yawe bénoite. Quant il ara bénites les cendres, si les donra au
couvent, si comme il sont en ordène. Li cantres commencera une
anteuène *immutemur,* et puis les autres, si comme eles sont en
ordène. Après li prieus prendra l'estole et donra des cendres à
dant abbé. On ira à pourcession en le capèle Nostre-Dame. Li cantres commencera une anteuène de Nostre-Dame et puis une autre de
St-Vaast. Li sires, qui est en messe dira le collecte de Nostre-Dame
et le collecte de saint Vaast. Après li signeur prenderont leur
vaines sur leur genous et terminera on le patrenostre. Dans abbés
commencera une psalme, *lauda anima mea Dominum.* Li sires,
qui est en messe, dira le collecte *Deus cujus miseratione.* Après doi

(1) Pour compléter le catalogue, on ajoute ici quelques pièces qui
ont paru trop longues pour entrer dans la description des volumes.
(**) Voir le n° 230 du catalogue.

josnene signeur commenceront le letanie et ira on à pourcession
entour le cloistre. Après on commencera le messe *more quadra-
gesimali.* Li mandes commence hui.

In Ramis palmarum. — Après capitle on dira le matinel
messe du jour. Li sires, qui est en le grant messe, fera l'iawe bénoite.
Après on dira tierce. Dans abbés venra au degré del presbitère,
si bénira les paskes. Là doit estre li croix et li textes as ewangilles, et li yawe bénoite et li encensiers. Quant dans abbés ara
bénit les paskes, li cantres commencera une anteuène *parri
hebreorum,* et prendera le plus bel rainsel de paskes, si le donra
au signeur, qui lira le souffrance, et li souscretains départira les
autres en après. Quant che sera fait, on ira à pourcession à Nostre-
Dame-de-Castel. Li cantres commencera une anteuène *ante quinque
dies* et puis les autres. Quant on sera venu à Nostre-Dame-de-
Castel, li cantres commencera une anteuène *alma.* Li sires, qui est
en semaine, dira le collecte *gratiam.* Après li cantres commencera
i repons *pars Marie.* En le fin du repons uns dyakènes prendera
sa béneichon et dira l'éwangille *dum appropinquasset.* Après
l'éwangille dans abbés fera le béneichon *in reditu.* Li cantres commencera i repons *viri impii.* On fera station emmi le vies moustier.
Li cantres prendera le crois, si le découverra et prendera se vaine
sur ses genous, et tout le signeur. Si commencera une anteuène
Ave, rex noster, et puis une autre *collegerunt.* Sis signeur, que on
doit nommer en capitle, entreront en cuer et commenceront *gloria
laus.* En le fin de *gloria laus* li cantres commencera i repons
ingrediente. Li sires, qui est en messe, dira *via sanctorum.* Li
cantres et si doi compaignon commenceront le messe, et doivent
avoir blankes capes. Trois signeurs doivent dire le repons *tenuisti.*
En le fin dou trait on doit sonner une grosse cloke, ke tout
vieignent à le souffrance Notre-Signeur. Après le souffrance, li
signeur iront à offrande, li ainsné avant. Après diner li signeur
seront as grasses, li ainsnés devers l'autel, ensi comme ils sont en
ordène. Les méridianes commencent hui

Feria IV^a. — Après capitle on dira les heures de Notre-Dame en cloistre. Après on dira *placebo* sans anteuène *quia dirige non dicitur* anquenuit. Après complie on ostera le voile qui est au degré del presbitère et si mettera on une herce à xv candoiles. Li signeur venront à matines On sonnera matines aussi comme à xii lechons. On ne sonnera point les laudes par ces iii nuis. On dira xv psalmes en silense. Dans abbés terminera l'orison. Li sires, qui est en offisse, commencera l'anteuène *zelus domus tue.* A cascune psalme on estaindra une candoile. Il n'i a ne *domne jube* ne *tu autem* On dira matines al usage du siècle à ix psalmes, et à ix lechons *more clericorum.* Après le nuevisme repons, li sires, qui est en offisse, commencera l'anteuène des laudes *justificeris.* Après l'anteuène du *benedictus* li cantres et ses compains diront le lamentation Jhérémie. On finera matines en silense. Après matines li signeur iront reposer. Quant tans sera on sonnera prime, li signeur venront à l'église Si seront sus leur fourmes. Li prieus terminera une orison. Les heures commencent à l'hymne par ces iii jours. Li sires, qui est en offisse, commencera l'anteuène *accepto pane.* On finera prime en silense. Il ni a nules heures de Notre-Dame. Après prime on dira vii psalmes et letanie bas. Après, li couvens sera en cloistre. Tout chilg, qui diront messe, doivent dire messe du jour, et si gardent bien k'il ne mesprendent, il i a *communicantes & hanc igitur & qui pridie quàm pateretur, hoc est hodie.* Se cors eschiet par ces iiii jours, on n'en fera point de service devant le quinte fête de paskes. Et adont on en fera autant com se li cors étoit présens. Quant tans sera on sonnera tierce. Après tierce on sonnera capitle. On doit dire le vers *Deus in adjutorium* iii fois haut. On ne doit lire fors de le riule par ces iiii jours. Tout doivent aler à pais et à commenion par ces iii jours, *confessione premissa.*

Feria V^a. — Après capitle on dira *verba mea* haut et finera on en silense et puis midi. Après on fera espasse. Li sires, qui est en le matinel messe, dira le messe des povres à saint Pierre. Là doivent estre le dyakènes et le sousdyakènes, et doi candeler. Li sous-camberiers prendra des povres, si leur donra chou ke on leur devera donner. On prendera des plus honnestes povres. Si les menra on en cloistre. Dans abbés et li couvens venront dou moustier en cloistre. Si commencera une psalme, *Miserere mei Deus secundum* & puis une autre, *Deus in nomine.* Dans abbés commencera une anteuène, *Dominus Jhesus,* & et li cantres les autres après. Dons abbés lavera les pies des povres et les baisera, et li signeur les autres après. Après, dans abbés prendera une escalète, si le sonnera, si fera le béneichon. *potum servorum suorum,* si leur donra à boire du vin. Après dans abbés prendera se vaine sus ses genous, et tout li couvens aussi, si dira une orison, *adesto.* Après dans abbés et li couvens revenront au moustier. Si commencera, *Miserere mei Deus secundum,* et *Deus in nomine tuo.* Si seront sur leurs fourmes, et dira dans abbés une collecte, *actiones.* Quant tans sera on sonnera nonne. Dans abbés se revestira, et li ministre de l'autel. Si doivent avoir rouges vestimens. Li cantres doit tenir cuer. On sonnera le messe hautement ensanle. Si dira on cele messe aussi come à feste en aubes. On sakera les cordes à mont dusques à le nuit de Paskes. Li souscretains doit pourvéir k'il i ait asses hoistes pour lui et pour demain. Après le messe dans abbés prendera *corpus Domini,* si le metera el aumaire as calisses. Là doit avoir ii candoiles, et l'enceasier. Li cantres commencera une anteuène *hoc corpus.* Tout doivent prendre leur vaine sus leur genous. Dans abbés encensera *corpus Domini.* Après dans abbés revenra en se capèle, si se devestira et venra à vespres et terminera le patenostre. Li sires, ki est en offisse, commencera l'anteuène *calicem,* et li jouvencel diront les autres. On finera vespres en silence. Après vespres li couvens ira en refroitoir. On doit miex penser dou couvent k'une autre fois. Endementiers ke li couvens dinera, li souscretains et si compaignons doivent laver les autels de vin et d'yawe, et dire à cascun auteil une anteuène et une collecte. Après disner li couvens revenra en cloistre. Quant tans sera li prieus sonnera le mande. Li prieus venra en capitle, et tenra le siège. Il commencera une anteuène *hominus Jhesus* et li cantres les autres après. Dans abbés venra en capitle et se menistre pour laver les pies as signeurs et le sous prieus et si compaignon d'autre part. A cèle première fois nuls ne se lière contre dant abbés ne à le seconde fois pour baisier les mains. A le tierce fois quant dans abbés revenra en capitle li prieus se doit lever et tous li couvens contre lui, et sera dans abbés en son siège et li prieus ou sien. Après doi signeur diront le trait, *tellus et ethra*. En le fin dou trait li sires, ki dira lechon, s'ira revestir et si menistre et revenront en capitle. Doi jovencel revestu aporteront ii candoiles et li tiers l'encensier. Li sires prendera sa bénichon bas. Li couvens doit estre tous drois tant k'il ait finé le premier vers. Après li couvens se serra. Quant il dira, *si quis diligit me*, le prieus se levera si sonnera une escalète. Quant li sires dira *surgite eamus hinc* tous li couvens ira au refroitoir. Li sires commencera le lechon. Après li prieus montera en l'eskèle. Dans abbés sonnera une escalète. Li sires, qui est en messe, fera le bénichon du boire. Dans abbés donra le vin au prieus et baisera se main et le couvent en après, et li sous-prieus d'autre part. Quant li sires aura finé le lechon, dans abbés apelera le signeur et ses compaignons, si leur donra de sen boin vin et de ses boines herbes. Quant tans sera dans abbés sonnera une escalète. Tous li couvens ira au moustier et dira on complie en silense. Après complie li couvens ira reposer. Quant tans sera on sonnera matines à l'escalète. Li signeur venront à l'église et dira on matines aussi come hier nuit. Après matines li signeur iront reposer. Quant tans sera on sonnera primete à l'escalète. Li signeur venront à l'église nus pies sans aumuces et sans caperons fourés. On dira primete en silense. Après primete on dira vii psalmes et letanie bas. Après li couvens venra au cloistre. Dans abbés commencera le psautier pour chiaus du cymentière et dira ii collecte, *Deus cujus miseratione & fidelium*. Quant tans sera, tierce. Après tierce on fera capitle. On doit hui faire l'absolution.

Feria VI[a].—Après capitle on dira *verba mea* bas et finera on en silense, et puis midi. Après midi on fera espasse. Quant tans sera on sonnera nonne. Après nonne dans abbés se revestira, et li sires qui dira le souffrance, li cantres et ses compains et IIII autre signeur pour les lechons et pour les trails. Dans abbés ira à l'autel tous deschaus, vestu d'une rouge casure, sans encens et sans candoiles. Uns sires commencera le lechon au degré du presbitère *in tribulatione, sine titulo*. Doi signeur diront le trait *Domine audivi* Dans abbé dira le collecte *Deus à quo et judas, sine flectamus genua*. Uns sires dira le lechon *locuatus est*. Li cantres et ses compains diront le trait *eripe me Domine*, cascuns sen ver a part lui seul. Li sires, qui dira le souffrance, prendera se bénichon bas. Si commencera *sine salutatione*. Quant il dira *partiti sunt restilementa mea*, doi signeur osteront II towailles deseur l'autel, et quant il dira *inclinato capite*, on avalera le paile qui est devant le crucefis. Après le souffrance dans abbés dira les orisons solenneus, et si a *flectamus genua*, à toutes les orisons, fors à celi qui est pour les juis, et *tamen sunt in misericordiis* Après ces orisons dans abbés ira en se capèle, si ostera se casure et ses estoles, si venra en cuer. Li cantres et ses compains aporteront le croix couverte d'un rouge cendal, si dira les vers de le lamentation Jhérémie. Doi signeur diront *Agyos o Theos*, et li convens respondera : *Sanctus, sanctus*, et enclineront dusque en terre. Quant on ara aportée le croix duskes au degré del presbitère, li cantres et ses compains le decouverront et le leveront haut, en disant cette anteuène, *ecce lignum crucis*. Li seigneur prenderont leurs vaines sur leur genous, si venront aourer le crois, baisera dans abbés premiers et li aisnés après, tout i doivent estre, si chantera on endementiers, si comme il est ordene es livres. En le fin, li cantres et ses compains leveront le crois en haut en disant ceste anteuène, *super omnia ligna cedrorum*. Li couvens l'enclinera. Si le reportera on sus l'autel. Dans abbés s'en ira en se capèle, si prendera ses estoles et se casure, si revenra là où il mit *corpus Domini in sacrarium*. Devant lui venront v signeur revestu, sans le diakène, li un portera l'encensier, li II autres les candoiles, li quars les buirettes, et li quins le calisse. Chilg doi aront estoles et casures rouges et doivent estre prestre. Dans abbés encensera *corpus Domini*, si l'aportera sus l'autel, si metera on les towailles à point sus l'autel et entour l'autel les courtines. Dans abbés dira *Confiteor*, et puis metera vin et yawe ou calisse. Après il lavera ses mains, et puis encensera *corpus Domini*, si commencera *oremus preceptis salutaribus moniti*. Après il dira, *Libera nos.* quant il dira, *Per eundem, faciet fractionem*. Après il dira, *ultimum, per omnia* et *nichil addit*. *Agnus Dei non dicitur, nec pax datur ponit de corpore in calicem, nichil dicens; omnes vadunt ad communionem*. Après li signeur s'iront recauchier, et puis si sonnera on vespres à l'escalète. Li signeur revenront au moustier. On terminera une orison. Si dira on vespres aussi comme le jour devant, fors le premiere psaume. Li darraine pseaume sera, *Benedictus totus*. Li anteuène sera, *de manu filiorum*. Sus le . . . . Eloy, Eloy.

Après vespres li signeur iront en refrottoir, si doivent avoir du pain et del yawe et des herbes crues. On fera miséricorde as enfans et as malades. Après diner li signeur venront en cloistre, quant tans sera on sonnera le boire, et puis collation, et puis complie. Après complie li signeur iront reposer. Li souscretains et si compaignons doivent aourner l'église des plus biaus aournemens del église. Demain au matin on sonnera primete entour le cloistre. Li signeur venront au moustier, si dira on primete en silence. Après primete on dira VII psaumes et letanie bas, et puis fera on espasse. Quant tans sera on sonnera tierce, et puis capitle.

Sabbato. — On fera le service si comme on le seut faire dusques après nonne. Après nonne dans abbés se revestira et le menistre l'autel et chig qui sont embrieve as lechons et as trais. Dans abbés vestira une rouge cape de cuer, si prendera une hanste et une candoile deseure Si commencera, *Miserere mei Deus secundum* et ira à pourcession au nouvel fu, au degré del hostel. On portera le croix et l'iawe bénoite et ii candelers, sans fu et l'encensier sans carbon, et li sous dyakènes le texte as éwangilles. Dans abbés sera le bénichon du nouvel fu et puis alumera on se candoile. Li maistres des enfans alumera une candoile, si le metera en une lanterne as enfans, ke li candoile dant abbé n'estaigne. Dans abbé commencera une psaume, *Miserere mei Deus, miserere mei*, et puis une autre, *Deus in nomine*, si revenra li pourcessions au moustier. Dans abbés ira en se capèle, si vestira une rouge casure, si ira al autel sans encens et sans candelers. Li dyakènes ira devant lui dusques au presbitère, et puis si rentrera en cuer, et commencera *exultet*. Là doit estre tous li encens qui en l'église est. Quant il benira l'encens il abaissera se vois, quant il dira *suscipe sancte pater*, il metera l grain d'enceus al épacte, et li cantres les autres. Quant il dira *Rutilans ignis accendit*, il metera se main à lo hanste. Après le bénichon dou sierge li prieus commencera une lechon du vies Testament, *in principio creavit Deus celum et terram, sine titulo*, et li autre signeur après, ensi qu'il sont embrieve as lechons et as trais. Après le darrain trait *sicut cervus*, dans abbés dira une collecte *concede*, et puis si ira en se capèle. Li cantres et ses compains commenceront le letanie. On enclinera à tous les sains fors as angles. Quant on dira *accendite* on alumera les lampes et les cierges entour l'autel. Li messe commencera à *Kyrie cleyson* ; dans abbés ira à l'autel et le menistre tout revestu de blans vestimens. On sonnera ensanle solennelement dusques au *Gloria in excelsis*. Li signeur qui vaurront dire messe doivent prendre congiet après l'éwangille. Il ni a point d'offrande ne *Agnus Dei*, ne post communion. *Pax Domini non dicitur, et tamen*, tout vont à pais et à commenion. Vers le fin de le messe on sonnera vespres et terminera on une orison et cantera on vespres de Notre-Dame. Il y a nouvèles anteuènes et nouveles suffrages. Dans abbés enterra en cuer, tout revestus, si commencera vespres. Il i a une anteuène et iiii psaumes. Après l'anteuène, qui est sur le M . . . . . *vespere autem sabbati*, on dira tout le pneume *Alleluia alleluia*. Après vespres on ira à pourcession à le capele Notre-Dame. Li cantres commencera l répons, *dum transisset,* li verses sera, *dicite in nationibus,* et li collecte, *deus qui pro salute mundi.* Après on dira vespres de tous sains. Ankenuit a matines il a estourmie. On remuera trois fois les pailes à l'autel et III fois portera on l'encens. Après cascune anteuëne des Laudes on dira le pneume *Alleluia! Alleluia!.* Après matines li signeur iront reposer. Quant tans sera on sonnera prime, après prime on fera capitle.

Tout doivent estre à le fin de le messe, au post commenion, *Venite omnes populi,* et quant on dira *omnes ipsum adoremus* tous doivent prendre leur vaines sus leur genous et encliner.

Vigilia pentechostes.

Vigilia pentechostes. — Après capitle on fera espasse. Quant tans sera on sonnera tierce. Après tierce on dira le messe de Notre-Dame, et puis fera on espasse. Quant tans sera on sonnera midi. Dans abbés et chilg qui sont escrit as lechons et as trais se revestiront. Après dans abbés venra al autel, vestus de rouges vestimens, sans candoiles et sans encensier. Li prieus commencera le lechon *temptavit Deus Abraham,* et li signeur les autres, si comme il est escrit en ordene as lechon et as trais. Après le darrain trait *sicut cervus,* dans l'abbés dira une collecte *concede* et puis si ira en se capèle. Li cantres & ses compains commenceront le letanie aussi comme à le nuit de paskes. On enclinera à tous les sains fors as angeles. Quant on commencera *accendite* on alumera les lampes et les candoiles entour l'autel et le cierge de paskes qui doit ardoir dusques à lendemain après complie. On sonnera le messe ensanle solennelment aussi comme le nuit de paskes. Dans abbés venra al autel et si menistre vestus de blans vestimens. On dira cele messe aussi comme à feste en aūbes. Il i a *gloria in excelsis et alleluie et trait.* Ankenuit à vespres li cantres et ses compains tenront cuer. On dira vespres à IIII psalmes et à une anteuëne. Après vespres on ira à pourcession en le capèle Notre-Dame. Li cantres commencera I repons *spiritus sanctus.* Li verses sera *Repleti sunt omnes,* et li collecte *concede.* Apres vespres on fera I petit d'espasse. Quant tans sera on sonnera le boire, et puis

collation et puis complie. Après complie li signeur iront reposer.
Quant tans sera on sonnera matines. Il i a estourmie. On remuera
III fois les pailes et portera on III fois l'encens. Cascuns se doit
efforcier de canter. Après matines li signeur iront reposer. Demain
au matin li thrésoriers doit donner à XIII povres à mangier, ains ke
li couvens soit levés. Quant tans sera demain au matin li signeur
venront al église. Tout li prestre doivent dire messe de Saint-
Esprit. Tout doivent aler à pais, à confession et à commenion.
Quant tans sera on sonnera prime. Après prime on fera capitle.
Endementiers ke on cantera, *Veni creator* par ces IIII jours, tout
li signeur doivent estre revestu, et ne doivent point aler de cuer à
autre dusques à dont que on ara finé *Veni creator*. Tous les lumi-
naires doit estre alumés.

In Vigilia relationis sancti Vedasti. — Après capitle on
dira *verba mea* et les heures de Notre-Dame. On dira le messe
matinel devant capitle. Quant tans sera on sonnera tierce. Dans
abbés venra en cuer. Li signeur iront en le thrésorerie au cors
saint. Li cantres commencera les VII psaumes. Après li signeur
prenderont leur vaine. Dans abbé terminera le *patre nostre*, et dira
III orisons et puis encensera le cors saint. Quatre signeurs porteront
le cors saint sus l'autel et demourra sus l'autel dusques au tierch
jour au matin. Li cantres commencera I repons *Ora pro nobis*.
Dans abbé ira en se capèle et ostera se cape et vestira une blanke
casure. On sonnera le messe ensanle. On doit avoir blans vestimens. On dira cele messe aussi comme à feste en aubes. A cele
messe a *gloria in excelsis et alleluie*. Li cantres doit tenir cuer.
Quant tans sera on sonnera vespres. Li cantres et ses compains
tenront cuer. On dira vespres à IIII psalmes et à une anteuène.
Après vespres li signeur iront sousper. Après sousper on fera
espasse, et puis sonnera on collation et puis complie. Après
complie li signeur iront reposer. Quant tans sera on sonnera matines. Il i a estourmie. Li église doit estre aournée de candoiles
tout entour aussi comme à le mi-aoust. On doit remuer III fois les

poiles et porter III fois l'encens. Cascuns se doit efforcier de canter en l'honneur de Monsigneur Saint-Vaast. Après matines li signeur iront reposer. Demain au matin li signeur venront a l'église : si dira on prime. Après prime on fera capitle.

Si est Dominica. — Après capitle on dira *verba mea* et les heures de Notre-Dame et puis le matinel messe dou jour. Li sires qui fu l'autre semaine en offisse doit tenir cuer. A cele messe a *gloria in excelsis et alleluia et credo*, pour le raison dou diemence. Après le matinel messe li sires qui est en le grant messe fera l'iawe benoite. Tous li couvens se revestira, et puis dira on tierce. Dans abbé venra en cuer, li signeur iront en le thrésorerie au cors saint. Li cantres commencera les VII psaumes. Après li signeur prendront leur vaine. Dans abbés terminera le *patre nostre* et dira III orisons, et puis encensera le cors saint. Quatre signeur prenderont le cors saint, et l'aporteront à pourcession en le capèle Notre-Dame, et puis parmi le cloistre, et puis le metera on sus l'autel et demourra sus l'autel dusques au tierch jour au matin. Li cantres commencera I repons *Ora pro nobis*. Dans abbé ira en se capèle et ostera se cape, et vestira une blance casure, *et cetera omnia ut supra*.

Vigilia assumptionis beate Marie. — Après capitle on dira *verba mea*, et puis le matinel messe de Saint Eusèbe. Après on sonnera tierce. Après tierce on fera espasse. Quant tans sera on sonnera midi. Dans abbés se revestira et li menistre del autel. On sonnera le messe ensanle. On doit avoir blans vestimens. On dira cele messe aussi comme à feste en aubes. A cele messe n'a ne *gloria in excelsis ne alleluia*. Li cantres doit tenir cuer. Quant tans sera on sonnera vespres. Li cantres et ses compains tenront cuer. On dira vespres à IIII psalmes et à une antègne. Après vespres on fera un petit d'espasse. Quant tans sera on sonnera le boire, et puis collation, et puis complie. Après complie li signeur iront reposer. Quant tans sera on sonnera matines. Il i a est dormie. Li église doit estre aournée de candoiles aussi comme à le nuit

St-Vaast. On doit remuer ш fois les pailes et porter ш fois l'encens. Cascuns se doit efforcier de canter en l'honneur de Notre-Dame. Après matines li signeur iront reposer. Demain au matin li signeur venront au moustier. Tous li signeur doivent dire de Notre-Dame. Tout doivent aler à pais, à confession et à commenion. Quant tans sera on sonnera prime. Après prime on fera capitle.

Si est Dominica.—Après capitle on dira *verba mea* et puis le matinel messe du jour. A cele messe a cape et *gloria in excelsis* et *alleluia* et *credo*, pour le raison dou diemence. Cil ki furent en office l'autre semaine doivent faire l'office à cele messe; après cele messe li sires qui est en grant messe fera l'iawe benoite. Après li signeur iront à pourcession en le capele Notre-Dame. Après on dira tierce. Dans abbés se revestira et li menistre del autel; on sonnera le messe ensanle. On dira cele messe aussi comme à feste en aubes; li cantres doit tenir cuer. A cele messe a *gloria in excelsis* et *alleluia* et *credo*, pour le raison dou diemence. Tout li prestre doivent dire messe de Notre-Dame, for ke li sires qui dira le matinel messe dou jour, pour le raison dou diemence Quant tans sera on sonnera vespres. **Li cantres** *et cætera.*

Vigilia omnium sanctorum, si est Dominica.—Après capitle on dira *verba mea* et les heures de Notre-Dame. Li sires qui est en le matinel messe et li menistre del autel se revestiront et dira on le messe de saint Quentin. A cele messe a aubes parées et rouges vesti' mens et *gloria in excellis* et *alleluia* et *credo* et cape. Li sires qui fu l'autre semaine en offisse doit tenir cuer. Après cele messe, li sires qui est en haute messe fera l'iawe benoite et puis ira on a pourcession. Après on dira tierce, après tierce on dira le grant messe de le vegille de tous sains, aussi comme à feste en aubes. Il i a *gloria in excelsis* et *alleluia* et cape *et credo*, pour le raison d'ou diemence. Li sires qui est en office doit tenir cuer.

Si non est dominica.—Après capitle on fera espasse et serra on en cloistre. Quant tans sera on sonnera tierce ; li sires qui en le matinel messe se revestira et li ministre del autel. Apres tierce on dira le messe de saint Quentin. A cele messe a *gloria in excelsis* et *alleluia*. Li sires qui fu l'autre semaine en offisse, doit tenir cuer. Après le messe de saint Quentin on fera un petit d'espasse. Quant tans sera on sonnera midi. Après midi on dira le grant messe de le vegille de tous sains. Li sires qui est en offisse doit tenir cuer et doit on dire cele messe aussi comme à feste en aubes. A vespres li thrésoriers et si compaignon doivent mettre à cascun autel une candoile qui doit ardoir dusques à demain après complie. Li cantres et ses compains tenront cuer. On dira vespres à quatre psalmes et à quatre anteuènes. Il ni a nules vespres de Notre-Dame, ne nules suffrages, fors de le crois et de le pais. Après vespres on ira en dormoir et puis revenra on en cloistre. Quant tans sera on sonnera le boire, s'alumera on les candoiles en refrottoir ; après le boire on sonnera collation. On metera à cascun piler de capitle une candoile. Li jouvencel et li enfans doivent avoir leurs lanternes et leurs candoiles alumées par dehors à cascune collation dusques à le purification Notre-Dame. Après collation on dira complie ; après complie li signeur iront reposer. Quant tans sera on sonnera matines. Il i a estourmie. On remuera iii fois les pailes et portera iii fois l'encens. Cascuns se doit efforcier de chanter. Après matines li signeur iront reposer. Demain au matin tout venront al église. Tout li prestre doivent dire messe de tous sains. Tout doivent aler à pais, à confession et à commenion. Quant tans sera on sonnera prime Après prime on fera capitle.

Ankenuit à vespres on dira vespres aussi comme hier. Après vespres on dira *placebo* pour les âmes, après *placebo* on dira *rogamus* double. Demain au matin li aumosnier doit donner à manger as povres. Il i a primete. Après primete il y a vii psaumes et litanie et puis espasse. Tout li signeur qui diront messe doivent dire messe *pro defunctis*, fors li sires qui est en haute messe et en le messe de Notre-Dame. Li epitle sera *nolumus vos ignorare de dormientibus*, et li ewangilles sera *amen amen dico vobis quia qui verbum meum* audit. Quant tans sera on sonnera tierce, après tierce dans abbés dira le matinel messe ; après le matinel messe on fera capitle. Li mandes faut hui. *Si dies fidelium defunctorum evenerit in die duodecim lectionum reluti sabbato in quo fiat de beata virgine vel in dominica.*

Ankenuit on dira vespres aussi comme hier ; après vespres on dira *placebo* pour les âmes, après *placebo* on dira *rogamus* double. Demain au matin li aumoniers doit donner à mangier as povres. Il n'y a point de primete. Tout li signeur qui diront messe doivent dire messe *pro defunctis*, fors li sires qui est en haute messe et en le messe de Notre-Dame. Li epitle sera *nolumus vos ignorare de dormientibus*, et li ewangilles sera *amen amen dico vobis quia qui verbum meum audit.* On dira cele messe tantost après prime. Après le messe des mors on fera capitle. Li mandes faut hui.

Annuit à matines on sonnera matines aussi comme en fère. Li sires qui est en offisse dira le *Venite* tout seus en son estal. Li enfans diront les anteuènes de la fère. Il i a nouviaus verses, il i a III lechons de l'omelie, *cum esset desponsata* et III repons. Après le seconde nocturne on dira vegilles des mors, et *exultabunt* et *laudes* de tous sains. Il ni a nules heures de Notre-Dame ne demain ne après demain, endementiers on chantera vegilles, le soucretains doit prendre des jouenes signeurs pour sonner une grosse cloke. En le fin des laudes de tous sains, li signeur allumeront v lampes et les candoiles entour l'autel. Après dans abbés terminera le patrenostre. Li sires qui est en offisse commencera l'anteuène des laudes *Judea et Jherusalem*, et li ainsné les autres, si comme ils sont en ordene, li capitiaus sera *Paulus servus Christi* ; li collecte sera *Deus qui nos redemptionis*, troi signeurs doivent dire le repons, *o Juda et Jherusalem.* On dira le *benedicamus* aussi comme à feste en aubes. Après matines li signeur iront reposer. Quant tans sera on sonnera primete. li signeur venront al église. li sires qui est en offisse commencera l'anteuène de prime, *Joseph fili David.* il ni a ne psaumes ne letanie. Après prime on fera espasse. Quant tans sera on sonnera tierce. Li signeur venront al eglise et

terminera on iii le patrenotre a enclin. Après tierce on dira le
messe de *Requiem*. Après le messe on sonnera capitle plus longuement k'en i autre jour, pour chou ke tout soient à la Nativité
Notre Signeur pour prendre leur vaine. Li enfes doit dire l'ewangille, *cum esset desponsata*.

Vigilia Natalis Domini. — Après capitle on fera espasse.
Quant tans sera on sonnera midi. Dans abbés se revestira et li
menistre del autel. On dira cele messe aussi comme à feste en
aubes. A cele messe n'a ne *Gloria in excelsis* ne *Alleluia*. Li
cantres doit tenir cuer. Auk nuit à vespres li cantres et ses compains tenront cuer. On dira vespres a iiii anteuènes et a quatre
psaumes ; après vespres on ira en pourcession en le capèle Notre
Dame. Li cantres commencera i repons, *o magnum misterium*,
li verses sera *tecum principium* et li collecte *deus qui salutis
eterne*, lequel on doit dire tous les jours dusque à le Purification Notre Dame. Après vespres on fera un pau d'espasse, et
puis fera on le boire, et puis collation et puis complie Après
complie li signeur iront reposer. Quant tans sera on sonnera matines.
Li souscretains doit mettre as iiii pilers de cloistre, à cascun une
candoile, qui doivent ardoir dusque à la journée et une candoile au
lavoir et l'autre en capitle et ii paieles plainnes de fu au degré de
dormoir, et del encens ou fu, pour recevoir le couvent. Il i a
estourmie solennel. On remuera iii fois les pailes et portera on
iii fois l'encens. Quant on chantera le premier repons et on dira
de virgine nasci dignatus est, tous li couvent prendera se vaine
sus ses genous, et demain à tierce quant on dira *omnes ipsum
adoremus*. Après *Te Deum laudamus*, li prieus dira l'éwangille. On
ira à pourcession en le capèle Notre-Dame. Li cantres commencera i repons, *te laudant*. Li verses sera *post partum*, et li collecte
Deus qui salutis On dira laudes de tous sains. Endementiers ke
on chantera laudes de tous sains, li cantres et li menistre del
autel se revestiront. Après les laudes de tous sains on sonnera le
messe ensanle. Li prieus dira le messe ; à cele messe a rouges

vestimens, et si ni a k'une collecte et k'une hoiste ; il i a *gloria in excelsis et alleluia et sequense*. Après le mosse li prieus venra en son estal, On sonnera les laudes. Li sires qui est en offisse commencera l'anteuène des laudes, *quem vidistis*, et li signeur les autres si comme ils sont en ordene. Après les laudes li signeur iront reposer. Demain à la journée li souscretains doit faire sonner une grosse cloke, ne trop tart ne trop tempre Li couvens venra al église. Li sous prieus dira le messe. On sonnera le messe ensanle. Li souscantres et li menistre del autel se revestiront. A cele messe a blans vestimens, et si i a iii collectes et *gloria in excelcis, alleluia et sequense*. A cele messe li enfant et li malade se doivent acommeniier. Qui vaurra dire messe il doit prendre congiet après l'ewangille. Après cele messe on fera un petit d'espasse. Quant tans sera on sonnera prime. Après prime on fera capitle, plus brièment k'une autre jour. On doit hui mangier ii fois.

Après capitle on dira *verba mea*, et puis le matinel messe dou jour. A cele messe a cape et *alleluia et credo*. Li sires qui fu l'autre semaine en offisse doit tenir cuer. Après le messe matinel li sires qui est en grant messe doit faire l'iawe benoite. Aprè on doit aler à pourcession en le capèle Notre-Dame. Après le pourcession on dira tierce. Endementiers ke on dira tierce, dans abbés se revestira et li menistre del autel. On sonnera cele messe ensanle. A cele messe a rouges vestimens et *gloria in excelsis* et *alleluia et credo*. Li cantres doit tenir cuer.

Ankenuit à matines doi signeur diront le *venite* aussi comme à festes de vii lechons. Les ii premières noclurnes et les cantiques seront dou diemence. Li omelie sera *cum esset desponsata* ; vers le *Te Deum laudamus*, li souscretains prendera des jouenes signeur pour sonner une grosse cloke. Li signeur alumeront v lampes et les candoiles entour l'autel. Li sires qui est en offisse, commencera l'anteuène des laudes ; *Judea et Jherusalem et cœtera ut supra*.

N° II.

(Multi desunt.)

323 ('). Libri philosophicæ artis et auctores ecclesiæ Beati Vedasti hi sunt :

Duo Virgilii.

Duo Lucani.

Unus oratius.

Priscianus unus integer & alii duo non integri.

Boetii IIII.

Boetius in periermeniis Aristotelis

Commentum in ysagogis Porfirii.

Item commentum periermeniarum Aristotelis de græco in latinum translatum.

Dialectica Augustini et decem prædicamenta & Arator in uno volumine.

Item alius Arator & Prosper in uno volumine.

Cathegoriæ Aristotilis.

Boetius de diffinitione.

Cathegoriæ Aristotilis ab Augustino de græco in latinum translate.

Cassiodorus de orthographiâ.

Prudentii tres.

Persii tres.

Prosper unus.

Stathius Achilleidos.

Boetius de trinitate.

Boetius de consolatione.

Liber rhetoricorum Tullii Ciceronis, decem prædicamenta Aristotilis in uno volumine.

Item decem predicamenta Aristotilis & commentum Boetii super ea.

Topica Tullii Ciceronis.

(') Voir le numéro 323 du catalogue.

Liber Euticii.

Liber Probæ per versus.

Boetius de musicâ libri tres

Aurelianus de laude musicæ disciplinæ.

Versus Huboldi ad Carolum imperatorem.

Macrobius de somnio Scipionis.

Divisio mathematicæ.

Sedulius et Juvencus in uno volumine.

Terentius.

Ciclus Dionysii.

Glosarius et major Donatus.

Somnium Scipionis.

Passionalis medicinalis libri IIII.

Calculatio Albini.

Excerptum de metricâ arte.

Item alius de eâdem arte.

Libri divini hi sunt :

Augustinus super beatus vir.

Idem super quid gloriaris.

Item super Deus judicium.

Item super Domine exaudi.

Augustinus super Johannem.

Augustini duo in cœna.

Augustini super Genesim ad litteram duo

Augustinus de pastoribus.

Augustinus de sermone Domini in monte.

Augustinus de civitate Dei, in duobus voluminibus.

Augustinus retractationum.

Augustinus soliloquiorum.

Augustini questiones in genesim.

Augustinus contra quinque hostium genera.

Augustinus contra quinque hæreses.

Augustinus de Trinitate.

Augustinus confessionum.

Augustinus de libero arbitrio.

Augustinus de concordiâ evangelistarum.

Augustinus de verbis Domini.

Augustinus super epistolam Johannis.

Augustinus de Bono conjugali.

Augustinus de fide simboli. Ad Laurentium papam.

Augustini questiones in Genesim, et passio beati Sebastiani, in uno volumine.

Augustinus ad Paulinam de videndo deo.

Questiunculæ super evangelia de dictis Augustini, Gregorii, Ieronimi et cæterorum.

Augustinus de natali Domini.

Enchiridion.

Augustini sermones de resurrectione Domini et liber Pascasii de Spiritu sancto in eodem volumine.

Questiones Orosii et responsiones Augustini in duobus libris.

Augustini sermones de festivitatibus sanctæ Mariæ et de disci-plinâ christianorum, et Cyprianus de duodecim abusivis, de bono mortis, et multa alia in eodem.

(Omnes numero triginta quatuor.)

Ieronimi libri hi sunt :

Ieronimus super psalterium.

Ieronimus super duodecim prophetas.

Epistolarium Ieronimi.

Ieronimus super Isaiam.

Ieronimi super Jeremiam, duo.

Ieronimus in Amos.

Ieronimus super Danielem.

Ieronimus super quatuor evangelia.

Moralia Gregorii in uno volumine.

Item in quinque voluminibus, vita sancti Gregorii, omeliarium,

Gregorii, registrum Gregorii, Gregorii in Canticum Canticorum, Gregorius super Ezechielem, Dialogi Gregorii II , Pastoralis Gregorii.

Ambrosius de Trinitate.

Ambrosius super Beati immaculati.

Ambrosius super Lucam.

Ambrosius de officiis divinis.

Ambrosius de Initiis.

Johannes Cassianus in VII. Collationibus II.

Liber sententiarum.

Pronosticon II.

Sermonum Cæsarii ad monachos libri II.

Haimo in apocalipsim.

Eucherius.

Verecundus presbiter in cantico Exodi.

Amalarius de officiis.

Amalarius archiepiscopus.

Tractatus sancti Dionisii.

Libri passionum et vitarum XX.

Burchardus gesta pontificum Romanorum.

Sententiæ patrum scotice, vitæ s. patrum.

Adhortationes Patrum.

Gesta Francorum II.

Penitentiales VI.

Epistola Ludovici imperatoris.

Rabanus in Judith.

Rabanus ethimologiarum.

Rabanus Maurus.

Apologeticus Gregorii.

Paterius.

Athanasius de Trinitate.

Potamius contra perfidiam Arii.

Paschasius in lamentationes.

Omeliarium Bedæ.

Beda super Lucam.

Beda in gestis Anglorum.

Beda in actus Apostolorum & Apocalipsim.

Beda in vii epistolis canonicis.

Beda in Canticis Canticorum.

Beda de Tabernaculo Dei.

Origenes in Canticum Canticorum.

Origenes in Genesim.

Isidorus in Genesim.

Tripartita historia.

Isidorus ethimologiarum.

Isidorus ad Florentinam sororem suam.

Historia Friculfi.

Friculfus super epistolas Pauli.

Johannes ad imperatricem.

Vita sacerdotum.

Albinus de verà fide.

Prosper, Fulgentius.

Claudius in Mathæo.

Johannes Chrisostomus.

Johannes os aureum ii.

Haymo super epistolas in duobus voluminibus.

Paschasius de corpore Christi.

Johannes Constantinopolitanus de cordis compunctione.

Sermones ejusdem.

Item de psalmo quinquagesimo.

Eugippius.

Egesippus.

Historia ecclesiastica.

Anselmus de veritate.

Vita Anselmi.

Vita sancti Benedicti.

Regula clericorum.

Eusebius de corpore Christi.

Orationes sancti Vedasti.

Effrem.

Glose psolterii II.

Liber de diversis virtutibus.

Liber scintillarum.

Exameron Ambrosii.

Cur deus homo.

Expositio super Leviticum.

Johannes super epistolam ad Hæbreos.

Remigius de ordine misse.

Adelinus de laude Virginis.

III libri Persii.

Boetius in decem predicamentis VIII libri cum hujus opusculis.

Prisciani de constructione, de dialectica.

Isidorus ad sororem suam Florentinam.

Paschasius de Spiritu sancto.

Hieronymus super Mathæum.

Hugo sancti Victoris de archa Noe.

Hieronymus ad Paulum et Eustachium de assumptione sancte Mariæ.

Anselmus super Mathæum.

Hystoria Orosii et Jordanis.

Hystoria Clementis.

Liber Bacharii

Smaragdus super regulam, sancti Benedicti.

Johannes . . . . . . legis satirice.

Guimundus de corpore Domini.

III lib. Boetii de musica.

Plato de mundi constitutione.

Euticii II. lib.

Boetius in Isagogis Porphyrii.

Geometri. . . . . .

79 (*). — Necessarium duximus utilissimam promptissimamque flexûs digitorum paucis premonstrare sollertiam, ut, cum maximam computandi facilitatem dederimus, tum paratiore legentium ingenio ad investigandam dilucidandamque computando seriem temporum veniamus ; neque enim contempnenda parvive pendenda est regula cujus omnes pene sacræ expositores scripturæ non minus quàm litterarum figuras monstrantur amplexi. Denique & multi alii alias, & ipse divinæ interpres hystoriæ Hieronimus, in evangelice tractatu sententie hujus adjumentum discipline non dubitavit assumere.

Centesimus, inquit, & sexagesimus & tricesimus, fructus quamquam de una terra & de una semente nascatur, tamen multum differt in numero. Tricesimus refertur ad nuptias ; nam et ipsa digitorum conjunctio, quasi molli osculo se complectens et fœderans, maritum pingit & conjugem ; sexagesimus ad viduas, eo quod in angustia & tribulatione sint positæ ; unde et in superiore digito deprimuntur; quantoque major est difficultas expertæ quondam voluptatis illecebris abstinere, tanto majus & premium. Porro centesimus numerus, queso, diligenter, lector, attende. A sinistra transfertur ad dexteram & hisdem quidem digitis , sed non eadem manu quibus in leva nuptæ significantur et viduæ.Circulum faciens exprimit virginitatis coronam.

Cum ergo dicis unum, minimum in leva digitum inflectens in medium palme artum infiges. Cum dicis duo, secundum a minimo flexum ibidem impones Cum dicis tria, tertium similiter inflectes. Cum dicis quatuor, itidem minimum levabis. Cum dicis quinque, secundum a minimo similiter eriges. Cum dicis sex, tertium Nichilominus elevabis, medio duntaxat solo , qui medicus appelatur, in medium palme fixo. Cum dicis septem, minimum solum, ceteris interim levatis, super palmæ radicem pones. Juxta quem, cum dicis

octo, medicum. Cum dicis novem, impudicum è regione compones.
Cum dicis decem, unguem indicis in medio figes artu pollicis, elevatis omnibus aliis. Cum dicis viginti, summitatem pollicis inter
medios indicis & impudici artus immittes. Cum dicis triginta,
ungues indicis et pollicis blando conjunges amplexu. Cum dicis quadraginta, interiora pollicis lateri vel dorso indicis superduces, am-
bobus dumtaxat erectis. Cum dicis quinquaginta, pollicem exteriore
artu instar grecæ litteræ gamma curvatum, ad palmam inclinabis.
Cum dicis sexaginta, pollicem ut supra curvatum, indice circum-
flexo diligenter à fronte precinges. Cum dicis septuaginta, indicem
ut supra circumflexum, pollice immisso super implebis, ungue
dumtaxat illius erecto trans medium indicis artum. Cum dicis octoginta, indicem ut supra circumflexum, pollice in longum tenso, implebis, ungue videlicet illius in medium indicis artum infixo. Cum
dicis nonaginta, indicis inflexi unguem radici pollicis erectum figes.

Hactenus in leva. Centum vero in dextera, quomodo decem in
leva facies. Ducentos in dextera quomodo viginti in leva. Trecentos
in dextera quomodo xxx, in leva. Eodem modo & cetera usque ad
nongentesimum.

Item mille in dextera quomodo unum in leva. Duo milia in
dextera, quomodo duo in leva. Tria milia in dextera, quomodo tres
in leva & cetera usque ad novem milia.

Porro decem milia cum dicis, levam medio pectori supinam ap-
pones, digitis tantum ad collum erectis. Viginti milia cum dicis,
eandem pectori expansam late superpones. Triginta milia cum dicis,
eadem prona, sed erecta, pollicem cartilagini medii pectoris
immittes. Quadraginta milia cum dicis, eandem in umbilico
erectam supinabis. Quinquaginta milia cum dicis, ejusdem prone,
sed recte pollicem umbilico impones

Sexaginta milia cum dicis, eadem prona femur levum desuper
comprehendes. Septuaginta milia cum dicis, eandem supinam femori superpones. Octoginta milia cum dicis, eandem pronam femori
superpones. Nonaginta milia cum dicis, eadem lumbos apprehendes,
pollice ad inguina verso. At vero centum & ducenta milia et cetera

usque ad DCCCC eodem, quo diximus, ordine in dextera corporis parte complebis. Decies autem centena milia cum dicis, ambas sibi manus insertis invicem digitis implicabis.

Est et alterius modi compotus articulatim decurrens qui, quoniam specialiter ad pasche rationem pertinet, cum ad hanc ex ordine ventum fuerit, oportunius explicabitur. Potest autem et de ipso quem prenotavi compoto quedam manualis loquela tam ingenii exercendi quàm ludi agendi gratia figurari, qua litteris quis singulatim expressis, verba quæ isdem litteris contineantur, alteri qui hanc quoque noverit industriam tametsi procul posito legenda atque intelligenda contradat, vel necessaria queque per hec occultius innuendo significans, vel imperitos quosque quasi divinando decludens. Cujus ordo ludi vel loquelæ talis est. Cum primam alphabeti litteram intimare cupis, unum manu teneto, cum secundam, duo, cum tertiam tria, & sic ex ordine celeras; verbi gratiâ, si amicum inter insidiatores positum ut caute se agat ammonere desideras III & I & XX & XVIIII & V & I & VII & V. digitis ostende : Hujus namque ordinis litteræ, caute age, significant. Potest & ita scribi, si causa secretior exigat. Sed hec grecorum compoto litterisque facilius disci simul atque agi possunt, qui non ut latini paucis idemque geminatis suos numeros solent exprimere litteris, verum toto alphabeti sui caractere in numerorum figuras expenso; tres, qui plus sunt numeros, notis singulis depingunt : eundem pene numeri figurandi quem scribendi alphabeti ordinem sequentes.

Qui & ideo mox numeros digitis significare didicerint, nulla interstante mora, litteras quoque pariter hisdem prefigere sciunt.

N° IV.

416(¹).—Incipit magistri Hugonis de Folleto tractatus de claustro corporis et anime.

(¹) Voir le numéro 416 du catalogue.

Rogasti nos, frater amantissime, quatinus aliqua remedia temp-
tationum, videlicet spiritalis delectationis fercula, fratribus nobiscum commorantibus quererem ac propinarem. Quesivi, frater, et
inveni. In solitudine etenim veteris Testamenti pauculas radices
salutiferas repperi, ex terra vero evangelii bene culta, quosdam
fructus boni saporis attuli; ex libris autem expositorum et aliorum
quorumdam sapientum, quasi ex agricolarum hortis quosdam flores collegi, ut, in unum congesta locum, suavem reddant odorem.
Ex radicibus itaque, id est ex sententiis veteris Testamenti, aliquod
remedium sanitatis infirmi ruminando possunt percipere, fortiores
vero ex fructu evangelii, tanquam ex opere bono reficiantur, de-
licati autem diversis expositionum floribus meditando delectentur.
Sic Paulus apostolus, apud Miletum insulam, egressus de mari collegit multitudinem sarmentorum, ut sociis, qui secum de maris periculo evaserant, ignem propter frigus accenderet. Unde Beda, super
actus Apostolorum, sarmenta, inquit, sunt dicta quelibet exhortatio-
num, que ad accendendam caritatem valentia, integritate decerpta
scripturarum, quasi frondibus sunt excisa ramorum. Moraliter igitur mare mundum, navis, hujus seculi vitam, naufragium navis,
vite periculum, egressio, renuntiationem mundi, insula que mari
supereminet, portum recte conversationis, Paulus illos qui verbo
predicationis frigidos ac pigros fratres et ex undis mundane tem-
pestatis abstractos excitat ad amorem Christi, sarmenta exhorta-
tionis verba, ignis caritatem designat; per viperam vero que pro-
cessit a calore, immundus spiritus sive detractores veritatis desi-
gnantur, que invasit manum Pauli, id est, opus doctrine spiritalis
impedire nititur, detractionis morsus inferendo et invidie virus
infundendo, hanc viperam, frater, exhorresco; et, ne virus detractionis inferat, congruum est ut evitemus. Nulli igitur, frater,
nostrum patefacias nomen, ne ex insipientia auctoris, et persone
vilitate, operis nostri labor vilescat et ne vipera, cujus manum
invadere debeat, agnoscat. Placet quoque opusculi hujus spatium in
quatuor libellos, relevande mentis gratia, scindi; quia, ut ait
beatus Augustinus, ita libri termino reficitur lectoris intentio,

sicut labor viatoris hospitio. Primus quidem, quid noceat claustralibus, vel mundo renuntiare volentibus continet : Secundus vero claustri materialis ordinationem, in quo tenetur homo exterior, docet : Tercius anime claustrum ordinat : Quartus claustri non manufacti habitationem, que est in celo, commendat appetendam, et summi abbatis, scilicet Christi, pacem, quam ibi habet cum subjectis, hic hortatur cum fratribus exhibendam. *Explicit prologus.*

N° V.

208 (*). — Agmen in castris eterni regis excubans, sub impetu vitiorum undique irruentium desudans, idoneo instructori armorum laureari in triumpho victorum. divinorum sacramenta officiorum scire volentibus, sed partim penuria librorum partim multimodorum occupatione negociorum minime valentibus, rogamus te, ut, quem admodum in multis aliis, ita et in hoc negotio nobis velis stilo prodesse, quatinus memoriam tui omnium orationibus liceat jugiter interesse.

Postquam, Christo favente, pelagus scripture prospero cursu in summa tocius transcucurri atque naufragosam cimbam per syrtes et piratas multo sudore evectam vix ad optatum litus appuli, rursus, habitatores Syon, me in fluctus cogitationum retruditis, & nec vires recolligere, nec navis armamenta reficere sinitis. Dicitis enim nec esse tempus laborandi, postea requiescendi, nec tempus seminandi, postmodum fructus percipiendi. Hac spe coactus sum onus vires meas excedens subire, petens vos orationibus me ad iter expedire, quatinus, pondere peccatorum deposito, ad desideratum quietis portum liceat fixa anchora pervenire. Vestra itaque jussione funes verborum a portu otii solvo, quassatam naviculam stili, procellis meditationum impello, vela sententiarum distendens, vento spiritûs sancti committo. Ipse autem secundum cursum tribuat qui nutu mare ventosque tranquillat.

(*) Voir le numéro 208 du catalogue.

Plerosque vesania captos piget me mente considerare, quos non pudet abhominanda poetarum figmenta, ac captiosa philosophorum argumenta summo conamine indagare, que mentem a Deo abstractam viciorum nexibus insolubiliter solent inuodare, religionem autem christiane professionis penitus ignorare, per quam unam liceat perhenniter cum deo regnare, cum sit dementie jura tyranni velle scire, & edicta imperatoris nescire atque ea que cotidie necessario facias non intelligere. Porro quid confert anime pugna Hectoris vel disputatio Platonis aut carmina Maronis, vel nenie Nasonis, qui nunc cum suis consimilibus strident in carcere infernalis Babylonis, sub truci imperio Plutonis? Dei autem sapientia maxima gloria hunc cumulat, qui prophetarum & apostolorum facta & scripta investigando jugiter ruminat, quos nunc in celestis Hierusalem palatio cum rege glorie exultare nemo dubitat. Sapientium namque judicio tantum differt a nonintelligente intelligens quantum ceco videns. Qui enim non intelligit quæ agit est ut cecus qui nescit quo vadit, &, ut Tantalus, in mediis undis siti deperit. Et licet simplicitas fidelium Deo nostro placeat, tamen intelligentiam sapientium quantum lucem pro tenebris approbat. Ob hanc causam, ut jussistis, libellum de divinis officiis edidi, cui nomen gemma anime indidi, quia videlicet veluti aurum gemma ornatur, sic anima divino officio decoratur.

N° VI.

823 (¹). — Incipit prefatio domini Walteri abbatis in vita beati Vindiciani pontificis.

Johanni dilectissimo consacerdoti, quin et cunctis fratribus una secum ad superna tendentibus, Walterus etsi indignus, gratuito tamen divinitatis munere, abbatis insignitus nomine, quicquid in Christo dulcius, ex utriusque successibus, in honore trinitatis individue, aliquantulum tractaturus de beati Vindiciani laudibus, vita,

(¹) Voir le numéro 823 du catalogue.

miraculis, queso, ne grave ducant aures vestre fraternitatis, si premisero quedam sub titulo prefationis. Cum enim onera nostra portare jubemur alterutrum, non decet vestre pietatis viscera celesti lacte salubriter dulcorata ferre graviter nostre parvitatis.

Propositum. — Ergo que dixero, patienter audite, quia et humilibus prodesse poterunt, et superbis aliquantisper forsitan obviabunt. Humilibus enim ad hoc prodesse poterunt, si sententiarum nostrarum stimulis concitati, bona que didicerunt, docere non refugiant. Superbis autem in hoc forsitan obviabunt, si nostram zelati humilitatem, ad docenda, que non didicerunt, temerarie non prosiliant. Quibus superbis male perstrepentibus & pro garrula levitate sua doctoris cathedram sibi usurpantibus, quidam ex nostris, cujus etsi nomen ignoramus intellectum tamen non improbamus, considerata qualitatis sue mensura, protulit hoc verbum vere dignum memoria : Dum enim, inquit, minus spiritualiter viventes, de spiritualibus interrogati responsa paramus, timendum est ne in petram scandali, lapidemque offensionis incidamus, quoniam, attestante preconio predicatoris egregii, animalis homo non percipit quæ sunt spiritus dei, quod et nos de nobis dicere nunc habemus ; cum etiam, juxta Psalmographum, peccatori & indisciplinato, quod nos vere sumus, increpatorie dicat deus, quare tu enarras justicias meas, & assumis testamentum meum per os tuum ? Sed consolatur nos & auctoritas vestre jussionis ad hoc quod conamur, quasi manu injecta nos protrahentis, & semper indeficiens omnibusque omnino sufficiens, ille thesaurus divine largitatis. Sed dicet superborum aliquis : si omnibus, cur non et nobis ? Et si te consolatur, cur nos excludis ? Absit fratres, absit. Non ego, sed ipsa per se veritas superbos excludit. Duobus enim filiis Zebedei sedes in cœlesti paradyso dispositas, per os matris temerarie querentibus, quid responderit veritas audiamus. Non est meum, inquit, dare vobis, id est tam superbis, tam arrogantibus, tam temerariis. Quid ergo ? Ad humilitatis mansuetudinem translati sunt. Et quod usurpatorie prius quesierant, postmodum bene perceperunt. Hanc exempli formulam, fratres amodo amplectamur, id est, ut ad humilitatis convallem, nos qui ducebamur superciliosi, omnimodis transferamur ; & si doctoris cathedram, quam veluti pervasores male premebamus, defensores ecclesiæ facti decenter obtinebimus An non plane hoc innuit ille purpuratus pénitens, rex & propheta David, qui clamat in quinquagesimo psalmo, pietatis supernæ pulsans januam, libera me de sanguinibus, deus, deus salutis meæ, & exaltabit lingua mea justiciam tuam? Quid est libera me de sanguinibus, nisi emunda me ab adulterii contagio, et homicidii reatu quæ contraxeram mentis meæ supercilio ductus? Et quid est exaltabit lingua mea justiciam tuam, nisi dum emendatus fuero doctoris vendicabo cathedram? Hoc etiam paulo superius manifeste precinit, qui dum spiritu principali se peteret confirmari, docebo iniquos vias tuas statim, subintulit. Hujus tanti viri vestigia si vero cordis intuitu, vel a longe speculamur, ut salubriter prius humiliati, postmodum, decenter inthronizemur, sic vel misericordiam & judicium domini cantando, vel sanctorum vitas quos nos, licet indigni, modo suscipimus, describendo doctoris nomen jure obtinebimus, si tamen non ambitiose, sed obedientia cogente, ad hoc pertracti fuerimus. Igitur hæc omnia quæ predicta sunt, dilectissimi, ad hoc referri volumus, ne aliquis nos arguens temeritati deputet vel arrogantie, quod tantum virum beatum dico Vindicianum, litterulis nostræ parvitatis presumpsimus attrectare In qua re, ut ipsi melius nostis, non nostra voluntate, sed vestra commonitione preventi sumus, dum dominus Johannes consacerdos noster amantissimus, & in menbris christi frater nobis dulcissimus, suggereret nos ad hoc comonendos edictis etiam episcopalibus. Quid plura ? Etiamsi super hæc nobis objicitur, quia Moyses ille legislator doctissimus quamvis ab ipso omnium Domino moneretur, tamen refugeret præesse docendis plebibus, nos Isaiam promptanimitate, ut ita dicam, subitanea sese ingerentem, pretendere possumus. Et in novi testamenti revelatione, quamvis legatur centurio Salvatoris presentia se indignum judicasse, tamen Zacheus, ille statura pusillus, nostis quam sit festinus, quam gaudens, quamque festivus, dum audit a domino, quia hodie in domo tua oportet me manere. Ergo sequamur Isaiam commoniti, imitemur Zacheum, sed obedientia cogente compulsi, quatinus mentis nostræ calamum sanctus dignetur regere spiritus, in laudando beatum Vindicianum, qui per os David clamat cunctis divinæ levitatis jugo sese subjicientibus : Laudate Dominum in sanctis ejus. Sed quoniam juxta id quod ipse alibi testatur dicens : Aperi os tuum & ego adimplebo illud, laudis hujus preconium per nos adimplere non possumus, sub metrica modulatione auxiliarem manum supernæ consolationis implorare disposuimus, quod tamen, ut melius novit ille omnia penetrans oculus supernæ majestatis, non ad pompam facimus gloriæ transeuntis, sed ut presens pagina diversis compositionum inserta coloribus, etsi non sententiarum dulcedine, ipsa tamen varietate gratiorem se reddat legere dignantibus.

Explicit prefatio ac infertur ipsius oratio.

Kyrie cunctipotens, tu vera bonis bona prebens,
  Sis mihi sufficiens, Kyrie cunctipotens.
Tyro novellus ego, pede forsitan immoderato
  Hæc nimis alta peto, tyro novellus ego.
Tu moderare michi, tu lux illabere cordi,
  Vita decusque mei, tu moderare michi.
Versor in hac nebula, caro quam fundit nebulosa,
  Sed quod obest reseca, versor in hac nebula.
Fervor inest aliquis, qui concitat intima cordis,
  Fomes adesse velis : fervor inest aliquis.
Te sine nil sapidum, tu fons et origo saporum,
  Sis condimentum, te sine nil sapidum.
Sis quoque solamen tenear quo jugiter. Amen.

No VII.

993. — Quàm Jocunde videbit eternum dei tabernaculum qui aliquid ibi de suo recognoverit, ut possit dicere : illud est meum aurum, illud est meum argentum, illud meum es, vel mei pili, vel

(*) Voir le numéro 993 du catalogue.

mee pelles sunt ille de quibus in parte illa opertum est tabernaculum. Cupiens igitur imitari patrem familias de evangelio qui pro-
fert de thesauro suo nova et vetera, et sponsam de canticis canticorum que dicit: nova cum veteribus, fratuelus meus, servavi tibi,
tropologiam moralem assignare studui proprietatibus sollem-
pninum totius anni dierum ex canonica scriptura assumptis, ut
supra petram, non super arenam edificarem. Quod si quis super-
fluum estimet ea tractare que à sanctis patribus prelibata sint, dis-
cat, docente beato Augustino, in libro primo de trinitate, necesse
ideo esse plures à pluribus de capitulis etiam eisdem componi tractatus, ut ad plurimos res una perveniat, ad alios sic, ad alios vero
sic. Nam et juxta Apostolum unusquisque proprium habet donum
ex deo, et unusquisque in suo sensu habundat, hoc iccirco dixerim,
quum pastores Gerare, quod interpretatur maceria, cotidie rixantur
contra pastores Ysaac, et terra opilant puteos eorum, id est duri
ingenii et maligni homines, cum nos studiose cor fodere conspiciunt
congestas depravationum moles immergunt, acuunt linguas suas
sicut serpentes, et, quod ipsi in suis scripturis non possunt, alios
posse equo animo ferre non possunt. Sed nos exemplo Ysaac non
deterreamur zelo allophilorum nec cedamus invidie, immo quousque
vere intelligentie nobis aqua respondeat, nunquam ab exhaurienda
cordis terra manus inquisitionis torpescat. Unde ad Ezechielem dicitur, fili hominis, fode parietem, id est crebris perscrutationum
ictibus rumpe mentis duriciam. Ocium enim, fomes est vicii, et
rubigo ingenii; ideo Salomon hortatur: scribe sapientiam in tempore
ocii, et qui moratur actu percipiet eam. Item, Punge oculum et proferet lacrimam. Punge cor proferet intellectum. Non est igitur hoc
opus inoperiosum, quia ejus utilitas quadrifariam spargitur. Eo
quippe otium eliminatur; ingenium, morum disciplina tractatur, im-
pletur quod his alterius est patris spiritalis obedientia. Tamen non
nescio aliquot sociolos esse qui suam volentes ostentare periciam,
nostram reprehensuri sunt inertiam. Quibus non meis sed beati Jeronimi respondebo sermonibus. Legant qui volunt, qui volunt abji-
ciant et ventilent apices, litteras calumpnientur; magis dulcedine

scripturarum et fratrum precibus provocabor ad studium, qu'm horum detractione et odio deterrear. Tue benivolentie erit, pater atque magister illustris, fons inventionis et lux judicii, relligionis apex, et moralis vite dulcedo, cui nostri ingenii primicias offero, singula diligenter examinare, et, si quid rationi obviam deprehenderis, mox mihi corrigendum insinuare, nostre vero erit cautele opus ipsum non exponere indiscussum, ne cursus ejus propedialur aliquo errore et malivolis justa sit occasio insultandi, qui ad hoc solum linguas habere se putant, ut duritiam frontis attica verborum rabie consolentur. In quo opere, plano, simplici ac pede tri sermone incedo, ne, si gallicano coturno attollerer, procul essem à lectione fratrum simplicium. Rogo autem ne frontem epistole à salutis titulo mutam esse causeris, nam ideo salus ex more præmittenda tacetur, ne titulus arguatur insolentie, si salutantis nomen indicetur. Vale in fine epistole, in eo qui est principium et finis.

FIN DE L'APPENDIX

TABLE ALPHABÉTIQUE

Par noms d'auteurs et par titres

TABLE ALPHABÉTIQUE

Par noms d'auteurs et par titres.

⸻

(Les chiffres désignent les numéros des Manuscrits).

⸻

A.

ABBAYE du Mont-St-Eloy (Histoire de l'),par André Le Vaillant.— 123.

A, B, C (l') des Simples gens. — 634.

ABRÉGÉ de géographie. — 238.

ABRÉGÉ de la grande Cité de Troyes. — 1075.

ABRÉGÉ de l'histoire universelle depuis la création. — 1085.

ABRÉGÉ de la vie du vénérable Jean-Baptiste Devillers, prêtre. — 237.

ADAMUS Adams. Carmen panegyricum ad Philippum de Caverel. — 458.

ACTUS Apostolorum cum glossis. — 156.

ACTUS Apostolorum. — 5, 12.

ADDITIONS aux mémoires et recueils concernant le diocèse d'Arras. — 1036.

ADVÉNEMENT de la sainte Chandelle d'Arras (poëme). — 401.

ADRIANUS Bessemerus theologiæ professor. Commentarius super tertio sententiarum. — 370.

ADVERSARIA historica, auctore Tyrsay. — 1092.

ÆGIDIUS de Româ. Expositio decreti de canone missæ. — 621.

ÆGIDIUS Romanus. De regimine principum. — 688.

ÆQUIVOCA magistri Henrici. — 483.

ALANUS. Excerpta. — 1019.

ALANUS. Summa de maximis theologiæ. — 463.

ALANUS de Insulâ. De sex alis Cherubim. — 456.

ALBERTANUS. De doctrinâ dicendi et tacendi. — 971.

ALBERTUS magnus. Opus naturalium. — 675.

ALBINUS seu Alcuinus. Vita Sancti Vedasti — 380, 734, 1032

ALBUMASAR. Liber introductorius in scientiam judiciorum astrorum. — 47

— Summa de significationibus individuorum. — 47.

ALEXANDER Major. De mannâ Atrebatensi. — 179.

ALEXANDER III papa. Registrum epistolarum. — 964.

ALEXANDER. Memoriale rerum difficilium, de imagine speculi. —463.

ALEXANDER de Villâ-Dei. Doctrinale grammaticum cum apparatu. — 942.

ALFONSUS Petrus. Cum Judæo dialogus. — 432.

ALGORISMUS. — 512.

ALGRINUS, Seu Johannes de Abbatis villa. Homeliæ super epistolis et evangeliis dominicis — 667, 927.

— Expositio super Cantica Canticorum. — 490.

— Sermones — 626, 753.

ALPHABET de divers caractères de chaque nation de l'univers, par Fayolle. — 241.

— Grammaire et études sur le sanscrit. (par Semaille.)— 216.

ALPHABETUM narrationum. — 489.

AMALARIUS. De officiis Ecclesiæ. — 699.

AMBASSADE de Jean Sarrazin, abbé de Saint-Vaast, auprès de Philippe II, par Philippe de Caverel. — 124, 392, 447, 454.

AMBROSIUS (Sanctus). Hexahemeron. — 346.

— Liber de officiis. — 434, 485.

— Libri de Trinitate cum epistolis ejusdem. — 693.

— In Lucam. — 635.

— De sacramentis et alia de vitâ et conversatione Bragmanorum. — 1063.

— De Paradiso. — 639.

— De Psalmo CXVIII. — 899.

AMMONIUS Alexandrinus. Monotessaron, sive Synopsis Evang. — 928.

AMORE (de) et amicitiâ Christianâ. — 971.

— (de) et dilectione proximi. — 971.

ANDREAS Bononiensis Joannes. Novella in 6ᵃᵐ decretalium Bonifacii VIII. — 260, 570, 596, 800, 820, 833.

ANDREAS (Fr.) Marchiennensis Chronicon. — 140, 153, 668, 866.

ANNALES abbatum monasterii Sancti Bertini. — 173.

ANNALES de Saint-Vaast, par Gérard Robert, religieux de Saint-Vaast, — 183, 33ᵉ, 1031.

ANNÆUS Lucius Seneca. Opera — 315.

ANSELMI, Bernardi, Augustini et aliorum opuscula — 327.

ANSELMUS (s). Expositio super principium Genesis. — 622.

—   Meditationes. — 703.

—   Monologium et proslogium et alia. — 155.

—   Cur Deus homo. — 937.

—   De Passione. — 701.

—   De processione Spiritûs Sancti. — 484.

—   De Redemptione generis humani — 524.

—   Super Matthæo. — 701.

—   De Timore mortis. — 967.

ANTIPHONARIUM. — 81, 225, 563.

ANTIPHONARIUM et Breviarium ecclesiæ Atrebatensis. — 718.

ANTIQUITÉS d'Arras. — 189.

—   d'Artois et d'Arras. — 874.

—   et coutumes de la ville de Lille. — 442.

—   d'Hennin-Liétard. — 87.

ANTIQUORUM regum Bataviæ prosapiâ (de). — 152.

ANTONIUS de Butrio. In secundum decretalium. — 13.

APPARATUS Innocentii IV super decretis. — 828.

APOCALYPSIS. — 12.

—   et epistolæ canonicæ cum glossâ. — 481.

APOLLONII Tyrii gesta. — 736.

ARCA (de) sapientiæ. — 143.

ARISTOTELES. Super libros moralium tabula (latinè). — 318.

—   Liber de secretis secretorum (latinè). — 517.

—   De animâ (latinè). — 1050.

—   Ethica (latinè). — 330.

—   — politica, et rhetorica (latinè). — 617.

—   Physica (latinè). — 1050.

ARITHMÉTIQUE, géométrie et fortification. — 535.

—   jusqu'aux règles de trois, extraction des racines.—121.

—   par l'arbre de grand gect. — 145.

ARMOIRIES et devises de familles flamandes et épitaphes. — 532.

— et épitaphes tirées des églises de Tournay. — 986.

— tirées des églises de Douai. — 205.

ARMORIAL de l'Artois et de la Flandre. — 284.

— de Flandres. — 108, 665, 926.

— général. — 181, 407.

— des Pays-Bas. — 554, 1100.

ARNOLDUS (M.) à Mechliniâ. In physica Aristotelis. — 151.

— Rotterdamensis. Gnotosolitos. — 906.

ARRAS. Carmen de urbis Atrebati periculo (en 1597). — 472.

— Notes sur l'Histoire des Dominicains d'. — 960.

— Répertoire des registres aux mémoriaux de la ville d'. — 18.

ARS propositionum secundum artem demonstrativam. - 149.

— temporum. — 722.

ARTOIS. Coutumier d'. — 112.

— Inventaire des chartes d'. — 353.

— Répertoire des chartes d'. — 654.

— Troubles ou pièces sur la réconciliation des Etats d'. — 311.

ASPERGES ME. — 4, 21.

ASTEXANUS (Fr.) Summa de casibus. — 580.

ASTROLABIO (de). — 748.

ATHANASIUS (S.) Expositio Symboli Apostolorum. — 981.

— De vitâ sancti Antonii transl. ab Evagrio. — 487.

ATREBATIUM gentis urbisque (de antiquitate) oratio ab Andreâ Hoio. — 472.

AUGUSTIN (Saint). Les enseignements de. -- 684.

AUGUSTINUS (S). De animâ Christianâ. — 774.

— De bono conjugali, de sanctâ viduitate. — 420.

— De civitate Dei. — 642.

— Commentaria in psalmos. — 33.

— De concordiâ evangelistarum. — 615.

— Confessiones. — 106, 616, 1099.

— De Contemplatione Christi. — 772.

— Deflorationum nov. et vet. Testamenti. Liber. — 574.

— De doctrinâ Christianâ. — 433.

— Enchiridium. — 967.

— Epistolæ. — 824.

Augustinus. Confessiones. — 616.

— Expositio psalmorum. — 645.

— — in Genesim. — 623.

— Flores excerpti per Eugippium. — 281.

— De Incarnatione Christi. — 727.

— In Johannis evangelium. — 45.

— Opera varia. — 137, 683, 814, 915, 919.

— In psalmos. — 73, 306, 618, 620, 691.

— Quæstiones de veteri Testamento. — 875.

— Retractationes. — 639.

— Sermones et homiliæ, 195. — 819.

— Sermones de verbis Domini. — 60.

— — de evangeliis. — 700.

— Tractatus super Johannem. — 849.

— — in epistolâ Sancti Johannis. — 695.

— — de Trinitate. — 825, 903.

— De verâ religione. — 616.

— De verbis evangelii secundum Matthæum. — 626.

— De vitâ Christianâ. — 213.

Aureolus Petrus. De Conceptione Virginis. — 400.

Autorité (de l') du roy dans l'administrat. de l'église gallic. — 1101.

Azo. Summa super codice Justiniani. — 587.

— Epistola ad Gerbergam reginam. — 499.

B.

Baldericus. Historia episcoporum Atrebato-Cameracensium. — 398.

Balduin François, jurisconsulte. Chronique d'Artois. — 87, 386, 492.

— De Glen, abbé d'Hennin-Liétard. Historia abbatum monasterii Henniacensis. — 94, 668.

Baptêmes et mariages de la ville d'Arras de 1795 à 1802. — 231.

Baptismi de potestate. — 1014.

Barlus Rudesilendus. De Religione, etc. — 676.

Bartholomæus Brixiensis. In decretum Gratiani. — 431, 809.

— — Casus decretorum. — 589.

— — Quæstiones dominicales. — 595, 625.

36.

BARTHOLOMÆUS Anglicus. De proprietatibus rerum. — 70, 84.

— Januensis. Legenda aurea. — 144.

— Papiensis. Breviarium super Gregorii decretal.—75.

BARUCH. — 336.

BASILIUS (Sanctus). Admonitio de spiritali militiâ. — 440.

BASILIUS. De studiis liberalibus tractatus ab Aretino versus in latinum. — 973.

BATAVIA (de) et Frisiâ, sive Saxoniâ. — 152.

BAY Matthias (de). De jure et justitiâ. — 111.

BEDA. In Apocalypsim. — 728, 1054.

— In Cantica Canticorum. — 427.

— Expositio in Actus Apostolorum. — 728.

— — In epistolas Pauli. — 21.

— — Evangelii secundum Lucam. — 698.

— Expositionum super psalmis excerptio. — 459.

— Historia ecclesiastica. — 835.

— Homeliæ. — 914.

— De Tabernaculo. — 946.

BELGII ad Ordines exhortatoria ad pacem oratio. — 468, 491.

BELETH Joannes. Gemma animæ. — 208.

— et Alanus. Summa etc. — 978.

BERCHORIUS Petrus. Repertorium morale. — 562.

BERENGARIUS. Inventarium juris canonici. — 805.

BERNARDUS Compostellanus. Quæstiones ex apparatu Innocentii.—590.

— (Sanctus). In Cantica Canctorum. — 861.

— De Consideratione. — 939.

— Epistolæ. — 607, 662.

— — et notabilia. — 625.

— De gratiâ et libero arbitrio. — 955.

— Liber de præcepto et dispensatione. - 955.

— Sermo de sacramento altaris. — 548.

— Sermones ex verbis ejus. — 953.

— Magister. Casus decretalium. — 44

— M. Summa super titulis decretalium. — 979

BERTINI (Sancti) Annales abbatum monasterii. — 173.

— — Chronica sive historia monasterii. — 668.

— — Monasterii cartularium. — 473.

BERTINI (Sancti). Vita. — 367.

BERTRANDUS DE TURRE. Expositiones super epistolis Dominicalibus.
— 619.

BESSEMERUS Adrianus theologiæ professor. Commentarius super
tertio sententiarum. — 370.

BÊTES (les) sensitives, par Wartel. — 231.

BIBLE (Généalogie de la). — 6.

BIBLIA sacra. — 1, 118, 180, 559, 561, 594, 785, 790, 1010.

BLASONS, croquis, généalogies et pièces originales concernant des
familles de Flandres et d'Artois, par J. de Launay. — 923.

BIGNON. Mémoire sur l'Artois. — 937, 1095.

BOECE. Le Livre de la Consolation (en vers français). — 972.

BOETHIUS. Commentarii de prædicamentis Aristotelis. — 313.

— De consolatione philosophiæ. — 495.

BOETHIUM (in). Commentarius per Tryvet. — 1021.

BOETIUS. De Trinitate. — 907.

— De Scholaribus. — 1000.

BOFFLES. Lettres et mémoires de la famille de. — 186.

BOHIC Henricus. In decretales. — 798.

— Distinctiones. — 172.

— in IV et V librum decretalium. — 261.

BONAVENTURA (Sanctus). Breviloquium. — 522.

— De Institutione novitiorum. — 182.

Itinerarium mentis. — 772.

BONIFACIUS VIII. Sextus decretalium. — 201.

— VIII papa. Sextus decretalium cum glossâ. — 262.

BOSCO Joannes de Sacro. De Spherâ — 512.

BOSEHAM Herbertus de. Vita sancti Thomæ Cantuariensis — 375.

BOUCLIER (le) du clergé, par Denis Laseta. — 965.

BOUCAULT François, prieur de Saint-Vaast. Sermons. — 107.

— — Chronologia sacra et profana à Christo.
— 1069.

— — Disputationes theologicæ. — 934.

— — Ad primam secundæ. — 141.

— — Synopsis temporum universalis. — 274.

BREVE compendium veri monachi exercitiorum. — 546.

BRÈVE description des choses les plus remarquables arrivées dans la
    ville de Douai depuis l'an 602 de N.-S. — 1028.

BREVIARIUM. — 218, 219, 229, 248, 509, 55?, 725, 742, 760, 776,
    991, 1027.

BREVIARIUM Atrebatense. — 356, 412.

—   Bethuniense. — 417.

—   sancti Eligii — 530.

—   sancti Eligii pars æstivalis. — 243.

—   pars hiemalis. — 445.

—   monasticum. — 729.

—   ad usum Atrebatensis ecclesiæ. — 768.

—   Valentinense. — 552.

BREVILOQUIUM de Floribus Josephi antiquitatum. — 148.

—   Sancti Bonaventuræ. — 522.

—   Pauperis. — 549.

—   de Virtutibus principum ac philosophorum. — 690.

BREVIS Enarratio de Origine comitatûs Artesiæ Adriano de Croy
    dicata. — 371.

BRIEFVE doctrine chrestienne. — 684.

BRIEF recueil des évêques de Tournay. — 177.

BRITANNUS Robertus. Encomium agriculturæ. — 414.

BROMIARD Joh. frater dominicanus. Sermones — 184.

BUCH das grosse planeten. — 529.

BURGH (de) Johannes. Pupilla oculi. — 104, 880.

BURGUNDIO Judex Pisanus. Homeliæ Chrys. in evang. Joh. — 1083.

BUTRIO (de) Antonius. In secundum decretalium de Probationibus.
    — 13.

C.

CAMERÆ Apostolicæ di Roma entrate et essiti. — 192.

CAMERACENSIS synodus anno 1586. — 359.

CANONICI juris decisiones. — 1087

CANONUM et decretalium collectio. — 644.

CANTIPRATANUS Thomas. De proprietatibus apum. — 746.

CANTOR Petrus. Liber distinctionum. — 631.

CANTOR Petrus. Tabula distinctionum. — 713, 931.

— Verbum abbreviatum. — 643.

CARMEN Philippo Caverellio, abbati Vedastino, dicatum. — 497.

CARMEN ad P. de Caverel. — 502.

— de Periculo urbis Atrebatensis. Auct. Ph. Meyero. — 472.

CARMINA pro felici Philippi II adventu in urbes Belgii. — 95.

CAROLI Magni vita. — 477.

CARPENTEIUS Atrebatensis. Heroico carmine Jeremiæ paraphrasis. — 130.

CARTULARIUM monasterii sancti Bertini Sithiensis. — 473.

CASSIANI Collationes Patrum. — 90, 295, 917.

— Institutiones Monachorum. — 295.

CASSIODORI Expositio Psalmiorum a 1° ad L^um. — 604.

— institutiones divinarum scripturarum. — 732.

CASTRIUS seu de Castro Theodoricus. Sermones. — 203.

CASUS decretalium per magistrum Bernardum. — 44.

— novarum constitutionum Clementis Quinti. — 992.

CATALOGUE des abbés de l'abbaye de Sithiu. — 874.

— des livres de la cathédrale d'Arras. — 431.

CATALOGUS abbatum monasterii Sancti Bertini. — 668.

— episcoporum Tornacensium. — 177.

— religiosorum monasterii Sancti Vedasti. — 467.

CATONIS (Defloratio libri). — 574.

CAVEREL Philippe de. Ambassade de J. Sarrazin, 124, 392, 447, 454

— Annales Sancti Vedasti. — 401.

CAUSA exilii et martyrii beati Thomæ. — 375.

CŒLO (de) et Mundo. — 1050.

CÉRÉMONIES observées aux enterrements de quelques princes étrangers. — 16.

CHANSONS d'amour et de table. — 1089.

— de table, chansonnettes et vaudevilles. — 1091.

— notées de maistre Willaumes-li-Viniers, maistre de Fournival, Adam-li-Boçu d'Arras, &c, &c. — 657.

CHASTELAIN Georges. Guerres de Flandres (Première partie de l'histoire des). — 827.

CHIRURGIA Equorum. 483.

CHRISTINÆ Sanctæ vita — 51.

CHRONICA sive historia monasterii Sancti Bertini à Joan. Yperio concinnata. — 668.

CHRONICON F. Andreæ Marchiennensis cœnobitæ — 140,153, 668.

— Andrensis monasterii. — 866.

— Fanopitense (Phalempin). Auct. Ph. Pietin. — 677.

— Martini Poloni — 751.

CHRONICORUM manipulus. — 668.

CHRONICA et fabulæ (diversorum). — 163.

CHRONIQUE abrégée de l'Artois, par François Balduin. — 87, 386, 492.

— de 1551 à 1554. — 50.

— de Froissart. — 1063.

— (Petit traité de) des comtes de Flandres, par J de Fœucy. — 814.

— générale de l'Ordre de Saint-Benoit, par de Yépes. — 450.

— de Jean le François, escuier, seigneur de Gongnies. — 1056

— de Jean Molinet. — 900.

— de l'hôtel-de-ville d'Arras (discussions relatives à l'acquisition de l'hôtel de Gomiecourt). — 317.

— de Liége. — 909.

— de Nicaise Ladam. — 383, 682, 1056, 1082.

— ou récit particulier de ce qui s'est passé en Artois, par F. Balduin — 386.

— et pièces relatives à la Flandre. — 915.

CHRONOLOGIE de l'histoire moderne. — 308.

CHRONOLOGIA ab origine mundi. — 190.

CHRONOLOGIE des Papes. — 669.

CHRONOLOGIA sacra et profana, auctore Francisco Boucault. — 1069.

CHRYSOSTOMUS (Sanctus). De Laudibus S. Pauli (latiné). — 639.

— In Mathæum (latiné). — 851. (Voyez Johannes).

CLAUDIANI Carmina — 438.

CLAUDII Heems. Tractatus de Ebrietate. — 938.

CLAVICULE (la) de Salomon. — 475.

CLEMENTINÆ Constitutiones cum apparatu Johannis Andreæ. — 588.

— — novæ cum apparatu Joh. Andreæ. — 584.

CLUNIACENSES Constitutiones. — 317.

CLERCQ Jacques (du). Mémoires historiques de 1448 à 1467. — 867.

CODEX Lamberti episcopi Atrebatensis. — 1051, 1062.

CODICIS Justiniani libri IX cum glossis. — 265.

— liber X⁰ˢ cum glossis. — 856.

COLLECTANEA è sancto Gregorio Magno. — 988.

— ex Beati Gregorii operibus. — 924.

COLLECTARIUM Sancti Vedasti. — 436, 773.

COLLATIONES Cassiani. — 90.

— super evangeliis. — 537.

COLLECTIO canonum vetustissima. — 611.

— decretorum ex conciliis et epistolis Paparum. — 425.

COLLECTION concernant l'Eglise d'Arras (notes diverses). — 1088.

COLLECTÆ et preces ad usum Vedastensis ecclesiæ. — 702.

COLLECTARIUM Vedastinum. — 773.

COLLETTE (la vie de sainte, réformatrice de l'ordre de Sainte-Claire.
— 461.

COLOGNE. Custumale Capituli Coloniensis. — 361.

COLVENERIUS Georgius. De Sacramentis. — 147.

COMŒDIA de Sancto Georgio. — 1004.

— de Sancto Landelino. — 1004.

COMESTOR Petrus. Historia scholastica. — 158, 755.

— In Pentateuchum. — 865.

— In Pentateuchum evangelica. — 952.

COMITATUS Arthesiæ et comitum ejusdem de origine brevis enarratio.
— 874.

COMMENTARIUS in Apocalypsim. — 53, 887.

COMMENTARIA sancti Augustini in psalmos. — 33.

COMMENTARII Boetii de prædicamentis Aristotelis. — 343.

COMMENTARIUS in Deuteronomium. — 1852.

COMMENTARII in epistolas Jacobi, Petri et Johannis cum glossis. — 110.

COMMENTARIUS in Job. — 46.

— in Magistrum sententiarum. — 119.

— in IVⁿᵐ et Vⁿᵐ decretalium. — 261.

— in psalmos. — 59.

— in secundam partem sancti Thomæ. — 101.

— super Boetium de consolatione philosophiæ per Tryvet.
— 1021.

— super IIIᵒ et IVᵒ sententiarum. — 751.

COMMUNICATIONS et résolutions prises en la ville de Mons. — 377.

COMPENDIUM theologicæ veritatis. -- 905.

COMPILATION des anciennes histoires. -- 1013.

COMPILATIO magistri Middini de morbis. -- 901.

CONCEPTIONE (de) Mariæ. -- 548.

CONCIONES habitæ in Capitulo Vedastino. -- 107.

CONCLAVE Julii III papæ. -- 912.

CONCORDIA discordantium canonum. -- 27.

CONCORDANTIÆ Evangeliorum. - 928.

    —   quatuor evangelistarum. -- 239.

    —   veteris et novi Testamenti. -- 276, 710, 806.

CONSANGUINITATE (de). -- 568.

CONSTITUTIONES Cluniacenses. -- 347.

    —   Congregationis Vallisoletanæ. -- 452.

    —   Religiosæ. -- 1078.

CONTRATS de mariage (Extraits des registres aux) à Lille. -- 318.

COPIE des cartulaires de la Brayelle et de Mareuil en Artois. --672.

COPIES de chartes relatives à l'histoire de l'Artois. -- 316.

    — d'épitaphes par Le Pez. -- 331.

    -- de titres concernant les familles de l'Artois. -- 376.

CORNELIUS à Marca, tragœdia de voto Jephtæ. -- 476.

COURS de physique expérimentale par le R. P. Delas de l'Oratoire d'Arras -- 223.

COUTUMES d'Artois. -- 29, 30.

CRISTOVAL Jean de Estrella. Inscriptions faites en Belgique en l'honneur de Philippe II. -- 93.

CROQUIS généalogiques des familles des Pays-Bas. -- 501.

CROISADES (Histoire des) depuis 1096 jusqu'à Richard Ier, roi d'Angleterre. -- 651.

CROY de). Ad generosissimum principem de Croy comitem Rhodium de origine comitatûs Arthesiæ. -- 874.

CURATORUM manipulus. -- 350.

CUR Deus homo (divi Anselmi). -- 987.

CUEULLE Jacques. L'arithmétique par jetons. -- 145.

CYPRIANUS. Tractatus et Epistolæ. -- 23.

CYPRIANUS. De opere et Eleemosynis. -- 528.

D

DAMIANI Petri liber Gratissimus. -- 941.

DAUFFAIUS Joannes. De verâ successione Mariæ Burgundiæ (en français) -- 385.

DE BURGH Joannes. Pupilla oculi. -- 101.

DE BUTRIO Antoine. In 2um librum decretalium. -- 13.

DECISIONES juris Canonici. -- 1087.

DECRETA promulgata in Consistorio Synodi provincialis Cameracensis. -- 359.

DECRETALES Alexandrinæ. --- 599.

    —   Gregorianæ. -- 881.

    —   —   cum appar. Bern. et titulis Joan. Theutonici.
               --- 593.

    —   —   cum apparatu. --- 581.

    —   Gregorii Papæ et Sextus Clementis V. --- 793.

    —   Gregorii Papæ IX. -- 11.

    —   Innocentii Papæ. --- 597.

DECRETUM abbreviatum. -- 251.

    ---   (Voyez Gratianus).

DEFENSIO ecclesiasticæ hierarchiæ. --- 716.

DEFENSOR Henricus. Liber scintillarum. -- 429, 435.

DEFLORATIO libri Catonis. -- 574.

DELPHINUS. (tragœdia) --- 191.

DEL povre clerc qui disoit Ave Maria adès. --- 657.

DE MOTA Joan. Infortiatum super Justinianum. -- 258.

DERASIÈRE Martin. Recueil sur le Conseil provincial d'Artois. --- 97.

DEUTERONOMIUM cum glossâ. --- 129.

DESCENTE (de la) et généalogie des comtes de Boulogne, recueillie
par le Sr de Boncourt. -- 103.

DESCRIPTION des troubles arrivés dans la ville d'Arras en 1578. -- 87.

    —   des troubles arrivés aux Pays-Bas de 1576 à 1579. -- 150.

DICTIONNAIRE du diocèse d'Arras. --- 1039.

DICTIONNARIUM linguæ latinæ. --- 267.

DIETARIUM: -- 690.

DICTA et Castigationes Sapientium. -- 976.

DICTATA R P Mathæi Bai. Soc. Jesu de justiciâ et jure. -- 111.

— in primam secundæ doctoris Angelici partem. -- 116.

— de sacramentis ecclesiæ à M. Georgio Colvenerio. -- 147.

— de summâ S. Thomæ Aquinatis. -- 387.

— theologica de extremâ unctione à Joanne Servio. -- 418.

DIGESTORUM libri ab XXV° ad XXXVIII^{um}. -- 842.

— libri ab XXXIX° ad XLVIII^{um} cum apparatu. -- 803.

— libri XXIV cum glossis. -- 586.

— pars dicta Infortiatum cum apparatu. -- 605.

DIONYSII Areopagitæ cœlestis hierarchia (latinè). -- 65.

DISCIPLINA (de) scolarum, iiber Boëtio adscriptus. -- 1000.

DISCIPULI sermones de sanctis. -- 706.

DISCOURS des troubles et séditions advenues en la ville d'Arras en 1577 et 1578. -- 1002.

— en bref des choses mémorables advenues en ces Pays-Bas, par Wallerand Obert. -- 371.

— en brief — par Wallerand Obert. -- 193.

— mémoires, lettres originales concernant la réconciliation des Etats provinciaux de l'Artois. -- 365.

— pacifique sur l'estat présent des Pays-Bas. -- 814.

— sur ce qui est advenu au pays d'Arthois. -- 814.

— véritable sur ce qui s'est passé en la ville d'Arras, par Païen. -- 371, 464.

DISPUTATIONES theologicæ de septem novæ legis sacramentis, par Boucault. -- 111, 931.

DISTINCTIONES Johannis de Deo. -- 595.

DIURNALE. -- 215, 558, 783, 1031.

— Vedastinum. -- 246, 531.

DIVERSES particularités sur la ville d'Arras. -- 346, 1002.

DOCTRINAL (le) des simples gens. -- 411.

DOCTRINE Briève chrétienne. -- 684.

— très-utile. -- 786.

DORESMIEULX François. Chronologie du prieuré d'Aubigny. -- 340.

DOUAY. Brève description des choses arrivées en la ville de. -- 1028.

DUCLERCQ Jacques. Mémoires de. -- 867.

DURANDUS Guillelmus. Speculum judiciale. -- 255, 257.

— — Repertorium juris. -- 840.

DYNTER Edmundus (de). Chronicon Brabantiæ. -- 388.

EBERHARDI Bethuniensis Græcismus cum apparatu. -- 410, 495.

ECLIPSE (de) solis tempore Christi. --- 114.

EDMUNDI de Dinter. Chronicon Brabantiæ. --- 388.

EGESIPPUS. Historia Judæorum. --- 826.

ELÉMENTS de mathématiques. --- 121.

ELENCHORUM libri II. --- 162.

ENCOMIUM agriculturæ. Auct. Rob. Britanno. -- 414.

ENGUERRANT de Monstrelet. Partie des chroniques d'. --- 920.

ENSEIGNEMENTS (les) de saint Augustin. --- 681

ENTERREMENTS des rois, reines, princesses du sang, etc. -- 16.

  —   et pompes funèbres de plusieurs princes, cardinaux
           et aultres. — 16.

ENTRETIENS d'Amintas et d'Eurymédon. --- 551.

EPISCOPI Moriuenses. --- 177.

EPISCOPORUM Tornacensium, Atrebatensium, &ª, historiæ. --- 177.

EPISTOLA Assonis monachi ad Gerbergam reginam. -- 499.

  —   heroico carmine descripta ad Philippum Caverel abbatem
       Vedastinum. --- 502.

EPISTOLÆ sancti Bernardi. -- 606, 662.

  —   canonicæ cum glossâ. --- 481.

  —   et evangelia. --- 164.

  —   Methodii pro Antichristo --- 163.

  —   Beati Pauli cum glossâ. --- 28, 279.

  —   Pauli. -- 5, 633, 789.

  —   Pauli ad Timothæum. --- 159.

  —   super compassionem super errores Sarracenorum. --- 772.

EPISTOLARUM registrum Alexandri papæ. -- 964.

EPITAPHES et armoiries recueillies sur les tombeaux dans les châtel-
       lenies de Lille, Douai et Orchies. --- 738.

  —   de l'Eglise d'Arras. --- 328.

  —   et tombeaux de l'église de Fribourg, Paris, Cambray.--39.

EPITOME chronicorum ecclesiæ Tornacensis. --- 177.

  —   succincta expositionis super Apocalypsim. ---819.

ERECTION de la comté d'Artois. -- 844.

ECHEVINS de la ville d'Arras de 1422 à 1523. --- 874.

Espras cum glossâ. --- 71, 817.

Esther cum glossâ. --- 71, 575, 817.

Estrif (l') de vertu et de fortune, par Martin Franc. --- 777.

Eusebius. Quidam sermones de contemptu sæculi. --- 499.

Evaluation des offices du royaume. --- 48.

Evangelia cum glossis. --- 1053.

Evangelium Lucæ cum glossâ. --- 68, 155, 680, 985.

  —   Matthæi cum glossis. -- 71, 469.

  —   secundùm Johannem cum glossis. --- 441.

  —   secundùm Matthæum et Marcum. -- 298.

Evrardi (F.) sermones. -- 898.

Excerpta ex annalibus Flandriæ Jacobi Meieri ab anno 484° ad na-
    num 1614um (par Lepez.) -- 506.

  — historica. --- 765.

  — Patrum. -- 731.

  — Philosophorum. — 315.

  — quædam è patribus. -- 775.

Excerptiones de libro sententiarum magistri Petri Longobardi.--782.

Exemplorum libri. -- 1019.

  —   Manipulus. -- 296.

  -,   Tractatus. -- 537.

Exodus et evangelium Lucæ cum glossâ -- 959.

Explanatio Hieronymi super evangelio Marci. -- 528.

  —   Psalmorum. -- 52.

Explanationes super epistolis Pauli. -- 633.

Explicatio Articulorum fidei. -- 401.

  —   Symboli per Rufinum -- 528.

  —   Verborum Domini in cruce. -- 161.

Explication du Symbole des Apôtres, par J. Sarrazin, abbé de Saint-
    Vaast. -- 363.

  ;— symbolique et mystique de diverses devises tirées des
    poètes latins. --- 482.

Expositio Ægidii de Româ decreti de canone missæ. --- 621.

  — Sancti Augustini super Genesim. -- 623.

  — Bedæ in Actus Apostolorum. -- 728.

Expositiones Biblicæ. -- 70.

  —   -- è modernis doctoribus excerptæ. -- 652.

EXPOSITIO in Danielem, Apocalypsim et Lucam. — 774.
— Evangelii sancti Johannis, in principio erat verbum — 868.
— — secundùm Johannem. — 705.
— Beati Gregorii super Cantica Canticorum. — 639.
— Levitici. — 864.
— litteralis sermonis Domini in monte. — 772.
— missæ. — 1044.
— in psalmos. — 125, 211.
— regulæ Sancti Augustini per Hugonem de Sancto Victore. — 490.
— super Cantica Canticorum. — 835.
— — — — et Apocalypsim. — 362.
— — epistolis beati Pauli. — 491.
— Symboli Apostolorum.
EXPOSITION de la messe. — 1073.
EXTRAITS de cartulaires — 316.
— — concernant la noblesse de l'Artois. — 308.
— — concernant les familles de Flandres et d'Artois. — 319.
— — concernant l'histoire politique, civile et nobiliaire de l'Artois. — 338.
— pour l'histoire ecclésiastique et nobiliaire de l'Artois et de l'abbaye de Saint-Vaast. — 316.
— des inscriptions et attaches faictes et mises en diverses villes et autres lieux au voyage de dom Philippe, roy des Espaignes, fils de Charles-Quint. — 95.
— de pièces originales concernant la noblesse de Flandres et d'Artois. — 332.
— de pièces originales faits par D. Le Pez. — 333.
— des registres aux contrats reposant à la gouvernance du souverain bailliage de Lille. — 318.
— du répertoire des chartes d'Artois. — 651.
EZECHIEL et DANIEL cum glossâ. — 57.
— — et prophetæ minores cum glossâ. — 850.

F.

FASCICULUS novus rerum expetendarum et fugiendarum. — 1042.

FATALITÉ de saint Cloud. — 555.

FAYOLLE Joseph. Alphabets de diverses nations. — 241.

FEHNLÉ Phil. Historia Marchionum Badensium. — 1035.

FEMME (la) docteur, ou la Théologie tombée en quenouille. — 508.

FESTE de l'ordre de la Toison-d'Or, célébrée par Sa Majesté catholique en la ville de Gand (en 1559). — 153.

— de Vénus. — 26.

FIDEI articulorum explicatio. — 401.

FLANDRE. Chronique de Flandre de 1058 à 1528. — 168.

— Guerres de. — 915.

FLANDRIÆ annales à Philippo Meyero. — 423.

— comites usque ad Thomam. — 163.

FLORES auctorum. — 574.

— excerpti ex operibus sancti Augustini per Eugippium abbatem. — 281.

— insignium doctorum excerpti per Thomam de Hiberniâ. — 872.

— ex Patribus. — 1017.

— philosophorum. — 64.

— Sententiarum ex variis auctoribus excerpti. — 171.

FLORUS. Historia Romana. — 507.

FORMULAIRE pour recevoir les filles du tiers-ordre de Saint-François. — 496.

FRAGMENT de chronique de l'an 1430 à 1431. — 406.

FRANC Martin (le). L'estrif de vertu et de fortune. — 777.

FRANÇOIS Leonor (le). Recueil d'armoiries. — 1007.

— — Notes sur le blason. — 1008.

FRANÇOIS (le) Jean, escuier, seigneur de Gongnies et d'Arleu. Chronique. — 1056

FROISSART. Chronique. — 1063.

FŒUCY Jean (de), abbé d'Hennin-Liétard. (Chronique de Flandres). — 844.

G.

GALBERTUS Brudgensis, de mulctro, traditione et occisione Caroli comitis Flandriarum. — 115.

GALFREDUS Arthurius Monemuthensis. Historia Britanniæ. — 871.

GALLICANE. Autorité du Roi dans l'administration de l'Eglise.---1101.

GALENSIS Joan. Communiloquium. --- 690.

GALIENUS Fr de Horto. Abbreviato super secundam secundæ ---677.

GASPARIS Scioppii Machiavellica. --- 921.

GAUFFRIDI de Trano summa super Titulis decretalium. --- 621, 769.

GELDRENSIS historiæ Compendium. --- 1097.

GENEALOGIA comitum Boloniensium. --- 163.

— Flandrensium comitum. --- 741.

GÉNÉALOGIES de la branche royale d'Arthois, de la maison de Melun, de Guines et de Boulogne. --- 321.

— et alliances de la maison de Launay en Flandres.---283.

— de la maison de Bade --- 131.

— de la Bible. --6.

— de la maison royale de Castille et de Léon. -- 673.

— de la maison de Cool (en flamand). --1009.

— de la maison de Fiennes. -- 342, 443.

— de familles de Flandres et d'Artois. --- 322.

— de Flandres. -- 35.

— de Flandres et d'Artois. -- 337.

— de la maison de France. --- 788.

— de la maison de Hornes, Lalaing, Berlaymont, etc.--930.

— italiennes. -- 666.

— de la noblesse de Liège. -- 1061.

— des maisons de Mailly, Créqui, etc. -- 919.

— de la maison de Pas. -- 308.

— des maisons de Poitiers, d'Avesnes et d'Enghien.--669.

— de Picardie, d'Artois, de Flandre et de Hornes. --335.

GENESIS cum glossis. -- 188.

— et Exodus cum glossâ. -- 299, 837.

GENERATIONE (de) et Corruptione. -- 1050.

GÉOGRAPHIE (Introduction à la). -- 238.

GEORGES Chastelain. (Histoire) de 1461 à 1164. -- 578.

GEOMANTIA, astrologia, physionomia, chyromancia. -- 529.

GÉRARD Robert (Annales de dom), religieux de Saint-Vaast, mort en 1502. -- 183, 355, 1081.

GESTA Karoli magni auctore Turpino. --- 163.

— passionis Dominicæ. -- 630, 1032.

GLAPIO Jehan. Passe-temps du Pelerin de la vie humaine. — 236.

GLOSSA in Actus Apostolorum, Epistolas canonicas et Apocalypsim. — 663.

— in Libros Josuæ, Judicum, Regum. — 818.

— in Librum Numerorum. — 93

GLOSSA in Psalmos. — 99.

— in Psalterium. — 664.

GLOSSARIUM linguæ latinæ. — 267.

GRATIANI decretum cum apparatu. — 263, 791.

— — cum apparatu Bartholomæi Brixiensis. — 577, 809.

— — cum notis. — 592.

— — cum summariis ac divisionibus Bartholomæi Brixiensis. — 585.

— — cum Glossà. — 7, 599, 813.

GODEFROY. Inventaire des archives des comtes d'Artois — 288.

GREGORII. Decretales. — 287.

— IX. Decretales cum apparatu. — 881.

— cum glossà. — 816.

— IX Papa. — 802.

— IX Papa. — Decretalium libri V. — 11, 581, 881.

— Papæ et Sextus Clementis V Decretales cum apparatu. — 793.

— Decretales cum glossis Bernardi. — 593, 811.

— — cum notis Bernardi. — 568.

GREGORIUS (Sanctus). Dialogi. — 715.

— Dialogorum libri IX. — 681.

— Expositio super Cantica Canticorum. — 639.

— in Ezechielem. — 658.

— Homiliæ. — 1084.

— Homiliæ de evangelii. — 956.

— — de Ezechiele prophetà. — 629, 902.

— — Collectanea de operibus. — 924.

— — In Job. — 10, 46, 671, 711.

— — In Evangelia. — 750.

— — In Ezechielem. — 408.

— — Registrum litterarum. — 323.

— Moralia in Job. — 2, 3, 256, 613, 648, 711.

GREGORIUS. Moralium abbreviatio. — 757.

— — in Job pars quarta. -- 321.

-- Moralium in Job libri V priores. -- 82.

— — in Job libri à XXIII usque ad XXVIII. --624.

— — . in Job pars secunda. --628, 653, 660.

— — super Job pars sexta. -- 86.

— Liber pastoralis. --- 925.

GREGORII Nazianzeni opuscula (latinè). -- 695.

GUALTERI Insulensis Alexandreis. — 990.

GUERARD Dominique (Sermon de). --- 503.

GUIBERTUS de Tornaco. Sermones. -- 202.

— Frat. Tractatus de pace. -- 720

GUIDO de Baysio. In Decretum Gratiani. -- 804, 815, 820.

— de Baysio. Apparatus super sexto Decretalium. -- 591.

— In librum Decretorum. -- 812.

— Bernardus. Vita sancti Thomæ de Aquino. -- 471.

— de Monte Rocherii. Manipulus curatorum. -- 977.

GUILLELMUS Durandus. Speculum judiciale. -- 255, 257, 810.

— De Gouda. Stella clericorum. -- 1044.

— (F). Lugdunensis. Sermones super Clementinis. -- 498.

— de Monte Landuno. Super Clementinis et Extravagantibus. — 603.

— — Apparatus super Clementinis. -- 610.

— — Sacramentale. -- 352.

— Parisiensis. Sermones. - - 203.

— — Rhetorica divina. --- 998.

— de Peraldo. Summa super tempore. — 543.

GUIMUNDUS Aversanus. Libri III de corpore et sanguine Domini et alia. — 929.

GUY de Roye. Le Doctrinal des Simples gens. --- 411.

H.

HAILEUS Jodocus. In 1° Summæ sancti Thomæ de Aquino. -- 157, 381.

HAIMO. Expositiones super epistolis Pauli. — 958.

HALES Alexander (de). In 4° Sententiarum. — 612.

HANAPIS (de) Nicolaüs. Manipulus sacræ Scripturæ. — 489.

HAYNAUT. Annales du comté de. — 403.

HÉBERT. Sur les coutumes d'Artois. — 36.

HEEMS Claudius d'Arras. De Ebrietate. — 935.

HEGESIPPUS. Josephi historiarum libri V. — 826.

HELDESMENSIS Joannes Saxo, seu Hildensis. De morte et fine. — 505.

HENRICUS Bohic. Distinctiones. — 172.

      —   In Decretales Gregorianas. — 798.

      —   De III° Decretalium. — 272.

HENRICI Magistri æquivoca. — 483.

HERBERTI de Boseham. Liber melorum. — 375.

HERMANNUS. Chronicon Sancti Martini Tornacensis. — 175.

HIERARCHIÆ ecclesiæ defensio. — 716.

HIERONYMUS. De Assumptione Virginis. — 732.

      — et Beda. Super sanctos libros Explanationes. — 1079.

      — Commentarius in libro psalmorum. — 860.

      — Contra Jovinianum et Rufinum in Danielem. — 79.

      — Contra Rufinum. — 415.

      — Epistolæ. — 717, 838.

      — In epistolas Pauli. — 159.

      — Explanatio super Isaïam. — 151.

      — Explanatio super evangelio Marci. — 528.

      — Expositio super minoribus prophetis. — 397.

      — In Ezechielem. — 1048.

      — In Genesim et Exodum. — 299.

      — In Jeremiam. — 127, 913.

      — Liber de officio septem horarum. — 528.

      — Quæstiones hebraïcæ. — 984.

HILARIUS. In Psalmum : beati immaculati. — 641.

HISPANUS Gaugericus. Carmen in laudem Sancti Vedasti. — 493.

      —   — Comœdiæ de Sancto Landelino et de Sancto Vedasto. — 1004.

HISTOIRES concernant l'Artois. — 371.

HISTOIRE généalogique de la maison de Bergues. — 151.

      — généalogique de la maison de Boulogne. — 895.

      — des ducs de Bourgogne. — 1074.

HISTOIRE des contestations agitées au concile de Constance. — 40.
— de la controverse de Gerson et de Martin Porée. — 1077.
— des Croisades. — 651.
— de l'Europe dans le XVIe siècle. — 50.
— des Frisons, Hollandais et autres pays circonvoisins. — 177.
— de la maison de Longueval, par D. Est. Lo Pez, avec preuves et chartes. — 320.
— généalogique de la maison de Lorraine. — 894.
— généalogique de la maison de Luxembourg. — 892, 893.
— des troubles du Pays-Bas advenus sous le gouvernement de la duchesse de Parme. — 139.
— romanesques. — 657.
— de Tobie. — 897.
— universelle. — 1043.
HISTORIA genealogica Marchionum Badensium, trad. par Leonor le François de Rigauville. — 1035.
— comitum Flandrensium. — 163.
— evangelica. — 952.
— regum Francorum abbreviata. — 754.
— Lobiensis monasterii. — 982.
— Tornacensis. — 177.
— veteris et novi Testamenti. — 968.
HISTORICA excerpta. — 765.
HOIUS Andreas Brugensis. De Atrebatium laudibus et antiquitate. — 472.
HOMILIÆ Chrysostomi in evangelium Johannis à Burgundione Judice Pisano in latinum translatæ. — 1083.
— diversæ. — 822.
— in evangelia pro tempore. — 749.
— sancti Gregorii super Ezechiel. — 408.
— magistri Johannis de abbatis villa. — 667.
— de martyre. — 375.
— Origenis de Pentateucho (latinè). — 294.
— S. S. Patrum, sancti Bernardi, &a. — 968.
— Patrum et præcipuè venerabilis Bedæ super evangeliis. — 914.
— et sermones per annum — 817.
— et sermones cum lectionibus evangeliorum. — 8, 9, 344, 598, 749, 750, 796, 801.

HOMMAGE à la ville d'Arras (vers). — 1016.

HORATII Flacci epistolæ. — 973.

HORÆ. — 232, 449, 515, 1030.
— (latin et flamand). — 520.
— sanctæ crucis. — 780.
— — et beatæ Mariæ. — 1020.
— — Sancti Spiritûs et beatæ Mariæ. — 233.
— diurnæ. — 240, 515, 1023.
— diversæ. — 521.
— beatæ Mariæ et sanctorum. — 235.
— Sancti Spiritûs. — 241.
— beatæ Virginis. — 226, 533, 540, 767, 778, 1025.
— et prières en flamand. — 513.

HOROLOGIOGRAPHIE solaire. — 1017.

HUGO. Postillæ in Lucam et de quatuor virtutibus. — 771.
— de Sancto Caro. In Apocalipsim. — 53.
— — De arcâ animæ. — 143.
— — Postilla in Lucam. — 19.
— — Speculum ecclesiæ. — 770.
— de Folleto. Tractatus de claustro corporis et animæ.
— Magister de Sancto Victore. De arcâ Noë. — 117.
— — — De conscientiâ. — 967.
— — — Expositio regula S. Augustini. — 190.
— — — Sententiæ. — 519, 730.

HUGUTIONIS seu Ugutionis derivationes magnæ. — 839.

HYLPERICUS de Rône. Liber chronic. ab origine mundi ad 1281. — 722.

HYMNI glossati et alia. — 525.

I.

IGNACE (le R. P.), capucin du couvent d'Arras. Additions aux mémoires et recueils concernant le diocèse d'Arras. — 1036.
— Mémoires pour servir à l'histoire du Parlement de Flandres. — 1033.
— Recueil de pièces concernant le diocèse d'Arras. — 1034.

Ignace. Supplément aux additions, mémoires et recueils concernant le diocèse d'Arras. — 1035.
— Mémoires du diocèse d'Arras. — 1037.
— Table pour les mémoires, recueils et dictionnaire du diocèse d'Arras. — 1038.
— Dictionnaire du diocèse d'Arras. — 1039.
Imitation de Jésus-Christ. — 557.
Incerti commentarius de epistolis Pauli, etc.
Index d'une collection en 41 vol. dont le titre n'est pas rapporté.—345.
Infortiatum digestorum pars dicta cum apparatu. — 605.
— cum apparatu. — 258.
Innocentius IV. Seu Lotharius cardinalis. Decretales. — 254.
Innocentius III Cardinalis. Decretales. — 597.
— — Liber de vilitate humanæ conditionis,—971
— III. Seu Lotharius card. Apparatus in decretales,— 521.
— Seu Lotharius cardinalis. De nuptiis sermones ad Benedictum. — 754.
— III. Seu Lotharius card. De sacramento altaris. — 770.
— — De vilitate humanæ conditionis. — 456, 757.
— Hostiensis card. Seu Ostiensis. In Decretales Gregorii IX. — 797.
— IV. — In Decretales quæstiones cum apparatu. — 59'.
— Hostiensis card. Summa de titulis Decretalium Gregorii IX. — 821.
— IV. — Apparatus in Decretales. — 828.
— Hostiensis card. Summa de titulis Decretalium Gregorii IX. — 582.
— V. Seu Petrus de Tarentasiâ in secundum Sententiarum. — 685.
Insignia militum velleris aurei. — 921.
— nobilium (en français) Flandriæ et Franciæ. — 69.
Institution de l'ordre de la Toison-d'Or. — 844.
Institutiones Justiniani. — 17.
Inventaire chronologique des archives des anciens comtes d'Artois, par M. Godefroy. — 288.

INVENTAIRE des chartes d'Artois fait en 1546. — 310.
— des chartes et registres de la Trésorerie d'Arras. — 353.
— de plusieurs layettes des archives du Conseil d'Artois.
— 610.
IPERIUS. Chronicon Sancti Bertini. — 402, 668.
ISAGOGE Porphyrii in prædicamenta Aristotelis et alia logica. — 446.
ISAÏAS. — 789.
— cum glossâ. — 611, 932, 934.
ISIDORUS (S) de divinis officiis liber. — 410.
-- Expositio Pentateuchi. — 1026.
— Libri officiorum. — 741.
— Monita. — 757.
— de Nativitate, Passione et Resurrectione Christi. — 731.
— Tractatus de summo bono. — 761.
— de quatuor Humoribus corporis. — 483.
— de Sanctis officiis. — 96.
— de vitiis et virtutibus. — 516.

J.

JACOBUS de Januâ. Legenda aurea. — 747.
— de Theramo. Consolatio peccatorum. — 138.
— de Voragine. Legenda sanctorum. — 1014.
JACQUES de Cœulle. L'arithmétique. — 145.
JEREMIAS. — 336.
— Cum glossâ. — 889.
— Daniel, Isaïas, cum glossâ. — 859.
— Daniel, Ezechiel, cum glossâ. — 31.
JESSELINUS de Cassanis. Super extravagantibus. — 570.
JOACHIM abbatis prædictiones de eventu peregrinationis regum Fran-
ciæ et Angliæ in Terrâ Sanctâ. — 138.
JOANNES de Abbatis-Villâ. Expositio super Cantica Canticorum.—490.
— — Sermones. — 626, 754, 927.
— — Sermones pro festis Sanctorum. — 753.
— Andræe apparatus super Clementinis. — 570.
— — apparatus in sextum Decretalium. —596.

Joannes Andraeæ et Guido. Apparatus super sextum Decretalium. — 820.

— — Super librum VI^{um} decretalium Bonifacii papæ.—260

— Beleth. Gemma animæ. — 208.

— Bromiard frater dominicanus. Sermones. — 181.

— de Burgh. Pupilla oculi. — 104, 880.

— Cassianus. Collationes Patrum. — 917.

Joannis Chrysostomi et aliorum opuscula (latinè). — 696.

— — Homiliæ (latinè). — 128.

— — in Matthæum homiliæ. — 851.

— — in Matthæum (latinè).— 935.

— — in Matthæum (latinè). — 622.

Joannes de Deo. Summa in Gratiani Decretales. — 1064.

— — Casus Decretalium. — 122.

— — Distinctiones. — 595.

— — Liber pœnitentialis. — 621.

— Damasceni liber Mansionis, interprete Burgundione Judice sive Pisano. — 855.

— — de orthodoxâ fide. — 70.

— Evangelium cum glossis. — 411.

— (Fr.) Compilatio Summæ confessorum. — 829.

— (Fr.) Galensis. Summa collectionum. — 690.

— Januensis Catholicon. —270.

— — Catholicon magnum (glossarium.) - — 576.

— de Lausannâ. Sermones de dominicis et de sanctis. — 1018.

— Lector. Summa confessorum. — 277.

— de Levâ. De Eucharistiâ. — 146.

— de Lignano. In primum et secundum librum Decretalium.— 259.

— Monachus. Apparatus in 6um Decretalium.—579, 583.

— Oris aurei. Interpretatio evangeliorum. — 709.

Joannes XXII papa. In Constitutiones novas Clementis V.—584, 588.

— de Rupellâ. Summa de animâ. — 609.

— de Sacro-Bosco. Tractatus de spherâ. — 512.

— Saracenus. Orationes aliquot. — 373.

— Teutonicus. Summa confessorum abbreviata. — 992.

Job. — 12, 336, 575.

Jordanus de Quedelinberg. Expositio passionis Christi. — 868.

Josué. — 43, 789.

Journal des évènements survenus à Arras et dans l'abbaye de Saint-
Vaast en 1598, 99 et 1600. — 301.

— du traité d'Arras. — 366.

Judices cum glossà. — 847.

Judith cum glossà. — 12, 74, 575, 789, 847

Julius III papa. Conclave quo creatus est Papa. — 912.

Justinianus. Digesta. — 812.

— Digesti novi 1ᵃ pars. — 803.

— Codex.

— Codicis libri IX cum glossà. — 807.

— Iustitutiones. — 856, 17.

— Institutiones et novellæ cum glossis. — 253.

— Pandectæ. — 586.

— Pandectæ cum apparatu. — 565.

— Repetita lectio. — 265.

K.

Koran (le). — 1070.

L.

Lactantii opera. — 167, 614.

Ladam Nicaise. Chronique. — 383, 682, 1082.

Lambertus episcopus. Codex. — 1031.

Lanfrancus ad Berengarium. — 775.

Langhton Stephanus (de). Summa de Deo. — 394.

— Super VII libros priores Bibliorum. — 890.

Laseta Denys (de). Le Bouclier du clergé. — 965.

Launay Jean (de). Armorial des Pays-Bas. — 1100.

— Généalogie de la maison de Boulogne. — 895.

— — de Hornes. — 930.

— — de Limbourg. — 893.

— — de Lorraine. — 894.

— — de Luxembourg. — 892.

LAUNAY. Généalogie de la maison de Poitiers et catalogue des Papes. — 669.

LECTIO magistri Johannis de Lovanio. — 146.

LECTIONES pro festis anni. — 598.

   — et sermones SS^{um} Patrum per annum. — 841.

LECTIONARIUM. — 56, 72, 164, 185, 280, 285, 304, 646, 792, 869, 904, 957, 1045, 1049.

   — in festis diebus. — 9.

   — pro festis sanctorum. — 600.

   — de tempore et de communi sanctorum. — 344.

LECTOR Joannes. Summa confessorum. — 277.

LEFRANC Martin. L'Estrif de vertu et de fortune. — 777.

LETTRE autographe du duc d'Orléans au général Létang. — 166.

LÉGENDE dorée. — 630.

   — et vies des saints. — 307.

LEGENDA aurea. — 144.

   — — Bartholomæi Januensis — 961, 966, 747.

   — sanctorum Jacobi de Voragine. — 1044.

LEO (Sanctus). In epistolas sancti Pauli. — 159.

LEONARDUS Aretinus. Isagogicum moralis disciplinæ. — 973.

LEVITICUS. — 836.

   — cum glossâ. — 133.

LIBELLUS de IV virtutibus honestæ vitæ. — 571.

LIBER de animâ. — 732.

   — Albertani de doctrinâ dicendi et tacendi. — 971.

   — Aristotelis de secretis secretorum. — 517.

   — Confessionum sancti Augustini. — 106, 616.

   — Conscientiæ ab Hugone de Sancto Victore. — 967.

   — Conscientiæ. — 204.

   — Continens historiam brevem Tornacensem. — 177.

   — Custumarum et Reddituum Capituli ecclesiæ Coloniensis. — 361.

   — Decretarius (Decretum Gratiani) cum glossis). — 843.

   — Disciplinarius. — 994.

   — Distinctionum. — 631.

   — Duodecim prophetarum. — 136.

   — Duodecim prophetarum cum glossâ Johannis Lyrani. — 209.

   — Epistolarum et Evangeliorum. — 1049.

LIBER Evangeliorum. — 56.

— Evangeliorum et Collectarum. — 185.

— Evangeliorum. — 904, 1045.

— Feudorum cum glossis. — 17.

— D. Hermanni, abbatis. S. Martini Tornacensis chronicon.—175.

— Innocentii papæ de vilitate conditionis humanæ. — 971.

— Mahumeti Avenscot, dictus Colliget. — 901.

— Miraculorum S. Vedasti. — 1032.

— Miraculorum et officii S. Vedasti. — 734.

— Officiorum variorum. — 975.

— Officio. um S. Vedasti. — 269.

— Orationum ex Anselmo et aliis. — 524.

— Orationum. — 781.

— Orationum et precum variarum. — 763.

— de Pœnitentiâ Johannis de Deo. — 490.

— de Pomo, etc. — 770.

— Priorum et posteriorum. — 162.

— Psalmorum et orationum. — 542.

— Sermonum. — 222.

— Sermonum Gerardi episcopi Cameracensis. — 354.

— Scintillarum Henrici Defensoris. — 429.

— Scintillarum. — 735.

— Tobiæ. — 1044.

— Verborum et exemplorum sacræ Scripturæ. — 239.

— veritatis Hippocratis. — 483.

LIBERO (de) arbitrio. — 939.

LIBRI Josue, Paralipomenôn et Baruch cum glossâ. — 877.

— Regum cum glossâ.— 632.

— Sapientiales. — 575.

— Sapientiales cum glossâ. — 608, 655, 830.

— Sapientiales cum glossâ Lyrani. — 602.

— Judicum. — 43.

LILLE. Antiquités et coustumes de. — 442.

LITTERARIIS (de) puerorum lusibus, seu de infantibus animi nugantis.
— 713.

LIVRE (le) des bonnes mœurs. — 422.

— de la Consolation, par Boëce. — 972.

Livre (le) des Merveilles du monde. — 1057.

— des Priviléges et Constitutions du comté de Haynaut.—403.

— Ki est de philosophie et ensement de moralité. — 657.

— des Vertus et des vices. — 214.

— des Vices et des vertus. — 1057.

Lobiensis monasterii historia. — 982.

Loci communes pro concionatoribus. — 251.

Lotharius cardinalis. De quadripartitâ specie nuptiarum. — 754.

Lucæ evangelium cum glossis. — 155, 680.

Lucius Annæus Florus. Compendium Historiæ Romanæ. — 507.

Ludolphus de Saxoniâ. Vita Christi. — 1003.

Lullius. Ars inventiva. — 78.

Lusus puerorum. — 713.

Lyra (de). In novum Testamentum. — 126.

— Nicolaüs. Postilla super veteri Testamento. — 263.

— Paulus. Lectura super Clementinis. — 834.

Lyranus. In Actus Apostolorum et Epistolas canonicas. — 674.

— In Epistolas Pauli. — 55.

— In Pentateuchum. — 43.

Lyranus vel de Lyra (Nic.) In Pentateuch. Josue et Judices. — 252.

— — In vetus Testamentum.—268.

M.

Macer. De virtutibus herbarum. — 483, 1016.

Machabæi. — 12.

Magister sententiarum. — 102, 119, 855.

— sententiarum P. Lombardi. — 273.

— sententiarum à Petro Lombardo. — 326.

— sententiarum, Petrus Lombardus. — 360.

sententiarum libri dies posteriores — 758.

— Alanus. Summa. — 978.

— Bernardus. Casus decretalium. — 625.

— Hugo. De Arcâ animæ. — 143.

— Hugo. De Sancto Victore de arcâ Noë. — 117.

— — de sacramentis. — 117.

MALPAUTIUS Joannes. Oratio funebris Gerardi Hamericourt. — 3040.

MANARÆUS Oliverius. Itinerarium Germanicum et Belgicum. — 480.

MANIPULUS Curatorum. — 350.

— Exemplorum. — 296.

— Florum à M. Thomâ de Hiberniâ excerptorum. — 1001.

MARIALE seu de laudibus Virginis Mariæ (liber dicatus Umberto episcopo Vercellensi). — 438.

— sive de laudibus Beatæ Mariæ Virginis. — 670.

MARQUAIS Jacobus (de) ad Joan. Sarraziu de VII psalm. pœnitentialibus. — 478.

MARTINIANA seu Martini Poloni Chronica. — 751.

MARTINI (S.) abbatiæ Tornacensis Chronicon. — 668.

— (Fr.) Margareta Decreti. — 891.

MARTINUS Pœnitentiarius. Margarita Decretalium. — 891.

— (S.) episcopi de quatuor virtutibus, seu formula vitæ honestæ. — 731.

MARTYROLOGIUM et obituarium ecclesiæ Atrebatensis. — 290, 378, 421.

MATTHÆI (R. P.) Bai soc. Jesu, de justitiâ et jure. — 444.

— evangelium cum glossis. — 409.

— et Marci evangelium. — 298.

MATTHÆUS et Marcus glossati. — 51, 120.

MAURUS Rabanus. In Reges. — 650, 999.

— Judith, Esther. — 764.

— in Machabæos. — 293.

— de universo, epitaphium ejus. — 832.

MAXIMIANUS à Capellà. De Extrêma Unctione. — 418.

MEDICINA animæ. — 761.

MEIERI Jacobi. Excerpta ex annalibus Flandriæ (ab anno 481 ad anno 1614). — 500.

MÉLANGES généalogiques. — 103, 313.

— historiques. — 177.

MEMORIA (de). — 1050.

MÉMOIRE historique sur l'Artois, écrit vers l'an 1550. — 874.

MÉMOIRES sur l'Artois. — 937, 1095.

— du diocèse d'Arras avec un supplément, par le R. P. Ignace, capucin du couvent d'Arras. — 1037.

— de la ville et de la cité d'Arras depuis le temps de Jules César, avec l'État de l'Église. — 87.

MÉMOIRES sur les Constitutions de l'empire germanique. -- 176.

— sur l'antiquité des Constitutions de l'Artois, par le sieur de Villemont. -- 874.

— pour l'histoire des communautés religieuses. -- 1040.

— généalogiques. -- 169.

— généalogiques sur la Flandre et l'Artois. -- 291.

— sur Hennin-Liétard. -- 874.

— de Jacques Duclercq. -- 867.

— en faveur de Marie de Bourgogne contre le roi Louis XI. -- 385, 1074.

— de D. Pronier, religieux de Saint-Vaast. -- 372.

— pour servir à l'histoire civile et politique des principales villes de la Flandre française au XIIIe siècle. -- 1041.

— pour servir à l'histoire du Parlement de Flandre séant à Douay, par le R. P. Ignace -- 1033.

— lettres et instructions pour servir à l'histoire des États tenus à Mons en 1579. -- 109.

MERLINI prophetia. -- 163.

METAPHYSICORUM Aristotelis (latinè). -- 1050.

MÉTHODE pour méditer. -- 538.

METHODII epistola de Antichristo. -- 163.

MEUNG Jehan (de). Le roman de la Rose. -- 897.

MEYERUS Philippus. Annales Flandriæ. -- 423.

— Jacobus. Excerpta ex annalibus Flandriæ. -- 500.

— Philippus. Turcarum imperatores carmine descripti. -- 479.

MIDDINI de morbis compilatio. -- 901.

MIRACULA sancti Sebastiani. -- 1071.

MIROIR (le) du monde. -- 1057.

— du sauvement. -- 845.

MISSA in festo reliquiarum ecclesiæ Atrebatensis. -- 883.

MISSALE. -- 197, 271, 339, 444, 448, 465, 601, 862, 1024, 1096.

— Atrebatense. -- 275, 297, 303, 309, 334, 391, 638.

— Atrebatense pro defunctis. -- 687.

— Capellæ Sanctæ Catharinæ. -- 606.

— et collectarium Ecclesiæ Atrebatensis. -- 721.

— Fratrum minorum. -- 787.

— Romanum. -- 38, 49, 278.

MOLINET Jehan. Poésies. -- 692.

— Chronique de 1477 à 1506. -- 900.

MONACHORUM Constitutiones -- 1078.

MONALDUS. Summa de jure canonico. -- 91, 514.

MONS. (Registre des communications et résolutions prises en la ville de). -- 377.

MONSTRELET. Chronique de France et d'Angleterre. -- 920.

MORALES chrétiennes et philosophiques. -- 657.

MORALIUM D. Gregorii in Job. -- 10.

MORIBUS (de) ecclesiæ. -- 420.

MORINORUM episcopi usque ad Petrum 1230. -- 163.

MORTE (de) et vità (latinè). -- 1050.

MORTS, naissances et mariages concernant la noblesse de l'Artois, de l'an 1684 à 1707. -- 1013.

MORUS Thomas (Tragœdia). -- 174.

MŒURS (le Livre des bonnes). -- 423.

N.

NECROLOGIUM Atrebatense. -- 740.

NÉGOCIATIONS entre le pape Jules III et l'empereur, 1550 (en italien). — 1072.

NEHEMIAS. — 847.

NICOLAUS de Hanapis. Manipulus sacræ Scripturæ. -- 489.

— de Lyra. Postillæ super veteri Testamento. -- 268.

NOBLESSE (Traité de là), armoiries et blason. — 390.

NOELS, cantiques et autres poésies sacrées. -- 963.

NOMINA abbatum ecclesiæ Sancti Vedasti Atrebatensis usque ad Jacobum de Kelles (1500). -- 874.

— abbatum celeberrimi monasterii Sancti Vedasti Atrebatensis civitatis. -- 404.

NONNULLARUM sanctarum vitæ. -- 89.

NOTES pour l'histoire de l'abbaye de Saint-Vaast. -- 191.

— sur le blason et la noblesse. — 1008.

— historiques sur la province d'Artois. -- 77.

— relatives à l'histoire du couvent des Dominicains d'Arras.--960

Novellæ. — 17, 856.
— Johannis Andræe super sexto Decretalium — 800, 833.
Novus fasciculus rerum expetendarum et fugiendarum. — 1042.
Novum Testamentum. — 911.
Nul n'est grevé que de soy-même. — 786.
Numeri. — 836.
Numerorum liber glossatus. — 691.

O.

Obert Walerand. Troubles des Pays-Bas et particularités sur Arras.
— 150.
Obituarium ecclesiæ Atrebatensis. — 290, 305, 395, 424, 740.
Obrizii Roberti varia poëmata. — 220.
Ode Eucharistica ad R. P. D. Philippum de Caverel abbatum Vedastinum. — 458.
Odonis episcopi Tusculani sermones. — 876.
— de Castro Radulphi distinctiones super Psalterio. — 762.
— — distinctiones super Psalterium, divisum per quatuor virtutes cardinales. — 733.
Officia. — 1027.
— varia. — 244.
Officium beatæ Virginis. — 536.
— defunctorum. — 779.
— in festo Sanctæ Ursulæ. — 556.
— in festo Sancti Firmini. — 957.
Oliverii Tirsay carmina varia. — 506.
Omiliæ diversæ. — 8.
Onguent (l') à la brûlure. — 555.
Opuscula varia (latinè). — 213.
— ad usum prædicantium et confessorum. — 1014.
Oratio ad Pacem. — 468, 494.
— funebris habita in obitu Gerardi Hamericurtii abbatis Berliniani, Johanne Malpautio medico auctore. — 364.
— de solis Eclipsi quæ Passionis Christi tempore visa est, habita in quodlibeticis quæstionibus anno 1598. — 114.

ORATIONES vel Preces pro benedictionibus. — 488, 724, 763, 781.

ORDINARIUM Atrebatense. — 389.

— Ecclesiæ Atrebatensis. — 689.

ORDINARIUM. — 228, 416.

ORDO missæ, orationum, &c. — 163.

ORDONNANCES de l'empire depuis qu'il a été transporté aux Allemands. — 176.

ORDRE des abbés du Mont-Saint-Eloy, avec un brief recueil de leurs faits plus illustres. — 677.

— des abbés du Mont-Saint-Eloy depuis leur première institution. — 123.

ORIGENES. Homiliæ in Isaïam et Jeremiam. — 910.

ORIGENES. Homiliæ in Cantica. — 1048.

— Adamantinus. In Exodum et Numeros &c. — 294.

— Homiliæ in numeros. — 41.

ORIGINE (de) comitatûs Arthesiæ ad principem de Croy comitem Rhodium. — 874.

— Comitatûs Arthesiæ et de Comitum genealogiâ Enarratio. — 87.

ORLÉANS (duc d'). Lettre au général Létang. — 166.

ORTHUINUS Gratius. Fasciculus novus rerum expetendarum et fugiendarum. — 1012.

OSTIENSIS. Super quinque libros Decretalium. — 797.

— Summa copiosa de titulis Decretalium. — 582, 821.

OULTREMEUZE (Jean). Chronique de Liège. — 909.

OVIDIUS. Liber Tristium. — 217.

— Naso. Libri metamorphoseon — 996.

P.

PANAGIUS Salius Audomarensis. Vedastiados libri. — 883.

— — — libri quinque. — 879, 58.

PAPIÆ. Glossarium. — 943.

— grammatica. — 943.

PAPINIENSIS (B). Breviarium in Decretales. — 75.

— Præpositi. Exempla de veteri jure, sub titulis Decretalium. — 351.

PARABOLÆ Salomonis & Daniel cum glossis. — 351.

— — ecclesiastes, Cantica Canticorum, Sapientia, cum glossâ. — 83.

PARALIPOMENÒN libri, Judices, Ruth, Esdras, Nehemias, Tobias, Judith, Esther, cum glossâ. — 817.

PARAPHRASIS in vaticinia et lamentationes Hieremiæ heroico carmine Carpenteio Atrebatio auctore. — 130.

PARIS (Evaluation des offices de la généralité de). — 48.

PARME (lettres de la duchesse de). — 113.

PARTIBUS (de VIII) orationis. — 314.

PASCHASIUS Radbertus. De corpore et sanguine Christi. — 775.

PASSE-TEMPS (le) du pèlerin. — 336.

— du pèlerin de vie humaine. — 780.

PASSIO sanctorum Apostolorum. — 679.

PASSIONES Domini cum cantu. — 883.

— et evangelia. — 81.

— et gesta sanctorum. — 813.

— et vitæ sanctorum. — 178.

PASTORALE sancti Ambrosii. — 82

PATRIBUS (flores ex). — 1017.

PATRUM excerpta. — 731.

— (S. S.) Homiliæ et sermones per annum. — 817.

— — Sermones et homiliæ pro tempore. — 801.

PAULI (S). Epistolæ. — 789.

— — Cum glossâ. — 840.

— — Ad Timotheum. — 459.

— Expositio super epistolis. — 491.

— lectura super Clementinis. — 834.

PAYEN-PONTUS sur les troubles d'Arras. — 461.

PAYS-BAS (Matières d'Etat au sujet des guerres des). — 365.

PÉLÉRINAGE (le) de N. Sauveur Jesus-Christ. — 815.

PENTATEUCHUS. — 789.

PERALDO (Guillelmi de) Summa sermonum. — 543.

PEREGRINI Hirsaugensis speculum Virginum. — 282, 916.

PÉRONNE (Traité de paix fait en 1468, à). 87.

PERRY. Charles, donations, titres des comtes d'Artois. — 640.

— généalogie des maisons de la Tramerie, &c. — 103.

PETIT recueil d'airs d'Opéra. --- 132.

PETITE chronologie du prieuré d'Aubigny-en-Artois et du prieuré de Hebreuves, par François Doresmieux. -- 310.

PETRARCHA (Fr.) de remediis utriusque fortunæ. --- 661.

  —   Tractatus de vità solitarià et de otio religiosorum. -- 781.

PETRI Alphonsi cum judæo dialogus. --- 432.

 — Berchorii repertorium morale. --- 562.

 — Blesensis epistolæ. ---200.

 — Cantoris Summa super verbum abbreviatum . -- 613.

 — —   tabula distinctionum. -- 743, 931.

 — Comestoris historia Scholastica. -- 158, 857, 865.

 — Damiani liber gratissimus et alia. --- 914.

 — Lombardi divisiones. --- 119.

 — —   glossæ super epistolis Pauli. --- 564.

 — —   excerptiones de libro sententiarum Magistri. --- 782.

 — —   Magister sententiarum. -- 326.

 — —   sententiæ. --- 207.

 — —   sententiarum liber quartus. --- 1011.

 — Londoniensis archidiaconi Remediarium. -- 430.

 — de Rigà. Aurora. -- 741.

 — de Tarentasià secundus liber sententiarum. -- 685.

 — —   super IX^{um} librum sententiarum. ---612.

PEZ (Le). Religieux de Saint-Vaast. Armorial de l'Artois. --- 281.

 — Cartularium de Braëllà juxtà Annay. -- 672.

 — —   Sancti Nicolaï de fossatis. --- 338.

 — Extraits d'anciens titres et chartes. -- 332, 333.

 — Epitaphes des églises de Valenciennes. -- 331.

 — Généalogie des comtes d'Artois. -- 321.

 — —   de la maison de Cool. Hist. de Sebourg. — 1009.

 — —   de la maison de Longueval. -- 320.

 — Mémoires généalogiques de Flandres -- 35, 316.

 — Naissances, mariages, &c. des nobles d'Artois. -- 1013.

 — Recueil d'épitaphes tirées des Eglises de Flandres, de Picardie et d'Artois, par dom Le Pez. — 358

 — Obituarium Avennense. -- 319.

 — Titres de plusieurs familles de l'Artois. -- 376.

 — Tombeaux des hommes illustres. -- 470.

PHILIPPUS Meyerus. Annales Flandriæ post Jacobum Meyerum conti nuati ab anno 1477 ad 1611. -- 423.

PHILOSOPHICA varia. -- 162.

PHILOSOPHORUM dicta moralia. -- 976.

PHYSIQUE (Principes de la). Traité de la nature. -- 42.

PIETIN Franciscus. Chronicon Fanopinense (Phalempin). -- 677.

PIETRO di Toledo. Instructioni nel pontificato di Julio III. -- 1072.

PLACARDS (Recueil de différents) des rois des Pays-Bas. -- 371.

PLAIN-CHANT. Asperges me. -- 4, 21.
     --   Salve Regina. -- 225.
     —   Graduale et hymni. -- 137.
     —   Te Deum. -- 25.
     --   In vigiliâ Natalis Domini. -- 883.
     --   In festo Sanctæ Ursulæ. -- 556.

PLUSIEURS (choses de) advenues en Flandres. -- 168.

POÈMES. Noëls et cantiques. -- 963.

POÉSIES de Jehan Molinet. -- 602.

POGII dialogus an seni sit uxor ducenda. -- 1098.

POMPES funèbres et enterrements des roys et reines de France, des princes et princesses du sang. -- 16.

PONTIFICALE. -- 228, 469.
     —   Sanctæ Mariæ Atrebatensis. -- 405.
     —   Senonense. -- 882.

PORPHYRII Isagoge in Aristotelem. -- 162, 416.

POSTILLÆ Hugonis de Sancto Charo card. super evang. Lucæ. -- 19.
     —   Nicolaï de Lyra super Pentateucho, Josue et judicibus. -- 252.

PRÆCES et benedictiones hebraicæ. -- 560.

PREMIÈRE partie de l'hist. de Georges Chastelain (1419-1422). -- 827.

PRÆDICAMENTA Aristotelis Elenchorum priorum et posteriorum (omnia latinè). -- 162.

PRÆDICANTIUM Summa cum tabulâ. -- 221.

PRÆDICATORUM (de) officiis. -- 518.

PRÆLECTIONES M. Arnoldi à Mechliniâ in physica Aristotelis. -- 151.

PRÉVOST de Leval (Henry). Généalogie des Pays-Bas -- 501.

PRIMA pars summæ S. Thomæ Aquinatis. -- 381, 400.

PRIMÆ partis Summæ theologicæ D. Thomæ explanatio. -- 457.

PRISCIANUS. De constructione, dialectica, varia. -- 511.

PRISCIANUS. De VII partibus orationis. — 314, 983.

PROCÈS-VERBAL fait par la commission de France et d'Espagne après la paix des Pyrénées. — 918.

PRONIER Adrien (D.) Mémoires sur l'abbaye de Saint-Vaast de 1598 à 1600. — 301, 191, 372.

PROPHETÆ. — 13.

— cum glossâ. — 858.

— et Machabæi. — 575.

— majores. — 5.

— minores cum glossâ. — 62, 329, 908.

PROPHETIA Merlini.... — 163.

PROSÆ et quatuor Passiones Christi cum cantu. — 637.

PROVERBIA Senecæ. — 731.

PSALMI Davidis cum glossâ. — 707.

PSALTERIUM. — 212, 527.

— Atrebatense. — 412.

— — — 231, 247.

— cum quibusdam precibus. — 12, 68, 98, 512, 771.

— cum breviario. — 250.

— cum glossâ. — 572, 1005.

— cum orationibus. — 302.

PUBLIUS Ovidius. Metamorphoseôn libri XV. — 996.

PURGATOIRE (le) de S. Patrice. — 897.

Q.

QUÆSTIONES quodlibeticæ. — 142.

— theologicæ. — 523.

QUATUOR Evangelistæ (Græcè). — 970.

— — cum glossis. — 799.

— — cum glossâ. — 794.

— Evangelia. — 110.

QUARTUS liber Sententiarum. — 710.

QUEDLINGENBURG. Expositio passionis Christi. — 868.

R.

Rabanus Maurus. Expositio super libris Regum. — 850, 999.

— — Expositio in libris Machabæorum. — 293.

— — Expositio librorum Judith et Esther. — 761.

— — De universo, ad Haymonem episcopum. — 832.

Radulphi expositiones super Levitico. — 286.

Raoul Lefebvre. Histoires de Troye. — 1075.

Raymundus (frater) ordinis F.F. prædicatorum. Summa de Casibus cum glossâ. — 31.

— Summa casuum cum glossâ. — 659.

— Summa de Casibus. — 911.

— Summa super Decretales. — 61, 510, 511.

Receptarum liber. — 1016.

Recettes de médecine et secrets pour les arts. — 215.

Recueil sur l'Artois. — 814.

— des antiquités de Flandres. — 368.

— concernant le Saint-Cierge d'Arras. — 105.

— des déclarations, édits et arrêts du Conseil d'Etat, concernant ceux de la religion réformée. — 1093.

— de devoirs donnés en seconde à Paris (1786). — 1102.

— d'épitaphes des églises d'Arras. — 328.

— — fait par dom Etienne Le Pez. — 358.

— des évêques de Cambray. — 177.

— des fondations faites à l'église de Sainte-Croix d'Arras. — 884.

— des histoires de Troye. — 1075.

— de Noëls et vaudevilles. — 1066.

— de pièces concernant le diocèse d'Arras. — 1034.

— de placards pour servir à l'histoire de la Flandre. — 371.

— de portraits historiques. — 266.

— sommaire des procédures contre les évêques. — 37.

— sur le Conseil d'Artois. — 97.

Rédemption (la), l'annonciation, la vie, la passion, la résurrection et la vengeance de N. S. Jésus-Christ. — 697.

Reformatio monachorum Nigrorum Remensis et Senonensis provinciarum — 950.

REGIMINE principum (de) .Egidii Romani. — 688.

REGINA Cœli. — 21.

REGINO. Libri de Disciplinâ ecclesiasticâ — 723.

REGISTRE original du renouvellement de loi dans les fiefs de Saint-
      Vaast. — 1076.

    — des Echevins et Chronique d'Arras. — 393.

    — secret de François de Boffles. — 186.

REGISTRUM epistolarum Alexandri papæ. — 961.

    —   — sancti Gregorii. — 373.

RÈGLE et vie de saint Benoît. — 1058.

REGULA sancti Benedicti. — 745, 1032.

    —   — cum glossis fr. Bernardi Cassinensis.—547.

    —   — etc. — 456.

    — Canonicorum ex Patribus et decretis Conciliorum. — 741.

RELATION de l'ambassade de Jean Sarrazin. — 124, 392, 447, 454.

    — des troubles survenus dans la ville d'Arras pendant les
        années 1577 et 1578. — 430.

RELIGIONE (de), de vitiis et peccatis, de legibus. — 676.

REMARQUES du conseiller Hébert sur plusieurs articles de la cou-
    tume d'Artois. — 36.

RÉPERTOIRE des registres aux mémoriaux commençant en 1538 et
    finissant en 1668. — 18.

REPREUVE ou Lepreuve (Georges Chastelain). Histoire des guerres de
    France. — 578.

RHETORICA docens de nomine et partibus rhetorices. — 242.

RIBADENEIRA Petrus. Vita sancti Ignatii de Loyolâ. — 980.

RICARDUS de Sancto Victore. Opuscula. — 703.

    — frat. De Mediâ Villâ in tertium sententiarum. — 63.

RICHARDUS. De Patriarchis — 143.

RIGA Petrus. Aurora seu Biblia versificata. — 744.

RITERSHUSIUS Nicolaûs. Genealogia ducum, imperatorum. — 923.

RITHOVIUS Martinus. In 1um librum Sententiarum. — 194.

RITUALE. — 230, 466.

    — monasticum. — 724, 745.

ROBERTUS (seu Rupertus) abbas. De divinis officiis expositio super
    ecclesiastem. — 101.

    — Politianus. Sermones. — 711.

ROBERTUS Obrizius. Varia poemata — 220.

— Britannus. Encomium agriculturæ. — 414.

ROMAN (le) de Amys et Amiles. — 704.

— d'Elaine, femme au roy d'Angleterre. — 766.

— de la Rose. — 897.

ROMANS en langue turque. — 1094.

RUBRICÆ ecclesiæ Sancti Vedasti. — 210.

RUFINUS. Explicatio Symboli. — 528.

RUPERTUS. De divinis officiis. — 80.

— De Victoriâ verbi Dei. — 969.

RUTH. — 43, 74, 85, 789, 847.

S.

SACRAMENTO (de) Eucharistiæ. — 187.

SALIUS Panagius. Vedastiados libri V. — 58, 879.

SANCTORUM vitæ. — 569.

— vitæ XLV. — 573.

SAPIENS Sapiens. Sivo declinare à malo et facere bonum. — 1090.

SARACENUS Joannes. Orationes aliquot. — 373.

SARRAZIN Jean. Explication du Symbole des Apôtres. — 363.

— — Ambassade de. — 124, 392, 447, 451.

SCAVÉE Antoine. Choses arrivées à Arras de 1518 à 1546. — 393.

SCINTILLÆ Scripturarum. — 135.

SCIOPPIUS Gaspar. Machiavellica. — 922.

SCRIPTURÆ sanctæ, S. Augustini et aliorum deflorationes. — 574.

SENECÆ opera. — 315.

— proverbia. — 927.

SENTENTIÆ diversorum philosophorum collectæ, seu Ludicra. — 574.

— Hugonis de sancto Victore. — 1011.

— patrum versibus descriptæ. — 761.

SENTENTIARUM primi libri explanatio. — 194.

— flores ex variis auctoribus, Cicerone, Senecâ, &c. — 171.

— manipulus. — 1032.

SEPTEM (de) Psalmis pœnitentiæ auctore Fr. Jacobo de Marquais.—478.

     Sapientium Sententiæ septem versibus explicatæ. — 571.

SERMONS prononcés dans le chapitre de Saint-Vaast. — 462.

     pour les festes de l'année. — 384.

SERMON pour les prémices de frère Dominique Guerard. — 503

SERMO sancti Augustini de Assumptione B. Mariæ. — 1032.

SERMONES sancti Bernardi in Cantica Canticorum. — 940.

  — aliquot sancti Bernardi et sancti Anselmi. — 70.

  — G. de Castro Theodorici. — 203.

  — pro Communi sanctorum. — 526.

  — discipuli de sanctis. — 706.

  — dominicales. — 201.

  — fr. G. pro Communi sanctorum. — 526.

    — à septuagesimâ ad Pascha. — 92.

  — Fr. Evrardi. — 898.

  — de festis anni. — 426, 878, 1067.

  — pro festis Sanctorum. — 720, 737.

  — fratris Guiberti de Tornaco. — 202.

  — et homiliæ Patrum pro tempore. — 968.

  — Johannis de Abbatis-Villâ pro festis Sanctorum.—626, 753.

  — Mixti. — 531, 951, 1000.

  — de sanctis et de tempore. — 196.

  — de tempore. — 165, 379, 419, 739.

  — de tempore et festis Sanctorum. — 752, 756.

  — pro tempore — 227, 251, 421, 519, 1006, 1022.

  — è verbis sancti Bernardi collecti. — 953.

  — variorum pro tempore et festis Sanctorum. — 759.

SERMONUM liber Gerardi episcopi Cameracensis. — 354.

SERVIUS Joannes. Dictata theologica de extremâ unctione. — 418.

SEXTUS Decretalium cum apparatu. — 579, 583.

SIKARDI summa juris Canonici. — 686.

SIMONIS Vayreti Compilatio quatuor apparatuum super Clementinas. — 808.

SIXTI Sententiæ. — 709.

SLUPERIUS Herzelensis Jacobus. Poemata. — 413.

SOLINI Polyhistor. — 349.

SOMMAIRE Chronique d'Artois, par François Bauduin.— 87, 386, 492.

Sommaire contenant la vérité des troubles advenus dans la ville d'Arras. --- 371.

— de la correspondance de la duchesse de Parme. -- 113.

Somme (la). Le Roy. -- 1057.

Sophonisba tragœdia. --- 191.

Speculum historiale Vincentii Bellovacensis abbreviatum --- 325.

Spiratione (de) et Respiratione. --- 1050.

Stapletonus Thom. Quæstiones Quodlibeticæ. --- 142.

Statuta Canonicorum Regularium ordinis sancti Augustini. --- 1073.

— Congregationis Benedictorum exemptorum Belgii. -- 504.

Stephanus Cantuariensis super VII libros priores Bibliæ. --- 890.

Strabo Blairvillæ et Aureomontis dominus. De Nobilitate. -- 362.

Summa Alani de maximis theologiæ. --- 463.

— Astexani de Casibus. --- 580.

— Azonis super codice Justiniano. --- 587.

— Bernardi super titulis Decretalium. --- 979.

— Casuum seu confessorum Raymundi. -- 32.

— Confessorum. -- 896, 1006.

— Copiosa de titulis Decretalium. -- 264.

— in Decretum Gratiani. --- 1064.

— Derivationum. --- 314.

— Dictaminis. --- 539, 751.

— de festis anni. --- 770.

— Fidei. --- 905.

— Gauffridi de Trano super Decretum. --- 206.

— Johannis Beleth. --- 978.

— Monaldi in jure Canonico. --- 91, 514.

— Nicolai de Condeto super Codice. --- 590.

— Prædicantium. --- 321.

— Præpositivi. --- 391.

— Raymundi casuum cum glossâ. --- 659.

— — super casibus Decretalium cum apparatu. -- 510, 518, 541.

— Raymundi super jure canonico. --- 61.

— fratris Raymundi ordinis F.F. prædicatorum. -- 34.

— Stephani de Langthon archiepiscopi Cantuariensis. -- 394.

— super evangelia. --- 1065.

SUMMA Tancredi. — 1011.

— — super decretis. — 754.

— theologiæ per alphabetum digesta. — 737.

— de vitiis. — 617.

— de Virtutibus. — 1012.

— Virtutum et Vitiorum. — 736.

— de vitiis. — 853.

— — et alia. — 947.

— — et virtutibus. — 312.

SUPPLÉMENT aux additions, mémoires et recueils concernant le diocèse d'Arras. — 1035.

SYNODUS Congregationis monasteriorum exemptorum Belgii. — 457.

SYNOPSIS temporum universalis. — 274.

T.

TABLEAU (le) des abbés de Saint-Vaast depuis saint Vaast. — 355.

TABLEAUX généalogiques des familles de Flandres. — 885.

TABLES de la géographie ancienne et moderne. — 32.

— pour les mémoires, recueils et dictionnaire du diocèse d'Arras. — 1038.

TABULA moralium Aristotelis. — 318.

TABULÆ astronomicæ. — 952.

— chronologicæ ab origine mundi ad annum 1517. — 190.

TARENTASIA Petrus (de). Secundus liber sententiarum. — 685.

TAVERNE Antoine. Paix faite à Saint-Vaast. — 109, 366.

TE DEUM en chœur à seize voix. — 25.

TELU Jean. Les trois rois de Béthléem. — 553.

TESTAMENT (le) de Jean de Meung. — 897.

TEUTONICUS Joan. qui dicitur Lector. Summa confessorum. — 32, 277, 829, 896, 992.

— in Gregorii Decretales. — 593.

TEXTUS è Sanctis Scripturis eruti pro tempore. — 927.

THEOLOGIA moralis. — 66, 135.

THEOLOGIÆ de præstantiâ. — 170.

THEOLOGICÆ Quæstiones. — 523.

— veritatis compendium. — 905.

THÉORIE de la construction des horloges solaires. — 1017.

THERAMO (de) Jacobus. Consolatio peccatorum. — 138.

THIEULAINE (de). Florilegium. — 399.

THOMAS (S.) de Aquino. Prima pars secundæ Summæ. — 134.

— — Super librum primum Sententiarum. — 870.

— — Prima pars Summæ. — 384.

— — Quæstiones quodlibeticæ. — 873.

— Primæ partis Summæ theologica explanatio. — 157.

— Secunda secundæ. — 848.

— In Quartum sententiarum. — 831.

— Cantimpratensis. Bonum universale de propriet, apum. — 746.

— (frater) à Capellà. Sermones. — 369.

— Morus sanctus martyr. Tragœdia. — 171.

TIRSAY Oliverii carmina varia. — 506.

— Adversaria historica. — 1092.

TITRES et croquis concernant la noblesse des Pays-Bas. — 933.

TOBIAS. — 74, 575, 847.

TOISON d'or (la fête de la). — 153.

TOMBEAUX (les) des hommes illustres qui ont paru au Conseil privé du roi catholique. — 470.

TORDREAU Joannes Petr. Armorial général de Flandres. — 665.

TORNACENSIUM Catalogus episcoporum. — 177.

TRACTATUS Alexandri Majoris de mannà Atrebatensi. — 179.

— de Astrolabio et alia astronomica. — 748.

— de Compoto. — 722.

— de Conceptione B. M. Virginis à Petro Aureolo. — 400.

— de Dictamine. — 1011.

— de Doctrinà Christianà. — 700.

— Exemplorum secundùm ordinem alphabeti. — 537.

— Joh. de Leva pro veritate Eucharistiæ. — 146.

— de Justitià in genere. — 111.

— Origenis super Cantica. — 1048.

— de questionibus inter catholicos et hereticos. — 101.

— Fr. Guiberti de pace. — 720.

— Radberti Paschasii de corpore et sanguine Christi. — 775.

— de ratione perfectorum. — 512.

— de regulà vitæ Christianæ. — 1019.

TRACTATUS de rhetoricà. — 212.

— de sacramentis. — 198.

— de septem itineribus Æternitatis. — 772.

— varii de disputat. S. Hieronymi adversus Origenem.— 415.

— de virtutibus. — 300.

— de vitiis et virtutibus. — 300.

TRADUCTION en français de quelques chapitres de l'Imitation de Jésus-Christ. — 557.

TRAGICOMOEDIA de Sancto Vedasto. — 678.

TRAGOEDIA de voto Jephte à Cornelio Lumenæo à Marca. - 476.

TRAGICO comœdia de Sancto Vedasto. — 936.

TRAITÉS concernant l'Artois. — 87.

TRAITÉ du blason. — 382, 390.

— (le) de Jean de Meung sur les sept articles de la foi. — 815.

— de la nature, où l'on traite des principes de la physique.—42.

— (le) de salutaire pénitence. — 236.

— de la vie spirituelle. — 514.

— des trois Rois Béthléémites. — 553.

— de la réconciliation d'Arras. — 811.

TRÉPAS (le) de Notre-Dame. 766.

TRÉSOR (le) de Brunetto Latini (en français). — 1060.

— des histoires. — 1059.

TROUBLES d'Artois. — 311.

TURCARUM imperatores compendioso carmine descripti auct. Meyero. — 479.

TURPINUS. Gesta Karoli magni. — 163.

TURQUE (Romans en langue). — 1094.

TYRSAY. Historica adversaria. — 1092.

— Poëmata. — 506.

U.

UTILI et interessi Entrate et Essiti della Camera Apostolica di Roma. — 192.

UTILITATE (de) Poenitentiæ libri tres. — 224.

V.

VAAST (S.) (Annales de), par dom Gérard Robert. — 183, 355, 1081.

VALÈRE Jacques (de). Traité de la noblesse, du blason, etc. — 382.

VALLISOLETANÆ Congregationis constitutiones. — 452.

VANITATE (de) mundi. — 143.

VARII sermones. — 796.

VALLÆ homiliæ Adamantii Origenis (latiné). — 41.

VATRETI Simonis Compilatio quatuor (id est Johannis Andræe, Guillermi, Gecellini et Pauli). — 803.

VEDASTI (S.) Atrebatensis Catalogus religiosorum. — 467.

    — Conciones religiosorum monasterii. — 384, 462.

    — monasterii Constitutiones et aliorum. — 504.

    — Synodus habita in monasterio. — 457.

    — vita et miracula. — 380.

VEDASTIADOS libri Panagii Salii Audomarensis. — 257.

VEDASTINARUM rerum commentarius. — 404.

VEDASTINENSIUM abbatum historia brevis. — 460.

VERBUM abbreviatum magistri Petri Cantoris. — 611.

VERSUS aliquot in laudem Sancti Vedasti. — 493.

VIE (la) de saint Alexis. — 766.

  — de sainte Collecte. — 461.

  — du maréchal de Schullemberg. — 1086.

VIGNAY Jean (de). La Vie des Saints, trad. en français. — 630.

VILLERS Serratius Fabius (de). Xenium sive Carmen &c. — 497.

VINCENTIUS Bellovacensis. Speculum historiale abbreviatum. — 325.

   —   — è Speculo naturali libri XII. — 795.

   —   — Speculum naturale. — 566.

VISITATORIS cujusdam Soc. Jesu Itinerarium Belgicum, &c. — 480.

VIRTUTIBUS (de) et vitiis. — 184.

VIRORUM illustrium Elogia diversis metris conscripta Sluperio auctore. — 413.

VITA S. Antonii heremitæ. — 487.

 — vel actus Apollonii regis Tyri. — 163, 736.

 — S. Bertini confessoris et abbatis. — 367.

 — Caroli comitis Flandriæ. — 639.

Vita (de) Contemplativâ. — 135.
— Beati Gregorii. — 160.
— Ignatii de Loyola. — 980.
— Beati Martini, Sulpicii, Brictii auctore Albino. — 292.
— sancti Thomæ Cantuariensis per Herbertum de Boseham — 375.
— sancti Thomæ de Aquino. — 471.
— et translatio S. Benedicti in cœnobio Floriaco. — 474.
— sanctæ Christinæ. — 54.
Vitæ aliquot sanctorum id est, Cuthberti, Guthlaci, &c. — 1029.
— SS. Remigii, Nicasii, Lamberti et Mauri. — 199.
— Sanctorum. — 14, 195, 823.
— XLII Sanctorum. — 567.
Villa-Dei (de) Alexander. Doctrinale grammaticum cum apparatu.
— 942.
Viduitate (de sanctâ). Sancti Augustini de bono conjugali, de moribus
ecclesiæ. — 420.
Vocabularium Hugutionis, seu magnæ derivationes. — 1080.
Voet Marius. Généalogie de la maison de Bergues St Winoc. — 154.
Voragine (de) Jacobi Legenda Srum. — 1044.

W.

Wartel. Les bêtes sensitives. — 234.
Westonus Eduardus. In 1om et 2am S. Thomæ. — 116.
Willart Philippe. Histoire de Flandre. — 368.

X.

Xenophontis Cyropædia à Poggio in latinum translata. — 974.

Y.

Yepes Antoine. Chronique de l'ordre de Saint-Benoit jusqu'à l'an
1607. — 450.
Yperii Chronica, sive historia monasteri Sancti Bertini. — 668.

Z.

Zachariæ Chrysopolitani Concordia Evangelistarum. — 571.

TABLE

PAR ORDRE DE MATIÈRES.

—◦◦◦◦◦◦—

THÉOLOGIE.

A.

Actus Apostolorum cum glossis. — 456.

— Apostolorum. — 5, 12.

Adrianus Bessemerius theologiæ professor. Commentarius super tertio sententiarum. — 370.

Ægidius de Româ. Expositio decreti de canone missæ. — 621.

Alanus. Excerpta. — 1019.

— Summa de maximis theologiæ. — 463.

— de Insulâ. De sex alis Cherubim. — 456.

Albertanus. De doctrinâ dicendi et tacendi. — 971.

Albertus magnus. Opus naturalium. — 675.

Albumasar. Liber introductorius in scientiam judiciorum astrorum. — 47.

— Summa de significationibus individuorum. — 47.

Alexander III papa. Registrum epistolarum. — 964.

Alfonsus Petrus. Cum judæo dialogus. — 432.

Algrinus seu Johannes de Abbatis Villâ. Homiliæ super epistolis et evangeliis dominicis. — 927.

— Expositio super Cantica Canticorum. — 490.

— Sermones. — 626, 753.

Amalarius. De officiis Ecclesiæ. — 699.

Ambrosius (S.) Hexahemeron. -- 316.
— Liber de officiis. -- 431, 485.
— Libri de Trinitate cum epistolis ejusdem. -- 693.
— In Lucam. -- 635.
— De Sacramentis et alia de vitâ et conversatione Bragma-
    norum. -- 1068.
— De Paradiso. -- 639.
— De Psalmo CXVIII. -- 899.
Ammonius Alexandrinus. Monotessaron. -- 928.
Amore (de) et amicitiâ Christianâ. -- 971.
— (de) et dilectione proximi. -- 971.
Anselmi, Bernardi, Augustini et aliorum opuscula. -- 327.
Anselmus (S.) Expositio super principium Genesis. -- 622.
— Meditationes. -- 708.
— Monologium et proslogium et alia. -- 455.
— Cur Deus homo. -- 987.
— De Passione. -- 701.
— De Processione Spiritûs Sancti. -- 481.
— De Redemptione generis humani. -- 524.
— Super Matthæo. -- 701.
— De Timore mortis. -- 967.
Antiphonarium. -- 225, 563.
— et Breviarium ecclesiæ Atrebatensis. -- 718.
Apocalypsis. -- 12.
— et Epistolæ canonicæ cum glossâ. -- 481.
Arca (de) sapientiæ. -- 143.
Asperges me. -- 4, 21.
Astexanus. Summa de casibus. -- 580.
Athanasius. Expositio Symboli Apostolorum. -- 931.
— (S.) De vitâ sancti Antonii transl. ab Evagrio. -- 487.
Augustin (Saint). Les enseignements de. -- 684.
Augustinus. De animâ Christianâ. -- 774.
— (S.) De bono conjugali, de sanctâ viduitate. -- 420.
— De civitate Dei. -- 642.
— Commentaria in Psalmos. -- 33.
— De Concordiâ evangelistarum. -- 615.
— Confessiones. -- 106, 616, 1099.

AUGUSTINUS. De Contemplatione Christi. — 772.
— Deflorationum nov. et vet. Testamenti Liber. — 571.
— De doctrinâ Christianâ. — 133.
— Enchiridium — 967.
— Epistolæ. — 824.
— Confessiones. — 616.
— Expositio psalmorum. — 615.
— — in Genesim. — 623.
— Flores excerpti per Eugippium. — 281.
— De Incarnatione Christi. — 727.
— In Johannis evangelium. — 45.
— Opera varia. — 137, 683, 814, 945, 949.
— In Psalmos. — 73, 306, 618, 620, 691.
— Quæstiones de veteri Testamento. — 875.
— Retractationes. — 639.
— Sermones et homiliæ. — 195, 819.
— — de verbis Domini. — 60.
— — de evangeliis. — 700.
— Tractatus super Johannem. — 819.
— — in epistolâ sancti Johannis. — 605.
— — de Trinitate. — 825, 903.
— De verâ religione. — 616.
— De verbis evangelii secundum Matthæum. — 626.
— De vitâ Christianâ. — 213.
AUREOLUS Petrus. De Conceptione Virginis. — 400.
Azo. Epistola ad Gerbergam reginam. — 499.
BAPTISMI de potestate. — 1011.
BARLUS Rudesilendus. De Religione, &c. — 676.
BARUCH. — 336.
BASILIUS (S.) Admonitio de spiritali militiâ. — 440.
BAY Matthias (de). De jure et justitiâ. — 141.
BEDA. In Apocalypsim. — 728, 1031.
— In Cantica Canticorum. — 427.
— Expositio in Actus Apostolorum. — 728.
— — in epistolas Pauli. — 21.
— — Evangelii secundùm Lucam. — 698.
— Expositionum super Psalmis excerptio. — 459.

BEDA. Historia ecclesiastica. — 835.
— Homiliæ. — 914.
— De Tabernaculo. — 916.
BELETH Joannes. Gemma animæ. — 208,
— et Alanus. Summa, etc. — 978.
BERNARDUS (S) In Cantica Canticorum. — 861.
— De Consideratione. — 939.
— Epistolæ. — 607, 662.
— Liber de præcepto et dispensatione. — 935.
— Sermo de sacramento altaris. — 548.
— De gratiâ et libero arbitrio. — 955.
— Sermones ex verbis ejus. — 953.
— Magister. Summa super titulis Decretalium. — 979.
— — Casus decretalium. — 44.
— — Casus et notabilia. — 625.
BERTRANDUS de Turre. Expositiones super epistolis Dominicalibus. — 619.
BESSEMERUS Adrianus theologiæ professor. Commentarius super tertio sententiarum. - - 370.
BIBLE (Généalogie de la). — 6.
BIBLIA sacra. — 1, 118, 180, 559, 561, 594, 785, 790, 1010.
BOETIUS De Trinitate. — 907.
BONAVENTURA (S) Breviloquium. — 522.
— De Institutione novitiorum. — 182.
— Itinerarium mentis. — 772.
BONIFACIUS VII. Sextus decretalium. — 201.
— VIII papa. Sextus decretalium cum glossâ. — 262.
BOUCAULT François, prieur de Saint-Vaast. Sermons. — 107.
— — Disputationes theologicæ. — 934.
— — Ad primam secundæ. — 141.
BREVE compendium veri monachi exercitiorum. — 546.
BREVIARIUM. — 213, 219, 229, 248, 509, 550, 725, 742, 760, 776, 991, 1027.
— Atrebatense. — 356, 412.
— Bethuniense. — 417.
— Sancti Eligii. — 530.
— — pars æstivalis. — 213.

BREVIARIUM Sancti Eligii. Pars hiemalis. — 445.
—   Valentinense. — 552.
—   ad usum Atrebatensis ecclesiæ. — 768.
BREVILOQUIUM de Floribus Josephi antiquitatum. — 148.
—   Sancti Bonaventuræ. — 522.
—   Pauperis. — 549.
—   de Virtutibus principum ac philosophorum — 690.
BRIEFVE doctrine chrétienne. — 684.
BROMIARD Joh. frater dominicanus. Sermones. -- 484.
BURGH (de) Johannes. Pupilla oculi. — 404, 880.
BURGUNDIO Judex Pisanus. Homiliæ Chrysostomi in evangelium
     Johannis. — 1083.
CAMERÆ Apostolicæ di Roma entrate et essiti. — 192.
CAMERACENSIS synodus anno 1586. — 359.
CANTIPRATANUS Thomas. De proprietatibus apum. — 746.
CANTOR Petrus. Liber distinctionum. — 631.
—   Tabula distinctionum. — 743, 931.
—   Verbum abbreviatum. — 643.
CASSIANI. Collationes Patrum — 90, 295, 917.
—   Institutiones Monachorum. — 295.
CASSIODORI. Expositio Psalmorum a 1o ad Lum. — 604.
—   Institutiones divinarum Scripturarum — 732.
CASTRIUS seu de Castro Theodoricus. Sermones. — 203.
CHRYSOSTOMUS (S.) De Laudibus S Pauli (latinè). — 639.
—   In Matthæum (latinè). — 851. (Voyez Joannes).
COLLATIONES Cassiani. — 90.
—   super evangeliis. — 537.
COLLECTANEA è sancto Gregorio Magno. — 988.
—   ex Beati Gregorii operibus — 924.
COLLECTARIUM Sancti Vedasti. — 436, 773.
—   Vedastinum. — 773.
COLLECTÆ et preces ad usum Vedastensis ecclesiæ. — 7 2.
COLLECTIO canonum vetustissima. — 644.
—   decretorum ex Conciliis et epistolis Paparum. — 425.
COLVENERIUS Georgius. De Sacramentis. — 147.
COMMENTARIA sancti Augustini in psalmos. — 33.
COMMENTARII in epistolas Jacobi, Petri et Johannis cum glossis.—110.

COMMENTARIUS in Apocalypsim. — 53, 887.
—   in Deuteronomium. — 1052.
—   in Job. — 46.
—   in Magistrum sententiarum. — 119.
—   in psalmos. — 59.
—   in secundam partem sancti Thomæ. — 101.
—   super III° et IV° sententiarum. — 71.
COMESTOR Petrus. Historia ecclesiastica. — 805.
—   Historia scholastica. — 153, 755.
—   Historia evangelica. — 952.
COMPENDIUM theologicæ veritatis. — 905.
CONCEPTIONE (de) Mariæ. — 548.
CONCIONES habitæ in Capitulo Vedastino. — 107.
CONCORDIA discordantium canonum. — 27.
CONCORDANTIÆ Evangeliorum. — 928.
—   quatuor evangelistarum. — 239.
—   veteris et novi Testamenti. — 276, 710, 806.
CURATORUM manipulus. — 350.
CUR Deus homo (divi Anselmi). — 987.
CYPRIANUS. Tractatus et Epistolæ. — 23.
—   De opere et Eleemosynis. — 528.
DAMIANI Petri liber Gratissimus. — 944.
DE BURG Joannes. Pupilla oculi. — 104.
DECRETA promulgata in Consistorio Synodi provincialis Camera-
      censis. — 359.
DEFENSIO ecclesiasticæ hierarchiæ. — 716.
DEFENSOR Henricus. Liber scintillarum. — 429, 435.
DEUTERONOMIUM cum glossâ. — 129.
DICTATA R. P. Mathæi Bai. Soc. Jesu de justiciâ et jure. — 111.
—   In primam secundæ doctoris Angelici partem. — 116.
—   de Sacramentis ecclesiæ à M. Georgio Colvenerio. — 147.
—   de summâ S. Thomæ Aquinatis. — 387.
—   theologica de Extremâ Unctione à Joanne Servio. — 418.
DIONYSII Areopagitæ cœlestis hierarchia (latinè). — 65.
DISCIPULI sermones de sanctis — 706.
DISPUTATIONES theologicæ de septem novæ legis sacramentis, par
      Boucault. — 141, 931.

Distinctiones Johannis de Deo. — 595.

Diurnale. — 215, 558, 783, 1031.

— Vedastinum. — 216, 531.

Doctrinal (le) des Simples gens — 411.

Doctrine briève chrétienne. — 684.

— très-utile. — 786.

Enseignements (les) de saint Augustin. — 684.

Entretiens d'Amintas et d'Eurymédon. — 551.

Epistola Assonis monachi ad Gerbergam reginam. — 499.

Epistolæ sancti Bernardi. — 667, 662.

— canonicæ cum glossâ. — 481.

— et evangelia. — 164.

— Methodii pro Antichristo. — 163.

— Beati Pauli cum glossâ. — 28, 279.

— Pauli. — 5, 633, 789.

— Pauli ad Timothæum. — 159.

— super compassionem super errores Sarracenorum. — 772.

Epistolarum registrum Alexandri papæ. — 964.

Epitome succincta expositionis super Apocalypsim. — 819.

Esdras cum glossâ. — 71, 847.

Esther cum glossâ. — 74, 575, 847.

Eusebius. Quidam sermones de contemptu sæculi. — 499.

Evangelia cum glossis. — 1053.

Evangelium Lucæ cum glossâ. — 68, 155, 680, 985.

— Matthæi cum glossis. — 71, 409.

— secundùm Johannem cum glossis. — 411.

— secundùm Matthæum et Marcum. — 298.

Evrardi (F.) Sermones. — 898.

Excerpta Patrum. — 731.

— quædam è patribus. — 775.

Excerptiones de libro sententiarum magistri Petri Longobardi.—782

Exodus et evangelium Lucæ cum glossâ. — 959.

Explanatio Hieronymi super evangelio Marci. — 528.

— Psalmorum. — 52.

Explanationes super epistolis Pauli. — 633.

Explicatio Articulorum fidei. — 401.

— Symboli per Rufinum. — 528.

EXPLICATIO Verborum Domini in cruce — 161.

EXPLICATION du Symbole des Apôtres, par J. Sarrazin, abbé de Saint-
Vaast. — 363.

EXPOSITIO Ægidii de Româ decreti de canone missæ. — 621.

— Sancti Augustini super Genesim. — 623.

— Bedæ in Actus Apostolorum. — 728.

— in Danielem, Apocalypsim et Lucam. — 774

— Evangelii sancti Johannis, in principio erat verbum.—868

— — secundùm Joannem. — 705.

— beati Gregorii super Cantica Canticorum. — 639.

— Levitici. — 844.

— litteralis sermonis Domini in monte. — 772.

— missæ. — 1044.

— in psalmos. — 125, 211.

— regulæ sancti Augustini per Hugonem de Sancto Victore
— 490.

— super Cantica Canticorum. — 835.

— — — — et Apocalypsim. — 962.

— -- epistolis beati Pauli. — 191.

— Symboli Apostolorum. — 952.

EXPOSITION de la messe. — 1073.

EXPOSITIONES Biblicæ. — 70.

— — è modernis doctoribus excerptæ. — 652.

EZECHIEL et Daniel cum glossâ. — 57.

— — et prophetæ minores cum glossâ. — 850.

FIDEI articulorum explicatio. — 491.

FLORES excerpti ex operibus sancti Augustini per Eugippium abbatem. — 281.

— insignium doctorum excerpti per Thomam de Hibernià.—872.

— ex Patribus. — 1017.

GALIENUS Fr. de Horto. Abbreviato super secundam secundæ.—627.

GENESIS cum glossis. — 188.

— et Exodus cum glossâ. — 299, 837.

GLAPIO Jehan. Passe-temps du Pélerin de la vie humaine· —236.

GLOSSA in Actus Apostolorum, Epistolas canonicas et Apocalypsim.
— 663.

— in Libros Josuæ, Judicum, Regum. — 818.

Glossa in Librum Numerorum. — 93.
— in Psalmos. — 99.
— in Psalterium — 661.
Gregorius (Sanctus). Dialogi. — 715.
— Dialogorum libri IX. — 681.
— Expositio super Cantica Canticorum. — 639.
— in Ezechielem. — 658.
— Homiliæ. — 1081.
— .— de Evangeliis. — 956.
— — de Ezechiele propheta. — 629, 902.
— — Collectanea de operibus — 924.
— — in Job. — 10, 46, 671, 711.
— — in Evangelia. — 750.
— — in Ezechielem. — 408.
— — Registrum litterarum. — 323.
— Moralia in Job. — 2, 3, 256, 613, 648, 711.
— Moralium abbreviatio. -- 757.
.— — in Job pars quarta. — 324.
— — in Job libri V priores. — 82.
— — in Job libri à XXIII usque ad XXVIII. — 624.
— — in Job pars secunda. — 628, 653, 660.
— — super Job pars sexta. — 86.
— Liber pastoralis. — 925.
Gregorii Nazianzeni opuscula (latinè). — 696.
Guerard Dominique (Sermon de). — 503.
Guibertus de Tornaco. Sermones. — 202.
— Frat. Tractatus de pace. — 720.
Guido de Monte Rocherii. Manipulus curatorum. — 977.
Guillelmus de Goudà. Stella clericorum. — 1014.
— Parisiensis. Sermones. — 203.
— Rhetorica divina. — 998.
.— de Peraldo. Summa super tempore. — 513.
Guimundus Aversanus. Libri III de Corpore et sanguine Domini et alia. — 929.
Guy de Roye. Le Doctrinal des Simples gens. — 411.
Haileus Jodocus. In 1º Summæ sancti Thomæ de Aquino.—157, 381.
Haimo. Expositiones super epistolis Pauli. — 958.

626

HALES Alexander (de). In 4° Sententiarum. — 612.

HANAPIS (de) Nicolaüs. Manipulus sacræ Scripturæ. — 489.

HELMEDENSIS Saxo Johannes. De morte et fine mundi. — 505.

HERBERTI de Boscham. Liber melorum. — 375.

HIERARCHIÆ Ecclesiæ defensio. — 716.

HIERONYMUS. De Assumptione Virginis. — 732.

—   et Beda. Super sanctos libros Explanationes. — 1079.

—   Commentarius in libro Psalmorum. — 860.

—   Contra Jovinianum et Rufinum in Danielem. — 79.

—   Contra Rufinum. — 415.

—   Epistolæ. — 717, 838.

—   In epistolas Pauli. — 159.

—   Explanatio super Isaïam. — 854.

—   Explanatio super evangelio Marci. — 528.

—   Expositio super minoribus prophetis. — 397.

—   In Ezechielem. — 1048.

—   In Genesim et Exodum. — 299.

—   In Jeremiam. — 127, 913.

—   Liber de officio septem horarum. — 528.

—   Quæstiones hebraïcæ. — 981.

HILARIUS. In psalmum : Beati immaculati. — 641.

HOMILIÆ Chrysostomi in evangelium Johannis à Burgundione Judice Pisano in latinum translatæ. — 1083.

—   diversæ. — 822.

—   in Evangelia pro tempore. — 749.

—   sancti Gregorii super Ezechiel. — 408.

—   magistri Johannis de Abbatis Villâ. — 667.

—   de martyre. — 375.

—   Origenis de Pentateucho (latine). — 294.

—   SS. Patrum, sancti Bernardi, &ª. — 968.

—   Patrum et præcipuè venerabilis Bedæ super evangeliis. — 914.

—   et sermones per annum. — 817.

—   et sermones cum lectionibus Evangeliorum. — 8, 9, 344, 498, 749, 750, 796, 801.

HORÆ. — 242, 449, 515, 1030.

—   (latin et flamand). — 520.

Horæ sanctæ crucis. — 780.

— — et beatæ Mariæ. — 10.0

— — Sancti Spiritûs et beatæ Mariæ. — 233.

— diurnæ. — 240, 515, 1023.

— diversæ. — 521.

— beatæ Mariæ et sanctorum. 235.

— Sancti Spiritûs. — 244.

— beatæ Virginis. — 226, 533, 540, 767, 778, 1025.

— et prières en flamand. — 513.

Hugo. Postillæ in Lucam et de quatuor virtutibus — 774.

— de Sancto Charo. In Apocalypsim. — 53.

— — De arcâ sapientiæ. — 143.

— — Postilla in Lucam. — 19.

— — Speculum ecclesiæ. — 770

— de Folieto. Tractatus de claustro corporis et animæ.—416.

— Magistri de Sancto Victore de arcâ Noë. — 117.

— — — de Conscientiâ. — 967.

— — — Expositio regulæ S. Augustini -490.

— — — Sententiæ. — 519, 730.

Hymni glossati et alia. — 525.

Imitation de Jésus-Christ. — 557.

Incerti commentarius de epistolis Pauli, etc. — 764.

Innocentius III Card. Liber de vilitate humanæ conditionis. — 971.

— V. Seu Petrus de Tarentasiâ in secundum Sententiarum. — 685.

Isaïas. — 789.

— cum glossâ. — 611, 932, 954.

Isidorus (S). De divinis officiis liber. — 440.

— Expositio Pentateuchi. — 1026.

— Libri officiorum. — 741.

— Monita. — 757.

— de Nativitate, Passione et Resurrectione Christi — 731.

— Tractatus de Summo bono. — 761.

— de quatuor Humoribus corporis. — 483.

— de Sanctis officiis. — 96.

— de Vitiis et virtutibus. — 516.

Jacobus de Theramo. Consolatio peccatorum. — 138.

JEREMIAS. — 336.

— Cum glossâ. — 888.

— Daniel, Isaïas, cum glossâ — 859.

— Daniel, Ezechiel, cum glossâ. — 31.

JOANNES de Abbatis Villâ. Expositio super Cantica Canticorum. — 490.

— — Sermones. — 626, 751, 927.

— — Sermones pro festis Sanctorum. — 753.

— Beleth. Gemma animæ. — 208.

— Bromiard frater dominicanus. Sermones. — 181.

— de Burgh. Pupilla oculi. — 104, 880.

— Cassianus. Collationes Patrum. — 917.

— de Deo. Liber pœnitentialis. — 621.

— Damascenus LiberMansionis, interprete Burgundione Judice sive Pisano. — 855.

— — de orthodoxâ fide. — 70.

— (Fr.) Compilatio Summæ confessorum. — 829.

— de Lausannâ. Sermones de dominicis et de sanctis. — 1018.

— lector. Summa confessorum. — 277.

— de Levâ. De Eucharistiâ. — 146.

— Oris aurei. Interpretatio evangeliorum. — 19.

— de Rupellâ. Summa de animâ. — 609.

— Saracenus. Orationes aliquot. — 373.

— Teutonicus. Summa confessorum abbreviata. 992.

JOANNIS Chrysostomi et aliorum opuscula (latinè). — 696.

— — Homiliæ (latinè). — 128.

— — in Matthæum homiliæ. — 851.

— — in Matthæum (latinè). — 935.

— — in Matthæum (latinè). — 622.

JOB. — 12, 336, 575.

JORDANUS de Quedlingenburg. Expositio passionis Christi. — 868.

JOSUÉ. — 43, 789.

JUDICES cum glossâ. — 847.

JUDITH cum glossâ. — 12, 74, 575, 789, 847.

KORAN (le) (arabicè). — 1070.

LACTANTII opera. — 167, 614.

LANFRANCUS ad Berengarium. — 775.

LANGHTON Stephanus (de). Summa de Deo. — 391.

—   Super VII libros priores Bibliorum. — 890.

LECTIONES pro festis anni. — 598.

—   et sermones SS^{um} Patrum per annum. — 841.

LECTIONARIUM. — 56, 72, 161, 185, 280, 285, 304, 616, 792, 869, 904, 1045, 1049.

—   in festis diebus. — 9.

—   pro festis sanctorum. — 600.

—   de tempore et de communi sanctorum. — 311.

LECTOR Joannes. Summa confessorum. — 277.

LEVITICUS. — 836.

—   cum glossâ. — 133.

LIBELLUS de IV virtutibus honestæ vitæ. — 574.

LIBER de animâ. — 732

~   Albertani de doctrinâ dicendi et tacendi. — 971.

—   Confessionum sancti Augustini. — 106, 616.

—   Conscientiæ ab Hugone de Sancto Victore. — 967.

~   Conscientiæ. — 201.

—   Disciplinarius. — 994.

—   Duodecim prophetarum. — 136.

—   Duodecim prophetarum cum glossâ Johannis Lyrani. — 209.

—   Epistolarum et Evangeliorum. — 1049.

—   Evangeliorum. — 56.

—   Evangeliorum et Collectarum. — 185.

—   Evangeliorum. — 901, 1045.

—   Innocentii papæ de vilitate conditionis humanæ. — 971.

—   Officiorum variorum. — 975.

—   Officiorum S. Vedasti. — 269.

—   Orationum ex Anselmo et aliis. — 524.

—   Orationum. — 781.

—   Orationum et precum variarum. — 763.

—   de Pœnitentiâ Johannis de Deo. — 490.

—   Psalmorum et orationum. — 542.

—   Sermonum. — 222.

—   Sermonum Gerardi episcopi Cameracensis. — 351.

—   Scintillarum Henrici Defensoris. — 129.

LIBER Tobiæ. — 1044.

— Verborum et exemplorum sacræ Scripturæ. — 239.

LIBERO (de) arbitrio. — 939.

LIBRI Josue, Paralipomenòn et Baruch cum glossà. — 877.

— Regum cum glossà. — 632.

— Sapientiales. — 575.

— Sapientiales cum glossà. — 608, 655, 830.

— Sapientiales cum glossà Lyrani. — 102.

— Judicum. — 43.

LOCI communes pro concionatoribus. — 251.

LOTHARIUS cardinalis. De quadripartità specie nuptiarum. — 731.

LUCÆ evangelium cum glossis. — 155, 689.

LYRA (de). In novum Testamentum. — 126.

— Nicolaüs. Postilla super veteri Testamento. — 268.

LYRANUS. In Actus Apostolorum et Epistolas canonicas. — 674.

— In Epistolas Pauli. — 55.

— In Pentateuchum. — 43

LYRANUS vel de Lyra (Nic.) In Pentateuch. Josue et Judices. — 252.

— — In vetus Testamentum. — 268.

MACHABEI. — 12.

MAGISTER sententiarum. — 102, 119, 855.

— sententiarum P. Lombardi. — 273.

— sententiarum à Petro Lombardo. — 326.

— sententiarum. Petrus Lombardus. — 360.

— sententiarum libri dies posteriores. — 758.

— Alanus. Summa. — 978.

— Hugo. De arrà animæ. — 143.

— Hugo. De Sancto Victore de arcà Noë. — 117.

MANIPULUS curatorum. — 350.

MARIALE seu de laudibus Virginis Mariæ (liber dicatus Umberto Episcopo Vercellensi). — 488.

— sive de laudibus beatæ Mariæ Virginis. — 670.

MARQUAIS Jacobus (de) ad Joan. Sarrazin de VII psalm. pœnitentialibus. — 478.

MARTINUS (S.) episcopus. de quatuor virtutibus, seu formula vitæ honestæ. — 731.

MATTHEI (R. P.) Bai Soc. Jesu, de justtià et jure. — 111.

MATTHÆI evangelium cum glossis. -- 409.

— et Marci evangelium. -- 298.

MATTHÆUS et Marcus glossati. -- 51, 120.

MAURUS Rabanus. In Reges. -- 650, 999.

— Judith, Esther. --- 761.

— In Machabæos. -- 293.

— De universo, epitaphium ejus -- 832.

MAXIMIANUS à Capellà. De Extrèma Unctione. -- 418.

MEDICINA animæ. --- 761.

MERLINI prophetia. -- 163.

MÉTHODE pour méditer. -- 538.

METHODII epistola de Antichristo. -- 163.

MIROIR (le) du sauvement. -- 845.

MISSA in festo reliquiarum ecclesiæ Atrebatensis. -- 883.

MISSALE. — 197, 271, 339, 411, 418, 465, 601, 862, 1021, 1096.

— Atrebatense. -- 275, 297, 303, 309, 334, 391, 638.

— Atrebatense pro defunctis. -- 687.

— Capellæ Sanctæ Catharinæ. -- 606.

— et collectarium Ecclesiæ Atrebatensis. - 721.

— Fratrum minorum. -- 787.

— Romanum. -- 38, 49, 278.

MORALIUM D. Gregorii in Job. -- 10.

MORIBUS (de) ecclesiæ. -- 420.

NEHEMIAS. --- 847.

NICOLAUS de Hanapis. Manipulus sacræ Scripturæ. -- 489.

— de Lyra. Postillæ super veteri Testamento. --- 268.

NOVUM Testamentum. -- 941.

NUL n'est grevé que de soy-même. -- 786.

NUMERI. — 836.

NUMERORUM liber glossatus. -- 691.

ODONIS episcopi Tusculani sermones -- 876.

— de Castro Radulphi distinctiones super Psalterio. -- 762.

— — — distinctiones super Psalterium, divisum per quatuor virtutes cardinales. -- 733.

OFFICIA (Breviarium). -- 1027.

— varia (Breviarium). -- 244.

OFFICIUM beatæ Virginis. --- 536.

OFFICIUM defunctorum. — 779.

— in festo sanctæ Ursulæ. — 556.

— in festo sancti Firmini. — 957.

OMILIÆ diversæ. — 8.

OPUSCULA varia (latinè). — 213.

— ad usum prædicantium et confessorum. — 1014.

ORATIONES vel Preces pro benedictionibus. — 488, 724, 763, 781.

ORDINARIUM Atrebatense. — 389.

— Ecclesiæ Atrebatensis. — 689.

ORDINARIUM. — 228, 416.

ORDO missæ, orationum, &c. — 163.

ORIGENES. Homiliæ in Isaïam et Jeremiam. — 940.

— Homiliæ in Cantica. — 1048.

— Adamantinus. In Exodum et numeros, &c. — 294.

— Homiliæ in numeros. — 41.

PARABOLÆ Salomonis & Daniel cum glossis. — 351.

— — ecclesiastes, Cantica Canticorum, Sapientia cum glossâ. — 83.

PARALIPOMENON libri, Judices, Ruth, Esdras, Nehemias, Tobias Judith, Esther, cum glossâ — 847.

PASCHASIUS Radbertus. De corpore et sanguine Christi. — 775.

PASSE-TEMPS (le) du pélerin. — 836.

— du pélerin de vie humaine. — 786.

PASSIO sanctorum Apostolorum. — 679.

PASSIONES Domini cum cantu. — 833.

— et evangelia. — 81.

— et gesta sanctorum. — 813.

— et vitæ sanctorum. — 178.

PASTORALE sancti Ambrosii. — 82

PATRIBUS (flores ex). — 1017.

PATRUM excerpta. — 731.

— (S. S.) Homiliæ et sermones per annum. — 817.

— — Sermones et homiliæ pro tempore. — 801.

PAULI (S). Epistolæ. — 789.

— — Cum glossâ. — 846.

— — Ad Timotheum. — 459.

— Expositio super epistolis. — 491.

PENTATEUCHUS. --- 789.

PERALDO (Guillelmi de) Summa sermonum. -- 513.

PEREGRINI Hirsaugensis speculum Virginum. --- 282, 916.

PETRI Alphonsi cum judæo dialogus. --- 432.

— Blesensis epistolæ. ---200.

— Cantoris Summa super verbum abbreviatum. -- 613.

— — tabula distinctionum. -- 743, 931.

— Comestoris historia Scholastica. -- 158, 857, 865.

— Damiani liber gratissimus et alia. --- 914.

— Lombardi divisiones. --- 119.

— — glossæ super epistolis Pauli. --- 564.

— — excerptiones de libro sententiarum Magistri --- 782.

— — Magister sententiarum. -- 326.

— — sententiæ. --- 207

— — sententiarum liber quartus. --- 1011.

— Londoniensis archidiaconi Remediarium. -- 430.

— de Tarentasiâ secundus liber sententiarum. -- 685.

— — super IXum librum sententiarum. ---612.

PLAIN-CHANT. Asperges me. -- 4, 21.

— Salve Regina. --- 225.

— Graduale et hymni. -- 137.

— Te Deum. --- 25.

— In vigiliâ Natalis Domini. -- 883.

— In festo Sanctæ Ursulæ. --- 556.

PONTIFICALE. -- 228, 469.

— Sanctæ Mariæ Atrebatensis. -- 405.

— Senonense. - - 882.

POSTILLÆ Hugonis de Sancto Charo card. super evang. Lucæ.--19.

— Nicolaï de Lyra super Pentateucho, Josue et judicibus.--252.

PRÆCES et benedictiones hebraicæ. --- 560.

PRÆDICANTIUM Summa cum tabulâ. -- 221.

PRÆDICATORUM (de) officiis. -- 548.

PRÆLECTIONES M. Arnoldi à Mechliniâ in physica Aristotelis. -- 151.

PRIMA pars summæ S. Thomæ Aquinatis. -- 381, 100.

PRIMÆ partis Summæ theologicæ D. Thomæ explanatio. --- 157.

PROPHETÆ. -- 12.

— cum glossâ. -- 858.

Prophetæ et Machabæi. — 575.

— majores. — 5.

— minores cum glossâ. — 62, 329, 908.

Prosæ et quatuor Passiones Christi cum cantu. — 637.

Psalmi Davidis cum glossâ. — 707.

Psalterium. — 212, 527.

— Atrebatense. — 412.

— — — 231, 217.

— cum quibusdam precibus. — 12, 88, 98, 512, 771.

— cum breviario. — 250.

— cum glossâ. — 572, 1005.

— cum orationibus. — 302.

Purgatoire (le) de S. Patrice. — 897.

Quæstiones quodlibeticæ. — 142.

— theologicæ. — 523.

Quatuor Evangelistæ (Græcè). — 970.

— — cum glossis. — 790.

— — cum glossâ. — 791.

— Evangelia. — 110.

Quartus liber Sententiarum. — 719.

Quedlingenburg. Expositio passionis Christi. — 868.

Rabanus Maurus. Expositio super libris Regum. — 850, 999.

— — Expositio in libris Machabæorum. — 293.

— — Expositio librorum Judith et Esther. — 764.

— — De universo, ad Haymonem episcopum. — 832.

Radulphi expositiones super Levitico. — 286.

Raymundus (frater) ordinis F.F. prædicatorum. Summa de Casibus cum glossâ. — 31.

— Summa casuum cum glossâ. — 659.

— Summa de Casibus. — 914.

— Summa super Decretales. — 61, 510, 511.

Reformatio monachorum Nigrorum Remensis et Senonensis provinciarum — 950.

Regina Cœli. — 21.

Regino. Libri de Disciplinâ ecclesiasticâ. — 723.

Registrum epistolarum Alexandri papæ. — 964.

— — sancti Gregorii. — 323.

RELIGIONE (de), de vitiis et peccatis, de legibus. -- 676.

RICARDUS de Sancto Victore, Opuscula. — 703.

— frat. De Media Villâ in tertium sententiarum. — 63.

RICHARDUS. De Patriarchis — 143.

RITHOVIUS Martinus. In Iᵘᵐ librum Sententiarum. — 191.

RITUALE. — 230, 466.

— monasticum. — 724, 745.

ROBERTUS (seu Rupertus) abbas. De divinis officiis expositio super ecclesiastem. -- 161.

— Politianus. Sermones. -- 711.

RUBRICÆ ecclesiæ Sancti Vedasti. -- 210.

RUFINUS. Explicatio Symboli. -- 528.

RUPERTUS. De divinis officiis. -- 80.

— De Victoriâ verbi Dei. -- 969.

RUTH. — 43, 74, 85, 789, 847.

SACRAMENTO (de) Eucharistiæ. -- 187.

SAPIENS Sapiens. Sive declinare à malo et facere bonum. -- 1090.

SARACENUS Joannes. Orationes aliquot. -- 373.

SARRAZIN Jean. Explication du Symbole des Apôtres. -- 363.

SCINTILLÆ Scripturarum. -- 135.

SCRIPTURÆ sanctæ, S. Augustini et aliorum deflorationes. -- 574.

SENTENTIÆ Hugonis de sancto Victore. — 1011.

— patrum versibus descriptæ. -- 761.

SENTENTIARUM primi libri explanatio. -- 191.

— manipulus. — 1032.

SEPTEM (de) Psalmis pœnitentiæ auctore Fr. Jacobo de Marquais. --478.

— Sapientium Sententiæ septem versibus explicatæ. -- 574.

SERMONS prononcés dans le chapitre de Saint-Vaast. -- 462.

— pour les festes de l'année. -- 384.

SERMON pour les prémices de frère Dominique Guerard. -- 503

SERMO sancti Augustini de Assumptione B. Mariæ. -- 1032.

SERMONES sancti Bernardi in Cantica Canticorum. -- 940.

— aliquot sancti Bernardi et sancti Anselmi. — 70.

— G. de Castro Theodorici. — 203.

— pro Communi sanctorum. -- 526.

— discipuli de sanctis. -- 706.

— dominicales. -- 204.

SERMONES fr. G. pro Communi sanctorum. — 526.

— — à septuagesimâ ad Pascha. — 92.

— Fr. Evrardi. — 898.

— de festis anni. — 426, 878, 1067.

— pro festis Sanctorum. — 720, 737.

— fratris Guiberti de Tornaco. — 202.

— et homiliæ Patrum pro tempore. — 968.

— Johannis de Abbatis-Villâ pro festis Sanctorum — 626, 753.

— Mixti. — 531, 951, 1000.

— de sanctis et de tempore. — 196.

— de tempore. — 165, 379, 419, 739.

— de tempore et festis Sanctorum. — 752, 756.

— pro tempore — 227, 251, 421, 519, 1006, 1022.

— è verbis sancti Bernardi collecti. — 953.

— variorum pro tempore et festis Sanctorum. — 759.

SERMONUM liber Gerardi episcopi Cameracensis. — 354.

SERVIUS Joannes. Dictata theologica de extremâ unctione. — 418.

SIXTI Sententiæ. — 709.

SOMME (la). Le Roy. — 1057.

STAPLETONUS Thom. Quæstiones Quodlibeticæ. — 142.

STEPHANUS Cantuariensis super VII libros priores Bibliæ. — 890.

SUMMA Alani de maximis theologiæ. — 463

— Astexani de Casibus. — 580.

— Casuum seu confessorum Raymundi. — 32.

— Confessorum. — 896, 1006.

— de festis anni. — 770.

— Fidei. — 903.

— Johannis Beleth. — 978.

— Prædicantium. — 321.

— Præpositivi. — 394.

— Raymundi casuum cum glossâ. — 659.

— fratris Raymundi ordinis F.F. prædicatorum. — 31.

— Stephani de Langthon archiepiscopi Cantuariensis. — 394.

— super evangelia. — 1065.

— theologiæ per alphabetum digesta. — 737.

— de vitiis. — 617.

— de Virtutibus. — 1012.

Summa Virtutum et Vitiorum. --- 726.

— de vitiis. — 853.

— — et alio. --- 947.

— — et virtutibus. --- 312.

Synodus Congregationis monasteriorum exemptorum Belgii. -- 157.

Tabulæ chronologicæ ab origine mundi ad annum 1517. -- 190.

Te Deum en chœur à seize voix. — 25.

Telu Jean. Les trois rois de Béthléem. — 553.

Teutonicus Joan. qui dicitur Lector. Summa confessorum.—32, 277, 829, 896, 993.

Textus è Sanctis Scripturis eruti pro tempore. — 927.

Theologia. — 170.

Theologia moralis. — 66, 135.

Theologicæ Quæstiones. — 523.

— veritatis compendium. — 905.

Theramo (de) Jacobus. Consolatio peccatorum. — 138.

Thomas (S.) de Aquino. Prima pars secundæ Summæ. — 134.

— — Super librum primum Sententiarum. — 870.

— — Prima pars Summæ. — 331.

— — Quæstiones quodlibeticæ. — 873.

— Primæ partis Summæ theologica explanatio. — 157.

— Secunda secundæ. — 848.

— In Quartum sententiarum. — 831.

— Cantimpratensis. Bonum universale de propriet. apum.— 746.

— (frater) à Capellà. Sermones — 369.

Tobias. — 74, 575, 847.

Tractatus de Conceptione B. M. Virginis à Petro Aureolo. — 400.

— de Doctrinà Christianà. — 700.

— Exemplorum secundùm ordinem alphabeti. — 537.

— Joh. de Leva pro veritate Eucharistiæ. — 146.

— de Justitià in genere. — 111.

— Origenis super Cantica. - 1048.

— de questionibus inter catholicos et hereticos. — 101.

— Fr. Guiberti de pace. — 720.

— Radberti Paschasii de corpore et sanguine Christi. — 775.

— de ratione perfectorum. — 512.

— de regulà vitæ Christianæ. — 1019.

TRACTATUS de sacramentis. — 198.

— de septem itineribus Æternitatis. — 772.

— varii de disputat. S. Hieronymi adversùs Origenem — 115.

— de virtutibus. — 300.

— de vitiis et virtutibus. — 649.

TRADUCTION en français de quelques chapitres de l'Imitation de Jésus-Christ. — 557.

TRAITÉ (le) de salutaire pénitence. — 236.

— de la vie spirituelle. — 514.

— des trois Rois Béthléémites. — 553.

UTILITATE (de) Pœnitentiæ libri tres. — 224.

VANITATE (de) mundi. — 143.

VARII sermones. — 796.

VALLÆ homiliæ Adamantii Origenis (latinè). — 41.

VEDASTI (S.) Conciones religiosorum monasterii. — 384, 462.

— Synodus habita in monasterio. — 457.

VERBUM abbreviatum magistri Petri Canteris. — 641.

VIRTUTIBUS (de) et vitiis. — 184.

VIDUITATE (de sanctà), sancti Augustini de bono conjugali, de moribus ecclesiæ. — 420.

WESTONUS Eduardus. In Iam et IIam S. Thomæ. — 116.

ZACHARIÆ Chrysopolitani Concordia Evangelistarum. — 571.

JURISPRUDENCE.

ANDREAS Bononiensis Joannes. In VIam Decretalium Bonifacii VIII. — 260, 570, 596, 800, 820, 833.

ANTONIUS de Butrio. In secundum Decretalium. — 13.

APPARATUS Innocentii IV super Decretis. — 828.

ARTOIS (Coutumier d'). — 112.

AUTORITÉ (de l') du Roy dans l'administration de l'Eglise gallicane. — 1101.

AZO. Summa super codice Justiniani. — 587.

BARTHOLOMÆUS Brixiensis. In decretum Gratiani. — 131, 809.

— — Casus decretorum. — 589.

— — Quæstiones dominicales. — 595, 625.

— Papiensis. Breviarium super Gregorii decretal. — 75

BERENGARIUS. Inventarium juris canonici. — 805.

BERNARDUS Compostellanus. Quæstiones ex apparatu Innocentii.—590.

BONIC Henricus. In Decretales. — 798.

—　　　　　Distinctiones. — 172.

—　　　　　in IV et V librum decretalium. — 261.

BOUCLIER (le) du clergé, par Denis Laseta. — 965.

CANONICI juris decisiones. — 1087.

CANONUM et decretalium collectio. — 611.

CASUS decretalium per magistrum Bernardum. — 44.

— novarum constitutionum Clementis Quinti. — 992.

CLEMENTINÆ Constitutiones cum apparatu Johannis Andreæ. — 588.

—　　　　　novæ cum apparatu Joh. Andreæ. — 584.

CODICIS Justiniani libri IV cum glossis. — 265.

— liber Xus cum glossis. — 856.

COMMENTARIUS in IVum et Vum Decretalium. — 261.

CONSANGUINITATE (de). — 568.

COUTUMES d'Artois. — 29, 30.

DE BUTRIO Antonii. In IIum librum Decretalium. — 13.

DECISIONES juris canonici. — 1087.

DECRETALES Alexandrinæ. — 599.

— Gregorianæ. — 881.

—　　　　— eum apparatu Bern. et titulis Joan. Theuto-
nici. — 593.

—　　　　— cum apparatu. — 581.

— Gregorii Papæ et Sextus Clementis V. — 793.

— Gregorii Papæ IX. — 11.

— Innocentii Papæ. — 597.

DECRETUM abbreviatum. — 251.

— (Voyez Gratianus.)

DE MOTA Joan. Infortiatum super Justinianum. — 253.

DIGESTORUM libri ab XXVe ad XXXVIIIum. — 842.

— libri ab XXXIXe ad XLVIIIum cum apparatu. — 803.

— libri XXIV cum glossis. — 586.

— pars dicta Infortiatum cum apparatu. — 605.

DURANDUS Guillelmus. Speculum judiciale. — 255, 257.

—　　　　— Repertorium juris. — 840.

GALLICANE (Autorité du Roi dans l'administration de l'Eglise). — 1101.

GAUFFRIDI de Trano. Summa super Titulis decretalium. — 624, 769.

GRATIANI decretum cum apparatu. — 263, 791.

—   —   cum apparatu Bartholomæi Brisiensis. — 577.

—   —   cum notis. — 592.

—   —   cum summariis ac divisionibus Bartholomæi Brisiensis. — 585.

—   —   cum Glossâ. — 7, 599, 813.

GREGORII Decretales. — 287.

—   IX. Decretales cum apparatu. — 881.

—   —   cum glossâ. — 816.

—   IX Papa. Decretalium libri V. — 14, 581, 802, 881.

—   Papæ et Sextus Clementis V Decretales cum apparatu. — 793.

—   Decretales cum glossis Bernardi. — 593, 811.

—   —   cum notis Bernardi. — 568.

GUIDO de Baysio. In Decretum Gratiani. — 804, 815, 820.

—   —   Apparatus super sexto decretalium. — 591.

—   —   In librum decretorum. — 812.

GUILLELMUS Durandus. Speculum judiciale. — 255, 257.

—   (F.) Lugdunensis. Sermones super Evangelia. — 498.

—   de Monte Lauduno. Super Clementinis et extravaganti- bus. — 603.

—   de Monte Lauduno. Apparatus super Clementinis. — 610.

—   —   Sacramentale. — 352.

HÉBERT. Sur les coutumes d'Artois. — 36.

HENRICI Bohic distinctiones. — 172.

HENRICUS Bohic. In Decretales Gregorianas. — 798.

—   De IIIe decretalium. — 272.

INFORTIATUM digestorum pars dicta cum apparatu. — 605.

—   cum apparatu. — 258.

INNOCENTIUS IV. Seu Lotharius cardinalis. Decretales. — 254.

—   III cardinalis. Decretales. — 597.

—   Seu Lotharius card. De Nuptiis. — 754.

—   Hostiensis seu Ostiensis card. In decretales Gre- gorii IX. — 597.

—   IV. Hostiensis card. In decretales quæstiones cum appa- ratu. — 590.

INNOCENTIUS. Hostiensis card. Summa de titulis decretalium Gregorii IX. -- 821.

— IV. Hostiensis card. Apparatus in decretales. -- 828.

— Hostiensis card Summa de titulis decretalium Gregorii IX. -- 582.

INSTITUTIONES Justiniani. -- 17.

JESSELINUS de Cassanis. Super extravagantibus. -- 570.

JOANNES Andrææ apparatus super Clementinis. -- 570.

— — apparatus in sextum Decretalium. -- 596.

— Andrææ et Guido. Apparatus super sextum Decretal. -- 820

— — — Super librum VI^{um} decretalium Bonifacii. -- 260.

— In Constitutiones novas Clementis V. -- 588.

— de Deo. Summa in Gratiani decretum. -- 1064.

— — Casus decretalium. -- 122.

— — Distinctiones. -- 595.

— (Fr.) Galensis. Summa collectionum. -- 690.

— de Lignano. In primum et secundum librum decretalium. -- 259.

— Monachus. Apparatus in VI^{um} decretalium. -- 579, 583.

JUSTINIANUS. Digestum. -- 803, 812.

— Institutiones et novellæ. -- 17.

— Codicis libri IX cum glossâ. -- 807.

— Institutiones. -- 856.

— Digestorum libri. -- 586.

— Pandectæ cum apparatu. -- 565.

— Repetita lectio. -- 265.

LASETA Denys (de). Le Bouclier du clergé. -- 965.

LIBER Decretarius (Decretum Gratiani) cum glossis. -- 813.

— Feudorum cum glossis. -- 17.

LYRA (de) Paulus. Lectura super Clementinis. -- 831.

MAGISTER Bernardus. Casus decretalium. -- 625.

MARTINI (Fr.) Margarita decreti. -- 891.

MARTINUS Pœnitentiarius. Margareta decretalium. -- 891.

MONALDUS. Summa de jure canonico. -- 91, 514.

NOVELLÆ. -- 17, 856.

— Johannis Andrææ super sexto Decretalium. -- 800, 11

ORDONNANCES de l'empire depuis qu'il a été transporté aux Allemands. — 176.

OSTIENSIS. Super quinque libros Decretalium. — 797.

— Summa copiosa de titulis Decretalium. — 582, 821.

PAPINIENSIS (B.) Breviarium in decretales. — 75.

— Præpositi. Exempla de veteri jure, sub titulis Decretalium. — 597.

PAULI (S.) lectura super Clementinis. — 834.

REMARQUES du conseiller Hébert sur plusieurs articles de la coutume d'Artois. — 36.

SEXTUS Decretalium cum apparatu. — 579, 583.

SIKARDI summa juris Canonici. — 686.

SIMONIS Vayreti Compilatio quatuor apparatuum. — 808.

SUMMA Azonis super codice Justiniano. — 587.

— Bernardi super titulis Decretalium. — 979.

— Copiosa de titulis Decretalium. — 979.

— in Decretum Gratiani. — 1064.

— Gauffridi de Trano super Decretum. — 206.

— Monaldi in jure Canonico. — 91, 514.

— Nicolaï de Condeto super Codice. — 590.

— Raymundi super casibus Decretalium cum apparatu. — 510, 518, 541.

— — super jure Canonico. — 61.

— Tancredi. — 1011.

— — super decretis. — 754.

TEUTONICUS in Gregorii Decretales. — 593.

VAYRETI Simonis Compilatio quatuor (id est Johannis Andræœ, Guillermi, Gecollini et Pauli). — 808.

SCIENCES ET ARTS.

ÆGIDIUS Romanus. De regimine principum. — 638.

ALEXANDER. Memoriale rerum difficilium, de imagine speculi. — 463.

ALGORISMUS. — 512.

ANNÆUS Lucius Seneca. Opera. — 315.

ARISTOTELES. Super libros moralium tabula (latine). — 318.

ARISTOTELES. Liber de secretis secretorum (latinè). — 517.
— De animâ (latinè). — 1050.
— Ethica (latinè). — 330.
— Ethica politica, et rhetorica (latinè). — 617.
— Physica (latinè). — 1050.
ARITHMÉTIQUE, géométrie et fortification. — 535.
— jusqu'aux règles de trois, extraction de racines. — 121.
— par l'arbre et grand geet. — 145.
ARNOLDUS (M.) à Mechliniâ. In physica Aristotelis. — 151.
— Rotterdamensis. Gnotosolitos. — 906.
ARS propositionum secundùm artem demonstrativam. — 119.
ASTROLABIO (de). — 748.
BARTHOLOMÆUS Anglicus. De proprietatibus rerum. — 76, 81.
BASILIUS. De studiis liberalibus tractatus ab Aretino versus in latinum. — 973.
BERCHORIUS Petrus. Repertorium morale. — 562.
BÊTES (les) sensitives, par Wartel. — 234.
BOECE. Le Livre de la Consolation (en vers français). — 972.
BOETHIUS. Commentarii de prædicamentis Aristotelis. — 343.
— De Consolatione philosophiæ. — 495.
BOETHIUM (in). Commentarius per Tryvet — 1021.
BOETHIUS. De Scholaribus. — 1000.
Bosco Joannes de Sacro. De sphærâ. — 512.
BUCH das grosse planeten — 529.
CŒLO (de) et Mundo. — 1050.
CHIRURGIA Equorum. — 483.
CLAUDII Heems. Tractatus de Ebrietate. — 938.
CLAVICULE (la) de Salomon. — 475.
COMPILATIO magistri Middini de morbis. — 901.
COURS de physique expérimentale par le R. P. Delas, de l'Oratoire d'Arras. — 222.
CŒULLE Jacques. L'arithmétique par jetons. — 145.
DIETARIUM. — 690.
DICTA et Castigationes Sapientium. — 976.
DISCIPLINA (de) scolarum, liber Boëtio adscriptus. — 1000.
ECLIPSI (de) solis tempore Christi. — 114.
ELÉMENTS de mathématiques. — 121.

ELENCHORUM libri II. -- 162.

ENCOMIUM agriculturæ. Auct. Rob. Britanno. -- 414.

ESTRIF (l') de vertu et de fortune, par Martin Kane. -- 777.

EXCERPTA philosophorum. -- 315.

EXPLICATION symbolique et mystique de diverses devises tirées des poëtes latins. -- 482.

FASCICULUS novus rerum expetendarum et fugiendarum. -- 1042.

FLORES philosophorum. -- 64.

   -- sententiarum ex variis auctoribus excerpti -- 171.

GALENSIS Joan. Breviloquium. -- 690.

GASPARIS Scioppii Machiavellica. -- 922.

GENERATIONE (de) et Corruptione. -- 1050.

GEOMANTIA, astrologia, physionomia, chyromancia. -- 529.

HEENS Claudius d'Arras. De Ebrietate. -- 938.

HORLOGIOGRAPHIE solaire. -- 1017.

ISAGOGE Porphyrii in prædicamenta Aristotelis et alia logica. -- 446.

JACQUES de Cœulle. L'arithmétique. -- 445.

JOANNES de Sacro Bosco. Tractatus de sphærâ. -- 512.

LEFRANC Martin. L'Estrif de vertu et de fortune. -- 777.

LEONARDUS Aretinus. Isagogicum moralis disciplinæ. -- 973.

LIBER Aristotelis de secretis secretorum. -- 517.

   -- Mahumeti Avenscot, dictus Colliget. -- 901.

   -- de Pomo, etc. -- 770.

   -- Priorum et posteriorum. -- 162.

   -- veritatis Hypocratis. -- 483.

LIVRE (le) des bonnes mœurs. -- 422.

   -- de la Consolation, par Boëce. -- 972.

   -- Ki est de philosophie et ensement de moralité. -- 657.

   -- des Vertus et des vices. -- 214.

   -- des Vices et des vertus. -- 1057.

   -- du Miroir du monde. -- 1057.

LULLIUS. Ars inventiva. -- 78.

MACER. De virtutibis herbarum. -- 483, 1016.

MEMORIA (de). -- 1050.

METAPHYSICORUM Aristotelis (latinè). -- 1050.

MIDDINI de morbis compilatio. -- 901.

MIROIR (le) du monde. -- 1057.

MORALES chrétiennes et philosophiques. — 657.

MORTE (de) et vitâ (latinè). — 1050.

MŒURS (le Livre des bonnes). — 422.

NOVUS fasciculus rerum expetendarum. — 1042.

ORTHUINUS Gratius, fasciculus novus rerum expetendarum et fugiendarum. — 1042.

PETIT recueil d'airs d'Opéra. — 132.

PETRARCHA (Fr.) de remediis utriusque fortunæ. — 661.

— Tractatus de vitâ solitariâ et de otio religiosorum. — 784.

PETRI Berchorii repertorium morale. — 562.

PHILOSOPHORUM dicta moralia. — 976.

PHYSIQUE (Principes de la). Traité de la nature. — 42.

POGII dialogus an seni sit uxor ducenda. — 1098.

PORPHYRII Isagoge in Aristotelem. — 162, 416.

PRÆDICAMENTA Aristotelis, Elenchorum, priorum et posteriorum (omnia latinè). — 162.

PRÆLECTIONES M. Arnoldi à Mechliniâ in physica Aristotelis. — 151.

PROPHETIA Merlini.... — 163.

RECEPTARUM liber. — 1016.

RECETTES de médecine et secrets pour les arts. — 245.

RECUEIL de portraits historiques. — 266.

REGIMINE principum (de) Ægidii Romani. — 688.

ROBERTUS Britannus. Encomium agriculturæ. — 414.

SCIOPPIUS Gaspar. Machiavellica. — 922.

SENECÆ opera. — 315.

SPIRATIONE (de) et Respiratione. — 1050.

TABULA moralium Aristotelis. — 318.

TABULÆ astronomicæ. — 952.

THÉORIE de la construction des horloges solaires. — 1017.

TRACTATUS de Astrolabio et alia astronomica. — 748.

— de Compoto. — 722.

TRAITÉ de la nature, où l'on traite des principes de la physique. — 42.

TRÉSOR (le) de Brunetto Latini (en français). — 1060.

VINCENTIUS Bellovacensis. Speculum naturale. — 566.

WARTEL. Les Bêtes sensitives. — 231.

BELLES LETTRES.

ADAMUS Adams. Carmen panegyricum ad Philippum de Caverel. — 458.

ÆQUIVOCA magistri Henrici. — 483.

ALEXANDER de Villà-Dei. Doctrinale grammaticum cum apparatu. — 942.

ALPHABET de divers caractères de chaque nation de l'univers, par Fayolle. — 241.

— Grammaire et études sur le sanscrit, par Semaille. — 216.

CARMEN Philippo Caverellio, abbati Vedastino, dicatum. — 497.

— ad P. de Caverel. — 502.

— de Periculo urbis Atrebatensis. Auct. Ph. Meyero. — 472.

CARMINA pro felici Philippi II adventu in urbes Belgii. — 95.

CARPENTEIUS Atrebas. Heroico carmine Jeremiæ paraphrasis. — 130.

CATONIS (Defloratio libri). — 574.

CHANSONS d'amour et de table. — 1089.

— de table, chansonnettes et vaudevilles. — 1091.

— notées de maistre Willaumes-li-Viniers, maistre de Fournival, Adam-li-Boçu d'Arras, &c, &c. — 657.

CLAUDIANI Carmina. — 438.

COMOEDIA de sancto Georgio. — 1004.

— de sancto Landelino. — 1004.

CORNELIUS à Marca, tragœdia de voto Jephtæ. — 476.

DEFLORATIO libri Catonis — 574.

DELPHINUS. (tragœdia) 194.

DEL povre clerc qui disoit Ave Maria adès. — 657.

DICTIONNARIUM linguæ latinæ. — 267.

EBERHARDI Bethuniensis Græcismus cum apparatu. — 410, 995.

EPISTOLA heroico carmine descripta ad Philippum Caverel abbatem Vedastinum. — 502.

FAYOLLE Joseph. Alphabets de diverses nations. — 241.

FEMME (la) docteur, ou la Théologie tombée en quenouille. — 503.

FESTE de Vénus. — 26.

FLORES auctorum. — 574.

Glossarium linguæ latinæ. — 267.

 Ualteri Insulensis Alexandreis. — 990.

 Enricus Bohic. Magistri æquivoca. — 483.

Hispanus Gaugericus. Carmen in laudem Sancti Vedasti. — 493.

 —   —   Comœdiæ de Sancto Landelino et de Sancto
                       Georgio. — 1004.

Hommage à la ville d'Arras (vers). — 1046.

Horatii Flacci epistolæ. — 973.

Hugutionis seu Ugutionis derivationes magnæ. — 839.

Joannes Januensis. Catholicon. — 270.

 —   —   Catholicon magnum (glossarium). — 576.

Lettre autographe du duc d'Orléans au général Létang. — 166.

Liber Distinctionum. — 631.

Litterariis (de) puerorum lusibus, seu de infantibus animi nugantis. — 713.

Lorris Guillaume (de). Le Roman de la Rose. — 897.

Lusus puerorum. — 713.

Manipulus Florum à M. Thomâ de Hiberniâ excerptorum. — 1001.

Meung Jehan (de). Le Roman de la Rose. — 897.

Molinet Jehan. Poésies. — 692.

Morus Thomas (Tragœdia). — 174.

Noels, cantiques et autres poésies sacrées. — 963.

Obrizii Roberti varia poëmata. — 220.

Ode Eucharistica ad R. P. D. Philippum de Caverel abbatem Vedastinum. — 458.

Oliverii Tirsay carmina varia. — 506.

Onguent (l') à la brûlure. — 555.

Oratio ad Pacem. — 468, 494.

 —   funebris habita in obitu Gerardi Hamericurtii abbatis Berti-
      niani, Johanne Malpaulio medico auctore. — 364.

 —   de solis Eclipsi quæ Passionis Christi tempore visa est, habita
      in quodlibeticis quæstionibus anno 1598. — 114.

Ovidius. Liber Tristium. — 217.

 —   Naso. Libri metamorphoseôn. — 996.

Panacius Salius Audomarensis. Vedastiados libri II. — 357.

 —   —   Vedastiados libri quinque. — 58,
                       879.

Papiæ. Glossarium. — 913.

— Grammatica. — 913.

Paraphrasis in vaticinia et lamentationes Hieremiæ heroïco carmine Carpenteio Atrebatio auctore. — 130.

Partibus (de VIII) orationis. — 314.

Pélérinage (le) de N. Sauveur Jesus-Christ. — 845.

Petri de Rigâ Aurora. — 744.

Poèmes. Noëls et cantiques. — 963.

Poésies de Jehan Molinet. — 692.

Prisciants. De constructione, dialectica, varia. — 511.

— de VIII partibus orationis. — 314, 983.

Proverbia Senecæ. — 731.

Publius Ovidius. Metamorphoseôn libri XV. — 996.

Raoul Lefebvre. Histoires de Troye. — 1075.

Recueil de devoirs donnés en seconde à Paris (1786). — 1102.

— des histoires de Troye. — 1075.

— de Noëls et vaudevilles. — 1066.

Rédemption (la), l'annonciation, la vie, la passion, la résurrection et la vengeance de N. S. Jesus-Christ. — 697.

Registre secret de François de Boffles. — 186.

Rhetorica docens de nomine et partibus rhetorices. — 242.

Riga Petrus. Aurora seu Biblia versificata. — 744.

Robertus Obrizius. Varia poëmata. — 224.

Roman (le) de Amys et Amiles. — 704.

— d'Elaine, femme au roy d'Angleterre. — 766.

— de la Rose. — 897.

Romans en langue turque. — 1094.

Salius Panagius. Vedastiados libri V. — 58, 879.

Senecæ proverbia. — 927.

Sententiæ diversorum philosophorum collectæ, seu Ludicra. — 574.

Sententiarum flores ex variis auctoribus, Cicerone, Senecâ, &c.—171.

Sluperius Herzelensis Jacobus. Poëmata.— 413.

Sophonisba tragœdia. — 194.

Summa Derivationum. — 314.

— Dictaminis. — 539, 751.

Testament (le) de Jean de Meung. — 897.

Thieulaine. Florilegium. — 399.

THOMAS Morus sanctus martyr. Tragœdia. — 174.

TIRSAY Oliverii carmina varia. — 506.

TRACTATUS de Dictamine. — 1011.

— de rhetoricà. — 242.

TRAGICOMOEDIA de Sancto Vedasto. — 678.

TRAGOEDIA de voto Jephte à Cornelio Lumenæo à Marca. — 176.

TRAGICO-comœdia de Sancto Vedasto. — 936.

TRAITÉ (le) de Jean de Meung sur les sept articles de la foi. — 845.

TRÉPAS (le) de Notre-Dame. — 766.

TURCARUM imperatores compendioso carmine descripti auct. Meyero. — 479.

TURQUE (Romans en langue). — 1094.

TYRSAY. Poëmata. — 506.

VEDASTIADOS libri Panagii Salii Audomarensis. — 58, 357, 879.

VERSUS aliquot in laudem Sancti Vedasti. — 493.

VILLERS Servatius Fabius (de). Xenium sive Carmen, Philippo Caverel dicatum, &c. — 497.

VIRORUM illustrium Elogia diversis metris conscripta Sluperio auctore — 413.

VITA vel actus Apollonii regis Tyri. — 163, 736.

VILLA-DEI (de) Alexander. Doctrinale grammaticum cum apparatu. — 942.

VOCABULARIUM Hugutionis, seu magnæ derivationes. — 1080.

XENOPHONTIS Cyropædia à Poggio in latinum translata. — 974.

HISTOIRE.

ABBAYE du Mont-St-Eloy (Histoire de l'), par André Le Vaillant.—123.

ABRÉGÉ de géographie. — 238.

— de la grande Cité de Troye. — 1075.

— de l'Histoire universelle depuis la création. — 1085.

— de la vie du vénérable Jean-Baptiste Devillers, prêtre.—237.

ADDITIONS aux mémoires et recueils concernant le diocèse d'Arras. — 1036.

ADVÈNEMENT de la sainte Chandelle d'Arras (poëme). — 404.

ADVERSARIA historica, auctore Tyrsay. — 1092.

ALBINUS. Vita Sancti Vedasti. — 380, 731, 1032.

ALEXANDER Major. De mannà Atrebatensi. — 179.

ALPHABETUM narrationum. — 489.

AMBASSADE de Jean Sarrazin, abbé de Saint-Vaast, auprès de Philippe II, par Philippe de Caverel. — 124, 392, 447, 454.

ANDREAS (Fr.) Marchiennensis. Chronicon. — 140, 453, 668, 866.

ANNALES abbatum monasterii Sancti Bertini. — 173.

ANNALES de Saint-Vaast, par Gérard Robert, religieux de Saint-Vaast. — 183, 355, 1081.

ANTIQUITÉS d'Arras. — 189.
— d'Artois et d'Arras. — 874
— et coutumes de la ville de Lille. — 442.
— d'Hennin-Liétard. — 87.

ANTIQUORUM regum Bataviæ prosapià (de). — 152.

ARMOIRIES et devises de familles flamandes et épitaphes. — 532.
— et épitaphes tirées des églises de Tournay. — 986.
— tirées des églises de Douai. — 205.

ARMORIAL de l'Artois et de la Flandre. — 284.
— de Flandres. — 108, 665, 926.
— général. — 181, 407.
— des Pays-Bas. — 554, 1100.

ARRAS. Carmen de urbis Atrebati periculo (en 1507). — 472,
— Notes sur l'Histoire des Dominicains d'. — 960.
— Répertoire des registres aux mémoriaux de la ville d'. — 18.

ARS temporum. — 722.

ARTOIS. Inventaire des chartes d'. — 353.
— Répertoire des chartes d'. — 654.
— Troubles ou pièces sur la réconciliation des Etats d'. — 311.

ATREBATIUM gentis urbisque (de antiquitate) oratio ab Andreà Hoio. — 472.

BALDERICUS. Historia episcoporum Atrebato-Cameracensium. — 398.

BALDUIN François, jurisconsulte. Chronique d'Artois. — 87, 386, 492.
— De Glen, abbé d'Hennin-Liétard. Historia abbatum monasterii Henniacensis. — 91, 668.

BAPTÊMES et mariages de la ville d'Arras de 1795 à 1082. — 234.

BATAVIA (de) et Frisià, sive Saxonià. — 152.

BELGII ad Ordines exhortatoria ad Pacem oratio. — 468, 494.

BERTINI (Sancti) Annales abbatum monasterii. — 173.

— — Chronica sive historia monasterii. — 668.

— — Monasterii cartularium. — 473.

— — Vita. — 367.

BLASONS, croquis, généalogies et pièces originales concernant des familles de Flandres et d'Artois, par J. de Launay. — 923.

BIGNON. Mémoire sur l'Artois. — 937, 1095.

BOFFLES (Lettres et mémoires de la famille de). — 486.

BOSEHAM Herbertus (de). Vita sancti Thomæ Cantuariensis. — 375.

BOUCAULT François, prieur de Saint-Vaast. Synopsis temporum universalis. — 274.

BRÈVE description des choses les plus remarquables arrivées dans la ville de Douai depuis l'an 602 de N.-S. — 1008.

BRIEF recueil des évêques de Tournay. — 177.

CAROLI Magni vita. — 477.

CARTULARIUM monasterii Sancti Bertini Sithiensis. — 173.

CATALOGUE des abbés de l'abbaye de Sithiu. — 874.

— des livres de la cathédrale d'Arras. — 431.

CATALOGUS abbatum monasterii Sancti Bertini. — 668.

— episcoporum Tornacensium. — 177.

— religiosorum monasterii Sancti Vedasti. — 467.

CAVEREL Philippe (de). Ambassade de J. Sarrazin.—121, 392, 417, 451.

— — Annales Sancti Vedasti. — 401.

CAUSA exilii et martyrii beati Thomæ. — 375.

CÉRÉMONIES observées aux enterrements de quelques princes étrangers. — 16.

CHASTELAIN Georges. Guerres de Flandres (Première partie de l'Histoire des). — 827.

CHRISTINÆ sanctæ Vita. — 54.

CHRONICA sive historia monasterii Sancti Bertini à Joan. Yperio concinnata. — 668.

— et fabulæ (diversorum). — 163.

CHRONICON F. Andreæ Marchiennensis cœnobitæ — 140, 453, 668.

— Andrensis monasterii. — 866.

— Fanopinense (Phalempin). Auct. Ph. Piétin. — 677.

— Martini Poloni. — 751.

CHRONICORUM manipulus. — 668.

CHRONIQUE abrégée de l'Artois, par François Balduin. -- 87, 386, 492.
— de 1551 à 1554. -- 50.
— de Froissart. -- 1063.
— (Petit traité de) des comtes de Flandres, par J. de Fœucy. — 844.
— générale de l'ordre de Saint-Benoît, par de Yèpes. -- 450.
— de Jean le François, escuier, seigneur de Gongnies. --1056.
— de l'hôtel-de-ville d'Arras (discussions relatives à l'acquisition de l'hôtel de Gomiecourt). -- 317.
— de Liége. -- 909.
— de Nicaise Ladam. -- 383, 682, 1056, 1082.
— ou récit particulier de ce qui s'est passé en Artois, par F. Balduin. -- 87, 386, 492.
— et pièces relatives à la Flandre. -- 915.
CHRONOLOGIA ab origine mundi. -- 190.
— sacra et profana, auct. Francisco Boucault. -- 1069.
CHRONOLOGIE de l'histoire moderne. -- 308.
— des Papes. -- 669.
CLERCQ Jacques (Du). Mémoires historiques de 1448 à 1467. -- 857.
CLUNIACENSES Constitutiones. -- 347.
CODEX Lamberti episcopi Atrebatensis. -- 1051, 1062.
COLLECTION concernant l'Eglise d'Arras (notes diverses). -- 1088.
COLLETTE (la vie de sainte), réformatrice de l'ordre de Sainte-Claire. — 461.
COLOGNE. Custumale Capituli Coloniensis. -- 361.
COMITATUS Arthesiæ et comitum ejusdem de origine brevis enarratio. -- 874.
COMMUNICATIONS et résolutions prises en la ville de Mons. -- 377.
COMPILATION des anciennes histoires -- 1043.
CONCLAVE Julii III papæ. -- 912.
CONSTITUTIONES Cluniacenses. -- 347.
— Congregationis Vallisoletanæ. -- 452.
— Religiosæ. -- 1078
CONTRATS de mariage (Extraits des registres aux) à Lille. -- 318.
COPIE des cartulaires de la Brayelle et de Mareuil en Artois. -- 672.
COPIES de chartes relatives à l'histoire de l'Artois. -- 316.
— d'épitaphes, par Le Pez. -- 331.

COPIES de titres concernant les familles de l'Artois. — 376.

CRISTOVAL Jean de Estrella. Inscriptions faites en Belgique en l'honneur de Philippe II. — 95.

CROQUIS généalogiques des familles des Pays-Bas. — 501.

CROISADES (Histoire des) depuis 1196 jusqu'à Richard Ier, roi d'Angleterre. — 651.

CROY (de). Ad generosissimum principem de Croy comitem Rhodium de origine comitatûs Arthesiæ. — 874.

DAUFFAIUS Joannes. De verâ successione Mariæ Burgundiæ (en français). — 385.

DERASIÈRE Martin. Recueil sur le Conseil provincial d'Artois. — 97.

DESCENTE (de la) et généalogie des comtes de Boulogne, recueillie par le Sr de Boncourt. — 103.

DESCRIPTION des troubles arrivés dans la ville d'Arras en 1578. — 87.
— des troubles arrivés aux Pays-Bas de 1576 à 1579. — 150.

DICTIONNAIRE du diocèse d'Arras. — 1039.

DISCOURS des troubles et séditions advenues en la ville d'Arras en 1577 et 1578. — 1002.
— en bref des choses mémorables advenues en ces Pays-Bas, par Wallerand Obert. — 371.
— en brief, etc., par Wallerand Obert. — 193.
— mémoires, lettres originales concernant la réconciliation des Etats provinciaux de l'Artois. — 365.
— pacifique sur l'état présent des Pays-Bas. — 844.
— sur ce qui est advenu au pays d'Arthois. — 874.
— véritable sur ce qui s'est passé en la ville d'Arras, par Païen. — 371, 464.

DORESMIEUX François. Chronologie du prieuré d'Aubigny. — 340.

DOUAY (Brève description des choses arrivées en la ville de). — 1028.

DU CLERCQ Jacques (Mémoires de). — 867.

DYNTER Edmundus (de). Chronicon Brabantiæ. — 388.

EDMUNDI de Dynter. Chronicon Brabantiæ. — 338.

EGESIPPUS. Historiâ Judæorum. — 826.

ENGUERRANT de Monstrelet. (Partie des chroniques d'). — 920.

ENTERREMENTS des rois, reines, princesses du sang, etc. — 16.
— et pompes funèbres de plusieurs princes, cardinaux et aultres. — 16.

Episcopi Morinenses. — 177.

Episcoporum Tornacensium, Atrebatensium, &ᵃ, historiæ. — 177.

Epitaphes et armoiries recueillies sur les tombeaux dans les châtel-
lenies de Lille, Douai et Orchies. — 738.

— de l'église d'Arras. — 328.

— et tombeaux de l'église de Fribourg, Paris, Cambray.—39ₐ

Epitome chronicorum ecclesiæ Tornacensis. — 177.

Erection de la comté d'Artois. — 844.

Echevins de la ville d'Arras de 1422 à 1523. — 874.

Evaluation des offices du royaume. — 48.

Excerpta ex annalibus Flandriæ Jacobi Meyeri ab anno 484° ad
annum 1614ᵘᵐ (par Le Pez). — 500.

— historica. — 765.

Exemplorum libri. — 1019.

— Manipulus. — 296.

— Tractatus. — 537.

Extraits de cartulaires. — 316.

— — concernant la noblesse de l'Artois. — 308.

— — concernant les familles de Flandres et d'Artois. — 319.

— — concernant l'histoire politique, civile et nobiliaire de l'Artois. — 338.

— pour l'histoire ecclésiastique et nobiliaire de l'Artois et de
l'abbaye de Saint-Vaast. — 316.

— des inscriptions et attaches faictes et mises en diverses
villes et autres lieux au voyage de dom Philippe, roy des
Espaignes, fils de Charles-Quint. — 95.

— de pièces originales concernant la noblesse de Flandres et
d'Artois. — 332.

— de pièces originales faits par dom Le Pez. — 333.

— des registres aux contrats reposant à la gouvernance du
souverain bailliage de Lille. — 348.

— du répertoire des chartes d'Artois. — 654.

Fatalité de saint Cloud. — 555.

Fehnlé Phil. Historia Marchionum Badensium. — 1055.

Feste de l'ordre de la Toison-d'Or, célébrée par Sa Majesté catholique en la ville de Gand en 1550. — 153.

FESTE de Vénus. — 26.

FLANDRE. Chronique de Flandre de 1058 à 1528. — 168.

   —   Guerres de. — 915.

FLANDRIÆ annales à Philippo Meyero. — 423.

   —   comites usque ad Thomam. — 163.

FLORUS. Historia Romana. — 507.

FORMULAIRE pour recevoir les filles du tiers-ordre de Saint-François. — 496.

FRANÇOIS Leonor (Le). Recueil d'armoiries. — 1007.

   —   —   Notes sur le blason. — 1008.

FRANÇOIS (Le) Jean, escuier, seigneur de Gongnies et d'Arleu. Chronique — 1056.

FROISSART. Chroniques. — 1063.

FŒUCY Jean (de), abbé d'Hennin-Liétard. Chronique de Flandres. — 814.

GALBERTUS Brudgensis, de mulctro, traditione et occisione Caroli comitis Flandriarum. — 115.

GALFREDUS Arthurius Monemuthensis. Historia Britanniæ. — 871.

GELDRENSIS historiæ Compendium. — 1097.

GENEALOGIA comitûm Boloniensium. — 163.

   —   Flandrensium comitum. — 741.

GÉNÉALOGIES de la branche royale d'Arthois, de la maison de Melun, de Guines et de Boulogne. — 321.

   —   et alliances de la maison de Launay en Flandres.— 283.

   —   de la maison de Bade. — 131.

   —   de la Bible. — 6.

   —   de la maison royale de Castille et de Léon. — 673.

   —   de la maison de Cool (en flamand). — 1009.

   —   de la maison de Fiennes. — 342, 443.

   —   de familles de Flandres et d'Artois. — 322.

   —   de Flandres. — 35.

   —   de Flandres et d'Artois. — 337.

   —   de la maison de France. — 788.

   —   de la maison de Hornes, Lalaing, Berlaymont, etc.—930.

   —   italiennes. — 666.

   —   de la noblesse de Liége. — 1061.

   —   des maisons de Mailly, Créqui, etc. — 919.

GÉNÉALOGIES de la maison de Pas. — 308.

—   des maisons de Poitiers, d'Avesnes et d'Enghien.—669.

—   de Picardie, d'Artois, de Flandre et de Hornes. — 335.

GÉOGRAPHIE (Introduction à la). — 238.

GEORGES Chastelain. Histoire de 1461 à 1464. — 578.

GÉRARD Robert (Annales de dom), religieux de Saint-Vaast, mort en 1502. — 183, 355, 1031.

GESTA Karoli magni auctore Turpino. — 163.

— passionis Dominicæ. — 639, 1032.

GODEFROY. Inventaire des archives des comtes d'Artois. — 288.

HAYNAUT (Annales du comté de). — 403.

HEGESIPPUS. Josephi historiarum libri V. — 826.

HERMANNUS. Chronicon Sancti Martini Tornacensis. — 175.

HISTOIRES concernant l'Artois. — 371.

HISTOIRE généalogique de la maison de Bergues. — 154.

— généalogique de la maison de Boulogne. — 895.

— des ducs de Bourgogne. — 1074.

— des contestations agitées au concile de Constance. — 40.

— de la controverse de Gerson et de Martin Porée. — 1077.

— des Croisades. — 651.

— de l'Europe dans le XVI⁰ siècle. — 50.

— des Frisons, Hollandais et autres pays circonvoisins.—177.

— de la maison de Longueval, par D. Est. Le Pez, avec preuves et chartes. — 320.

— généalogique de la maison de Lorraine. — 894.

— généalogique de la maison de Luxembourg. — 892, 893.

— des troubles du Pays-Bas advenus sous le gouvernement de la duchesse de Parme. — 139.

— de Tobie. — 897.

— universelle. — 1043.

HISTOIRES romanesques. — 657.

HISTORIA genealogica Marchionum Badensium, par Leonor Le François de Rigauville. — 1055.

— comitum Flandrensium. — 163.

— evangelica. — 952.

— regum Francorum abbreviata. — 751.

— Lobiensis monasterii. — 982.

HISTORIA Tornacensis. — 177.

— veteris et novi Testamenti. — 968.

HISTORICA excerpta. — 765.

HOIUS Andreas Brudgensis. De Atrebatium laudibus et antiquitate. — 472.

HYLPERICUS de Rone. Liber chronic. ab origine mundi ad 1284. — 722.

IGNACE (le R. P.), capucin du couvent d'Arras. Additions aux mémoires et recueils concernant le diocèse d'Arras. -- 1036.

— Mémoires pour servir à l'histoire du Parlement de Flandres. — 1033.

— Recueil de pièces concernant le diocèse d'Arras. — 1034.

— Supplément aux additions, mémoires et recueils concernant le diocèse d'Arras. — 1035.

— Additions aux mémoires et recueils concernant le diocèse d'Arras. — 1036.

— Mémoires du diocèse d'Arras. — 1087.

— Table pour les mémoires, recueils et dictionnaire du diocèse d'Arras. — 1038.

— Dictionnaire du diocèse d'Arras. — 1039.

INDEX d'une collection en 41 volumes, dont le titre n'est pas rapporté. — 315.

INSIGNIA militum velleris aurei. — 921.

— nobilium (en français) Flandriæ et Franciæ. — 69.

INSTITUTION de l'ordre de la Toison-d'Or. — 844.

INVENTAIRE chronologique des archives des anciens comtes d'Artois, par M. Godefroy. — 288.

— des chartes d'Artois fait en 1546. — 310.

— des chartes et registres de la Trésorerie d'Arras. — 353.

— de plusieurs layettes des archives du Conseil d'Artois. — 640.

IPERIUS. Chronicon Sancti Bertini. — 402, 668.

JACOBUS de Januâ. Legenda aurea. — 747.

— de Voragine. Legenda sanctorum. — 1044.

JOACHIM abbatis prædictiones de eventu peregrinationis regum Franciæ et Angliæ in Terrâ Sanctâ. — 138.

JOURNAL des évènements survenus à Arras et dans l'abbaye de Saint-Vaast en 1592, 99 et 1600. — 301.

JOURNAL du traité d'Arras. -- 366.

JULIUS III papa. Conclave quo creatus est Papa. — 912.

LADAM Nicaise. Chronique. — 383, 682, 1082.

LAMBERTUS episcopus Codex. — 1051.

LAUNAY Jean (de). Armorial des Pays-Bas. — 1100.

—   —   Généalogie de la maison de Boulogne. — 895.

—   —   Généalogie de la maison de Hornes. — 930.

—   —   Généalogie de la maison de Limbourg. — 893.

—   —   Généalogie de la maison de Lorraine. — 894.

—   —   Généalogie de la maison de Luxembourg. — 892.

—   —   Généalogie de la maison de Poitiers et Catalogue des Papes. — 669.

LÉGENDE dorée. — 630.

—   et Vie des Saints. — 307.

LEGENDA aurea. — 144.

—   aurea Bartholomæi Januensis. — 961, 966, 747.

—   sanctorum Jacobi de Voragine. — 1044.

LIBER Continens historiam brevem Tornacensum — 177.

— Custumarum et Redituum capituli ecclesiæ Coloniensis. — 361.

— Miraculorum S. Vedasti. — 1032.

— Miraculorum et officii S. Vedasti. — 734.

LILLE (Antiquités et coustumes de). — 442.

LIVRE (le) des Merveilles du monde — 1057.

—   des Priviléges et Constitutions du comté de Haynaut. — 403.

LOBIENSIS monasterii historia. — 982.

LUCIUS Annæus Florus. Compendium Historiæ Romanæ. — 507.

LUDOLPHUS de Saxoniâ. Vita Christi. — 1003.

MALPAUTIUS Joannes. Oratio funebris Gerardi Hamericourt — 3640.

MANARÆUS Oliverius. Itinerarium Germanicum et Belgicum. — 480.

MANIPULUS exemplorum. — 296.

MARTINIANA seu Martini Poloni Chronica. — 751.

MARTINI (S.) abbatiæ Tornacensis Chronicon. — 668.

MARTYROLOGIUM et obituarium ecclesiæ Atrebatensis. — 290, 378, 421.

MEYERI Jacobi. Excerpta ex annalibus Flandriæ (ab anno 484 ad anno 1614. — 500.

MÉLANGES généalogiques. — 103, 313.

—   historiques — 177.

MÉMOIRE historique sur l'Artois, écrit vers l'an 1550. — 874.

. — de la ville et de la cité d'Arras depuis le temps de Jules César avec l'État de l'Église. — 87.

MÉMOIRES du diocèse d'Arras avec un supplément, par le R. P. Ignace, capucin du couvent d'Arras. — 1037.

— sur l'Artois. — 937, 1095.

— sur les Constitutions de l'empire. — 176.

— sur l'antiquité des Constitutions de l'Artois, par le sieur de Villemont. — 874.

— pour l'histoire des communautés religieuses. — 1040.

— généalogiques. — 169.

— généalogiques sur la Flandre et l'Artois. — 291.

— sur Hennin-Liétard. — 874.

— de Jacques Du Clercq. — 867.

— en faveur de Marie de Bourgogne contre le roi Louis XI. — 385, 1074.

— de D. Pronier, religieux de Saint-Vaast. — 372.

— pour servir à l'histoire civile et politique des principales villes de la Flandre française au XIIIe siècle. — 1041.

— pour servir à l'histoire du Parlement de Flandre séant à Douay, par le R. P. Ignace. — 1033.

— lettres et instructions pour servir à l'histoire des États tenus à Mons en 1579. — 109.

MEYERUS Philippus. Annales Flandriæ. — 423.

— — Turcarum imperatores Carmine descripti. — 479.

— Jacobus. Excerpta ex annalibus Flandriæ. — 500.

MIRACULA sancti Sebastiani. — 1074.

MOLINET Jehan. Chronique de 1477 à 1506. — 900.

MONACHORUM Constitutiones. — 1078.

MONS (Registre des communications et résolutions prises en la ville de). — 377.

MONSTRELET. Chronique de France et d'Angleterre. — 920.

MORINORUM episcopi usque ad Petrum (1230). — 163.

MORTS, naissances et mariages concernant la noblesse de l'Artois, de l'an 1684 à 1707. — 1013.

'ECROLOGIUM Atrebatense. — 740.

'ÉGOCIATIONS entre le pape Jules III et l'empereur, 1550 (en italien). — 1072.

Noblesse (Traité de la), armoiries et blasons. — 390.

Nomina abbatum ecclesiæ Sancti Vedasti Atrebatensis usque ad Jacobum de Kelles (1500) — 874.

— abbatum celeberrimi monasteri Sancti Vedasti Atrebatensis civitatis. — 404.

Nonnullarum sanctarum vitæ. — 89.

Notes pour l'Histoire de l'abbaye de Saint-Vaast. — 191.

— sur le blason et la noblesse. — 1008.

— historiques sur la province d'Artois. — 77.

— relatives à l'Histoire du couvent des Dominicains d'Arras. — 960.

Obert Walerand. Troubles des Pays-Bas et particularités sur Arras — 150.

Obituarium ecclesiæ Atrebatensis. — 290, 305, 395, 424, 740.

Ordre des abbés du Mont-Saint-Eloy, avec un brief recueil de leurs faits plus illustres. — 677.

— des abbés du Mont-Saint-Eloy depuis leur première institution. — 123.

Origine (de) comitatûs Arthesiæ ad principem de Croy comitem Rhodium. — 874.

— Comitatûs Arthesiæ et de Comitum genealogiâ Enarratio. — 87.

Orléans (duc d'). Lettre au général Létang. — 166.

Paris (évaluation des offices de la généralité de). — 48.

Parme (lettres de la duchesse de) — 113.

Payen-Pontus sur les troubles d'Arras. — 464.

Pays-Bas (matières d'Etat au sujet des guerres des). — 365.

Péronne (Traité de paix fait en 1468, à). — 87.

Perry. Chartes, donations, titres des comtes d'Artois. — 640.

— généalogie des maisons de la Tramerie, &c. — 103.

Petite chronologie du prieuré d'Aubigny-en-Artois et du prieuré de Rebreuves, par François Doresmieux. — 340.

Pez (Le), religieux de Saint-Vaast. Armorial de l'Artois. — 284.

— Cartularium de Braëllâ juxtà Aunay. — 672.

— — Sancti Nicolaï de fossatis. — 338.

— Extraits d'anciens titres et chartes. — 332, 333.

— Epitaphes des églises de Valenciennes. — 331.

Pez (Le). Généalogie des comtes d'Artois. — 321.

— — de la maison de Cool. Hist. de Sebourg.—1009.

— — de la maison de Longueval. — 320.

— Mémoires généalogiques de Flandres. — 35, 337.

— Naissances, mariages, &c. des nobles d'Artois. — 1013.

— Recueil d'épitaphes tirées des Eglises de Flandres, de Picardie et d'Artois, par dom Le Pez. — 358.

— Obituarium Avennense. — 319.

— Titres de plusieurs familles de l'Artois. — 376.

— Tombeaux des hommes illustres. — 470.

Philippus Meyerus. Annales Flandriæ post Jacobum Meyerum continuati ab anno 1477 ad 1611. — 423.

Pietin Franciscus. Chronicon Fanopinense (Phalempin). — 677.

Pietro di Toledo. Instructioni nel pontificato di Julio III. — 1072.

Placards (Recueil de différents) des rois des Pays-Bas. — 374.

Plusieurs (de) choses advenues en Flandres. — 168.

Pompes funèbres et enterrements des roys et reines de France, des princes et princesses du sang. — 16.

Première partie de l'Hist. de Georg Chastelain (1419-1422). — 827.

Prévost de Leval (Henry). Généalogie des Pays-Bas. — 501.

Procès-verbal fait par la commission de France et d'Espagne après la paix des Pyrénées. — 918.

Pronier Adrien (D.) Mémoires sur l'abbaye de Saint-Vaast de 1598 à 1600. — 191, 301, 372.

Recueil sur l'Artois. — 844.

— des antiquités de Flandres. — 368.

— concernant le Saint-Cierge d'Arras. — 103.

— des déclarations, édits et arrêts du Conseil d'Etat, concernant ceux de la religion réformée. — 1093.

— d'épitaphes des églises d'Arras. — 328.

— — fait par dom Etienne Le Pez. — 358.

— des évêques de Cambrai. — 177.

— des fondations faites à l'église de Sainte-Croix d'Arras--884.

— de pièces concernant le diocèse d'Arras. — 1034.

— de placards pour servir à l'histoire de la Flandre. — 374.

— sommaire des procédures contre les évêques pour crimes de lèse-Majesté et autres. — 37.

RECUEIL sur le Conseil d'Artois. — 97.

REGISTRE original du renouvellement de loi dans les fiefs de Saint-Vaast. — 1076.

— des Echevins et Chronique d'Arras. — 393.

RÈGLE et vie de saint Benoit. — 1058.

REGULA sancti Benedicti. — 745, 1032.

— — cum glossis fr. Bernardi Cassinensis. — 517.

— — etc. — 456.

— Canonicorum ex Patribus et decretis Conciliorum. — 741.

RELATION de l'ambassade de Jean Sarrazin. — 124, 392, 447, 451.

— des troubles survenus dans la ville d'Arras pendant les années 1577 et 1578. — 439.

RÉPERTOIRE des registres aux mémoriaux commençant en 1538 et finissant en 1668. 18.

REPREUVE ou Lepreuve (Georges Chastelain). Histoire des guerres de France. — 578.

RIBADENEIRA Petrus. Vita sancti Ignatii de Loyola. — 980.

RITERSHUSIUS Nicolaüs. Genealogia ducum, imperatorum. — 923.

SANCTORUM vitæ. — 569.

— vitæ XLV. — 573.

SARRAZIN Jean. (Ambassade de). — 124, 392, 447, 454.

SCAVÉE Antoine. Choses arrivées à Arras de 1518 à 1546. — 393.

SOLINI Polyhistor. — 349.

SOMMAIRE Chronique d'Artois, par François Bauduin. — 87, 386, 492.

— contenant la vérité des troubles advenus dans la ville d'Arras. — 371.

— de la correspondance de la duchesse de Parme — 113.

SPECULUM historiale Vincentii Bellovacensis abbreviatum. — 325.

STATUTA Canonicorum Regularium ordinis sancti Augustini. — 1073.

— Congregationis Benedictorum exemptorum Belgii. — 501.

STRABO Blairvillæ et Aureomontis dominus. De Nobilitate. — 362.

SUPPLÉMENT aux additions, mémoires et recueils concernant le diocèse d'Arras. — 1033.

SYNOPSIS temporum universalis. — 274.

TABLEAU (le) des abbés de Saint-Vaast depuis saint Vaast. — 355.

TABLEAUX généalogiques des familles de Flandres. — 885.

TABLES de la géographie ancienne et moderne. — 22.

TABLES pour les mémoires, recueils et dictionnaire du diocèse d'Arras. — 1038.

TAVERNE Antoine. Paix faite à Saint-Vaast. — 109, 366.

TIRSAY. Adversaria historica. — 1092.

TITRES, blasons et croquis concernant la noblesse des Pays-Bas. — 933.

TOISON-D'OR (la Fête de la). — 153.

—   (Mémoires de l'ordre de la). — 406.

TOMBEAUX (les) des hommes illustres qui ont paru au Conseil privé du roi catholique. — 470.

TORDREAU Joannes Petr. Armorial général de Flandres. — 665.

TORNACENSIUM Catalogus episcoporum. — 177.

TRACTATUS Alexandri Majoris de mannà Atrebatensi. — 179.

TRAITÉS concernant l'Artois. — 87.

TRAITÉ du blason. — 382, 390.

—   de la réconciliation d'Arras. — 811.

TRÉSOR (le) des histoires. — 1059.

TROUBLES d'Artois. — 311.

TURPINUS. Gesta Karoli magni. — 163.

TYRSAY. Historica adversaria. — 1092.

UTILI et interessi Entrate et Essiti della Camera Apostolica di Roma. — 192.

VAAST (S). (Annales de), par dom Gérard Robert. — 183, 355, 1081.

VALÈRE Jacques (de). Traité de la noblesse, du blason, etc. — 382.

VALLISOLETANÆ Congregationis constitutiones. — 452.

VEDASTI (S). Atrebatensis Catalogus religiosorum. — 467.

—   monasterii Constitutiones et aliorum. — 504.

—   vita et miracula. — 380.

VEDASTINARUM rerum commentarius. — 404.

VEDASTINENSIUM abbatum historia brevis. — 460.

VIE (la) de saint Alexis. — 766.

—   de sainte Collecte. — 461.

—   du maréchal de Schullemberg. — 1086.

VIGNAY Jean (de). La Vie des Saints, trad. en français. — 630.

VINCENTIUS Bellovacensis. Speculum historiale abbreviatum. — 325.

—   —   è Speculo naturali libri XII. — 793.

VISITATORIS cujusdam Soc. Jesu Itinerarium Belgicum, &c. — 480.

Vita S. Antonii heremitæ. — 487.

— S. Bertini confessoris et abbatis. — 367.

— Caroli comitis Flandriæ. — 639.

— Beati Gregorii. · 160.

— Ignatii de Loyolâ. — 980.

— Beati Martini, Sulpicii, Brictii auctore Albino. — 292.

— sancti Thomæ Cantuariensis per Herbertum de Boseham — 375.

— sancti Thomæ de Aquino. — 471.

— et translatio S. Benedicti in cœnobio Floriaco. — 474.

— sanctæ Christinæ. — 51.

Vitæ aliquot sanctorum id est, Cuthberti, Guthlaci, &c. — 1029.

— SS. Remigii, Nicasii, Lamberti et Mauri. — 199.

— Sanctorum. — 14, 195, 823.

— XLII Sanctorum. — 567.

Voet Marius. Généalogie de la maison de Bergues St Winoc et d'Ardres. — 151.

Voragine (de) Jacobi Legenda Srum. — 1011.

Willart Philippe. Histoire de Flandre. — 368.

Yepes Antoine. Chronique de l'ordre de Saint-Benoît jusqu'à l'an 1607. — 450.

Yperii Chronicon, sive historia monasterii Sancti Bertini. — 663.

TABLE

DES

MANUSCRITS PAR PROVENANCES.

※

Abbaye de Saint-Vaast. — N°s 1, 6, 10, 12, 16, 17, 18, 22, 28, 29, 30, 32, 35, 36, 38, 39, 42, 43, 44, 45, 47, 48, 49, 50, 51, 54, 55, 57, 58, 60, 61, 62, 64, 65, 66, 67, 68, 69, 70, 71, 73, 74, 76, 78, 79, 80, 81, 82, 83, 84, 85, 87, 88, 89, 90, 91, 94, 95, 97, 98, 99, 100, 101, 102, 103, 107, 108, 109, 110, 111, 112, 113, 114, 115, 116, 118, 119, 120, 121, 122, 124, 125, 126, 127, 128, 129, 131, 133, 136, 137, 139, 140, 141, 142, 143, 144, 145, 146, 147, 148, 149, 150, 151, 152, 153, 154, 155, 156, 157, 160, 161, 162, 164, 165, 168, 169, 170, 171, 172, 173, 174, 175, 176, 177, 178, 179, 180, 181, 182, 183, 185, 186, 187, 191, 192, 194, 195, 196, 197, 198, 199, 200, 201, 202, 203, 204, 205, 206, 207, 208, 209, 210, 211, 214, 217, 218, 220, 221, 222, 224, 226, 228, 229, 230, 231, 232, 235, 236, 240, 241, 244, 246, 247, 248, 249, 250, 251, 252, 253, 258, 259, 269, 274, 276, 278, 279, 280, 281, 282, 283, 284, 285, 291, 292, 293, 294, 296, 299, 300, 301, 302, 306, 307, 308, 311, 312, 313, 314, 315, 316, 317, 318, 319, 320, 321, 322, 323, 324, 325, 327, 328, 330, 331, 332, 333, 335, 337, 338, 339, 341, 343, 345, 346, 347, 348, 349, 350, 351, 354, 355, 356, 357, 358, 359, 362, 363, 364, 365, 367, 368, 369, 370, 371, 372, 373, 374, 375, 376, 377, 378, 379, 380, 381, 382, 383, 384, 385, 386, 387, 390, 391, 392, 393, 394, 397, 398, 399, 401, 402, 403, 404, 406, 407, 410, 413, 414, 416, 418, 419, 420, 421, 423, 426, 427, 428, 429, 430, 432, 435, 436, 437, 438, 443, 444, 446, 447, 448, 449, 450, 451, 452, 453, 454, 455, 456, 457, 458, 459, 462, 464, 465, 466, 467, 468, 469, 470, 471, 472, 473, 474, 476, 477, 478, 479, 480, 481, 482, 483, 485, 486, 487, 488, 489, 490, 491, 492, 493, 494, 495, 496, 497, 499, 500, 501, 502, 000, 503, 504, 505, 506, 508, 509, 510, 511, 512, 513, 515, 516, 517, 518,

519, 520, 521, 522, 523, 524, 525, 526, 527. 528, 531, 532, 533, 534,
536, 537, 539, 540, 541, 542, 545, 547, 548, 549, 550, 553, 554, 555,
557, 558, 559, 560, 562, 564, 565, 566, 567, 568, 569, 570, 571, 572,
573, 574, 575, 576, 577, 578, 579, 580, 581, 582, 583, 584, 585, 586,
587, 588, 589, 590, 591, 592, 593, 594, 595, 596, 597, 598, 599, 600,
601, 602, 603, 604, 605, 606, 607, 608, 609, 610, 611, 612, 613, 614,
515, 616, 617, 618, 619, 621, 622, 623, 624, 625, 626, 627, 628, 629.
630, 631, 632, 634, 635, 636, 639, 640, 641, 642, 643, 644, 645, 647,
648, 649, 650, 651, 652, 653, 654, 655, 656, 657, 658, 659, 660, 661,
662, 663, 664, 665, 666, 667, 669, 670, 671, 672, 673, 674, 675, 676,
677, 678, 679, 680, 681, 682, 683, 684, 685, 686, 688, 689, 690, 691,
692, 693, 694, 695, 696, 697, 698, 699, 700, 701, 702, 703, 704, 705,
706, 708, 709, 710, 711, 712, 714, 716, 719, 720, 723, 724, 725, 726,
727, 728, 729, 731, 732, 733, 734, 735, 736, 737, 738, 739, 741, 742,
743, 744, 746, 748, 749, 750, 752, 753, 754, 755, 756, 757, 758, 759,
760, 761, 762, 763, 764, 765, 766, 767, 769, 770, 771, 772, 773, 774,
775, 776, 777, 778, 780, 781, 782, 783, 784, 785, 786, 787, 788, 789,
791, 792, 793, 794, 797, 798, 799, 800, 801, 803, 804, 805, 806, 807,
808, 809, 810, 811, 814, 815, 816, 817, 818, 819, 820, 821, 824, 825,
826, 827, 828, 829, 830, 831, 832, 833, 834, 835, 836, 837, 838, 839,
840, 841, 842, 843, 844, 845, 846, 847, 848, 849, 850, 851, 852, 854,
855, 857, 858, 859, 860, 861, 000, 852, 863, 864, 865, 866, 867, 868,
869, 870, 871, 872, 873, 875, 877, 878, 879, 885, 887, 888, 889, 890,
891, 892, 894, 895, 896, 897, 898, 899, 900, 901, 902, 903, 904, 905,
907, 908, 909, 910, 911, 912, 913, 914, 915, 916, 917, 918, 919, 920,
921, 923, 924, 925, 926, 927, 928, 929, 930, 931, 932, 933, 934, 935,
936, 938, 939, 940, 941, 942, 943, 944, 945, 946, 947, 949, 950, 951,
952, 953, 954, 955, 956, 957, 958, 959, 960, 961, 962, 963, 964, 965,
966, 967, 968, 969, 970, 971, 972, 974, 975, 976, 977, 978, 979, 980,
981, 982, 983, 984, 985, 986, 987, 988, 989, 990, 991, 992, 993, 994,
995, 996, 997, 998, 999, 1000, 1001, 1003, 1004, 1005, 1006, 1007,
1008, 1009, 1010, 1011, 1012, 1013, 1014, 1015, 1016, 1017, 1018,
1019, 1020, 1021, 1022, 1023, 1024, 1025, 1026, 1028, 1029, 1031,
1032, 1042, 1043, 1044, 1845, 1050, 1051, 1053, 1035, 1036, 1037,
1058, 1060, 1061, 1062, 1067, 1068, 1069, 1070, 1071, 1072, 1074,
1075, 1076, 1079, 1081, 1082, 1083, 1090, 1092, 1094, 1096, 1099,
1100, 1101.

Cathédrale d'Arras. — N°s 4, 5, 7, 9, 13, 21, 25, 56, 72, 75, 86, 92, 96, 104, 138, 163, 167, 188, 212, 251, 255, 256, 257, 260, 261, 262, 263, 264, 265, 268, 270, 271, 272, 275, 286, 287, 289, 290, 297, 298, 303, 304, 305, 309, 326, 334, 336, 344, 360, 361, 388, 389, 395, 405, 412, 424, 425, 431, 433, 434, 440, 441, 442, 463, 481, 498, 507, 514, 529, 633, 637, 638, 646, 668, 687, 707, 717, 718, 721, 722, 730, 740, 745, 747, 751, 768, 790, 802, 856, 880, 882, 883, 886, 906, 922, 973, 1049, 1052, 1061, 1073, 1080, 1087.

Abbaye de Saint-Eloy. — N°s 2, 3, 8, 11, 14, 15, 19, 20, 23, 24, 27, 31, 33, 34, 41, 46, 52, 53, 59, 63, 93, 106, 117, 134, 135, 158, 159, 181, 215, 243, 277, 295, 329, 400, 408, 411, 415, 422, 445, 530, 561, 563, 620, 715, 795, 796, 812, 813, 822, 823, 853, 876, 1030, 1047, 1348, 1063, 1065, 1077, 1084.

Académie d'Arras. — N°s 26, 37, 40, 77, 105, 123, 130, 132, 189, 190, 193, 233, 267, 340, 396, 417, 439, 713, 874, 937, 948, 1002, 1033, 1034, 1035, 1036, 1037, 1038, 1039, 1059, 1078, 1085, 1086, 1095, 1097.

Abbaye d'Hennin. — N° 1060.

Maison des missions d'Arras. — N° 225.

Général Létang. — N° 166.

Provenances inconnues. — N°s 213, 216, 219, 223, 227, 231, 237, 238, 239, 242, 245, 266, 273, 288, 310, 342, 352, 353, 366, 409, 460, 461, 475, 535, 538, 544, 546, 551, 552, 556, 779, 881, 884, 893, 1027, 1040, 1041, 1046, 1054, 1066, 1088, 1089, 1091, 1093, 1098, 1102.

RÉCAPITULATION.

Abbaye de Saint-Vaast.	857
Cathédrale d'Arras	102
Abbaye de Saint-Eloy.	59
Académie d'Arras.	35
Abbaye d'Hennin.	1
Maison des missions d'Arras. . . .	1
Général Létang	1
Provenances inconnues.	46
Total.	1,102

Nota. Les manuscrits suivants étaient entrés dans le fonds de Saint-Vaast avant 1628, époque du premier catalogue général :

Célestins d'Amiens.—N⁰ˢ 10, 12, 43, 45, 55, 74, 89, 90, 99, 102, 110, 119, 451, 459, 485, 486, 489, 490, 491, 495, 499, 511, 512, 515, 522, 523, 525, 528, 534, 537, 543, 548, 549, 634, 655, 658, 659, 660, 671, 675, 746, 755, 756, 825, 851, 865, 908, 910, 925, 935, 940, 941, 945, 947, 952, 954, 957, 961, 962, 966, 967, 968, 976, 978, 979, 981, 983, 990, 992, 996, 997, 998, 1000, 1001, 1003, 1010, 1012, 1014, 1016, 1019.

Ourscamp. — N⁰ˢ 76, 375, 481, 664, 987.

Saint-Furcy de Péronne. — N⁰ˢ 120, 663.

Célestins de Paris. — N⁰ 1011.

Célestins d'Amiens	80
Ourscamp	5
Saint-Furcy de Péronne.	2
Célestins de Paris.	1
Total.	88

RELEVÉ DES MANUSCRITS PAR LANGUES.

Langue latine.		876
— française. . . .		214
— hébraïque. . . .		2
— italienne		2
— flamande		2
— grecque.		1
— arabe		1
— turque.		1
— allemande. . . .		1
— russe		1
Alphabets divers. . . .		1
Total. . . .		1,102

LISTE GÉNÉRALE DES MANUSCRITS COMPLETS.

N⁰ˢ 13, 18, 22, 26, 29, 30, 35, 36, 48, 50, 54, 69, 77, 87, 94, 95, 101, 103, 105, 111, 112, 113, 123, 130, 131, 132, 140, 142, 145, 153, 154,

166, 168, 170, 173, 174, 175, 177, 183, 187, 189, 190, 192, 193, 205,
218, 219, 220, 221, 225, 226, 228, 229, 230, 231, 233, 237, 238, 240,
241, 244, 248, 249, 251, 266, 274, 283, 284, 288, 310, 311, 313, 316,
319, 320, 321, 322, 328, 331, 332, 333, 335, 340, 342, 345, 348, 362,
363, 363, 373, 386, 390, 392, 393, 396, 401, 402, 406, 411, 415, 417,
422, 428, 429, 439, 442, 443, 452, 453, 456, 457, 458, 460, 462, 465,
471, 472, 475, 476, 477, 484, 502, 503, 504, 507, 509, 515, 521, 536,
545, 550, 553, 555, 556, 640, 665, 666, 668, 677, 725, 726, 734, 736,
737, 743, 748, 758, 759, 760, 761, 767, 769, 770, 771, 772, 773, 774,
776, 777, 778, 780, 785, 827, 844, 874, 885, 893, 894, 897, 906, 909,
915, 921, 922, 936, 937, 948, 950, 970, 971, 972, 973, 974, 975, 976,
983, 989, 999, 1000, 1002, 1020, 1021, 1022, 1023, 1024, 1025, 1026,
1033, 1034, 1035, 1036, 1037, 1038, 1039, 1040, 1041, 1055, 1057,
1058, 1061, 1062, 1063, 1069, 1070, 1072, 1075, 1077, 1081, 1085,
1086, 1088, 1090, 1095, 1097, 1101, 1102.

Total . . . . . 226.

ADDITIONS ET CORRECTIONS.

Nᵒˢ 7. — On lit à la fin : Istud decretum est Johan. de Mota.

10. — Au premier feuillet on lit : Beatus Gregorius papa librum Job petente sancto Leandro Spalensi episcopo, etc.

Le reste comme dans l'édition des Bénédictins, à quelques mots près.

13. — Ajouter : au dernier feuillet, cette note de la main du scribe : Scriptura LXIIIIˢ — pergamenum XXVˢ et VIII deniers.

24. — Ajouter : à la fin · Explicit expositio epistolæ primæ ad Corinthios collecta ex dictis beati Augustini, magni doctoris, à Bedâ.

47. — fᵒ. 75. Explicit liber IIII Ptholomei in judicandi discretione per stellas de futuris in hoc mundo constitutionis et destructionis contingentibus. Deo gratias. et perfecta est ejus translatio de Arabico in Latinum à Tiburtino Platone, cui Deus parcat, die veneris, hora tertia, XXᵃ die mensis octobris, anno Domini M. C. XXXVIIIᵉ XV die mensis Saphar, anno Arabum DXXXIII, in civitate Barchinona ; et Deus nos custodiat, et actus nostros dirigat. Tu autem, Domine, miserere nostri. Explicit.

50. — fᵒ 1ᵉʳ. Pour l'an mil cinq cens cinquante et ung.

Comment le pape Jules tiers et l'empereur commencèrent la guerre au duc Octave Farnèze, qui s'estoit mis soubz la protection du roy Henry de France.

En la belle saison du printemps que l'alouette commence à jargonner, l'aubespine à fleurir, et les bois et champs à reverdir, sourdit grand trouble et émotion de guerre entre le pape Jules tiers et le duc Octave Farnèse, à l'occesion de la ville de Parme, dont les feux et embrasemens furent d'abordée assez petits. Mais après ils s'eslargirent et espanchèrent si avant, que non seulement l'Italie, mais aussi l'Europe en fut esprinse et enveloppée. Mais pour entendre la vérité du faict comme il est advenu, il est besoing recourir à ce qu'avons dit cy-dessus.

Au haut de la première page, on lit ce nom : P. Wallart.

59. — Les principaux auteurs de ce commentaire sont : saint Jérôme, saint Augustin, saint Grégoire, Alcuin, Remi, Cassiodore, etc.

65. — Au f° 125 : Ratio quare translationi ierarchie Johannis Scoti nova ista subjungitur :

Utilitatem legentium quantum nobis possibile Deo dante providere cupientes ......

Puis :

Prologus Johannis Sarraceni ad magistrum J. de Cartheriis de angelica ierarchia :

Quoniam prudentie vestre serenitatem in libris beati Dyonisii prodidi.

70. — Nombre des sermons, 68.

88. — Au f° 103, on lit ces vers sur la reconstruction de l'église de Saint-Vaast :

Quinquaginta novem minus uno mille ducenti
Transierant anni Christi, de virgine nati,
Cum, februo mense propiori post veniente,
Fundamenta nove jecimus ecclesiæ,
Post à pontifice Silvanectense dicate,
Anno milleno trecento, quinque remotis.

98. — Au f° 6, en lit cette note :

Domp Guillaume Lonense, D. Jacques Habarcq, D Henry de Ligne, dict Hame, D. Claude de Macté, D. Nicolle Dubrulle, D. Jehan Tournemine, D. Anthoine de Gomiecourt, D. Anthoine le Feutre, D. Charles Durant, D. Louys Doremieulx, ont été vestus tous dix ensemble,

par feu de bonne mémoire monseigneur Domp Jérôme
Russault, religieux et abbé de St-Vaast d'Arras, le jour
St-Aubert Ste-Luce, XIIIᵉ jour de décembre l'an de
grâce 1515

111. — f° 140. Sequuntur dictata ex M. N. Hellens, presidis seminarii Lamothani Duaci.

163. — Sur la dernière garde on lit ces vers :

Mesdires et murdres et traïsons
Et larrechins ne puet on fauser ;
Car qui d'autrui mesdit, sans ocoison,
Le puet-il miex ne tolir ne embler ?
Nenil. Comment ? jà le m'orres prover.
Mesdires taut bone grasse et amor,
Et après chou taut avoir et honor ;
Et, sans tot chou, ne porroit-on garir.
Mesdires fait home et fame morir
Vilenement et les ames périr.

Mors qom estes de tote gent haïe !
Si le deves bien estre par raison,
Quant n'a en vous deport ne cortoisie,
Ne quant auroit en un derve lion.
Or nous avés tolu, à desraison,
Dont Bolenois avoit le haut renom,
La comtesse, qui dex facè pardon !
Dont honeurs est et amosne abaissie
Tant qu'il n'en a alleurs se petit non.

Si doit-on bien parler, après sa vie,
En tos haus lieus, et faire mension
De son franc cuer, cortois sans vilonie,
Où tote honeurs traioit à garison
De li faisoit l'estendart au dragon,
Que tot adies trover la petist-on

En largeté, sans estre hors saison.
Ne cuit que nus par bone segnorie
En liu de li volsist le roi Charlon.

Hé! Bolenois com estes esgarée
De bone dame; ains nus ne vit mellor.
Gentils païs, franche gent, honorée
De cortoisie, et parfaite en valor,
Or estes vous en change de segnor.
Bien se porroit vanter, au premier jor,
Cil qui de vous recevera l'onor,
Conques ne vit en nule autre conté
Autant de gent de loiauté gregnor.

Qui fera mais bele feste criée?
Qui fera mais ne joie ne bandor?
Qui donra mais parement, ne colée,
A chevalier novel, ne bel ator,
Quant cele a fait de cest siecle retor,
Qui des dames estoit rubins et flor
Et son païs sostenait en vigor?
Par qui ert mais povre dame gardée
Ne pucele de faire desonor?

165. — f° 1er. Dominica prima in adventu domini :
Abjiciamus opera tenebrarum et Induamur arma lucis.
f° 4. Dominica secunda in adventu :
Suscipite invicem sicut et Christus suscepit vos in honorem
Dei, Ro. XV. Aliquociens contingit peregrinos in aliqua terra bonos et propitios hospites invenire qui gra-
tanter eos recipiant et honorent; propter quod, quum
tales hospites inveniunt in partibus suis vel etiam ipsorum servientes magnum gaudium et festum faciunt secundum quod vulgariter dicitur: Bele le me fai, bele
le te referai.

f° 11. Dominica prima post nativitatem :

Sermo de epistola :

Et ubi venit plenitudo temporis misit Deus filium suum
factum ex muliere, factum sub lege, ut eos qui sub lege
erant redimeret Gal. IIII. Gallicè dicitur, et verum est :
Au besoing voit-on ki est amis.

f° 17. Dominica quarta sermo de epistola :

Nemini quicquam debeatis nisi ut invicem diligatis Ro.
XIII. Gallicè dicitur : U pendre u rendre.

f° 18. Extendit Jhesus manum suam et tetigit leprosum
dicens : volo te mundare. Matth. VIII. Vulgariter dicitur : quod ad loquelam cognoscitur homo. Chest-à-dire
au parler connoist-on l'oume.

f° 23. Dominica in Lxxxª. Sermo de evangelio :

Voca operarios et redde illis mercedem suam. Matth. XX.
Gallicè dicitur : Trop achate ki prie.

f° 26. Dominica in quinquagesima, sermo de evangelio :
Cecus vidit et sequebatur eum Luc. XVIII. Gallicè dicitur : Ki le bien voit et le mal prent, à boin droit se
repent.

f° 44. Dominica quarta, sermo de epistola :

Ecce ancillam et filiam ejus, Galat. IIII. Gallicè dicitur :
Il ne fait pas maise journée ki de fol se délivre ; car ki
a mal voisin il a mal matin.

f° 54. In die Pasche, sermo de evangelio :

Jhesum queritis Nazarenum, Math. ult. Sicut Gallicè dicitur : Por noient lieve preude feme au matin.

f° 67. In die Pentecostes, sermo de epistola.

Repleti sunt omnes Spiritu Sancto et ceperunt loqui variis
linguis prout Spiritus Sanctus dabat eloqui illis, act. 1,
Sicut dicitur Gallicè : Proumettre sans donner est à fol
reconforter.

Nombre des sermons, 60.

181. — In hoc volumine continentur : sermones Joh. Bromiard fr. Dominicani.

Sermo 1ᵘˢ de Passione Christi (sans commencement).

Tractatus de confessione.

Speculum sacerdotum.

Omilia Origenis de beata Maria Magdalena

Parabolæ et fabule per diversa exempla de diversis animalibus : aperiam in parabolis os meum, etc.

De virtutibus et vitiis (prologus) : Tanta pollet excellentia predicationis officium quod Salvator non confunditur asserere se missum fuisse ad idem salubriter exercendum.

198. — Sur la marge du fᵒ 74, on lit :

Vivet perennis viribus ingenii

Præstans Aquinas, qui sacra dogmata

Altà resolvens mente, nomen

Angelici obtinuit Magistri. (1587).

Au fᵒ 80 : Jouvenceau volant faire son debvoir,

Oreille d'âne pour le mains doibt avoir,

Pieds de cerf et groin de pourceau,

Ne espargnant ny sa chair ny sa peau. (1596).

Au fᵒ 101 : Pierre Maupetit, François Fournier, Gille Venant, Adrien Coment, tous d'une vesture, par le révérend père Jean Sarazin, la veille de touts les Saints, l'an 1569.

200. — Sur la 1ʳᵉ garde, une table écrite par J. Fabri. — Notes nombreuses du même sur les marges.

Au fᵒ 138, cette note de J. Fabri : Hunc librum habeo precarie a Sancto Vedasto Atrebatensi ego Joh. episcopus Carnotensis quondam abbas Sancti Vedasti.

202. — Annoté par J. Fabri.

203. — In die Penthecostes. Incipit (Guillermus Parisiensis) : Factus est repentè de celo sonus advenientis spiritus vehementis, etc., audistis, si recolitis benè, etc.

Incipit (Guido episcopus Cameracensis) : Spiritus domini ornavit celos. Job. Vulgo dicitur, quum pluit et
tonat, tunc habet Deus satis homines

Nombre des sermons, 36 (Theodorici : 5 ; — Guillermus Paris : 10 ; — Guido Cameracencis : 21).

201. — f° 1er. Incipit : Elevata est magnificentia tua super celos

    f° 126. Dominica prima de adventu. Incipit : Dominus
    judex noster, Dominus legifer noster, Dominus rex
    noster, ipse veniet et salvabit nos.

    f° 192. Incipiunt sermones festivales. In die sancti Andree :
    Omnis qui audit verba mea et facit ea assimilabitur
    viro Sapienti.

Nombre des sermons, 304.

208. — A la fin : Possent que scripsimus multa multis veterum
    figuris ac scriptis replicari et multis expositionum di-
    versitatibus dilatari, multis schematum faleris exor-
    nari ; sed non fuit propositum nostrum in hoc opusculo
    ita sequi et plantare nemus in domo Domini. Tantum
    fuit propositum nostrum convenientia querere inter
    vetus et novum sacerdotium, ut, quod ibi multiplici
    sacrificiorum ritu prefigurabatur, in novo sacerdotio
    paucissimis et factu facillimis et angustissimis sacra-
    mentorum observationibus completum esse monstretur ;
    nec nos hec sufficienter confidimus fecisse sed confi-
    dimus de eo qui per quemdam sapientem dixit : per-
    transibunt plurimi et multiplex erit scientia, quia con-
    temporanei nostri et successores nostri pia presump-
    tione provocati, pro ut eis Dominus donaverit, dicent
    majores majora et meliores meliora. Et, si quid impo-
    litum vel minus perfectum quantum ad propositum
    meum in hoc opusculo invenerint, parcent caritati que
    forsitan ad unguem dicere non potuit sed voluit.

259. — Ajoutez : Ex dono Francisci de Ranchicourt.

275. — f° 200. Hic factus liber est monitu nummisque Roberti
   Landrieu, canonici venerabilis Atrebatensis.
   Vir prudens scripsit Symon Calet aquo sacerdos,
   Annis millenis quadringentisque peractis
   Octoginta simul nec non octo numeratis.

304 — f° 109 On lit une note sur la chapelle de Saint-Jacques
   d'Arras, dont les fondateurs sont Pierre Parmentier et
   Martin Le Senescal.

307.—f° 179. Entendés tuit à cest sermon,
   Et clerc et lai tout environ,
   Conter vous voel la passion
   De saint Estevene le baron,
   Comment et par quel mesproison
   Le lapiderent li laron, etc.

   f° 183. Ci comence la sainte vie
   Dont je vos ai l'allegorie
   Et le prologe mis avant
   De celui que Diex ama tant,
   Sains Dominique, li sains hom.
   Cies et maistres fu, ce lison,
   De l'ordre des preeceors,
   Que Diex a fait asses d'onors.
   Cil en fu maistres soverains,
   De bien et de grasce fu plains
   Moult tres bien les endoctrina, etc.

314. — f° 5. Cum in nocte hyemali multe lugubrationis per-
   vigilio nictitarem, plurimoque in lichinis olivo de-
   pasto, usque ad canticinium ferme nictitassem, &c.

370. — f° 68. Ajoutez · On trouve :
   Formula catechizandi vivâ voce ad fidem catholicam eos
   qui decepti credunt hereticis, et confirmandi infirmos.
   f° 74. .....Huic tractatui finem imponebat M N Richar-

dus Br slous Anglus VIII augusti an 1579. Catuaci
Flandrorum doxa tô theô. . Finis.

f 76, Summam veteris Testamenti, adeoque sacre Scripture, esse Christum et ecclesiam ejus :

Hoc nos apertô docet S. Aug. L. de Catechizandis rudi-
bus dicens.

385. — Sur la 1re garde, on lit :

La juste querelle et esclaircissement prétendue par Madame Marie de Bourgongne, fille unique et héritière
universelle du preux duc Charles de Bourgongne, ès
duchez de Bourgongne, comtez d'Artois, Bourgongne,
Boulogne, Maconnois, Auxerrois, Lille, Douay, Artois
et Orchies, et pour monstrer la spoliation indeue ès
guerres fortionnaire à elle inférée par le roy de France,
Loys onziesme de ce nom, et à son mari Monsieur
Maximilien d'Austrice, fils unique de l'empereur Fré-
déric III, et à leur pays et subjects Fait par maistre
d Auffay en l'an 1479.

421 — Voici les incipit de quelques-uns de ces sermons, où l'on
trouve des passages en français :

Preparate corda vestra, Dicitur vulgariter : Qui est garnis ne est honniz. Garnitus enim et munitus mandatum
domini sui et adventum securus expectat.

Divitias et paupertates ne dederis mihi. De sage home
sage parole, ou sage demande.

Antequam comedam suspiro. Tantes viles, tantes guises.

Ecce rex tuus venit. Dicitur et verum est que : Ne doit
estre parole contredite, puis que le Roi l'a dite.

Hic est de quo scriptum est : ecce ego mitto angelum
meum. A sage seignor maisnie duite.

Redemptionem misit Dominus populo suo : Qui ne péche
si encort.

Exiit qui seminat seminare. Pain et vin est viande à pelerin.

Evangelizo vobis gaudium magnum. Vulg. : Nimis cito venit qui malorum rumores aportat.

Respice, fides tua te salvum fecit. Vulg. : Qui bons est du boens li muet.

Fili, recordare. Vulg : A bon demandeor, bon esconditeor.

Magister, scimus quia verax es Vulg. : Qui bon sert cuide, etc.

Lex veritatis fuit in ore ejus. Vulg. : Qui bon morsel met en sa bouche, bone nouvelle envoie à son cuer.

Estote parati. Vulg. : Qui est garnis il n'est honis.

Ecce sponsus venit Vulg : A tous seignors toutes honors.

Que parate erant. Vulg : Qui à houre veut mangier à hore le doit appareiller.

Oculi Domini super justos. Vulg. : L'en dit communément que bone parole bon l'en ha.

Vos amici mei estis. Dicitur vulgariter : quod melius valet amicus in via quam denarius in corrigia.

Extendit Jesus manum suam et tetigit leprosum. Vulgariter dicitur quod ad loquelam cognoscitur homo C'est-à-dire au parler connoist l'en l'omme

Nolite esse prudentes apud vosmetipsos Gallicè dicitur : fous ne voit en sa folie se sens non.

Ecce mulier à finibus illis egressa clamavit dicens. Gallicè dicitur : Besoing fait vielle troter.

Ecce ancillam et filium ejus. Gallicè dicitur : Il ne fait pas mauvaise jornée ki de fol se délivre; kar qui a mal voisin il a mal matin

Repleti sunt omnes spiritu. Dicitur gallicè : Proumettre sans donner est à fol reconforter.

Mortuus est dives et sepultus est in inferno. Luc XVI. Vulgariter dicitur : Faus ne crient devant que il prent li petit.

Nombre des sermons 55.

430. — A la fin du Traité Remediarium on lit :

Espleto itaque hoc opere, ad me ipsum video esse redeundum et à publico locutionis redeundum ad curiam cordis. Igitur queso ut, quisquis hec legerit, apud districtorium judicem solacium michi sue orationis impendat et caritatis intuitu precibus suis animam Petri commendet Deo et Domino nostro, cui cum patre et Spiritu Sancto honor et imperium per eterna secula seculorum. Amen.

440. — Ajoutez : au fo 27. On trouve :

Libellus Fulgentii episcopi de conflictu viciorum atque virtutum.

Puis : Incipit liber de Origine mortis humane quomodo mors subintraverit mundum

451. — Incipit : Cum necessarium sit, ad eam qui est apud Aristotelem predicamentorum, doctrinam, nosse quid sit genus et quid differentia, etc.

486. — Incipit : (Liber Topicorum). Equivoca dicuntur quorum nomen solum commune est.

(Liber elenchorum) de sophisticis autem elenchis et de hiis &c.

488. — On y trouve cinq pièces dont voici les incipit :

Eximie bonitatis et pietatis exemplo.... Explicit missa pauperum.

Legimus Moysen populo Dei precepta dantem.

Mater Dei ut te laudem et ut digne tuam laudem enarrare valeam.

Pater creatione, majoritate, adoptione noster.

Ave celestum lilium, ave rosa speciosa, ave meum presidium, ave Mater gloriosa.

Puis :

Anselmus de planctu Mariæ.

Une longue série de contes dévots (en latin).

Différentes expositions de l'Ave Maria (en latin).

Beati Augustini sermo de sacramento altaris.

490. — f° 42. Un calendrier en latin.

f° 48. Expositio regulæ Sancti Augustini per Hugonem à Sancto Victore.

f° 67. Incipit : Si in necessitate baptizatus fuerit puer à laico et sacerdos invenerit eum debito modo fuisse baptizatum, nichilominus afferatur puer ad fores ecclesie et suppleatur quod deest

f° 107. Explicit liber septimus ad honorem summe Trinitatis et individue Unitatis. In nomino Patris et Filii et Spiritûs Sancti, amen a magistro Johanne de Deo compositus. Guillermus de Ambianis scripsit hanc summulam de penitentia

f° 116. (Sermons). Incipit : Trahe me, post te curremus in odore unguentorum tuorum. In convertendis peccatoribus quante sit virtutis conversio Magdelene ostenditur hoc testimonio, etc.

f° 108. Tractatus de matrimonio, sans commencement et finissant par ces mots : Super operis imperfectione veniam postulans a lectore et que corrigenda et addenda non invidenti animo sed benigno corrigat et emendet.

505. — f° 165. Ibi inveniuntur :

1° — de morte et fine et de novo mundo.

2° — ad quemdam principem.

3° — ad Urbanum papam.

4° — Decano Moersensi.

5° — Decano Hildeshem.

6° — cuidam Roricho.

7° — cuidam alteri.

8° — contra rebelles suo prælato.

9° — ad magistrum Batistarium.

10° — contra quemdam ejus detractorem.

11° — ad abbatem Campensem.

12ᵉ — contra quemdam Apostatam.
13ᵉ — de laudibus Pauli et Senecæ.
14° — contra ducem Othonem.
15ᵉ — notab'lia super Job.
16° — itinerarium mentis in Deum.
17° — beati Bernardi de re familiari, etc.

525. — f° 19. Cette pièce composée de 106 vers :

Peniteat cito peccator cum sit miserator
Judex ; et sunt hec quinque tenenda tibi :
Spes venie, cor contritum, confessio culpe,
Pena satisfaciens et fuga nequicie, &c.

526. — Sur la première garde on lit :

Sermones fr. G. pro communi Sanctorum.

Un grand nombre de ces sermons sont farcis de proverbes et de quolibets en français placés ordinairement après le texte et parfois dans le cours du sermon,

En voici quelques exemples :

Hoc est preceptum meum ut diligatis invicem. Joh. XV. Vulgariter dicitur : Parole puis que que rois l'a dite ne doit jamès estre desdite

Manete in me et ego in vobis. Joh. XV. Vulgariter dicitur : O bele ja me sei, bele ja te lerei.

Qui me confessus fuerit. Vulgariter dicitur : Une bonté autre requiert.

Sapientiam sanctorum narrant populi. Eccles. consuevimus libenter loqui de rebus quas diligimus. Indè Gallicè dicitur : L'en ot volentiers parler de ce que l'en aime.

Beati misericordes quoniam misericordiam consequentur. Math V. Vulgariter dicitur et benè : Qui bien fera, bien trovera.

In memoria eterna erit justus. Vulgariter dicitur : Ke tot passe fors bien fait.

Prudentes virgines acceperunt oleum in vasis suis. Vulgariter dicitur : Ki de loinz se garnist de près se porvoit.

Vos amici mei estis. Gall. dicitur : Bien est amez que amor aime.

Justus de angustia liberatus est. Vulgariter dicitur : Au besoing voet l'en ki amis li est.

Ecce quam bonum. Vulgariter dicitur : Compaignie Dex la fist, li déables la defist.

Lex veritatis est in ore spiritus. Vulgariter dicitur : Ki bon morsel met en sa boche bone novele à son cuer envoie.

Quis putas est fidelis servus et prudens? Gallicè dicitur : Il fet bon servir à bon seignor.

Euge, Domine bone. Gallicè dicitur : Bon service treit morsel de boche.

Sint lumbi vestri precincti. Vulgariter dicitur : Ki est garnis n'est pas sorpris.

Adducentur regi virgines. Dicitur vulgariter, et benè, quod secure vadit ad festum qui habet bonum conductum.

Dilectus meus mihi et ego illi : Ki bien aime tart oblie.

531. — f° 5. Incipit : humiliavi lignum sublime et altavi lignum humile. Ezech. XVII.

> f° 58. Ascendam in palmam et apprehendam fructus ejus Vulgariter dicitur : Que n'est pas feste de boire à hanap à crieur.

> f° 59. Bonum est viro cum portaverit jugum Domini ab adolescentia sua Vulgariter dicitur; qui mane non ambulat dietam amittit : Li matin lever fait la journée.

> f° 60. Memoria justi cum laudibus. Vulgariter dicitur : Que tout trespasse fors bien fait.

> f° 70. Voca operarios et redde illis mercedem. Vulgariter dicitur : Qui s'aquite ne s'encumbre.

> f° 72. Exiit qui seminat seminare semen suum : Pain et vin est viande à pélerin.

> f° 107. Nunc exhibete : Qui de mavais conroir se paine, son cors griève, et si pert sa peine.

f° 120. Fortes facti sunt in bello : Qui a forte bataille à faire, forche li est bien nécessaire.

f° 134. Hoc est preceptum meum ut diligatis invicem. Dicitur : Com ils seront segneur maisnie duite.

Nombre des sermons, 105.

548. — Incipit : Vidit scalam Jacob à terrâ usque ad celum contingentem per quam ascendebant angeli et descendebant. scala ista est profectus viri catholici qui contexitur ab initio fidei usque ad consummationem viri perfecti In hac scala primus gradus est confessio, secundus oratio, tertius gratiarum actio, quartus scripturarum perscrutatio, etc.

f° 19. Avec rubrique : Sermo beati Anselmi de modo quo primo miraculosa celebrata fuit festivitas conceptionis beato Marie virginis.

549 — f° 67. Incipiunt sermones : Quasi diluculum preparatus egressus est ejus et veniet quasi imber, etc.

577. — A la fin : Finitoque libro reddatur gratia Christo. Johannes Petrus Compostellanus scripsit.

578. — Au haut du premier feuillet est écrit : Histoire de France par Georges de Preuve ou Le Preuve.

581. — f° 241. On lit ces vers sur les tempéraments :

SANGUINEUS.

Largus, amans, hilaris, ridens, Rubeique coloris,
Cantans, carnosus, satis audax atque benignus.

COLERICUS.

Insitus, fallax, irascens, prodigus, audax,
Astutus, gracilis, siccus, croceique coloris.

FLEMATICUS.

Hic sompnolentus, piger, in spumamine multus,
Est hebes huic spiritus, pinguis facies, color albus.

MELANCOLICUS.

Invidus et tristis, cupidus, dextreque tenacis,
Non expers fraudis, timidus nigrique coloris.

587. — Incipit prologus in Summa Codicis à Domino Azone composita : cum post inventionem scientie supervenerit gratie plenitudo et successivis nature beneficiis predocetur, non est mirum si humana conditio continuis recipit exercitiis incrementum, quia ipsa consuetudo vertitur in naturam.

588. — Incipit lectura Johannis super questionibus.

A la fin : Iste liber est Sancti Vedasti Atrebatensis, emptus per me fratrem Johan. Fabri.

C'est l'écriture de Jean Lefebvre. Il semble, d'après cette note de sa main, qu'il s'appelait Fabri.

590. — Incipit (N de Condeto) : Quoniam credidi debere sufficere codicis summas à Frogerio initiatas, perficero et consummare, etc.

Annoté par Jean Fabri.

Au f° 73 : Expliciunt apostillæ magistri Bernardi. Non potuit ulterius procedere morte preventus.

595. — Ajoutez : In nomine summe Trinitatis et individuæ Unitatis Patris et Filii et Spiritus sancti incipiunt questiones a magistro Joh. de Deo composite et in scolis disputate.

597. — Au f° 92 : Innocentius tertius magistris et scolaribus Bononie constitutis ; Devocioni vestre insinuatione presentium innotescat decretales epistolas a dilecto filio nostro compilatas, etc.

607. — Après les lettres suivent ces rubriques :

De propriâ voluntate.

Similitudo inter cor humanum et molendinum.

Similitudo inter laborantes et molentes.

Quod bonitas uniuscujusque fidelis Deo et omnibus bonis sit utilis.

Commendatio superne Jherusalem.

Quemodo bonitas hominis hominibus damnatis et demonibus sit inutilis.

De quatuordecim beatitudinibus corporis et anime.

Hec Sunt XIIII beatitudines.

Hec Sunt XIIII miserie.

De pulchritudine et turpitudine, de agilitate et porositate.

De fortitudine et imbecillitate.

De libertate et servitute.

De sanitate et infirmitate.

De voluptate et anxietate, etc.

Incipit libellus de quatuor virtutibus, prudentia, fortitudine, temperantia, justitia.

Liber ceremoniarum ecclesie.

Ivo Carnotensis de sacramentis sacrificii veteris et novi Testamenti.

610. — f° 72 : Detestande feritatis abusum quem ex quodam more horribili nonnulli fideles improvide prosequuntur.

616. — f° 2. Junctus in æthereo, Vedaste, pater pie, regno,

Sis licet æterno regi trans omnia pulchro,

Cernis servorum tamen hic pia vota tuorum,

Nec tanti donum quantum scis pendere votum;

Tu memor ergo tui non dedigneris Alardi

Esse. Sed hunc modicum cum voto suscipe librum.

Cum capis atque librum, cum libro mox cape servum.

Omnibus ut vitiis purges, des munera lucis.

Cum mors ingruerit et cum clamata Jacebit

Materies, misero mihi tunc, pie Presul, adesto.

626. — Nombre des sermons (S. Aug.), 44

— (Second auteur), 146

638. — Au commencement : Oratio devota per sacerdotem antequam celebret dicenda, et quelques autres prières, puis un calendrier en latin.

641. — Ex dono Enguerranni de S° Fusciano.

653. — Anno domini M° CCC° XLIX° die veneris ante festum beati Mathei evangeliste, Hugo de Erignies de Donkeurre clericus asportavit nobis istum librum ex parte domin

Mathei de Campis, canonici ordinis sancti Augustini, et Johannis Tasse de Donkeurre, executorum defuncti Magistri Jacobi de Campis quondam curati nostro Domine Darnestal de Monstrolio, qui preceperat eis, sicut dicebat, ut eum nobis mitterent, et quod erat de sancto Vedasto Atrebatensi. Quare volebamus quatinus illum reportaret, sed noluit donec melius sciret ab executoribus predictis causam propter quam nobis missus fuerat, et quod eam nobis renunciaret per se vel per alium ad insignia quod ipse de manu sua sinistra accepit dextram manum fratris G. de Trianone commonachi nostri.

656. — A la fin : Glossæ incerti Autoris.

657. — f° 161 sans commencement. . . . .

. . . . li avint il donkes fait li empereres? Sire je ne le vous dirai mie se vos ne respites vostre fil car canke je dirois ne pourfiteroit riens se vostre flex estoit destruis. Mais faites le respiter et je dirai. Li empereres respondi: volontiers. Asses fu qui i courut pour le vallet ramener ariere. Lors commencha me sires Lentulus sen conte et dist.

Puis la rubrique : Ci commence Lentulus sen conte ensi c'une feme jeta une pierre el puch et fist fuster sen baron.

Puis : Ici conmence l'empereris sen conte d'un emperaour qui estoit enflés et li maistre fusicien qu'il i eust à feme pour warir — Ici conmence Mauquidars sen conte de le dame qu'il vaut amer, et ses barons le fist sainier des II bras. — Ici endroit conmence l'empereris sen conte ensi conme uns empereres de Rome fu ocis por çou qu'il convoita trop or et argent — Ici endroit conmence maistre Catons sen conte ensi c'uns borjois avait une pie qui li racontoit tout çou c'on faisoit en se maison et puis l'ocist il par courous. —Ici endroit con-

mence l'empereris sen conte ensi conme uns rois qui
ot à non Herodes fu avules por ce qu'il cru trop le
conseil des VII sages qui à cel point estoient. — Ici
endroit conmence maistres Jessé sen conte ensi c'uns
visquens morut pour ce qu'il blecha un poi se feme
d'un coutel en son pauc et en fu lendemain enfouis.
Après ces mots : A Rome ot jadis un emperaour qui ot
non Dyocliciens, ajoutez :
Ichi endroit conmence l'empereris sen conte premier
pour Marque traire à mort et por destruire. — Ici
endroit conmence me sires Bencillas sen conte ensi
conme une demisele mist sus à un ermite qu'il l'avait
engroissie et en fu li ermite mors. — Ici endroit conmence maistres Ancilles sen conte ensi c'une demisele
se fist engroissier à un sien ami et le mist sor un moine
qui feme estoit — Ici endroit conmence l'empereris
sen conte ensi conme li vies Ypocras despucela le fil'e
d'un emperaour. — Ichi endroit conmenche maistre
Tulles sen conte ensi conme Herodias fist cauper le
kief monseigneur saint Jehan. — Ici endroit conmence
l'empereris sen conte d'un fil à un senescal qu'on vaut
destruire et ses peres lo warandi par son sens. — Ici
endroit conmence Mauquidars sen conte par escrit ensi
conme le marrastre fist ocirre à sen baron sen enfant
et li mist sus le marrastre qu'il avoit trait et ocis sen
pere. — Ichi endroit conmence l'empereris sen conte
ensi conme uns senescaus ocist le fil d'un emperaour
pour çou qu'il vaut estre empereres après lui, et tout
par traïson et par mal — Ici endroit conmence Jessé
sen conte ensi conme l'empereris vaut destruire et fist
traire à mort le fil de sen senescal qui mors estoit pour
çou qu'il ne vaut faire se volenté. — Ici endroit conmence Nérons sen conte ainsi conme uns cevaliers ocist
sen frère par l'enortement de se feme qui amoit par

amours aútrui que lui et pour ce lo fist ele ocirre qui il li estoit tous jours devant. Explicit do Marko lo fil Caton qui eut tant de paino tant qu'il vesqui.

664. — A la fin on lit : Istud psalterium pertinet monasterio Ursicampi. Qui ipsum alienaverit anathema sit, nec Deum facie ad faciem videat, sed, etc.

668. — Sur la 1ʳᵉ garde, on lit ce qui suit écrit par dom Lepez : In hoc volumine continenter :

Chronica sive historia monasterii Sancti Bertini ab Iperio concinnata.

Catalogus abbatum ejusdem monasterii.

Chronicon F. Andreæ Marchianensis.

Chronicon abbatis S. Martini Tornacensis.

Historia abbatum monasterii Henniacensis per R. P. D. Balduinum de Glen ejusdem monasterii abbatem.

Quæ omnia D. Stephano Lepez exscripsit D. Bertinus Lanvin ex libris manuscriptis qui in bibliotheca Vedastina asservantur.

Item Compendium abbatum S. Petri Gandensis.

fº 134. Series abbatum monasterii Sancti Bertini :

Sanctus Bertinus abbas primus in Constantinensi regione anno domini Vᶜ LXXXVIII natus est, Gregorio Iº apostolici culminis apicem tenente, Mauritio Iº sceptrum imperiale occupante et in Francia Clothario IIº regnante.

fº 156. Chronicon S. Andreæ Marchianensis cœnobitæ :

Incipit liber primus de gestis et successione regum Francorum qui Merovingi dicti sunt.

Capitulum primum.

Post illum famosum Trojanæ civitatis excidium, victoribus Græcis secedentes reliquiæ Trojanorum, pars eorum cum Ænea ad fundandum Romanum imperium ad Italiam perrexit, etc.

fº 212. Chronicon abbatiæ Sancti Martini Tornacensis à fratre Hermanno monacho editum anno 1160.

Incipit liber domini Hermanni abbatis de restauratione ecclesiæ Sancti Martini Tornacensis :

Francorum regni sceptrum regente rege Philippo, filio Henrici filii Hugonis Capeti, qui reges de stirpe incliti Caroli de regno expulit et principatum obtinuit, etc.

f° 250. Historia abbatum monasterii Henniacensis per R. D. Balduinum de Glen ejusdem monasterii abbatem descripta anno domino 1584 manu propria ejusdem domini abbatis qui obiit anno 1594 19 decembris :

Qui in litteris sacris Judeorum seu synagogæ conditionem recte considerat facile advertit non ibidem semper statam perseverasse cujus hic infirmitatem, hic afflictionem miratur.

670 — Iste liber, qui Mariale dicitur vel de laudibus beate Marie, emptus fuit in octobri, anno Domini millesimo quadringentesimo quinquagesimo nono de bonis Petri le Cordier, cujus animam Deus absolvat, et pertinet Celestinis beati Anthonii civitatis Ambianensis, et constitit decem scutis.

682. — Sur la première garde, la généalogie de Nicaise Ladain, natif de Béthune.

685. — Incipit : Diligite justitiam qui judicatis terram.

689. — Ajoutez : sur la première garde, on lit :

Anno domini millesimo IIII sexagesimo secundo scriptus et completus fuit iste liber in domo Johannis Haquet per me Johannem Ternisien capellanum dicti Johannis Haquet et curatum sancti Leodegarii Lensiensis in Arthesio.

700. — f° 53. Ratio de cyclo paschali quam beatus Cyrillus Alexandrine urbis episcopus in XCV annos per quinquies decem novies calculans quota kalenda vel luna debeat solempnitas paschalis celebrari summa brevitate notavit.

704. — A la fin : Explicit summa que dicitur Pupilla oculi com-

pitata per venerabilem magistrum sacre theologie doctorem magistrum Jo. de Burgh, nacione Anglicana.

723. — On lit à la fin : Excerpta capitula ad utilitatem presbyte-
rorum à Reginone venerabili abbate.

Hoc non una manus offert, pastor, tibi munus ;
  Accipe perscriptum, Sancte Vedaste, librum.
Serva punctigraphos, faciens post fata beatos.
  Qui tulerit furto, trude, potens, baratro.

740. — Sur la première garde on lit : Ante annum M. CC LXXX
  Quod autem est vetustiori caractere exaratum antecedit
    annum 1245 uti liquet :
  1° Ex eo quod obitus Assonis episcopi de quo in sequen-
    tibus necrologiis in isto non memoratur. Obiit autem
    Asso anno 1245 ;
  2° Ex eo quod in ultimo articulo, qui sic intitulatur : com-
    memorationes vivorum, agatur de Assone episcopo.

742. — D Ludovicus Doresmieus obiit anno 1603, 10ª maï.
  D. Alardus Gazet obiit XXII sept. 1603, etc.

748. — f° 55. Expliciunt.
  Puis : Incipit liber Tebit Bencorath de motu octave spere :
    Imaginabar spheram equatoris diei et circulos in ea
    signatos.
  Puis : Incipit tractatus quem Petrus Padubanens's cons-
    truxit in motu octave spere.
  Puis cette rubrique : Illusti ac excelso Domino Domino
    de Malatestis plurimum se commissum fatetur.

753. — Nombre des sermons, 59.

755. — Ajoutez : On lit sur le ᵉʳ feuillet : Historia scholastica.
  Au f° 20 : In precedentibus premissa descriptione ori-
    ginis et discretionis artium et quorumdam aliorum,
    ortum, cursum et occasum omnium regnorum ab ini-
    tio usque nos disposuimus. In sequentibus autem pro-
    fundas allegoriarum obscuritates secundum subjacentis
    historie cursum, prius de Veteri Testamento, deinde

de Novo, in quantum presenti brevitati sufficere videtur, elucidabimus .... Explicit prologus :

Liber primus tractat de mysteriis rerum gestarum ab
initio usque ad Abraham.

Au f° 99, plusieurs sermons, dont le 1er commence ainsi :
Notam fac mihi, Domine, viam in qua ambulemus, &c.

759. — Incipit : Exposito sibi gaudio sustinuit crucem confusione
contempta. Verbum crucis, dicitur ad Corinth. pe-
reuntibus stultitia est.

761. — Au f° 189, on trouve cette pièce :
Spiritus alme veni, nostri sic aspera leni
Cordis, ut obsceni tollas nocumenta veneni,
Tollas peccatum, deputes cor maculatum,
Ut tibi sit gratum, quicquid fuerit meditatum.
Nobis te dona sic ut faciant tua dona
Nos perfecta bona celi gaudere corona.
Hujus sis operis ductor, qui factor haberis.
Rerum quodque seris ad fructum ducere queris.
Tu bonus agricola. Crescunt tua semina sola.
Quos hic bina mola terit, indue duplice stola,
Nos iterum munda, quos in baptismatis unda
Mundasti, munda : mundum sub carne animum da.
Dirige sic animum, penitus ne vergar ad imum.
Atque extra limum duc ad sublimia simum,
Qui licet ignotus tibi sit, nimiumque remotus
A te, devotus fieri petit et tibi notus.
Omnia cognoscis, alienos atque tuos scis.
Si non ignoscis pereo, nisi me quoque noscis.
Fac me sollicite tibi credere, fac quoque vite
Ut studeam licite tibi me notum atque michi te. Amen.

                    ISAIAS.

Ve qui predaris quoniam tu predaberis.
A vicio purus sic sis preda cariturus,
Ne predaturus, aliis sis preda futurus

GREGORIUS.

Eadem mensura qua mensi fueritis remetietur vobis.

Qua mensus fueris mensuram ferre teneris.

Legem quam tuleris non immerito patieris.

SALOMON.

Sicut acetum dentibus et fumus oculis sic piger hiis qui
miserunt eum in via.

Non acidum denti confert, fumusve videnti.

Sic nec mittenti prosunt dispendia lenti.

LEX.

Penas suos auctores teneat, nec ultra progrediatur pena
quam fuerit delictum.

Si delinquitur, meritos sua pena sequatur,

Et quam peccatur non ultra progrediatur.

LEX.

Qui occasionem dampni dat dampnum dare videtur.

Si causam dederis dampni dare dampna videris.

Et quantum poteris, ad restituendum teneris.

ROMANS.

Ne me plaist point li dons de celui qui me donne
Par tel convent que jamais rien ne me doigne.

Spe michi sublata quod non redeant iterata

Dona, minus grata suspicor esse data, etc.

Tous les proverbes qui suivent sont paraphrasés et versifiés
de la même manière :

Qui mestier a dou fu à sen doit le quiert.

Qui miex ne puet, à se vieille se dort.

Miex vaut boins taires que fols parlers.

Qui fiert autrui férir se veult.

Cui avient une n'avient seule.

Qui moi aime et mon chien.

Petite pluie abat grant vent.

Qui bien voit et mal prent

A bon droit s'en repent.

Entre deus vers une meure.

Qui plus aime autrui que soi,

Au molin fu mors de soif.

Ber va à male voie ki emmi voie s'en retorne.

Poi set que biens est

Ki mal n'a esprouvé.

Trop tost vient ki male nouvele aporte.

Entre bouce et cuillier

Avient souvent encombrier.

Qui baisse si s'aaise.

Quant li chevaus est perdu, dont freme on l'estable.

Quel tans que il face

Miex vaut piés que escace.

Li saous ne set que li geuus a.

Il n'est mal qui n'aiut, ne biens qui ne nuise.

Miex vaut amis en voie

Que deniers en coroie.

Qui tout convoite, tout pert.

On set bien quant on va; mais on ne set quant revient.

Musars est ki plus veut faire k'il ne puet.

Fols est ki laist les viès voies pour les nouvèles.

Ki boin morsel met en sa bouce

De boine nouvèle le cuer touce.

En poi d'eure

Diex labeure.

De ce ressamble femme pluie

Ke désirée tost ennuie.

Qui bien aime tart oublie.

Plus muet on le merde plus put.

Letre desporveue

Samble beste cornue.

Nus ne doit fais lever

K'il ne puisse porter.

Escaudés iaue crient.

Au boin jor boine œuvre

Assés voit ki assés vit.

Mal se cueuvre cui li dos pert.

Biaus chanters anuie.

Cui cuist n'oublie.

Miex vaut un tien que deus tu l'aras.

Fols ne doute jusk'il prent.

Buer peche ki amende.

De wide main wide prijère.

D'autrui cuir larges coroies.

Maudite soit la soris

Ki n'a que un pertruis.

En iaue coie nus se croie.

Cui cuist ne oublie

N'à fol baer

N'à fol tencier.

De boin deteur avaine.

Qui à tous plaist,

A nul ne plaist.

Qui une escorche deus ne tont.

770. — Incipit : Quum sacro sancta Mater ecclesia premonstrante
  Spiritu Sancto

Incipit tractatus domini Hugonis cardinalis, qui vocatur
  Speculum ecclesiæ.

Puis : Liber confessionum : confessio debet est previsa,
  amara, verecunda, discreta, integra, spontanea.

823. — Incipit : Vita sancti Silvestri.

Silvester igitur urbis Rome episcopus, cum esset infantu-
  lus a vidua nomine matre justa et opere nutritus, traditus
  Cyrino presbytero, cujus et vitam imitatus et mores est.

Incipit : Vita sancti Hilarii Pictavensis episcopi composita a servo suo Fortunato presbitero postea episcopo.

Incipit : Epistola sancti Hilarii.

Incipit : Vita sancti Remigii Remorum gloriosissimi archiepiscopi et confessoris :

Post vindictam scelerum que facta est a domino cede Galliarum.

Incipit : Vita Sancti Ambrosii Mediolanensis epistola :

Hortaris venerabilis pater Augustine ut sicuti beati viri Athanasius episcopus et Hieronimus.

Incipit : Vita vel transitus beatissimi Vindiciani confessoris atque pontificis Christi:

In hac celebritate sollempnitalis hodierne Vindicianus eterni regis miles preciosissimus.

Incipit prefatio domini Walteri abbatis, in elevatione corporis beati Vindiciani pontificis.

Gloriosi pontificis Vindiciani gloriosam scripturus elevationem.

Incipit : Beati pontificis Vindiciani gloriosa elevatio.

Margaritum celeste, Vindicianus, posquam id, quod pulvereum habuerat, pulveri reddidit :

Incipit : Passio sancti Leodegarii episcopi et martyris.

Igitur beatus Leodegarius ex progenie celsa Francorum ac nobilissima exortus.

Sanctorum Johannis et Pauli passio : postquam Constantinus filius Helene imperator mortuus est, etc.

Incipit : Passio sanctorum martyrum Crispini et Crispiniani :

Cum sub Maximiano et Dioclitiano qui simul imperio potiti potestate eadem et militia.

Incipit : Prologus super vitam beati Augustini episcopi :

Beatum Augustinum magnum fuisse doctorem et per cuncta laudabilem papa Celestinus his verbis asseruit.

Incipit : Vita sancti Martini episcopi:

Igitur Martinus Sabaria Pannoniarum oppido oriundus fuit, Sed intra Italiam Ticini altus est.

868. — f° 54. Incipit expositio evangelii beati Johannis evangeliste super in principio erat verbum, etc. Et in fine

sequitur lectura Platonis super idem evangelium secundum expositionem suam, etc. :

In principio erat verbum ... Natalem regis sui solent
principes et scribe regni excolere et originis sue principia ab altioribus recensere, sic Johannes evangelista, etc.

f° 84. Sequitur alia expositio evangelii beati Johannis
evangeliste secundum mentem Platonis :

In principio, etc .. hominis anima quamvis testimonium
perhibeat de lumine non est tamen ipsa lumen sed verbum Dei, Deus est lumen verum quod illuminat omnem
hominem venientem in hunc mundum, etc.

A la fin : Explicit expositio super in principio, una cum
expositione Platonis.

Die sabbati XVI mensis junii anno Domini millesimo
CCCC° XIX. Parisius.

Rogo lectori roget Deum corde fideli
Ut det scriptori pro penâ gaudia celi.

873. — Incipit : Occasione illius verbi qnod dicit apostolus noti
sumus sufficientes cogitare etc. queruntur de cogitatione
XXII questiones. Primo utrum anima in luce increata
vel creata suas videat cogitationes, etc.

A la fin cette note : Anno Domini M° quadringentesimo
ego frater Johan. Barre, religiosus subprepositus
ecclesiæ sancti Vedasti Atrebatensis acquisivi hunc librum in quo continentur plura quodlibeta, et, inter
alia, quodlibeta sancti Thome de Aquino ; quem quidem librum emi à quodam nominato Jo. Fouache,
villé Atrebatensis, hoc mediante, precio duorum Francorum monete currentis.

Actum die XVIIª mensis octobris anno predicto.

BARRE, sous-prevost. Ita est.

876. — Incipit : Sermo in unctione domini Karoli in regem
Sicilie :

Tulit enim Samuel cornu olei et unxit eum.

f° 89. Sermo contra hereticos de Albigensium partibus : profunde peccaverunt sicut in diebus Gabaha.

f° 101. Sermo legati in parlamento prelatorum parisiensium quando Barones conspiraverunt contra ecclesiam.

f° 109. Sermo de rebellione Sarracenorum in Apulia.

f° 315. Sermo in anniversario Roberti comitis Atrebatensis et aliorum nobilium qui interfecti fuerunt à Sarracenis apud Mansoram in Egypto.

f° 325. Sermo in exequiis magistri Hugonis physici.

878 — Incipit : Vidi turbam magnam quam dinumerare nemo poterat ex omnibus gentibus et linguis stantes ante tronum Dei, etc. Apocal. VII.

897. — Au f° 152, on trouve une pièce de 2034 vers, commençant ainsi :

Au tamps pascour que toute rien s'esgaye,
Que la terre de mainte couleur gaye
Se cointoye, dont pointure sans playe
Sous la mamele
Fait bonne amour à mainte dame bele,
A maint amant et à mainte pucele,
Dont il ont puis mainte lie nouvele
Et maint esmay.... etc.

940. — Nombre des sermons, 41.

944. — Après l'incipit du Gratissimus commençant ainsi : Domino Hainrico venerabili Ravennatice Sedis antistiti Petrus vivifice crucis Christi humillimus servus salutem in ipsum, on trouve dans ce volume une pièce commençant par ces mots :

Est propter gloriam minoratio, et est qui ab humilitate levabit caput; hec scriptura in pharisæo et publicano completa est.

Puis onze sermons incomplets.

fº 72. Lotharius cardinalis, de vilitate conditionis humane.

fº 86. Accord entre saint Louis et le comte de Toulouse, commençant : In nomine Sancte, etc., actum Parisius anno Domini Mº CCº XXº VIIIº mense Aprili. Regni vero nostri anno tertio. (Duchesne, script. rerum Franc. tom. V, p. 814).

fº 88. Anselmus sepius rogatus à discipulis suis quasdam quæstiunculas. (Incomplet).

999. — Au bas de la première page on lit : Liber canonicorum ecclesie sancti Judoci de Nemore. Si quis abstulerit anathema sit.

1000. — fº 9. (Incipiunt sermones) : Maria Soror Moysi peccavit murmurando contra eum et percussa est lepra, clamavitque Moyses ad Dominum dicens ; Deus, obsecro, sana eam etc.

1018. — Sicut in die honeste ambulemus. Vulgo dicitur : Selonc le jour le point. Aliter enim in die feriali, aliter de die, aliter de nocte Erubesceret enim persona valoris portare de die vestem antiquam et infumatam quam portat de nocte, secrete, in domo ; sed si comparemus statum gratie ad statum culpe, comparamus unum alteri sicut noctem diei. In die enim homo videt clarius, incedit securius, conversatur mundius, sic in die gracie homo habet clariorem cognitionem, securiorem spem, mundiorem conscientiam et honestiorem conversationem. Gallicè dicitur : L'en a plus clere connoissanche, plus seure espéranche, plus nete conscienche et plus bele contenanche.

fº 15. Invenerunt puerum cum Maria matre ejus. Dicitur in proverbio : Que en petit buisson trouve l'en grand lievre.

fº 41. Colligite fragmenta. De maulvais debteur prent-on avaine.

fº 57. Morior propter gloriam vestram. Departie de loyal ami doit l'en bien plaindre et sentir.

f° 78. Petite et accipietis. Vulgariter dicitur : Que bon marchié trait argent de bourse.

f' 138. Caritas vestra magis et magis abundet. Vulgo dicitur : Qui est garnis ci n'est honnis.

1067. — f° 98. On lit : Talis est finis illius sermonis: quasi arcus fulgens inter nebulas, &c., quasi rosa, quasi lilium, beatus Vedastus fuit. Pastor noster est et pater. Illum debemus imitari, pro posse nostro, et laborare ad hoc ut simus, sicut ille fuit quasi arcus celi, quasi rosa. quasi lilium, spiritualiter et moraliter. Aliter enim non possumus salvari. Quar ark en ciel, c'est aimer Deu et avoir compassion del proisme. Sans ço non possumus salvari. Quar ki n'aime son proisme, il n'aime mie Deu. Unde beatus Johannes : qui non diligit fratrem suum, &c... Sans estre rose non possumus salvari Quar rose ce sont bona opera, que dulcem dant odorem. Sains estre lile non possumus salvari. Quar sains estre caste non possumus salvari; et ki n'est castes si se face caste et net par peneence, ki est en trois coses, en repentance de quer, en confession de boche, en satisfaction d'ueuvre. Hic est fons patens in ablutionem peccatoris et menstruate. In hoc fonte se puet li pechiere laver et faire net des ordures de pechies. Imitemur ergo beatum Vedastum, etc.

ERRATA.

Pages.   Au lieu de :   Lisez :

81 eorum dem   eorumdem

89 Sophonista   Sophonisba

90 memoriæ   memoria

95 chapelle   chapelle

108 sante   sanctæ

121 cathenari   catenari

142 Flandriœ   Flandriæ

151 Effacer ces mots : Bon à consulter pour l'histoire généalogique
    de l Artois, et les reporter au n° 531.

151 Hamade   Hamaide

160 depuis. . . . à   de. . . . à

160 libre   libri

168 1854   1584

172 Cantuarensis.— Cantuarensem.   Cantuariensis.—-Cantuariensem
    Ajoutez : Liber sancte Marie Ursicampi.

174 Arthesūs   Arthesiis

175 Il commence au prologue et finit à l'année 1525, ajoutez :
    en l'an mil iiije et iiiixx et huit, &c.

180 Cantuarensis   Cantuariensis

193 canonico   canonici

209 Ajoutez : le premier discours et le cinquième sont écrits en
    entier par Ph. de Caverel; les autres sont seulement
    annotés par lui.

212 Meyero   Meyero.—

213 n° 474 Cartularium   473 Cartularium

214 Luminæo   Lumenæo

| Pages. | Au lieu de : | Lisez : |

224 oplat — oplat.

239 Incipit : Il y avoit longtemps qu'Eurymédon qui me fait la grâce de m'aimer, &c

258 Lettres des papes — Lettres de papes

270 concordia — concordià

274 appropinquavit, enim — appropinquavit enim.

274 ecclesiè — ecclesiæ

274 de apostolis sermo.

ad fratres minores : ajoutez : incipit (Joh. de abbatis Villà) : qui sunt isti qui ut nubes volant et quasi columbæ, &c

278 sanctæ Marie — sanctæ Mariæ

287 quenellum — Quesnellum

287 ab LXXI um — ad LXXIa ra

320 La pagination est fausse; la feuille suivante, au lieu de commencer à 321, commence à 331.

339 et premier paradis — et premier : paradis

342 nupserat Anna viris. — Nupserat Anna viris tribus; hos si nosse requiris, &c.

345 Boullegier — Boullengier

353 A la fin du n° 723, ajoutez : à la fin du volume on lit ces mots:

Hoc non una manus offert, pastor, tibi munus.

Accipe perscriptum, sancte Vedaste, librum.

Serva punctigraphos faciens post fata beatos.

Qui tulerit furto trude, potens, baratro.

374 Johannus — Johannes

375 (n° 764) ajoutez : Depuis le f° 134 commençant par ces mots :

Nunc quedam notissima nomina in lege, &c., jusqu'à la fin, l'écriture est Anglo-Saxone.

380 surgeque — surgensque

394 eclebritate — celebritate

451 comitatus — comitatûs

453 recerches et appertient Jean Lalou. — à Jean Lalou.

Pages.	Au lieu de :	Lisez :

469 Ajoutez : Les proverbes de Sénèque sont précédés et suivis
d'autres proverbes, aussi en latin. (Prov. : des Célestins
d'Amiens).

485 ne consolatione   de consolatione

491 macedum   Macedùm

504 Assomptione   Assumptione

507 détails sur détails   détails sur

510 ne pent   ne peut

514 omnio Latinè   omnia Latinè

514 Jehan Lefebvre   Jehan Fabri

519 ouvrage déjà décrit   ouvrage déjà décrit n° 1051

520 Ajoutez : sur la 1re garde on lit ce titre : Sermones aliquot
de Tempore et de Sanctis.

528 n° 1089   1090

531 (N° 1098) Incipit : Pogius salutem plurimam dat Cosmo de
Medicis, viro prestantissimo. Disputatiunculam.

565 appendix   appendice

613 Thieulaine   Tieulaine

641 Lyra   Lya

682 pœnitcat   pœniteas

---

455 n° 889, le titre de ce volume : Scripta hebraïca (Talmud), a
été omis dans les tables.

TABLE DES FAC-SIMILE.

Nᵒˢ 171	Nᵒˢ 697 (3)
227 (3)	723
252	734
298	764
324	796
560	854
614	889
624	970
693	1070

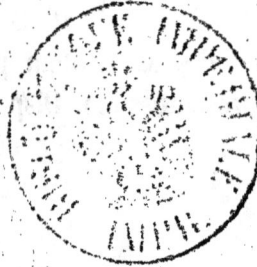

Arras. — Typ. et lith. de A. Courtin, rue du 29 Juillet.

D SCI
ac beatiſſimi
iſtuiſ patriſ
n̄ri ciuuſ
hodie feſta
celebram⁹
laudeſ addidiſſe aliquid de
cerpſiſſe eſt.

بِسْمِ اللَّهِ الرَّحْمَٰنِ الرَّحِيمِ

الْحَمْدُ لِلَّهِ رَبِّ الْعَالَمِينَ الرَّحْمَٰنِ الرَّحِيمِ

مَالِكِ يَوْمِ الدِّينِ إِيَّاكَ نَعْبُدُ

وَإِيَّاكَ نَسْتَعِينُ اهْدِنَا الصِّرَاطَ

الْمُسْتَقِيمَ صِرَاطَ الَّذِينَ أَنْعَمْتَ

عَلَيْهِمْ غَيْرِ الْمَغْضُوبِ عَلَيْهِمْ

وَلَا الضَّالِّينَ آمِينَ

المجموع ايضحون ملديه الخمسة

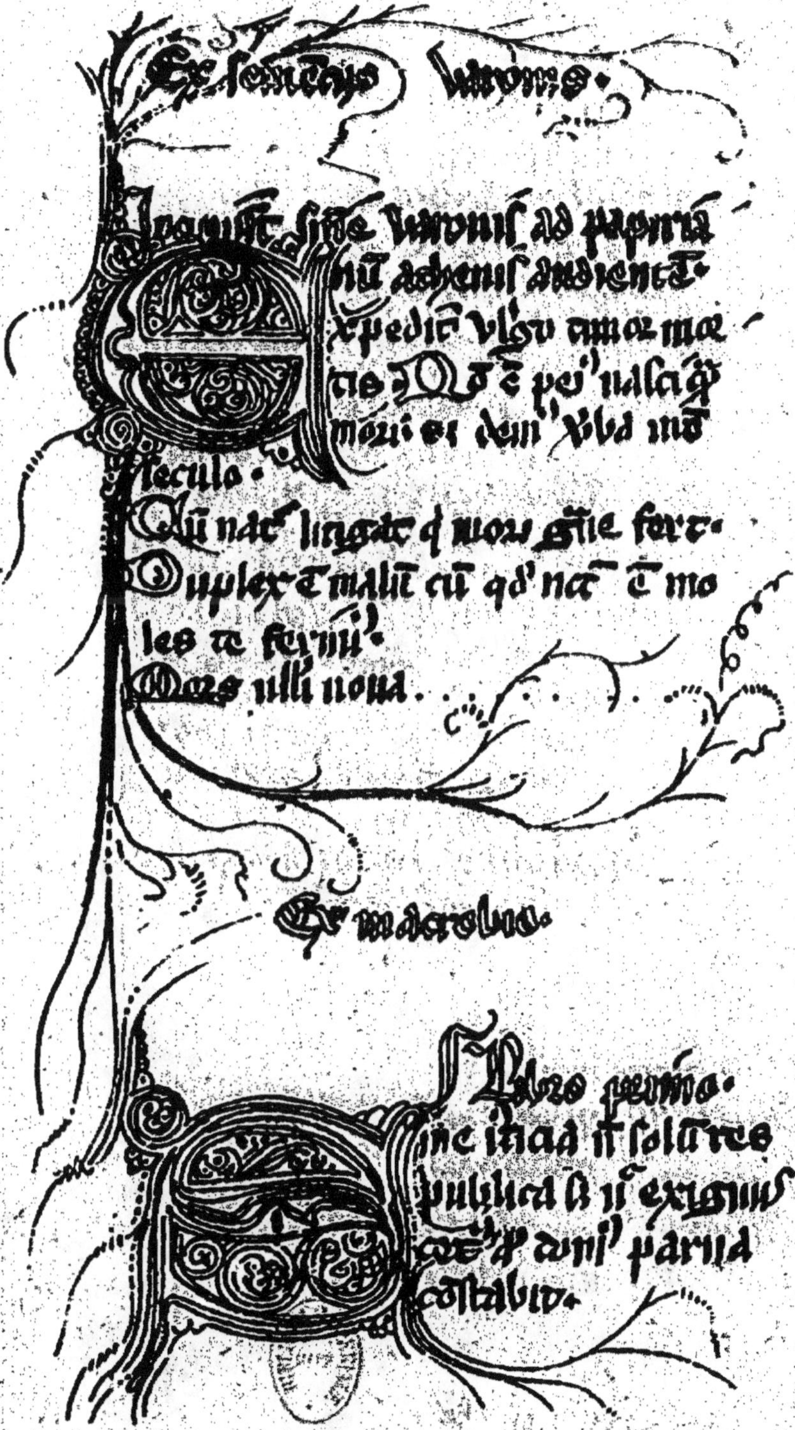

Mss. 305.

Zyne ystoruen
al waen, al agin
Vu tellen hoxter
naer lh whas
apene tuoltonde
Dar karul flape
begonde
Te rughem op den ryn
Dlant was al gader fyn
Hi was keyder en conrede
Hi oord hier wond en li hede
Waer den ai-daenghenel
Daripefe noch dictmenegewel
Te rughem aldaertylach
Sa vaen vapten andie rach
Crone drage en houde hof
Tine te in eerue tinen lof
D'die co lachen en thep
Senhey lich augel aen heriep
. . . .
. . . .

———————

. . . .

. . . . die hemelsch elad
. . . . alle gaderl

[A.] men

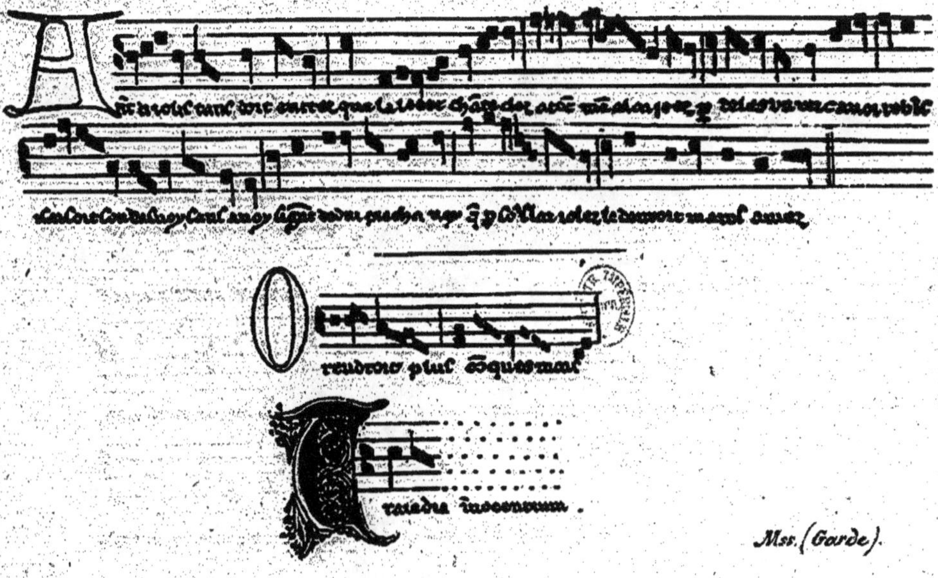

Mss. (Garde).

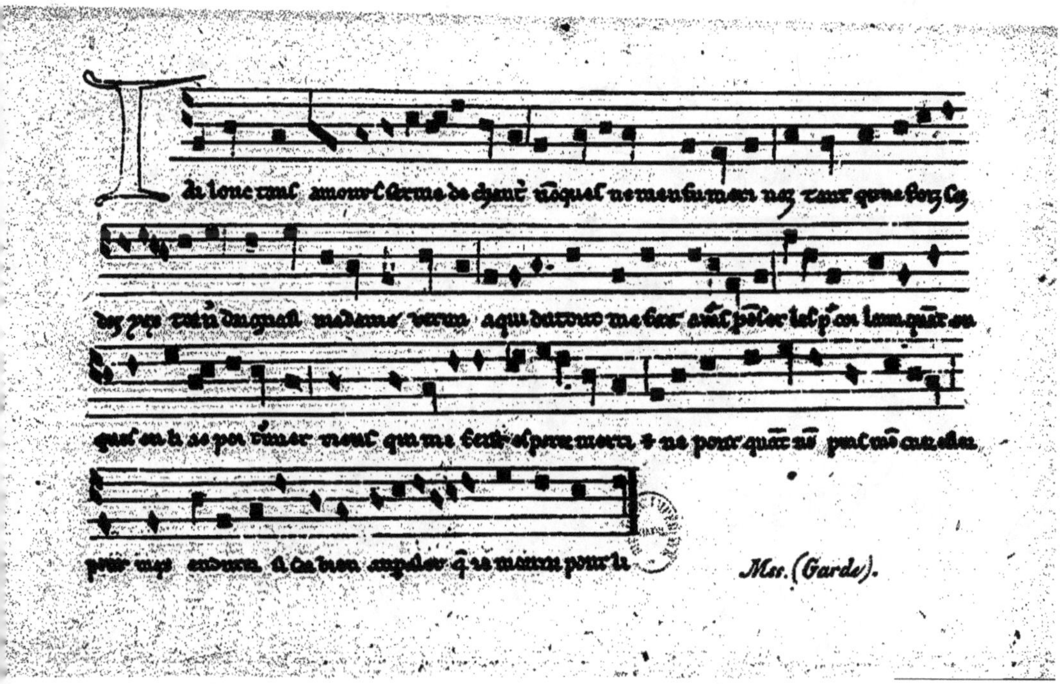

Mss. (Garde).

INCIPIT PRO
LOGVS IN LI
BRO LEVITI
EDT A QUDA
ONTE + S UI

NVS
ex aculis
donis filiorx
urt anselmo
cantuariensis
ecclie archiepo.
hostiã uiuã.
scam. rationa
bile offerre
sumo pontifici.

Mss 514.

LIBER. ECCLE.

SCI. VEDASTI.

ATREBATENSIS.

SI. QVIS. ILLVM.

ABSTVLERIT.

ANATHEMA

SIT. FIAT FIAT.

psa humia
ne condui-
onis quali-
tas indicat.
qua longe
rebs ceteris
prestat ;

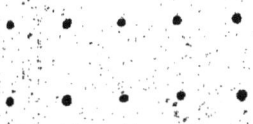

Mss. 557.

IN UIGILIA SCI UEDASTI AD UESPER

Sancto bonae uoluntatis coronatus et omni uirtu...
...tum decore conspicuus uedastus urbe atrebato directus est en...
...ingelizaturus uerbum dei. IN · I · N ·

Mss. 686.

Cy deuant est moment ihs
auoit les yeulx bendes

Jcy se mettet en ordonnance
et assiegēt iherusalem

M^{ss}697

Cy est co̅ment pilate se co̅plaint
d̅ce qu̅l fist mou̅ iħesus

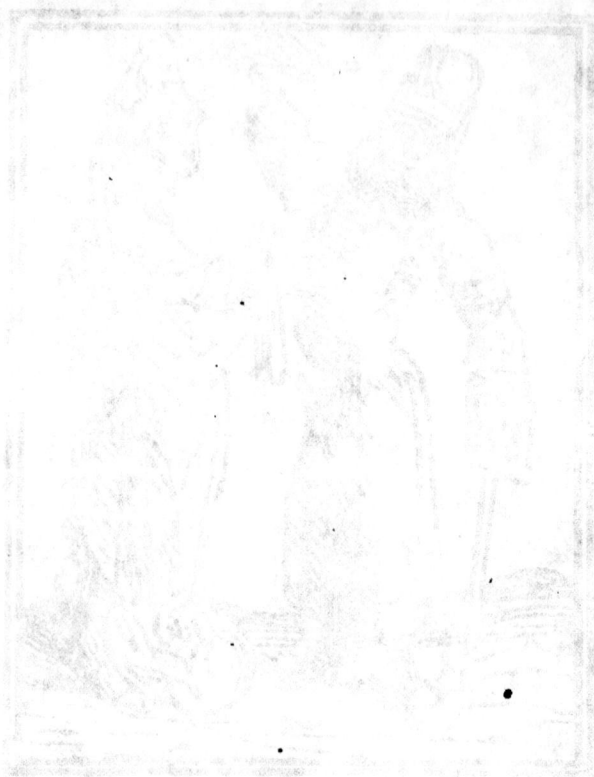

ALBERTUS · FIN · F·

RICHUINUS   ckhfxqsx

Zbnfdrb
ITESBOLOVS SCRIPTOR OPTIMVS

VUALBERTUS   N·P·F·

ALBRICMS   DICM

VUIBERTUS TKSKMKDCKH

TKSPKRCS

TKOFT· ENKF·CKH

ALARDUS·XSQXFHK

UUALTERUS SCR

TNAL   SVTREB

MENIF

M·743

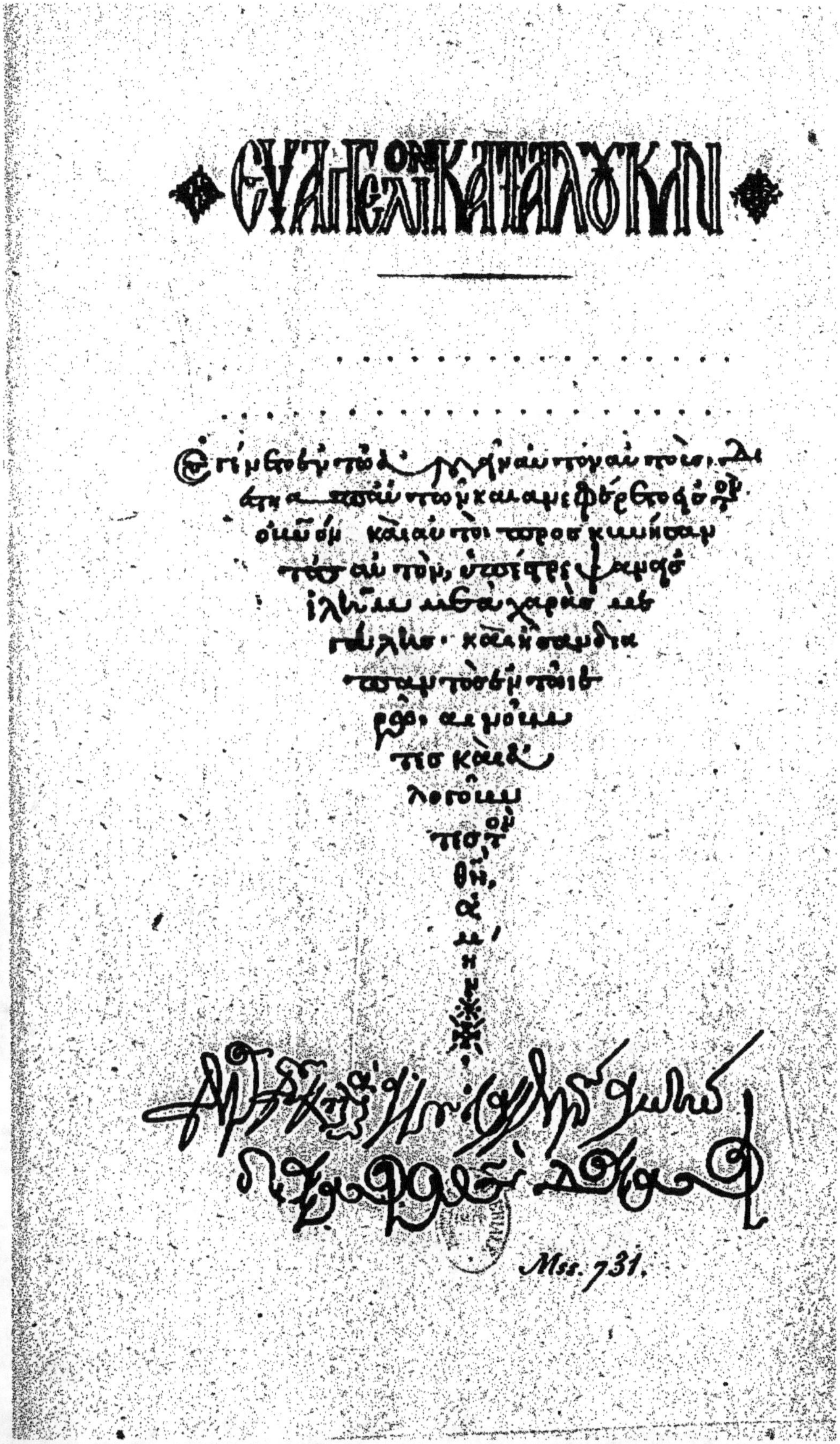
ΕΥΑΓΓΕΛΙΟΝ ΚΑΤΑ ΛΟΥΚΑΝ
Mss. 731.

EXPOSITIO HRABANI MAURI

Cortum + ufbedicim to nunc ufmyromazytum
Necquomqua mecant dm ufterzia romany

rc pte f ozzepoerdad

[...] omipere ffapfonhocum fpahe nf forpcrolde

pffæl od drmchæl f pfnoi.4

Mo.764

INprincipium: evangelii ihu xpi filii di:

Sicut scriptu e inisaia propheta:

PRIN
CIPIUM:
EVANGLII:
IHV XPI FILII DI:

Sicut scriptu e in isaia pro
pheta:

Mss. 951.